U0755836

沈家本与中国法律文化学术研讨会论文集

李雪梅　主编

中国政法大学出版社

2021·北京

声　明　1. 版权所有，侵权必究。
　　　　2. 如有缺页、倒装问题，由出版社负责退换。

图书在版编目（ＣＩＰ）数据

沈家本与中国法律文化学术研讨会论文集/李雪梅主编. —北京：中国政法大学出版社，2021.8
ISBN 978-7-5764-0131-8

Ⅰ.①沈⋯　Ⅱ.①李⋯　Ⅲ.①法律－文化－中国－清后期－学术会议－文集
Ⅳ.①D929.52-53

中国版本图书馆CIP数据核字(2021)第200635号

书　名	沈家本与中国法律文化学术研讨会论文集 SHENJIABEN YU ZHONGGUO FALÜ WENHUA XUESHU YANTAOHUI LUNWENJI
出版者	中国政法大学出版社
地　址	北京市海淀区西土城路 25 号
邮　箱	fadapress@163.com
网　址	http://www.cuplpress.com (网络实名：中国政法大学出版社)
电　话	010-58908466(第七编辑部) 010-58908334(邮购部)
承　印	北京九州迅驰传媒文化有限公司
开　本	720mm×960mm　1/16
印　张	36.75
字　数	600 千字
版　次	2021 年 8 月第 1 版
印　次	2021 年 8 月第 1 次印刷
定　价	180.00 元

第二届沈家本与中国法律文化学术研讨会　2020.11.21

目 录

第一编 沈家本思想研究及评述

第二编　传统律学和传统法律文化研究

第三编　清末修律与近当代法治研究

第一编

沈家本思想研究及评述

沈家本的法律思想与其未刻书稿之编纂

刘海年[*]

【摘　要】通过回顾沈家本的成长经历与仕途生涯，系统梳理沈家本尊崇法治、推崇良法、贯彻平等原则、推进人权保障、促进司法改革、重视人才培养等六个方面的法律思想与实践，并以亲历者的视角介绍了沈家本未刻书稿保护、搜集、整理与出版的主要过程，进而全面评述沈家本在近代法制改革和法学研究方面的贡献。

【关键词】沈家本；法律思想；书稿；贡献

　　沈家本，中国近代法制改革的先驱，中国传统律学与西方法学结合研究、在理论和实践中为推进中华法制文明作出巨大贡献的法学大师。他生活的晚清民初，是中国历史又一次大变革时代。面对西方和日本帝国主义对中国的侵略及封建专制主义对人民的压榨，中华各民族人民奋起反抗。在爱国激情高涨大潮中，大批社会精英基于自身条件，显现了高度文化自觉。有的伏阙上书，陈述时弊，奔走启蒙，力主维新；有的宣传主义，唤起民众，组织政党，进行革命；也有的提倡科学，发展教育，办理洋务，兴建实业。处于封建官僚体制内的沈家本，则是以近距离见闻和切身经历，总结经验，认真传承中华优秀法律文化，借鉴西方法律文明，尽其所能，大力推进法制改革。其声誉虽不及维新变法的康有为、梁启超，也不如领导辛亥革命的孙中山，甚至到今天知之其人的还不如主办洋务的张之洞，但他确实是清末脚踏实地推进法制改革的先行者、法学研究与教育的泰斗。其推进的法制改革的成果，已融入近代法制；已出版的著作，为几代法学人提供了营养。本文述及的沈

　　* 刘海年，中国社会科学院荣誉学部委员、法学所研究员。本文初稿成后，承蒙北京大学李贵连教授、中国政法大学沈厚铎教授拨冗审阅并赐宝贵修改意见，谨此致谢。

先生之未刻书稿，内容也十分丰富，也是中华法律文化的重要组成部分。

一、沈家本的成长和仕途

沈家本，浙江人，1840 年生于湖州一个官宦诗书世家。其父沈丙莹，道光壬辰年（1832）举人，乙巳年（1845）进士，同年任职刑部，后为山西司主事，1857 年任职都察院山西道监察御史，1859 年外放贵州安顺任知府。在其父任职刑部不久，沈家本便随父母赴京就读。《清史稿》本传记其"少读书，好深湛之思"，是说他从少年时就喜欢读书并能认真思考，这一特点一直保持终生，使其能名垂青史。

1859 年，沈丙莹外放贵州安顺，沈家本随母暂留北京。异年（1860），英法联军发动第二次鸦片战争，火烧圆明园。沈家本举家到北京西山躲避，《北京条约》签订后才返回城中。1861 年奉母携弟，途经数省颠沛流离奔赴其父任所。袁世凯曾称其"时遭多故，辗转湘黔"。尽管如此，他从不忘读书。这使其能于 1864 年赴京援例以郎中任职刑部，次年又从京师回祖籍到杭州通过乡试成为举人。由此，他开始了漫长的刑曹兼攻八股文攀登更高学位之路。1866 年、1868 年会试未中，1874 年、1877 年、1880 年又三科落榜。屡试不中，其精神虽受重创，但仍矢志不渝。光绪九年（1883）会试，成绩优异。精诚所至、金石为开，沈家本终以 43 岁之龄金榜题名，进士及第。

长期科举攀登，虽路途坎坷，但却使沈家本广览群书。由于家学熏陶，特别是在父亲影响之下，沈家本较早关注案牍，又经在贵州协助其父办案历练，中举任职刑部不久，便展示出引人注目的法律素养，获得"以律鸣于时"的赞誉。此后在刑部繁忙的办案同时，他不断注意总结司法实践经验，"专心法律之学"，并注意对疑难案件处理结果分析，以此撰写了大量著述。其以正直的品德，精细的思维，丰富的经验，简练准确的文笔，很快成为刑部司员中的佼佼者和办案理事的主力。功夫不负有心人，1893 年他以上等成绩通过京察考核后，升任号称京师拱卫之地天津知府。

1893 年冬至 1897 年夏，沈家本在天津知府任上供职三年半。《清史稿》本传称其"治尚宽大"。从北京大学李贵连教授在《沈家本评传》所列材料看，并"非一意为宽，实际上仍然使用封建统治者惯用的宽猛相济的手法"，

"用律能与时变通也"。[1]天津知府任上的一大收获，是他开始参与外事活动、处理涉外案件，作为地方官，近距离了解了任职天津前中法马尾海战南洋水师全军覆没、任职天津后中日甲午海战北洋水师失败的一些内情。无论是前者有海无防，还是后者北洋水师惨败，均暴露了统治者内部矛盾，使他对失败的根本原因不能不从制度上思考。

1897年，沈家本奉调任保定知府。职位虽为平调，但保定系直隶首府所在，地位更为重要，尤其还要主持直隶发审局事务，实际上是对其任职天津政绩的肯定。但时运不济，任职保定的第二年，戊戌变法运动发生。他虽未卷入其中，但"百日维新"失败，光绪皇帝被囚，"六君子"横尸街头，不能不引起包括他在内的整个社会震撼。与此同时，由山东起始的义和团运动，在内外危机之际，迅速蔓延并波及京畿。直隶广大地区由于发生焚教堂、杀教民事件，先为朝廷所利用，后成为八国联军入侵北京、占领保定的野蛮报复的口实。事件发生后慈禧携光绪帝仓皇出逃山西，包括沈家本等在保定的多位地方大员被侵略军拘捕。经多方交涉，沈家本被拘押近四个月后获释，但被捕大员廷雍等却营救无效惨遭杀害。此事不能不让沈家本亲身体验治外法权的本质，进一步思考法制改革的必要与迫切。

1902年12月15日，李鸿章在与八国联军《和议大纲》上画押的第二天，沈家本便离保定赴西安慈禧和光绪皇帝的行宫。其先是任管理皇室祭品、宴席和膳食的光禄寺卿。当慈禧回銮到达开封后，便下诏任命沈家本为刑部右侍郎。"这一任命，给他生命和事业带来巨大转折。"[2]按当时制度，朝廷之各部设尚书二人，满汉各一人，左右侍郎四人，满汉各二人。对部政起决定作用的，除该部尚书，只有一位当家堂官，近似后世主持常务工作的副部长。沈家本任职刑部后，先为右侍郎，后为左侍郎，直至光绪三十二年（1906）刑部更名法部，他一直是主持刑部大小事宜的当家堂官。

八国联军早在炮打北京之前，便对慈禧发出恫吓，威胁剥夺其权力，还政于光绪皇帝，迫使她不得不以光绪帝的名义下"罪己诏"稳定民心，应对时局。同年12月10日，清廷又以光绪的名义发布变法诏书。诏书痛斥康有为、梁启超的同时，又接过戊戌变法志士的旗号，在紧急关头表示破锢习，

---

[1] 李贵连：《沈家本评传》，南京大学出版社2005年版，第56页。

[2] 李贵连：《沈家本评传》，南京大学出版社2005年版，第100页。

更法令，为晚清实行新政变法修律表示了态度，以企挽救民怨沸腾下摇摇欲坠的皇帝宝座。正是在此情势下，同年，沈家本与伍廷芳一起被委以修订法律之重任。1906年清廷又宣布"筹备立宪"，为适应这一新的举措，法律改革由改造旧律转入制定新律。与此同时，沈家本被任命为大理院正卿。原设于刑部的法律馆直接隶属朝廷。其后的官制改革中，沈家本职务几经变动。为进一步加强法律制定，沈家本和瑞英被任命为修订法律大臣，专司法律修订。

无论是在刑部任职主持法律馆还是被任命为修订法律大臣，沈家本先奉命对清律进行修改，后又奉命制定新律。尽管一切工作均在封建君主专制体制下进行，但他仍在条件允许的情况下尽其所能，吸纳人类文明进程的成果。尤其是1906年清廷宣布"筹备立宪"、法律馆重组直接隶属朝廷之后，他在这方面跨出了更大步子，其贡献可谓居功至伟。[1]

二、沈家本对修改清律和制定新律的贡献

沈家本清末推进法制改革，分为修改清律和制定新律两个阶段。1902年沈家本与伍廷芳奉命修律至1905年，为第一阶段。1906年慈禧上谕宣布筹备立宪开始，为第二阶段。

第一阶段修改法律改变旧制，共删除、修改《大清律例》之旧文344条。按其内容分类为：

其一，废除残酷刑罚。废除凌迟、枭首、戮尸、缘坐以及刺字三项等。

其二，有条件禁止刑讯。此议始发刘坤一、张之洞，得到沈家本、伍廷芳赞同（有所保留）。规定除罪犯应死、证据已确而不肯供认者，初次讯供时及流徒以下罪概不准刑讯。其审讯应处笞杖罪者，依罪行轻重处以数量不等罚金，如无力缴纳者折合劳役。旗人有犯，照他族人一体刑断。盗窃罪应处笞杖者，亦折合劳役予以惩治。妇女犯罪，收赎改为罚金；犯不孝及奸盗诈骗罪应遣军流徒者，留本地习艺所；其他一般犯罪，允许赎罪，无力缴纳者，以罪行轻重折算时日改习工艺。

其三，删减死罪。至清末，清律死罪条目多达840余条。沈家本等上

〔1〕 参见李贵连：《沈家本评传》，南京大学出版社2005年版，第94-110页、第129页；沈小兰、蔡小雪：《修律大臣沈家本》，人民法院出版社2012年版，第234-450页。

《虚拟死罪改为徒流折》，提出加以删减。指出戏杀、误杀、擅杀，外国法律仅仅惩役禁锢之刑；《唐律》对戏杀、误杀分别处以徒、流，擅杀分勿论及徒、流、绞四等，亦不概问死罪。他们提出，戏杀改为徒罪，斗杀、误杀改为流罪，改为徒流后均不再发配，收入各地罪犯习艺所。"误杀、擅杀中的误杀其人之父母兄弟等项，并擅杀二命以上……不准一次减等者，酌加二年；如遇情有可原或情节较重者应俟临时酌量办理。"

其四，改革死刑执行旧制。沈家本提出，死刑公开执行，本欲示众之威，俾以怵目而警心。此亦古之"刑人于市，与众弃之"之意。时至今日，"众弃"之旨全失。京师菜市口，决囚之际，不独民人喧呼拥挤，外人亦诧为奇事，升屋聚观，偶语私讥……既属有乖政体，并恐别酿事端。为使防卫既较严密，可免意外之虞，亦可使民人罕睹惨酷情状，足以养其仁爱之心。他主张采用西方大多数国家死刑执行方法，"不令平民围观"。

其五，统一满汉法律适用。满族入关，清王朝建立，旗民在法律上处于特权地位。《大清律例》关于满汉人犯罪畸轻畸重，办法异处，将其改为"旗人犯罪俱照民人各本律本例科断"。在经济层面，旗人入关后，不从事生产，由政府划给田地、房屋、银两，负担衣、食、住。沈家本力主改变这种满人和汉人及其他族群不平等制度。

其六，改革秋审制度。秋审制度（与之相联的各省的会审）是一些由司法机构判处死刑的案件，每年秋天由九卿进行复审（地方由总督、巡抚、布政使参与称会审）。此制度在清代沿袭已久，1909年沈家本上书清廷，请求改变这种制度，其理由是：会审之制本为严杜构陷锻炼之弊。现《法院编制法》已颁行，各级法官经过慎重挑选，法院实行三审制、合议、律师辩护制和公开审判制。凡为被告人谋利益者无微不至，详审之处，实无深故之虞，构陷锻炼之弊已去，会审之制理应停止，此其一。朝廷已明令行政不准干涉司法，若总督、巡抚、布政使和中央九卿继续会审，与违法干涉何异？司法独立，会审之制亦需停止，此其二。最后，秋朝审为录囚之规，推勘尤宜入细，各类案情十分复杂，法律条款繁多，必研习多年，斯无贻误；会审让素未涉猎之人负司法之重任，并非循名责实之意。而且，秋审时间短促，会审之员无暇审思，因此让他们参加会审，徒具形式，毫无实际意义。

其七，废除奴婢律例。奴婢之制沿袭已久，清律亦予肯定。废除之议始于署理两江总督周馥的条陈。其言："使用奴婢，只准价雇，仍议定年限。以本人过二十五岁为限，限满听其归家。无家可归者，男子听其自立，女子由主家婚配，不得收受身价。纳妾只准媒说，务需两相情愿，不得抑勒；母家准其看视，仍当恪守妾媵名分，不许僭越。"沈家本认为，欧美各国，尊重人格，均无买卖人口之事。为革除旧制，各国之法实可采取。为此，拟定十一条办法，虽不彻底，已遭阻碍，至被束之高阁。后经反复陈述，才由宪政编查馆奏请通行。

其八，增纂新法章条。晚清时局之变，各种新事层见迭出，旧律无从覆盖，需要增加新法章条。法律馆主持及参与者提出增添条款颇多。其中如对伪造外国银币专条。随与外国通商发展，外币在国内通行，但伪造外币法律却无相应条文制裁。1906年沈家本上书《伪造外国银币拟请设立专条款折》，主张比照伪造本国货币治罪条文，制定伪造外国货币治罪章程，以禁止伪造外国货币犯罪行为。依这一条折制定的办法，经清廷批准作为新章程颁行。又如核定贩卖吗啡治罪条例。1908年，沈家本与法部会衔，核定江苏巡抚陈启泰向清廷所上条陈，拟定："拿获制造施打吗啡之罪犯，不论杀人与否，应比照畜蛊毒律，斩罪以上酌减，为极边烟瘴安置。其贩卖吗啡之铺户，如查实未领海关专单者，亦照知情卖药律与犯人同罪。"后经批准颁行。[1]

第二阶段，修订法律。清末实行新政修订法律，是迫于当时内外形势发展，在仅对《大清律例》等一些条文修补不能适应形势需要的情况下，宪政编查馆为筹备立宪采取的紧急措施。以下所列，是编纂的主要法律（包括草案）概略。

其一，1903年基于通商需要，奉清廷之命，载振、伍廷芳制定商律。因商律门类繁多，非短期所能告成，决定先订公司条例。同年十二月，编写商人通例9条，公司例131条，合计140条，上奏后定名为《钦定大清商律》颁行。之后又陆续制定颁行了《公司注册试办章程》（18条）、《破产律》（69条）、《银行注册章程》（8条）、《大小轮船公司注册给照暂行章程》（20条）、《运送章程》（56条）。以上关于商业的章程之所以能迅速颁行，乃当时形势所迫应急之需。清廷宣布预备立宪后，又着手编纂商法。由日本学者志田钾太郎起草的《大清商律草案》分总则、商行为、公司律、票据法、海船律五篇1008条；由日本学者松冈义正起草的《破产律草案》337条，《保险

〔1〕 以上八条均摘自李贵连：《沈家本评传》，南京大学出版社2005年版，第118-128页。

规则草案》124 条；由农工商部据 1904 年之《钦定大清律》参酌上海等各地总商会呈报之《商法调查案》形成之《改订大清商律草案》，分总则、公司两编 6 章 367 条。以上法案，由于辛亥革命爆发清王朝覆亡均未颁行。

其二，《刑事民事诉讼法》（草案）。依列强放弃领事裁判权改革"审断办法"之要求，沈家本、伍廷芳受命修律之后，即着手对司法制度进行改革，于 1906 年起草《刑事民事诉讼法》。该法合刑民诉讼法为一，下分总纲、刑事规则、民事规则、刑事民事通用规则、中外交涉案件，共 5 章 206 条，另附颁行例 3 条。草案提出设陪审员，要求各省会和通商巨埠及会审公堂，造具陪审员清册，遇有应陪审案件，依法分别试行。至于僻小地方，条件尚不具备，准其暂缓。草案还提出设置律师，以解一般人对簿公堂，惶悚之下，言词失措之失。若遇重大案件，由国家拨予律师，贫民或由救助会派律师协助，不取报酬补助。律师来源由各省法律学堂培养，如学堂骤难造就，遴选该省刑幕之合格者入学精斯业。上述二者，均需考验合格，给予文凭，酌量录用。该草案拟定后，交部院督抚大臣签注。以湖广总督张之洞为首的督抚大臣，以其内容违背中国立法之本源加以反对，未能颁行。

其三，《法院编制法》。1906 年清王朝改革官制，刑部改为法部，专掌司法；大理寺改称大理院，专掌审判。沈家本由刑部左侍郎改任大理院正卿。沈氏上书《审判权限厘定办法折》，同时进呈《大理院审判编制法》。该法案仿照日本裁判制度，确定全国审判为四级三审制。1907 年沈氏又上《酌拟法院编制缮单呈览折》，将《法院编制法》草案呈上，是我国最早的一部全国性的法院编制草案，共分 16 章，163 条，另有附则条。该法于 1909 年颁行。

其四，《违警律》。为防患于细微，导民于科禁，息祸患于未萌，期秩之共守，使行政者有所依据，奉法者有所遵循，由民政部主稿，会同修订法律馆形成《违警律》草案。1907 年民政部堂官与沈家本衔联上奏，1908 年经宪政编查馆核定，篇目共 10 章 45 条。经清廷允准于同年颁行。

其五，《大清新刑律》。《大清新刑律》由修订法律馆起草，于 1906 年脱稿，是年加派日本学者冈田朝太郎等人算起，又经六个草案，于 1910 年由清廷上谕裁定第六草案与第五草案之分歧后予以颁布实行。此法摒弃传统诸法合体，为第一部专注刑法之法典。沈家本等专核两法之异同，比较新旧律之长短，对刑法作了五个方面改革：一曰更定刑名，将笞、杖、徒、流、死之刑罪名称更为死刑、徒刑、拘留、罚金四种，徒刑分有期与无期；二曰酌减死刑；三曰死刑惟一，合绞、斩于绞（如谋反、大逆及杀祖父母、父母等仍用斩刑）；四曰删除比附；五曰惩治教育，以犯罪时年龄确定承担施加惩治与教育，丁年之内为教育之主体。此刑律共分二编 53 章 411 条。

其六，《大清国籍条例》。关于《国籍法》史料记载不一。据李贵连教授考证，起因是 1908 年冬爪哇华侨被荷兰殖民者逼迫入籍，遭泗水商会抵制。全岛华侨商学会连续电禀清政府工商部，工商部即上书朝廷请求速定国籍法。由是，清廷于第二年下谕，令修订法律大臣会同外务部迅速编纂国籍法。1909 年修订法律馆筹备立宪清单，开列的当年应办事宜中，有"拟订国籍条例会同外务部办理"一条。修订法律馆初拟之草案全文 28 条。1910 年 2 月清廷下谕："外务部会同修律大臣奏拟国籍条例缮章呈览一折，著宪政编查馆迅速核议具奏。"经宪政馆核议增损，颁行之《大清国籍条例》共分：固有国籍、入籍、出籍、复籍、附条 5 章 24 条，施行细则 10 条，后附（入复）籍呈式、（入复）籍保结式、入籍甘结式、入籍执照式、出籍呈式、出籍甘结式。

其七，《大清刑事诉讼律草案》。前面介绍有 1905 年《刑事民事诉讼法》（草案）因部院督抚大臣议其窒碍而搁寝。1908 年访行立宪之需要，随刑法、民法立法之发展，刑事诉讼法、民事诉讼法单独修订即为必然。1910 年 12 月沈家本、俞廉三采用各国通例拟定、进呈草案，弥补原法未备事项，包括：诉讼以告劾程序取代纠问程序；检察提起公诉；摘发真实，即证据以法律定之，官员直接审理，并听两造言辞辩论；原、被告待遇同等；审判公开；当事人无处分权；用干涉主义；三审制度。草案六编 14 章共 515 条。按宪政编查馆原计划，此法律草案拟于 1911 年颁布，因辛亥革命爆发，清王朝倾覆，未能核议。

其八，《大清民事诉讼律草案》。此草案于 1910 年编纂完毕，并进呈朝廷。沈家本、俞廉三将其要旨归纳为：民事案件审理首重审判权，法院管辖权与官员任职资格依照法律规定；民事诉讼非俟人民起诉不能成立；诉讼有言词审理、书状审理、直接审理、间接审理诸名目，还有第一审、上诉审、再审之区分；通常诉讼确当为先，简速次之，如有特殊诉讼，皆必设特别办法以推行尽利。草案共四编 21 章 800 条。此草案亦因清王朝覆亡而未颁布。

其九，《大清民律草案》。1907 年已着手《大清民律草案》起草，原拟于 1911 年颁布。本次计划，沈家本、俞廉三等指示修订法律馆加快工作，并特聘日本学者松冈义正协助。在对国内相关情况调查的基础上，参照德国、瑞士、日本等国民法，其要旨为：着重世界最普通之法则；原本后出最精之法理；求最适于中国民情之法则；期于改进上最有利益之法则。草案分：总则、债权、物权、亲属、继承五编 37 章。因亲属、继承编需与礼学馆会商，故俞廉三等（此时沈家本已辞去修订法律大臣之职）仅将总则、债权、物权三编定名为《大清民律草案》奏呈朝廷。时辛亥革命业已爆发，此草案未经宪政馆核定，最终只是一个草案。

其十，《大清现行刑律》之编定。此前，《大清新刑律》虽已由清朝廷于1910 年颁布，但由于其是为宪政实行而制定，而立宪定在 9 年之后。在此之前新律根本不可能实行。沈家本认为，"旧律之删定，万难再缓"（旧律指《大清律例》）。他建议以删除总目、厘定刑名、节取新章、简易例文等四条为指导对旧律进行修改，以应立宪前之急需，经一年多工作初稿编定。沈家本、俞廉三联衔上疏，呈进清单，经宪政编查馆核议、勘正，又依形势发展反复修正，最后定名为《大清现行刑律》。其文本包括：律文 389 条，例文1327 条，附《禁烟条例》12 条，《秋审条例》165 条。卷首除奏疏外，有律目、服制图、服制。主文分 30 门，次第为：名例、职制、公式、户役、田宅、婚姻、仓库、课程、钱债、市廛、祭祀、礼制、宫卫、军政、关津、厩牧、邮驿、盗贼、人命、斗殴、骂詈、诉讼、受赃、诈伪、犯奸、杂犯、捕亡、断狱、营造、河防。其中户役之内继承，以及婚姻、田宅、钱债等条中，纯属民事者，不再科刑。如前所言，此律之编定之初衷，拟为向宪政过渡期之应急举措，编纂告竣，已处风雨飘摇中的王朝即使颁行，也已无力实施。[1]

上述修订法律和拟定的法律草案有的经清廷颁布，有的未能颁布，即使经清廷颁布的，由于执法、司法官体制未变，旧传统影响根深蒂固，加之时局不稳，实际上也未能贯彻实行。尽管如此，清末沈家本等修律的历史意义还是重大的。

首先，在时代发展的大潮影响下，沈家本等奉命修律，虽系清统治者为稳定时局、维护统治所需要，但也反映了人民意愿，这种强烈意愿是改革的

---

［1］ 以上十部法律和法律草案均摘录自李贵连：《沈家本评传》，中华书局 1985 年版，第 169-186 页。

根本。其次，在封建专制制度下，言论自由被严格控制，任何对法律的重大修改都属"变更祖制"。清廷虽有笼统修律诏旨，但皇帝言出法随，稍有不慎，很容易以所谓"大不敬"施以重罪。而沈家本等却每每借修订法律陈述应该或必须修订之原委，以奏折形式说出平时无法表达的道理，对朝廷和较高的官僚层起到了舆论动员作用。而礼教派的某些武断，甚至粗暴反对言行，的确阻碍了修律进程，实际上对沈氏也造成了打击，不过却引起了社会精英们的更深入思考，提高了他们对修律和改革必要性的进一步认识。最后，所修订和拟定的法律草案尽管未能全部颁布实施，但由于其不少内容与法条适应了当时国内外形势要求，所以沈家本清末主持的法制改革，为辛亥革命后建立的北洋政府，甚至再后来南京国民政府的相关立法奠定了基础。

三、沈家本的法律思想

沈家本坚韧不拔地进行法制改革的同时，也呕心沥血地从事法学研究，为后人留下了大量法学著作和宝贵研究资料。沈家本受清末社会变革的影响，又眼见帝国主义对中国人民的野蛮暴行，身受英法侵略者侮辱，激发了爱国变法图强的思想。他尽其所能将爱国思想融入所修改和起草的法律，最突出的还是反映在他的著述之中。其中有些法制改革思想，经与礼教派的论战，愈加鲜明深刻。

其一，沈家本高度肯定法律对于治理国家之重要。他指出："夫法者，天下之程式，万事之仪表也。"[1]只有法度立，才能朝政明，"法立而不行，与无法等，从未有无法之国而能长治久安者也"。[2]他还说："律者，民命之所系也。"[3]对于治国理民法律之重要，沈家本则引用古人的理念予以说明："立法以典民则祥，离法而治则不祥。"又曰："以法治国，则举措而已。"他说："近今泰西政事，纯以法治，三权分立，互相维持。""以保护治安为宗旨，人人有自由之便利，仍人人不得稍越法律之范围。"[4]并以日本明治维新实行法治，国家富强的实例，说明实行法治之重要，希望中国也能通过法制改革使国家强盛起来。

---

〔1〕 （清）沈家本："新译法规大全序"，载《历代刑法考》，中华书局1985年版，第2243页。

〔2〕 （清）沈家本：《历代刑法考·刑制总考三》，中华书局1985年版，第34页。

〔3〕 （清）沈家本："重刻唐律疏议序"，载《历代刑法考》，中华书局1985年版，第2207页。

〔4〕 （清）沈家本："法学名著序"，载《历代刑法考》，中华书局1985年版，第2239页。

其二，沈家本认为只有良法才能实现善治。他很重视当时社会精英研究国家贫弱的原因，指出："方今中国屡经变故，百事艰难，有志之士，当探究治道之原，旁考各国制度，观其会通庶几采撷精华，稍有补于当世。"〔1〕制度是关键，而关键的重心莫过于法制。所以他指出："则法学之盛衰，与政之治忽，实息息相通。"〔2〕由此可见他大力推进法制改革，繁荣法学，是为"补于当世"。如何实现改革补于当世，指导思想是"法律之为用，宜于随时而运转"。为达此目的，一方面要继承传统法律中之优秀内容，"当此法治时代，若但征之今而不考之古，但推崇西法而不探讨中法，则法学不全，又安能会而通之以推行于世"〔3〕另一方面，也要看到西方国家法律优越之处，"盖立法以典民，必视乎以为法而后可以保民"。总之，为了推进法制改革，制定时代发展需要的良好法律，正确的态度是："我法之不善者当去之，当去而不去是之为悖；彼法之善者当取之，当取而不取是之为愚。"〔4〕

其三，在立法与司法中贯彻法律平等思想。清代法律除继承历代法律等级特权制度，还有明显的满汉不平等。尽管清末以孙中山为代表的革命派和以康有为、梁启超为代表的革新派，都已喊出实现法律上人人平等的口号，但如何将这一原则贯彻于立法和司法之中，不仅受旧法律制度束缚，在一些领域还遭到礼教派的抵制。为了突破束缚，减少阻力，沈家本未泛泛论证"法面前人人平等"对于修订旧律和制定新律之重要，而是采取曲线推进，将平等观念贯彻于对历史事件的褒贬，或具体制度的改革。如他抨击南朝士族享有法律和法外特权，使人只知士族匹庶之分，不复知善恶之分，此大乱之道。由此他提出不应无区别地推行传统法律沿袭已久的"八议""收赎"制度，认为"至八议收赎之法，皆必有情可原者，亦非尽人而宥之"。〔5〕并指出："法律为人人所当遵守，既定而颁行之，则犯罪不论新旧，断罪当自一律，不得再有参差，致法律共信之效也。"〔6〕正是在这种认识基础上，他主持修订的《大清新刑律》等，改变了旧律良贱同罪异罚；规定旗人犯罪俱照民

〔1〕 （清）沈家本："政法类典序"，载《历代刑法考》，中华书局1985年版，第2241页。
〔2〕 （清）沈家本："法学盛衰说"，载《历代刑法考》，中华书局1985年版，第2141页。
〔3〕 （清）沈家本："薛大司寇遗稿序"，载《历代刑法考》，中华书局1985年版，第2223页。
〔4〕 （清）沈家本："裁判访问录序"，载《历代刑法考》，中华书局1985年版，第2234页。
〔5〕 （清）沈家本："新译法规大全序"，载《历代刑法考》，中华书局1985年版，第2243页。
〔6〕 （清）沈家本：《历代刑法考·明律目笺》，中华书局1985年版，第1805页。

人各本律本例科断，旗人词讼概归各州县审理；取消了沿用已久的"八议"制度，在实现法律平等上迈进了一大步。

其四，在刑事法律上引入了有关人权原则。沈家本是近代中国最先将"人格"概念引进法律的改革家。中国传统文化虽有"天生万物，唯人为贵"[1]"人者天地之心也"[2]等重视人的理念，但在封建等级制度下，人却分为三六九等，畜奴制度不仅存在，且以法律加以固定。忌于当时客观环境，沈家本在修律过程中尽管未将"人格"与"平等"公开联系，他是在《禁革买卖人口变更旧例议》《删陈奴婢律议》中提出这一问题，目的是禁人口买卖，废除畜奴制度，但是与"平等"相联不言自明。正因如此，李贵连教授说："删除奴婢律和禁卖人口，由于沈家本的推动，终于在修律中得以实现。这是'人格尊严''人格平等'第一次在中国立法上得以体现，是中国法制史上一个翻天覆地变化。"[3]立法上引入人权原则，还反映在刑法中关于"罪行法定"的规定。《大清新刑律》第 1 条："凡本律自颁行以后犯罪者适用之，若在颁布之前未经确定审判者，俱从本律处断，但颁布以前律例不为罪者不在此限。"《大清新刑律》第 10 条："凡律例无正条者，不论何种行为不得为罪。"以上规定之"罪行法定"，既有对传统法律的沿袭，又是借鉴西方法律的原则，文字表达是清楚的。后人对律文的理解是从新、从轻，有不同理解和讨论，都不影响对沈家本的刑法思想是向保障人权方向进步的肯定。

其五，司法审判独立。作为封建官僚体制内长期从事司法工作的官员，沈家本对行政干涉司法，审判不独立的危害有深刻了解。由于实行宪政，废除西方列强侵犯中国主权推行的治外法权（领事裁判权）之需要，他积极主张并尽力推行司法审判独立，指出："司法独立，为异日宪政之始基。"在上呈之《酌拟法院编制法缮单呈览折》中，直接表示应借鉴外国经验："东西各国宪政之萌芽，但本于司法之独立，而司法之独立，实赖法律为之维持，息息贯通，捷于形影，对待之机，国不容偏废也。"[4]意思是说要建立与之相关的法律制度，作为支撑和保障。在此重大问题上，沈家本的思想是开放的，

---

〔1〕《列子·人瑞》。

〔2〕《礼记·礼运》。

〔3〕李贵连：《沈家本评传》，南京大学出版社 2005 年版，第 364 页。

〔4〕"修订法律大臣沈家本奏酌拟法院编制法缮单呈览折"，载故宫博物院明清档案部编：《清末筹备立宪档案史料》下册，中华书局 1979 年版，第 827 页。

指出了西方司法独立制度之优越："西国司法独立，无论何人绝不能干涉裁判之事，虽以君主之命，总统之权，但有赦免，而无改正。"但同时他也指出在中国实现这一目标不无困难，这是由于："中国则由县而道府，而两司，而督抚，而部，层层辖制，不能自由。"〔1〕正因为有困难，所以他在前述奏折中既陈述了司法独立之重要，也指出了"实赖法律为之维持"，实际上是呼吁全社会都能认识其重要性并予以支持。尽管沈家本大声疾呼作了种种努力，但由于旧势力的非议和阻挠，并由于封建官僚体制的存在，沈家本及其同仁的努力终未能成为现实。

其六，重视司法官员选拔和法律人才培养。为使法制改革落到实处，司法独立真正得以推行，沈家本特别重视司法官员素质的提高和人才培养及遴选。他指出："官，职分也。有一官即有一官之职分，故任是官者，必皆能各尽其职分，而后国家乃非虚设此官也。"〔2〕司法官员，职责是对案件依法律进行审判，不能按一般官员要求。这是由于："律者，民命所系也，其用甚重而其义至精也。根极于天理民彝，称量于人情世故，非穷理无以察情伪之端，非清心无以祛意见之妄。设使手操三尺，不知深切究明，而取办于临时之检按，一案之误，动累数人，一例出差，贻害数世。岂不大可惧哉。"〔3〕正因有此认识，他指出司法官员要有专门法律学知识才能处理复杂的法律案件。其任大理院正卿时，甚至主张由大理院决定大理院和各级审判庭法官的人选。他不仅思考司法官员的遴选和配置，还考虑随司法改革与新订法律颁行实施的需要，为日后审判培养人才。他大力赞同伍廷芳关于"法律成而无讲求法律之人，施行必多阻阂，非专设学堂培养人才不可"的意见，与修订法律馆同仁商量后，提出拨款设立京师法律学堂。〔4〕1905年经学部核议，学堂开始筹建，1906年建成，是为中国近代官办的法律专业大学，沈家本为管理大臣。由此开始，地方各类政法学堂相继设立。见此情景，沈家本满怀信心地说："吾中国法律之学，其将由是而昌明乎。"〔5〕

---

〔1〕 （清）沈家本："裁判访问录序"，载《历代刑法考》，中华书局1985年版，第2235页。
〔2〕 （清）沈家本："历代刑官考序"，载《历代刑法考》，中华书局1985年版，第2228页。
〔3〕 （清）沈家本："重刻唐律疏议序"，载《历代刑法考》，中华书局1985年版，第2207页。
〔4〕 （清）沈家本："法学通论讲义序"，载《历代刑法考》，中华书局1985年版，第2233页。
〔5〕 （清）沈家本："法学通论讲义序"，载《历代刑法考》，中华书局1985年版，第2233页。

四、沈家本已刊刻著述和未刊刻书稿保护与编纂

沈家本少年时即喜欢读书，并养成了善于思考和钻研的习惯。他博览群书，又长期从事司法实践工作，这种经历使他早期能倾注于对中华法律文化历史资料的积累，并联系历史盛衰经验进行剖析，之后又立足当世实际，放眼世界，融汇中西法律文化，尽可能依中国实际需要，或上书朝廷，或撰写文章，对法制提出具体改革建议并阐述改革之于国家和民族兴旺的意义。他为后人留下的千万言鸿篇巨制，奠定了以近代观念研究中华法律文化的基础，显现了他为中国近代法制变革、法学研究和法学教育那份炽烈的宏愿。

沈家本的著作分为已刊刻和未刊刻两个部分。

（一）已刊刻的著作

已刊刻的著作又分为沈氏生前刊刻和去世后刊刻的版本。生前刊刻和去世后刊刻的，均由其后学整理重新刊印于《沈寄簃先生遗书》之中。此书分甲、乙两编。甲编主要收入法学方面的著作，分《历代刑法考》和《寄簃文存》两大部分。《历代刑法考》收入的著述撰写过程较长，各篇体例内容除《刑制总考》四卷，《刑法分考》十七卷构成总考、分考相联的体系，其他如《赦考》十二卷，《律令》九卷，《狱考》一卷，《刑具考》一卷，《死刑之数》一卷，《唐死刑总类》一卷，《充军考》一卷，《盐法考》《私矾考》《私茶考》《酒禁考》《同居考》《丁年考》共一卷，《律目考》一卷等。上述在诸法合体之下与刑法都有关联，但形式上则系另立篇章。一些法律条文乍看起来有所重复，但由于论证角度不同，且不少考释都从源流旁征博引，读之令人增长见识。至于其中收入之《汉律摭遗》二十二卷，《明律目笺》三卷，《明大诰》峻令一卷等，更是在前述通考的基础上，对汉代和明代刑事法制的进一步考释。

甲编的第二部分是《寄簃文存》。此部分共八卷，分别按"奏议""论""说""考、释""笺""序""跋"等不同文体形式排列。比之第一部分，《寄簃文存》虽然篇幅较短，文字数量较少，但却是沈氏著述之精华部分。内容既有对顶层法制改革设计建言，又有对历史和当世名家著作评议，还有对法律概念探究和典型个案分析。前文介绍的重要法制改革理念，诸如推行法治、满汉法律平等、删除酷刑重法，废除奴婢制度、呼吁司法独立、倡导加强法

学教育，等等，均在其中。为了达到改革之目的，他不惜触犯朝廷，也不惧得罪权贵，秉笔直书，大声疾呼，充分表现了其理论勇气和忠于国家和民族的风骨。

《沈寄簃先生遗书》乙编，收入的著述与法律关系不似甲编那么直接，多属于断代史研究，还有些属于小学。诸如《史记琐言》三卷，《汉书琐言》五卷，《后汉书琐言》三卷，《续汉书琐言》一卷，《三国志琐言》四卷，《三国志书目》四种（包括《三国志书目》二卷，《世说注书目》三卷，《续汉注志书目》三卷，《文选李善注书目》六卷），《日南随笔》八卷，《沈碧楼偶存稿》十二卷。除《文选李善注书目》六卷注明"嗣出"者外，乙编注明"嗣出"的尚有《说文引经异同》二十六卷，《附录》二卷，《日南读书记》十八卷，《三国志校勘记》六卷，《汉书侯国郡县表》一卷，《古今官名异同考》一卷。

乙编中沈氏对前四史等的考释均称"琐言"。琐者，细微之意也，标以"琐言"表明其谦逊，也可以想见他治学之认真，是为后人的楷模。

沈家本先生著作陆续刊刻后，一直为学界所关注。《沈寄簃先生遗书》的整理出版，更是为研究中国法律制度史、思想史，尤其为研究中国近代法制和法律思想的变革与发展提供了丰富的资源，可以说一百余年来几代学人均从中受益。

尽管《沈寄簃先生遗书》甲、乙两编收录的著作多达两千多万言，但仍有相当一部分未能刊刻收入。被《沈寄簃先生遗书》整理编辑者列于甲编之后的"未刻书目"有：

《秋谳须知》十卷

《律例偶笺》三卷

《律例杂说》二卷

《读律校勘记》五卷

《奏谳汇存》一卷

《驳稿汇存》一卷

《雪堂公牍》一卷

《压线编》一卷

《刺字集》二卷

《文字狱》一卷

《刑案汇览》三编一百卷

《借书记》一卷

《周官书名考》一卷

《奇姓汇编》一卷

《吴兴琐语》一卷

《金井杂志》一卷

都十六种一百三十二卷

需要说明的是以上"未刻书目"所列《刺字集》二卷，沈氏生前业已刊刻。"未刻书目"《刑案汇览》一百卷，沈氏自撰《刑案汇览三编序》："因复手自校订，除繁去複，排比成书，凡一百二十四卷，颜之曰《三编》。"〔1〕现藏稿本为一百二十六卷。〔2〕以上卷数不一，应是计算误差。

（二）笔者接触和学习沈家本已出版著作的经历

半个世纪的学习和工作中，笔者曾接触和学习了沈家本先生的著作，受益良多，但并未进行专题研究。

第一次接触和学习是研究生时。20世纪50年代我在中国人民大学法律系学习，本科毕业后师从张晋藩教授读研究生，专业研修中国古代法律制度，方向定于唐代法律。经一段学习，毕业论文定《〈永徽律〉研究》。唐律的原始材料《唐律疏议》，图书馆倒是有存，但对于一个初学者来说，读懂不无困难。张老师给予指导：先从历史背景切入，了解唐之前法律沿革及与之相关的社会经济发展、阶级斗争，了解唐代之前隋代的《开皇律》《大业律》的沿革，特别是了解与现存《唐律疏议》直接关联的《武德律》和《贞观律》的制定过程。这些情况历史资料有笼统记载，可以加深对唐律形成的理解，但对唐律本身如何具体分析仍然有待进一步学习。当时急切希望找到论述唐律的文章以资借鉴。之后查到北京政法学院（现中国政法大学）戴克光先生写过研究唐律的文章，便去拜见戴先生。我说明来意后，先生问我已看了哪些书。他说写唐律的文章已是以前的事了，之后没再进一步研究。他建议我

---

〔1〕（清）沈家本：《历代刑法考》，中华书局1985年版，第2226页。

〔2〕 李贵连：《沈家本评传》，南京大学出版社2005年版，第341页。

读沈家本先生的书和日本学者仁井田陞关于唐律研究的成果。按张老师的指导和戴先生的建议，我重点查阅了《沈寄簃先生遗书》甲编。从沈家本对历代法律的解析和对唐律的评述中，我窥见了春秋战国以来儒法两家的法律观念，在传统法律的演变中，《唐律疏议》如何实现了外儒内法密切结合，一部刑杀之书终能寓以恺恻慈祥之意；窥见了在"律者，民命之所系也"的冠冕堂皇的辞语下，如何维护封建皇权、族权、父权和夫权等伦理秩序；我也初步学习了如何对501条《唐律疏议》按近代法律观念进行分解。

第二次学习是参加整理云梦秦简。1975年底，湖北云梦县城关公社在修建农田水利工程时，在一座秦代墓葬中发现大批记载有大量法律条文的竹简。第二年3月中旬，竹简发现的信息由新华社发布，《人民日报》和《光明日报》刊载，立即在国内外引起广泛关注。当时"文化大革命"，我和法学所部分同事在北京第二机床厂劳动。基于所学专业关系，听到此信息内心颇为兴奋。几天后所总支一位委员找到我，说竹简整理单位（国家文物局）需要研究中国古代法律的人员参加秦简整理工作，问我是否愿意参加？我心中很高兴，但有所顾虑，未贸然答应。待到国家文物局找同学了解整理工作纯属学术研究，才表示同意。

云梦秦简记载的法律，是公元前3世纪至秦始皇统一全国后一个基层官吏抄录的，从内容看只是秦律的一小部分，且多涉及基层治理。尽管如此，它的发现仍填补了这段历史文献记载的空白，因此十分珍贵。但法律内容涉及广泛，条文用语不少与后世差距较大，有的颇为生僻。为了做到准确识读，对于一些字词，不仅要借助《尔雅》《说文》等字书，还需查阅《易》《诗》《尚书》《周礼》等十三经和诸子与前四史，以及其注疏。在此过程中沈家本对历代刑事法律的解析为我们提供了重要参考。

第三次较集中学习是改革开放之初。在参加云梦秦简整理过程中，中华书局骈宇骞先生曾几次到整理小组拜访，我得以与其相识。整理工作结束后，他向我透露拟点校《沈寄簃先生遗书》甲编，我表示支持，他希望点校后请我复校。由于研究生招考和相关研究工作正忙，我未敢肯定答应。谁知有一天，我到研究室看到办公桌上堆放了大量复印的书稿，研究室同事说是中华书局送来请我复校的。没办法，只能勉为其难。对古籍的点校并非易事，20世纪50年代国家有关单位组织对二十四史点校，请的都是有关断代史研究的著名专家，但出版后学界对不少断句意见纷纷。最后大家认为，只要不违反原意，句子长短不能强求一致。按照此原则，我对邓经元、骈宇骞先生点校之《历代刑法考》（附有《寄簃文存》）复校时，除涉及刑法的断句个别失当外，基本未作变动。此书 1985 年出版，本人为此获点校者赠书一套。以往学习沈先生的著述，都是按需要查阅其中相关内容。这次校阅尽管思想未能在先生论及的诸多问题上逗留，却使我对《沈寄簃先生遗书》甲编的内容有了较全面的了解，又一次被先生渊博的学识所折服。

笔者前后读了沈家本先生著述，但只是泛读或从中查找所需资料，也曾想但却始终没能坐下来认真进行研究，所以我说自己只是沈家本先生的仰慕者。本文借介绍沈氏未刻书稿如何保存、保护及整理经过之机，甘愿冒"掠美"之险，主要借助李贵连教授所编著《沈家本年谱长编》《沈家本评传》及其他学者的研究成果，对沈老先生在近代法制改革和法学研究上的贡献予以介绍，目的是希望更多后学对先生的个人业绩及其研究成果予以更多关注，使其顺应历史潮流的变革思想与大力推进的法制改革实践，在新时代中国特色社会主义法治文化建设中发挥应有的作用。

（三）沈家本未刻书稿的保存、保护和汇集

前文谈到《沈寄簃先生遗书》甲编，最后附有"未刻书目"计开十六种一百三十二卷。其中《刺字集》二卷沈氏生前已刊刻；《刑案汇览》三编一百卷，卷数有误；沈氏《自序》统计为一百二十四卷，李贵连《沈家本评传》曰"现藏稿本为一百二十六卷"。[1]《刑案汇览》档案有藏。除上述被《沈寄簃先生遗书》整理者列入未刻书稿者之外，是否还有其他书稿？它们藏于何处？一直为学界所关注。

1964 年我研究生毕业，在参加学校"新五反工作"之后，按双向选择的办法，于当年 12 月到中国科学院（1977 年以该院哲学社会科学部为基础建立中国社会科学院）法学研究所报到。上班不久，便听说沈家本先生的后人将其手稿捐赠给了法学研究所，书稿内容不详，当时我猜想并希望其中应包括"未刻书目"所列书稿。

据后来了解，情况是这样的：沈家本先生去世后，其书稿和字画由其四子沈承煌及承煌之妻赵六如夫妇收存。承煌英年早逝，他们的儿子沈仁坚也只享年四十二岁，全家一直靠赵六如女士支撑。六如女士祖籍保定，沈家本

---

〔1〕 李贵连：《沈家本评传》，南京大学出版社 2005 年版，第 341 页。

日记1908年润三月十四日有如是记述："为四儿联姻赵氏松生景林之女，忠郎公之堂侄女也。"沈氏曾知府保定，传统礼俗联姻讲究门当户对，可知赵六如是出自保定名门之家。六如女士毕业于京师女子师范学堂，正因为她是具有较高文化的大家闺秀，虽然适沈承煌后，以相夫教子与儿媳一起抚养孙儿、孙女为业，但对沈家本先生之遗稿、字画的历史文化价值却有足够认识，使这些珍贵文物历经风雨战乱、世道变迁得以较妥善保存。

对于字画与手稿的保存细节，沈家本之曾孙沈厚铎在《枕碧楼藏书与沈家本手稿》一文中有如下回忆：

> 我的祖父去世后，我的父亲跑到重庆追随蒋委员长抗日去了，而那个汉奸丁举人不知从哪里嗅到了信息，三天两头来打听沈子固哪里去了？（父亲沈仁坚，字子固）使得婆媳二人惶惶不可终日。直到我的母亲产下我的妹妹，祖母决定回南。为了保护我这老四房的独苗，于是她老人家打发母亲带着我先离开北平。她在北平悄悄将一应什物分别存放到亲友家，把书籍存放到琉璃厂来熏阁。据说来熏阁陈氏家族和祖母娘家很有渊源，自然肯于帮忙，那时连同《沈寄簃先生遗书》等书的木刻板和书籍，一股脑都存到那里，然后卖掉房子，带着我的妹妹也离开了北平这一是非之地……1949年北平和平解放，大约四月，父亲携全家回到了北京（北平又叫北京了）。然而错过了时机，他失业了，家庭生活陷入困境。变卖成了生活唯一的来源……住的房子越来越小，东西越来越少，父亲身体越来越差，等到几乎家徒四壁的时候，年仅四十二岁的父亲撒手人寰了，留下年过花甲的母亲和三十七岁的妻子，带着只有十三岁的我和两个妹妹。那时家里只剩下了六个书箱，听祖母说，这是绝对不能卖的，后来才知道那是太公的手稿。[1]

从以上沈厚铎先生的回忆可知，他幼年丧父，是祖母和母亲将其和两个妹妹带大。20世纪60年代初沈家本的孙女、沈厚铎的堂姑余谷似（原名沈仁垌，参加革命后改名）动议将沈家本之遗稿捐献。余谷似早年参加革命，历经抗日战争和解放战争，曾在北平地下城工部工作，其子牺牲于人民解放战

---

〔1〕 徐世虹主编：《沈家本全集》第8卷，中国政法大学出版社2010年版，第982页。

争之中。中华人民共和国成立后她任职于内蒙古自治区党委办公厅，最后任北京文史馆党委书记。当她动议捐献沈家本先生手稿时，长期保管这批手稿的赵六如女士有所犹疑，此时余谷似就找到正在北京师范学院（现首都师范大学）中文系读书的沈厚铎代为说服赵六如女士。沈厚铎曾说："大姑妈在我心目中地位是崇高的，这不仅因为我自幼丧父，大姑妈给了我不少关心和帮助，更重要的是她早年参加革命，抗日战争、解放战争中长期从事革命工作，付出过许多艰辛，她在我心目中就是革命的象征，因此大姑妈的话我是深信不疑的。于是我就和祖母说了许多捐献给国家意义重大等我也不太明白的大道理，总之祖母是同意了。"〔1〕

捐献的意见定下后，捐献给某高校的运作未果。余谷似就于1960年代初代表沈氏家族，将这批珍贵的书稿通过中国科学院哲学社会部副主任兼法学研究所所长张友渔，捐给了建立不久的法学研究所。张友渔1950年代曾任北京市副市长，与余谷似相识，一听到有沈家本手稿捐赠便十分重视，收到后视若珍宝。

法学研究所1958年建立，建立时接收了中央人民政府政治法律委员会在北平和平解放时收集的书籍，内有中国古代善本书、北洋政府政报等有关图书资料，其中还有1952年院系调整时接收的清华大学移交的法律部分外文图书，总数约30万册。据说，董必武曾指示：这部分藏书十分宝贵，将来机构无论怎么变动，图书资料都要整体移交，不要分散。有了董老这一指示，之后除中央法制委员会委员李祖荫1960年代初借走的两三轮车图书下落不明外，其他均保存完好。沈家本先生手稿收藏，无异为这个高质量的法律专业图书馆又增添了可引以为自豪的新内容。法学所"文化大革命"前办公条件简陋，藏书条件不好，"文化大革命"时"红卫兵"大串联侵入办公楼虽毁坏不少东西，但有董老的指示和研究所人员热爱图书的素质，沈家本先生手稿等图书资料却得到了妥善保护。

"文化大革命"中期，属于中国科学院哲学社会科学部的法学研究所，被安排下放到河南省信阳息县劳动。全所70余人在军、工宣队带领下，编为干校第十三连。为了保护珍贵的图书资料，开始曾拟将沈家本先生手稿等装箱运往陕西华山。将干校定于息县之后，这批资料最后被运到信阳鸡公山存放。

---

〔1〕 徐世虹主编：《沈家本全集》第8卷，中国政法大学出版社2010年版，第982页。

1972 年麦收之后，学部整体迁回北京。不久，沈家本手稿等珍贵图书资料经历长途旅行也得以运回。

沈家本未刻书稿由余谷似代表赵六如、沈厚铎等沈氏家族捐赠给法学研究所的是主要部分。其余还有北京大学图书馆藏稿本三种；日本东京大学东洋文化研究所图书馆藏一种；沈厚铎先生另提供一种。在所收集到的稿本中，有两种内容与法学研究所稿本相同。一种是《日南读书记》，一种是《古今官名异同考》，分别由沈厚铎先生和日本关西大学奥村郁三先生提供。

沈家本未刻书稿能在历经风雨近百年后基本完好保存和保护，当然首先要感谢已故去的以赵六如、余谷似女士为代表的沈氏后人；同时要感谢中国社会科学院法学研究所、北京大学图书馆的诸位同事；还要感谢沈厚铎先生和李贵连先生。沈厚铎作为沈老先生的嫡传曾孙，既是书稿的守护者，又是力主支持捐献者，还是书稿整理的积极参与者；李贵连教授是改革开放后第一批研究生，多年来他将主要精力倾注于沈家本研究，漂洋过海寻回流失的沈家本的书稿，研究成果卓著，是沈家本研究的开拓者和重要专家。

（四）沈家本未刻书稿的整理与出版

以上未刊刻之书稿，除沈氏后人捐赠、由法学所收藏部分，其余是陆续收集的。《刑案汇览》之外，总计三十三种一百一十卷。前已介绍，《沈寄簃先生遗书》甲编所附未刻书目中，《刺字集》沈氏生前已经刊刻属误列，《刑案汇览》卷帙浩繁，只能留待另行整理。此外，《沈寄簃先生遗书》乙编目录开列九种，而只刊刻四种。其他注明"嗣出"而实际并未刊刻。《沈寄簃先生遗书》甲编所列"未刻书目"和乙编"嗣出"预告后出的书目，在本次所汇集到的书稿中多数业已发现，只有个别尚无下落。

沈家本精于法律之学，已刊刻的著作，未刻的书稿的大部分，仍系对传统法律和历史及当世司法实践的研究，也有部分是为推进清末法制改革撰写。《清史稿》称沈家本"少读书，好深湛之思，于周官多创获"。先生精于法学研究，对小学、经学和史学研究也留下了不凡的成就，甚为可贵。

法学类有：《律例校勘记》《律例偶笺》《律例杂说》《刑法杂考》《刑部奏删新律例》《法部通行章程》《旧抄内定律例稿本》《刑案删存》《校稿汇存》《奏谳汇存》《压线编》《雪堂公牍》《晋书五行刑法二志校语》《秋谳须知》《秋审比较条款附案》《叙雪堂故事》《叙雪堂故事删誊》《读律赘言》

《续修会典事例》（残卷）、《妇女实发律例汇说》《律例精言歌括》等。此部
分内容丰富，涉及领域广阔，有研究历代和当代律例研究的成果，有为刑部
代拟之奏稿，有为推进法制改革对大清律例应删除之条例的列举和论述，有
法部改造旧律、制定新法的抄件。有关《秋谳须知》等几种，是对大量疑难
案件的分析和由此总结出秋审文书册籍之写作范式。《秋审比较条款附案》是
关于清代秋审的一部重要著作，序言以下，设职官、服制、人命、奸盗抢劫、
杂项、矜缓比较等六目。该书本着"会通繁赜，剖析毫芒，事不厌于推求，
旨必归于平恕"的原则，采比案于各条款之后，考证细腻，论说精到，集中
系统阐释了秋审案件的经验，也反映了沈家本改革秋审制度的思想。《妇女实
发律例汇说》是关于犯军、流、徒罪之妇女，准予实际执行的例文汇总与分
析。按清律，妇女犯上述罪，均准收赎。唯情节重者，有实发之条。然犯罪
分妇女实犯和因缘坐牵连，实发又有为奴与不为奴之区分，例文歧出，准确
理解并非易事，沈氏"妇女以名节为重，实发系属不得已之法"，要求"司谳
者自应详加考究"。为此，他详列相关律例条文，加以按语，予以具体分析。
《律例精言歌括》是以韵文形式编写的传播法律的通俗读物。开宗明义指出：
"读书万卷不读律，致君尧舜终无术，东坡此言真有味，个中精要须明晰。余
将律例全纂成，知之方可理刑名，若能记取最简要，岂独官员与幕宾。"以下
依律例内容分段编写，既有实体法律，又有程序法律；类似前代官箴，更是
当世法律普及之读物。以沈家本先生之高位，关心法制改革及宣传如此细心，
清楚地感受到了他那颗以法律强国的赤子之心，着实令人敬佩！

　　小学类最早的是咸丰九年（1859）成书的《周官书名考古偶纂》。时沈
氏仅20岁，即能做到微稽探隐，删谬补缺，力求穷书，其小学功底可见一
斑。而沈著未刻书稿中最典型的是《说文引经异同考》。东汉许慎的《说文解
字》是我国最早的一部字书，也是古代小学的最早一部经典著作。此书引证
的千余条经书文句，与传世的文本多有异同。清代学者从《说文》引经异同
入手，考证古代文字变化和各派经师之学说。指出不同派系在对经学、训诂
作出诸多贡献的同时，也存在诸多分歧，读者往往莫知所从。沈氏汇集众说，
提出自己的见解。据自序，编写此书始于光绪五年（1879），成于光绪七年
（1881），共二十六卷。然检阅稿本仅二十一卷，所称附录二卷亦不见存。是
自序计数有误，抑或手稿缺失，有待进一步考证。尽管如此，该著仍不失为
清世乾、嘉两朝之后，训诂学发展的一家之言。

未刻书稿之经、史类，在具体著述中相互联结难以区分，实际上关于古代法律的阐释与考证亦如是。为了叙述方便，此两类合并介绍。《日南读书记》是沈氏长期研究十三经的重要成果。该书对十三经的文字、典故与内容进行了精湛考释，对历代学者解说舛误之处有根据地予以指出，多有匡正。《三国志校勘记》沈氏分别对魏书、蜀书、吴书进行了校勘，在对所收到的九种版本文字异同互校之后，对各版本之正误加以论证。过程中除利用《三国志》本文，还利用《汉书》和《后汉书》有关传文、文集以及类书中的史料，充分展示了沈氏深厚的史学功底与严谨的治学态度。《晋书·五行刑法二志校语》是对《晋书·五行志》《晋书·刑法志》的引文出处进行考证，校正了其中的舛误。其他《古代官名异同考》《明史琐言》也属于经史类。

杂抄类收入有：《沈观杂抄》《奇姓杂抄》《吴兴琐语》《借书记》等，名实相符，内容繁杂。《沈观杂抄》是汇集的清末若干大员关于国家或地方经济、政务等方面奏折电文及时论；《奇姓杂抄》是其曾祖父收录之奇姓和本人"阅见"以及《居易录》《缙绅录》记载的奇姓；《吴兴琐语》摘录了明清浙江湖州一带文人名士事迹；《借书记》是沈氏1862年至1866年客居长沙时借阅多达近三百种的记述，每篇"撮具大旨，以存崖略"，间或予以评说，由此可见其年轻时读书之刻苦用心，最后能成为法学大师绝非偶然。《药言》与《冰言》是关于修身齐家的论述，似家训箴规，如告诫："岂有子孙皆靠父祖过活之理，若肯立志，大小自成结果，若只逸乐自娱，虽得前人百万家资，必有贫困之日。"还告诫要学以致用："学举业者，读诸般经书，以安排作时文材料，用已全无干涉，故其一时所资进身者，皆古人之糟粕；终身所得以行事者，诚所谓书自书，我自我，与不学者何以异！"总观全篇，如沈氏语："常谈也，至言也。"此可谓做人治学立世之圭臬。

上述未刻书稿大部分是手稿，字潦草凌乱，辨识较为困难。部分抄稿虽较整齐，有的且经沈氏校阅，但错漏之处所在多有。经韩延龙先生初步查看后，参加校点的同事共同商量的整理原则是：异体字、明显的点画之伪，以及脱漏衍倒确有坚实理据者，予以径改；实在难辨认、上下文又不便联结的，以方括号示之；书稿应分段而未分段的，由整理者斟酌划分段落。除此，尽可能维持原稿，不加改动。

经法学研究所法制史研究室全体同仁和李贵连、沈厚铎、张少瑜、宋国范、田禾、张积等同志共同努力，书稿的整理点校终于完成。之后，又经中国科学院语言研究所王克仲、国家图书馆善本部杜晓明两位先生复校，中国社会科学出版社任明先生细心编审，《沈家本未刻书集纂》得以于 1996 年出版。《沈家本未刻书集纂》出版，学界勉励有言。之后，发现前者整理时对书稿有所遗漏，又从外部搜集若干。为使沈氏著述完整面现世人，决定以续编刊出，命名为《沈家本未刻书集纂补编》，于 2006 年出版。

《沈家本未刻书集纂》及《沈家本未刻书集纂补编》相继出版之后，中国政法大学法律古籍整理研究所与中国社会科学院法学研究所法制史室，在中国政法大学和沈氏故乡浙江省湖州市人民政府支持下，在《沈寄簃先生遗书》甲、乙编和《沈家本未刻书集纂》《沈家本未刻书集纂补编》的基础上，又搜集其散佚的诗文等，整理编纂《沈家本全集》，由中国政法大学出版社于 2008 年出版。至此，中国近代会通中西法学思想，以巨大理论勇气推进法制改革，学养深厚的法学大师沈家本之全部著作已完整面世。这是对先生的最好纪念，也是对我国法律文化建设的重要贡献。

浅议杨鸿烈先生对沈家本的论断

沈厚铎*

【摘　要】 在中国近代史中，最早、最精辟地概括沈家本历史作用的，当属杨鸿烈先生。他在《中国法律发达史》一书中指出："沈氏是深了解中国法系且明白欧美、日本法律的一个近代大法家，中国法系全在他手里承先启后，并且又是媒介东方西方几大法系成为眷属的一个冰人。"他又说："有清一代最伟大的法律专家，不能不推沈家本了！他是集中国法系大成的一人，且深懂大陆、英美法系，能取人之长、补我所短。"[1]于此笔者将从诠释杨鸿烈先生这一论断出发，探讨沈家本先生在中华法系历史性的转折与发展中所发挥的不可磨灭的作用。

【关键词】 杨鸿烈；沈家本；《历代刑法考》

一、"沈氏是深了解中国法系"的"一个近代大法家"

首先要说明的是，杨氏这里说的"大法家"当然不是我们传统的"儒、法、道、墨"之"法家"，而是当下我们所说的"法学家"，也就是"大法学家"。

沈家本进士及第之前，虽主要关注经与史，但并非荒废职务，这时期能够"以律名于时"[2]也非虚言。1886 年，沈家本第一部公开印行的律学著作《刺字集》刊行，薛允升为之作序曰："子惇等之集为此书也，其考据之详明固不待言。予尤叹其用意之深厚，使读是书者，知若者应刺，若者不应刺，

---

* 沈厚铎，中国政法大学教授（退休）。
〔1〕 杨鸿烈：《中国法律发达史》，中国政法大学出版社 2009 年版，第 492 页、第 552 页。
〔2〕 王式通撰，郑阮书，周容刻：《沈家本墓志》拓片。沈厚铎家藏。

若者旧俱应刺而今可不必刺，不致一误再误，则仁人君子之用心其裨益，岂浅鲜哉！"〔1〕正说明这部书是沈家本在长期司法实践中积累的优秀学术成果。考释有清一代的刺字之刑，且明确发出了"独是良民，偶罹法网，追悔已迟，一膺黥刺，终身戮辱，善乎？"的疑问。〔2〕这是他的第一部律学之作，或许是沈家本"深了解"的起始。

进士及第之后沈家本专注于法律之学，《学断录》《内定律例稿本》《叙雪堂故事》等书稿先后成型。他在刑部被提拔重用，负担逾重。在为光绪三十三年（1907）刊印《寄簃文存》所作的小引中说道："癸未后复困于簿书，所讲求者案牍之文，多作狱讼驳诘之语，昕夕从公，幸无陨越而已。"〔3〕可见沈家本在法学研究范畴中，分了两个阶段。简放天津前，是多作"狱讼驳诘之语"。先是写成《读律赘言》《晋书五行刑法二志校语》等书稿，继而完成《律例杂说》《驳稿汇存》《奏谳汇存》《雪堂公牍》《秋谳须知》《文字狱》《刑案删存》等书稿。从这些著作的内容，我们得出两个观感：一是沈家本凡做事都认真研究；二是要汇集成研究成果。

在认真积累的过程中，沈家本初步完成了他"深刻了解中国法系"的第二段旅程。这段时间，他着眼的对象主要是清代律例。众所周知，《大清律例》是集有唐以降中国律例之大成，对清律的研究，为他的"深入了解"打下了基础，而且沈家本深厚的史学根底和熟练的考据、训诂能力，也是"深入"的强大工具。

最能体现沈家本"深了解中国法系"的著作，当属他为修订法律以备参考之用的《历代刑法考》。

《历代刑法考》对中国传统法的各个方面进行了全面、系统的考释，且几乎涵盖了清王朝以前的整个中华法律文明史。所辑取的文献材料，涉及经史子集以及历朝编纂的各种历史文献。全书78卷120余万字，内容浩繁，观点精辟，是沈家本"深了解中国法系"的集大成代表作。

---

〔1〕（清）薛允升撰，南玉泉整理："刺字集序"，载徐世虹主编：《沈家本全集》第2卷，中国政法大学出版社2010年版（本书出版信息以下省略），第261页。

〔2〕（清）沈家本撰，南玉泉整理："刺字集自序"，载徐世虹主编：《沈家本全集》第2卷，第262页。

〔3〕（清）沈家本：《寄簃文存·小引》，光绪三十三年（1907）修订法律馆铅印本，天津师范大学图书馆藏。

从《历代刑法考》的结构可以看出，沈家本研究中国古代法律已经形成了自己的体系，并从纵向、横向、专题等不同角度对中国刑法制度进行比较分析，总结优劣得失，从而汲取经验。如《刑法总考》以时间顺序考察历代刑制状况；《刑法分考》则将各种刑罚制度分门别类，考其产生根源、行刑方式、时代特征等；专题研究有刑罚制度、赦宥制度及重点朝代等，如重点朝代的法律制度考证有《汉律遮遗》《明律目笺》《明大诰峻令考》等。

《历代刑法考》的撰写时间较长，截稿时间应该是在"壬子立秋后三日"即1912年6月29日，因为其中的《汉律遮遗》是这一天搁笔完成。[1]当然，沈家本撰写《明律目笺》《明大诰峻令考》并不是为研究而研究，更是为修律所做舆论准备。例如他说到"七出"之罪时，就明确地指出："若无子、恶疾，乃妇人之不幸也，方矜之不暇，而遽出之，不太甚乎！"[2]是对道德刑提出的强烈质疑，似乎与修律过程中的礼法之争不无关系。

《历代刑官考》的完成时间是在宣统元年（1909）之秋。《吴廷燮序》[3]落款时间是宣统元年（1909）七月，时值作为大理院正卿的沈家本与法部的权限之争不可开交而被调回法部之后。大理院审判官员遴选职权归属是双方争论的焦点之一。沈家本不认为大理院自理官员遴选是权力之争，认为大理院官员必须是法律的行家里手。虽双方职位互调，暂且平息了争执，沈家本并未因职务的调动而放弃自己的观点。他从历代刑官制度的变迁利弊考察中得出的结论是："用不必才，官失其守，此治道之所以日衰也。"[4]"若夫刑官变迁之故，苟即是编而讨论之，得失是非已可了然。何者与古同，何者与古异；何者古当因，何者古当革，因时损益，必得其宜。是在主之者。"[5]因时而论，"是在主之者"就是对调任大理院正卿的张仁黼的喊话：这件事就在

---

〔1〕（清）沈家本撰，徐世虹、姚莹整理："汉律遮遗·自序"，载徐世虹主编：《沈家本全集》第4卷，第157页。

〔2〕（清）沈家本撰，李雪梅整理：《明律目笺》卷二《出妻、嫁娶违例主婚媒人罪》，载徐世虹主编：《沈家本全集》第4卷，第481页。

〔3〕（清）吴廷燮撰，李雪梅整理："历代刑官考·吴廷燮序"，载徐世虹主编：《沈家本全集》第4卷，第561页。

〔4〕（清）沈家本撰，李雪梅整理："历代刑官考·自序"，载徐世虹主编：《沈家本全集》第4卷，第562页。

〔5〕（清）沈家本撰，李雪梅整理："历代刑官考·自序"，载徐世虹主编：《沈家本全集》第4卷，第562页。

于主持的人了!

当然,《历代刑官考》的撰写不只是应对与张仁黼等的争执,也考虑到司法官制改革当何去何从。

从《历代刑法考》的结构可以看出沈家本对中国法系的研究有明确的体系,如图 1 所示结构:

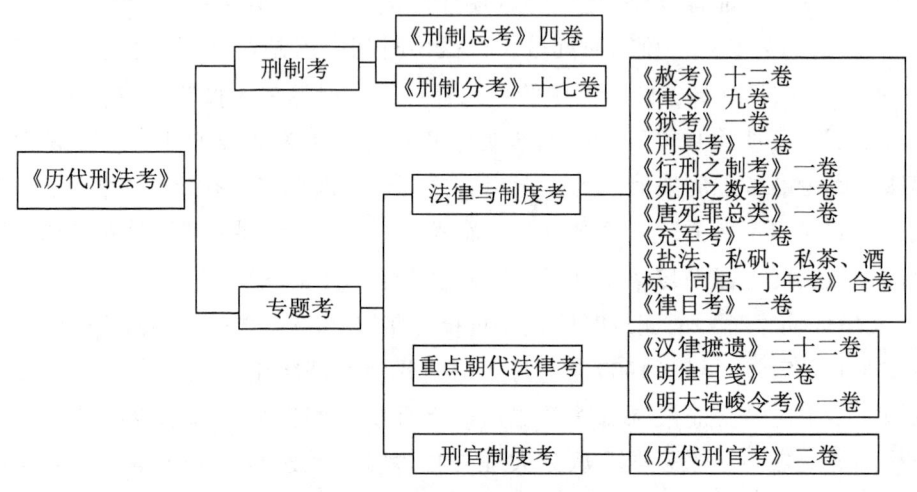

图 1 《历代刑法考》结构图

《历代刑法考》中以"按"的形式,时而作出评价,时而又结合现实发出议论,也对史载史料作些勘误。例如《刑制总考》四"唐刑"之后有一精辟按语:"史称自高祖、太宗除隋虐乱,治以宽平,民乐其安,重于犯法,致治之美几于三代之盛时。考其推心恻物,其可谓仁矣,斯言非溢美也。后代治律之士,莫不以唐为法,世轻世重皆不能越其范围。然则今之议刑者,其可定厥宗旨乎。"[1]盛赞了有唐一代用法之宽平,对"今之议法者"提出了"可以定厥宗旨"的希望。

沈家本撰写《历代刑法考》时,充分运用了训诂、校勘、考据等手段,对历史文献作了充分的考研,这也正是《历代刑法考》的价值所在。《历代刑法考》不仅在修律的当时具有非常重要的参考价值,也是百年来研究中国传

---

〔1〕（清）沈家本撰,李雪梅整理:《历代刑法考》卷四《刑制总考》,载徐世虹主编:《沈家本全集》第 3 卷,第 37 页。

统法制首推的重要史料与文献，那些精辟的说解和按语给后学以极大的启迪与提示，对中国法律史学的奠基与发展具有重要意义。

我相信杨鸿烈之所以判定沈家本"深刻了解中国法系"，一定是对包括《历代刑法考》在内的《沈寄簃先生遗书》有过认真的研读才得出的结论。

二、"明白欧美日本法律的一个近代大法家"

说沈家本是"明白欧美日本法律的一个近代大法家"也名副其实，因为沈家本对外国法律，也就是"明白"而已。

沈家本既未出国考察，更不懂西文东语，他所能够读到的外国法律，都是律例馆翻译的书籍。虽然在沈家本主持修律期间，从光绪三十年（1904）至三十二年（1906）译成法、德、荷、意、日、普鲁士等国法律23种，此后陆续译出达30种之多，特别是日本法的翻译达到28种。

整个翻译西法的过程，也正是他"明白"的过程。由于沈家本对修律的专注和迫切渴求新知的信念，他不仅积极阅读翻译著作，也时常与律例编译馆的青年才俊讨论，以提高对西法的理解与认识，又可确保法言法语的翻译准确。光绪三十二年（1906）在《赠王幼三同年》[1]的诗中他曾这样写道，"吾学于今世界新，普通卒业始为人"，表达了年逾花甲的沈家本的积极进取精神。正是在这种精神的推动下，在一系列的译注讨论中，沈家本渐渐"明白"了欧美日本法律。组织翻译，是沈家本认识西法的重要途径，他说："每成一种，臣与原译之员，逐句逐字，反复研究，务得其解。"[2]

沈家本明白了"各国法律之精意固不能出中国之范围，第刑制不尽相同罪名之等差亦异，综而论之中重西轻者。盖西国从前刑法，较中国尤为惨酷，近百数十年来，经律学家几经讨论，逐渐改而从轻，政治日臻美善"；[3]清晰认识了道德规范与法律强制的区别，了解了西方的依法治国、三权分立、互相维持的意义；明白并接受了罪刑法定与无罪推定，坚持废除重刑和刑讯；明白

---

〔1〕（清）沈家本撰，孙旭、张小也整理：《枕碧楼偶存稿》卷一二，载徐世虹主编：《沈家本全集》第7卷，第168页。

〔2〕（清）沈家本撰，姚国艳、王辉、田振荣整理："沥陈修订法律情形拟请归并法部大理院会同办理折"，载徐世虹主编：《沈家本全集》第2卷，第448页。

〔3〕（清）沈家本撰，郭瑞卿整理：《寄簃文存》卷一《删除律内重法折》，载徐世虹主编：《沈家本全集》第4卷，第611页。

实行法治必须坚持审判独立，反对行政干预司法；明白亦接受了尊重人格之主义，主张法律面前人人平等，禁革买卖人口，旗民与民人犯法一体治罪，子孙违犯教令不入刑等；明白了监狱文明是法治文明的重要组成，强调人犯之人格所在，坚持反对虐囚，主张监狱的教育改造职能；明白了司法改革的方向，即引进了西方审判方式，设立程序法、确立审级制度，设置检察、律师、陪审制度；积极主导制定民法。这一切的确说明了沈家本明白了"欧美日本法律"。但他完全没有关于西律的成熟之作，也说明沈家本自己也知道，对于西法自己只是"明白"而已，故而他明确地说："我法之不善者当去之，当去不去是为悖；彼法之善者当取之，当去不去是为愚。夫必熟审乎政教风俗之故，而又能通乎法理之原，虚其心、达其聪，损益而汇通焉，庶不为悖且愚乎。"[1]

沈家本在《法学名著序》一文中说道："夫吾国旧学，自成法系，精微之处，仁至义尽。新学要旨，已在包涵之内，乌可牟髦等视，不复研求。"[2]因此，他积极主张中西法律"融会贯通"，坚持"参考古今，博稽中外"，"参酌古今，熔铸东西"的基本原则，在清末修律中积极汲取西方法律的同时，没有完全摒弃中国的传统法律。

虽然清末的修律，随着清王朝覆灭不了了之，但中国之法系从此转型，开启了一个新的历史阶段。从这个意义上说，杨氏界定沈家本是"中国法系全在他手里承先启后，并且又是媒介东方西方几大法系成为眷属的一个冰人"的论断，是完全真实的。

沈家本所主持的清末司法改革，是法学理念的颠覆性的改革，也是司法制度的全面改革。这一改革，使中国的法学理念、司法制度迈向了现代化，也融入了世界法治进化的长河。他极有远见地倡导建立并亲自领导中国第一所专门进行法学教育的京师法律学堂，他积极参与成立了中国第一个全国性的法学会"北京法学会"，他大力支持创办了中国第一个专门研究法学的全国性杂志《法学会杂志》，开创了我国第一个法学研究的平台，为我国法学研究的发展、为法学人才的培养，作出了历史性的开拓，成为中国近代法学研究与法学教育的先驱。

---

〔1〕（清）沈家本撰，郭瑞卿整理：《寄簃文存》卷六《裁判访问录序》，载徐世虹主编：《沈家本全集》第4卷，第754页。

〔2〕（清）沈家本撰，郭瑞卿整理：《寄簃文存》卷六《法学名著序》，载徐世虹主编：《沈家本全集》第4卷，第751页。

＊　＊　＊

综上所述，可以说，沈家本在中华法系发展的历史长河中，发挥了传承与发展的历史作用，成为"深了解中国法系且明白欧美日本法律的一个近代大法家，中国法系全在他手里承先启后，并且又是媒介东方西方几大法系成为眷属的一个冰人"。杨鸿烈先生这一定论，名副其实。

碑志的书写范式

——以沈家本和伍廷芳为例

李雪梅[*]

【摘　要】沈家本和伍廷芳虽为同时代之人，但成长背景、职业专长和社会贡献却迥异。沈氏是中国传统律学的集大成者，伍氏是西方律学的实践精英。清末的修律活动因东西方律学代表的交集、互补，使中西方法律碰撞交汇。两人曾共同主持修律活动三年。两人去世后均备享哀荣。大总统袁世凯为沈家本撰"沈君之碑"，司法部次长王式通为沈家本撰墓志铭；大元帅孙中山为伍廷芳亲撰墓表，《清史稿》也从不同侧面记述了沈家本和伍廷芳的实绩。碑表志书等文本既有足资取信的实录，也不乏材料取舍剪裁，以及难以回避的政治考量。分析诸文本的书写范式并比较其异同，有助于客观评判两人在清末修律活动中的贡献。

【关键词】沈家本；伍廷芳；碑志；《清史稿》

一、沈家本碑志释文

（一）《前法部正首领沈君之碑》

沈家本（1840—1913）于民国二年（1913）端午节在北京病逝。当年十一月二十二日，署为大总统（袁世凯）撰的《前法部正首领沈君之碑》（以下简称《沈君之碑》）发布于《政府公报》之上。兹将全文按原格式整理如下：

＊ 李雪梅，中国政法大学法律古籍整理研究所教授。

01 前法部正首领沈君之碑

02 吾国号礼治国，历代沿袭之律，未必悉中于今日之用。清德宗有鉴于此，特于光绪二十八年二月诏举娴习中西律例者，编纂法典。于是直

03 隶、两江、湖广总督，首荐法部左侍郎沈君家本于朝。越二年四月，君于京师开修订法律馆，广延各国法学名家及吾国之习东西法与老于

04 秋曹者为之佐。未逾时，译成法、俄、德、日各法律书数十编，则犁然知异同之原，与改革缓急之计。乃请先去旧律之过当者，曰凌迟，曰枭首，曰

05 戮尸，曰缘坐，曰刺字，俾天下咸晓然于缓刑之意。又请设法律学堂以课吏士，使它日有所取材。又请废《大清律》，改颁《现行律》各条，以济新陈

06 递嬗之穷，而新律粲焉粗备。纲举目张，循序斯进，删繁补漏，熔旧铸新，于光绪三十三年八月成《新刑律》"总则"十七章，十一月成《新刑律》"分则"

07 三十六章；宣统二年十二月成《民事诉讼律》四编，《刑事诉讼律》六编。当时一孔之儒，非议丛起。或疑祖宗成法不当变，或恐法宽不足以防奸，

08 或恐与中国习俗龃龉。君反复讨论，究之以精心，而持之以毅力，盖有百变而不渝者。当清之末季，所兴作者众矣，上下交替，卒泄沓无所就，

09 惟君之制作，历层累曲折而终底于成。其后君虽解任去，然后之人犹得循君所制，掇拾而赓续之。迨国体猝更，凡百草创，而至繁至重之典，

10 法司日夕所承用者，大抵仍君之旧。乌乎，君之有造于吾国，岂浅尠哉！君于宣统三年冬为法部大臣，赞成共和。民国成立，为法部正首领，旋

11 引退。民国二年五月，以疾卒于家。乃下所司议所以报功者。佥曰：君之修订法律，革历朝之秕制而主轻刑，采列国之成规以薪合辙，实伯夷

12 降典以来所未有，不可以湮没勿彰。夫革秕制而主轻刑，则可以生死属绝，使感化寓乎惩戒，而发展其人民保障之能，民之福也；采成规以

13 蕲合辙，则可以一道同风，使法权宏及版图，而恢张其国势平均之渐，邦之荣也。有斯二者，可以刊石纪功，垂诸不朽矣。君为官治绩甚著，所

14 著书凡数十类，皆见于家乘，不具书。书其尤重要者，以示来世。

15 中华民国二年月日大总统撰〔1〕

碑文总计700余字，内容精简，重点突出。文字由清末修律的时代背景切入，截取自光绪二十八年（1902）"诏举娴习中西律例者，编纂法典"，至"民国成立，为法部正首领，旋引退"的十年，评述沈家本主持的编译修订法律，删旧律、废酷刑的立法和刑制改革，设法律学堂养育人才等功绩。编定新律过程"非议丛起"，最终"历层累曲折"而完功，并奠定了民国初年的法制根基。正如碑文所述，在民国新建、国体变更之际，"至繁至重之典，法司日夕所承用者，大抵仍君之旧"，沈氏堪当"厥功至伟"的赞誉。

关于沈家本的生平履历，碑文着墨不多。碑文结尾处特别说明沈家本"为官治绩甚著，所著书凡数十类，皆见于家乘，不具书。书其尤重要者，以示来世"，既可突显沈氏功绩，也可避免与墓志（见下文）的重复。而"尤重要者"，正是沈家本主持修律变法具有创制之功的十年。沈氏"革历朝之秕制而主轻刑，采列国之成规以蕲合辙"，既是为民造福，亦是国邦之荣。"有斯二者，可以刊石纪功，垂诸不朽。"

（二）《沈家本墓志》

民国三年（1914）四月二十一日，沈家本安葬于浙江吴兴渡善桥之原。时任司法部次长王式通为沈家本撰写了《吴兴沈公子惇墓志铭》（以下简称《沈家本墓志》）。完整的墓志拓片尺寸高82厘米，宽168厘米，石面有界格（见图1）。碑文共60行，满行31字，总计1700余字。兹按墓志拓本刻文格式改竖排为横排并加标点整理如下：

---

〔1〕《政府公报》第560号"公文"，1913年11月24日。

图1 《沈家本墓志》拓片[1]

01 吴兴沈公子惇墓志铭

02 　　　　　　　汾阳王式通撰文

03 　　　　　　　长沙郑沅书丹

04 清之季年，有以耆年硕德治法家言名于时；当变法之初，能融合古今中外之律，

05 使定于一而推行无碍，蔚为一代不刊之盛典，则今世海内所推仰吴兴[2]沈公者

06 是也。公讳家本，字子惇。祖讳镜源，举人，庆元县学教谕[3]，妣卜氏、宗氏、李氏。父讳麟

07 书，妣　氏。本生父讳丙莹，进士，刑部郎中[4]，贵州安顺府知府，妣俞氏。安顺公以忤

08 时解官归，公才弱冠，即援例以郎中分刑部。公之学律，自是始。中本省同治四年

09 补行辛酉、壬戌科举人，回京供职，历充直隶、陕西司主稿。时吴县潘文勤为尚书，

---

〔1〕 北京图书馆金石组编：《北京图书馆藏中国历代石刻拓本汇编》第91册，中州古籍出版社1997年版，第46页。

〔2〕 民国元年（1912）二月设吴兴县，1981年吴兴撤县并入湖州市，2003年改名为吴兴区。

〔3〕 庆元县清代属浙江省处州府。民国元年（1912），庆元县直属浙江省都督府。教谕为学官名，元、明、清县学皆置教谕，掌文庙祭祀，教育所属生员。"各学教官，府设教授，州设学正，县设教谕，各一，皆设训导佐之。"参见（清）赵尔巽等撰：《清史稿》卷一〇六《选举志·序》，中华书局1977年版（本书出版信息以下省略），第3115页。

〔4〕 郎中为官名。清朝六部以下设司，司设郎中，正五品，为尚书、侍郎之下的高级官。

10 公尝为同舍郎某拟稿进,文勤诧其不类平日所为。诘之,某以实对。文勤叹曰:"吾

11 固知非沈君不办此也。"公之以律鸣于时,又自是始成。光绪九年癸未科进士,充

12 奉天司正主稿,兼秋审处坐办,律例馆帮办提调、协理提调、管理提调,在部十年,

13 无日不以纂述为事。十九年,简放〔1〕天津府知府。津俗故剽悍,喜械斗。前守持之严,

14 风稍敛。公履任以宽大为治,群不逞之徒以为可欺也,聚百人哄于市,公饬役擒

15 其魁四人,戮之,无敢复犯者。望海楼者,法兰西教堂也,以庚申毁于火,至是重建

16 成。津人感念前衅讹言繁兴,又适有侦获诱卖孩童人犯事。旧律,非迷药不处死

17 刑。公曰:"是岂可以常例论乎!"竟置之法,而民大安。于是又知公之用律,能与时为

18 变通也,大吏才。公调保定府知府,北关外有某国教堂,甘军过境毁之。公闻变,即

19 偕清苑县令驰往,多方抚慰。教士感公诚,但乞城中一地易之。而当路慑于外人

20 之势,遽派员查办。于是教士亦电告其留京主教,百端要索,势张甚,卒偿金五万

21 两,且与以清河道旧署。犹不可,以郡廨东偏为道署旧址,应划归教堂为辞。将许

22 之矣,公独持《府志》断断辨,教士始无言而退。于是,又知公于外交能守正不阿如

23 此。拳匪之变萌于山东,蔓延于畿辅。民初有私习者,公辄侦得其首要,重惩之。俄

24 而朝贵多为所惑,卒不可遏。保定密迩京师,故受祸尤烈,英、

---

〔1〕 简放,清代谓经铨叙(考核资历、功绩等以定职升贬)派任道府以上的外官。

美教堂相继被毁。公

25 时已升通永道[1]，擢山西按察使。未及行，而两宫西狩，联军入保，大肆搜索。某教士

26 衔公前争郡廨之隙也，则诬公附和拳匪，百计中伤之，卒无左验而难解。公遂驰

27 赴西安行在，被命以三四品京堂用，授光禄寺卿，升刑部右侍郎，迁左侍郎。自嘉、

28 道以来，各国互市开拓及于内地。传教订诸约章，民教龃龉，日远而益多。方其起

29 衅之初，大抵薄物细故，州县吏率不解各国法律，往往坐失机会，酿成巨案而莫

30 可收束。而中外用律轻重悬殊，民益不能堪，恶官长之薄视己也，则惟有迁怒于

31 外人。庚子之变万口同声者，此其症结之所在耳。公尝私忧以谓："欲使民教相安，

32 当令官吏普知法律。然中律不变，而欲收回领事审判权，亦终不可得。"会二十七

33 年两宫回銮，变法议起。今大总统袁公荐公于朝，设修订法律馆，命公与伍公廷

34 芳总其事。公于是先译东西各国现行法，每一卷成，必考其沿革，审其轻重，三复

35 而后已。又请先废凌迟、枭首、戮尸及缘坐、刺字等刑。又别设法律学堂，毕业者近

36 千人，一时称盛。补大理正卿，旋改法部右侍郎，仍兼修律事。三十三年，专充修订

37 法律大臣。宣统二年，兼充资政院副总裁，仍日与馆员商订诸法

---

[1] 清康熙八年（1669），改明通蓟道为通永道，领顺天府（府治大兴）、通州、三河、宝坻、蓟州、遵化、丰润、玉田八州县和永平府（府治卢龙、今河北卢龙县）。雍正四年（1726）改置河道，所领另属；十一年（1733）复置通永道。民国二年（1913）废。"直隶通永道，兼河务、海防、屯田，驻通州。"道员为正四品。参见（清）赵尔巽等撰：《清史稿》卷一一六《职官志·外官》"顺天府条"，第3353页。

草案，先后告成，

38 未尝以事繁自解。盖公生平之学之志，至是乃大发擄矣。公虽终其身于法律之

39 学，然于他书无所不读。其所自著已刊者：《刺字集》二卷，《历代刑官考》二卷，《寄簃文

40 存》八卷又二编二卷。未刊者：《历代刑法考》三十八卷，《汉律摭遗》二十二卷，《明大诰

41 峻令考》一卷，《明律目笺》三卷，《律例偶笺》三卷，《驳稿汇存》一卷，《雪堂公牍》一卷，《奏谳

42 汇存》一卷，《压线编》一卷，《学断录》一卷，《文字狱》一卷，《刑案汇览》三编一百卷，《读律校

43 勘记》五卷，《秋谳须知》十卷，《日南读书记》十八卷，《说文引经异同》二十五卷又《附录》

44 一卷，《史记琐言》三卷，《汉书琐言》六卷，《后汉书琐言》三卷，《续汉书志琐言》一卷，《三国

45 志琐言》四卷、《三国志校勘记》七卷，《汉书侯国郡县表》一卷，《李善〈文选注〉引书目》六

46 卷，《古今官名异同考》一卷，《枕碧楼偶存稿》八卷，《日南随笔》八卷，《枕碧楼诗稿》六卷，

47 《古书目》三编共八卷。此外又有《周官书名考古》一卷，《借书记》一卷，《奇姓汇编》一卷，

48 《金井杂志》一卷，《寄簃文存》三编一卷，皆未成书。其零篇断楮有待汇集者，尚盈篋

49 也。非所谓博学多识者耶！三年十二月共和诏下，乃引疾不出，以民国二年六月

50 九日薨于京师，距生于道光庚子年七月二十二日，年七十有四。原聘郑氏，未娶，

51 殉发匪之难。继配陈氏，先公卒。子四：长承焕，分省盐大使，先卒；次承熙，举人，内务

52 部佥事，出嗣公兄子佳公；次承烈，附生，英国留学毕业，财政部署佥事；次承煌，司

53 法部署主事，出嗣公弟子祥公。女二：长适教育部总长汪大燮，次适前度支部员

54 外郎徐士锺。孙四人：仁垓、仁堪、仁培、仁坚。女孙二人。将以三年四月二十一日葬

55 于渡善桥之原。式通尝从公问律，受知最深，曷敢不铭。铭曰：

56 五刑之属，厥有三千，仍世损益，大体不愆。瀛海既通，远人来萃，主客互淆，如蝍如

57 沸。穷则必变，窒则思通，谁其尸之，翼翼沈公。首除残酷，与民更始，仁风扇和，吉祥

58 止止。孰是孰非，何去何从，较及毫厘，偕之大同。亦有讥排，徇时蔑古，浩然不顾，群

59 疑消阻。公学大成，匪惟明刑，掩彼众艺，培兹盛名。公功在世，论久益定，刻辞贞石，

60 以讯无竟。

　　　　　　　　　　　　　　　　　　　　　　　吴县周容刻

　　墓志的撰书者在当时地位显赫。撰文者王式通（1863—1921），字志盦，号书衡，光绪二十四年（1898）进士，签分刑部，主稿云南司。光绪三十二年（1906）擢升刑部安徽司员外郎兼提调法律学堂，光绪三十三年（1907）补大理院推事，光绪三十四年（1908）任学部谘议官，宣统三年（1911）署刑部总检察厅丞、大理院少卿。民国元年（1912）任司法部次长期间，因总长未实际到任，兼理总长事。

　　王式通与沈家本交往密切。沈家本在壬子年（民国元年，1912）日记中记载了王式通的职掌升迁情况。如正月初九日，"许玑楼暂管法副，徐季龙理少，王书衡总检察，皆系暂行管理"。两天后又记"玑楼又辞法副，请开缺修墓。季龙暂管法副，书衡兼理少"。六月初三日记"徐季龙辞职。王书衡署司法次长，兼理总长事"。而在同年二月初三、初五日，三月十八日，四月初二、初四日，或记"书衡、霖叔来"，或记"书衡来"。[1]王式通也自言"尝从公问律，受知最深"（碑文第55行。以下"碑文"省略），可证二人往来相当频繁。

　　王式通所撰碑文也见载于氏著《志盦遗稿》卷三，碑名题为"吴兴沈公

---

〔1〕　徐世虹主编：《沈家本全集》第7卷，中国政法大学出版社2010年版，第856-864页。

墓志铭"，内容与前述整理碑文主体相同，但有十余处的表述略有差异，应是沈氏家人对王式通撰文略做修饰后刻碑。[1]在民国十二年（1923）刊行的《碑传集补》中，亦收录有沈氏墓志，题为"吴兴沈公子惇墓志铭"，标题、内容与碑石所刻完全相同，当是据碑文载录。[2]

志文的书丹者郑沅（1866—1943），字叔进，号习叟，湖南长沙人，光绪二十年（1894）甲午恩科探花，以翰林侍讲入值南斋，1903年出任四川学政，辛亥后曾为总统府秘书，袁世凯称帝乃以疾力辞，以善书法而闻名。

碑文从清末变法的时代背景切入，突出沈家本德才兼备、不负众望。在传统律学方面，沈氏"以耆年硕德治法家"著称；在变法修律之际，"融合古今中外"，不被争论、空谈所羁。志文对沈家本的家世履历记载较详，起自祖父沈镜源及妻室，次述父沈麟书（沈镜源幼子，早逝，承祧关系）、生父沈丙莹（沈镜源次子）及妻室，以及沈家本妻室子孙情况（第6—8行、第50—54行）。碑文记载了沈氏祖孙三代的举业功名：祖镜源为举人，庆元县学教谕；父丙莹，进士；沈家本为同治四年（1865）举人，光绪九年（1883）进士。

沈家本在律学方面的历练，源于子承父业的任职履历。其父解职后，沈家本"援例以郎中分刑部"（第8行），开始了习律生涯。伴随举业成功，沈家本的职务不断提升。碑文记载了他的每次重要的升迁，诸如同治四年（1865）中举人后，"历充直隶、陕西司主稿"；光绪九年（1883）癸未科进士，充奉天司正主稿，兼秋审处坐办、律例馆提调；光绪十九年（1893），"简放天津府知府"；继而"调保定府知府"，"升通永道，擢山西按察使"；赴西安与两宫见面后，被命以三四品京堂用，授光禄寺卿；很快又"升刑部右侍郎，迁左侍郎"，再"补大理正卿，旋改法部右侍郎，仍兼修律事；三十三年（1907），专充修订法律大臣；宣统二年（1910），兼充资政院副总裁"。夹叙夹议中，完整记录下沈家本的任职升迁情况。

墓志铭也载有生动事例说明志主的才识品性。一是以简短数语记载光绪初年沈家本被刑部尚书潘祖荫赏识之事；二是光绪十九年（1893）任天津府知府

　　[1]　沈云龙主编：《近代中国史料丛刊》第24辑，文海出版社1934年版，第124-131页。经核对，《志盫遗稿》卷三所载碑文与碑刻文字，在第9、11、14、18、25、26、30、37、47、52、53、54行个别字词表述相异，但不影响文意。

　　[2]　闵尔昌：《碑传集补》卷六，民国十二年（1923）燕京大学国学研究所排印本，载沈云龙主编：《近代中国史料丛刊》第100辑，文海出版社1973年版，第413-419页。

时严惩不法之徒，展示出其果敢的大吏才干。而"于外交能守正不阿"的赞誉则来自沈家本在天津、保定任知府期间。碑文对沈家本处理天津望海楼教堂纠纷（第15—18行）、保定北关教堂纠纷（第18—23行）记载较详，并可与《沈家本日记》中所载进行验证。在地方磨炼及处理教案的"涉外"经验，使沈家本更加关注法律修订变通与民权、法权、主权的关系，表达出"欲使民教相安，当令官吏普知法律。然中律不变，而欲收回领事审判权，亦终不可得"的谋略。

墓志也详载沈家本"勤于著述"之事，"在部十年，无日不以纂述为事"（第12—13行），并以较大篇幅开列沈氏自著已刊者3种，未刊者29种，未成书者5种（第39—48行），其中律学内容占半数之多，诸如《历代刑法考》《汉律摭遗》《刑案汇览》等，堪称律学经典。

王式通撰写的《沈家本墓志》内容翔实，细节生动，在记述沈家本生平尤其是最后十年修律、废酷刑、设法律学堂等功绩的同时，也记述了时人的不解与非难，秉持了客观公正的笔意。

目前墓志原石难得一见。笔者也曾向沈家本后人沈厚铎先生询问，他说未曾见过完整的原碑，但见过残石。[1]湖州高勇年先生也曾对墓志原石作过查访。在《关于沈家本墓志铭〈吴兴沈公子惇墓志铭〉点滴》的博客文章中，高勇年述道："21世纪初时，湖州博物馆还在钱业会馆那里时，沈家本的墓志铭碑是存放在博物馆的……当时该碑已断裂为三块……后来，博物馆搬迁后，该墓志铭碑现在是否还在，尚不清楚。湖州修建沈家本纪念馆时，曾想寻找该碑，但未果。"[2]

2019年，因筹备沈家本诞辰180周年纪念活动及兴建沈家本历史文化园，寻找墓志原石之事正式被提上议事日程，长期被冷落于湖州市文保所菰城仓库一角落里的沈家本墓志残石，终于重见天日。

目前所见沈家本墓志残石，高83厘米，宽86厘米至98厘米，厚18厘米（见图2），石面字迹磨泐较甚，所存者为墓志的后半，即志文第34—60行较完整，第27—33行字每行残缺不等，其余残石不见。

---

〔1〕 沈厚铎先生2019年6月口述：我见到时墓志已经断为三节，在小溪旁被当作洗衣石。后来墓志被收藏于湖州文物管理所仓库。我到文管所仓库去过，只是因时间不巧，看门人不在。文管所工作人员带我去的，他说确定无疑在仓库。

〔2〕 该文发布于2018年12月13日，载 http://blog.sina.com.cn/s/blog_ 59ddc6100102z3ex. html，最后访问时间：2020年9月21日。

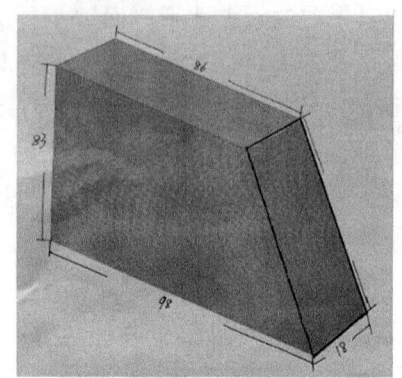

图 2　《沈家本墓志》残石尺寸示意图[1]

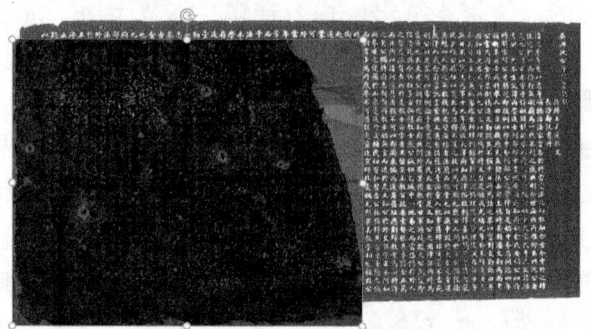

图 3　《沈家本墓志》残石拓片与原志拓片比对

据拓片和残石，可以发现沈家本墓志的型制与传统墓志不同。传统墓志多略呈方形，有志身和志盖，边长一般在 100 厘米以内。沈家本墓志呈长方形（卧碑式或帖式），高 83 厘米，残石宽 98 厘米，原石宽达 168 厘米，厚 18 厘米，形体较大（见图 3），推测当不是为置于墓中而制作。

这种帖式墓志在清末民初曾颇为流行，如张之洞墓志即采用帖式。虽然墓志形式稍有变异，但墓志铭的文体格式仍然遵循传统，生平记事与铭赞并载于石。

二、伍廷芳墓表释文

对比与沈家本几乎同时代的伍廷芳墓表墓碑，更可看出民国初年墓志设

---

〔1〕 此图为吴坚敏女士提供，特此致谢。

计的个性化色彩。

伍廷芳（1842—1922）字文爵，号秩庸，广东新会县人，出生于新加坡，四岁归国，少年时代在香港圣保罗书院求学，毕业后供职于香港法曹，33 岁赴英国林肯法律学院求学，西学背景深厚。光绪八年（1882）受直隶总督、北洋大臣李鸿章的邀请，入其幕府协办洋务和外交。后任清政府驻美国、日本等国公使。光绪二十八年（1902）奉召回国后，伍廷芳历任会办商务大臣、外务部右侍郎、刑部右侍郎、修订法律大臣，与沈家本一起主持修律事宜。尽管沈家本、伍廷芳联手推进的修律成就有目共睹，但在伍廷芳的政治生涯中，修律不过是一段插曲，外交和政治才是其毕生的追求。

孙中山撰文、谭延闿[1]书写的《伍秩庸博士墓表》（以下简称《伍廷芳墓表》）（见图 4）立于广州越秀山公园内，日期署为"中华民国十四年一月吉日"及"广州市人民政府一九八八年九月重立"。石碑置于石亭内，亭西式风格显著。表文 28 行，满行约 56 字，总计 1500 余字。兹将竖排碑文改横排加标点整理如下：

图 4　《伍廷芳墓表》（图中）[2]

---

〔1〕 谭延闿（1880—1930），字组庵，号无畏、切斋，湖南茶陵人，生于浙江杭州，民国时期著名政治家。曾任两广督军，三次出任湖南督军、省长兼湘军总司令，南京国民政府主席、行政院院长。善书法，有"近代颜书大家"之称。去世后，民国政府为其举行国葬，葬于南京钟山中山陵旁。
〔2〕 图左侧亭中为伍廷芳之子伍朝枢墓碑，民国二十三年（1934）孟春立；右侧亭中为伍廷芳墓碑，民国十三年（1924）仲冬立。

【碑额】

伍秩庸博士墓表

【碑文】

01　　　　　伍秩庸博士墓表　　　　　孙文撰文　谭延闿谨书

02 公姓伍氏，讳廷芳，字文爵，号秩庸，广东新会县人。考讳荣彰，贾于南洋星加坡，以前清道光二十二年六月二十三日生公，年四岁归国，自胜衣就傅，

03 已不屑为帖括之学〔1〕。年十四肄业香港圣保罗书院，凡六年。卒业，供职于香港法曹，然非其志也。节衣缩食，积俸余为他日留学之资。复以暇晷，与友

04 人创《中外新报》，吾国之有日报自此始。年三十三，遂赴英伦，入林肯法律学院，治法学。越三载，应试得大律师，以奔父丧归国，旋至香港，（掺）［操］大律师业。

05 越四年，被任巡理府，复受聘为立法局议员。论者谓国人得为外国律师者，公为第一人；香港侨民得为议员，以公为嚆矢；任法官者，公一人而已。然

06 公自幼时，已怀经世之志，睹中国积弱，发愤以匡救自任。会合肥李鸿章闻公名，屡招致之，公遂舍所业，就鸿章幕府。鸿章方督直隶，治新政，津沽铁

07 路、北洋大学、北洋武备学堂、电报局皆次第经始，公多所赞襄，于外交缔约尤尽力。既而出使美、日、秘三国，保护华侨，力争国体。庚子义和团事起，周

08 旋坛坫〔2〕，多所补救，尤翕然为世所称。任满归国，为商约大臣，驻上海。与各国缔约（树）［束］，整顿圉法，裁厘加税，收回领事裁判权，画一度量衡之基础。寻

09 迁商部左侍郎，再迁外务部右侍郎，复与沈家本同任修律大臣，

---

〔1〕　帖括，泛指科举应试文章，明清时亦用指八股文。
〔2〕　坛坫，会盟的坛台，也指谈判场所。

成民刑律草案，旋颁行刑律。凡前清凌迟、连坐、刑讯等条皆汰去，为中国刑法开

10 新纪元。公名由是益重。然公居京师久，洞知前清不足与有为，根本窳败，非摧陷廓清，末由致治。意郁郁，遂谢病去，年六十五矣。其明年，再被任出使美、

11 墨、秘、古诸国，耆年长德，所至想望风采。既受代经历欧洲诸国，归憩于上海寓庐。而辛亥革命起，公蹶然兴倡议，请清帝退位，一时所谓缙绅士大夫

12 皆惊异之，而不知公匡时救国之志，蓄之已久，故有触即发也。其时南方光复已十余省，公被推为外交总代表，驻上海，代表光复诸省与各国交涉，

13 各国由是认光复诸省为交战团体，旋兼议和总代表。公揭橥主张，以为今日之事，当合南北共建民国。及南京政府成立，文被举为总统，以公为司

14 法总长，议和总代表如故。卒订定清室优待条件。清帝退位，民国遂以统一焉。南京政府既移于北京，公退休，凡五年。及黎元洪继任为大总统，征公

15 入京任外交总长。未数月，兼代表国务总理。时武人毁法，以兵胁迫大总统下解散国会命令，公坚拒不副署〔1〕。恫喝万端，不为动。元洪竟〔2〕解公代理国

16 务总理职，以江朝宗继之，副署解散国会命令。公愤大法之凌夷，念丧乱之无日，毅然出京，谋所以戡乱讨贼。其时文已与故海军总长程璧光定议，

17 率舰队至广州开非常国会，建军政府，以护法号召天下。公继至，同心匡辅，而两广武人阴怀异端，务龁龋之，使不得行其志。文以七年间辞大元帅

18 职去，公仍留广州改组军政府，任总裁兼长外交、财政，终以跋扈武人不可与共事，弃而归上海，国会议员相率从之。九年冬，粤军自

---

〔1〕 副署，谓在正式法令或文书上的连同签署。
〔2〕 竟，通竟。

漳州回师定广

19 州，文乃偕公回广州，复军政府。十年五月，国会举文任大总统，以公为外交总长兼财政总长。其年冬，文赴桂林督诸军北伐，以公代行大总统事。其

20 明年四月，因陈炯明阻挠北伐，回师广州，免其职，以公兼任广东省长，而自赴韶州督师，入江西，克赣州，走陈光远，江西全省将定。而陈炯明嗾所部

21 谋叛，文自韶州率轻骑回广州镇慑之。六月十六日，叛兵遂围攻大总统府，且分兵袭韶州大本营，北伐事业因以蹉跌。而六年以来，护法事业亦功

22 败垂成。公感愤得疾，遂以二十三日薨于广州公医院，春秋八十有一。弥留时，犹谆谆授公子朝枢以护法本末昭示国人，无一语及家事。盖其以身

23 许国，数十年如一日，故易箦之际，神明专一有如此也。公生平好学，政事之暇，手不释卷。其始研究卫生之学，蔬食绝烟酒，自谓寿可至二百余岁。继

24 治灵魂学，视形骸如逆旅，以为留此将以有为耳。故能于危疑震撼之际，泰然不易其所守。自以与于缔造民国之役，不忍见为武人政客所败坏，故

25 以耄耋之年，当国事犯危难无所恤，卒以身殉。悲夫！其对于社会，如提倡国货、倡剪发不易服之议，以塞漏卮，皆有远识，能造福于国人。夫人何氏，贤

26 而有寿。子朝枢，能继述志事。孙竞仁、庆培、继先。以民国十三年十二月十日，葬公于广州东郊一望冈。文自元年与公共事，六年以后频同患难，知公

27 弥深，敬公弥笃。谨揭其生平志事关系家国之大者，以告天下后世，俾知所模楷焉。

28　　　　中华民国十四年一月吉日

29　　　　　　　广州市人民政府一九八八年九月重立

墓表第1—5行述伍廷芳40岁前的经历，突出其西学背景及对西方法律

的学以致用。如第 5 行"论者谓国人得为外国律师者，公为第一人；香港侨民得为议员，以公为嚆矢；任法官者，公一人而已"，可证在当时，伍廷芳是无人可比肩的西学精英。

第 6—8 行述伍廷芳 40—50 岁时在洋务、外交等方面的实践，其经世之志得以展现。

有关伍廷芳在清末修律方面的成就，墓表中叙述精简但评价极高，如第 9 行言："复与沈家本同任修律大臣，成民刑律草案，旋颁行刑律。凡前清凌迟、连坐、刑讯等条皆汰去，为中国刑法开新纪元。"

第 10—22 行以较大篇幅讲述伍廷芳在政坛上的跌宕盘旋。先是因"洞知前清不足与有为"，"意郁郁，遂谢病去，年六十五矣"，即在与沈家本共事 3 年后黯然离去，接替者为俞廉三〔1〕。伍廷芳再次出使美、墨、秘、古诸国后，隐居上海。至辛亥革命起，伍氏勇然站在清廷的对立面，倡议"清帝退位"，使朝野惊异。在中华民国南京临时政府时期，伍廷芳被任命为司法总长。在袁世凯职掌临时大总统位后，伍廷芳暂时告别政坛。民国五年（1916）黎元洪继任大总统，伍氏赴京任外交总长，继而兼国务总理。然而面对"武人毁法"的现实，"愤大法之凌夷，念丧乱之无日"（第 16 行），1917 年，伍廷芳南下广州，投身于孙中山领导的护法运动，任护法军政府外交总长、财政总长、广东省长等职，耄耋之年依旧为国事奔忙，于民国十一年（1922）六月二十三日在广州病逝，时年 81 岁。

第 23—24 行述伍氏的兴趣爱好，"其始研究卫生之学，蔬食绝烟酒，自谓寿可至二百余岁。继治灵魂学，视形骸如逆旅"。第 25—26 行述及伍氏家庭情况。夫人何氏指何妙龄，系何福堂牧师的长女、何启之姐，〔2〕二人 1864

〔1〕 光绪三十三年（1907），"更命侍郎俞廉三与沈家本俱充修订法律大臣"，参见（清）赵尔巽等撰：《清史稿》卷一四二《刑法志一》，第 4187 页。
〔2〕 何妙龄（1847—1937），教名玫瑰，华人牧师何福堂次女，生于我国香港。其父何福堂（1817—1866），名进善，字福堂，广东南海人，香港第二位华人牧师，共有七子六女，子何启排行第五，曾作《新约注释》及编印布道小书，风行于世。何启（1859—1914），字迪之，号沃生，香港皇仁书院毕业，1872 年赴英国留学，在阿伯丁大学攻读医科，后进入林肯法律学院攻读法律，1882 年回到我国香港，相继从事医师和律师职业。1890 年任香港立法局华人议员，1895 年参与筹划兴中会广州起义，起草对外宣言。在此前后，发表大量政论文章，宣传改革维新。孙中山在香港西医书院求读时深受何启的影响。孙中山进行革命活动后，何启给予大量支持。

年成婚；子朝枢，与伍廷芳一同投身于护法运动〔1〕。第26—27行孙中山述撰文的目的及对伍氏的崇敬之情，"志事关系家国之大者，以告天下后世，俾知所模楷"。

表文在展现伍廷芳政治生涯波澜起伏的同时，也明晰了其与时俱进的政治主张。伍廷芳的主要功绩表现在以下几个方面：一是外交事务，持续时间较长，自1882年入李鸿章幕僚帮办洋务、外交，后两度出任清廷驻美国、秘鲁、古巴等国公使，辛亥革命时代表光复诸省与各国交涉，以及1916年出任段祺瑞内阁外交总长、1917年任护法军政府外交总长。均展示了其外交方面的才能。二是政治活动和法律事务，也是持续时间较长。除早期在香港担任立法局议员及律师、法官等职务外，还包括驻外8年期间维护华侨利益以及助签国际条约、公约等事务，而这方面的工作与其长期从事的外交和政治活动密不可分。三是修律和立法活动，集中在其出任修律大臣的4年内；另1912年南京临时政府时期伍氏被任命为司法总长，也颁布过一系列法令法规。

伍廷芳在近代洋务外交、辛亥革命南北议和及护法活动中的功绩难以置喙，但在修律方面的成就，尤其是在"为中国刑法开新纪元"这一至高评价中伍氏的贡献，还需要做具体分析。

三、有关修律活动的"文本"书写及比较

（一）相关文本对修律活动的"书写"

沈、伍作为同时代的人，生长背景、职业经历完全不同，却于1902年同时受命为修订法律大臣。《清史稿》载：

> （光绪）二十八年，直隶总督袁世凯、两江总督刘坤一、湖广总督张之洞，会保刑部左侍郎沈家本、出使美国大臣伍廷芳修订法律，兼取中西。旨如所请，并谕将一切现行律例，按照通商交涉情形，参酌各国法

---

〔1〕 伍朝枢（1887—1934），字梯云，伍廷芳之子，自幼受西方教育，主修法律。1917年赴粤参加护法运动。1918年任广东军政府外交部次长兼总务厅厅长。1919年春，代表广州政府赴法国参加巴黎和会。1923年6月任广东大元帅府外交部部长。1926年1月被选为国民党第二届中央执行委员。1927年5月任南京国民政府外交部部长，兼中央政治会议委员。1928年2月辞职，赴欧美各国考察。1929年1月任驻美公使，1931年6月回国，任广东国民政府委员；11月任广东省政府主席；12月被南京国民政府任命为司法院院长，未就职。1934年1月3日病逝于香港，年47岁。

律，妥为拟议，务期中外通行，有裨治理。[1]

之后沈、伍二人联手推动修律工作。至于变法修律中两人的具体作用，从上述碑志的描述中似难分伯仲，我们不妨将相关碑志及《清史稿》的重点表述对比如下（见表1）。

表1　碑志及《清史稿》对沈家本、伍廷芳修律活动的表述

内容 文本	举荐者和被举荐者	译东西各国现行法	废重刑	设法律学堂	后期修律活动	评价
1913年《沈君之碑》	直隶、两江、湖广总督，首荐法部左侍郎沈君家本于朝	君于京师开修订法律馆，广延各国法学名家及吾国之习东西法与老于秋曹者为之佐，未逾时，译成法、俄、德、日各法律书数十编	请先去旧律之过当者，曰凌迟，曰枭首，曰戮尸，曰缘坐，曰刺字，俾天下咸晓然于缓刑之意	又请设法律学堂以课吏士，使它日有所取材	又请废《大清律》，改颁《现行律》各条；八月成《新刑律》"总则"，十一月成《新刑律》"分则"；成《民事诉讼律》四编，《刑事诉讼律》六编	革历朝之秕制而主轻刑，采列国之成规以蕲合辙，实伯夷降典以来所未有，不可以湮没勿彰
1914年《沈家本墓志》	今大总统袁公荐公于朝；设修订法律馆，命公与伍公廷芳总其事	每一卷成，必考其沿革，审其轻重，三复而后已	请先废凌迟、枭首、戮尸及缘坐、刺字等刑	又别设法律学堂，毕业者近千人，一时称盛	日与馆员商订诸法草案，先后告成，未尝以事繁自解	用律，能与时为变通也，大吏才；于外交能守正不阿首除残酷，与民更始
1925年《伍廷芳墓表》	复与沈家本同任修律大臣		凡前清凌迟、连坐、刑讯等条皆汰去		成民刑律草案，旋颁行刑律	为中国刑法开新纪元

---

[1]　（清）赵尔巽等撰：《清史稿》卷一四二《刑法志一》，第4187页。

续表

内容 \ 文本	举荐者和被举荐者	译东西各国现行法	废重刑	设法律学堂	后期修律活动	评价
《清史稿·刑法志》	袁世凯、刘坤一、张之洞，沈家本、伍廷芳		《清史稿》卷二四《德宗本纪二》有载		三十三年，更命侍郎俞廉三与沈家本俱充修订法律大臣。法律大臣会同法部奏进修改刑律	
《清史稿·沈家本传》	袁世凯奏设修订法律馆，命家本偕伍廷芳总其事			别设法律学堂，毕业者近千人	日与馆员商订诸法草案，先后告成，未尝以事繁自解	

　　表1各栏内容是衡量二人在修律活动中主要贡献的参照。第二栏修订法律大臣之"举荐者和被举荐者"，此为光绪二十八年（1902）之事，就当时官职高低而言，沈家本为刑部左侍郎（二品），[1]官品级远高于伍廷芳。[2]五个主要文本中，沈氏和伍氏碑志均从突出志主的视角赞功，但描述均属客观。相对而言，《清史稿·刑法志》的记述更具有公信力，沈家本居前、伍廷芳居后，官品高低是重要因素。毕竟，清代自"国初以来，凡纂修律例，类必钦命二三大臣为总裁，特开专馆"。[3]在袁世凯、刘坤一、张之洞推荐人选时，从资历及实践看，沈家本当为不二之选。

---

〔1〕 "自变法议兴，凡新政特设大臣领之。百熙管学务，家本修法律，并邀时誉。"载（清）赵尔巽等撰：《清史稿》卷四四三《沈家本》，第12448页。《沈家本墓志》载其任职情况道："补大理正卿，旋改法部右侍郎，仍兼修律事。三十三年，专充修订法律大臣。宣统二年，兼充资政院副总裁"（第36—37行）。

〔2〕 光绪二十八年（1902）九月二十日《吏部咨呈外务部文》载："光绪二十八年六月二十三日奉上谕：伍廷芳著以四品京堂候补。钦此。应查明该员系何官阶，并全出身履历。前充出使大臣，系于何年月日任满，务即声复过部，以凭注册。"载丁贤俊、喻作凤编：《伍廷芳集》上册，中华书局1993年版，第196页。

〔3〕 （清）赵尔巽等撰：《清史稿》卷一四一《刑法志一》，第951页。

第三栏"译东西各国现行法"，《伍廷芳墓表》和《清史稿·刑法志》《清史稿·沈家本传》中空缺，《沈君之碑》和《沈家本墓志》均突出此项。前者言光绪三十年（1904）四月，"君于京师开修订法律馆，广延各国法学名家及吾国之习东西法与老于秋曹者为之佐，未逾时，译成法、俄、德、日各法律书数十编"；后者言"每一卷成，必考其沿革，审其轻重，三复而后已"。文中记述了修订法律馆设立的时间、主要工作、参与者，及沈家本的主持之功。

另据光绪三十一年（1905）三月二十日沈家本、伍廷芳联名会奏《删除律例内重法折》载：

> 计自光绪三十年四月初一日开馆以来，各国法律之译成者，德意志曰刑法，曰裁判法，俄罗斯曰刑法，日本曰现行刑法，曰改正刑法，曰陆军刑法，曰海军刑法，曰刑事诉讼法，曰监狱法，曰裁判所构成法，曰刑法义解；较正者，曰法兰西刑法。至英、美各国刑法，臣廷芳从前游学英国，夙所研究，该二国刑法虽无专书，然散见他籍者不少，饬员依类辑译，不日亦可告成。复令该员等比较异同，分门列表，展卷了然，各国之法律已可得其大略。[1]

奏折中提到修订法律馆于光绪三十年（1904）四月启动，翻译了德、俄、日、法等国刑法，与《沈君之碑》和《沈家本墓志》的记述吻合。而伍廷芳最为熟悉的英、美二国刑法尚无翻译专书。因伍廷芳归国后的首要任务是修订商约，尚无暇参与修订法律馆的活动。《伍廷芳墓表》言伍氏"任满归国，为商约大臣"（第8行），"寻迁商部左侍郎，再迁外务部右侍郎，复与沈家本同任修律大臣"（第10行），记述了伍氏在修律活动初期（1903—1904）的活动轨迹，也可证明编译各国现行法的功绩，当记在沈家本身上。

第四栏"废重刑"，沈、伍碑志均强调。对沈氏的"请先去旧律之过当者"，"请先废凌迟、枭首、戮尸及缘坐、刺字等刑"等表述具体而微，可信度较高；《伍廷芳墓表》言"凡前清凌迟、连坐、刑讯等条皆汰去"较笼统，《清史稿·刑法志》和《清史稿·沈家本传》未载此项，而在《清史稿·德

---

〔1〕 徐世虹主编：《沈家本全集》第4卷《寄簃文存》卷一，中国政法大学出版社2010年版，第609页。

宗本纪》中专述此事：

> （光绪三十一年）三月……癸巳，谕更定法律。死罪至斩决止，除凌迟、枭首、戮尸等刑。斩、绞、监候者以次递减。缘坐各条，除知情外，余悉宽免。刺字诸例并除之。甲午，以禁止刑讯，变通笞、杖，清查监狱羁所，谕督抚实力奉行。[1]

无疑，"废重刑"是清末法制改革具有标志性的成果。虽然沈家本、伍廷芳联名会奏《删除律例内重法折》具有重要推动作用，但并非仅由一二人能完全促成，《清史稿》将其视为朝廷及帝王主政的功绩，自然不会重复出现于《刑法志》和个人传记中。此具有政治叙述的合理性。从沈、伍碑志墓表及联名会奏看，二人对推动"废重刑"均各有贡献。细读《伍廷芳墓表》所载"复与沈家本同任修律大臣，成民刑律草案，旋颁行刑律，凡前清凌迟、连坐、刑讯等条皆汰去，为中国刑法开新纪元"（第9行）的评述，其实并非单指伍廷芳一人之功绩，而是与沈家本等合力促成。

第五栏"设法律学堂"之事，仅出现于沈家本的碑志、传记中，但伍廷芳对此应是有所贡献。就创办学堂的过程及光绪三十二年（1906）九月开学后的情况，沈家本在光绪三十四年（1908）六月所撰《法学通论讲义序》中记载了伍廷芳的贡献：

> 余恭膺简命，偕新会伍秩庸侍郎修订法律，并参用欧美科条，开馆编纂。伍侍郎曰："法律成而无讲求法律之人，施行必多阻阂，非专设学堂培养人才不可。"余与馆中同人金题其议，于是奏请拨款设立法律学堂，奉旨俞允。择地庀材，克日兴筑，而教习无其人，则讲学仍托空言也。乃赴东瀛，访求知名之士，群推冈田博士朝太郎为巨擘，重聘来华。松冈科长义正，司裁判者十五年，经验家也，亦应聘而至。于光绪三十二年九月开学，学员凡数百人，昕夕讲贯，昀经三学期矣。吾中国法律之学，其将由是而昌明乎！[2]

---

〔1〕　（清）赵尔巽等撰：《清史稿》卷二四《德宗本纪二》，第951页。

〔2〕　徐世虹主编：《沈家本全集》第4卷《寄簃文存》卷六，中国政法大学出版社2010年版，第748页。

第六栏"后期修律活动"，沈、伍碑志墓表所记均简洁扼要。因伍廷芳在1907年已辞去京职，此后的修律活动未再参与。但在中华民国南京临时政府时期，伍廷芳被任命为司法总长，他建议实施前清修订法律以为变通之举，与他在辛亥革命之际的诸多"反清"言论（见后文）形成鲜明对比。其呈文言：

> 窃自光复以来，前清政府之法规既失效力，中华民国之法律尚未颁行，而各省暂行规约，尤不一致。当此新旧递嬗之际，必有补救方法，始足以昭划一而示标准。本部现拟就前清制定之民律草案、第一次刑律草案、刑事民事诉讼法、法院编制法、商律、破产律、违警律中，除第一次刑律草案，关于帝室之罪全章及关于内乱罪之死刑，碍难适用外，余皆由民国政府声明继续有效，以为临时适用法律，俾司法者有所根据。谨将所拟呈请大总统咨由参议院承认，然后以命令公布，通饬全国一律遵行，俟中华民国法律颁布，即行废止。是否有当，尚乞钧裁施行。[1]

这一建议，后来在袁世凯主政时得到贯彻。在袁氏所撰《沈君之碑》中也特别提到："国体猝更，凡百草创，而至繁至重之典，法司日夕所承用者，大抵仍君之旧。"

（二）沈家本和伍廷芳的"政治"身份

沈家本一直坚守修律工作，领衔《新刑律》、诉讼法及各律草案起草工作，对此《清史稿·刑法志》描述颇详：

> 三十三年，更命侍郎俞廉三与沈家本俱充修订法律大臣。沈家本等乃征集馆员，分科纂辑，并延聘东西各国之博士律师，藉备顾问。其前数年编纂未竣之旧律，亦特设编案处，归并分修。十二月，遵旨议定满、汉通行刑律，又删并旧例四十九条。宣统元年，全书纂成缮进，谕交宪政编查馆核议。二年，覆奏订定，名为《现行刑律》。[2]

---

〔1〕 一九一二年三月二十四日《呈请适用民刑法律草案及民刑诉讼法文》，据《南京临时政府公报》第47号，引自丁贤俊、喻作凤编：《伍廷芳集》下册，中华书局1993年版，第510页。
〔2〕 （清）赵尔巽等撰：《清史稿》卷一四二《刑法志一》，第4187页。

宣统元年，沈家本等汇集各说，复奏进《修正草案》。时江苏提学使劳乃宣上书宪政编查馆论之曰……明年资政院开，宪政编查馆奏交院议，将《总则》通过。时劳乃宣充议员，与同院内阁学士陈宝琛等，于无夫奸及违犯教令二条尤力持不少怠，而《分则》遂未议决。余如《民律》《商律》《刑事诉讼律》《民事诉讼律》《国籍法》俱编纂告竣，未经核议。惟《法院编制法》《违警律》《禁烟条例》均经宣统二年颁布，与《现行刑律》仅行之一年，而逊位之诏下矣。[1]

　　在清末民初出版的各类政书、律书，也均署名为沈家本"奉敕撰"。检之《清史稿·艺文志》，有《删除律例》附《商律》不分卷、《清现行刑律》三十六卷、《秋审条款》一卷等，并无署伍廷芳之名者。[2]

　　另比较沈、伍二人在《清史稿》中的载述情况，也颇能说明一些问题。《清史稿》有"沈家本传"，内容依托沈氏墓志，但作了大量精简，评价相对客观。《清史稿》对伍廷芳的记述较分散，但伍氏出现的频率较沈氏更高。在《清史稿》中，沈家本之名出现了 28 次，伍廷芳之名出现多达 61 次。

　　《清史稿》对伍廷芳的记载，主要为外交事务。在《交通志》《邦交志》中，伍廷芳的名字频频出现。《清史稿·交通志》载："粤汉借用美款，倡于盛宣怀。驻美使伍廷芳与合兴公司议借美金四千万，期以五年工竣。"[3]《清史稿·邦交志》的美利坚、日本、秘鲁、墨西哥等专条中，伍廷芳的上奏、咨文、建议被频繁引述，其外交才干得到充分发挥。[4]

　　在《清史稿·德宗本纪》部分，伍廷芳的外交和修律功绩兼而有之，诸如"庚戌，命道员联芳、伍廷芳赴烟台与日本换约"，"命左都御史杨儒充出使俄奥荷大臣，道员罗丰禄充出使英义比大臣，黄遵宪充出使德国大臣，伍廷芳充出使美日秘大臣"，"丙申，命沈家本、伍廷芳参订现行法律"，"命载振、袁世凯、伍廷芳参订商律"，"壬子，命袁世凯充督办商务大臣，伍廷芳副之，兼议各国商约"，"命伍廷芳充出使美国大臣，萨荫图充出使俄国大臣"

〔1〕（清）赵尔巽等撰：《清史稿》卷一四二《刑法志一》，第4190-4192页。

〔2〕（清）赵尔巽等撰：《清史稿》卷一四六《艺文志二·史部条·政书类条》，第4311页。

〔3〕（清）赵尔巽等撰：《清史稿》卷一四九《交通志一·铁路条》，第4440页。

〔4〕参见（清）赵尔巽等撰：《清史稿》卷一五九、卷一六〇，第4591页、第4596页、第4631页、第4655页、第4660页。

等记载均可证明。[1] 其中光绪二十九年（1903）"命载振、袁世凯、伍廷芳参订商律"，也是清末修律活动的重要实践。

在《宣统皇帝本纪》中，除记载伍廷芳的外交业绩如"出使大臣伍廷芳与美国订立《公断专约》成"，也记录了伍氏"反清"的事迹，如"伍廷芳、张謇、唐文治、温宗尧劝告摄政王，请赞共和政体"，"初，袁世凯遣唐绍仪南下，与民军代表伍廷芳讨论大局，以上海为议和地，一再会议，廷芳力持废帝制建共和国，绍仪不能折，以当先奏闻取上裁，遂以入告"，"袁世凯奏与南方代表伍廷芳议，赞成共和，并进皇室优待条件八，皇族待遇条件四，满、蒙、回、藏待遇条件七，凡十九条"等。[2]

由上述可见，《清史稿》所记载的伍廷芳，涉及外交、商务、修律，政治参与度更高，活动能力强，"政治"身份几经变化，对其定位，"律学家"的身份似不足以涵盖。

伍廷芳在民国十一年（1922）六月二十三日病逝后，葬礼并未马上举行，直至民国十三年（1924）十二月三日孙中山发布《准伍廷芳国葬令》。全文为：

> 大元帅令
> 前外交总长兼财政总长、广东省长伍廷芳，功在国家，应准予举行国葬典礼，以昭隆异。所有关于该项典礼应行事宜，着内政部查取成例，分别咨行办理。此令。
>
> （中华民国陆海军大元帅之印）
> 中华民国十三年十二月三日[3]

孙中山称伍氏为"前外交总长兼财政总长、广东省长"，突显了伍廷芳外交家和政治家的身份与功绩。在孙氏所撰《伍廷芳墓表》中，伍氏的外交才干始自辅佐李鸿章时，"于外交缔约尤尽力。既而出使美、日、秘三国，保护

---

〔1〕（清）赵尔巽等撰：《清史稿》卷二四《德宗本纪二》，第912页、第918页、第942页、第943页、第944页、第959页。

〔2〕（清）赵尔巽等撰：《清史稿》卷二五《宣统皇帝本纪》，第971页、第1001页、第1001页、第1004页。

〔3〕广东省社会科学院历史研究所、中国社会科学院近代史研究所中华民国史研究室、中山大学历史系孙中山研究室合编：《孙中山全集》第11卷，中华书局1986年版，第445页。

华侨，力争国体"（第 7 行）。

再看袁世凯对沈家本的"盖棺定论"。沈家本在民国二年（1913）六月九日病逝后，袁世凯在四天后即六月十三日发布《临时大总统令》。全文为：

> 临时大总统令
> 前法部正首领沈家本，研精法律，夙擅专长。自政体改革以来，赞助共和，勤劳尤著。兹闻患病身故，凡我国民同深恓惜，应由国务院核议给恤，以彰崇报。此令。[1]

临时大总统袁世凯的令文称沈氏"前法部正首领沈家本，研精法律，夙擅专长"，突显了沈氏职业法律人和法部主持人的地位，律学家乃是沈家本的本色。

* * *

袁世凯、孙中山所撰碑表和《清史稿》对沈家本、伍廷芳的记述，政治色彩鲜明，可信度高，叙述内容选择性强。《沈君之碑》强调"君为官治绩甚著，所著书凡数十类，皆见于家乘，不具书。书其尤重要者，以示来世"。《伍廷芳墓表》明确"谨揭其生平志事关系家国之大者，以告天下后世，俾知所模楷焉"。而由王式通撰写的《沈家本墓志》，对沈氏家世、履历、政绩、学术等记述较为全面客观，政治色彩相对弱化。

综合对上述文本书写者和内容的分析，可进而得出的结论是：在清末修律活动中，"为中国刑法开新纪元"之主功应在沈家本，伍廷芳的功绩当是为中国外交开新纪元。

---

〔1〕《政府公报》第 397 号"命令"，1913 年 6 月 14 日。

《志哀》
——沈家本先生学深品正风范的缩影

张仁善*

【摘　要】全面评价一个人的事功德行，不在乎身前，而在乎身后，所谓"盖棺定论"是也。在沈家本去世后的系列祭奠仪式上，朝野各界纷致祭辞，祭奠完毕，汇编成《志哀》一册。透过《志哀》祭辞，可睹沈家本先生学深品正的风范，即学究古今历史，精研法律典籍；吸收西方思想，主创近代法律；协调清帝退位，勷赞共和建立；毕生笔耕不辍，著述嘉惠后人；致力法律教育，培养新式人才；国事家事兼顾，生活幸福和满。沈家本先生的道德文章，对后世来说，既是财富，也是激励。

【关键词】《志哀》；沈家本；盖棺定论

一、缘起

俗语有云："花无百日红，人无百日好"，意指每个人一生中，不可能做到时时好，事事对，都有可能犯错。准确完整评价一个人的是非、功过，得在其离世后方可定论。唐韩愈《同冠峡》诗曰："行矣且无然，盖棺事乃了"，人的一生事功，生命终止之时方可全面总结。宋陆游在《小舟游近村舍舟步归》中有"死后是非谁管得，满村听说蔡中郎"之句，慨叹身后无法左右别人对自己的评价。《明史·刘大夏传》记道："人生盖棺论定，一日未死，即一日忧责未已。"言明人生之事，盖棺方可论定，正所谓"善恶在我，毁誉

---

* 张仁善，南京大学法学院教授。《志哀》word 文本的输录，曾得到南京大学法学院法律史研究生张嘉颖的协助。

由人"。〔1〕

"哀挽录"多为逝者生前供职机关、同僚、亲友等所致的祭文、诔辞、挽词及挽联的汇编。明代郎瑛《七修类稿·诗文一·各文之始》曾云："诔辞、哀辞、祭文，亦一类也，皆生者悼惜死者之情，随作者起义而已。"易言之，祭文、诔辞、挽词、挽联等，所欲表达的意思相近，只是形式有所差异。"哀挽录"很大程度上可以折射出逝者的业绩、声誉及人际交往层级。

近代中国公开编辑出版的颇为详尽的"哀挽录"，首推孙中山先生国葬纪念委员会编的《哀思录》。〔2〕《哀思录》收录了孙中山先生的遗像、遗嘱、遗墨、自传、由粤往津纪事、病状经过、医生报告、治丧报告等，祭文、挽词、挽联等编入"治丧报告"部分。另外还有汪伯奇编的《汪汉溪先生哀挽录》，〔3〕分序言、遗像、像赞、传、诔辞、哀词、祭文、纪念文、挽词、挽联、幛额、奠、祭、遗著等。孙中山为民国始创者，其社会地位及影响力不待明言。汪汉溪先生系《国闻报》主持者，亦属一时闻人，颇受世人关注。其他公开出版的有影响的哀挽录并不多见。

沈家本先生为清末法律大家，又是"媒介东西方几大法系成为眷属的一个冰人"（杨鸿烈语），在精研律学、修订新律以及勷赞共和等方面，居功至伟。1913 年 6 月 9 日，沈家本先生溘然长逝，7 月 13 日，北京法学界发起召开追悼会，约 200 人聚集于湖广会馆，悼念追思沈家本先生。追悼会由江庸主持，司法总长许世英、大理院院长章宗祥讲话。〔4〕会后沈氏家人、友朋或僚属编辑成《志哀》，汇集了拜灵及追悼会上衙署、同僚、门生及亲友的祭文、诔辞、挽词和挽联，少部分为沈家本灵前祭文。京师法律学堂全体学员所致挽联"律学溯真源即观法典成编伟绩直追萧相国，灵光推鲁殿际此盖棺定论清名应迈薛长安"中，曾用到"盖棺定论"一词，集众家评说的《志哀》，可视为对沈家本先生一生人品、事业的总体评价，或谓对沈家本先生"盖棺定论"。

基于《志哀》，笔者拟对沈家本一生学品风范作缩影粗略勾勒。行文时，对哀挽词类型未做特别精细划分，多以祭文（诔辞）、挽词（联）概论，希

〔1〕 （明）吕坤：《大明嘉议大夫刑部左侍郎新吾吕君墓志铭》。

〔2〕 载于沈云龙主编，文海出版社印行的《近代中国史料丛刊》第 57 辑。

〔3〕 载于沈云龙主编，文海出版社印行的《近代中国史料丛刊续编》第 17 辑。

〔4〕 参见李贵连：《沈家本评传》，南京大学出版社 2005 年版，第 189 页。

请读者明鉴。

二、《志哀》的基本结构

《志哀》正篇不分章节，按编辑内容顺序，依次为封面、扉页、扉二、临时大总统令、祭文（诔辞）及挽词、挽联等部分。

（一）封面及扉页

《志哀》一页两面，石印成册，装订印刷，48 双页、96 单页面，每页骑缝有"廊房三条丽华石印"坊标，无版权页，故无印刷时间、印刷册数及定价，盖为沈氏家人或亲友筹印，分赠相关人士保存，市面很少流行。据笔者向沈厚铎先生请教得知：中国社会科学院法学所藏有原书一册，是 20 世纪 60 年代沈家捐献出来的，他自己只有复印件，北京金井胡同 1 号"沈家本先生故居"展示的可让参观者触摸点击翻阅的《志哀》电子版，即据沈厚铎先生提供的复印件制作而成。笔者援用的《志哀》，即在参观沈家本故居时逐屏逐帧翻拍而来的。

封面题"志哀"，扉页为沈家本先生遗像（见图 1）。

图 1 《志哀》封面和扉页

扉页二，录登沈家本自题诗，署"子惇自题"，系沈家本先生手迹（见图2）。

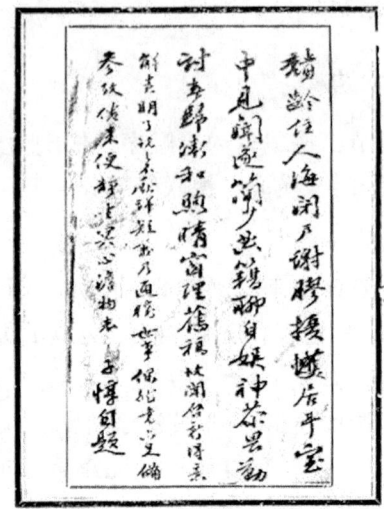

图2 沈家本自题诗

颓龄住人海，闭户谢胶扰。蠖居斗室中，见闻遂简少。
典籍聊自娱，神荼畏勤讨。春归渐和煦，晴窗理旧稿。
故闻启新得，意解贵明了。说之不厌详，疑意乃通晓。
世事偶然书，亦足备参考。倦来便静坐，冥心澹物表。

该诗未注明时间，据沈厚铎先生介绍，此诗为沈家本《癸丑（1913）日记自题》，但《沈家本全集·日记》部分，未收录《癸丑日记》。李贵连先生《沈家本评传》[1]扉页二，收录了该自题诗的影印件。该诗首次正式印刷件，则出现于《玉骨冰心冷不摧——沈家本诗集》中。[2]

（二）临时大总统令

前法部正首领沈家本，研精法律，夙擅专长。自政体改革以来，赞助共和，勤劳尤著。兹闻患病身故，凡我国民同深悚惜，应由国务院核议给恤，以彰崇报。此令。

---

〔1〕 李贵连：《沈家本评传》，南京大学出版社2005年版，扉页。
〔2〕 沈家本著，沈厚铎等编：《玉骨冰心冷不催——沈家本诗集》，浙江文艺出版社2020年版。

（铨叙局）：

为呈请事本月十三日奉大总统令："前法部正首领沈家本研精法律，夙擅专长，自政体改革以来，赞助共和，勤劳尤著。兹闻患病身故，凡我国民，同深惋惜，应由国务院核议给恤，以彰崇报，此令"等因，由国务院抄交到局。

提出六项请求：

第一，查文官恩给及抚恤法，现今尚未规定，该前法部正首领沈家本研究法律，夙擅专长，赞助共和，勤劳懋著，自应从优给恤，藉昭崇德报功之典；

第二，拟请由大总统遣员致祭；

第三，其灵柩回籍时，饬沿途地方官妥为照料；

第四，并饬其家属将该前首领生平详细事实呈报国务院，交国史馆为之立传；

第五，吾国法学久湮，以吏为师，沟通新旧、贯彻中外，以转移风气而立法治国之基础者，实自该前正首领始。拟请由局撰拟碑文，呈由大总统核定，在司法部衙门为之建立碑碣，用垂纪念；

第六，至应否发给治丧营葬经费，或暂照陆军抚恤章程给予遗族恤金之处，出自大总统钧裁。

所有核议前法部正首领沈家本给恤缘由是否有当，付讫批示遵行，谨呈。

批据呈已悉，应如所拟办理，并加给治丧营葬费二千元，以昭优异，此批。

大总统令及铨叙局批示涵盖了对沈家本先生抚恤方法及标准、大总统派人致祭、国史馆立传、司法部衙门为之建立碑碣、灵柩归葬故里经费及其他事项等，体现了沈家本作为法界领袖所享受到的高等级哀荣。

（三）祭文、诔辞

祭文（诔辞）部分，分别有：临时大总统袁世凯遣派卫侍武官萧星垣所致祭文、（许）世英等祭文、王正廷等祭文、大理院长章宗祥暨全院同人等诔辞、学生俞致霈祭文、法学会全体会员诔辞，共计7篇。其中袁世凯、王正廷的祭文标明时间是 6 月份，应该是亲致沈家本旧居灵堂。其余 5 篇祭文，则是在 7 月 13 日，为追悼会当日致祭。

署名中，含"等"字或官署名称的，为组织或群体所祭祀，不含"等"的，则属于个人所祭祀。署名"世英等祭"与"许世英等祭""王正廷等""章宗祥暨大理院全院同人""法学会"的，均为许世英领衔的司法部、章宗祥领衔的大理院、王正廷领衔的工商部（王 1913 年 4 月任北京政府工商部次长，5 月署理工商总长，7 月离职）及法学会组织行为。俞致需仅以"学生"身份致祭，属个人行为。

至于"世英等"与"许世英等"，均为许世英一人领衔，都是 7 月 13 日致祭的，据笔者推测，因为追悼会现场许世英以司法总长身份代表司法部发表讲话，其中一篇祭文疑为现场宣读的诔辞，另一篇则为司法部祭文。因为司法总长居法部之魁，对于逝者生平经历和在法界业绩要有总体评价，具有悼词性质，故署名"世英"的祭文，偏重于生平业绩介绍，符合此等要求。署名"许世英等"的，主要记述沈家本在清末民初法律转型中的作为，更偏向于司法部内部同人的集体致意。

7 篇祭文中，俞致需的最长，700 余字；王正廷等的最短，不到 200 字；许世英等的两篇字数几乎等同，接近 400 字。

（四）挽词、挽联

挽词、挽联，多为参加追悼会来宾现场所题，也有提前题写，请人代送的。挽词、挽联有题于组织者事先准备的《志哀》册上，也有书于追悼现场悬挂的幛额上，抑或题写于花圈花篮的挽带上，事后专人整理誊抄，编辑成《志哀录》或《哀挽录》传世。沈家本先生的《志哀》录上的挽词、挽联当源于此。

挽词、挽联相似，细微区别就是挽词创作灵活，篇幅或短或长；挽联相对精炼，比较讲究对仗工整。加上多为现场悬挂，供凭吊者公开默颂欣赏；这也是奇文争妍的绝佳场合，故题写要求更高。

《志哀》所录全部挽词、挽联 97 条，只有题名"门人周绍基""年愚姪汪述祖""门下士王祖纬、刘瑞琛"三则为五言或七言诗外，其余均以挽联的款式题写。其中最为后世耳熟能详的当属临时大总统袁世凯挽联："法学匡时为国重，高名垂后以书传。"该联亦用作湖州沈家本先生之墓的石刻碑联。

《志哀》所录署名，有单独落款者，有数人落款者，还有数十人集体落款者。

挽词、挽联占了《志哀》的大部分篇幅。据统计，在挽词、挽联上署名者合计323人，单署者168人，二人合署者26人，三人以上合署者129人。也有既致祭文，又送挽联的，如学生俞致需等。

衙署落款者一个：步军统领衙门。

标明职务头衔的一人。

无任何前缀身份、单署姓名者20人；2人合署者3对6人。

其余为有前缀身份者，分类为：同僚旧属、受业门生、法校学生、同乡友朋、晚辈亲戚等。

三、《志哀》折射出沈家本的人际关系层级

题敬挽联者，均实名落款，且多标明自己的身份，故从落款中庶几可以了解逝者身前"朋友圈"的层次品级。

步军统领衙门的挽联，是唯一一副署名衙署的挽联。清代京师的卫戍、警备和治安保卫机构叫"提督九门步军巡捕五营统领衙门"，通称"步军统领衙门"，长官简称"步军统领"，俗称"九门提督"。步军统领衙门创设于清初，后经历了数次变迁，承担维护京城治安的任务，兼有军、警之职，清末变革，军、警分离，专司军职。辛亥革命后，北洋政权将其更名为"京师步军统领衙门"，辖左右翼总兵，区别于巡警，但可以凭警备身份协管京城社会治安，牵制警察办案，成为民国初期特殊的一处官署，1924年10月5日被正式裁撤。这也可看成警备界对沈家本先生的崇敬表达。

有职衔前缀的挽联，仅"大总统袁世凯"一副，凸显大总统（实为"临时大总统"）的最尊崇地位。

单署姓名者，通常与逝者的身份、级别平齐或相似，有的甚至位尊于逝者。如《志哀》单独署名者中的伍廷芳，与沈家本同为清末修律大臣；胡惟德乃与袁世凯、沈家本同在清帝退位诏书上附署的外务大臣；胡惟德、周自齐北洋时期，曾为政府"准元首"；伍廷芳、周自齐、王正廷、许世英、胡惟德等，均为民初内阁大臣。合署而无前缀身份者，也多为各界名流，如陆宗舆（民初为参议院议员及宪法起草委员）、陈其美（曾为上海都督）等。另外，陈迈、褚辅成、何基鸿、张孝移、吴昆吾等，也均为一时名流。

姓名前加前身份的，除袁世凯的"大总统外"，其余均以谦抑逊卑自名。主要有如下几类：

（1）同僚旧属。前缀"旧属"身份的，有2人，张壁田、董康，为沈家本职掌刑部或主持清末修订法律馆时的部属。

（2）受业门生。受业门生的范围较广，都是直接或间接得到过沈家本先生的学业或事业指导、奖掖的人，所用自称有"门人""门下士""后学""受业""乡后学""门下问业生"等，有80余人。其中著名的有许受衡、江庸、潘恩培等。

（3）法校学生。前缀为"学生"或"学员"的，多为在法律学堂接受过沈家本教育或授课者，单署名者4人，2人合署者1组，4人合署者2组，5人合署者1组，7人合署者1组，"京师法律学堂全体学员"16人合署者1组。

（4）同乡友朋。同乡友朋，多前缀"乡晚""愚晚""世晚"谦称，计15人，其中2人合署1组，前署"无锡"地名的1人。

（5）晚辈亲属。亲属致祭的挽联最多，计95副，单署、合署者有百位略余。亲属关系相对复杂，所用前缀亦纷繁多变，诸如年愚姪、姨甥壻、年姪、表姪壻、姻愚姪、世愚姪、姻姪、世姪、愚弟、姻再晚、愚表弟、表弟、宗愚弟、世愚弟、姻世愚弟、姻世愚姪、姻愚弟、年愚弟、年再姪、乡愚姪、表姪、宗姻世再姪、子壻、姪孙壻、再世姪、姻年再姪、世弟、世再姪、姪壻、外甥、姻年愚弟等。亲属中，比较著名的人物如自称"年再姪"的章宗祥、"愚姪"的曹汝霖、"年愚姪"的胡嗣瑗、"世再愚姪"的许世英及汪守珍、"子壻"的汪大燮、"愚姪"的尚秉和等。

四、《志哀》是沈家本学深品正风范的缩影

通读《志哀》所录祭文、挽词，可见志哀者对沈家本先生学品的评价涉及他的学识、思想、眼界、著述、品行等诸多方面，现概括如下，聊作对其学深品正风范缩影的素描：第一，学究古今历史，精研法律典籍；第二，吸收西方思想，主创近代法律；第三，协调清帝退位，勷赞共和建立；第四，毕生笔耕不辍，著述嘉惠后人；第五，致力法律教育，培养新式人才；第六，国事家事兼顾，生活幸福和满。

行文至此，再录精彩祭文、挽词数则，以与读者共赏。

（一）祭文

世英等祭文

维中华民国二年七月十三日世英等，谨以清酌之奠，致祭于沈先生子惇之灵，曰：

呜呼，笃生先生，志度渊英，飞辩摛藻，络绎纵横；旧文新艺，亦既有行，德之所届，宪流后昆。追惟先生，爰自髫龀，克岐克嶷，发彩流润，游目典坟，金声凤振。才通汉魏，文薮班扬，钩深探赜，体微知章；昭哉仁孝，轩曜怀光，越登司官，刑辟端详；一麾出守，视民如伤，膺兹显秩，缙绅洋洋，居因业胜，规矩圆方。虚握灵珠，法流是挹，手不释文，丝纶允缉；纸落如云，无疑不质，国之宪章，献替尽职，悬法无闻，望古遥集。龙战未分，允迪大猷，人和天静，甄殷陶周，如彼竹柏，清节为秋，杜门不出，洞灵通幽；洽闻强记，博览旁搜，恭承嘉惠，玄化滂流。奕奕先生，学优则仕，仕优则学，是敦诗书，是悦礼乐；川渎含晖，挠之不浊，蔼蔼卿云，峨峨崇岳。听参皋吕，志绍孔姬，纵心儒术，庶狱兼资；善诱善导，复存于兹，成才千计，百僚攸师；昔闻大德，耄耋为期，瞻仰昊天，胡不慭遗，寝疾弥留，尚慎尔仪。心悽目法，梁崩哲萎，命不可赎，来者曷追，神飨一觞，或慰涟洏。呜呼哀哉！

吴兴沈公子惇先生诔辞

民国建邦甫二载，吴兴沈子惇先生考终京师，既卒之三十有五日，都人士以泰山之颓、梁木之坏，莫由纾其景慕之忱也，墠地于湖广馆，为位而哭；在蜀汉武乡侯之薨，父老子弟知与不知，靡不流涕。先生之饷遗迪导于来兹者，既远且久，岂宗祥等所敢私其仰跂哉！院中诸君子以先生为海内宗仰，其所以肸蠁感洽畀人，人不克一日去诸怀者，固如水在地中，无所不际。而先生亦尝长大理，所创庸贻垂，独为吾辈所诵法终身者，亦弗克一二数，安可不循沿习之常，以致钦向之私乎？谨骤楀其旨而致辞曰：

春秋断狱，取义群经，天常地则，轨物斯民。暴秦师吏，嬴政焚书，绌儒信法，流径遂区。伟哉先生，铸两为一，伏胜抱经，萧何造律。先生之书，其种数十，易篑遗言，不忘著述。先生之文，其数万千，放弥六合，溥博渊泉。天胡不吊，丧我宗师，群生黔黮，昏垫矣之。功德在民，万方一概，宁独吾辈，敢私藏爱。庶羞清酒，晋奠云璠，告此哀衷，殿以一言。国人之痛，痛丧贤喆，吾人之惧，惧失圭臬。继承遗绪，畅宣微旨，就为之先，责在后死。

大理院长章宗祥暨全院同人等谨诔

沈子惇先生哀诔

民国二年六月九日吴兴沈子惇先生考终京师，先生精研法学，沟通中外，著述之富，耄期不倦，培植后进，成就尤多，航航巨行，举世所仰，固已无待扬榷。庚戌之冬，本会甫议草创，先生即躅金督促，本年杂志赓续发行，重赐弁言，其所以维持之者至矣。胡图龙蛇绝笔，哲人萎落，一暝弗视，神归于穆，哀哉，同人不文，谨摅哀诔，其词曰：

茫茫宇宙，世运推移，欧风东渐，畴导先机。惟公宏达，审其精微，修订法典，熔铸东西。法以薪治，策以驭时，万目睽睽，争相诃讥。公曰斯学，今甫树基，爰辟校舍，广取师资。灌输新理，渐息群疑，不为古囿，不畏俗嗤。巍然一老，后进之师，法家泰斗，非公而谁。范蠡铸金，平原绣丝，公神已往，公泽弗衰。谨杍豪素，以诏来兹。

法学会全体会员谨诔

（二）挽词

河岳英灵气，乾坤老病身，一纵辞组绶，便欲阅经纶。翰墨精神在，沧桑涕泪新，不堪吟薤露，白日黯车尘。久待休文坐，亲承肺腑言，救时儒术贵，治世法家尊。学岂分今古，人宜有本原，回思旧时事，凄怆动心魂。自具千秋想，由来万事空；门庭仍旧馆，松柏已新宫。异代源流合，殊方慨叹同，所嗟邦国瘁，吾道早知穷。驽马无羁勒，频劳顾盼深，惭非千里足，重负百年心。曳枝歌如昨，焦琴响易沉，孤根又安托，激楚自沾襟。

门人周绍基

秋官敭廿廿年余，律例精修及鲁鱼，独在城南筑庐舍，公余门外罕车舆。缓刑共重温舒议，却聘还闻谢子书，岂是欲归归未得，神灵长傍九华居。联翩雨代附通家，季父同看上苑花，何幸吾儿蒙教育，许居优等重袖嘉。儒林耆旧如公少（癸未年丈述所知者在旗在籍尚有寿子年尚书、朱古微侍郎、丁伯厚夫子、宁琯香观察四年丈），世谊殷拳不我遐，惆怅云山迢递隔，未能哭奠到京华。

年愚姪汪述祖

晚年独以法家名，著作琳琅万卷盈；秋署桁杨根铲断，春风桃李荫争荣。望高山斗留芳躅，律酌中西集大成；同学齐来追悼会，凄凉薤露哭先生。

门下士：王祖纬、刘瑞琛

（三）挽联

法学匡时为国重，高名垂后以书传。

大总统袁世凯

集政事文学之长，硕德耆儒允推泰斗，况更钧稽名法陶铸生徒，十载久论交治律饫闻今古义；际革故鼎新之会，整纲饬纪端赖贤良，方期阐发民权修明国宪，一朝惊溘逝怆怀顿失老成人。

伍廷芳

律学溯真源即观法典成编伟绩直追萧相国，灵光推鲁殿际此盖棺定论清名应迈薛长安。

京师法律学堂全体学员

法学半门墙，忆昔泽溥春风，一派支流分蜀国；殊恩脱囹圄，忽听语传薤露，两行清泪哭先生。

受业孙镜清

学贯古今道宗孔孟，律精新旧名震中西。

受业陈鄂

铲除唐宋明清历代旧科条，著书千万言应首占法制革命史第一席；精择卢孟伯落诸贤新学说，草律十余种洵无愧中华共和国大伟人。

门下士：曹堃、张明哲、刘瑞琛、苏兆祥、石秉铸合古今中外法学家精粹，草律数万言保障民权功不在禹下；以道德文章隐君子风仪，服官四十载苍茫人海我独为公悲。

世再愚姪许世英、汪守珍

处立宪共和递嬗时期，望隆南北，为鲁国灵光畴范演明夷，终古应传皇极义；兼大陆英美双方派别，学贯东西，存汉廷律意皋苏同种德，只今长衍法家庆。

姻年愚弟朱福诜

是千秋史乘有数完人，何图天不慭遗凄绝噩音来海国；忆念载恩私真同罔极，此后吾将安仰悲吟楚些泣端阳。

子壻汪大燮率子外孙维梁

保障人权孟德斯鸠同硕望，修明法律皋陶庭坚持正宗。

再世姪凌汝霖

大师已逝，风范犹存。沈家本先生的道德文章，堪为后世典范；其等身著述，值得仔细研读，用心领悟；其嘉言佳行，吾辈当默记于心，践行于体，为国族法治目标的早日实现作出应有贡献。

"宗旨"：沈家本法治理论的核心概念

李启成[*]

【摘　要】沈家本主持修律，受传统思想之启发，认定变法修律必有学问为指导，学问则必有宗旨，无宗旨则学无归宿而不可谓有学；因处于西化派和保守派的夹击下，以思想争鸣中的弱势一方，揭起"宗旨"一词为变法修律提供正当性论证依据。"宗旨"遂成为沈家本法思想的核心概念：中法、西法、整顿旧律、制定新法皆有其"宗旨"，整个变法修律更有其"宗旨"。"宗旨"是贯串沈家本整个变法修律活动的灵魂：能将其学问和修律事业有机结合，成就其士大夫以专业绝学报国之志；各项法典及各种配套设施能成系统发挥作用；形成一个较成系统的"法治"理论框架，力求良法和善人兼重，以推动正式的君主立宪。法律转型具有阶段性，后人要超越沈氏的法治理论，需要群策群力，更精准把握法律"宗旨"。

【关键词】沈家本；宗旨；法治理论；法律转型

为学必有宗旨。大凡一种能成系统的思想，皆有其区别于其他思想的核心范畴，在中国思想史上，有时被称为"宗旨"。这个宗旨，有时可能为思想家本人所自觉意识到，也可能是思想家所习用而为后人总结出来，予以概念化，成为该思想家或者所属学派之学术特征。中国思想史大家徐复观先生据多年研究经验总结到，"西方的思想家是以思辨为主，思辨的本身必形成一逻辑的结构。中国的思想家系出自内外生活的体验，因而具体性多于抽象性。但生活体验经过了反省与提炼而将其说出时，也常会澄汰其冲突矛盾的成分，而显出一种合于逻辑的结构。这也可以说是'事实真理'与'理论真理'的

---

　* 李启成，法学博士，北京大学法学院教授，博士生导师，北京大学近代法研究所所长。

一致点、结合点。但这种结构，在中国的思想家中都是以潜伏的状态而存在。因此，把中国思想家的这种潜伏着的结构如实地显现出来，这便是今日研究思想史者的任务，也是较之研究西方思想史更为困难的任务"。[1]研究古代中国人的法思想，这个提醒非常重要。沈家本作为晚清媒介中西方法学的冰人，除了晚年所写的一些论说体专文外，他大部分作品仍属传统体裁。故徐复观先生的这个提醒，于沈家本法思想的研究仍有启发。

作为传统士大夫的沈家本，长期供职于刑部，以律鸣于时，因缘际会，成了晚清变法修律的主事者。庚子之后，国运凌夷，大有时不我待之势。沈氏本其法律救国之念，当法学古今中西冲突融汇之际，逐渐形成了自己基于修律实践的法治体系。学界对沈家本的研究已非常多且有的水准极高，要把相关研究引向深入，对研究者传统律例和西法素养都要求颇高，实属不易。我在研究生课堂上跟学生一起阅读、分析《寄簃文存》的过程中，发现沈家本特别喜欢用"宗旨"一词来表述其核心思想。后经检索，《寄簃文存》八卷共搜集沈氏在变法修律前后撰写的各类文章96篇，即出现"宗旨"37次，分布于20篇文章之中。其中使用该词最多的是《监狱访问录序》，共出现5次；其次为《删除律例内重法折》，出现4次；出现3次的文章包括《裁判访问录序》《法学名著序》和《书四库全书提要政书类后》。这些文章都可视为沈家本修律时期撰写的代表作。又检索徐世虹教授编辑的《沈家本全集》八卷，发现共出现"宗旨"102次，列表如下：

卷数	第一卷	第二卷	第三卷	第四卷	第五卷	第六卷	第七卷	第八卷
次数	8	12	12	58	2	2	4	4

"宗旨"一词为沈家本所频繁使用，且在其文集中的分布较广；且它既非中国传统律学术语，又非口头语词。鉴于此，我以为沈家本使用该语词，有其慎重的考量，故将之作为沈家本法思想研究的一个突破口。本文拟即主要以检索到的沈家本使用"宗旨"102条资料作为基础材料，结合既有的沈家本研究成果，将之放入近代法制转型这个大背景下，来深入剖析沈家本法治

---

〔1〕 徐复观："研究中国思想史的方法与态度问题（代序）"，载徐复观：《中国思想史论集》，上海书店出版社2004年版，第2页。

理论之得失。

一、中国思想传统中的"宗旨"

春秋战国时期，王纲解狃，王官之学逐渐散于民间，百家随之而兴，相互争鸣，各家特色遂越来越明显。较早系统梳理中国学术思想的《庄子·天下》即认为百家都是"道术将为天下裂"的产物，虽"皆有所长，时有所用"，但他们都是"一曲之士"，"多得一，察焉以自好"。[1]这也就是说，百家皆有其自见之"一"。《荀子·非十二子》在批评了"十二子"虽"持之有故，言之成理，足以欺惑愚众"之后，指出真正的君子应"佚而不惰，劳而不慢，宗原应变，曲得其宜"。即作为真正的有道之士，其理论必有其"宗"和"原"，绝非散漫放逸。

按照司马迁的总结，以其父司马谈之口表达出的，当时影响较大的阴阳、儒、墨、名、法、道德六家既有共通的"要指"，也有各家之"要指"。六家之所以有共通"要指"，根据《易大传》所言："天下一致而百虑，同归而殊途"，所谓"一致""同归"，即"务为治者也"，即要在晚周拨乱反正，各家差别仅在手段之不同及言说之详略。关于各家之"要指"，除他们最欣赏的道家外，司马谈父子主要从各家之长处及不足两个方面予以归纳。比如说儒家，因以六艺为法，典籍浩繁，学者难以遍学，故其短处在"博而寡要，劳而少功，是以其事难尽从"；其长处则在"序君臣父子之礼，列夫妇长幼之别"，百代不易。[2]这即是说，要成一家之言，必有其"要指"。西汉末造，刘向别集众录，其子刘歆撮其"指要"，著成《七略》。"七略中之辑略，乃诸书总要，犹后世之序录耳。故当时区分群籍，实六艺、诸子、诗赋、兵书、术数、方技六类也。"[3]班固撰汉书，首创"艺文志"专篇，来概述古代学术之升沉变迁。他认为在诸子十家中，可观者九家，"皆起于王道既微，诸侯力政，时君世主，好恶殊方，是以九家之说蜂出并作，各引一端，崇其所善，以此驰说，取合诸侯"，九家学说各有其"指"与"要归"。"要归"为何，即

---

〔1〕 刘文典撰，赵锋、诸伟奇点校：《庄子补正》下，中华书局2015年版，第867-870页。

〔2〕 （汉）司马迁："太史公自序"，载（汉）司马迁撰：《史记》第10册，中华书局1959年版，第3288-3289页。

〔3〕 （宋）司马光：《资治通鉴》第2册，参见张舜徽：《四库提要叙讲疏》，云南人民出版社2005年版，第111页。

"六经之支与流裔"。[1]

可见，春秋战国，百家蜂起，争鸣于时。秦汉时期论中国思想者，多认为一派学术思想之所以能自成一系，皆有其"要指""指要"或"要归"。没有这种"要指""指要"或"要归"，就不能将之别为一派予以学术梳理。

东汉以后，佛教入华，宗派渐多，义理亦歧，以至于有判教之事和判教之说。汤用彤先生这样评论：

> 印度佛典出世先后不同，各有其立义之宗旨，学说之背景，于是陈义纷繁，而有二乘诸部，性相各宗。及经论东流，研读者多，又各抒其所见。判教之说，盖求于印度佛典之分歧，作一整理统一之区画。又欲于依判者之宗义，以平章中国流行之异说，而定于一尊。[2]

判教难获成功，反而促使佛教各宗派标揭"宗旨"，相互辩长论短。佛教与中国固有思想之间，更是辩难蜂起。梁武帝在《敕答臣下神灭论》中即讲："谈无佛应设宾主，标其宗旨，辩其短长。"[3]如此一来，不仅佛教各宗自有其"宗旨"；且随着佛教流行，与儒家、道教三家鼎立，在用语上亦是交互影响。到唐初，高祖即宣称"儒玄佛义，各有宗旨"，据载：

> 高祖尝幸国学，命徐文远讲《孝经》，僧慧乘讲《金刚经》，道士刘进嘉讲《老子》，诏刘德明与之辩论，于是诘难蜂起。三人皆屈。高祖曰："儒玄佛义，各有宗旨。"[4]

中宗年间，六祖慧能在南方弘法，创立禅宗，成为外来佛教中国化的里程碑。其所讲论，被其弟子法海等辑为《坛经》。自佛教东来，按照其传统，只有记述佛祖释迦牟尼言教的著作方被称为"经"，《坛经》是惟一例外。在《坛经》中，慧能反复告诫弟子和信众，要依照《坛经》所言修行、教授，勿失"宗旨"；《坛经》流传，慧能禅宗的"宗旨"遂显。针对有信众怀疑慧能所讲是否符合禅宗初祖达摩所教，《坛经》记载了下述对话：

---

[1] （汉）班固撰：《汉书》第 6 册，中华书局 1962 年版，第 1746 页。

[2] 汤用彤：《汉魏两晋南北朝佛教史》，上海人民出版社 2015 年版，第 589 页。

[3] 《弘明集》卷一〇，四部丛刊本。

[4] （唐）刘肃撰：《大唐新语》卷一一，清文渊阁四库全书本。

韦公曰：和尚所说，可不是达摩大师宗旨乎？

师曰：是。

公曰：弟子闻达摩初化梁武帝，帝问云："朕一生造寺度僧，布施设斋，有何功德？"达摩言："实无功德。"弟子未达此理，愿和尚为说。

师曰：实无功德。勿疑先圣之言。武帝心邪，不知正法，造寺度僧，布施设斋，名为求福，不可将福便为功德。功德在法身中，不在修福……功德须自性内见，不是布施供养之所求也。是以福德与功德别，武帝不识真理，非我祖师有过。[1]

从词源来讲，"宗"和"旨"本是两个字。"宗"者，祖先也，引申为根本之义。如《礼记·大传》云"别子为祖，继别为宗"。"旨"乃"意义，意思"之意，如《易·系辞下》云："其旨远，其辞文，其言曲而中。"在佛教宗派争鸣过程中，出现了"宗""旨"两个字连用的情形，用得多了，即成为"宗旨"一词。受佛教之影响，儒家士大夫逐渐在学术本原的意义上使用该词。

王阳明更频繁使用"宗旨"一词，提升其意义和价值。在《传习录》中，他多次提到言语讲说都属次要，关键是学者能领会其"立言宗旨"。如徐爱问"知行合一"真义时，阳明先生即反复指陈宗旨的重要性："若不知立言宗旨，只管说一个两个，亦有甚用……此却失了古人宗旨也。某尝说知是行的主意，行是知的功夫；知是行之始，行是知之成。若会得时，只说一个知已自有行在，只说一个行已自有知在……今若知得宗旨时，即说两个亦不妨，亦只是一个；若不会宗旨，便说一个，亦济得甚事？只是闲说话。"[2]王门高弟钱德洪在《续刻传习录序》中即明言："吾师阳明先生，平时论学，未尝立一言，惟揭《大学》宗旨，以指示人心……始思师门立教，良工苦心。盖其见道明彻之后，能不以其所悟示人，而为未悟者设法，故其高不至于凌虚，卑不至于执有，而人人善入。此师门之宗旨，所以未易与绎也。"[3]阳明先生生前逝后，朝野不乏有人以"伪学""禅学"来予以攻击。万历年间，为其从祀学宫一事，廷议纷纷，大学士申时行上疏，即辨析禅学与王学宗旨之别，以此证明阳明学无悖于正，应予从祀，"其谓禅家宗旨者，必外伦理、遗世务

〔1〕（唐）慧能：《六祖坛经》"疑问品第三"，中华书局 2010 年版，第 62–63 页。

〔2〕陈荣捷：《王阳明传习录详注集评》，学生书局 2006 年版，第 33–34 页。

〔3〕（明）王守仁撰，吴光等编校：《王阳明全集》下册，上海古籍出版社 2011 年版，第 1757 页。

而后可……气节如守仁，文章如守仁，功业如守仁，而谓之禅，可乎？"〔1〕

到黄宗羲这里，作为阳明心学后人，他更将"宗旨"一词提升到学问根本的高度。他之所以要撰写鸿篇巨制《明儒学案》，是因为前此类似书籍没有标示明代诸大儒著书立说各自的"宗旨"，而不能将前贤进德修业之方指示给读者，供读者选择一个适合自己的方案来切实践履修行。〔2〕仅千字左右的"发凡"，黄宗羲即使用"宗旨"一词 8 次。"发凡"第一条批评前人相关研究的疏略，即仅道出编者自家之"宗旨"，而没有厘清各大儒本来的"宗旨"。第二条即正面强调"宗旨"于思想学问本身的至关重要性：

> 大凡学有宗旨，是其人之得力处，亦是学者之入门处。天下之义理无穷，苟非定以一二字，如何约之，使其在我。故讲学而无宗旨，即有嘉言，是无头绪之乱丝也。学者而不能得其人之宗旨，即读其书，亦犹张骞初至大夏，不能得月氏要领也。是编分别宗旨，如灯取影，杜牧之曰："丸之走盘，横斜圆直，不可尽知。其必可知者，知是丸不能出于盘也。"夫宗旨亦若是而已矣。〔3〕

在他看来，学有"宗旨"，是儒者为人为学的"得力"所在，初学者亦因此才得以入门，故其重要性无以复加。〔4〕"宗旨"之所从来，是由博返约这个学术精研过程之必然归宿。读者观书，首先必明作者之"宗旨"，否则即不辨西东，一片茫然，不得其门而入；虽劳苦万端，终不得成学成德。

传统中国"宗旨"一词之形成及其流行开来，跟禅宗和阳明心学的创始人及其后学的大力提倡很有关系。为什么他们要如此强调其所传"宗旨"，原因可能比较复杂，但特别重要的一点在于他们都是从旧营垒走出来，要发起思想革命，进而确立自己这一宗派在思想学术界的领袖地位，达到破旧立新的目标。换句话说，就是时处激烈思想争鸣之际，处于弱势地位的思想者

---

〔1〕 转引自邵廷采："明儒王子阳明先生传"，载（明）王守仁撰，吴光等编校：《王阳明全集》下册，上海古籍出版社 2011 年版，第 1730 页。

〔2〕 参考朱鸿林：《〈明儒学案〉研究及论学杂著》，生活·读书·新知三联书店 2016 年版，第58-59 页。

〔3〕 "明儒学案发凡"，载（清）黄宗羲著，沈芝盈点校：《明儒学案》上册，中华书局 1985 年版。

〔4〕 经检索爱如生中国基本古籍库，仅《明儒学案》正文部分，黄氏即使用"宗旨"一词达69 次。

（同时也是行动者），为了达到闻者慕义而成其信徒，扩大学派影响，就倾向于强调"宗旨"的重要性。因为思想革命者使用和强调"宗旨"，一则意味着他们可对既有的古老经典作新阐释，古老经典所承载的权威可望从传统流派转移到自己这一新派手里，从而将实质上的思想革命转换成名义上的经典回归，这即属于常言的"托古改制"：古老经典的权威依旧，可能更加强化，但经典的解释权却因此发生了转移，经典的内容也发生了大变化，从而减少来自传统堡垒的阻力。此其一。还有就是思想革命者强调"宗旨"，在一定程度上也就暗示他们是对固有思想传统和流派的一种超越，惟其有这种超越，故"真理"即在于是。

以禅宗而言，慧能悟道后，在南方弘扬禅宗顿教一脉，在佛教内部质疑其悟道与否的主要有二：一是以神秀为代表的禅宗渐教一脉，二是中国流行的其他佛教宗派。也就是说，慧能要弘其法，必先为其法争得禅宗正统，然后为禅宗争得佛教正统，甚至要为佛教争得中国思想界的正统。只不过当时儒教中衰，道教有皇室支持，如前引高祖所定论的"儒玄佛义，各有宗旨"。改变儒释道三家并存的局面，并非慧能及其弟子之急务。他们当务之急是为顿派禅宗争得禅宗正统之地位，这就是他们强调慧能在菩提树下开五祖弘忍一系的"东山法门"，且有传衣钵为证。前引刺史韦据问慧能所弘之法是否为初祖达摩之宗旨，慧能当即肯认，且讲出自己的道理，即在心不在行，在内不在外。要为禅宗争得佛教正统地位，则肯认《金刚经》的权威地位，证明慧能的顿教宗旨来自于该经典。《坛经》多处征引《金刚经》，强调其初得法乃诵《金刚经》而"心开悟解"，五祖弘忍为其讲《金刚经》而大悟，且所弘之法"无一字一句不合经义"，并要求信众诵持。因《金刚经》自鸠摩罗什译为中文后，译本多达六种，注本更多，足征其流行之广泛，到唐代中叶成为中土南北佛教各宗派最重要的经典，已深入人心。[1]慧能因读《金刚经》而悟道成佛，遂有《坛经》之"说法"，就顿派禅宗而言，《坛经》较之《金刚经》，更为直捷扼要，易晓易行。故慧能临终前告诫弟子们："汝等于后传法，依此转相教授，勿失宗旨……流传《坛经》，以显宗旨，此皆兴隆三宝，普利群生者。"[2]

---

〔1〕 参考印顺：《中国禅宗史》，团结出版社 2010 年版，第 113-116 页。
〔2〕 参见（唐）慧能：《六祖坛经》"付嘱品第十"，中华书局 2010 年版。

慧能圆寂后，其弟子继续努力传播其法，神会更于开元天宝年间，多次在滑台召开大会，尤以开元二十年（732）的无遮大会最成功，现存《南宗定是非论》云："神会今设无遮大会，兼庄严道场，不为功德，为天下学道者定（宗）旨，为天下学道（者）辨是非。"〔1〕经慧能师弟几代人大力弘法，原本处于弱势地位的禅宗顿教因缘际会，"宗旨"流行，一花五叶，终成为佛教大宗。

自东汉以降，儒家的显赫地位受到道、佛两家的巨大挑战。宋儒援佛道入儒，建立理学，重振儒家在思想界之地位，至朱子集其大成。自南宋末造经元至明代中叶，理学成为思想界几不可撼动之正宗。以程朱理学为中坚的新理学，既以辟佛道为己任，"宗旨"之内涵尽管为中国固有思想之传统，但主要是佛家，尤其是唐代以来的禅宗所熟用，程朱理学者因避嫌少提"宗旨"。经检索《二程集》，即无运用"宗旨"一词之记录。《朱子语类》明确记载："世昌问：'先生教人，有何宗旨？'曰：'某无宗旨，寻常只是教学者随分读书。'"〔2〕受时代思潮风会的影响，朱子也偶尔用过"宗旨"一词，如朱子在给程允夫的一封论学书信中言："'游于圣人之门者难为言'，真不虚语……此学寂寥，士友不肯信向。吾弟幸有其志，又有其才，每一得书，为之增气。更愿专一工夫，期以数年，当有用力处……近日相与考证古圣所传门庭，建立此个宗旨，相与守之。"〔3〕可见，朱子一度希望从论定道统入手，以建立本派学术宗旨。但总体来说，朱子讲学因辟佛而少用"宗旨"，成为陆九渊批评为"支离"而不见道的原因之一。经检索，大致与阳明先生同时的明代程朱学者薛瑄在其全集中也无"宗旨"一词的运用记录。

类似于慧能的顿教革命，阳明先生亦因学朱子格物致知而不得入圣贤之门，出入于佛道者多年，返求于儒家经典，尤其是古本《大学》，经万死千难，于龙场悟道，肯认心是众善之源，成圣首在修心，而非向外求理，"知圣人之道，吾性自足，向之求理于事物者，误也，并默记五经之言以证之，莫

〔1〕 （唐）独孤沛：《菩提达摩南宗定是非论》上卷，载《神会和尚遗集 附胡先生晚年的研究》胡适校敦煌唐写本，胡适纪念馆，第1970页。

〔2〕 （宋）黎靖德编，王星贤点校：《朱子语类》第8册，中华书局1986年版，第2917页。

〔3〕 "答程允夫"，《晦庵先生朱文公文集》卷四一，载（宋）朱熹撰，朱杰人、严佐之、刘永翔主编：《朱子全书》第22册，上海古籍出版社、安徽教育出版社2002年版，第1872页。

不吻合，因著《五经臆说》"。〔1〕次年即于讲学中倡导知行合一之旨，又经十余年，点出致良知之教。至此，学术纯熟，自成一派。阳明心学在当时亦是新学，"学贵自得"，由此将儒家传统典籍纳入心的考量中，"六经非他，吾心之常道也。故《易》也者，志吾心之阴阳消息也；《书》也者，志吾心之纪纲政事也；《诗》也者，志吾心之歌咏性情者也；《礼》也者，志吾心之条理节文者也；《乐》也者，志吾心之欣喜和平者也；《春秋》也者，志吾心之诚伪邪正者也"。〔2〕在这里，既有的六经都是在为阳明先生的讲学作证。循此思路，《大学》之正宗则是来自于《礼记》的古本，八条目的关键不在朱子所强调的格物，而在诚意，"大学之要，诚意而已矣。诚意之功，格物而已矣。诚意之极，止至善而已矣……罪我者其亦以是矣哉！"〔3〕阳明先生"传心"，同时也在"传信"，对儒家如何成圣问题做了彻底肯定的答复，即人人可凭自有之良知，经事上磨炼而入圣域。〔4〕尽管如此，阳明先生的学说，不论是对经典之阐释还是自身的观点，不免与朱子学直接抵触，在"此亦一述朱，彼亦一述朱"〔5〕的士大夫群体中，势必被一般士大夫视为异端邪说。要宣扬自己的学术观点、成圣法门，就要力避与朱子学直接抵触，最好是让朱子讲出自己想说的话，因此他辑录了《朱子晚年定论》。此外，阳明先生自己讲学时，强调超越具体内容的"宗旨"（早期的"知行合一"和成熟时期的"致良知"），得以有效避免那些枝节上的无谓争论，且能在更高层次上阐释成圣的更宽广道路，即整个人生（包括读书，但不以读书为主）即是一本经书，不读书的愚夫愚妇也可经生活磨砺而成就圣贤。故阳明先生对其讲学"宗旨"的强调，跟六祖慧能弘法有相近的意图，即处于弱势地位的思想"革命"者面对庞大的旧传统而采取的一种有效言说方式，让权威经典来为新学说作证。

到晚明，因阳明先生学问本身的魅力、巨大事功的吸引以及几代师弟的

〔1〕 "阳明先生年谱"，载（明）王守仁撰，吴光等编校：《王阳明全集》下册，上海古籍出版社 2011 年版，第 1354 页。

〔2〕 （明）王阳明："稽山书院尊经阁记"，载（明）王守仁撰，吴光等编校：《王阳明全集》上册，上海古籍出版社 2011 年版，第 284 页。

〔3〕 （明）王阳明："大学古本原序"，载（明）王守仁撰，吴光等编校：《王阳明全集》下册，上海古籍出版社 2011 年版，第 1320–1321 页。

〔4〕 参考秦家懿：《王阳明》，生活·读书·新知三联书店 2011 年版，第 192–193 页。

〔5〕 （清）黄宗羲著，沈芝盈点校：《明儒学案》上册，中华书局 1985 年版，第 178 页。

努力，渐风行天下。利之所在，弊亦随之，空谈心性而无实学实用之弊逐渐暴露出来。明清易代之际，很多士大夫即将明亡在学术上的原因归结于阳明学说。作为阳明后学，黄宗羲不以为然，认为王学末流固有其可指摘处，但阳明心学本身则是学之"正宗"。他于"姚江学案"中指出："自姚江指点出'良知人人现在，一反观而自得'，便人人有个作圣之路。故无姚江，则古来之学脉绝矣。然'致良知'一语，发自晚年，未及与学者深究其旨，后来门下各以意见揦和，说玄说妙，几同射覆，非复立言之本意……指月者不指天上之月，而指地上之光，愈求愈远矣。得羲说而存之，而后知先生之无弊也。"[1]他承接阳明，将"宗旨"的重要性提升到空前高度，其原因亦与阳明相近，即面临天下非之而卫其所肯认之道。

综上可见，"宗旨"一词本为一种学术的核心范畴，无"宗旨"则无有统系之学问可言。这种看法肇端自先秦，但指称该范畴的语词尚未固定。及至佛教传入，宗派衍生争鸣，"宗旨"一词开始固定化并被经常使用。尤其是那些在思想争鸣中本处于弱势地位的"革命"者，为免于被指斥为"异端邪说"，进而获得"正统"地位，即倾向于频繁使用超越具体语境和含义的"宗旨"一词，对传统经典进行有利于自己学派主张的新阐释，从而获得正当性和权威支持。慧能的禅宗和王阳明的心学之所以能在思想领域中获得巨大成功，影响于后世极大，即与他们对"宗旨"一词的频繁运用有一定关联。简言之，"宗旨"一词在传统思想史上，是在思想、学派争论激烈之际，处于弱势地位的思想"革命"者所经常使用的语汇。

自明清之际，思想界关于"宗旨"之态度各异，有过相对激烈的争鸣，反映了其间"思想由多元转向一元的，由开门转向关门的变迁"。[2]总体而言，主张程朱者，反对运用"宗旨"来讲学以发其私见，主张学术定于一尊。随着清初以降独尊程朱为正统，儒学者大谈"宗旨"之风气趋于衰落。但学者运用"宗旨"一词作为讲学枢纽推动思想革命的做法，成为思想界之潜流，等到时机成熟，自会由隐而显。作为治术一端的法律，其思想自不能外于此。

降及清末，沈家本膺命出任修律大臣、主持变法修律之时，乃一中西古

〔1〕（清）黄宗羲著，沈芝盈点校：《明儒学案》上册，中华书局1985年版，第178-179页。

〔2〕王汎森："明末清初思想中之'宗旨'"，载王汎森：《晚明清初思想十论》，北京师范大学出版社2020年版，第100-109页。

今法思想、法制度发生激烈冲突和争鸣的年代。沈氏本为一精通传统律学的儒家士大夫，在他生活的那个时代，像他那样具有一技之长的刑律"专家"，与"君子不器"的普通士大夫即有别。庚子国变期间，经过牢狱之灾，甚至伴随不测之祸，他萌生并坚定了"法律救国"之念。及至奉命修律，他主张取西方法律和法学之长，去中国固有法律和法学之弊，来建设新的法律和司法。要达到此一目标，就需要斟酌于古今中西之法，会而通之，明白各自因革之所在。

沈氏的这种修律主张，自然面临着巨大的责难。用他自己的话说，"方今世之崇尚西法者，未必皆能深明其法之原，本不过藉以为炫世之具，几欲步亦步，趋亦趋。而墨守先型者，又鄙薄西人，以为事事不足取……崇尚者或拘乎其墟，而鄙薄者终狃于其故"。[1]在他看来，当时反对变法修律的，大致有"崇尚西法者"和"墨守先型者"，前者趋于激进，后者流于保守，皆声势浩大，是修律之大阻力。沈氏处在此种古今中西法文化激烈角逐之场，自然是曲高和寡，乃弱势一方。为了使其修律主张获得支持，奠定未来中国法的基础，他势必要有效利用传统资源。这就如同阳明先生在贵州龙场这一万死千难之地，凝神思考"圣人处此，更有何道"，从而"中夜大悟格物致知之旨，寤寐中若有人语之者……始知圣人之道，吾性自足，向之求理于事物者误也"，从而初步奠定了其立言成教的基础。作为修律大臣的沈家本，在遭遇极大阻力之时，为实现其"法律救国"理想，势必也会如阳明先生这般思考，圣人主持修律，当如何着手？其思考所得之一，即借用了"宗旨"在传统思想争鸣中所发挥的作用，尝试着用该词来为其修律主张作正当性论证的核心依据，由此奠定了其法思想的重要根基。

二、沈家本评判中国传统法制的"宗旨"

沈家本修律的反对者大致包括"崇尚西法者"和"墨守先型者"，在他看来，前者蔑视传统法制，后者误解传统法制。为了有效驳斥，沈氏首先需要揭出传统法制的"宗旨"。作为传统士大夫出身的律学大家，这是其强项所在，也是他法思想中对"宗旨"阐述得最为深刻之处。

---

〔1〕（清）沈家本："裁判访问录序"，载徐世虹主编：《沈家本全集》第4卷，中国政法大学出版社2010年版（本书出版信息以下省略），第752页。

沈家本与绝大多数传统士大夫一样，认为传统法制的"宗旨"只能是来自圣经贤传。如撇开圣经贤传别求传统法制的"宗旨"，那必会误入歧途。

自晚明阳明学兴起以后，心学和理学的思想交锋，导致学者们将注意力转向古代经典真伪的考证。因阳明先生肯认来自于《礼记》中的《大学》"古本"，程朱推崇的单行本《大学》不足为据；理学者自要证明朱子据以撰写章句的版本才是正本。故思想之当否部分取决于各自所据版本之真伪。学风所及加上清初的严酷政治环境，使得考据学术在乾嘉盛极一时，考据的范围渐渐由"经"转向包括法家在内的诸子，出现了"以子证经""以子证史"的学风。降及同光年间，因国难未已，经世致用之学大兴，向诸子学寻找救国的思想资源，成为很多士大夫的致力方向，于是有诸子学复兴之思潮。法家在这个大背景下时来运转，本来被冠以"刻薄寡恩"之名达两千年之久，现在很多传统士大夫那里成为被重新发掘的"救时良方"，甚至是西方"法治"的老祖宗。其著者如俞樾高足章太炎于1898年撰有《商鞅》一文，即为商鞅法家翻案鸣冤，云："商鞅之中于谗诽也两千年，而今世为尤甚。其说以为自汉降，抑夺民权，使人君纵恣者，皆商鞅法家之说为之倡。呜呼！是惑于淫说也甚矣。"[1]又如严复，自戊戌后即成为通达西学的思想界闻人，曾以硕学通儒成为资政院议员。他历经晚清民国之际的乱象，于1915年尚断言"居今日而言救亡，学惟申韩，庶几可用。除却综名核实，岂有他途可行？"[2]

在这个诸子学复兴、法家被很多人视为救亡思想资源之时，沈家本看到了法家在人性论上的缺失以及它与专制主义的密切关系，从而粘出法家的"宗旨"在"刻核"二字。[3]他主要以商君之法为根据来论证。他在考订《史记·商君传》中"令民为什伍，而相收司连坐"句中"收司"两字含义时，认同王念孙主张的"收"为"牧"之误字，反对惠栋将"相收"解释为"彼此相拘管"之意，"惠说分收司为二，进于望文生义。彼此自相拘管，自来无此政体。且商君之宗旨：'权者，君之所独制。'岂有令民自相拘管之理，

---

〔1〕 汤志钧编：《章太炎政论选集》上册，中华书局1977年版，第68页。

〔2〕 （清）严复："与熊纯如书"，第二十封，载王栻主编：《严复集》第3册，中华书局1986年版，第620页。

〔3〕 （清）沈家本："法学名著序"，载徐世虹主编：《沈家本全集》第4卷，第755页。

必不然也"。〔1〕他还从商鞅之法与秦法之间的连续性来反证，"自商鞅变法，相秦孝公而秦以强，秦人世守其法。是秦先世所用者，商鞅之法也。始皇并天下，专任刑法，以刻削毋仁恩和义为宗旨，而未尽变秦先世之法。是始皇之所用者，亦商鞅之法也"。〔2〕

以商君为代表的法家宗旨既为"刻核"，那即与西方近代法治的"宗旨"大相径庭，在这个模范列强的时代，自不能将之作为变法修律的思想资源。他言简意赅地概括出："申、韩之学，以刻核为宗旨；西方法学，以保护治安为宗旨……以申、韩议泰西，亦未究厥宗旨耳。"〔3〕他在另一篇文章里还指出《管子》"言与今日西人之学说、流派颇相近，是法治主义，古人早有持此说者，特宗旨不同耳"。〔4〕

既不可将法家视为变法修律的思想资源，但作为清廷修律大臣和传统士大夫，当然亦不会也不能将当时盛行于西方的法思想作为变法的主要理据，只能从圣经贤传之中去寻求。沈氏自幼即习举子之业，数十年来浸淫于儒家经典，受其影响自然非比寻常。他要主持变法修律，自然会从中寻找根据。

在"论威逼人致死"文中，沈氏认为圣经贤传的教导必重视人之生命。"考之中国古来学说，初不以轻生为贵。孔子曰：'岂若匹夫匹妇之为谅也，自经于沟渎而莫之知也。'孟子曰：'可以死，可以无死，死伤勇。'寻绎圣贤语意，可以见宗旨之所在。"既然圣贤如此重视生命，则清代的"威逼人致死"条例，悖于圣经贤传，且为唐律所无，"自应酌量变通，以归平允"。〔5〕

既然将圣经贤传之教导作为评判标准，那违背教导之作为自然应予以批评改正。在沈氏眼里，纪昀主持编纂的四库全书，其关于法家类书目的"宗旨"即属此。《四库全书总目提要》于政书类法令之属，只收了《唐律疏议》及《大清律例》二部，存目也仅收五部。沈氏认为其原因就在纪氏编纂《四库全书》的"宗旨"出了偏差，"刑为盛世所不能废，而亦盛世所不尚，所录略存梗概，不求备也"。为什么说这属于偏差呢？因为它首先与三代圣人所作为相悖，"虞廷命官，士与司徒并重，恤刑施刑，反复丁宁，尤详哉！"其

〔1〕（清）沈家本：《刑法分考》卷一，载徐世虹主编：《沈家本全集》第3卷，第59页。
〔2〕（清）沈家本："汉律摭遗自序"，载徐世虹主编：《沈家本全集》第4卷，第157页。
〔3〕（清）沈家本："法学名著序"，载徐世虹主编：《沈家本全集》第4卷，第755页。
〔4〕（清）沈家本："新译法规大全序"，载徐世虹主编：《沈家本全集》第4卷，第756页。
〔5〕（清）沈家本："论威逼人致死"，载徐世虹主编：《沈家本全集》第4卷，第654-656页。

次，此种倡导会招致极为严重的后果，"名公卿之言论，举世所宗仰，况为奉命撰述之编，其立言之宗旨，天下之士趋向从之，尤不当有所偏倚。乃云'所录但存梗概'，是直诏天下以法令为不必学。以一言树之鹄，于是历代之朝章政典悉在鄙夷之列。有志者无书可考，欲求其是非之真而不可得。浅见者奉斯言为楷式，一切屏弃而不知讲求。将举世无一明法之人，持法者但以卤莽灭裂从事，如是而欲政平讼理，能乎？否乎？此可为长太息者也！"并进而引申，即便是以"刻核"为宗旨的法家都不见得全无是处，何况其他法律类典籍，"若夫周季刑名法术之学，刻薄寡恩，非帝王之道，诚为圣世所不取。然即其言以考其行事，正足以资鉴诫。设并灭其籍，则其言不著，而行事之是非亦无从定矣。况乎法令为政治得失之所系，使皆去其籍，则治忽又何从考见之哉？"〔1〕要妥当修律，自应从历代政法类典籍汲取养分。《四库全书》于此仅有存目，让沈氏深感遗憾，"惜当日之宗旨鄙弃之，以为不足道，徒存其名于提要之中而不可复考也"，〔2〕为后人考证、吸取经验教训无谓地增加了困难。他重视《元典章》，是因为"其宗旨，本以备官府之遵守，与著述家之体例不同"。〔3〕

后世帝王多喜欢亲自断狱，因这能直观体现人主掌握臣民生杀予夺之大权。沈氏对此很不以为然，举了虞舜、周文王和周公等圣贤例子予以批驳："圣如文王，于庶狱犹不敢亲自平决，而必委任贤能。后之人主不及文王，而辄欲躬自录囚，在汉、晋偶一行之，尚不失为勤政之一端。若隋文以此为常，是任己而不任人，实大违文王无敢自知之宗旨，况又性多猜忌，甚至殿陛杀人，安望省阅之不任意轻重乎？夫治狱乃专门之学，非人人之所能为，后世人主每有自圣之意，又喜怒无常，每定一狱，即成一例，畸轻畸重，遗害无穷，可不慎哉？虞舜施刑，必属皋陶；周公敬狱，必推苏公。"并感慨："圣人之所为，固非庸众之所能窥测矣。"〔4〕司法应由专门机构和专业人员行使，即便位高权重如君主，亦不能亲决狱讼，这是沈氏从圣人行事中自然推出的

---

〔1〕（清）沈家本："书四库全书提要政书类后"，载徐世虹主编：《沈家本全集》第4卷，第777-778页。

〔2〕（清）沈家本："刑统赋解跋"，载徐世虹主编：《沈家本全集》第4卷，第763页。

〔3〕（清）沈家本："钞本元典章跋"，载徐世虹主编：《沈家本全集》第4卷，第765页。

〔4〕（清）沈家本：《赦考》卷一二《六代录囚》，载徐世虹主编：《沈家本全集》第3卷，第546页。

结论。

沈氏修律，第一步是要整理传统律例。既然圣经贤传是他考量一切前言往行的最主要根据，那整理传统律例的标准自不能外。在他看来，唐律即充分体现了圣经贤传的教导。整理传统律例，自应以唐律为准。"史称'自高祖、太宗除隋虐乱，治以宽平，民乐其安，重于犯法，致治之美，几于三代之盛时。考其推心恻物，其可谓仁矣'，斯言非溢美也。后代治律之士莫不以唐为法，世轻世重，皆不能越其范围，然则今之议刑者，其亦可定厥宗旨乎。"〔1〕唐律也非凭空而生，乃是圣经贤传经多少代人辛苦求索之结晶。"《舜典》所记刑制，颇称完备……后来刑法，其宗旨悉出于舜。"〔2〕在沈氏看来，唐律之所以可成为历代律典之楷模，是因为它有宗旨，且其宗旨为"宽仁""平允"。是否符合唐律之宗旨及其相关规定，是沈氏判断传统律例的最核心标准。

沈家本撰写皇皇巨著《历代刑法考》，于这方面随处可见，稍事归纳，大致有以下两层：

第一，对整部法典好坏的判断，在于它是否跟唐律一样有宗旨，且其内容为宽平。（北）"周先后两《刑书要制》，其宗旨轻重不同"：北周武帝宇文邕于577年在平定北齐后颁布的《刑书要制》为拨乱反正之法，用意在"息浇诈"；北周静帝于579年颁布的《刑书要制》，实际上由隋高祖杨坚制定，乃严苛之法。〔3〕又关于金之《泰和律》，元朝建立之初，因无法守，而沿用之，元世祖忽必烈以"颇伤严刻""致贼盗滋众"为由于1271年废除，沈氏据此评论："《泰和律》本于唐，其宗旨平允，世祖禁之，蒙、汉之畛域甚深也。"〔4〕换句话说，沈氏认定《泰和律》宗旨平允，元世祖以在执行中产生偏差而遽予废除，乃吹毛求疵之举，是别有用心于其间。

第二，对具体法条的判断，也要看它是否能遵守这一以贯之的"宗旨"以及《唐律》的相关条文。沈氏的《历代刑法考》，这方面的内容极多，略举几例。针对清律"盗马牛畜产"条下规定"凡盗牛一只，枷号一个月，杖八十"，沈氏即指出，"律贵〔有〕一定之宗旨，不应忽而计只、忽而计赃，

〔1〕（清）沈家本：《刑制总考》卷四，载徐世虹主编：《沈家本全集》第3卷，第37页。
〔2〕（清）沈家本：《刑制总考》卷一，载徐世虹主编：《沈家本全集》第3卷，第7页。
〔3〕（清）沈家本："律令三·刑书要制"，载徐世虹主编：《沈家本全集》第3卷，第631页。
〔4〕（清）沈家本："律令八·禁行金泰和律"，载徐世虹主编：《沈家本全集》第3卷，第741页。

若斯之任意变易也"。清律如此规定，因为市价的变动，"定例之本意原欲从重而反从轻也"。[1]又如八议制度，唐、明两朝律文有很大差异：唐律规定只有八议人犯死罪，才由皇帝裁决，流罪以下，由问刑衙门按照律条径行减等判决；明律则规定只要是八议人犯罪，都要由皇帝批准才能定案。沈氏据此指出，"唐必死罪方奏请，流以下径自减等，其法极宽。明则概须奏请，其法遂严矣。唐代优礼臣下，体恤倍至，故立法宽。明祖承元代废弛之后，以峻厉驭臣下，故立法严"。他的最终结论是"宗旨不同，法遂悬殊如此"。[2]于此可见，"宗旨"在其具体法条分析中的重要性。

沈氏主持修律，首先即须判断旧律之当否，以为彻底整顿中法之资。在他看来，判断的直接标准是看它符合唐律"宽仁""平允"的宗旨与否，最终标准为历代圣贤之行事及其记录，即圣经贤传之所言。在这个意义上，沈氏是为一正统儒家士大夫。但如仅止于此，他即与其前辈薛允升等士大夫出身的律学大家无别，其所遭逢的时代及他所担负的修律大业，即决定了他必在对西法的认知基础上制定宗旨有别于传统的新律。

三、沈家本对西法"宗旨"的认识

沈家本受命修律伊始，朝廷给他的修律指令是"将一切现行律例，按照交涉情形，参酌各国法律，悉心考订，妥为拟议，务期中外通行，有裨治理"。[3]既然朝廷明确要求应"参酌各国法律""务期中外通行"，那就必须要了解西法。不仅此也，沈氏所处时代，西法东渐，蔚为风潮，他已洞见于斯，于1899年在保定知府任上编辑《刑案汇览三编》时即有"中外交涉案件"专辑。这是他辑录这套书在编排形式上与之前其他人所辑录的《刑案汇览》相比最有特色之处，表明他此时已充分注意到了中外交涉案件于当时司法的重要性。要深入了解中外交涉案件，就必须注重了解西法。所以，不论是所处时代还是个人的经历、认识，以及他所出任的修律大臣职责，都决定了他必须深入了解西法。

沈氏出任修律大臣之时，已是六十多岁的老翁。要深入了解跟中国传统

---

〔1〕　（清）沈家本：《律例偶笺》卷二，载徐世虹主编：《沈家本全集》第2卷，第872-873页。

〔2〕　（清）沈家本："明律目笺·应议者犯罪"，载徐世虹主编：《沈家本全集》第4卷，第449页。

〔3〕　《清实录·大清德宗景皇帝实录》卷四九八，光绪二十八年壬寅夏四月。

迥异的西法，其难度可想而知。他不通西方和日本文字，只能通过同时代人的翻译和介绍来了解。正是本于自己的经历，当时有志于了解西法之源流和特点的人跟他情况差不多的还不在少数，故他大声疾呼，"将欲明西法之宗旨，必研究西人之学，尤必编译西人之书"。[1]"欲究其宗旨何如，经验何如，舍考察亦奚由哉?"[2]

在阅读翻译文本、同僚的考察报告之后，已过花甲的沈家本对西法的认识逐渐深入，到 1911 年他在《法学名著序》一文中终于总结出西法的"宗旨"在于"保护治安""人人有自由之便利，仍人人不得稍越法律之范围"，由此与"以刻核为宗旨""专制之尤"的申韩法治从根本上区别开来，"二者相衡，判然各别。"他旗帜鲜明地宣告，"以申、韩议泰西，亦未究厥宗旨耳"。

西方法治为什么与申韩法治宗旨各别，且高出其上不可以道里计，沈氏亦有学术上的思考。首先他注意到西方的现状，"今者法治之说，洋溢乎四表，方兴未艾"，这就与当时中国视法律为小道，乃至刀笔之术，形成了鲜明的对比。这有其历史原因。在中国，律博士官职从元代起被废除，导致"国无专科，人多蔑视，而法学衰矣"的现状。纪晓岚奉旨编纂《四库全书》，公开讲（刑名之）"术为圣世所不取……鉴彼前车，即所以克端治本"，[3]沈氏对此很感慨，"以名公巨卿，创此论于上，天下之士，又孰肯用心于法学？其衰也宜也"。而在西方，"政事纯以法治，三权分立，互相维持"。之所以西方政事"纯以法治"，学术上的根据是其法学之盛，"其学说之嬗衍，推明法理，专而能精……各国法学，各自为书，浩若烟海"。据此中西对比，沈氏语重心长地指出，要有近代法治，必有发达的近代法学；要有近代法治和法学，就需要下大力气、苦功夫深研西法，明其"宗旨""精蕴"："大抵专门之学，非博观约取，其论说必不能详；非极深研几，其精蕴必不能罄。此固非积数十寒暑之功候不能有所成就。若第浅尝而猎取之，遂欲折衷群言，推行一世，难矣!"

在沈氏看来，政法学者明西法之"宗旨"固然极其重要，但这本身不是

〔1〕 （清）沈家本："新译法规大全序"，载徐世虹主编：《沈家本全集》第 4 卷，第 756 页。

〔2〕 （清）沈家本："裁判访问录序"，载徐世虹主编：《沈家本全集》第 4 卷，第 752 页。

〔3〕 四库全书研究所整理：《钦定四库全书总目（整理本）》上册，中华书局 1997 年版，第 1313 页。

目的，目的在会通中西，进而为当时中国制定适合于预备立宪的新法，推进中国近代法治的建立和巩固。据沈家本多年的观察、阅读、修律经验的总结，他认为古今中西是可以会而通之的，会通之点即在"情理"，士大夫不应因学之新、旧而持门户之见：

> 夫吾国旧学，自成法系，精微之处，仁至义尽，新学要旨，已在包涵之内，乌可弁髦等视，不复研求。新学往往从旧学推演而出，事变愈多，法理愈密，然大要总不外"情理"二字。无论旧学、新学，不能舍"情理"而别为法也，所贵融会而贯通之。保守经常，革除弊俗，旧不俱废，新亦当参，但期推行尽利，正未可持门户之见也。[1]

这里，沈氏有两点值得商榷。其一，吾国"旧学"需要研究考求，固应如此，但说新学，主要是西方法学的"要旨"都已包含在吾国固有的"旧学"之中，则未必然。如果是这样，那沈氏修律，为何在大方向上还要舍己从人，彻底改弦更张呢？推衍沈氏之意，好像西法的意义就在于作为一外在标准，来判断旧学"精微"之处为何，以此引导学者研究、阐释"旧学"的方向或致力点。这是近代广泛流行的"中体西用说"在法律和法学领域的集中体现，即法学的"中体西用说"。沈氏费极大心力撰写《历代刑法考》《历代刑官考》等著作，就是在做这种工作。以这种外在视角来看待西法，自然就难免产生以西法比附中法的做法，结果可能对中法和西法的认识都失之于偏颇而不能得其精义。其二，沈氏作为从事法律"实务"的修律大臣，其对西法的研索乃至对其"宗旨"的把握，都是服务于其修律大业的，其目标是"推行尽利"，重点不在法治理论建构上。他之所以批评"持门户之见"者，部分是因为此种门户之见会妨碍"推行尽利"这一目标。这种以实用主义为基础的研索西法方式，短期内可能有助于激励更多人注重西法，但"推行尽利"的"利"是随着时间和环境之不同而变化的，今日之利到明日可能就成了害，故长期来看会妨碍人们对西法的准确认知。

作为修律大臣，沈氏从理论层面对西法"宗旨"的认识虽然简练，即"保护治安"以保障个体权利，没有较为成系统的理论分析和具体论证，侧重

---

[1] （清）沈家本："法学名著序"，载徐世虹主编：《沈家本全集》第 4 卷，第 754-755 页。

体现在操作层面上，即其修律实践中。换句话说，沈氏关于西法"宗旨"的认识，具体呈现在他改订旧律、主持制定的各种新律（草案）和司法实践之中。

四、沈家本改订旧律的"宗旨"

沈氏主持修律，先从删除、修正旧律不合时宜的具体条文入手。他于1905年3月上奏的"删除律例内重法折"内指出，如果不确定修律"宗旨"，则修律工作无从下手，因此要明其"宗旨"。"宗旨"为何？就是以仁政为本的"改重为轻"，"治国之道，以仁政为先，自来议刑法者，亦莫不谓裁之以义而推之以仁，然则刑法之当改重为轻，固今日仁改之要务，而即修订之宗旨也"。既要"改重为轻"，那就须删除刑罚之重者，即凌迟、枭首、戮尸、缘坐、刺字等。在沈家本看来，删除重刑，不仅是朝廷向天下臣民宣示修律"改重为轻"宗旨，更可彰显朝廷推行仁政之至意。[1]

又清代存在众多人口买卖现象，有法律许可的买卖贱民为奴为婢、买卖旗下家奴，还有本为法所禁止但事实上施行时严时松的平民买卖。自道光以降，跟民间生计日渐艰难有关，合法的人口买卖范围实际上在扩大。随着近代天赋人权观念的传播，已被遮蔽很长时间的儒家"立人、达人"之道被重新唤醒，人口买卖问题受到严厉批评。1905年在上海发生了大闹公堂案，更将之推向舆论中心。[2]1906年沈氏上"禁革买卖人口变通旧例议"、1909年上"删除奴婢律例议"等，以西方的人格观念结合儒家重视民命和民生的理念为据，主张立法严禁各类人口买卖。"今既以不准买卖为宗旨，自应一律禁止。拟请嗣后买卖人口，无论为妻妾、为子孙、为奴婢，概行永远禁止，违者治罪。"[3]"纳妾只许媒说也……惟向来习俗有凭媒说合者，有用钱价买者，自应明定办法，庶与此次宗旨相符。"[4]"买卖人口一事久为西国所非笑。律例内奴婢各条，与买卖人口，事实相因。此而不早图禁革，与颁行宪

---

〔1〕　（清）沈家本："删除律例内重法折"，载徐世虹主编：《沈家本全集》第4卷，第613-614页。

〔2〕　参见李启成："清末民初刑法变革之历史考察——以人口买卖为中心的分析"，载《北大法律评论》2011年第1期。

〔3〕　（清）沈家本："禁革买卖人口变通旧例议"，载徐世虹主编：《沈家本全集》第4卷，第622页。

〔4〕　（清）沈家本："禁革买卖人口变通旧例议"，载徐世虹主编：《沈家本全集》第4卷，第623页。

法之宗旨，显相违背，自应由宪政编查馆速议施行。"〔1〕

修订旧律，最终是要对《大清律例》进行系统修订，使之能适用于预备立宪期，其成果就是《大清现行刑律》。沈家本多次指出，在这个预备立宪时代，《大清现行刑律》的修订"宗旨"就是"改重为轻"或"减轻"。在修订之前，沈氏即在"删除律例内重法折"中陈明此点。及至1909年《大清现行刑律》颁行后，针对刑部、大理院关于其条文解释出现歧义，沈氏在奉朝廷之命以修订法律馆名义撰写的关于赵憘憘案的说帖中，重申"本馆此次修改现行刑律，奏明以减轻为宗旨，凡例之于律外加重者，大多删后定之例而仍用本律……若以通常挟嫌之案而与平人同论，则视旧例反重，不转失此次修改之宗旨耶?"〔2〕按照沈氏意见，因为修订《大清现行刑律》的宗旨是"减轻"，当具体条文之间出现矛盾之际，其解释也应当符合这一"减轻"宗旨。

不仅此也，沈氏还以"减轻"宗旨来评价历代法制，以明此次整顿旧律之意义。他于《重刻明律序》一文中指出，明初朱元璋鉴于元代法度纵弛之弊，改而从重，但告诫太孙朱允炆，"汝治平世，刑自当轻"，及至靖难之后，成祖"用刑惨毒"，沈氏因而感慨："后之立法者尚以重为宗旨，岂得为知时者哉?"律必趋时而定，"方今环球各国，刑法日趋于轻，废除死刑者已若干国，其死刑未除之国，科目亦无多。此其故，出于讲学家之论说者半，出于刑官之经验者半，亦时为之也。今刑之重者，独中国耳"。他希望当时读明律的人"寻绎乎变通趣时之义，而无惑乎偏重之说"，〔3〕这样才符合知人论世之理。

需要指出一点，以"减轻"为宗旨来修订《大清现行刑律》，不只是沈氏一人的主张，修订法律馆同仁实际上大多认可此点。比如深通旧律，被视为修律诸公中的保守者，吉同钧在读沈氏《故杀余论》一文的按语中从考察故杀立法的源流入手，指出："故杀一项，从前本有实、缓之分，现拟另订条款，分别实、缓办理，不必仍前一概入实，庶于慎重人命之中，仍寓哀矜求生之意。不然每年秋谳，骤添无数实案，不但与修律减轻之宗旨不合，且使

---

〔1〕（清）沈家本："删除奴婢律例议"，载徐世虹主编：《沈家本全集》第4卷，第626页。

〔2〕（清）沈家本："故杀胞弟二命现行例部院解释不同说"，载徐世虹主编：《沈家本全集》第4卷，第687页。

〔3〕 徐世虹主编：《沈家本全集》第4卷，第734页。

煦仁子义之辈，反以我为作法于凉也。"〔1〕

正是沈氏以"减轻"为宗旨来整顿旧律，使得《大清现行刑律》能基本适合预备立宪期的需要，从而为下一步制定新律打下了基础。

五、沈家本主持制定新法的"宗旨"

在沈氏看来，不仅是对中国固有法和西法的"宗旨"都要有深切的体认，这样才有可能"会而通之"，而且要将所体认的"宗旨"落实到新制定的各项法典中去，不仅整个修律活动要有总的"宗旨"，各项法典应有其具体"宗旨"。

1907 年 7 月法部、大理院会奏《修订法律办法折》，即指出，"编纂法典，为预备立宪最要之阶级，编纂之事，必有主事之政策"。这个"主事之政策"，即为修律之"宗旨"所系，其内容为"在兼用守成、统一、更新三主义，参酌古今，以期蔚成大清法律全典"。〔2〕沈氏主持修订各种法典，基本上是在这个"宗旨"基础上根据各自具体情况予以抉择、调整。

沈氏修律，较先上奏的是诉讼法草案。1906 年 5 月，他在奏折中开宗明义指出，"法律一道，因时制宜，大致以刑法为体，以诉讼法为用。体不全无以标立法之宗旨，用不备无以收行法之实功，二者相因，不容偏废"。他"悉心比絜，考欧、美之规制，款目繁多，于中国之情形未能尽合。谨就中国现时之程度，公同商定简明诉讼法"。〔3〕尽管该法因遭部院督抚大臣的激烈反对而未能颁行，但沈氏已意识到"宗旨"于修律的重要性。

沈氏修律，较先获得颁行者为《法院编制法》。他于 1907 年 9 月关于该法的奏折里，虽未用"宗旨"一词，但在折尾明确指出"编辑之旨……虽期循各国通行之轨途，仍不暌历世相沿之政习"。〔4〕可见，《法院编制法》仍有确定的编辑"宗旨"。

沈氏主持修律，争议最大的当属《大清新刑律》。1907 年 9 月，草案甫

〔1〕（清）沈家本："故杀余论"，载徐世虹主编：《沈家本全集》第 4 卷，第 649 页。

〔2〕"宪政编查馆大臣奕劻等奏议复修订法律办法折"，载故宫博物院明清档案部编：《清末筹备立宪档案史料》下册，中华书局 1979 年版，第 850 页。

〔3〕"修订法律大臣沈家本等奏进呈诉讼法拟请先行试办折"，载徐世虹主编：《沈家本全集》第 2 卷，第 441—442 页。

〔4〕"修订法律大臣沈家本奏酌拟法院编制法缮单呈览折"，载故宫博物院明清档案部编：《清末筹备立宪档案史料》下册，中华书局 1979 年版，第 845 页。

告成，沈氏即具折上奏，阐明"编辑宗旨"，即"审察现时之民俗，默验大局之将来，综核同异，絜校短长"，据此，新律较之旧律，大的改动集中在更定刑名、酌减死罪、死刑惟一、删除比附和惩治教育五个方面。[1]次年2月，沈氏于奏定《现行刑律》时阐述《现行刑律》与《新刑律》的关系时，再次强调编订《新刑律》的宗旨及其理由："方今瀛海交通，俨同比伍，权力稍有参差，强弱因之立判，职是之故，举凡政令、学术、兵制、商务，几有日趋于同一之势，是以臣家本上年进呈刑律，专以折冲樽俎，模范列强为宗旨。"[2]在论证《现行刑律》应废除枷号之制时，沈氏亦以《新刑律》的"减轻"宗旨作为论证根据，"今修订新律，若仍行附加之法，是所谓一罪二刑者已除而仍复也，与近日轻刑之宗旨不能符合。东西各国学者方主张废除此制，又何必复蹈故辙哉？或曰唐之加役流，非于流之外又加役乎？不知唐时流罪皆居作一年，加役流不过多二年耳。且唐之加役流，在隋时原系绞罪，太宗特创此制，由死罪减降，乃一代仁政，其宗旨正不同也"。[3]围绕《新刑律》的争议日趋激烈，朝廷于1909年2月发布谕旨，在一定程度上调整了修律活动的宗旨，"刑法之原，本乎礼教……中国素重纲常……实为数千年相传之国粹，立国之大本。今寰海大通，国际每多交涉，固不宜墨守故常，致失通变宜民之意。但只可采彼所长补我所短，凡我旧律义关伦常诸条，不可率行变革，庶以维天理民彝于不敝"。据此，命令沈氏等修律大臣等"务本此意，以为修改宗旨，是为至要"。这个朝廷决定的"修改宗旨"，就是要恪守礼教，不能一味舍己从人。在由法部尚书廷杰领衔、沈家本具名的奏折里，虽遵照朝廷谕旨拟定"附则"五条作为适用于中国人的单行法以维护礼教，其修订《新刑律》的宗旨仍未发生根本性变化，即坚持"与时消息"，跟国际接轨，奠定宪政基础，强调"立宪之国，专以保护臣民权利为主……权由天界，于法律实不应有厚薄之殊……《现行刑律》比附之制，实与抵触。凡此之类，均应按照立宪国成规逐加厘正，以植宪政始基"。[4]

〔1〕"刑律草案告成分期缮具清单恭呈御览并敬陈修订大旨折"，1907年9月，载徐世虹主编：《沈家本全集》第2卷，第451—455页。

〔2〕"奏为拟请编定现行刑律以立推行新律基础折"，1908年2月，载徐世虹主编：《沈家本全集》第2卷，第462页。

〔3〕（清）沈家本："论附加刑"，载徐世虹主编：《沈家本全集》第4卷，第659页。

〔4〕"修正刑律草案告成敬缮具清单折"，1910年1月，载徐世虹主编：《沈家本全集》第2卷，第481页。

　　《大清新刑律》较之《大清现行刑律》，变动极大，自然争议难免。如刑种更动中的死刑惟一，废除长期以来一直在适用的斩刑。如何让时人接受，沈氏煞费苦心，标揭"宗旨"，以为说服之资，"死刑止用一项，则东西各国所同……立法宗旨，一定不得两歧，死刑既定为一种，则通国中不当再有他种之死刑"。[1]

　　制定专门的民法典，在中国法史中尚属创举，沈氏对此非常慎重。1907年底翰林院侍读学士朱福诜上奏，要求朝廷重视私法编纂，选聘外国，尤其是日本法学名家帮助起草。朝廷将此奏发交修订法律馆，沈氏在"遵旨议奏折"中对朱福诜的建议逐条回应，陈明"仍督同编纂各员限定课程，分类起草，一面派员调查各省民商习惯，随时报告"，最后点明制定民律草案的宗旨，即"总以酌采各国成法而不戾中国之礼教民情为宗旨。此臣等日与编纂各员所兢兢致慎者也"。[2]1911年3月，主要围绕《大清新刑律》的礼法争议愈演愈烈，沈氏请辞修订法律大臣获得朝廷批准，从而结束了他将近十年的修律生涯，之后正式公牍中即没有关于民律宗旨的阐述。[3]尽管沈氏已离任，继任者俞廉三于10月奏呈《民律草案》前三编的折子中阐明的"编辑之旨"四端（即注重世界最普通之法则、原本后出最精之法理，求最适于中国民情之法则、期于改进上最有利益之法则），[4]其中第一和第四则与沈氏所阐述"宗旨"内容略同，只是换了一种文字表述而已。

　　在沈氏看来，除制定的各项法律（草案）要有其"宗旨"外，就是与法律施行配套的各种举措，皆有其"宗旨"。下面就沈氏论述所及，分别言之。

　　在晚清司法改制之初，有部院权限之争，其中总检察厅之人事和职掌，即是沈氏主持的大理院和法部权限争点所在，沈氏即指出"检察厅职掌，实与审判相关。盖各国之有检事官，藉以调查罪证，搜索案据，其宗旨在于护庇原告权利，与律师之为被告辩护者相对立，而监督裁判特其一端"，[5]并以此为据，要求由大理院负责总检察厅的人事。

---

　　〔1〕（清）沈家本："死刑惟一说"，载徐世虹主编：《沈家本全集》第4卷，第661页。

　　〔2〕"遵旨议奏折"，1908年11月，载徐世虹主编：《沈家本全集》第2卷，第467页。

　　〔3〕参见李贵连编著：《沈家本年谱长编》，山东人民出版社2010年版，第299页。

　　〔4〕参见"修订法律大臣俞廉三等奏编辑民律前三编草案告成缮册呈览折"，载故宫博物院明清档案部编：《清末筹备立宪档案史料》下册，中华书局1979年版，第911-913页。

　　〔5〕"臣院创办伊始诸物艰难谨就司法权限酌加厘定折"，1907年5月，载徐世虹主编：《沈家本全集》第2卷，第445页。

古有明训，"徒善不足以为政，徒法不足以自行"，[1]构建近代法治，良法和善人缺一不可。有鉴于此，沈氏多次在公牍中剀切陈明作育人才的重要性。西法东渐，已成潮流，借才异域、重用客卿乃至派送留学都只是一时权宜之计，终必有以自立。1905年4月，他即与伍廷芳一起上奏要求于京师设立法律学堂，以毕业生"佐理新政、分治地方之用"。该学堂于1906年9月开学，到1909年第一届学生正式毕业，沈氏在给朝廷汇报的奏折里指出，"法律学堂以造就已仕人员研精中外法律，各具政治智识，足资应用为宗旨，并养成审判人才为实行新律地步"。[2]自1906年学堂开学到清亡5年左右的时间，"毕业生近千人，一时称盛"，就与沈氏确立这个办学"宗旨"很有关系。[3]

传统中国的监狱，一直为世所诟病。晚清变法修律，即要改变此种野蛮严酷之习，创设模范监狱和罪犯习艺所。沈氏长期任职于刑部，对传统狱制之弊端非常了解，在《历代刑法考》中即写下这则案语，"三代命名[4]之意，设狱原非以害人，其'幽闭思愆'、'改恶为善'二语，以感化为宗旨，尤与近世新学说相合。可以见名理自在天壤，今人之所矜为创获者，古人早已言之。特无人推阐其说，遂至湮没不彰，安得有心人搜寻追讨，以与新学说家研究之乎？"[5]可见，沈氏在撰写之时，已接触到西法关于监狱的知识，接受了其"感化"宗旨。及至董康等人访问日本监狱制度归来，他在为其报告书所作序中，集中阐述了他对监狱制度的看法，"古人设狱之宗旨，非以苦人、辱人，将以感化人也。自此义不明，而吏之武健严酷者，其惨毒之方，残刻之状，难以偻指。由是感化之地，变而为苦辱之场。其强者踰越逃亡，甚则劫囚反狱，防之每不胜其防。其弱者愁惨呻吟，强半填尸牢户。揆诸古人之宗旨，不大相径庭哉……泰西监狱，初亦未得感化之宗旨，而惟以苦人、辱人为事。迨后有仁慈者出，目睹夫惨毒之方，残刻之状，同为人类，何独受此，于是倡为感化之说，播于欧洲。更有学人辈出，相与研究，定厥宗旨。

〔1〕"孟子·离娄上"，载（宋）朱熹撰：《四书章句集注》，中华书局1983年版，第275页。

〔2〕"法律学堂学员毕业届期陈明历次奏案折"，1909年12月，载徐世虹主编：《沈家本全集》第2卷，第478页。

〔3〕参见李贵连：《沈家本评传》，中国民主法制出版社2016年版，第205-208页。

〔4〕《风俗通》云，夏曰夏台，言不害人，若游观之台，桀拘汤是也。殷曰羑里，言不害人，若于闾里，纣拘文王是也。周曰圜圚，圚令，圚举也，言令人幽闭思愆，改恶为善，因原之也。

〔5〕"狱考"，载徐世虹主编：《沈家本全集》第4卷，第7页。

举凡建筑之法，待遇之法，监督之法，莫不酌理准情，区画周至，而宗旨一以感化为归宿"。[1]在他看来，不论是古法还是近代西法，监狱都以感化人为宗旨，新建模范监狱和习艺所的取向理应如此。与此相关，对于死刑执行场所，也应推行秘密主义，有助于感化之意，"各直省、府厅、州县，向有行刑之地，应即就原处围造墙垣。规制不嫌简略，经费可从节省，总以不令平民闻见为宗旨"。[2]

总之，沈氏主持晚清修律，为制定将来正式君主立宪所需之各种新法，有其一以贯之的"宗旨"，即斟酌损益于守成、统一、更新三者之中，因时地之宜而立法。每一种法律（草案）又自有其相对具体的"宗旨"，甚至与之配套的举措设施也是如此。《法院编制法》以"循各国通行之轨途，仍不暌历世相沿之政习"为宗旨；新刑律以"模范列强"和"减轻"为宗旨；民律以"酌采各国成法而不戾历之礼教民情为宗旨"；检察官以"护庇原告权利"为宗旨；法律学堂以造就人才、足资应用为宗旨；监狱以感化人为宗旨。这几部法典和相关制度设施，虽略有偏重，但都斟酌取舍于古今中西之间，故有较卓著之成效。诉讼法的编辑宗旨偏重趋新，因此为时论不容而终成草案。

这种种法律和设施的诸多宗旨，实际上是制定新法这一较抽象宗旨的具体化，有其一以贯之的精神灌注于其中。这种关系，颇类似于明儒曹端《月川交辉图》所描述的："天月一轮映万川，万川各有月团圆。有时川竭为平地，依旧一轮月在天。"此种"万川印月"，[3]明月一轮在万川中，每川之中皆可见完整之月。

* * *

沈家本于晚清受命，变法修律，其素所秉持的法律救国理想，得有实现之希望，遂全力以赴。当此之时，旧法因处王朝衰世吏治废弛之余而弊端百出，绝不可因循以为治；且列强环逼，国势凌夷，朝不保夕，西法东渐，不可遏止。故其修律，必须仔细斟酌于古今中西之间，方望有所成就。沈氏受传统思想之启发，一则坚定认为学问必有宗旨，变法修律必有实实在在的学问为据，无学不足以承担变法修律重任，无宗旨则学无归宿而不可谓有学；

---

〔1〕"监狱访问录序"，载徐世虹主编：《沈家本全集》第4卷，第753页。

〔2〕（清）沈家本："变通行刑旧制议"，载徐世虹主编：《沈家本全集》第4卷，第636页。

〔3〕（明）曹端：《曹月川集》，清文渊阁四库全书本，第14页。

二则因处于西化派和保守派这两大势力之夹击下，以思想争鸣中的弱势一方，揭起"宗旨"一词为变法修律正当性的论证依据。渐渐地，他习惯使用"宗旨"一词，且能一以贯之。评判传统律例有"宗旨"，西法有"宗旨"，修律有"宗旨"，制定新法有"宗旨"。也就是说，"宗旨"是贯串他整个变法修律活动的灵魂。正是有这个"宗旨"，他的学问和修律事业才得以有机地结合在一起，成就其士大夫以专业绝学报国之志。也正是有这个"宗旨"，他所主持制定的各项法典及各种配套设施才能相对有机地结合在一起，互相配合，发挥出较好的作用。同样地，也正是有这个"宗旨"，他才能以此为中心，建立起一个较成系统的"法治"理论框架，即在会通中西古今法学学问的基础上，制定适合于近代中国转型初期的各种新律，创建跟新律推行有关的法律和司法设施，力求良法和善人兼重，以切实保障人权、维护治安，切实预备立宪，进而推动正式的君主立宪。

但近代中国的转型异常复杂，按照唐德刚先生的体会，"是分阶段完成的。而各阶段有各阶段的主题和若干副题。主题便是各该阶段的'当务之急'。而副题（可能是次一阶段的主题）在现阶段则往往是'不急之务'。而完成这主题与副题的方法则可能是抵触的"。[1]法律转型是整个转型的一部分，当然具备该特点。就中国法律近代转型而言，沈氏所处时代为转型第一阶段。该阶段的主题是在初步了解西法的基础上，结合中国固有法，创建一个适应预备立宪的法律和司法框架。沈氏在这个时期，始终坚持折衷损益于守成、统一、更新三者之间这一"宗旨"，避免抱残守缺和鲁莽灭裂。立宪之预备有明确期限，只是"暂时"，其目标则是正式的君主立宪。有此确定预期，沈氏更必须为将来的正式君宪来立法。故适应预备立宪的法律，不仅要系统整理旧法，还要预立新法。沈氏主持修律将近十年，既有整顿旧法之大成的《大清现行刑律》，更有诸多新法（包括成型草案），大致搭建了六法框架。在司法方面，以司法独立为目标，分期分批设立各级独立审判机关。为了初步了解西法，沈氏注重翻译和考察，成果尚属丰硕。法要上轨道，不仅关乎法，也关乎人，故沈氏主持创设法律学堂，作育适用新法的合格人才。综上，可说沈氏通过自己的修律实践以及他在此一时期所写作的论著，有一

---

[1] 唐德刚："中国社会文化转型综论"，载唐德刚：《晚清七十年》第1册，远流出版事业股份有限公司1998年版，第11页。

以贯之的"宗旨"，证明他已初步建立了一整套适应于他所处中国法转型第一阶段的法治理论。

正因为法转型具有阶段性，且每一阶段的中心任务有别，完成任务的方法可能还有相互抵触之处，从近代中国整个法转型的目标来回溯，沈氏的法治理论虽有其宗旨，但看起来也有其阙失，这恰是需要下一阶段的法律人好好致力之处。这主要表现在两个方面：第一，沈氏对西法"宗旨"仅有概略性的判断，而没有深入剖析其应然和所以然。在他那个时代沈氏很有洞察力地看到了西方法治与法家法治的"宗旨"之别、西方法学与中国法学盛衰互异，但西方法治的"宗旨"究竟是不是这样，在"保护治安"之上还有没有更高的追求；如果有，可能其"宗旨"即不在于此。除了准确认识其"宗旨"之外，法毕竟是一种外在的物，需要精密成系统的制度安排将之落到实处，才称得上是法治。"术"并行而不悖，不同的国家可能还有各异的具体制度安排。具体到无量生民生活于其间的近代中国，如何借鉴于其间，创设适合于自己的新制就尤其重要。其前提就是要彻底考究这种种制度的内容、功能以及产生此种功能的内外环境。这就需要很多人来承担此种艰苦细致的工作。第二，沈氏为达成其修律目标，用了"以中证西"或者说"托古改制"的论证策略，在法转型的这一阶段有不得不然之势，但时间一长，难免流弊放大，即拔高中法而贬低西法。下一阶段，可能需要有心人在学术方法上让中西各自为证。这种方法上的差异，即是前引唐德刚先生所言的达成前后阶段主题所用方法上的"抵触"。

但是中国法转型没能按照这个分阶段的应然轨迹往下直走，而是在较低水平上来回往返。晚清灭亡之际，立宪之预备尚未即期，遑论正式君宪。及至民国肇端，开始共和宪政。之后即长时期内乱不已，国无宁日，法治所必须的安定环境终不具备。不仅此也，旧君主专制恶性影响尚存，新制度的约束力又没能发生多大作用，当政者遂肆无忌惮，在关键时候，法律犹如废纸，司法惨遭蹂躏，二者都不能"独立""自行"。法治理论在晚清法转型阶段之后的进一步提升，民国时期根本没有可能。因法律人不能脱离所在时空而构建理论。民国时期的法律人，其职业选择，最优先的依然是学而优则仕，甚至为仕而无进退出处之约束；次者求利，经理企业或当律师。学问遂成为较次的选择。即便选择了学问，他们的问题意识和致力方向亦因国内法律和司法现状而受限。国会无心或无力立法，司法受行政之干预甚或摧残。现状如此，法律学人关注的问题也大多集中于此，即集中思考如何能尽快制定出好的法典，如何能让司法真正独立。这些问题，主要还不是法律问题而是政治问题和社会问题，法律人虽为此费心费力，但其解决方案却不能真正奏效。心灰意冷之余，彻底改行者有之，转入故纸堆者有之，不一而足，就是很少有人来长期专心从事这一阶段建构法治理论的应有工作，即彻底梳理西方法治的"宗旨"、实现其宗旨的各项具体制度以及各该制度所发生作用的内容和条件等学术问题。民国法律学人的佼佼者，如蔡枢衡先生留学日本研究刑法学，回国后其主要的学术贡献却在中国刑法史以及对中国近代以来法律继受现象的描述和反思；又如徐道邻先生留学德国，其博士论文《公法的变迁》已走在时代前列，可谓造诣精深，但之后却改行研究中国法制史，并以此名家；又如吴经熊先生，留美获得博士学位且游学欧洲，以学术结交于欧美法界硕学鸿儒，归国后做法官、执业律师，参与民国立法事业，后半生感兴趣于宗教与文学，力图寻求心灵的安顿处，因此也没有成系统的关于中国法治转型的理论。这些学术精英，他们的选择对个人而言都有其合理性，但在近代法治理论建设上，都很难说有多大实质性推进。就法治理论而言，始终无法真正超越沈家本。去古较远，民国法学中人的旧学功底无法跟沈氏相比，西学的知识可能较沈氏为丰富，但也难说其识见在沈氏之上。当然，这主要是近代中国转型本身的复杂所致，不能苛责那些民国法学前贤。

沈氏在他那个近代法转型第一阶段主要通过对自己修律实践的总结，结合其旧学修养，形成了一套自有"宗旨"的法治理论，很好地回应了当时的法治难题。今日回过头来审视，自能看出其法治理论的"缺失"。其实，像中国这样一个具有深厚传统的大国，亿万生灵栖身其间，成熟的法治理论不是一个人能建构出来的。我们之所以认为沈氏理论有"缺失"，更多是之后阶段的法律人没有完成其各自阶段法治理论建设的中心任务，是后人没能在法治理论方面超越沈家本所致。如何实现超越，不仅对民国法律学人是个问题，对今日法律学人来说，又何尝不是问题。

北宋仁宗朝，在今日史家看来，不啻是个好时代，但王安石却如是给皇帝进言：

> 夫以今之世去先王之世远，所遭之变、所遇之势不一，而欲一二修先王之政，虽甚愚者犹知其难也。然臣以谓今之失，患在不法先王之政

者；以谓当法其意而已。夫二帝三王，相去盖千有余载，一治一乱，其盛衰之时具矣。其所遭之变、所遇之势，亦各不同，其施设之方亦皆殊。而其为天下国家之意，本末先后，未尝不同也。臣故曰当法其意而已。法其意，则吾所改易更革，不至乎倾骇天下之耳目，嚣天下之口，而固已合乎先王之政矣。[1]

如何经由"法其意"进而选择如何"法其政"，在王安石那个时代是难题，自近代法转型伊始，更是一大难题。本于学贵有"宗旨"，须一以贯之，沈家本有自己的理论创获。后人如何在沈氏奠定的基础上实现超越，即怎么去"法"沈氏之"意"，当是今日将沈家本法思想研究推向深入之一途，惟有心人思之。

---

[1] "上仁宗皇帝言事书"，载（宋）王安石撰：《宋本临川先生文集》第4册，国家图书馆出版社2018年版，第162-163页。

沈家本"公平交涉"观念研究

谢 舟[*]

【摘 要】沈家本在长期法律工作中接触到不少华洋交涉案件和事务，形成了他从案件处理角度对交涉的看法和认识。晚清华洋交涉和交涉不公有其大的背景和原因，沈家本从涉外案件应公平公正处理的角度来理解"交涉公平"，归纳出对"交涉不公"原因的几点认识，并反映出用修订律法和培养专门司法裁判人员来确保案件的公平裁判，以实现"公平交涉"目标的观点。

【关键词】华洋交涉；交涉不公；修律；近代司法裁判体系

"交涉不公"是晚清外交和涉外案件处理中屡屡碰到却又很难解决的问题。"交涉不公"的发生，既有晚清政府受制于外国列强军事和政治的压迫，丧失国家主权，从而在具体案件和事务的处理中丧失主导权的原因，也与清代传统律令制度、司法程序和外交体制落后于近代西方体制有密切的关系。沈家本长期接触到华洋交涉案件和事件，深刻体会到不能公平交涉所造成的屈辱和痛苦。他在对不公问题的思索中，逐步形成了自己对于华洋交涉不公原因的一些认识，并希望能够通过修订与西方相仿的相关法律制度，建立近代司法裁判体系等办法，收回领事裁判权，实现由中方所主导或平等参与的裁判过程，在涉外案件处理上求得公平裁处的结果。

一、清代交涉体制变迁和造成晚清华洋交涉不公的原因

（一）清交涉体制的变迁

清代外交事务和涉外案件裁判处理，都经历了一个从传统的"朝贡外交"

---

* 谢舟，湖州师范学院副教授。

"天朝独断"到被动丧失外交和司法主权,只得学习西方开始外交交涉,但又邯郸学步,学之难成的过程。

自 18 世纪以来,西方国家开始了海外扩张的历程,频频来到中国,但处于"天朝上国"的清政府仍将其视为贡国,延续朝贡体制予以接待。[1]《大清会典》规定,"贡使到,由督抚具题奏闻","贡使往来,由督抚派委同知或通判一员伴送","外国有事陈请,专差陪臣赍文赴部或外由督抚为之转奏专达于朝"。[2]清政府并未考虑到更广泛复杂的涉外事务处理方面,事后面临着日渐繁杂的中外政治和民间交往,才规定可由地方督抚处断交涉事件。第一、二次鸦片战争之后,清政府开始意识到专门交涉机构和专业人员配置的必要性,遂设置五口通商大臣和南北通商大臣,但两个通商大臣事务都与地方官府管理不相协调。早在咸丰八年(1858)五口通商大臣移驻上海时,两江总督何桂清就曾提出钦差为专员,驻扎上海,不由两江总督兼任,理由是名为综理五口通商之钦差大臣,其实只顾广州一口,其余四口督抚咨商广东事件,或置之不覆,或于数月之后始行咨覆,以致各办各事,钦差大臣竟成虚设。[3]总理衙门设立,意味着清政府模仿西方外交体制,开始有了较为专门的与各外国交涉的中央政府部门,形成了晚清从中央到地方较为松散的总理衙门—南北洋大臣—地方督抚的对外交涉体制。这个体制用以处理政治外交事务或许合适,但无法应对 19 世纪之后在各地日渐多发复杂的华洋交涉和中外案件处理的需要。列强公使常常径直找总理衙门交涉,而总理衙门却常常以"事须查清"交地方督抚查办,致使许多案件拖延日久。而地方上由于负责处理的官僚大多不知中外事件交涉章法规则,更无外交谈判技能,不是盲目排外,就是畏洋崇洋,导致中外冲突不断。其最终结果绝大部分都是丧权辱国,交涉不公,造成国人激愤难平。

(二) 晚清交涉不公的原因

晚清政府受制于西方列强的军事和政治压迫,签订了大量丧权辱国的不平等条约,丧失了交涉的主导性。现代交涉体制机制的欠缺和中外紧张对抗

---

〔1〕 参见刘伟:"晚清对外交涉体制的演变与影响",载《华中师范大学学报(人文社会科学版)》2006 年第 3 期。

〔2〕 (清)允裪等纂:《大清会典》卷五六《礼部》,清文渊阁四库全书本,第 238 页。

〔3〕 参见(清)贾桢等:《筹办夷务始末(咸丰朝)》(四),中华书局 1979 年版,第 1311 页。

的社会氛围也决定了晚清华洋交涉案件难以公正处理。

1. 不平等条约导致交涉不平等

晚清外交交涉历史也是一部系列不平等条约制约下的交涉历史。从《中英南京条约》开始，清政府才逐步意识到对外交涉的重要性，而且是在不平等条约的约束下，逐步接受近代西方的外交、商务和诉讼审判的交涉程序和理念，屈服于近代西方的交涉规则，来一步步构建自己的交涉规程。亦步亦趋的结果是导致丧失外交主权，丧失华洋事务主导权，导致丧失刑民商事事务处理裁判的自主性。未能独立地区分这三个方面的职权功能，导致三个方面的相互干扰，具体官员无法在自己的职权范围内相对自主地处理中外交涉案件。而列强在具体事务中动辄挥舞不平等条约条款，运用领事裁判权，也使得官员惧洋畏洋，尤其是在晚清的官场环境下，少有人能够秉持公心，坚持公平交涉和裁判处理。晚清修律的一大理由就是，试图通过修律改变条约中对我国交涉主权压制的不平等条款，从而希望获得与列国平等的交涉地位。沈家本推进清末法律和司法制度改革的初心就来源于此。

2. 政府交涉整个机制的粗糙落后导致处理不公

就政府外交交涉设置来看，是一个从临时处置到逐渐常设的过程。而外交事务，在预备立宪彻底改制之前，分工也是较为粗糙混乱的。政府外交订约，内外交往管理和涉外刑民案件处理是混为一体的。清政府专门机构重在应对列强侵夺，疲于应付进出境口岸开放，而涉外刑民案件处理，几乎首先是交由地方官员处理。地方官员既不具备专业法科裁判能力，也不通中外基本法律，没有交涉的能力，不是高喊"夷夏之防"盲目排外，在案件处理的开始完全不尊重外国人正当权益，就是畏洋如虎，将案件涉及中方权益拱手奉送。这两种做法，都导致了华洋事件交涉最终演变成不公的结局。沈家本在官宦生涯沉浮中对此认识和体会是很清楚的。

3. 中外激烈排斥对抗的社会氛围影响到了交涉问题

列强屡次侵略中国，造就不平等交往的大环境，清政府对外交涉上的推诿和软弱，加之中外民众之间缺乏基本的了解和沟通，排洋反洋心态逐年甚嚣尘上。1900年的义和团事件就是这种心态的大爆发，使得民间对中外公平交涉普遍不抱希望。就具体案件而言，即便有官员能够事实上秉公处理中外交涉案件，但民众并不能够接受，遂使得本来普通的一些民商案件激化成中外政治外交的重大事件。晚清以来，很多涉及中外的教案纷争，无法处置，激变成事件，不能不说这种对抗的氛围起到了很大的推动作用。沈家本作为一直主管刑民案件的官员，对教案交涉和处理多有研究和经验，他自己也曾因为 1898 年保定法国教堂案处置而不幸在 1900 年蒙受牢狱之灾，对当时情境下的交涉情况有着深刻的切身体会。

二、沈家本对"交涉"的认识及对"交涉不公"的思考

(一) 史料中体现的沈家本对"交涉"的认识

其一，光绪三十年（1904）六月二十三日，沈家本上书光绪帝奏折《官吏不谙交涉贻害地方请旨饬查究办以消隐患而儆效尤折》。该折中直接批评湖州"海岛"教案中地方官员不谙交涉，有碍公平。"窃近来交涉日繁，全赖地方官体会公法，遵守约章，庶有途辙可循，不至漫无限制。若专以媚外为能，措置偶一失宜，便成案据，辗转援引，为害何可胜言?"[1]该地方官员在处理事务的态度上就有失公正，"专以媚外为能"。且又不知"公法"，不能遵守"约章"，这如何能实现涉外案件的公平裁判?

其二，在光绪三十一年（1905）三月的《修订法律大臣伍沈会奏请专设法律学堂折》中，沈家本提到要修订符合各国一贯的交涉法律和培养裁判人才的重要性。"窃臣等奉命现行律例，按照交涉情形，参酌各国法律，悉心考订"，"多因地方官不谙外国法律，以致办理失宜，酝酿成要案"。"至于查照通商条约、议收治外法权，尤现在修律本意，亟应广储裁判人才，以备应用。"[2]

其三，在光绪三十二年（1906）四月《修订法律大臣沈家本等奏进呈诉讼法拟请先行试办折》中，他提到"日本旧行中律，维新而后踵武泰西，于明治二十三年（1890）间先后颁行民事、刑事诉讼等法，卒使各国侨民归其钧束，籍以挽回法权。推原其故，未始不由于裁判诉讼咸得其宜。中国华洋讼案日益繁多，外人以我审判与彼不同，时存歧视，商民又不谙外国法制，往往疑为偏袒，积不能平，每因寻常争讼细故酿成交涉问题，比年以来更仆难数"。[3]

---

〔1〕 徐世虹主编：《沈家本全集》第 2 卷，中国政法大学出版社 2010 年版（本书出版信息以下省略），第 433 页。

〔2〕 徐世虹主编：《沈家本全集》第 2 卷，第 435 页。

〔3〕 徐世虹主编：《沈家本全集》第 2 卷，第 442 页。

还有其他很多史料也记载了沈家本对中外交涉案件的思考和认识。他主要是从清代法律司法体制、裁判人员能力和中外民众法律认识等方面来认识这个问题和思考"交涉不公"的原因。

（二）沈家本对"交涉不公"的思考

沈家本认为中外案件交涉缺失公平的原因可以归为三个方面：外人歧视、官员不知裁判和民众不通中西。

1. 外人歧视

列强的歧视主要表现在不平等条约中广泛规定的领事裁判权。西方国家在华攫取领事裁判权始于 1843 年的中英《五口通商章程》。该章程第 13 条规定，中英两国公民发生刑事纠纷时，"其英人如何科罪，由英国议定章程、法律，发给管事官照办。华民如何科罪，应治以中国之法"。[1]此后，领事裁判权的范围由刑事纠纷扩大至民事领域，在华享有领事裁判权的国家也逐步增加到 19 个。西方国家在华拥有领事裁判权，严重损害了中国的司法主权。而列强主张在华拥有领事裁判权的一个主要借口，是中国法制的野蛮与落后。领事裁判权的存在对中外交涉造成严重影响。当外国人在中国不受中国法律约束而享有额外特权时候，是无法实现中外案件的公平审理的。而领事裁判权背后，对当时中国法律的歧视，也使得即便不使用领事裁判权，外国人也拒绝或排斥按中国传统法律程序和制度进行的裁判审理。湖州海岛教案也能反映出，外国领事对中外案件干涉影响之大。湖州海岛教案是涉及浙江湖州地方教产与府学用地纠纷的案件。"……光绪三十一年（1905），经美国上海署领事白保罗、教会长潘慎文会同洋务局许鼎霖及韩明德所延请律师佑尼干，商定还地之约。……惟约文有三条未妥，意欲商改，而韩明德遂籍以翻悔……"[2]之后，湖绅又向美驻杭州领事及驻美公使申述此案，或驻杭领事听信韩明德一面之词，或美使以无审判权只居间调停，又未详细勘察地界，不辨曲直而无果。而案件外方当事人韩明德此时气焰愈加嚣张，在争议地界上兴工建筑及筑路，引发民愤越来越大。

2. 官员不知裁判

在具体案件的审判和交涉中，官员能否秉公执法，公正处理案件，对当

---

〔1〕 王铁崖编：《中外旧约章汇编》第 1 册，生活·读书·新知三联书店 1957 年版，第 42 页。

〔2〕 "湖州海岛案始末记"，载《申报》1907 年 5 月 7 日，第 10 版。

时中外交涉案件来说非常重要。可惜当时官员，按沈家本所言，大多不通约章，曲意奉迎外人，造成了案件审判失公，酿成交涉问题。以湖州海岛教案为例，在案件的先期处理中，中国官员就明显处理不当。第一阶段为民间百姓向地方官府控告申述，希望地方官府能够主持交涉。"怠署知县丁燮在任时，经职员钮承绎、诸生孙柯、举人章租申等先后赴府赴省呈控"，湖州府知府通过调阅县志，将相关地界基址已经认明，但直接主管官员却一味拖延，既不申明地界会堪情形，也不去与教会交涉，解决案件。同时时任知县丁燮竟然又仿前任作为，将湖州另外地方卖与美国传教士。[1]前述沈家本就此案的奏折中痛斥了当事官员的这种不顾案件公正处理，曲意奉迎外人的做法。除了官员在裁判案件中的心态问题，沈家本也注意到官员处理中外交涉案件的技术能力问题。他多次在奏折中表明，官员不熟悉当时的各项条约内容，也没有了解过东西方法律的异同，不知道各国间涉外处理的"公法"，所以临到案件处理，不知道如何裁判。把握不了内外法律，又有媚外的心态，必然裁判失去公允。

3. 民众不通中西

东西方社会和文化的差异和冲突，在晚清国际交流渐开的时期，表现尤为明显。晚清教案中，很多案件源于民众负面恐惧情绪的宣泄而爆发，而酝酿这种情绪的土壤是民众的知识水平低下，愚昧无知。从1870年的天津教案到1889年至1898年间湖南人周汉的反教活动，处处显示出民众基于对洋人、教会和教堂的不了解和恐惧，自发产生针对教会的暴力行动。[2]在海岛教案中，也有这种情绪宣泄的行为。"当时湖州府中学堂监督（校长）俞宗濂率领学生百余人，到海岛与美国教会直接评理、提出严重抗议，轰动全城。……光绪三十一年（1905）四月十六日，在京湖州同乡官员发电声援，湖州人民也纷纷集会要求'坚决收回海岛全地'，各地同乡会也都响应。……同时积极投入抵制美货，实行经济绝交运动。"[3]虽然说中外交涉失去公平，主要原因在于外人欺凌，官员处理失衡，但是民众由于不通中西的认识，容易产生出非理性行为，激化案件，酿成事端，从而又导致案件更无法合理公平的

〔1〕 参见谢舟、冯新林："湖州海岛教案与晚清商绅公平交涉理念"，载《湖州师范学院学报》2016年第9期。

〔2〕 参见赵润生、赵树好："晚清教案起因的量化分析"，载《人文杂志》1996年第2期。

〔3〕 邱鸿炘："湖州光复的前前后后"，载《湖州晚报》2011年6月11日，第A06版。

解决。

三、沈家本以期实现 "公平交涉" 的方略

从沈家本的若干奏折等史料中可以看出，他认为，能使得列强认可中国中外交涉的裁处，以及在裁判中能够得以作出合理公正裁决的关键在于，修改中国传统律法和培养能操作近代法律的专门裁判人员。

（一）改革传统法律制度和修订近代司法诉讼律令

列强在不平等条约中所主张领事裁判权的一个重要理由，就是当时中国法律的 "野蛮落后"。这是针对当时所有中国法律制度的，所以要做到按照当时西方的法律文化观念来重建中国法制，就必须彻底变革传统的法律制度体系。从刘坤一、张之洞等的《江楚会奏三折》中的第三折，可看出晚清修律的急迫性。"此次议和成后，各国公司更必接踵而来，各省权利将为尽夺，中国无从自振矣。"〔1〕另有推荐沈家本、伍廷芳领衔修律的奏折在陈述了欧美日等国的法律和变法后，概括地将其归纳为 "变法皆从改律入手，而其改律也，皆运以精心，持以毅力，坚苦恒久，而后成之。故能雄视全球，得伸自主之权，而进文明之治，便民益国，利赖无穷"。〔2〕他们认为，当时的大清律例已经不能适应 "国门洞开、华洋杂处" 的社会形态，同时他们也看到欧美日等国拥有完善的法律，且 "便民益国，利赖无穷"。但是在这么多法律需要修订的过程中，轻重缓急又该如何呢？

沈家本深知传统法律的缺陷，认为首要制定诉讼法。他指出改变旧律，"尤以刑法为切要，而欲变刑法，须先从程序入手"，"查诸律中，以刑事诉讼尤为切要，西人有言曰：'刑律不善，不足以害良民；刑事诉讼律不备，即良民亦罹其害。' 盖刑律为体，而刑诉为用，二者相为维系，固不容偏废也"。清政府需建立一套与 "各国律例" 规定大体相同的诉讼审判制度，特别是需要消除西方列强所称我国民刑不分和审判制度不良的口实。而且，中国传统法律并无独立的诉讼法典，不涉及实体利益，可以减少修律的阻力。实际上，修订诉讼律法，能最直接体现出中国的司法裁判制度已追赶上近代西方司法

〔1〕 怀效锋主编：《清末法制变革史料》上卷，中国政法大学出版社 2009 年版，第 27 页。

〔2〕 袁世凯、刘坤一、张之洞："会保熟悉中西律例人员沈家本等听候简用折"，载天津图书馆、天津社会科学院历史研究所编：《袁世凯奏议》上册，天津古籍出版社 1987 年版，第 475 页。

裁判制度，从而可争取将中外诉讼的主体权牢牢抓在自己手中。只有能够将案件审判权收归中方，让西人接受中国诉讼程序制度的约束，公平交涉才可能有基础。

（二）培养自己的专门裁判人员

沈家本认为，熟悉新法的法务人员对修律也好，对司法裁判也好，都十分重要。要实现公平交涉，还得取决于裁判人员的裁判。"深虑新律既定，各省未预储用律之才，则徒法不能自行，终属无补。……将来铁轨四达，虽腹地奥区，无异通商口岸。一切新政，如路、矿、商标、税务等事，办法稍歧，诘难立至，无一不赖有法律以维持之。然则弥无形之患，伸自主之权，利害所关，匪细故也。"他提出，"查学务大臣奏定学堂章程内，列有政法科大学，然须预备科及各省高等学堂毕业学生升入。现在预科甫设，计专科之成为期尚远，进士、仕学等馆，其取义在明澈中外大局，于各项政事皆能知其大要。法律仅属普通科学之一，断难深造出洋。游学毕业法科者，虽不乏人，而未谙中国情形，亦多扞格。伏思为学之道，贵具本原。各国法律之得失，既当研厥精微，互相比较，而于本国法制沿革以及风俗习惯，尤当融会贯通，心知其意。……宜略仿其意，在京师设一法律学堂，考取各部属员，在堂实习毕业后，派往各省，为佐理新政、分治地方之用"。[1]因而沈家本提出用三个方法来达成培训新司法人员的目的：一是定课程，二是筹经费，三是广任用。其后也还有奏折强调司法裁判人员教育之紧迫和必须，要求尽速培训裁判人员。徒法不足以自行，尽快提高涉外案件裁判人员的素质和能力，培养一批通中西法律，掌握近代司法诉讼技巧和能力的人员，是实现公平交涉的重要保障。

至于民众不通中西所导致的冲突和对抗，这是中外社会和法律文化相异的深层次大背景所决定的，不是区区法律体制和司法裁处机制改革马上就可以消弭掉的。即便在全球化的今天，中西各方面包括法律文化的差别和冲突仍然存在。沈家本当年所提出的先修律再培养专门裁判人员建立近现代司法裁判机制的想法，无疑会自上而下推动民众和社会对于中西法律和文化的逐步认同和理解，同时也能助力于他所期望的中外公平交涉的实现。

---

〔1〕 徐世虹主编：《沈家本全集》第2卷，第435页。

沈家本《周官》创获考论

文　扬[*]

【摘　要】《清史稿》称沈家本"少读书，好深湛之思，于《周官》多创获"，特别表彰其年少所作《周官书名考古偶纂》。然而，沈家本的创获是什么，《清史稿》付之阙如，迄今尚待考订。沈家本研索群经，于《周礼》用力最勤，历经匡正奇字、因字考经、以经明道三个阶段，正与"由字以通其辞、由辞以通其道"的朴学进学之阶桴鼓相应。对这部古文经典的切磋琢磨，沈家本积蓄了效法先王的思想资源，涵养了变革流俗的精神气质，并深刻影响了他的律学著述和法政实践。他持守无征不信的朴学理念考订历代刑法，借重钦恤明允的《周礼》精神襄助法政改革。这表明，沈家本倡始的"会通改制"并非"文与而实不与"的策略，而是有着深沉的历史文化动因。同时，他的《周官》创获也为论证清代经学与律学的密切关系提供了有力的注脚。

【关键词】《周礼》；经学；律学；法律改革

《周礼》原名《周官》，或出于山岩屋壁，复入于汉宫秘府。西汉刘歆校理图书时发现此书，视为"周公致太平之迹"，[1]几经授受，至东汉郑玄网罗众说而作《周礼注》，由是《周礼》大行。[2]唐贾公彦羽翼郑学，作《周礼疏》，从此郑《注》贾《疏》成为《周礼》学的双璧，备受后学推崇。清乾隆戊辰（1748）敕撰《钦定周官义疏》，确立"六典乃周公兼三王之道，

---

　　*　文扬，法学博士，中国政法大学法律史学研究院博士后研究人员，主要研究方向为中国法律思想史、晚清法政改革。

　　〔1〕（唐）贾公彦："序《周礼》废兴"，载（汉）郑玄注，（唐）贾公彦疏：《周礼注疏》上，上海古籍出版社 2010 年版（本书出版信息以下省略），第 5 页。

　　〔2〕关于《周礼》在汉代的授受源流，参见"郑玄《周礼注》从违马融《周官传》考"，载乔秀岩、叶纯芳：《学术史读书记》，生活·读书·新知三联书店 2019 年版，第 3-7 页。

尽人物之性，运用天理以法万世之书"（《钦定周官义疏·凡例》）。在官方的崇奉下，沈家本研求群经，于《周礼》用力最勤。

在沈家本看来，《周礼》既是一部经邦纬国的儒家经典，又是一部详备的"法制之书"。[1]他对《周礼》的研索，深刻影响了后来的律学著述和法政实践。鉴于此，《清史稿·沈家本传》开篇表彰其"于《周官》多创获"不应视为一句虚饰的门面语。本文聚焦沈家本研索经典的学思历程，考释沈家本的《周礼》创获，并探讨它对沈家本法政改革的实际影响。

结合成书时间与内容特点，沈家本治《周礼》可划分为三期：第一期，匡正奇字，补订明代经学家郎兆玉所撰《周官古文奇字》，于咸丰己未（1859）成书《周官书名考古偶纂》；第二期，因字考经，博采乾嘉鸿儒之学，辨正《说文解字》所引经文与今诸经的异同，于光绪辛巳（1881）撰成《说文引经异同》，其中第十四卷及第十五卷上为《周礼》；第三期，以经明道，每与今制相较并以先王之道议论得失，体现在《日南读书记》卷五《周礼》部分。[2]三期循次而进，正与乾嘉朴学的进学之阶枹鼓相应。

一、匡正奇字：椎轮之始立志向

椎轮为大辂之始。沈家本于咸丰己未（1859）著成《周官书名考古偶纂》，其时弱冠未满，却已显示了朴拙雅正的治学气象。在这本书的自序中，沈家本交代了其写作的动因和方法。他阅读明代学者郎兆玉"周官古文奇字一篇"，发现其中"颇多舛错"，只因专事举业而未暇纠正。后读仪征阮元《周礼注疏校勘记》，心折此书"于字义考证綦详"，于是"取郎氏旧书分为七类，正其伪、删其谬、补其缺"。又因郑玄《周礼注》多引"故书"，于是别列一门，"摘取阮记附于每字之下"，并杂取段玉裁《周礼汉读考》、惠士

---

[1] 沈家本认为："古代法制之书，莫详于《周官》。"见"新译法规大全序"，载（清）沈家本：《寄簃文存》，商务印书馆 2017 年版（本书出版信息以下省略），第 212 页。这种看法与清末经学大师孙诒让一致。孙诒让在《周礼正义略例十二凡》中说："此经为周代法制所总萃，闳章缛典，经曲毕晐。"见（清）孙诒让："周礼正义"，载上海古籍出版社编：《续修四库全书》第 82 册，上海古籍出版社 2002 年版，第 4 页。《周礼正义》刊行于光绪己巳（1905），沈家本在宣统己酉（1909）所著《历代刑官考》中多次征引此书。

[2] 《日南读书记》未交代撰述时间。沈厚铎先生推测认为，该书作于同治三年（1864）至光绪十九年（1893）之间。见沈厚铎："代后记：说'沈学'"，载（清）沈家本：《日南随笔》，商务印书馆 2017 年版，第 241 页。本文结合《日南读书记》的内容特点，视该书的《周礼》部分为后出之作。

奇《礼说》以及诸字书、韵书之说，参酌蠡测、间附按语。[1]这部匡正奇字的处子作，树立了沈家本穷究经典的志向。

六经用字间有奇字，而《周礼》尤多。不识奇字，不足以整理异文、明析经义。沈家本读郎氏著述，既称"郎兆玉周官古文奇字一篇"，又说"郎氏旧书"，今人或谓《周官古文奇字》，或谓"《周官古文奇字》一书"，[2]视之为单篇、独著。但郎氏是否著有《周官古文奇字》，今不可考。郎兆玉，字完白，明万历四十一年（1613）进士，有《注释古周礼》（六卷）存世，其中有《考工记奇字》一篇，[3]并收录南宋学者洪迈《周礼奇字》一篇。[4]现根据哈佛大学哈佛燕京图书馆藏善本分析郎氏《注释古周礼》，并将其《考工记奇字》一篇与沈著并举，以探沈氏创获。

《注释古周礼》开篇列汉唐以来注疏名儒，又引贾公彦《序〈周礼〉废兴》等文，[5]以明《周礼》授受源流。郎氏所谓"古周礼"，以区别于象山门人俞庭椿"冬官未亡"之改本。[6]郎氏说，"是经考汉艺文志元阙冬官，后儒那掇五官妄为增补，弗从"，又说"经文悉宗郑康成元本"。郎氏所谓"注释"，即"考正经文，或折衷传注，或引证他经"，"经文字义间多奇古，且有一字两音、一音异用，俱明释本文字下"。[7]沈家本依从郎氏《古周礼》"元阙冬官"之说，依照经文次序，补订辨正郎氏奇字，分古文、本字、本正

---

〔1〕（清）沈家本："周官书名考古偶纂"，载徐世虹主编：《沈家本全集》第5卷，中国政法大学出版社2010年版（本书出版社信息以下省略），第869页。

〔2〕李贵连先生和蔡小雪先生都将沈家本所言《周官古文奇字》视为一本著作。分别见李贵连：《沈家本评传》，中国民主法制出版社2016年版，第7页；沈小兰、蔡小雪：《修律大臣沈家本》，人民法院出版社2012年版，第12页。

〔3〕郎氏以为："作书之法大都不越象形、会意、转注、诸声，自河洛既剖、书契肇典，吾乌知非古道其常而今不征其异也乎？故《考工记》一书尚属近古，其字多音迥义殊，姑摘其尤者特为拈出，庶俾览者无或眩于形似耳。"（《注释古周礼·考工记奇字》）

〔4〕（宋）洪迈：《容斋三笔》卷一五《周礼奇字》，载（宋）洪迈撰，孔凡礼点校：《容斋随笔》，中华书局2015年版，第473页。

〔5〕包括唐贾公彦撰《序周礼废兴》、宋王安石撰《周礼旧序》、元吴澂撰《三礼叙录》、明徐长吉撰《古周礼阙冬官辨》、明孙攀撰《古周礼释评旧叙》以及南宋洪迈《周礼奇字》。

〔6〕（宋）俞庭椿撰：《周礼复古编》，认为《冬官》散见于五官之内而未尝缺，于是掇取五官之属以补《冬官》之阙。见郎氏《注释古周礼》所录明徐常吉撰《古周礼阙冬官辨》一文。关于俞庭椿"《冬官》不亡"的理论逻辑与理论来源，参见梁艺馨："俞庭椿《周礼复古编》若干问题再商榷"，载《文化学刊》2017年第6期。

〔7〕《注释古周礼·凡例》。

体字而相承用后起字因目为古者、字通用而较古者、古通用字、古假借字、古通用见别经传者等七类。枚举数例如下：

（1）古文，[1] 如《天官·甸师》皋、罪。《说文》辛部："皋，犯灋也。从辛从自。言罪人戚鼻苦辛之忧。秦以皋似皇字，改为罪。"《说文》网部："罪，捕鱼竹网，从网非声，秦以罪为皋字。"沈按："人之丽于法，亦从鱼之丽于网也，故借以为皋字。至秦废其本字而专用假借字。"[2] 沈家本视皋为原字、罪为后起字，又以皋为本字、罪为假借字，并借助《说文》，解释了秦以后弃用皋而专用罪的原因。

（2）本字，[3] 如《地官·载师》桼、漆。《说文》："桼，木汁可以髹物。从木，象形，桼如水滴而下也。凡桼之属皆从桼。"段玉裁《说文解字注》："木汁名桼。因名其木曰桼。今字作'漆'，而'桼'废矣。漆，水名也，非木汁也。《诗》《书》梓桼、桼丝皆作漆，俗以今字易之也。《周礼·载诗》：'桼林之征，二十而五。'大郑曰：'故书桼林为漆林。'杜子春云：'当为桼林。'是则汉人分别二字之严。"沈按："此则汉时髹、桼不从水。《释文》云'本又作漆'，则其时已桼、漆不分矣。《玉篇》云桼今作漆。"[4] 沈家本所言本字，是相对于借字而言，表示本义的字。

（3）本正体字而相承用后起字因目为古者，如《秋官·庶氏》艸、草。《周礼注疏校勘记》："诸本同。唐石经缺。《释文》作艸，云'音草，本亦作草'。"沈按："据此知经中草木皆本作'艸'也。"[5] 又如《考工记·梓人》頯、䫞。沈按："《说文》无'頯'。䫞正字，頯俗字。郎兆玉云'頯为䫞'，是未考《说文》。"[6]

（4）字通用而较古者，如《春官·大司乐》傀、怪。《说文》人部"傀，

〔1〕 古文即古字，与今字相对，着眼于文字产生的时间，是"原字"和"后起字"的分别。段玉裁指出："凡读经者，不可不知古今字。古今无定时，周为古则汉为今，汉为古则晋宋为今。随时异用者谓之古今字，非如今人所言古文、籀文为古字，小篆、隶书为今字也。"（见段玉裁《说文解字注》"谊"字条注）
〔2〕 （清）沈家本："周官书名考古偶纂"，载徐世虹主编：《沈家本全集》第5卷，第870页。
〔3〕 本字即表示本来意义的字，与被借用来代替本字的字（借字）相对，着眼于文字的表义性质。借字表示的不是其本义，而是被其替代的字的意义，这种意义通过借用获得，被称为"借义"。参见张觉："古字、今字、本字、借字及其关系"，载《语文学习》1986年第10期。
〔4〕 （清）沈家本："周官书名考古偶纂"，载徐世虹主编：《沈家本全集》第5卷，第875页。
〔5〕 （清）沈家本："周官书名考古偶纂"，载徐世虹主编：《沈家本全集》第5卷，第881页。
〔6〕 （清）沈家本："周官书名考古偶纂"，载徐世虹主编：《沈家本全集》第5卷，第882页。

偉也"。又"偉，奇也"。可部"奇，異也"。心部"怪，異也。"沈家本按："傀"与"怪"义亦相通，故郑云"傀犹怪也"。[1]然傀、怪非一字，郎兆玉云"傀为怪"，非也。[2]又如《考工记·帧氏》盞、漉、淥。郎兆玉云"濾为盞"。沈按："濾音慮，无鹿音。"义同音异，不得并为一也。[3]

通过以上例证，《周官书名考古偶纂》的创获可概括为以下几个方面：首先，沈家本"取郎氏旧书分为七类"，看似一部改作，实为一部另作。书中明确提及并订正郎氏已如上所列，仅"傀为怪""頪为積""濾为盞"三处。其中，"頪为積""濾为盞"载于郎氏《考工记奇字》一篇，"傀为怪"则出自郎氏征引的洪迈《周礼奇字》一文。[4]据此推测，沈家本所言"郎氏旧书"正是《注释古周礼》，其所言"周官古文奇字一篇"泛指《注释古周礼》中的《考工记奇字》和郎氏摘录的洪迈《周礼奇字》。其次，洪迈与郎兆玉考索奇字只是给出结果，既未划分类别，又未给出考索过程。而沈家本不避繁难，不仅分门别类，而且每以《说文》为据，分析比较以定从违。最后，七类划分外，沈家本更因郑玄《周礼注》多引"故书"而别列一门，并摘取阮元《周礼注疏校勘记》附于每字之下。

阮元，字伯元，江苏仪征人，是乾嘉时期的经学名臣，为政为学、领袖群贤。其主纂的《周礼注疏校勘记》，广搜经籍、校对异同、订正讹误、辑补脱漏，久为学林取资。《周礼注疏校勘记》引据各本，包括单经本、经注本、注疏本；引用诸家包括浦镗《周礼注疏正误》（十卷）、惠士奇《礼说》（十四卷）以及段玉裁《周礼汉读考》（六卷）。阮元认为，"经文古字不可读，故四家之学皆主于正字。其云'故书'者，谓初献于秘府所藏之本也；其民间传写不同者，则为'今书'。有云'读如'者，比拟其音也；有云'读为'者，就其音以易其字也；有云'当为'者，定其字之误也。三例既定，而大义乃可言矣。说皆在后郑之注，唐贾公彦等作疏，发挥殊未得其肯綮"。[5]四家之学，即杜子春、郑兴、郑众、郑玄的《周礼》学。阮元所言"三例"出

---

〔1〕（汉）郑玄注，（唐）贾公彦疏：《周礼注疏》中，上海古籍出版社 2010 年版，第 853 页。

〔2〕（清）沈家本："周官书名考古偶纂"，载徐世虹主编：《沈家本全集》第 5 卷，第 889 页。

〔3〕（清）沈家本："周官书名考古偶纂"，载徐世虹主编：《沈家本全集》第 5 卷，第 895 页。

〔4〕（宋）洪迈：《容斋三笔》卷一五《周礼奇字》，载（宋）洪迈撰，孔凡礼点校：《容斋随笔》，中华书局 2015 年版，第 473 页。

〔5〕"周礼注疏校勘记序"，载（清）阮元校刻：《十三经注疏》清嘉庆刊本，中华书局 2009 年版，第 1383 页。

自段玉裁，[1]他为段氏《周礼汉读考》所作的序中说："自先生此言出，学者凡读汉儒经子、汉书之注，如梦得觉，如醉得醒。"沈家本对"故书""今书"的理解直引阮元之说，[2]更以段氏、阮氏所明之义例为判，列"故书"共计 102 例。[3]沈家本治《周礼》踵武昔贤、困知行勉，并由此树立了穷源"六书之学"的志向。

二、因字考经：构会甄释求会通

沈家本所言"六书之学"，即以《说文解字》为核心的文字、音韵、训诂之学。"六书"始见《周礼》。《周礼·地官》"保氏掌谏王恶，而养国子以道，乃教之六艺……五曰六书。"然六书内容为何，《周礼》付之阙如。直到东汉，才由班固、郑众、许慎列举"六书"名目。[4]三家名称次第各有差异，后世学者兼许慎的名称和班固的次第，定为象形、指事、会意、形声、转注、假借。这些由汉儒提炼的古人造字、用字法则，是理解汉字演化和发展的条例，更是理解圣人经典的门径。许慎在《说文解字·叙》中指出："文字者，经艺之本，王政之始；前人所以垂后，后人所以识古。"识字与通经相为一贯，于是沈家本说："将欲探训诂之真恉，必先求文字之本原，则舍《说文》，其奚自哉？夫通经者必通《说文》。通《说文》而不通经，则训诂之真恉必多扞格；通经而不通《说文》，则文字之本原必多茫昧。是《说文》之字义，实与经义相为表里者也。"

然而，或因经师授受各殊，或因古籀篆隶的递变，使得《说文》"所引经

---

[1] 段玉裁于《汉读考周礼六卷序》中说："汉人作注，于字发疑正字，其例大致有三：一曰读如、读若，二曰读为、读曰，三曰当为。读如、读若者，拟其音也，古无反语，故为比方之词。读为、读曰者，易其字也，易之以音相近之字，故为变化之词。比方主乎词，音同而义可推也。变化主乎异，字异而义了然也。比方主乎音，变化主乎义。比方不易字，故下文仍举经之本字……当为者，定为字之误、声之误，而改其字也，为救正之词……三者分，而汉注可读，而经可读。"见（清）段玉裁："周礼汉读考"，载上海古籍出版社编：《续修四库全书》第 80 册，上海古籍出版社 2002 年版，第 261 页。

[2] 关于"故书"的解释，贾公彦《周礼·天官·大宰》疏："言故书者，郑注《周礼》时有数本，刘向未校之前，或在山岩石室有古文，校考后为今文，古今不同，郑据今文注，故云'故书作'。"

[3] 其中《天官》13 例、《地官》21 例、《春官》33 例、《夏官》10 例、《秋官》12 例和《考工记》13 例。今人张富海《汉人所谓古文之研究》一书中列《周礼》"故书"123 例，其中《天官》11 例、《地官》23 例、《春官》35 例、《夏官》10 例、《秋官》23 例和《考工记》29 例。

[4] 《汉书·艺文志》载："古者，八岁人小学，故周官保氏掌养国子，教之六书，谓象形、象事、象意、象声、转注、假借，造字之本也。"

文千余条，与今诸经大有异同，而各部之中所引，又各有异同"。[1]所谓今诸经，即当时流通的立于学官的监本。沈家本深知，要准确理解经典经义，就不能忽视《说文》引经与今诸经的异同。于是光绪己卯（1879）冬，沈家本始纂《说文引经异同》，几经中辍，于光绪辛巳（1881）入秋告竣，凡二十一卷。在自序中，他特别交代了写作参考的三个方面的著述，包括吴玉搢等研究《说文》引经者、段玉裁等注《说文》者，以及乾嘉间的注经之家。

在沈家本以前，清儒有不少关于《说文》引经的研究。[2]沈家本特别列举了吴玉搢的《说文引经考》（二卷）、陈瑑的《说文引经考证》（八卷），以及承培元的《说文引经证例》（廿四卷）。其中，吴玉搢注意到《说文》所引诸经数千条，与今经同异大约参半，"非独与宋人抵牾，亦多与汉儒纰缪，字殊义别，不可画一"，于是定偏旁、明训诂、正经解，力图箴宋人膏肓、起汉儒痼疾。陈瑑则说："学者通经必先识字。不有《说文》，何以究仓雅之遗文、篆籀之微恉哉？"进而将究声音以通训诂作为研经之津逮。吴玉搢成书于乾隆元年（1736），作为研究《说文引经》的"椎轮之始"，论说自不如陈书详备。吴、陈二书后，又有承培元刊行于光绪丙戌（1886）的《说文引经证例》。不同于吴、陈二书以部为次而考释异字，承书以经为次且尤重条例。[3]沈家本归纳承书条例说："其所谓例，有证字者，有证声者，有证义者。证字之中，有兼证义，或证会意，或证叚借者；证义之中，有证本义者，有证别义者，有引一经以证数字者，有引两经以证一字者，有用经训而不著经名者，有称经说而不引经文者。视前二书为加详矣。"[4]

沈家本"以吴、陈为本，而以诸家说附益之"，又"以经为次，仿承例也"。[5]书成之际，他在日记里说，《说文引经异同》"尚属草创，无条例

---

〔1〕（清）沈家本："说文引经异同自序"，载徐世虹主编：《沈家本全集》第5卷，第413页。

〔2〕 胡朴安列举研究《说文》引经异同的研究者，分别是吴玉搢的《说文引经考》、吴云蒸的《说文引经异字》、陈瑑的《说文引经考证》、柳荣宗的《说文引经考异》和高翔麟的《说文经典异字释》，又列举研究《说文》体例的研究者，包括雷浚的《说文引经例辨》和承培元的《说文引经证例》。见胡朴安：《中国文字学史》，上海科学技术文献出版社2014年版，第543页。

〔3〕 以经为次，即以《说文》所引《易》《书》《诗》《礼》《春秋》《论语》《孝经》《尔雅》以及《孟子》等经典为序。

〔4〕（清）沈家本："说文引经异同自序"，载徐世虹主编：《沈家本全集》第5卷，第414页。

〔5〕 沈家本在光绪己卯（1879）十月初十日的日记中写道："灯下纂《说文引经异同》，以吴、陈为本，而以诸家说附益之，分经而不分部，则与吴、陈二书殊旨"，又在写于光绪辛巳（1881）八月初九日的自序中指出《说文引经异同》"以经为次，仿承例也"。

也。[1]他所期待的，是一部广采众长的精思博识之作。下面以《说文》引《周礼》"幎人"一条为例，并举吴、陈、承三书相关阐释，以此明晓沈家本《说文引经异同》的基本体例。

吴玉搢《说文引经考》卷上巾部：《周礼》有"幎人"，《天官》今作幂同。[2]

陈瑑《说文引经考证》未考"幎人"，卷四巾部考证《说文》引"《周礼》曰駹车大幭"，文末曰"幭为幂，一作幎，又同冪。《说文》有冪无幎，若□（左礻右冥）"。[3]

承培元《说文引经证例》卷十二《周礼》，巾部：幎，幔也。从巾冥声。《周礼》有"幎人"。此引《礼》证字也。今《周礼》作幂，变其体也。或作冪，即幂形似之讹，或作冪，俗体也。幔与幎转注皆为覆盖义。今以幔为实字，非古义。[4]

沈家本《说文引经异同》卷十四《周礼》，《说文》巾部：幎，幔也。（段注："谓冡其上也。"）从巾冥声。《周礼》有"幎人"。郑云："以巾覆物曰幂。"段云："《礼经》'鼎有，尊彝有幎'，其字亦作'幂'，俗作'冪'。今《周礼》作'幂'。"蒙按：此"幎"一变为□（上冥下巾），再变则为今《周礼》之"幂"。

此条中，许慎训幎为幔，就字为说。郑玄"以巾覆物曰幂"，以职掌为说。沈家本引郑注后，又摘取段注，《说文》引经"幎"与今经"幂"的关系得以厘定。对比沈家本与吴、陈、承三书对"幎人"一条的考释，沈家本所谓"以诸家说附益之"，即增入郑玄的《周礼注》以及段玉裁的《说文解字注》。其内容较吴、陈二书详实。沈家本所谓仿承例以经为次，即与承培元一样，以《说文》所引经典为序，集中考释。所不同者，承培元在引述《说

〔1〕 沈家本在光绪辛巳（1881）八月初九日的日记中记载："纂《说文引经异同》毕。此书乙卯冬初纂辑，旋辍，客夏续纂，仍未毕而辍。今夏复纂，今甫脱稿，然尚属草创，无条例也。"见（清）沈家本："日记"，载徐世虹主编：《沈家本全集》第7卷，第716页。

〔2〕 （清）吴玉搢："说文引经考"，载上海古籍出版社编：《续修四库全书》第203册，上海古籍出版社2002年版，第599页。

〔3〕 （清）陈瑑："说文引经考证"，载上海古籍出版社编：《续修四库全书》第227册，上海古籍出版社2002年版，第492页。

〔4〕 （清）承培元："说文引经证例"，载上海古籍出版社编：《续修四库全书》第222册，上海古籍出版社2002年版，第106页。

文》引经后即明示条例"此引《礼》证字也",沈家本则未及条例。这也使得二人在考订条目的数量和叙述的方式上有所不同。数量上,承培元考察《说文》引经条目较沈家本稍多。[1]例如,《说文》卯部:"卿,章也。六卿:天官冢宰、地官司徒、春官宗伯、夏官司馬、秋官司寇、冬官司空。从卯皀聲。"承培元指出:"此用《礼》证字义不著书名者也。"[2]沈家本则未考此条。叙述方式上,承培元叙述始终围绕条例展开,经注多融于己见之中。沈家本则以直引为主,鲜少申发议论。[3]正如沈家本自陈,其"所采者多名家钜子之言,间附管见而已"。

"采名家矩子之言",正是沈家本《说文引经异同》的特点。他在自序中说:"注经之家,乾嘉间人为多。解说纷纭,各持一是,读者莫之所从。因汇集众说,统为一编,偶有所见,以蒙按二字别之,期以会诸说之通焉。"《说文引经异同》所要处理的,正是乾嘉以来各持己见的注经之说,其征引的规模根据注经之说的分歧程度而随时变化。沈家本虽间附按语,但意见已潜藏在对各家意见的采择上,试举例如下。

《说文》鱼部:鱢,鮏臭也。从鱼喿聲。《周礼》曰:"膳膏鱢。"今作"臊"。先郑云"臊,豕膏也",杜子春云"膏臊,犬膏",郑《注》贾《疏》以及陆德明《释文》皆从之。然而,乾嘉学者对于汉唐注疏却议论纷纷。于是,沈家本征引宏富,试图"于众说之中求其真是"。他先列汉唐注疏,后引国朝考订,包括段玉裁《说文解字注》、严可均《说文校议》、阮元《周礼校勘记》以及王筠《说文句读》。其中严可均与段玉裁观点一致,臊字从肉,因此汉唐注疏之说皆不及鱼膏,然《说文》作膏鱢,或因转写脱误所致。因此严、段主张许慎所引当"读若《周礼》曰膳膏臊"。但《周礼校勘记》对比《说文》"鱢""臊"的解释,指出"《说文》于'鱢'引《周礼》,于'臊'下止存'豕膏臭'一义,则许氏所据古文本作'鱢'"。《周礼校勘记》又征

---

[1] 沈家本考《天官》17条、《地官》16条、《春官》29条、《夏官》13条、《秋官》11条、《考工记》32条,计118条;承培元考《天官》18条、《地官》17条、《春官》30条、《夏官》14条、《秋官》12条、《考工记》36条,计127条。

[2] (清)承培元:"说文引经证例",载上海古籍出版社编:《续修四库全书》第222册,上海古籍出版社2002年版,第106页。

[3] 沈家本考《说文》引《周礼》118条,附按语15条。

引惠士奇《礼说》，〔1〕指出许慎以"膏鱳"为"鱼膏"。沈家本并未认同这一观点，而是借助王筠《说文句读》表达自己的意见。王筠说："凡云膳膏者，以其脂膏为煎和之用也，以鱼膏煎物，不特于经无见，即海滨之人未之有也。故虽《晏子春秋》《广雅》皆有此字，吾不信许君收之。"〔2〕通过对汉唐注疏和国朝考订的择取，沈家本不断深化对《周礼》的认识。《周礼》学术与治术并包，也塑造了沈家本以经明道的学术宗旨。

三、以经明道：比较析论通宗旨

《周官书名考古偶纂》和《说文引经异同》是沈家本考订经典的专门之作。两书间隔二十年，却一脉相通，专以经注文字为研究对象。这种情形在《日南读书记》中有了变化。《日南读书记》是沈家本长居北京日南坊时期研读儒家经典的读书笔记。这部著作延续着《说文引经异同》的体例，先引经典，次明注疏，再以按语评析。阅读时，沈家本每有心得便加以论列，按语内容十分丰富。其中，沈家本列举《周礼》45 条，或表彰三代古义，或推测《冬官》内容，或反对刘歆增窜，或订正注疏之误，发挥自由而又切中肯綮。这些评析依然保持着朴实说理、言无枝叶的考据之风，但表彰三代隆盛、推崇先王仁义的立场已十分鲜明。下面以沈家本所列条目为序，择取数例加以考察：

例1，《天官·宰夫》载："凡失财用物辟名者，以官刑诏冢宰而诛之。"沈家本征引郑《注》贾《疏》，然后说："此即今之官司亏空也。'失财'若今律'那移出纳'之类；'失用'若今律'冒支官粮''虚费功力''冒破物料'之类；'失物'若今律'损坏仓库财务''私卖战马军器'之类；'辟名'则今律之'虚出通关碟钞'也。文书与物不相应也。"

例2，《天官·冢宰》载："医师，凡邦之有疾病者、有疕疡者，造焉，则使医分而治之。"沈家本按："古者医官之设，不独执技以事上，而万民之疾病养焉。此以见先王之仁而民无夭札也。后世太医院诸官，但备宫廷宣台而已。"〔3〕

例3，《秋官·大司寇》载："以两造禁民讼，入束矢于朝。然后听之。以

---

〔1〕《礼说》云："《晏子春秋》曰：食鱼无反恶其鱳也。凡鲑、鱳从鱼者，皆言鱼，则许君以'膏鱳'为'鱼膏'矣。"

〔2〕（清）沈家本："说文引经异同自序"，载徐世虹主编：《沈家本全集》第 5 卷，第 689 页。

〔3〕（清）沈家本：《日南读书记》，载徐世虹主编：《沈家本全集》第 5 卷，第 91 页。

两剂禁民狱，入钧金，三日乃致于朝，然后听之。"沈家本指出，束矢、钧金是古人禁讼之法，今世若施行则将备受指摘。然而"今之断狱者，辟其名而贪其实，其所入者，岂束矢、钧金已哉?"〔1〕

以上三例体现了沈家本强烈的比较意识。这种比较不再专于经注文字，而是典章制度。

例1将冢宰之制与清律官司亏空并举，例3以《周礼》所载古人禁讼之法批评后世司法名不副实。沈家本并举古今法制的例子很多。他后来说，"古来法制之书，莫详于《周官》"，〔2〕正是基于此类比较得出的判断。例2以《周礼》医官之设表彰"先王之仁"，批评后世太医院专以事上已失古义。沈家本仰慕三代、推举周制，除了因为《周礼》此类设官分职，还基于《论语》等其他儒家经典的共同推崇。〔3〕沈家本以《周礼》制度推知先王之义，又以先王之义疏通《周礼》经义。

例4，《秋官·司寇》载："掌戮，掌斩杀，贼谍而搏之；凡杀其亲者，焚之；杀王之亲者，辜之。"沈家本认为，"三者昏酷刑，而焚尤甚。先王忠厚之意，恐不出此"。〔4〕

在此例中，沈家本指出，《汉书》王莽作焚如之刑，备受世人诟病，有不少学者怀疑《周礼》这类酷刑是刘歆增窜的。随即他又给出了另一种解释，即参照《礼记》中邾定公惩处"子弑父"的办法〔5〕，认为焚烧的不是尸体，而是罪人之室。"定公言杀其人，自是周法。如是，其言必有受也。"显然，无论是陈述他人的怀疑，还是给出自己的推测，沈家本都不认为周代有焚如之刑。他在《历代刑法考》中也表达着相同的观点。〔6〕

---

〔1〕（清）沈家本：《日南读书记》，载徐世虹主编：《沈家本全集》第5卷，第98页。

〔2〕"新译法规大全序"，载（清）沈家本：《寄簃文存》，第212页。

〔3〕关于儒家的三代观念，参见刘丰："制造'三代'——儒家'三代'历史观的形成及近代命运"，载《现代哲学》2020年第3期。

〔4〕（清）沈家本：《日南读书记》，载徐世虹主编：《沈家本全集》第5卷，第100页。

〔5〕《礼记·檀弓下》载："邾娄定公之时，有弑其父者。有司以告，公瞿然失席曰：'是寡人之罪也。'曰：'寡人尝学断斯狱矣：臣弑君，凡在官者杀无赦；子弑父，凡在宫者杀无赦。杀其人，坏其室，洿其宫而潴焉。盖君逾月而后举爵。'"见王云五主编，王梦鸥注译：《礼记今注今译》，新世界出版社2011年版，第100页。

〔6〕沈家本说："焚如之刑，古今罕睹，惟王莽刑之，或疑《周礼》一书，刘歆等谄附王莽有所附益于其间，此类皆非原本，不为无见。"（清）沈家本：《历代刑法考》上册，商务印书馆2011年版（本书出版信息以下省略），第11页。

刘歆是否增窜《周礼》，唐宋以后议论纷纷。迄于清代，方苞《周礼辨》主张《周礼》被刘歆窜改以媚王莽，乾隆敕纂的《钦定周官义疏》也持此论。沈家本对于刘歆增窜之说十分审慎。他一方面以常理常情推测刘歆增窜之说无当，一方面征引王引之《经义述闻》的观点反驳刘歆增窜的观点。

例5，《秋官·壶涿氏》载："若欲杀其神，则以牡橭午贯象齿而沈之，则其神死，渊为陵。"沈家本按："午贯"，即近世欧洲人之十字架也。盖以为镇邪之用，其制亦云古也。若目为刘歆之所增窜，恐刘歆即欲增窜，必取重大之事足以媚莽者，必不及此等事也。[1]

例6，《秋官·条狼氏》载："凡誓，执鞭以趋于前，且命之。誓仆右曰杀，誓驭曰车轘，誓大夫曰敢不关，鞭五百；誓师曰三百。誓邦之大史曰杀，誓小史曰墨。"[2]

据郑《注》，誓者，谓出军及将祭祀时也。师，乐师也；大史、小史，主礼之事者。"贾《疏》从郑《注》，"'谓出军及将祭祀时也'者，若且命以上，军旅祭祀，同有此事"，"大史小史，皆据祭祀时"。[3]《钦定周官义疏》则认为誓当专指军旅之誓。沈家本认为，杀与车轘属于五刑之外的非常刑，当依从《钦定周官义疏》之说。但否定"誓"的祭祀的含义，如何理解"大史曰杀""小史曰墨"便成为问题。《钦定周官义疏》引《周礼·天官》大史、小史之职，特别表达了对此的困惑：军旅之时，大史"抱天时，与大师同车"，小史"佐大史"，"夫大史，即在军中，有何所犯而至于杀乎？若夫祭祀之誓，不过矢其敬慎小心，执事有恪耳，要无大刑也。此二句盖刘歆所增窜也。沈家本认为注疏难通，但没有以刘歆增窜之说而轻轻放下。他征引清代汉学家王引之《经义述闻》的观点，[4]认为"史"当为"事"，大事以重刑威之，小事以轻刑惧之。如此，《钦定周官义疏》的刘歆增窜之说不攻自

---

〔1〕（清）沈家本：《日南读书记》，载徐世虹主编：《沈家本全集》第5卷，第101页。

〔2〕（清）沈家本：《日南读书记》，载徐世虹主编：《沈家本全集》第5卷，第101页。

〔3〕（汉）郑玄注、（唐）贾公彦疏：《周礼注疏》中，第1421页。

〔4〕沈家本记载了王引之对郑《注》贾《疏》的三点质疑：首先，上"仆""右""驭""大夫""师"都是邦之官职，但并不言"邦"，为何大史、小史却说"邦之大史""邦之小史"？其次，刑罚是施以"杀"，还是施以"墨"，应当依据罪之大小，为何大史所犯的罪必当杀，而小史所犯的罪必当墨呢？最后，六官之中，属于祭祀军旅的有许多，为何所誓者仅仅是史官呢？王引之认为，大史、小史的"史"皆应作"事"，并征引《说文解字》和《秋官·讶士》等加以佐证。见（清）王引之："经义述闻"，载上海古籍出版社编：《续修四库全书》第174册，上海古籍出版社2002年版，第468页。

破矣。

综合以上示例，沈家本比较古今制度得失、尊崇先王忠厚之意、驳斥刘歆增窜之说，以经明道的读书宗旨已跃然笔端。回顾沈家本研求《周礼》的过程，从匡正奇字，到因字考经，再到以经明道，这是他宗尚朴学的自然的过程。顾炎武主张："治音韵为通经之钥，而通经为明道之资。明道即所以救世。"[1]乾嘉学者继承和发扬了这一主张，戴震言："经之至者道也，所以明道者其词也。所以成词者字也。由字以通其词，由词以通其道。"[2]其弟子段玉裁踵续其说，强调："不以字妨经，不以经妨字，而后经明，经明而后圣之道明。"（《周礼汉读考·序》）沈家本以求字为门径、以明道为归旨。其所明之道，与儒家经典高扬的"弘道""谋道""忧道"相一致。

四、弘道致用：稽古揆今襄改革

"人能弘道，非道弘人。"（《论语·卫灵公》）沈家本通经既以明道为归旨，其律学著述和法政实践自具有弘道崇德、求真致用的特质。在他看来，《周礼》不仅是一部济世经国的儒家经典，也是一部详备的"法制之书"。作为儒家经典，其包蕴的先王之道是评议历代刑制的价值标准；作为法制之书，其备载的经世大法是助益法政变革的思想资源。沈家本研读《周礼》，提出"三代刑制，周室为详"，又说"周家之于刑狱，其钦恤明允固无异于唐虞也"。[3]所谓钦恤明允，按照沈家本的解释，即《尚书》"明于五刑，以弼五教""士制百姓于刑之中，以教祗德"所表现的"以钦恤为心，以明允为用"。[4]可以说，钦恤明允是沈家本法政思想的第一原理。

（一）评议历代刑制

沈家本律学著述丰富，尤以卷帙浩繁的《历代刑法考》为代表。该书开篇《刑制总考》（四卷），是对唐虞至明代刑制综合性的考订与评价，集中地体现了沈家本的律学理念。考唐虞象刑之制，他针对荀子"象刑非生于治古，

---

〔1〕 钱穆：《中国近三百年学术史》，九州出版社 2011 年版，第 146 页。

〔2〕 （清）戴震撰，张岱年主编：《戴震全书》（六），黄山书社 1995 年版，第 370 页。乾嘉朴学的解经方法尤以戴震此论为代表，相关分析参见李畅然："戴震解经方法论发微——以《与是仲明论学书》为中心"，载《文史哲》2014 年第 4 期。

〔3〕 （清）沈家本：《历代刑法考》上册，第 11 页。

〔4〕 （清）沈家本：《历代刑法考》上册，第 7 页。

起于乱今"的观点，认为荀子"未思上古敦庞之世，固不可同年而语也"。〔1〕
考秦代刑制，他告诫用刑者"勿若以刑杀为威，而深体唐虞钦恤之意"。〔2〕
考晋之刑制，他指出晋法并非如马氏所言有宽弛之弊，而是"用法者非其人，
苟非其人，徒法而已"。考梁武用法，他强调"梁之弊在法废，不在轻刑。法
立而不行，与无法等"。〔3〕他引述《新唐书·刑法志》所载周矩"周用刑而
昌，秦用刑而亡"的观点，提出"有其法者尤贵有其人矣，大抵用法者得其
人，法即严厉亦能施其仁于法之中"。〔4〕综论唐代，他说高祖、太宗"致治
之美，几乎三代之盛时"，治律之士莫不以唐为法。〔5〕综论明代，他表彰惠帝
"以仁义化民"，批评成祖"用刑惨毒"。综合而言，沈家本评议刑制注重
"人事"。在他看来，刑制由"用刑者"创设与改易，得失便体现为法律是否
被施行、施行是主刑威还是尚钦恤。〔6〕

　　沈家本将开唐与三代相媲美。唐律"一准乎礼而得古今之平"，历来备受
称赞。三代则不仅是一个历史概念，更是一种历史哲学。沈家本站在儒者的
立场，视三代为整体，并将其作为法制文明的价值源头。子曰："周监于二
代，郁郁乎文哉，吾存周。"（《论语·八佾》）孔子将三代并举，认为三代
之礼虽有"损益"，但历史文化一脉相承。这一看法经过后世儒者和史家的不
断发展，成为儒家的政治理想。沈家本浸淫经史，在经典经义中论述法制。
一如他在《法学盛衰说》开篇所言："孔子言道政齐刑而必进之以德礼，是制
治之原，不偏重乎法，然亦不能废法而不用。"他心中的政治，是道之以德、
齐之以礼，而作为政教之用的法律，则当"行之以仁恕之心"。这些立论思接
千载，正与《周礼》包蕴的先王之道若合符契。

---

〔1〕 （清）沈家本：《历代刑法考》上册，第4页。

〔2〕 （清）沈家本：《历代刑法考》上册，第14页。

〔3〕 沈家本说："史称自高祖、太宗除隋虐乱，治以宽平，民乐其安，重于犯法，致治之美，几
乎三代之盛时。考其推心恻物，其可谓仁矣！斯言非溢美也。后代治律之士莫不以唐为法，世轻世重，
皆不能越其范围，然则今之议刑者，其亦可定厥宗旨乎？"见（清）沈家本：《历代刑法考》上册，第
28页。

〔4〕 （清）沈家本：《历代刑法考》上册，第43页。

〔5〕 （清）沈家本：《历代刑法考》上册，第45页。

〔6〕 沈家本在《法学盛衰说》一文中也表达了相同的观点，他批评商鞅"以刻薄之资行其法"，
赞扬汉文帝、景帝"用法而行之以仁恕之心"。见"法学盛衰说"，载（清）沈家本：《寄簃文存》，
第115页。

（二）襄助官制改革

在清末官制改革之际，沈家本思虑刑官之制关乎将来政治，于是著《历代刑官考》，以明历代刑官变迁之得失是非。他征引《周礼》"设官分职，以为民极"，认为"国家之设官，为民事设也"，并视恪尽职守为国家设官的本义。《历代刑官考》考三代官制，于成周尤详。其基本的体例依次是，先列官名，再引经注疏，后附按语。沈家本据《周礼》《左传》考成周官制64条，分析其中的按语，我们可以了解他对官制改革的看法。这些看法具体包括：

首先，设官当以教为先、刑为后。《周礼·地官》设教官大司徒卿一人，"掌建邦之土地之图与其人民之教，以佐王安扰邦国"。其所施之教有十二种，刑仅居其一，"以刑教中，则民不虣"。[1]据《周礼》，所施之刑针对不孝、不睦、不姻、不弟、不任、不恤、造言、乱民等八种民不服教的情形。"凡万民之不服教而又狱讼者，与有地治者听而断之，其附于刑者，归于士。"[2]沈家本据此指出，大司徒"必教之不从而后刑之，则民之附于刑者亦少矣"，"国家设官，本以教养斯民，而后世之官，皆不识教养二字"。[3]沈家本的这一主张，很容易使我们联想到他对于无夫之妇女犯奸不应治罪的立场。面对礼教派的激烈反对，他驳斥说："后世教育之不讲，而惟刑是务，岂圣人之意哉！"[4]

其次，设官当政刑分离、职守独立。《周礼·地官》设遂师，"各掌其遂之政令戒禁"，"作役事则听其治讼"；设遂大夫，"各掌其遂之政令""掌其政令、戒禁，听其治讼"；设县正，"各掌其县之政令征比，以颁天里，以分职事，掌其治讼"。[5]沈家本指出，遂师各官之治讼，是役事、功事、职事之争讼，没有付丽于刑，因而不归于士。《周礼·地官》设山虞一职，"掌山林之政令"，"凡窃木者，有刑罚"。沈家本认为，窃盗之罪当归士师。综合《周礼》的这些设官分职，沈家本评价说："成周官制，政刑权分。教官之属，如乡师、乡大夫、州长、党正，各掌其所属政教禁令。此持政权者也。刑官

---

〔1〕 包括以祀礼教敬、以阳礼教让、以阴礼教亲、以乐礼教和、以仪辨等、以俗教安、以刑教中、以誓教恤、以度教节、以世事教能、以贤制爵、以庸制禄等十二种。

〔2〕 （汉）郑玄注、（唐）贾公彦疏：《周礼注疏》上，第373页。

〔3〕 （清）沈家本：《历代刑法考》上册，第484页。

〔4〕 "书劳提学新刑律草案说帖后"，载（清）沈家本：《寄簃文存》，第254页。

〔5〕 （汉）郑玄注、（唐）贾公彦疏：《周礼注疏》上，第565页。

之属，如乡士、遂士、县士、方士，各掌其所属之狱讼，此持刑权者也。其职守不相侵越，故能各尽所长，政平讼理，风俗休美，夫岂偶然。"〔1〕

最后，设官当申禁以止杀。沈家本详列《周礼·秋官》官职37条，指出"三代以前刑官之制，周室为详"。其中有主王畿以内之官，如乡士、遂士、县士、方士；有主王畿以外之官，如讶士；有用刑之官，如掌囚、掌戮；有用禁之官，如禁暴氏、司烜氏。沈家本认为，"前人谓用刑则掌戮居后，用禁则禁杀戮居后，圣人之意，欲申禁以止杀也"，进而批评秦以后"密于用刑，而疏于用禁"。〔2〕

《历代刑官考》于宣统元年（1909）仲秋撰成，其时清廷已宣布预备立宪并着手官制改革。沈家本领导大理院改革司法审判制度，力主每省设立高等审判厅，以使行政与司法各有专职，但这遭到了各省督抚的普遍反对。如果我们考虑到这一背景，自然明白沈家本宣示设官本义、考察刑官变迁，正有襄助法政改革的目的。他认为欧洲"政刑分离"与《周官》"刑政权分"相合，欧洲"严于警察而宽于刑罚"与《周官》"申禁以止杀"相合，因而不必侈谈西政，也不必墨守旧闻。沈家本沟通经典与西方政治的努力，是晚清许多有识之士的共相。〔3〕葛兆光先生指出，晚清"很多人都在试图发掘关于古典的历史记忆，解释面前的新世界，可是，当传统的古典一旦遇到新鲜的世界，他的解释要么有些方枘圆凿，要么有些捉襟见肘"。〔4〕沈家本没有接受过西学的训练，他当时所接触的西学也未免混乱和肤浅，其立论粗疏自不能避免。同时我们看到，相较于康有为《礼运注》《论语注》的汗漫无边和孙诒让《周礼政要》的慷慨激昂〔5〕，沈家本的议论简直赅括、不尚新奇。这自然受朴学训练的影响，也和法律之学的现实性、实践性相关。

---

〔1〕（清）沈家本：《历代刑法考》上册，第486页。

〔2〕（清）沈家本：《历代刑法考》上册，第489页。

〔3〕张之洞说："《周礼》外朝询众庶，《书》谋及卿士，谋及庶人，从逆各有吉凶，是上下议院互相维持之义也。"（清）张之洞著，程方平编校：《劝学篇》，北京师范大学出版社2014年版，第85页。孙诒让说："中国开化四千年，而文明之盛，莫尚于周，故《周礼》一经，政法之精详，与今泰东西诸国所以致富强者，若合符契。"（清）孙诒让：《周礼政要》"序"，西安官书局光绪甲辰孟春印，第1页。

〔4〕葛兆光："应对变局的经学——晚清对中国古典的重新诠释（一）"，载李国章、赵昌平主编：《中华文史论丛》第64辑，上海古籍出版社2000年版，第15页。

〔5〕关于晚清学者以西学比附经学的分析，参见"经学变形记"，载乔秀岩、叶纯芳：《学术史读书记》，生活·读书·新知三联书店2019年版，第408-444页。

作为沈家本法政思想的第一原理，钦恤明允也作用于沈家本对修律立法的论证。他与伍廷芳在连衔上奏的《删除律例内重法折》中提出："臣等窃维治国之道，以仁政为先，自来议刑法者，亦莫不谓裁之以义而推之以仁，然则刑法之当改重为轻，固今日仁政之要务，而即修订之宗旨也。"〔1〕仁政是孟子对孔子"为政以德"的继承与发展，被孟子视为"三代之得天下"的因由。综合沈家本的这些观点，我们感受到他尚古崇德的儒者立场。他提倡以"情理"会通新旧之学，批评以刻核为宗旨的申韩之学，褒扬以保护治安为宗旨的泰西之学，都与其追慕三代的学术志向息息相关。〔2〕及至晚年，沈家本虽龄颓气苶、时须卧息，仍矢志不移完成《汉律摭遗》二十二卷。其心中所念，仍是"先郑、后郑注《周官》，并举汉法以为比况，可见《汉律》正多古意，非犹为三代先王之法制留遗者乎"。〔3〕

＊ ＊ ＊

沈家本是清末法制改革的组织者和领衔者，被誉为"媒介东西方几大法系成为眷属的一个冰人"。〔4〕学界关于他的探讨，一般聚焦于新政时期的法制改革，并特别表彰他鉴采西方法律的锐意进取。另一方面，沈家本成长于咸同时期，诵经读史以为进身之阶，直到光绪癸未（1883）蟾宫折桂，时年四十三岁。这一漫长的科举苦旅，自然地对他后来的律学著述和法政实践产生了重要的影响。追索沈家本的学思历程，他深受乾嘉朴学流风余韵的影响，通过考订《周礼》的古文奇字，很早便确立了"穷源六书之学"的志向。后来博采乾嘉钜子之学，构会甄释，力图会通《说文》所引《周礼》与今《周礼》的异同。而《日南读书记》则每将《周礼》与今制比较，颂述三代之隆、表彰先王之道。如此，沈家本有意无意地完成了识字以通经、通经以明道的朴学进学之阶。《清史稿》称沈家本在光绪癸未（1883）后"专心于法律之学"，但览读他的律学著述，不仅治学的方法延续着无征不信、实事求是的朴学特点，而且治学的理念及其法政实践也深受《周礼》等经典的影响。

考订沈家本的"《周官》创获"具有多重意义。首先，厘正沈家本的古文经学立场。据《汉书·景十三王传》之《河间献王传》，《周礼》是一部古

〔1〕 "删除律例内重法折"，载（清）沈家本：《寄簃文存》，第2页。

〔2〕 "法学名著序"，载（清）沈家本：《寄簃文存》，第210页。

〔3〕 "汉律摭遗自序"，载（清）沈家本：《寄簃文存》，第200页。

〔4〕 杨鸿烈：《中国法律发达史》，中国政法大学出版社2009年版，第492页。

文经典。由于《周礼》于先秦典籍不见征引，而其所载制度又每与文献抵牾，关于它的真伪及成书年代，历来聚讼纷纭。誉之者以为周公之典，贬之者以为新莽伪作，又有调停者以为《周礼》为周公制作，但经后儒增窜改易。[1]及至晚清，康有为高扬今文经，斥《周礼》等古文经为"新学伪经"，反对《周礼》之说达到极点。在这种背景下，沈家本遵循《钦定周官义疏》之说，奉《周礼》为经邦济世的圣典，于是匡正奇字、辨析典制、申明大义。他对"思想界之一大飓风"的《新学伪经考》不置一词，而对古文经师孙诒让《周礼正义》则多次引用。如果我们结合他在《日南读书记》中对《春秋》三传的按语，及其在光绪癸未（1883）会试中"名通《春秋》"的见解，[2]其持守偏重名物训诂的古文经学更是旗帜鲜明。

其次，重估《周礼》等儒家经典对沈家本"会通改制论"的影响。沈家本倡始参考古今、博稽中外的"会通改制论"。[3]在他看来，"采用西法互证参稽"的奉命修律，不应"遽以西法杂糅之"，而应"深究夫中律之本源而考其得失"，否则"正如枘凿之不相入，安望其会通哉?"[4]因此，中律讲读之功仍不可废。既讲读中律，则当"礼书法典并观"，[5]这既包括技术性的"达用"，也包括学理性的"明体"。在"达用"的层面上，沈家本主张考服制、读律例、"寻绎前人之成说以为要归，参考旧日之案情以为依据"。[6]在"明体"的层面上，沈家本申言"治国之道"、探究"三代先王之法"，由此，《周礼》既为儒家经典，又为"古来法制之书"，为沈家本的"会通改制"提供了深厚的思想资源和历史依据。

此外，考论沈家本的《周官》创获，有助于厘定清代经学与律学的关系。关于清代经学与律学的关系，有学者认为，明清时期律学与经学日渐疏离，

---

〔1〕 关于《周礼》成书年代的纠葛，详见彭林：《〈周礼〉主体思想与成书年代研究》，中国人民大学出版社 2009 年版，第 3–6 页。

〔2〕 在《日南读书记》中，沈家本详述《左传》而略述《公羊传》《穀梁传》，时常依据《左传》史实订正《公羊传》的乖谬。限于文旨与篇幅，沈家本的《春秋》见解将另文详述。

〔3〕 沈家本"会通"的表述和用法，参见文扬："因袭与开新：沈家本'会通改制论'再评"，载《河北法学》2015 年第 9 期。

〔4〕 "大清律例讲义序"，载（清）沈家本：《寄簃文存》，第 203 页。

〔5〕 瞿同祖先生说，研究中国古代法律必礼书法典并观，才能明其渊源，明其精义。参见瞿同祖：《中国法律与中国社会》，商务印书馆 2010 年版，第 369 页。

〔6〕 "刑案汇览三编序"，载（清）沈家本：《寄簃文存》，第 195 页。

律学"逐渐演变成一门自足、专门的学问",[1]另有学者则认为,清代研律者或援经入律,或以治经之法治律,律学在研究手段和价值关怀上仍然积极向经学靠拢。[2]笔者认为,尽管沈家本强调法律作为专门之学的积极意义,但他考文字、观典制、研故实、宣义理,不曾也不欲将经典与法律割裂。他研索群经,于《周礼》用力最勤,每将《周礼》等经典所包蕴的钦恤之意作为评定历代刑法的标准。同时,《周礼》的设官之义被引为法政改革的思想资源。据此,终晚清之世,作为"中国特有之大本学说",[3]经学对律学及其转型依然发生着影响。

---

〔1〕 陈锐:"中国传统律学新论",载《政法论坛》2018年第6期。

〔2〕 李明:"试论清代律学与经学的关系",载《清史研究》2020年第5期。

〔3〕 程千帆、唐文编:《量守庐学记:黄侃的生平和学术》,生活·读书·新知三联书店2006年版,第103页。

"参考古今，博稽中外"：
沈家本法律现代化思维方式探析

佘文博*

【摘　要】清末"修律大臣"沈家本秉持会通中西的思想，在《寄簃文存》中提出了"参考古今，博稽中外"的法律转型方针。其中，就推动法律现代化的具体思维方式而言，"参考古今"旨在返本开新：（1）以"仁政"为理念，以本国古训、遗制为依据，将旧律所涉及的问题加以删改。（2）删改不合理规定时，先承认其历史上的合理性；而如今之所以要修订，是因为客观情势发生了变化。（3）以中国古昔与西方近世的情形为理由，删改不合理规定。（4）直接援引中国古制与史实，以说明建立新制度的合理性。"博稽中外"旨在借鉴融汇：（1）欲采行"西法"，则先从历史维度贬抑之，再肯定其近世的改良成果；尔后将"西法"与"中法"的问题相联结，以谋求"自强"为理由删改"中法"的流弊。（2）欲采行"西法"，先说明现在"中法"的弊政不合中国古制；而近世"西法"的相关规定与古制暗合，故应借鉴。（3）以中释西，使国人对"西法"易于理解。（4）"西法"虽不合中国古制，但基于现实之急迫，径行订定，反对泥古。

【关键词】沈家本；会通中西；参考古今，博稽中外；法律现代化；清末修律

中国法律，衍自唐虞；虽历代因革，但一直与自然经济、家族社会、君主政体相表里，"诸法合体""以刑为主""法自君出"。海通以还，西方法律制度、思想、文化东渐我国；自清末修律始，中国法律步入崎岖坎坷的现代

---

* 佘文博，中国政法大学法学院 2019 级法律史专业博士研究生。

化之路。百年来，在礼与法、中与西、人治与法治……的一系列纠葛中，我国法律在原则、理论、制度、思维等方面变迁甚巨。揆之政学界对中国法律现代化路径热络不绝的探讨，中国法律传统与现代西方法治之间的接榫问题向为时人关注的焦点。其间，作为调和传统与现代的"会通中西"观应运而生，逐渐成为指引近代中国百年法制转型的轨辙。

一、问题的提出

中国法律现代化滥觞于清末修律，而作为"修律大臣"的沈家本（1840—1913）则是引领这场法制变革的灵魂人物。他"是深了解中国法系且明白欧美日本法律的一个近代大法家，中国法系全在他手里承先启后，并且又是媒介东西方几大法系成为眷属的一个冰人"，[1]被誉为"中国法律现代化之父"。[2]揆诸史实，法学研究的比较方法自沈氏而发端，[3]其会通中西的修律理念指引了中国近代法律转型的路径选择。由此，面对相似的历史际会，学界对沈家本法律现代化问题的研究可谓薪火相传。约言之，自1980年代迄今，以沈氏"会通中西"思想作为研究对象的成果体现为10个面向：大多数学者侧重对其思想本身进行概括性描述；[4]此外，有学者侧重从法律文化交流史的角度就个别问题将沈家本与其他历史人物的法律思想进行比较研究；[5]或基于现在的认知，透过反思沈氏法律现代化改革的局限，继而指出其思想的误区；[6]或从沈家本法学研究方法着手，对其法律现代化思想所蕴含的"中西比较方法"进行概括性描述；[7]或从沈氏会通中西思想切入，将其法学思想与近世西

---

〔1〕 杨鸿烈：《中国法律发达史》，上海书店1990年版，第872页。

〔2〕 马作武："沈家本的局限与法律现代化的误区"，载《法学家》1999年第4期。

〔3〕 周少元、戴家巨："从《论故杀》看沈家本法学研究方法"，载《法制与社会发展》2001年第1期。

〔4〕 参见张晋藩、曹培、沈致和、李贵连、赵国斌、栗劲、李启欣、邵宇力、张旭，"沈家本法律思想研究"课题组，艾立华、马作武、李俊、田东奎、徐黎明、张生、李军、陈金全、陈松、萧伯符、赵元信、张世珊、马建红、费丽芳、宋春雪、高积顺、冯琳、李国锋、陈柳裕、康黎、杨晓莉、张永春等的研究成果。

〔5〕 杜钢建："沈家本冈田朝太郎法律思想比较研究"，载《中国人民大学学报》1993年第1期。

〔6〕 马作武："沈家本的局限与法律现代化的误区"，载《法学家》1999年第4期。

〔7〕 周少元、戴家巨："从《论故杀》看沈家本法学研究方法"，载《法制与社会发展》2001年第1期。

方法学流派进行比较，察其异同；[1]或结合沈家本的人生经历、个人角色，论述其会通中西思想与开创近代法学的实践；[2]或通过研究晚清司法场域和沈氏之间的互动，揭示其会通中西思想的意义与价值；[3]或考察沈家本会通中西的文本含义与思想基础，结合学理要求，对其法律现代化观念进行评价；[4]或从中西法文化的冲突、差异和共同性入手，考察沈家本融汇中西法律的途径。[5]

前述文献对沈家本会通中西的法律现代化思想进行了有益探索，在诸多方面弥补了学界的研究空白。但不可否认，这些研究成果更多地停留在理论层面，并未透过沈氏的相关思想将其推动中国法律现代化的思维方式加以提炼，这对当代中国法律转型的实操层面而言无疑存有遗憾。值得注意的是，有学者多年前通过归纳沈家本会通中西的思维方式（"纳西法精义于儒家仁义之中""以古制解释西法""以礼教之矛攻礼教之盾"）和修律方法（渐进主义），总结了沈氏胜任清末修律历史角色的个人因素。[6]然而，美中不足的是，此研究的相关归纳过于笼统，未从沈家本会通中西的思维方式中提炼出在文明悠久的国度推动法律现代化的一般原理，未将沈氏对古今、中外之间融通法律资源的不同方式加以分类探讨，未将沈家本著作中的曲合与本义间的差异及其背后的缘由加以厘清。这对鉴往知来、烛察当代中国法律转型的迷思无疑是不利的。

征诸典籍，沈氏会通中西的修律思想主要集中在其重要著作——《寄簃文存》[7]中，作者在此提出了"参考古今，博稽中外"[8]的法律转型方针。

---

〔1〕 宁杰："对沈家本《论杀死奸夫》的现代法理解说"，载《比较法研究》2002年第3期。

〔2〕 曾尔恕、黄宇昕："中华法律现代化的原点——沈家本西法认识形成刍议"，载《比较法研究》2003年第4期；冯琳："试析法学家与法律转型的关系——以沈家本个人角色与晚清法律变革为例"，载《江海学刊》2006年第2期。

〔3〕 郑定、杨昂："还原沈家本：略论沈家本与晚清司法场域之变迁（1901—1911年）"，载《政法论坛》2004年第1期。

〔4〕 文扬："因袭与开新：沈家本'会通改制'论再评"，载《河北法学》2015年第9期；汪庆红、韩灵丽："经世致用与法制变革——沈家本修律思想基础之探寻"，载"沈家本与中国法律文化国际学术研讨会"组委会编：《沈家本与中国法律文化国际学术研讨会论文集》上册，中国法制出版社2003年版。

〔5〕 霍存福："沈家本会通中西论"，载《烟台大学学报（哲学社会科学版）》1991年第3期。

〔6〕 耘耕："酌古准今 镕铸东西 评沈家本修律"，载《现代法学》1990年第6期。

〔7〕 （清）沈家本撰，邓经元、骈宇骞点校：《历代刑法考（附寄簃文存）》第4册，中华书局1985年版。

〔8〕 "参考古今，博稽中外。既广译东西各国法律之书，复甄录我国旧文……寻绎乎变通趣时之义，而无惑乎偏重之说……"参见（清）沈家本：《寄簃文存》卷六《重刻明律序》，中华书局1985年版（本书出版信息以下省略），第2210-2211页。

因此，拙稿拟本诸《寄簃文存》，肇基学界对沈家本法律现代化问题的既有研究成果，从古今、中外两个维度对沈家本会通中西思想加以爬梳，透过考察其著作中对西学的曲合跟本义间的关联，以期总结、提炼沈氏在落后的文明古国融通中西法律制度、思想、文化，推动法律现代化的具体思维方式。此外，值得注意的是，沈家本会通中西的修律理论并非无源之水、无本之木，而是承袭近代以来经世致用的实学思潮，[1]在清末新政的时空背景中的具体应用。

二、"参考古今"——沈家本返本开新的修律思维

近代以来，特别是甲午战败后，中国知识阶层对于固有文化，由自大而自卑；极其所至，乃以"整理国故"的名义将中华文化的遗产弃之如敝履，以求透过自遣，"启蒙"国人全盘接纳西洋学说。身处此一时空背景，奉旨使中国法律"中外通行，有裨治理"[2]的沈家本认为，倘"不深究夫中律之本原而考其得失，而遽以西法杂糅之，正如枘凿之不相入"。[3]由此，他选择了另一条修律的进路——返本开新，旨在推动法律现代化时回归传统，充分发掘本国固有的制度、思想、文化资源，因势利导，在一定程度上推动旧有法制的自我更新。

针对沈氏的路径选择，有观点认为现代性的中国法律乃立足于公民社会，是民主政治的产物，是权利本位的；这与千百年来体现专制君主意志的"秦制"截然不同。故在社会结构、性质发生变化的情况下，沈家本企图用过时的法律概念、陈旧的法言法语为在很大程度上体现西方法治文明的新法制装点门面，可谓非驴非马，毫无意义。然而，倘若我们秉持价值无涉的立场，不难发现：举凡历史悠久、文明深厚的国家在推进社会变革时都会选择回首过往，在自身历史中寻觅革新的合法性，这是一种普遍性思维，绝非中土所独有。而"回到更早时代的神话事实上是所有欧洲革命的特点"。[4]譬如，

---

〔1〕 汪庆红、韩灵丽："经世致用与法制变革——沈家本修律思想基础之探寻"，载"沈家本与中国法律文化国际学术研讨会"组委会编：《沈家本与中国法律文化国际学术研讨会论文集》上册，中国法制出版社 2003 年版；文扬："因袭与开新：沈家本'会通改制'论再评"，载《河北法学》2015 年第 9 期。

〔2〕 上海商务印书馆编译所编纂：《大清新法令（1901—1911）点校本》第 1 卷，商务印书馆 2010 年版，第 16 页。

〔3〕 （清）沈家本：《寄簃文存》卷六《大清律例讲义序》，第 2233 页。

〔4〕 ［美］哈罗德·J. 伯尔曼：《法律与革命——西方法律传统的形成》，贺卫方等译，中国大百科全书出版社 1993 年版，第 18 页。

泰西诸国在中古时期以《圣经》为依据，托希伯来文明的"古"，以完善封建社会的政教设施；迨启蒙时代，又以古希腊、古罗马诸家学说为凭藉，托古代社会的"古"，以缔造其所谓的"理性王国"。此诚如马克思所言，人们对历史的创造"是在直接碰到的、既定的、从过去继承下来的条件下"创造的。"一切已死的先辈们的传统，像梦魇一样纠缠着活人的头脑。当人们好像只是在忙于改造自己和周围的事物并创造前所未闻的事物时，恰好在这种革命危机时代，他们战战兢兢地请出亡灵来给他们以帮助，借用它们的名字、战斗口号和衣服，以便穿着这种久受崇敬的服装，用这种借来的语言，演出世界历史的新局面。"〔1〕要之，中国古代法制文明只是沈氏修律的材料，而推动法律现代化才是其真实目的。

"新旧只是生命之一串，古今只是历史之一环，毁灭旧文化，即是窒息新生命。"〔2〕通过返本开新，法律的稳定性与国人几千年来形成的敬畏"治法"的集体意识相互配合，并未因清季与嗣后民国的法制变革而断裂。同时，从固有文化中汲取养分，"不忘本来"，亦是对历史的"温情与敬意"。约之，沈家本在"参考古今"过程中体现的推动法律现代化的具体思维方式，计有四端：

其一，以"仁政"为理念，以本国古训、遗制为依据，将旧律所涉及的问题加以删改。譬如，沈氏论及在《大清律例》中删除"最重之法"的缘由时指出，"凌迟""枭首""戮尸"这些本意是"警戒众人"的刑罚在实施过程中使民众"习见习闻"，反而"感召其残忍之性"，有乖"仁政"；且这些酷刑并未明定于中国历史上最"得中"的刑律——《唐律》，故建议"一概删除"。而"缘坐"有违《虞书》"罚弗及嗣"、《周誓》"罪人以族"和西周"罪人不孥"之古训，故拟请将"知情者仍治罪外，其不知情者悉予宽免"。针对"刺字"，沈家本认为应以"汉文帝废肉刑"为模范，通过指出该刑罚的实践效果（将"习于为非者"刺字，反而"助其凶横"；对"偶罹法网者"刺字，则"终身僇辱"）违背其立法初衷（"使莠民知耻，庶几悔过而迁善"），"未能收弼教之益而徒留此不德之名"，故主张"概行删除"。〔3〕此

---

〔1〕 中共中央马克思恩格斯列宁斯大林著作编译局编：《马克思恩格斯选集》第8卷，人民出版社1961年版，第121页。

〔2〕 钱穆：《政学私言》，九州出版社2010年版，第211页。

〔3〕 （清）沈家本：《寄簃文存》卷一《删除律例内重法折》，第2024-2026页。

外，沈氏在拟请"死罪改为流徒"的问题上，也体现了此一修律思维。[1]

申言之，用儒家"仁政"评判历代法制、君主和执法者，并不是沈家本的目的，而是一种手段。他的目的是通过这种评判，对旧律进行全面的审查，把"仁"作为改造旧律、制定新律的标准。[2]"吾国旧学，自成法系，精微之处，仁至义尽，新学要旨，已在包涵之内。"[3]结合前述沈氏反对酷刑的缘由，不难发现：其将西方近代日趋宽和的刑法中所流露出的政府对公民（罪犯）权利（人权）的保障与中国政治哲学中固有的"仁政"观念等量齐观，并奉为修律的宗旨。[4]倘从西方权利观念在法律（刑法）中的具体规定视之，似乎与中国传统"仁政"之下的司法生态初无二致。然究其本质，先秦时代，"仁政"乃是对君主的谆谆规劝；及至皇权日炎的后世，"仁政"愈加表现为"圣主"对臣民的一种恩赐。在一个因帝王"失德"致使民生凋敝、战乱频仍的社会，依然可以披上政通人和的"仁政"外衣。与此相反，近代西方的权利乃是为法律所保障的自由，其最突出的特点是"独立于他人的专断意志"。[5]"君主政体的原则总的说来就是轻视人，蔑视人，使人不成其为人"。[6]当西洋人士身陷囹圄而享有"保持沉默"和免遭刑讯的权利时，清季百姓还在乞灵于州县官和皂隶"为民做主"，手下留情。当然，西洋权利观念从日本传入近代中国的过程难免与"义务本位"的社会土壤发生磨合，从中产生各种争论亦在所难免。故对于沈家本而言，用"仁政"意指权利亦不失为一种修律策略。

其二，删改不合理规定时，先承认其历史上的合理性；而如今之所以要修订，是因为客观情势发生了变化。在奏请"旗人遣军流徒各罪照民人实行"的问题时，沈家本先阐明了《大清律例》规定旗人"犯罪免发遣"的历史合理性：清廷入关之初，"八旗生齿未臻繁盛，军伍有空虚之虑，差务有延误之虞，故凡八旗之人犯军流徒者，特设此折枷之制，免其发配，原为供差务，

〔1〕（清）沈家本：《寄簃文存》卷一《虚拟死罪改为流徒折》，第2028-2030页。

〔2〕李贵连：《沈家本评传》，中国民主法制出版社2016年版，第137页。

〔3〕（清）沈家本：《寄簃文存》卷六《法学名著序》，第2240页。

〔4〕（清）沈家本：《寄簃文存》卷一《删除律例内重法折》，第2024页。

〔5〕[英]弗里德利希·冯·哈耶克：《自由秩序原理》上册，邓正来译，生活·读书·新知三联书店1997年版，第5页。

〔6〕中共中央马克思恩格斯列宁斯大林著作编译局编：《马克思恩格斯选集》第1卷，人民出版社1961年版，第411页。

实军伍起见，初非区满人与汉人而歧视之"。[1]但是，到清末修律之时，由于"今日八旗丁口日益蕃昌，与昔日情形迥异，若将旗人犯罪应发配者概与民人一体办理，亦无虑军伍差务之乏人"。据此，沈氏拟请删除旧制，以满足清廷"化除满、汉畛域"[2]的修律要求。同时，沈家本在处理"变通行刑旧制"的议题时，遵循了同样的思路。

申言之，清朝作为"狭义的部族政权"，[3]在入主中原二百余年后竟主动考量"满汉畛域应如何全行化除"[4]的问题，这貌似是统治者"政治自觉性"的体现；但实质上这是为平息近代以来政治地位日升的汉族官僚阶层普遍对满人长期享有特权的不满情绪，藉以消弭革命党"驱除鞑虏"的煽动性诉求的息事宁人。至于设立"弃市"等"行刑旧制"，分明是古代重刑主义的体现，而沈氏笔下那些"三代"时渺不可考的颇具正当性的立法"原意"，多半是其为捍卫既有修律立场而采取的选择性认知。既然如此，沈家本面对恶法、旧制为何不主张径行删除，而是颇费周折地寻觅这些已被现实否定的"历史合理性"？究其缘由，斯乃一种遵循历史主义的行为。彼宗主张，"考察每个问题都要看某种现象在历史上怎样产生、在发展中经过了哪些主要阶段，并根据它的这种发展去考察这一事物现在是怎样的"。[5]申言之，沈家本通过将不合理的规定放入历史的时空背景中加以考察，在避免以今人的标准苛责古人的同时，更加说明了这些曾经"有功"的良法美制之所以要被废除，实出于顺应客观情形的某种"无奈"，跟人事无关。在朝廷的颜面得以维护，保守派不妄加干涉的情况下，修律的环境获致了某种程度的保证。

其三，以中国古昔与西方近世的情形为理由，删改不合理规定。譬如，沈氏在主张"禁革买卖人口"时，认为"中国三代盛时无买卖人口之事"，而"泰西欧美各邦，近年治化日进，深知从前竟尚蓄奴为野蛮陋习"。因此，拟请革除这种"既为古昔所本无，又为环球所不齿"的恶俗。[6]

〔1〕（清）沈家本：《寄簃文存》卷一《旗人遣军流徒各罪照民人实行发配折》，第2032页。

〔2〕（清）沈家本：《寄簃文存》卷一《旗人遣军流徒各罪照民人实行发配折》，第2033页。

〔3〕钱穆：《国史大纲》，我国台湾地区"商务印书馆"1995年版，第813页。

〔4〕故宫博物院明清档案部编：《清末筹备立宪档案史料》，中华书局1979年版，第918页。

〔5〕中共中央马克思恩格斯列宁斯大林著作编译局编：《列宁选集》第4卷，人民出版社1995年版，第26页。

〔6〕（清）沈家本：《寄簃文存》卷一《禁革买卖人口变通旧例议》，第2037-2038页。

梁漱溟先生指出，东方的成就为艺术式的，而西方的成就是科学式的。"科学求公例原则，要大家共认证实的；所以前人所有的今人都有得，其所贵便在新发明，而一步一步脚踏实地，逐步前进，当然今胜于古。艺术在乎天才秘巧，是个人独得的，前人的造诣，后人每觉赶不上，其所贵便在祖传秘诀，而自然要叹今不如古。"〔1〕申言之，"退化史观"在中国传统社会风靡不衰，知识阶层竞相"祖述尧舜"，言必称"三代"，将上古社会寄予无限美好的想象；而每论及当下，则多言"世道衰微""人心不古"。与之相反，西洋诸国在历经"3R"运动后，成功走出中世纪的"黑暗""蒙昧"，朝着更高级的社会形态迈进。此间，伴随十七十八世纪的启蒙运动，"进步主义"思潮逐渐形成。如此，当国门洞开，呈现在近代"先进中国人"面前的便是这样一幅图景：在中土泯然千年的"三代"良法美制，竟在泰西诸国开花、结果；易言之，我国固有之法政哲学描绘了"大同世界""天下为公"的荣景，而西洋各邦的学说乃是达成此一目标的阶梯。对于沈家本而言，自不例外。其在主张"禁革买卖人口"时所表现出的修律思维，正是他一贯的理念——"折衷各国大同之良规，兼采近世最新之学说，而仍不戾乎我国历世相沿之礼教民情"〔2〕的开显。

其四，直接援引中国古制与史实，以说明建立新制度的合理性。沈家本认为，"法律为专门之学，非俗吏之所能通晓，必有专门之人，斯其析理也精而密，其创制也公而允"，〔3〕故拟请设立"律博士"官职。而在论及设立此官的缘由时，沈氏乃通过直接援引中国古制与史实加以论证。譬如，就古制方面而言，沈家本对《魏书·卫觊传》《晋书·职官志》《宋书·百官志》《隋书·百官志》《唐六典》……中的相关记载加以爬梳。〔4〕而在史实方面，沈氏指出，董卓之乱后，卫觊"有设律博士之请"。"自是之后，迄于赵宋，代有此官。""自元代不设此官，而律学遂微。"〔5〕故欲重拾臣民对法律的重视，非复设"律博士"不可。

〔1〕　梁漱溟：《东西文化及其哲学》，上海人民出版社 2015 年版，第 36-37 页。

〔2〕　上海商务印书馆编纂所编纂：《大清新法令（1901—1911）点校本》第 1 卷，商务印书馆 2010 年版，第 521 页。

〔3〕　（清）沈家本：《寄簃文存》卷一《设律博士议》，第 2060 页。

〔4〕　（清）沈家本：《寄簃文存》卷一《设律博士议》，第 2058-2059 页。

〔5〕　（清）沈家本：《寄簃文存》卷一《设律博士议》，第 2060 页。

揆之史实，西洋之"法"在起源上乃是"凌驾于社会之上的力量"，[1]在大多数历史时期，泰西政治之运作乃依循法治的轨道，故有"王在法下"（此"法"初为"自然法"，尔后为"实定法"）之说。与此相反，中国之"法"乃"刑"的代名词，自始具有部族征战的残酷性。历代王朝"自君出"的"法"乃依附于政治，且往往沦为派系斗争的工具。沈氏精于旧学，深知在中国"法学之盛衰，与政之治忽，实息息相通"[2]的道理。然及至清季，朝野亟需的"法"已不再是传统的"治民之具"，而是发端于泰西诸邦，保障人民自由、尊严的现代法律。惟"新学往往从旧学推演而出"，[3]据此，沈家本乃充分利用本国传统资源的权威性，仿照历史上的相关制度与议论，拟请设立新官职，以期"善法"出，"善论"行。[4]由是观之，沈家本着眼于政治层面，利用臣民长期以来形成的"上以为重，而后天下群以为重"[5]的社会心理，藉以提升国家的法制品质与全社会的法律意识。斯乃沈氏因势利导推动法律现代化之重要例证。

三、"博稽中外"——沈家本借鉴融汇的修律思维

近世以降，中国知识阶层受"西学东渐"思潮的影响，担负"救亡图存"的历史使命，多主张用西方的理论、制度剪裁中国社会的现实。然而，沈家本作为"博通中西的法学家"，[6]自不与时论同流，其认为"大抵中说多出于经验，西学多本于学理。不明学理，则经验者无以会其通，不习经验，则学理亦无从证其是，经验与学理，正两相需也"。[7]申言之，沈氏在借鉴西方法制文明时，并非全盘照搬，而是"借鉴融汇"，将西方用以保护公民权利、自由的法制作为实施"仁政"的手段；用经过改造的"仁学体系"包容西洋法律精神；用固有的民主性的法律文化吸收西方国家先进的法律文

---

〔1〕 梁治平："'法'辨"，载《中国社会科学》1986 年第 4 期。

〔2〕 （清）沈家本：《寄簃文存》卷三《法学盛衰说》，第 2143 页。

〔3〕 （清）沈家本：《寄簃文存》卷六《法学名著序》，第 2240 页。

〔4〕 （清）沈家本：《寄簃文存》卷一《设律博士议》，第 2060 页。

〔5〕 （清）沈家本：《寄簃文存》卷一《设律博士议》，第 2060 页。

〔6〕 郑定、杨昂："还原沈家本：略论沈家本与晚清司法场域之变迁（1901—1911 年）"，载《政法论坛》2004 年第 1 期。

〔7〕 （清）沈家本：《寄簃文存》卷六《王穆伯佑新注无冤录序》，第 2217 页。

化。〔1〕

约言之，人群心理的弱点——喜突出不喜平正，在对待外来文化与本土文化的关系问题上表现得尤为明显。有学者即对沈家本这种将"中学"与"西学""互相发明"的理论持批评态度。然平情论之，与"西化派"之全盘接纳、"本土派"之固守传统相较，"会通中西"观所要求的借鉴融汇在操作中更加复杂：其不能将外来的或本土的制度、思想、文化作简单的肯定或否定，而是应当对"西法"先有深切的体认，同时对"中法""加以缜密的分析选择，针对我们现实的需要，就其最接近之处，予以阐发"。〔2〕我们知道，沈家本荣膺"修律大臣"时已年逾花甲，斯时"日处阽险，忧患近迫"。〔3〕沈氏大可以年岁之高、时局艰危为理由，径行采纳"西法"而不考虑与"中法"融汇的问题；〔4〕同样，作为饱读诗书的清廷旧官僚，沈氏完全可以跟"礼教派"诸公同声相应，严守"纲常名教"之防，反对任何实质性的法制变革。但是，他却坚守了"保守经常，革除弊俗，旧不俱废，新亦当参，但期推行尽利"，不持门户之见的理念，〔5〕顶住了来自两方面的压力，不"讨喜"地采行了借鉴融汇的中间路线。明乎此，便不难烛察：将沈家本这种"知难而进"的修律态度被贴上"天真""守旧"的标签，实在是有失公允。可见，沈氏在"参考古今"的基础上，复以"博稽中外"的思维解决中国旧律问题，斯乃"保其所有而益其所无"〔6〕的理性选择，绝非一种所谓"空想"。

---

〔1〕 江必新："沈家本法制改革述论"，载《比较法研究》1988年第2期。

〔2〕 王伯琦：《近代法律思潮与中国固有文化》，清华大学出版社2005年版，第62-63页。对沈家本而言，"中法"与"西法"的"最接近之处"在于"法理"（"情理"）。沈氏"融会贯通中外法学，就是要取中外法律中合于'情理'者，而舍其悖于'情理'者。合于'情理'者为善法、良法，悖于'情理'者为恶法、非法之法"。参见李贵连：《沈家本评传》，中国民主法制出版社2016年版，第141页、第143页。

〔3〕 故宫博物院明清档案部编：《清末筹备立宪档案史料》，中华书局1979年版，第43页。

〔4〕 针对1906年朝中大员对《刑事民事诉讼法》草案的争议，清廷于1907年将修律的指导思想确定为"参考各国成法，体察中国礼教民情，会通参酌，妥善修订"。此与沈家本借鉴融汇的修律思维颇为契合。但沈氏1902年甫上任时，清廷对修律的预期效果是"切实平允，中外通行"，并不涉及"西法"与"中法"融汇的问题。参见李贵连：《沈家本与中国法律现代化》，光明日报出版社1989年版，第85-87页。可见，沈家本"博稽中外"的修律方针并非基于官方的要求，而是其受自身的学养、使命感与当时社会思潮的影响，主动对朝廷"中外通行"的修律要求的进一步深化。

〔5〕 （清）沈家本：《寄簃文存》卷六《法学名著序》，第2240页。

〔6〕 （清）沈家本：《寄簃文存》卷六《王穆伯佑新注无冤录序》，第2217页。

"道理自在天壤，说到真确处，古今中外归一致，不必为左右祖也。"[1]沈家本在"吸收外来"的同时，不忘将西方法律制度、思想、文化与中国固有之政教传统进行融汇，以期使西欧诸国的异质文明在古老的中华大地生根。同时，经此"采撷精华"[2]而产生的适应"法治时代"的健全的中国法学，[3]更是"面向未来"法治澄清、政治修明的现代中国之始基。惟沈家本在"博稽中外"过程中体现的推动法律现代化的具体思维方式，见诸以下四端。

其一，欲采行"西法"，则先从历史维度贬抑之，再肯定其近世的改良成果；尔后将"西法"与"中法"的问题相联结，以谋求"自强"为理由删改"中法"的流弊。同样是针对凌迟、枭首等"重法"的议题，沈氏在综括其删除缘由时指出，就目前刑法残酷程度而言，是"中重而西轻"；但之前西方刑法"较中国尤为惨酷"。惟其近百年来"逐渐改而从轻"后，西人反将中国之"重法""訾为不仁"，继以此为借口主张西洋人士在华不受中国法律之约束。于今，列强允诺只要中国修订法律，便收回"治外法权"。因此，拟请"幡然变计"，将旧法"裁之以义而推之以仁"，趁势实现"变法自强"。[4]

申言之，面对刑法"中重而西轻"的状况，沈家本为何不直接建请仿照"西法""改重为轻"，而是先要回顾其"惨酷尤重"的历史？其实，清廷早在1902年"谕军机大臣"时便指出，我朝《大清律例》一书，折衷至当，备极精详。[5]可见，"圣上"对旧律如此推崇，沈氏若径行主张借鉴宽仁的"西法"，就相当于直接说明"中法"之"不仁"。这无疑拂逆了"老大帝国"的自尊心，进而招致守旧派的抵制。另一方面，依沈氏的思维，过去如此野蛮的"西法"之所以"日臻美善"，皆是拜"律学家几经讨论"所赐；[6]如此，对于本就比"西法"宽和的"中法"而言，若经修订，定能"后来者居上"，超越"西法"，实现"自强"。可见，沈家本之所以追溯"西法""不仁"的过往，乃是服务于其"通过修律谋富强"之目的。而国人对待法律的

---

〔1〕 （清）沈家本：《寄簃文存》卷六《王穆伯佑新注无冤录序》，第2217页。

〔2〕 （清）沈家本：《寄簃文存》卷六《政法类典序》，第2242页。

〔3〕 （清）沈家本：《寄簃文存》卷六《读例存疑序》，第2223页。

〔4〕 （清）沈家本：《寄簃文存》卷一《删除律例内重法折》，第2024页。

〔5〕 《德宗实录》(7)，载《清实录》第58册，中华书局1987年版，第536-537页。

〔6〕 （清）沈家本：《寄簃文存》卷一《删除律例内重法折》，第2024页。

态度从中可见一斑。

在西方，古代法律源自习惯，自下而上形成。[1] 迭经"上帝"及其"自然法"的宗教观念影响，法律、法治在西洋社会是一种自生自发的社会秩序，是一种生活方式，其本身就是目的，而非手段。但在中国历史上，源自习惯、自然演化的是"礼"（"政教之本"）而非"法"（"政教之用"）。惟以君主钦定、官府实施的"法"（刑）言之，其"出礼入刑"，向为"诘奸除暴，惩贪黜邪，以端风俗，以肃官方"[2] 的工具。近代以来，此一传统法观念持续影响知识阶层，法律由先前消极儆戒特定人群而变为积极实现基本国策，以致嗣后的"法治建设"被当作达成各式立国精神的手段。然成为一种"工具"的"法治"乃凸显了"人"的能动性，及其所至，则与初衷相悖，滑向了"人治"；在此过程中，"法"沦为役使他人（个人、团体、阶级）的手段，而非全民享有自由、尊严的护符。但可喜的是，沈家本对中西法（法治）之间的差异有着清醒的认识："申、韩之学，以刻覈为宗旨，恃威相劫，实专制之尤。泰西之学，以保护治安为宗旨，人人有自由之便利，仍人人不得稍越法律之范围。二者相衡，判然各别。"[3] 由此，在逻辑层面，经过修律，适用涵摄西方现代法治精神的新律将增强人民之权利意识，"取决公论，君民一体，呼吸相通"[4] 之立宪政体将得到巩固；迨"天下之士，群知讨论，将人人有法学之思想，一法立而天下共守之，而世局亦随法学为转移"[5] 的那一日，"国家自强"与"人民自由"之间便实现了某种程度的一致性，法律现代化、法治建设之归趋便指向了活生生的每一个人。

其二，欲采行"西法"，先说明现在"中法"的弊政不合中国古制；而近世"西法"的相关规定与古制暗合，故应借鉴。迨君主专制社会后期，传统的狱政愈发严酷，监狱几成为"苦人""辱人"的活地狱。清季修律时，沈氏针对改良监所的问题指出，我国三代之时的监狱，旨在感化犯人。譬如，"夏台，言不害人，若游观之台"；"羑里，言不害人，若于闾里"；"囹圄"，

〔1〕 ［美］哈罗德·J. 伯尔曼：《法律与革命——西方法律传统的形成》，贺卫方等译，中国大百科全书出版社1993年版，第684页。

〔2〕 （清）赵尔巽等撰：《清史稿》第十五册，中华书局1976年版，第4186页。

〔3〕 （清）沈家本：《寄簃文存》卷六《法学名著序》，第2240页。

〔4〕 故宫博物院明清档案部编：《清末筹备立宪档案史料》，中华书局1979年版，第43页。

〔5〕 （清）沈家本：《寄簃文存》卷三《法学盛衰说》，第2144页。

"言令人幽闭思愆，改恶为善"。反观西方，其监狱"初亦未得感化之宗旨，而惟以苦人、辱人为事"。尔后，因有"仁慈者出"，加以改革，以致泰西狱政"莫不酌理准情，区画周至，而宗旨一以感化为归宿"。继而，沈家本乃将"泰西之制""证之于古"，加以比附，认为"囚人运动场，即古人游观之意也。衣食洁而居处安，即古人闾里之意也。有教诲室以渐启其悔悟，更设假出狱之律，许其自新，又古人幽闭思愆，改善得原之意也"。[1]在沈氏看来，今泰西诸国的现代监狱乃是中国夏、商、周时期狱政古制的复现。

我们知道，因史料阙如，"夏台""羑里""囹圄"等三代良法美制更多的是承载论者美好愿望的具象，至于其本身是否真的如此，已渺不可考。然而，针对沈氏将现代西方狱政制度跟中国古代遗制加以联结的做法，有观点认为这种"比附"是"穿凿附会"，实不足取。但不可否认，透过"以今释古"，创造性解释、转化、发扬传统，使之与现代化相耦合，在客观上往往可以促进新思潮、新制度的传播。此诚如梁任公所言，"以今语释古籍，俾人易晓，此法太史公引尚书已用之，原不足为病。又人性本不甚相远，他人所能发明者，安在吾必不能，触类比量，固亦不失为一良法"。[2]

沈家本在互相解释中西之间跨越数千年的制度时，一个规律逐渐浮现：西方的制度由野蛮而进于文明，愈为人道；中国的制度则反向演化，愈加惨毒。惟揆之史实，先秦时期因行"封邦建国"的"周制"，君权之行使受制于封建贵族，故君臣之间以"师友"相待，刑法制度亦显宽仁。然经"周秦之变"，贵族势力消亡，皇权至上。由于"秦制"在"制度性儒学"的包装下长期运作，君臣关系乃异化为"父子"关系。此间，诞生于先秦的固有政治哲学乃"权法或委曲"地着眼于"治道"层面，通过将皇权道德化以格君心之非，"以治道之极来济政道之穷"，[3]而君臣关系尚能维持"共治"状态。但伴随边疆诸族入主中原，上位者颐指气使，下位者唯唯诺诺，[4]"主奴"关系在君臣之间形成。有金一代，皇权日炎，君主动辄对大臣施以杖刑，捶楚挞伐，几成传统。及至元朝，君主更是视大臣为犬狐，以供役使。虽然，从金元继承而来的专制主义至明代后期有所减退，但自努尔哈赤入主中原，

---

〔1〕（清）沈家本：《寄簃文存》卷六《监狱访问录序》，第 2237–2238 页。

〔2〕梁启超：《先秦政治思想史》，东方出版社 1996 年版，第 15 页。

〔3〕吴兴文主编：《牟宗三文集 政道与治道》，吉林出版集团有限责任公司 2015 年版，第 48 页。

〔4〕苏亦工："'八议'源流与腹边文化互动"，载《法学研究》2019 年第 1 期。

大臣又常为诸皇子凌辱，斯乃满洲政俗，以至上位者不问。在此二千年臣民地位沦落的血泪中，朝中大员的身家性命尚且不保，遑论顾及布衣黎庶的人格尊严。清季之时，监狱乃为衙役、胥吏把持，恶劣的监所环境往往成为他们勒索钱财的摇钱树；而令人发指的刑具则有助于他们在囚犯身上发泄怨气；一幕幕以强凌弱的丑剧在我国传统社会后期不断上演。

其三，以中释西，使国人对"西法"易于理解。征诸典籍，沈氏在修律时常用"以中释西"——用中国本土的语言对近世西方学说加以诠释——的论述方式将相关问题触类旁通，匡补阙遗。譬如，其在言及近世英国反对自杀的缘由时指出，"犯自杀者，当坐两重罪：一于教宗，则背上帝好生之德；一于国法，则违君上爱民之意"。[1]此外，沈家本认为民众被胁迫自杀的情事在"官吏清明之世鲜见，而官吏庸闇之世为多。立宪之国鲜见，而专制之国为多"。[2]易之，其区隔"立宪"与"专制"的标准，在于官吏"清明""庸闇"与否。

我们知道，沈氏在"以中释西"的过程中，难免曲合西方的制度、思想、文化，以符合当时国人的思维与认知。就前述例证而言，托马斯·阿奎那（Thomas Aquinas，约1225—1274）在中世纪将基督教教义与古希腊"理性"观念、古罗马"自然法"理论相结合，奠定了基督教对一系列问题的正统观点。据此，基督教之所以反对自杀，是因为自杀者自己决定结束生命，而否认了上帝对人类生命的掌控，乖违"永恒法"；自杀行为罔顾人类天生的生存愿望和自爱的义务，违背理性，不符合"自然法"；人们在自杀时放弃了其应负的社会责任，损害公益，有违"人法"。[3]而近代早期英国国王政府在受基督教影响的同时，更着眼于"公共利益"层面，基于生杀大权是"国家控制的武器"，但自杀者"剥夺了国家对个人的控制"；个人的生命具有"社会价值"，自杀是对人类、社会的"盗窃"行为[4]等认知，乃通过法律严惩自杀者。

然反观沈家本的论述，基督教衡量自杀行为的三种法律被"上帝好生之德"替代；国家、社会对个人自由意志的限制被认为是"君上爱民之意"。惟

---

〔1〕 （清）沈家本：《寄簃文存》卷二《论威逼人致死》，第2089页。
〔2〕 （清）沈家本：《寄簃文存》卷二《论威逼人致死》，第2090页。
〔3〕 李建军、孙守飞："基督教自杀观研究"，载《贵州社会科学》2014年第9期。
〔4〕 赵秀荣："近代早期英国对自杀者的惩罚"，载《史学月刊》2018年第4期。

造成这种曲合西学本义的缘由，或由于沈氏多年身处刑曹，职务繁重，无暇系统理解西洋政治哲学，以致在解释时偏离了相关问题所联结的宗教语境，而自然转向了"以道德代宗教"[1]的本国文化传统。同时，由于沈氏浸染宦海多年，长期受宫廷政治文化——用儒家民本思想包装严酷的利益争斗的熏染，乃习惯于将英国法政情事置于晚清王朝政治的话语体系、官场思维中进行把握。质言之，沈家本在将上帝臆想为具有"好生之德"的"天"，以此理解基督教的过程中，在将英国国王类比为"爱民如子"的"君上"，藉以诠释近代英国王权（国家）主义的过程中，基督教、英国法律反对自杀的缘由便被"道德化"了。此虽系误读，但在客观上使不具备西方宗教、政治常识的国人接受了域外法律对自杀的反对态度。

此外，沈氏用"清明"与"庸闇"区分"立宪"与"专制"，也是一种曲合西学本义的手法。千百年来，国人对政治、法制修明与否的体认远胜西洋人士对立宪与专制的感触。就民众被胁迫自杀的情事而言，清明之世由于君主重视法度，朝廷纲纪严整，而官僚阶层尚能普遍坚守官箴，廉洁自持。由此，民众平日少受其扰，外加权益救济渠道较为通畅，故被胁迫时不至走投无路，自寻短见。但在庸闇之世，情势逆转，政治无道，司法生态恶化，各级官僚时常以滋扰百姓为能事，以致被胁迫者求告无门，不堪其辱，惟有自杀。沈家本基于民众切肤之痛，乃将清明之世与立宪国家的概念进行联结，意在传达晚清一旦立宪成功，百姓便得享政通人和之福的讯息。这对于促进立宪观念在民众意识中生根，实具正向功能。然而，不得不指出的是，自古以来所谓"清明之世"的形成皆得益于君主个人之擘画新猷、励精图治，而非依靠良法美制之内在价值的推动，亦非凭藉作为政治主体的民众（其实历代皆为被治者）自身伟力的发挥。故而，沈氏以社会效果区隔立宪与专制的思维，更多体现了"为政在人""人存政举""人亡政息"等注重"人治"的传统政治理论。我们知道，"把制度本身的客观缺点归咎于个别人"的做法，不但掩盖了事物的本质，还"转移了表面看问题的公众的注意力"。而"认为人一变换，事物本身也就会起变化"的想法，简直是"异想天开"。[2]因此，

---

〔1〕 梁漱溟：《中国文化要义》，上海人民出版社2011年版，第103页。

〔2〕 中共中央马克思恩格斯列宁斯大林著作编译局编：《马克思恩格斯选集》第1卷，人民出版社1956年版，第5页。

立宪与专制的区隔，与其说是"清明"与"庸闇"，不如说是法制层面的"权利"和"权力"之间的关系。在立宪国，因权利制衡权力，民众法律意识高涨，故在面对"蠹役婪赃""假差吓诈"[1]等来自公权力的胁迫时，乃依法予以抵制，不必走上绝路。同时，由于自由、尊严的充分保障而民德归厚，以致"豪恶欺凌""凶徒讹诈"[2]等有违公序良俗的情事大幅减少，更荡涤了民众因地方豪强之逼迫而自杀的社会土壤。反之，在权力压制权利的专制之国，自杀现象便宛如梦魇一样牵缠着那块土地的人民。

其四，"西法"虽不合中国古制，但基于现实之急迫，径行订定，反对泥古。譬如，中国古圣先贤多主张"止谤自修""闻过则喜"，反对因"毁损名誉"而"加罪于人"，故自唐代以来的刑律中并无相关罪名。但如今在西方各国的刑法中，"诬指"罪名已详加规定。因此，基于当务之急的"外交"考量，沈家本主张应研议增加此项罪名，不可再"拘泥古法"，以致"临事无所适从"。[3]

如前所述，沈氏在借鉴"西法"时，经常通过追寻与之暗合的中国古制的方式，或是透过"以中释西"，藉以传播西方政治、法律文化的方式将"西法"与"中法"加以融汇，以达到"博稽中外"之目的。但是，此种修律思维也有例外情形。沈家本有云，"法律之为用，宜随世运为转移，未可胶柱而鼓瑟"。[4]当情势急迫，纵使"西法"没有在中国历史上的"对应物"可寻时，也要当机立断地将其引入中国，反对因循守旧。沈氏因"关系外交"[5]的缘由主张将"诬指"行为入罪，民众的人格权由此得以保障。可见，沈家本推动法律现代化的思维是灵活的，其在秉持"会通中西"原则时亦因事制宜加以权变，非一概而论。或许，"文化保守主义者"的标签并不完全适合他。

* * *

"参考古今，博稽中外"是沈家本会通中西思想的具体体现，其推动中国法律现代化的具体思维方式亦蕴含其中。约言之，沈氏返本开新、借鉴融汇

---

〔1〕（清）沈家本：《寄簃文存》卷二《论威逼人致死》，第 2090 页。
〔2〕（清）沈家本：《寄簃文存》卷二《论威逼人致死》，第 2090 页。
〔3〕（清）沈家本：《寄簃文存》卷二《论诬指》，第 2094 页。
〔4〕（清）沈家本：《寄簃文存》卷一《删除律例内重法折》，第 2027 页。
〔5〕（清）沈家本：《寄簃文存》卷二《论诬指》，第 2094 页。

的修律思维，乃是以本国的社会情状为前提，"因民以为治"，[1]不因循泥古，不削足适履，而将域内、域外、同质、异质的各种资源冶于一炉，为我所用，创造中国化的现代法律制度、思想、文化。[2]要言之，总结、提炼沈家本法律现代化思维方式的意义，即在于回应"对于自西方引入的各种法制原则或法律科学如何在一个延承数千年的古老农业社会中植根，以及如何对待时至今日仍在现实的本土社会中深具积极性功能的习惯性制度"[3]的难题。当然，在将沈家本与这个"难题"之间建立联系的过程中，仅仅考察思维方式层面的问题是远远不够的；因为思想决定思维，而思潮决定思想。易言之，惟有更进一步，着眼于促使沈氏"参考古今，博稽中外"的会通中西思想形成的社会思潮，[4]将历史人物置身于时空背景中考察，才能在"历史价值"层面正本清源的同时，激活沈家本修律思维的"现代价值"。近 40 年来，学界对此进行了一定程度的研究，[5]但在一些细节方面仍有继续探讨的空间。拙稿囿于篇幅，不便着墨展开，待他日为文就教于方家。

---

〔1〕 （清）沈家本：《寄簃文存》卷六《监狱访问录序》，第 2236 页。

〔2〕 斯时，"中体西用"论是中国思想界对待中西文化的主流观点。但我们从沈家本"返本开新""借鉴融汇"的修律思维中不难发现，这个混淆了"西学""中学"之"体""用"的所谓时论，已被沈氏突破。（关于"中体西用"的"错误"之处，参见陈序经：《中国文化的出路》，岳麓书社 2010 年版，第 42-46 页。）

〔3〕 萧伯符："详译西学　深究中法——沈家本之法制转型思维及现代启示"，载"沈家本与中国法律文化国际学术研讨会"组委会编：《沈家本与中国法律文化国际学术研讨会论文集》上册，中国法制出版社 2003 年版。

〔4〕 据笔者管见，沈家本"参考古今，博稽中外"的法律现代化思想，是在康、梁"西体西用"维新思潮和洋务派"中西合一"思想的影响下，对清廷先前的主流变法思想——"师夷长技以制夷""中体西用"的继承与发展，同时是对革命派以武力反对清廷"立宪"的回应。

〔5〕 参见沈厚铎："略论沈家本的生活道路及其思想发展"，载《政法论坛》1990 年第 4 期；李启欣、邵宇力："略论沈家本法律思想的实质及进步意义"，载《政法学刊》1991 年第 3 期；李俊："论沈家本对传统律学的继承与发展"，载《政法论坛》1998 年第 6 期；汪庆红、韩灵丽："经世致用与法制变革——沈家本修律思想基础之探寻"，载"沈家本与中国法律文化国际学术研讨会"组委会编：《沈家本与中国法律文化国际学术研讨会论文集》上册，中国法制出版社 2003 年版；文扬："因袭与开新：沈家本'会通改制'论再评"，载《河北法学》2015 年第 9 期。

论沈家本立足现实的改革观

——从读史阅世到身体力行*

徐逸尘**

【摘　要】 沈家本是清末法律改革的主导者，其立足现实的改革观可资借鉴。沈氏读史阅世时留下的笔墨初步表达出这种改革观。从其对子产和王安石两位改革者不同的评价可以看出，他主张务实的改革，注重改革的实际效果，认为改革者应有任事的实操能力和对现实社会的深刻理解，强调改革者面对现实问题时应灵活变通。沈氏自身的法律改革实践进一步发扬了这种改革观。从其主导法律改革期间所上奏折可以看出，其立足现实的改革观包含因时制宜、追求实效、问题导向、妥协精神等元素。沈家本既是改革的主导者，也是改革的承受者，他主张让改革去接受历史的检验，不失为一种正确的态度。

【关键词】 沈家本；改革；现实；法律近代化

一、引言：从一则笔记出发

沈家本，字子惇，别号寄簃，生于 1840 年，卒于 1913 年，其人生与中国从近代开端到民国肇建的历史基本重合。沈家本的一生大致可分为两个阶段。前期读经科举，走传统士人体制升迁之路，弱冠之年始在刑部工作，因专业能力出色而"以律鸣于时"，案牍劳作近三十年后，升迁外放为官，历任天津、保定知府，并在 1901 年重归刑部担任右侍郎。1901 年，内外交困的清廷下诏变法，开启晚清法政改革的序幕，而"变法皆从改律入手"，沈家本因

---

　* 本文是国家社科基金项目"沈家本新研究"（项目批准号：18BFX029）的阶段性成果。
　** 徐逸尘，清华大学法学硕士，主要研究方向为中国近代法律史。

"久在秋曹，刑名精熟"，经袁世凯、张之洞、刘坤一保荐，出任修订法律大臣，执掌修订法律馆，迎来晚年主导法律改革的光辉岁月。[1]本文想要探讨的正是作为法律改革者的沈家本。改革者首先是一个独特的人，他的性格、读书、人生经历皆在塑造并体现他的改革观念。本节先从一则笔记出发去剖析沈家本的性格对其务实的改革观的影响，之后各节将层层深入，从读史阅世和身体力行两个维度呈现沈家本务实的改革者形象。

沈家本在《日南随笔》中曾摘录王有孚[2]《一得偶谈》中一则笔记。沈氏所附之按语，颇能反映其性格。王有孚在《一得偶谈》中谈到时人喜新厌旧，"一衣履而务取美锦，美锦之不已，犹必制造之新奇、罕而见珍也"；后又谈到，当时人们所穿衣服的款式不断变化，从长袍短褂变为长袍长褂，再变为短袍短褂，又复归长袍长褂，今终归于长袍短褂，可谓"短长之间，凡经数易"，"六十年中，不一其变"。沈家本对王有孚之言感同身受，按语道，"即余生以来，衣服冠履之制，忽而从新，忽而反古，正不知谁实为之，孰令致之"。二人都感慨于时尚的倏忽流变，沈家本也赞同王有孚对喜新厌旧、追求新奇之风尚的批评，他说，"夫利不什不变法，害不什不易制，礼也……噫！何其善变若是也"。[3]

读者不能仅援引这则笔记就武断地将沈家本归为守旧一派。"利不什不变法，害不什不易制"看似十分古板，其中却也蕴含"变"的精神：一旦时局到达某个拐点，以至于旧法、旧制的利害得失出现倒转，改革便要随之开启。但是在这则笔记中，沈家本稳重、保守的性格已跃然纸上，或许正是这种性格让他在日后主导法律改革时能多一分审慎和务实。1907年，为改造法部监狱一事，沈家本曾致信法部尚书戴鸿慈，盛赞何君《监狱说》中"改法不善，不如不改，改而又改，为害滋多"之语，可见其非常看重改革的方法和效果。他还在信中说改造法部监狱一事"不必太速"，"与其速而未尽善，不若迟回

---

[1] "沈家本：中国近代具体法治的践行者"，载陈新宇：《寻找法律史上的失踪者》，商务印书馆2019年版，第210—215页。沈家本的生平亦可参见李贵连：《沈家本传》，法律出版社2000年版。

[2] 王有孚，字需吉，号白香，乾嘉年间江苏元和籍刑钱幕友，有《洗冤外编》《秋审指掌》《一得偶谈》等作品传世。王有孚的生平可参见陈利："知识的力量：清代幕友秘本和公开出版的律学著作对清代司法场域的影响"，载《浙江大学学报（人文社会科学版）》2015年第1期。

[3] "一得偶谈"，载（清）沈家本：《日南随笔》，商务印书馆2017年版（本书出版信息以下省略），第220—221页。

以有待也"，言语之间，颇显耐心。[1]

从沈家本的只言片语可以窥见，其稳重、保守的性格与其审慎、务实的改革心态是一脉相承的。沈家本思考改革问题时，无论是对利害的分析，抑或是对方法和效果的关注，似乎都有某种立足于现实的考量。笔者阅读沈氏之著作，在其读史阅世留下的笔墨和法律改革的文献中，也常常能感受到他作为改革者立足现实的品质，既觉震撼，又受启发。因此，本文想要再现沈家本这种立足现实的改革观，以为后来者之借鉴。

二、读史阅世：沈家本改革观之初见

沈家本对于改革诸问题的态度，或可从正反两面予以探究，即他支持何种改革、反对何种改革？而回答这一问题，又可参考沈家本读史阅世时留下的记录。沈家本一生著述颇丰，除为人所熟知的《刺字集》《历代刑法考》《寄簃文存》等法学著作外，还有大量非法学著作，如经学方面的《日南读书记》，史学方面的《诸史琐言》《明史琐言》，版本目录学方面的《古书目四种》《借书记》以及随笔、诗歌、日记，等等，其中对沈家本的思想轨迹、人生态度多有反映。[2]本节主要依靠沈家本《日南随笔》和诗歌中几则材料展开论述。

从沈家本的诗歌看，他崇敬的改革者是子产。光绪二十七年（1901）二月，沈家本一家从大梁出发前往西安，途径郑州，沈家本在郑州参谒了子产祠，并赋诗一首，称誉子产的改革之举。[3]诗《子产祠》言："公孙遗爱圣门推，论学原须并论才。国小邻强交有道，此人端为救时来。"[4]为救时而来的改革者，正是沈家本心目中的英雄。有趣的是，此诗仿佛一纸预言，预示了沈家本之后的人生轨迹：诗的主角春秋大夫子产，执掌郑国国政之时，面

---

[1]（清）沈家本："与戴尚书论监狱书"，载《历代刑法考（附寄簃文存）》，中华书局1985年版（本书出版信息以下省略），第2197页。

[2] 沈家本的著作比较完整地收录于中国政法大学出版社2010年版的《沈家本全集》，另有《历代刑法考》《寄簃文存》《日南随笔》《刺字集》等单行本问世。对沈家本非法学著作的介绍，可参见沈厚铎："代后记：论沈学"，载（清）沈家本：《日南随笔》，第237-254页。

[3] 李贵连编著：《沈家本年谱长编》，山东人民出版社2010年版（本书出版信息以下省略），第93页。

[4] "子产祠"，载徐世虹主编：《沈家本全集》第7卷，中国政法大学出版社2010年版（本书出版信息以下省略），第160页。

临的困局与沈家本当时所处的清王朝十分相似，亦是国小邻强、内外交困。子产在郑国的改革措施中，最受称道者恰与法律相关，乃是"铸刑书"，即公布成文法。而作此诗后不久，沈家本也以光禄寺卿入主刑部，光绪二十八年（1902）四月，又在刘坤一、张之洞、袁世凯的保荐下成为修订法律大臣，开始其一生最为辉煌的法律改革岁月。可以说，子产当时采取的改革措施，与沈家本后来的功业交相辉映。

但是，沈家本对历史上另一位声名卓著的改革者王安石却非议颇多。沈家本对王安石的态度，在《象山荆国王文公祠堂记》一文中有所流露。此文是读书笔记，以摘录为主，原创内容不多，但因涉及王安石的历史评价这一关键问题，可作为探究沈家本改革观念的重要文献。文章分三部分，第一部分是沈家本读陆象山《荆国王文公祠堂记》的感受，沈家本认为陆象山评价王安石有"道术必孔孟，勋绩必伊吕"之志，是"其文多恕词"，即无原则地宽容王安石。第二部分大段摘录穆文简《论介甫书》中批评陆象山《荆国王文公祠堂记》的内容。穆文简不同意陆象山的观点，也认为"象山之意多为荆公恕"。沈家本摘录此文，有引穆文简为知己之意。第三部分，沈家本肯定"穆文简之言，自是正论"，同时又借陈旸叔之言，对王安石提出严厉批评。[1]纵观全文，沈、穆二人对王安石有三重批评。第一，沈家本、穆文简认为王安石变法有善因、无善果。陆象山欣赏王安石的志向，因其有孔孟、伊吕之志，纵然功业未成，依然可恕。沈家本、穆文简则坚信功业才是更加根本的评价指标。沈家本、穆文简既批评王安石变法祸及天下生灵，令宋之元气不复振，也批评陆象山"不为人之社稷计，不为天下生灵忧，不为后学虑，恕一夫而不悯天下后世"是以"偏见自喜"。他们说："孟子曰：'食志乎？食功乎？'安石之操介，在古人一节之士甚多，未可以一节而掩元恶也。"一言以蔽之，王安石变法志向的远大和坚定不能为他变法的失败和由此产生的危害辩护。第二，沈家本、穆文简认为王安石不具备改革者的才能。他们批评道："安石……专以利言，又无管仲之才，所以万无一利而害不可胜言也。"沈家本又借陈旸叔之言指责王安石不晓事，说"不晓事人用事，未有不偾事"。第三，沈家本、穆文简认为王安石性格有缺陷。他们以治水之鲧比拟王安石，说"鲧悻直自用，安石亦悻直自用"。又说安石不通人情，"天下以

---

〔1〕"象山荆国王文公祠堂记"，载（清）沈家本：《日南随笔》，第216-217页。

为君子者，安石恶之；天下以为小人者，安石好之。好人之所恶，恶人之所好，此之谓拂人性之辟，则为天下谬矣"。又说安石执拗，"天下不晓事人多矣，不晓事而又执拗，此所以祸及天下后世也"。

如果对比沈家本在《子产祠》和《象山荆国王文公祠堂记》中对子产、王安石的一褒一贬，其自身的改革观也一览无余。笔者认为，沈家本是现实主义的改革家。因为子产的改革与现实主义精神是契合的，而王安石变法却多了几分空想和莽撞，所以沈家本才给出截然不同的评价。首先，沈家本看重现实的效果。"此人端为救时来"即是说子产的改革成功解决了现实问题、扭转了时局，因此为沈家本所敬重。相比之下，王安石虽有大志，变法结果确是"倾人社稷，流毒四海"，无现实功业而有现实罪过，因此为沈家本所不屑。其次，沈家本认为改革者须有任事的实操能力，不能纸上谈兵。沈家本表扬子产"论学原须并论才"，王安石则是"无管仲之才"。什么是沈家本所谓的"才"呢？在《子产祠》诗中，"才"与"学"相对，如果说"学"是书本上的知识，"才"则可以理解为一种实践能力。在《象山荆国王文公祠堂记》中，"才"亦是指实践能力（王安石言利而未能得利，是谓无才）。再次，沈家本认为改革者应深刻洞察现实社会。沈家本说王安石"不晓事""拂人性"，本质上正是批评王安石乏于对现实社会的理解和回应，既不知事，也不知人。最后，沈家本认为改革者面对现实问题时应灵活变通。正因如此，他才会批评王安石"悻直自用""执拗"。

综上，结合几则笔记和一首诗歌，沈家本立足现实的改革观已然呼之欲出，包括但不限于以下几个方面：（1）改革者要洞察现实社会，擅长分析人心、局势和利害关系；（2）改革要能付诸实践而非坐而论道；（3）改革时要顺应时势，正视困难，灵活变通；（4）要以现实效果作为评价改革的根本标准。如果说在读史阅世时，沈家本的上述改革观念表达得还较为隐晦的话，沈家本的亲身实践则将对此进一步发扬。

三、身体力行：立足现实的法律改革

从沈家本读史阅世的记录中，可以解读出他立足现实的改革观。而纵观沈家本法律改革的亲身实践，也可以发现其中显露出一条立足现实的主线。本节将以沈家本在法律改革过程写作的奏议为主要材料，尝试阐发之。

（一）因时制宜

立足现实的改革观首先表现为积极回应现实的变化。沈家本曾多次表达法律应因时而变的思想。他在《删除律例内重法折》中说："窃思法律之为用，宜随世运为转移，未可胶柱而鼓瑟。"[1]他在《虚拟死罪改为徒流折》中说："窃为宽严之用，必因乎其时。"[2]《进呈诉讼法拟请先行试办折》中也有"窃维法律之道，因时制宜"之语。[3]

沈家本把流变的现实当作废除旧制的合理性来源。1907年，沈家本曾写作《旗人谴、军、流、徒各罪照民人实行发配折》，主张删除旧法，使旗人谴、军、流、徒各罪照民人一体同科。沈家本的论证中包含对现实的关照，他指出，旗人犯罪折枷、免发遣来源于《明律》"军官军人免徒流"一条，是"实军伍起见"，即为了保障兵源。可是实际情况早已发生变化，旗人人口增多，不必担心"军伍差务之乏人"，此旧法也就丧失了现实基础。[4]可见，在沈家本看来，正是现实的变化为旗人和民人谴、军、流、徒各罪一体同科提供可能性。同年，沈家本在《变通旗民交产旧制折》中建议取消对旗人、民人之间互相买卖房地的限制，亦从世事变迁出发展开论证。沈家本先说"我朝入关之初，八旗丁口不多，房地颇称丰厚。迨其后生齿繁衍，在京之房，近京之地，止有此数，人滋生而产不增加，则前人之产万不能敷后人之赡养"；又说"至于八旗汉军，于乾隆年间，准其出旗为民，在外省居住；驻防汉军，准其散处营生；驻防兵丁，准其在外置立产业。道光五年，并满洲蒙古亦准出外营生，改入民籍。凡此区画，皆为八旗筹自养之路，与从前情形迥不相同"。[5]沈家本观察到，时代的变迁尤其是政策的变化导致旗人大批迁至外省自谋生计，立法之初的背景不复存在，法律与现实扞格，出现"既准其在外居住营生，而不准置买产业，则生计全无，乌能自养"的困境，因此变通旗民交产旧制显得迫切。可见，亦是现实的变化为废除旗民交产旧制

---

〔1〕（清）沈家本："删除律例内重法折"，载《历代刑法考（附寄簃文存）》，第2023–2028页。

〔2〕（清）沈家本："虚拟死罪改为徒流折"，载《历代刑法考（附寄簃文存）》，第2028–2030页。

〔3〕"修订法律大臣沈家本等奏进呈诉讼法拟请先行试办折"，载徐世虹主编：《沈家本全集》第2卷，第441页。

〔4〕（清）沈家本："旗人谴军流徒各罪照民人实行发配折"，载《历代刑法考（附寄簃文存）》，第2031–2033页。

〔5〕（清）沈家本："变通旗民交产旧制折"，载《历代刑法考（附寄簃文存）》，第2033–2037页。

提供必要性。以上择取的两项法律改革皆与满汉关系有关。满汉关系方面的改革其实有"上位法"依据和权威加持。1907 年夏天,清廷颁下谕旨说"现在满汉畛域,应如何全行化除,著内外各衙门各抒所见,将切实办法妥议具奏,即予施行"。[1]沈家本上述两项奏议正是为了回应此谕旨。此外,"化除满汉畛域"关乎平等,还具有充分的道德正当性。但即便如此,沈家本也没有依靠纯粹的威权主义或理想主义来推动法制改革以尽快实现满汉平等。他仍然扮演一个审慎的法律家的角色,并未以今薄古,而是详细分析固有法律的立法背景,用世运移转、因时制宜来为法律改革做注脚。

流变的现实还包括一些新事物的出现。沈家本在主导法律改革时对新事物能及时予以回应,其 1906 年所奏之《伪造外国银币拟请设立专条折》即为其中一例。中国早有私铸制钱例,近代开始铸造银元之后,财政处会同户部定有私造银元、铜元、纸币治罪章程,以私铸制钱例从严治罪。然而,上述立法专为私造中国货币而设。现实的变化在于,海禁开放以后,不仅中国自铸银元,外国银元流通内地也并无歧视,以致"伪造外国银元人犯所在多有"。为此,沈家本专门上奏《伪造外国银币拟请设立专条折》,建议按照私铸银币章程减一等问罪。[2]另一例证则与禁毒有关。随着禁烟之开展、烟馆之关闭,吗啡作为鸦片的替代品开始泛滥,危害更甚于鸦片。为此,江苏巡抚陈启泰在 1907 年底奏请制定禁止贩卖注射吗啡专条。针对这一新的社会现象,沈家本也在法律改革中及时予以回应,1908 年即会同法部上奏《议覆苏抚奏请贩卖吗啡等治罪专条折》,对制造和贩卖吗啡及其配套针具予以严惩。[3]

(二) 追求实效

沈家本立足现实的改革观也表现为无处不在的对法律现实效果的追求。在法律改革过程中,沈家本对旧制的现实效果进行了透彻的分析。一些旧制,虽然其创立之初具有良善的立法目的,但在现实运行中却未能实现其功能,甚至带来意料之外的恶劣后果,最终变成沈家本法律改革的对象。下文举三

---

[1] 《德宗景皇帝实录》卷五七六。

[2] 参见李贵连编著:《沈家本年谱长编》,第 136 页;(清)沈家本:"伪造外国银币设立专条折",载《历代刑法考(附寄簃文存)》,第 2030-2031 页。

[3] 参见李贵连编著:《沈家本年谱长编》,第 225-226 页。

例予以说明。

前述旗民交产制度中，立法目的与现实效果的冲突就非常典型。沈家本在《变通旗民交产旧制折》中提到光绪十五年（1889）恢复旧制"不准旗民交产"，并指出立法目的是"为惠爱旗民起见"，即防范旗民产业被兼并。然而，如前所述，生存环境和政策的变化导致旗民有迁于外省居住的实际需求，因此旗民交产屡禁不止，"民间之私相授受者仍多，（禁令）终属有名无实"。在这一背景下，"不准旗民交产"的法律便产生背离良善立法初衷的现实效果，以致出现刁滑之徒利用禁令勒索，旗民交易更加亏损的现象。如沈家本所言，"且刁滑之徒，转得藉例禁为勒掯之地，贫乏者急不能择，更受其挟制而亏损弥多，实于八旗生计初无裨益"。[1]虽然沈家本不可能具备现代法经济学的知识，但他对现实的观察以及分析现实得出的结论，实际上揭露出一个法经济学中常见的命题：法律制度增加了旗民交产时的交易成本，最终损害旗民的利益。以此判断为支撑，废除旗民交产旧制也就名正言顺了。

戮尸、刺字等酷刑中也蕴含立法目的与现实效果的矛盾。1905年，沈家本在《删除律例内重法折》中着重论述这一点，并以此为基础，提出废除酷刑的主张。以戮尸为例，沈家本说，"谓将以惩本犯，而被刑者魂魄何如？谓将以警戒众人，而习见习闻，转感召其残忍之性"。戮尸之刑出现之目的或许是为了警戒众人（刑罚的威慑主义），而其效果却往往是激发观看者心中的残忍本性，不仅与仁爱的教化相违背，而且有可能增加犯罪的概率。刺字酷刑中的矛盾则更为明显。沈家本在奏折中阐述了刺字最初的立法目的，"在立法之意，原欲使莠民知耻，庶几悔过而迁善"。然而，在法律的现实运作中，效果与目的相违。"讵知习于为非者，适予以标识，助其凶横。而偶罹法网者，则黥刺一膺，终身僇辱。诚如《宋志》所谓：面目一坏，谁复顾藉，强民适长威力，有过无由自新也。"可见，本来为使民知耻而设的刺字之刑，现实效果却是助长习于为非者的凶横，同时让偶罹法网者遭受耻辱、自暴自弃、不再改过自新。正因如此，沈家本认为刺字"未能收弼教之益，而徒留此不德之名，岂仁政所宜如此"，主张予以废除。[2]

妇女犯罪收赎制度亦是如此。中国一直有男女异罚的传统，自明代以后，

---

〔1〕（清）沈家本："变通旗民交产旧制折"，载《历代刑法考（附寄簃文存）》，第2033-2037页。

〔2〕（清）沈家本："删除律例内重法折"，载《历代刑法考（附寄簃文存）》，第2023-2028页。

为保全妇女名节，妇女犯罪采取"收赎"之法，并不实际执行笞杖徒流之刑。而且，收赎泥于古制，赎铜之数甚微，满流仅四钱五分，纳赎也不过一两三钱，由此带来严重的法律规避现象。1905 年，沈家本在《变通妇女犯罪收赎银数折》中描述说："刁人情诡诈百出，习知妇女犯罪可邀轻典，往往与人涉讼，便令妇女出头，贿买主使。"[1]可见，本来为保全妇女名节所设之收赎制度，演变成犯罪人家逃避惩罚的挡箭牌。为此，沈家本主张变通妇女犯罪的收赎制度，笞杖犯罪照新章一律改为罚金，遣军徒流犯罪，实发者改为习艺，其余虽准收赎，但递增收赎之银数。因为满杖罚金十五两，所以徒一年之赎金递增为二十两，其他以此类推，以此使得刑制划一。

（三）问题导向

沈家本立足现实的改革观还表现为能够准确地针对现实问题，提出具体化的解决方案。之所以能够做到这一点，是因为沈家本能够充分利用其司法实践所积累的丰富经验，而且注重实地考察和调查研究。

以 1905 年《变通窃盗条款折》为例，沈家本说："现在笞杖改折罚金，自系曲予矜全，启发其羞恶之心。第此等刑制宜于轻罪人犯及无知犯罪者，独窃盗以攘取为事，犯罪之念蓄于平时，论赃虽有多寡之殊，诛心实无重轻之别。而此项人犯大率游荡无业，本难期罚金之可以照纳，况竭彼盗泉，充兹赃罚，揆之于理，尤未适也。罚金无力完缴，代以习艺，泰西各国名曰换刑。"[2]从奏折可以看出，沈家本对窃盗犯罪有丰富的办案经验，能透彻理解其本质。"犯罪之念蓄于平时"说明沈家本了解窃盗者的犯罪心理，知道窃盗乃是成瘾的惯习性犯罪；"此项人犯大率游荡无业，本难期罚金之可以照纳"说明沈家本知道窃盗人犯的社会角色和经济状况；"竭彼盗泉，充兹赃罚，揆之于理，尤未适也"说明沈家本深刻洞察罪犯、官府、受害者三方之间冲突的利益关系，知道窃盗者的财产构成以赃物为主，也知道以赃充罚会损害窃盗案件受害者的利益。正是因为有这种基于实践经验的对窃盗犯罪的全面、通透理解，沈家本才能一针见血地找出现实问题的症结所在——对窃盗罪犯采用罚金刑并不适当。也是基于同样的原因，沈家本的变通措施才具有针对性。沈家本并没有教条地遵循当时法律改革"改重为轻"的主流做法，径直

---

[1] "变通妇女犯罪收赎银数折"，转引自李贵连编著：《沈家本年谱长编》，第 130 页。

[2] "变通窃盗条款折"，转引自李贵连编著：《沈家本年谱长编》，第 124-126 页。

把窃盗犯罪的笞杖之刑折为罚金，而是主张予以变通，改罚金为习艺，即强制劳动。如此变通，既针对窃盗者无力缴纳罚金的刑罚执行困难，也针对窃盗者游荡无业的现实罪过（冥顽可收率化之功），还针对窃盗受害者的危险防范（闾阎自获乂安之庆），显然能够收到更良好的治罪效果。无论是《变通窃盗条款折》还是前述《变通妇女犯罪收赎银数折》，都可见"变通"二字。正是因为沈家本总是在努力面对一个又一个具体的现实问题，为之寻求针对性的解决办法，他才会特别强调"变通"，而不是囿于某些教条的准则。

为了更有效地针对现实问题开展改革，沈家本在充分利用自己法律实践经验的同时，也注重实地考察。1904 年修订法律馆终于开馆办事后，首先开展的工作是翻译各国法规。[1]不过，沈家本深知"纸上得来终觉浅"的道理，曾在《裁判访问录·序》中指出，"然则欲究其宗旨何如，舍考察亦奚由哉"。[2]其实早在 1905 年，沈家本已经正式奏请派员赴日本考察。他区分普通刑律和诉讼、裁判、监狱之法，主张刑律的引进尚可依靠翻译，但对诉讼、裁判、监狱一类法制的吸收则要通过实地考察。他说，"至诉讼裁判之法，必亲赴其法衙狱舍，细心参考，方能究其底蕴，将来新律告成，办理乃有把握……拟请派令该员等前赴日本，调查法制刑政，并分赴各裁判所，研究鞫审事宜，按月报告，以备采择"。[3]大约到 1908 年，实地考察成为法律改革中一项正式制度。1907 年底，沈家本等在奏进的《修订法律馆办事章程》第十二条即要求"馆中修订各律，凡各省习惯有应实地调查者，得随时派员前往详查。其关于各国之成例，得随时咨商出使大臣，代为调查，并得派员前往详查"。[4]1908 年，沈家本等又上奏《法律馆谘议调查章程》，请求调查各省人情风俗，以为创定民商各法之准备。[5]

除实地考察之外，沈家本亦重视调查研究，并引入科学的调研方法。1907 年，为更好地进行监狱制度改革，沈家本陈奏《实行改良监狱宜注意四事折》，提出四条建议，其中之一是"编辑监狱统计"。他说，"国力之盈虚

---

〔1〕 参见李贵连编著：《沈家本年谱长编》，第 108 页。

〔2〕 （清）沈家本："裁判访问录·序"，载《历代刑法考（附寄簃文存）》，第 2234-2237 页。

〔3〕 《光绪朝东华录》卷一九六。1906 年，在沈家本的建议下，董康等人赴日本调查司法。董康赴日调查司法，可参见陈新宇：《寻找法律史上的失踪者》，商务印书馆 2019 年版，第 20 页。

〔4〕 "修订法律馆办事章程"，载《政治官报》光绪三十三年十一月二十一日。

〔5〕 参见李贵连编著：《沈家本年谱长编》，第 224 页。

消长，非恃统计不能明，故近来各国以统计列为专门科学之一"，并认为若仿行此制，"凡关于刑事及监狱各事宜，不难按册而稽矣"。

（四）妥协精神

沈家本立足现实的改革观还表现为他充分理解改革所不得不面对的现实困难。沈家本心知肚明，一些野蛮、落后的法律之所以存在，是因为背后有难以摆脱的现实困境。因此，一方面，沈家本能够在一定程度上与现实妥协，开展循序渐进的改革，另一方面，他在革除旧制的同时也会为应对法律背后的现实难题提出建设性意见。

沈家本对旧律中刑讯问题的处理，是表现其妥协精神的例证。1901年，刘坤一、张之洞在所上"江楚会奏变法第二折"中首倡"恤刑狱"，其中有"省刑责"一条。刘坤一等建议，"以后，除盗案命案证据已确而不肯认供者准其刑吓外，凡初次讯供时及牵连人证，断不准轻加刑责"。[1]1905年沈家本上《议覆江督等会奏恤刑狱折》，基本采纳了刘坤一等人的建议，部分废除刑讯，但对命盗死罪案件的刑讯仍有所保留。改革未能一步到位，并非沈家本在道德上认同刑讯。之后御史刘彭年等奏请恢复刑讯时，沈家本的驳议透露出他保留命盗死罪案件刑讯的理由，即"是以臣等核议刘坤一等恤刑折内，于省刑责一条，议如所奏办理，然犹必限以徒流以下罪名不准刑讯，而于命盗死罪案件未尝概行停止者，亦因此特小民教养未孚，问官程度未逮，出此补救目前之策，已属不得已之办法"。显然，沈家本在改革刑讯制度时，已充分顾及当时地方官素质低、民众教养不足等现实困难，作出了不得已而为之的妥协。但是，承认现实的困难，暂时调整改革策略，并不意味着一味地屈就现实。当刘彭年等又进一步以"骤然禁止刑讯，则（犯人）无所畏惧，孰肯吐露实情"为由，要求暂缓废除刑讯时，沈家本则据理力争，予以驳斥。[2]

其实，在法律改革中，沈家本的妥协与进取是并行不悖的。1906年底沈家本请求编订全国性审判章程的奏折更多地反映其锐意改革的一面。沈家本

---

[1]"遵旨筹议变法谨拟整顿中法十二条折"，载苑书义、孙华峰、李秉新主编：《张之洞全集》第2册，河北人民出版社1998年版，第1407页。

[2]参见第一历史档案馆馆藏《修订法律馆卷宗》第7卷，转引自李贵连编著：《沈家本年谱长编》，第127页。

说："各国变法之初，岂必民智甚高，风俗尽美，而当其君臣定议，决然毅然，上焉者下令如流水之源，下焉者奉令如从风之草，其始虽或有一二之不便，而积渐已久，浸成习俗，民亦相忘于不自知焉。……若以小有参差，微生同异，遂至举一切之法而废弃之，废弛之，则法亦安有能行之一日乎?"在沈家本看来，"小有参差，微生同异"显然不是停止变法的理由，而为了应对现实的困难，改革者需要成为一个"有才"的人（有办法解决问题的人）。何谓"有才"? 正如沈家本在这篇奏折中所言，"人民之程度容有不齐，端赖地方官广兴教育；风俗之习惯容有难强，惟在诸大吏善为转移"。[1]

沈家本对奴婢制度的改革可以说是他在用行动证明自己就是一个"有才"的人。废除奴婢制度的困难始终存在，但因为沈家本有办法，所以在妥协中又有进取，改革依然得以推进。废除奴婢制度之倡议缘起于两江总督周馥《买卖人口请旨禁革折》。周馥在奏折中以中国三代盛时，泰西欧美各邦皆无此陋习为由，主张"拟请特沛殊恩，革除此习。嗣后无论满汉官员军民人等，永禁买卖人口"。相比于周馥，1906年沈家本所撰《禁革买卖人口变通旧例议》也主张废除奴婢制度，但思考显然更接地气，也更为深入。作为法律专家，沈家本确知律例之中"买卖人口久已悬为厉禁"，只不过在现实中屡禁不止罢了。可贵的是，沈家本更深入地思考了屡禁不止背后的原因，也就是废除奴婢制度的现实困难，即"推其缘故，大都遇荒歉之年，贫民糊口无资，鬻女卖男，藉图存活"。正因如此，沈家本虽然同意周馥"永行禁止"之建议，但并未如周馥建议的那样，将现有律例一禁了事，而是"通筹参考，核定办法"，提出许多建设性的意见。比如，面对"贫民糊口无资"的问题，沈家本即认为"若禁止买卖而不筹一善法，亦非两全之道"，继而主张"贫民子女准作雇工也"，"拟请嗣后贫民子女不能存活者，准其写立文券，议定雇钱年限，作为雇工。年限不问男女长幼，至多以二十五岁为断，限满听归亲属。无亲属可归者，男子听其自立，女子择配遣嫁"。[2]如此办理，固然与现实作了一定程度的妥协（毕竟雇工人制度中仍有某种人身依附在），但既在法律上废除奴婢制度，又可不妨碍贫困人家的生计。

---

〔1〕 "大理院正卿沈家本奏拟编审判章程折"，载第一历史档案馆馆藏《修订法律馆卷宗》第7卷，转引自李贵连编著：《沈家本年谱长编》，第164页。

〔2〕 （清）沈家本："禁革买卖人口变通旧例议"，载《历代刑法考（附寄簃文存）》，第2037-2043页。

四、余论：改革主导者与改革承受者

沈家本立足现实的改革观初见于沈家本读史阅世时留下的评语。对子产和王安石这两位历史上声名卓著的改革家，沈家本的评价截然不同，从中可以看出，他主张务实的改革，注重改革的现实效果，认为改革者要有任事的实操能力和对现实社会的深刻理解，主张改革者面对现实问题时要灵活变通。沈家本作为清末法律改革的主导者，也践行了自己立足现实的改革观。具体而言：第一，因时制宜，沈家本废除与现实社会不相适应的旧制度，并及时创设新制度以应对新情况；第二，追求实效，沈家本更关注良好的法律实效，而非良善的立法目的，废除实践效果与良善初衷相违的制度；第三，问题导向，沈家本基于实践经验、实地考察和调查研究，为"法制"中的现实问题提供具体的解决办法；第四，妥协精神，沈家本理解落后制度难以根除的现实困境，对此有一定妥协却不一味迁就，仍然想方设法循序渐进地改革。

最后，笔者还想指出，以上对沈家本改革观的论述，是建立在"沈家本是清末法律改革的主导者"这一事实基础上的。然而，沈家本固然是清末法律改革的主导者，但同样也是那个时代全部改革的承受者（其中一些改革甚至比法律改革的意义深远得多）。他生活在一个急剧变动的时代，时代的滚滚潮流裹胁着所有人向前进。沈家本在其晚年，经历了伴随新政、立宪而来的难以计数的制度变迁，局势远远超过他可以控制的范围。但作为亲历者和旁观者，时代的变化同样触动他的心绪。如何看待这些制度变迁，也能反映沈家本的改革观念。《沈家本全集》中一些零星的材料诉说着他对这些改革的看法。比如，沈家本为冯晓沧殿试卷所作之跋，一定程度上反映其对废除科举制度的心态。殿试卷是千百年来科举制度的副产品。每科殿试完成，试卷往往储藏于内阁之中，待到内阁清理尘积之时，便可领回试卷。一般人家向来有珍藏自家先人试卷的传统，"征题咏以为光宠"。沈家本《冯晓沧殿试卷跋》正是写作于这一背景下。沈氏与冯晓沧渊源颇深，受其后人所托，为其试卷作跋。唯当时科举制度已废，此文也就变成寄托沈家本对废除科举制度之心态的重要文本。沈家本在文中回忆旧制说，"国朝制沿前代，尤重其选，天下之士咸竞争焉"，又感叹道，"今者千百年之旧制废矣，胪唱大典不可复见，后之人遐想升平制度而发思古之幽情，将必有感慨系之者"，惋惜之情溢于言表。沈家本的此种心态是可以理解的。作为以科举入仕的旧官僚，沈家本一定与他的同时代人一样，对科举制度充满敬畏。况且，其早年屡试不第，与科举缠斗甚久方毕其功，科举及第是对其价值的肯定，也是其日后实现辉煌功业的进阶之石，因此其对科举难免怀有一种深情。[1]然而，沈家本仍能将小我的情感与对一项改革的理性评价切割开来，随后又言道，"更念方今天下之士群流汇进，其所竞争者又别有在，则得失之故正有可以考见者矣"。[2]于沈家本而言，古今之间的变化有时是一种不可违逆的潮流乃至宿命，不应简单地以古非今或是以今薄古。具体到一项改革，也不必妄下评断，完全可以留给历史去见证。"知我罪我，其惟春秋"，这是要在历史中、在更长的时间跨度里用现实效果去检验改革，不也是一位改革者应当具备的正确心态吗？

---

[1] 沈家本的科举经历，可参见李贵连：《沈家本传》，法律出版社2000年版。

[2] "冯晓沧殿试卷跋"，载徐世虹主编：《沈家本全集》第7卷，第88–89页。

"西法中绎"：沈家本的法律职业建构观

康 黎[*]

【摘 要】 沈家本主持晚清修律的同时，鉴于"徒法不能自行"，通过考察"泰西各国"法律职业制度，以"西法"为蓝本，结合中国国情，提出配齐法律职业、"专设法律学堂"、严选法律人才等改革主张，推行"检警一体""审检合署""律师辩案"的法律职业体系，演绎表达出沈氏风格的"法律职业共同体"启蒙观。

【关键词】 沈家本；法律职业；法律学堂；法官考试；律师

沈家本（1840—1913），字子惇，号寄簃，浙江吴兴（今湖州市）人。他是我国清末著名的法学家，历任天津知府、保定知府、山西按察使、刑部左侍郎、修订法律大臣、大理院正卿、法部右侍郎、资政院副总裁、法部左侍郎等职。在主持修律的"高光时刻"，沈家本不失时机地为建构中国近代法律职业"鼓与呼"，并以"西法中绎"的方式，展开他对中国法律职业建构之路的思考和探索。

一、配齐法律职业

中国历朝历代对于诉讼事件均"设立官职，分掌事务"，[1]在中央特"设官理刑"，"夏曰大理，殷曰司寇"，"周，法官统名秋官"，"秦以廷尉当司寇之任，掌刑辟，汉因之，列为九卿"，"由隋迄唐，廷尉寺改称大理寺，与御史台、刑部分掌司法，而其他行政官吏恒亦参与其间"，"明清，理刑之官内有三法司，刑部、大理寺、都察院是也"；"行政与司法之在地方，反又

---

* 康黎，法学博士，西南交通大学法学系副教授。
〔1〕 徐朝阳：《中国诉讼法溯源》，商务印书馆1933年版，第90页。

愈进而愈混淆，既以刑官代法官之称，复以司法官寄于行政官中"。[1]这与近代西方的法官、检察官、律师等专门性多元法律职业形成了较大反差。1906年，清廷发布改革中央官制的上谕："刑部著改为法部，专任司法；大理寺著改为大理院，专掌审判。"[2]沈家本遂利用清廷官制改革契机，结合修律，效仿西方，逐步在我国构建门类齐全的近代化法律职业体系。

（一）设立警检机关

"警察"一词，乃西方舶来品，系指专门维护社会治安、预防和侦查违法犯罪之机关或人员。古代中国并无专门之警察制度。在清朝，警务职能通常由各州县行政长官、当地驻兵及保甲共同承担，捕役、巡役、汛兵等作为具体执行事务之人员可以在长官命令下缉拿盗贼、稽查奸匪、巡防治安。但当时这种行政与司法合一、军警不分、"保甲流弊，防盗不足，扰民有余"[3]的现状给清政府带来诸多问题。1902年5月，袁世凯仿效西方警察的建制在天津首创巡警局。沈家本对此极为赞同，并从诉讼的角度认为"欲清讼源，非切实举行警察不可"，警察"不特除奸禁暴"，还可以"消患未萌"、减少讼狱，预防违法犯罪行为的发生。因为警察对于"平日之良莠若何，行踪若何，莫不周之"。[4]于是，沈家本请旨饬各省督抚在地方筹办警察事务，然后再将其"渐推渐广"。1905年10月，清政府设巡警部，以统一掌管全国警政事务。至此，我国地方和中央的警察机构初具雏形。光绪三十三年（1907）十二月，为配合地方各级审判厅的办案，时任法部右侍郎的沈家本又以法部名义上奏朝廷，请求在全国范围内加快建立统一的审判辅助机关——司法警察和检察厅。[5]

此外，沈家本还在区分"犯罪行为"与"私法上之不法行为"的基础上，呼吁建立检察官制度。他认为"不法行为不过害及私人之利益，而犯罪

---

〔1〕 陈顾远：《中国法制史概要》，三民书局1964年版，第120—126页。

〔2〕《德宗景皇帝实录》卷五六四，光绪三十二年九月，载《清实录》第59册，中华书局1987年版，第468页。

〔3〕 "振兴中国何者为当务之急"，载《大公报》1905年4月22日。

〔4〕 张国华、李贵连编著：《沈家本年谱初编》，北京大学出版社1989年版（本书出版信息以下省略），第94页。

〔5〕 "法部等奏定司法警察职务章程"，载《大清法规大全·法律部》卷五"司法警察"，北京政学社宣统年间石印本，第1页。

行为无不害国家之公安", 并进一步将犯罪行为划分为"公诉罪"与"私诉罪"(亲告罪), 且认为公诉罪是最主要的一类犯罪, 刑事诉讼主要是一种"依公法上请求权", "其权固属国家", "非如私诉之权为私人而设, 故提起之权, 应专属于代表国家之检察官"。[1]沈家本拟订的《法院编制法》在我国首次确立了检察制度, 规定检察厅与审判厅相对应而设立, 依次为初级检察厅、地方检察厅、高等检察厅和总检察厅, 分别置于各审判厅内并独立行使职权。检察官在刑事诉讼中的职权是"遵照刑事诉讼律及其他法令所定实行搜查处分、提起公诉、实行公诉并监察判断之执行", 并可以调度司法警察, 但"不问情形如何, 不得干涉推事之审判或掌理审判事务"。在组织原则上, 检察官实行一体化, "均应从长官之命令"。[2]在随后完成的《大清刑事诉讼律草案》中, 沈家本又以专章更加详细地规定了公诉制度。他将公诉分为侦查处分、预审处分和提起公诉三大部分, 并明文规定了"不告不理"的诉讼原则。沈家本所确立的"不告不理"原则包括对人和对事两个方面, 即"公诉之效力不得及于检察官所指被告人以外之人", "审判衙门不得就未受公诉之案件而为审判"。[3]尤其值得注意的是, 在该草案中, 沈家本一改各国由法官管辖预审的成例, 将预审划归检察官办理。他认为, 预审虽"为准备公判之程序", 但"论其性质, 本与侦查处分无异", 倘将预审委诸法官, 必有以下三大弊端: 第一, "侦查处分既由检察厅管理, 而于预审独易一官庭管理之", 此不合法理; 第二, "刑事案件大抵先须司法警察官调查, 再经检察官调查, 最后乃复经预审推事调查, 始能决其应付公判与否, 夫警察官及检察官所掌侦查处分与推事所掌之预审处分, 虽有与以强制权与否之别, 而实则彼此调查事宜大同小异。以无所差别之调查乃经三次程序, 可谓徒劳无益"; 第三, "被告人得在公判庭变更预审之供词, 往往为迅速终结预审, 故于预审庭信口陈述, 乃至公判庭则供词与前迥异然。则预审之程序直无益之处分耳"。[4]对于沈氏的这一做法, 当时来华帮助清廷修订法律的日本冈田朝太郎

〔1〕 张国华、李贵连编著:《沈家本年谱初编》, 第248-249页。

〔2〕 "宪政编查馆奏核定法院编制法并另拟各项暂行章程折并清单", 载《大清法规大全·法律部》卷四, 北京政学社宣统年间石印本, 第10页。

〔3〕《大清刑事诉讼律草案》第256-257条, 修订法律馆宣统二年铅印本。

〔4〕 转引自李春雷:《中国近代刑事诉讼制度变革研究(1895—1928)》, 北京大学出版社2004年版, 第119页。

博士曾评价说："中国刑诉法草案，以预审作为起诉前准备公诉之处分，由检察厅行之。按之法理，征诸实际，有各国之长而无其短。此为中国刑诉法之特色，实为世界最新之法例。"他甚至断言："此后，各国改正刑诉法，必取法中国无疑。"[1]

沈家本引入的西方警检制度极大地改变了过去我国司法官集侦、控、审于一身的封建纠问式诉讼模式，使我国的刑事诉讼构造趋于科学化和理性化。

（二）"宜用律师"

为了增强被告人的辩护能力，沈家本极力主张引入西方的律师制度。他指出，西方各国"若遇重大案件，则由国家发予律师，贫民或由救助会派律师代伸权利，不取报酬补助，于公私之交，实非浅鲜"。[2]1906年，他上《进呈诉讼法拟请先行试办折》，指出"为各国通例而我国亟应取法者厥有两端"，其中之一便是律师制度。沈氏阐述了"宜用律师"的两点理由：一是挽回法权的需要。沈家本指出引入律师制"尤为挽回法权最要之端"，"中国近来通商各埠，已准外国律师辩案，甚至公署间亦引诸顾问之列"，"华人讼案，藉外人辩护，已觉扞格不通，即使遇有交涉事件，请其伸诉，亦断无助他人而抑同类之理"。[3]二是平衡控辩双方力量和维护诉讼程序公正的需要。他认为在刑事诉讼中，"原告之起诉，既为谙习法律之检察官，若被告系无学识经验之人，何能与之对待"，[4]况"人因讼对簿公庭，惶悚之下，言词每多失措，故用律师代理一切质问、对诘、覆问各事宜"，[5]这样可使"两造势力不至有所盈朒"。[6]1906年，沈家本迫不及待地在中国历史上第一次将"律师"制度写进《大清民事刑事诉讼法草案》。面对地方督抚发出的"用律师则恐启扛讼之端""原被告俱延律师，闻捷争长，适启终凶之祸，而树公堂之敌"等非议，[7]沈家本并未屈服和灰心，其在后续拟订的《大清刑事诉讼律

---

〔1〕（清）熊元襄：《京师法律学堂笔记科目》之《刑事诉讼法》，宣统三年三月二十三日，安徽法学社印行本，第161页。

〔2〕（清）朱寿朋编，张静庐等点校：《光绪朝东华录》第五册，光绪三十二年四月，中华书局1984年版（本书出版信息以下省略），总第5505页。

〔3〕（清）朱寿朋编，张静庐等点校：《光绪朝东华录》第五册，总第5505-5506页。

〔4〕张国华、李贵连编著：《沈家本年谱初编》，第249页。

〔5〕（清）朱寿朋编，张静庐等点校：《光绪朝东华录》第五册，总第5505页。

〔6〕张国华、李贵连编著：《沈家本年谱初编》，第249页。

〔7〕（清）赵彬：《诉讼法驳议部居》，北新书局1908年版，第52页。

草案》《大清民事诉讼律草案》中仍然坚持规定了律师制度。

（三）专设"推事"

在司法行政合一的传统官僚体制下，我国古代并无类似西方的职业法官制度，治狱之官"以各地方区域之长吏为主，而以佐贰辅之"。[1]随着清末官制改革的深入，行政与司法逐步分立，中央审判机关及地方各审判厅也已次第建立，沈家本强烈主张设立专司审判之责的司法官。他指出，大清"官制等书，会典至详"，然《吏部处分则例》以惩戒为目的，"以六曹分职，审断难立专门"，其"治事之规程，权界之斟画"缺乏规定。面对当时中国"审判官制诸多未备"的情形，沈氏认为"非特辑专例，不足统一事权"，[2]提出"将裁判各职司编为专章"。[3]他采取"渐进主义"的改革路线，将从事审判事务的官员逐步固定并从其他行政官中适当分离，并冠以专称。值得注意的是，沈氏没有直接照搬西方"法官"一语的表述，而是先后多次措词，最终以"推事"一词指称专司审判职务的人员，其语词沿革详见表1：

表1　晚清修律法律文本中的"法官"语词流变

"法官"的语词表达	法律草案
承审官	《大清刑事民事诉讼法草案》（1906 年）
审判官（问官）	《大清大理院审判编制法》（1906 年）
审判官	《大清各级审判厅试办章程》（1907 年）
推事	《大清法院编制法》（1910 年） 《大清刑事诉讼律草案》（1911 年） 《大清民事诉讼律草案》（1911 年）

二、"专设法律学堂"

早在修律之初，沈家本就认识到"新律既定，各省未预储用律之才，则

---

〔1〕 陈顾远：《中国法制史概要》，三民书局 1964 年版，第 128 页。

〔2〕 "修订法律大臣沈家本奏酌拟法院编制法缮单呈览折"，载故宫博物院明清档案部编：《清末筹备立宪档案史料》下册，中华书局 1979 年版，第 843 页。

〔3〕 张国华、李贵连编著：《沈家本年谱初编》，第 132 页。

徒法不能自行，终属无补"，故在修律的同时便上奏朝廷，请求"专设法律学堂"，"广储裁判人才，以备应用"。[1]他建议仿日本变法设速成司法学校的成例，"在京师设一法律学堂，考取各部属员，在堂肄习，毕业后派往各省为佐理新政、分治地方之用"。[2]对于京师大学堂章程所定法律学门系四年毕业，沈氏深恐形势紧迫、用人之急，请求"多加授课钟点，改为三年毕业。另立速成科，习刑律、诉讼裁判等法，限一年半毕业"。[3]

当时，地方各省为了造就一批精通交涉事宜、推行新政的裁判人才，各督抚先后派遣当地官绅前往日本研习法政速成科。沈家本认为此"用意甚善"，但"出洋留学所费较钜，人数断不能多"，于是请求"在各省已办之课吏馆内，添造讲堂，专设仕学速成科，自候补道府以至佐杂，凡年在四十以内者，均令入馆肄业，本地绅士亦准附学听讲。课程一切参照大学堂章程内法律学门所列科目及日本现设之法政速成科办理，选派明习法律人员及外国游学毕业者充当教员，分门讲授，令学员在堂录写讲义，定六个月为一学期，三学期毕业"。[4]

1906年9月，在沈家本的主持下，中国近代史上第一所中央官办的法律学堂——京师法律学堂成立，沈家本担任法律学堂事务大臣。该学堂"以造已仕人员、研精中外法律、各具政治知识、足资应用为宗旨，并养成裁判人才，期收速效"，[5]在短短几年间，"毕业者近千人，一时称盛"。[6]沈家本鉴于各地审判厅即将陆续成立，估计"约需员额当在万人以上"，为了"及早储养以备任使"，他又于宣统三年（1911）二月十六日以法部的名义上奏清廷，

----

〔1〕"修订法律大臣沈、伍会奏请专设法律学堂折"，载钱智修等编辑：《东方杂志》1905年第8期，"教育"，上海商务印书馆1973年版（本书出版信息及编者信息以下省略），第173页。

〔2〕"修订法律大臣沈、伍会奏请专设法律学堂折"，载《东方杂志》1905年第8期，"教育"，第174页。

〔3〕"修订法律大臣沈、伍会奏请专设法律学堂折"，载《东方杂志》1905年第8期，"教育"，第173-174页。

〔4〕"修订法律大臣沈、伍会奏请于各省课吏馆内专设仕学速成科片"，载《东方杂志》1905年第8期，"教育"，第182页。

〔5〕"修律大臣订定法律学堂章程"，载潘懋元、刘海峰编：《中国近代教育史资料汇编·高等教育》，上海教育出版社1993年版，第129页。

〔6〕（清）赵尔巽等撰：《清史稿·沈家本传》，载上海古籍出版社、上海书店编：《二十五史》第12册，上海古籍出版社、上海书店1989年版，总第10210页。

请求"筹设临时法官养成所"。[1]

三、严选法律人才

沈家本指出,"司法机关于人民之利害安危,关系最重",[2]"裁判者,平争讼而保治安者也",[3]"法官得人,对内则有保持公安,清理庶狱之时,对外则有改正条约,收回法权之望",[4]"故任用法官,较之别项人才,倍宜审慎"。[5]宣统元年,沈家本主持拟订了《大清法官考试任用暂行章程》,规定推事和检察官必须通过专门的考试始能任用。按照规定,当时所设计的考试分为两次:

第一次:"凡在法政法律学堂三年以上、领有毕业文凭者,得应第一次考试。其在京师法科大学毕业及在外国法政大学或法政专门学堂毕业,经学部考试给予进士举人出身后,以经第一次考试合格论。"[6]第一次考试又有笔试和口试之分,笔试合格者始能参加口试。考试分为两场,"第一场,宪法纲要一题、现行刑律二题、现行各项法律及暂行章程二题;第二场,各国民商、刑法及诉讼法各一题,国际法一题,论说一题",[7]并以现行刑律、现行各项法律及暂行章程、各国民法、商法、刑法及诉讼法为主要科,"主要科分数不及格者,余科分数虽多,不得录取"。[8]

第二次:第一次考试合格者分发地方以下审判厅、检察厅学习,以二年为期满,学习人员期满后应受第二次考试。"第二次考试以查验实地练习优劣

---

〔1〕"法部奏遵旨筹画各级审判厅提前办法并预拟本年实行筹备事宜折",载《政治官报》宣统三年,折奏类,二月二十五日第1219号,第7页。

〔2〕(清)朱寿朋编,张静庐等点校:《光绪朝东华录》第五册,光绪三十三年十一月,总第5787页。

〔3〕(清)沈家本:"裁判访问录序",载《寄簃文存》卷六"序",中国书店形刻本,第27页。

〔4〕"法部通行告诫法官文",载《政治官报》宣统三年,咨劄类,五月十七日第1299号,第16页。

〔5〕(清)朱寿朋编,张静庐等点校:《光绪朝东华录》第五册,光绪三十三年十一月,总第5787页。

〔6〕"宪政编查馆奏核定法院编制法并另拟各项暂行章程折并清单",载《大清法规大全·法律部》卷四"司法权限",第11页。

〔7〕"法部奏考试法官指定主要各科应用法律章程折并单",载《政治官报》宣统二年,折奏类,四月十三日第918号,第10页。

〔8〕"宪政编查馆奏核定法院编制法并另拟各项暂行章程折并清单",载《大清法规大全·法律部》卷四"司法权限",第14页。

为主，仍分笔述、口述二种。笔述以实地案件为题，应详叙事实、理由，拟定判决以对"；口述仍以第一次考试所定主要科为限。第二次考试合格者始准作为候补推事；若"第二次考试不及格者，仍发往原厅学习一年，期满再行考试，仍不及格者，应即罢免"。[1]

沈家本鉴于当时清廷"筹备立宪以来，法律章程至为繁赜"的现状，为了防止"将泛猎者既与司法无关，浅尝者转以空疏倖独"，规范考官命题，他特上专折，在所有各项现行法律及暂行章程中"择其有关于司法者，一一标明种类，暂为法官考试之资"。其清单如下：

> 一 现行各项法律 法院编制法、大清商律、违警律、结社集会律、国籍条例、禁烟条例 附件 宪政编查馆会奏汇案会议禁革买卖人口旧习酌拟办法折并单、宪政编查馆奏核议法部奏酌拟死罪施行详细办法折
> 二 暂行各项章程 法官考试任用暂行章程、司法区域分划暂行章程、初级及地方审判厅管辖案件暂行章程、高等以下各级审判厅试办章程、筹办外省省城商埠各级审判厅补订试办章程编制大纲筹办事宜、司法警察职务章程、营翼地方办事章程[2]

清末第一届法官考试定于宣统二年（1910）八月举行。但在当时，由于《法院编制法》所定报考法官的资格甚严，不少省份在考试前夕纷纷来电法部，请求放宽考试资格。如宣统二年（1910）六月，贵州巡抚以"黔省应考人员合格者无多，将来恐不敷考选"为由电咨法部，请求对于本省法政毕业人员有二年以上程度者以及留学日本法政速成毕业、在本省充当法政教员三年者"可否通融，准其一律与考"。[3]沈家本时任法部右侍郎，他认为，"法学精深，判检任重，非浅尝者所得胜任"，故"宪政编查馆奏核《法院编制法》所定法政法律学堂毕业人员与考资格均以三年为断"，从长远来看，"立法自不得不严"。但根据当时清朝国内"各省法政等学堂或开办未届三年，或

---

〔1〕 "宪政编查馆奏核定法院编制法并另拟各项暂行章程折并清单"，载《大清法规大全·法律部》卷四"司法权限"，第14页。

〔2〕 "法部奏考试法官指定主要各科应用法律章程折并单"，载《政治官报》宣统二年，折奏类，四月十三日第918号，第10页。

〔3〕 "法部奏本届举行法官考试暂拟推广与考资格折"，载《政治官报》宣统二年，折奏类，七月二十三日第1016号，第7-8页。

原定毕业之期本非以三年为限，则三年毕业人员自不多，觏至举贡出身等项，合格虽多而入学堂者较少"的实际情况，他又感到"法官考试今年为创始之端，审判设厅各省实待人而理，苟悬格过高，则其途转隘"，如果对三年以下毕业者加以限制不令与考，"恐将来应考者，多不中程，而毕业者反形观望似，非振励人才之道"。[1]于是，沈家本当即与宪政编查馆进行咨商。在沈家本的建议下，宪政编查馆基本同意了贵州巡抚的请求，并发布以下意见：

> 法官考试，事属创举，黔省地处偏僻，风气未开，自应暂准该省凡留学外国法政速成毕业在本省充当法政教员三年以上者，及本省法政二年以上毕业领有优等文凭者，均与第一次考试，仍仅以此次为限，将来仍照章办理。[2]

沈家本在解释这份意见时说："留学不必限于日本但统言外国，以宽其途；毕业既缩至二年，必定以优等文凭，以防其滥。斟酌损益，实于变通之中仍寓限制之意。"

由于各地报考人员不多，如江苏巡抚电称，"招考以来，报名无几"，沈家本只能请求将针对贵州的法官就考资格放宽办法向全国推广。他指出，"苏省系风气早开、交通便利省份，且尚有乏才之叹，其他各省可推而知"，故而"京外凡留学外国法政速成毕业、在本省充当法政教员三年以上者及本省法政二年以上毕业领有优等文凭者，均暂准其于此次收考，以广登进而免偏估"。[3]

总之，沈家本对照"西法"，建立起推事和检察官遴选机制，既坚持了严格科学的标准，又兼顾了当时国情而不失灵活性。

此外，沈家本还十分重视律师的选拔。在他看来，律师非"节操端严，法学渊深"之人不能担任。"节操端严"系道德上的要求，"法学渊深"乃学识上的要求。他指出，西方国家的律师主要以"法律学堂毕业者，给予文凭，

---

〔1〕"法部奏本届举行法官考试暂拟推广与考资格折"，载《政治官报》宣统二年，折奏类，七月二十三日第1016号，第8页。

〔2〕"法部奏本届举行法官考试暂拟推广与考资格折"，载《政治官报》宣统二年，折奏类，七月二十三日第1016号，第8页。

〔3〕"法部奏本届举行法官考试暂拟推广与考资格折"，载《政治官报》宣统二年，折奏类，七月二十三日第1016号，第8页。

充补是职"。因此，他建议将各省法律学堂作为我国培养律师人才的专门之地，"额定律师若干员，卒业后考验合格，给予文凭。然后分拨各省，以备辩案之用"，但"如各学堂骤难造就，即遴选各该省刑幕之合格者，拨入学堂，专精斯业。俟考取后，酌量录用，并给予官阶，以资鼓励"。1910年，沈氏还发文通咨各省，"拟将各该法政学堂法律科毕业生中挑选数十人，入律师研究馆，派赴各处审判厅，充当律师，以资辩案之用"。[1]

四、余论：沈氏的"法律职业共同体"启蒙观

晚清时期，伴随"西法东渐"，西方的所谓警察、检察官、律师、法官等法律职业名词逐一映入修律大臣沈家本的眼帘，结合中国固有的司法文化传统和修律实践，沈家本形成了初步的法律职业观。虽然尚无法断定沈氏当时是否全然理解西方"法律职业共同体"的理念与制度，但笔者发现，他在谈及法律职业构建时往往采用"系统观"，即将推事、检察官、律师甚至警察视为彼此有机联系的职业整体。例如，他主张法官、检察官和律师均需在法律学堂接受相同的法律教育；他在论证律师设立的意义时还不忘将律师与法官两种职业相链接，认为"国家多一公正之律师，即异日多一习练之承审官"，[2]其观点既带有英美法系国家法官从资深律师中遴选的西式风，又从重视完善中国官僚制的中国视角反向立论设立律师的必要性。又如，沈家本在《大清法官考试任用暂行章程》中以"法官"一词统摄"推事"和"检察官"两类职业，无论是考试、任职、机构设置，均将推事与检察官一体看待，并在二者的关系建构上效仿日本，采行审检合署模式下的法检关系，将推事与检察官均视作是国家司法官员，既与大陆法系国家法制保持一致，又符合传统的中国官僚体制。在检察官与警察之间的关系上，沈家本同样遵循了大陆法系国家检警一体化的制度设计，其主持拟订的《司法警察职务章程》将司法警察定位为检察厅的辅助机关，其职责主要是"协助检察厅执行检察事务"，[3]享有接受呈词、逮捕人犯、搜查证据等项权力，但应受检察厅长官的调度与指挥。对于警察建制，沈家本更是从"欲清讼源，非切实举行警察不可"的

---

〔1〕 "法部通咨各省预备律师人才"，载《宪志日刊》1910年5月19日第18号，第35页。

〔2〕 （清）朱寿朋编，张静庐等点校：《光绪朝东华录》第五册，光绪三十二年四月，总第5505-5506页。

〔3〕 "法部等奏定司法警察职务章程"，载《大清法规大全·法律部》卷五"司法警察"，第1页。

类似当下我国诉源治理的法律大视角加以阐述。可以说，沈氏通过他的著书立说、奏折上书和新律拟订，将其法律职业建构思想以"西法中绎"的方式予以表达，符合清廷既定的"中外通行"修律方针，减少了改革阻力，有效开启了中国法律职业的近代化进程，对中国法律职业共同体建设起到了启蒙作用。

第二编

传统律学和传统法律文化研究

秦代刑事案件诉讼启动程序探析

——以简牍文献为中心考察

张琮军*

【摘　要】通过考察出土简牍文献发现，战国秦至秦朝时期的诉讼启动制度已经较为完备，体现在相关律令的规范严密而规整、司法文书的运用较为规范。现有的秦简法律文献已经可以让我们对其进行归纳并阐释，可以发现，在秦诉讼启动制度中，相关的证据规范是最为核心的要素。分析秦简中有关"告"的法律规范与案件，发现秦代对于不同的刑事案件类型均规定了严格的起诉形式，并且明确区别了受害人、负有监督义务的里老等主体及官吏的不同起诉形式，区分了普通嫌犯与逃亡犯自首的不同法律后果。

【关键词】秦简；诉讼启动；证据规范；告

在刑事诉讼中对于不同类型的起诉形式进行区分，尤其是通过严格的程序规范和证据约束来明确起诉形式，有助于诉权保障和冤抑化解。回顾我国的传统司法制度发达史，中国传统法律在诉讼程序中很早就已经建立了明确而清晰的提起诉讼程序，对不同情形的诉讼规定了不同的起诉形式。近年整理出版的秦简法律文献，在一定程度上复原了秦代的起诉制度。秦简所见"告"，多有告状之意，即提起诉讼程序。许慎《说文》曰："诉，告也。"[1]秦代刑事案件的起诉中明确规定了当事人自行向官府控诉的"自告"和被告人主动承认罪行或自首的"自出"，同时对于官吏民卒等将嫌疑人实施抓捕并进行告发的"捕告"及"举劾"等刑事诉讼起诉方式进行了严格的规定。包

---

* 张琮军，中国政法大学法律史学研究院副教授。

〔1〕 高敏指出："在《秦律》中虽然没有'起诉''诉讼'等法律用语，但有接近于'起诉'的概念，当时谓之'告''辞'"。载高敏：《云梦秦简初探》，河南人民出版社1979年版，第305页。

括自首在内的各种起诉形式，均需具备一定的理由或依据，即相应的证据支持。否则，官府不予采纳。而且，告发者还可能承担"告不审"，即控告不实的法律责任。透过对秦简关于"告"的案件及规范梳理，可以发现当时对于不同类型的刑事案件起诉形式均有严格的程序规定，尤其注重对起诉时证据的审核与运用。梳理秦朝诉讼启动程序对于当今围绕"认罪认罚从宽"而产生的起诉、刑事审判制度改革具有重要的借鉴意义。

一、自告、自出

"自告"与"自出"是秦代两种启动诉讼程序的重要法律行为，秦简中关于两者的记载很多。

（一）"自告"

"自告"有两层含义，一层含义是行为人受到他人侵害，自行向官府控诉，类似于自诉；另一层含义则是行为人犯罪后，主动向官府交代自己的罪行。这就是常见的自首行为，即有罪"先自告"。

自己到官府陈述犯罪事实，称为"自告"。[1]下面通过具体简牍文献资料加以论证。

睡虎地秦简《封诊式》中记载有"自告"的式例，如"出子"爰书：

> 某里士五（伍）妻甲告曰：甲怀子六月矣，自昼与同里大女子丙斗，甲与丙相捽，丙偾掉甲。里人公士丁救，别丙、甲。甲到室即病复（腹）痛，自宵子变出。今甲裹把子来诣自告，告丙。(85)[2]

上引爰书大意为，怀孕六月的孕妇甲与同里丙殴斗，甲被丙摔倒，导致其小产。甲现在带着小产儿到官府控告丙。该自告案件中，"小产儿"是甲进行自诉的证据。因而，官府立即检验小产儿，查验甲的身体，并拘捕被告人丙。

这起案件就是经由"自告"启动的诉讼，即受害人自行向官府提起控告。

---

〔1〕 参见［日］籾山明：《中国古代诉讼制度研究》，李力译，上海古籍出版社 2009 年版，第50 页。

〔2〕 睡虎地秦墓竹简整理小组编：《睡虎地秦墓竹简》，文物出版社 1990 年版。（以下省略，只标注简牍简号）

再如“黥妾”爰书中，某里五大夫乙派家吏甲捆送其婢女丙到官府起诉，控告婢女丙凶悍，请求对之处刑。通过该起案例，可以了解到，秦律允许地位高的有爵位者派人代替其起诉。“穴盗”也是一起自告案件。被害人因一件“绵裾衣”被盗而到官府自告。司法机关受理案件后，对案发现场进行了勘查取证。此外，“迁子”与“告子”两则式例也属于此类自告案件。

近年陆续出版的《岳麓书院藏秦简》，乃研究秦法制的珍贵材料，为厘清秦诉讼制度提供了佐证。《岳麓书院藏秦简（三）》记载有一则乞鞫案件，“得之强与弃妻奸案”。被得之休弃的妻子变，控告其强奸。择录控辞如下：

> 变曰：晦逢得之，得之欲与变奸。□□变弗听，即捽倍（踣）庎变，欲强与变奸。变与务，（428）殴搒变。变恐，即逯谓得之：“適（道）之变里门宿。”到里门宿，【逢颠，弗能】与变奸，即去。（0306/1832）[1]

大意为，名为变的女子控诉：遇到男子得之，其欲行奸。女子不从，即被扑倒在地，欲强行奸辱。女子进行反抗，得之对其殴打，女子害怕，遂假装顺从曰：“一起至里门行宿。”到后遇到颠，得之未能行奸，就离开了。

《岳麓书院藏秦简（四）》载有一条“金布律”，涉及“自告”的法律规定，“黔首自告，吏弗为质，除”，即百姓自首，官吏不肯立券者，可以免罪，简文如下：

> 金布律曰：……黔首自（1351）告，吏弗为质，除。黔首其为大隃取義，亦先以平贾（价）直之。质奴婢、马、牛者，各质其乡，乡远都市，欲徙（0990）老为占者皆迁之。（1226）[2]

简文规定了秦代奴婢、马牛买卖的法律程序，并对相应的惩罚措施作出了规定，主要包含如下几方面内容：第一，百姓的马、牛如果是用于出卖而非进献给官府，此种情况下官府想要购买，则必须按照正常的市场交易规定，不能使用强力。奴婢、马牛的买卖如果在外地进行，官府应当为之提供作为出关凭证的传书或致书。若不出具凭证，主管与监管的官吏要分别受到“赀

---

〔1〕朱汉民、陈松长主编：《岳麓书院藏秦简（三）》，上海辞书出版社 2013 年版。注：“□”表示简文中未能释出的字，下同。

〔2〕陈松长主编：《岳麓书院藏秦简（四）》，上海辞书出版社 2015 年版。

二甲"或"赀一甲"的惩罚。第二，从事奴婢或马牛的买卖，应当签订契券，交易双方须"各出廿二钱以质市亭"[1]，由市亭[2]为之立券，立券必须及时，超过时限不立券，要对负责的官吏"赀一甲"，同时依照"不质"的法律规定处罚。百姓自首，官吏不肯立券者，可以免罪。第三，"质奴婢、马、

---

[1] 按：《周礼·地官·质人》所载"质剂"焉，大市以质，小市以剂。郑玄注：大市，人民、马牛之属，用长券；小市，兵器、珍异之物，用郑注以为乃是西周时期的买卖契约，此说为后世所认可，但是郑注并未有其他同时期的传世或出土文献予以充分证明。目前仅见《左传·文公六年》的"由质要"（杨伯峻或即以郑注为本，认为此处"质"即为"质剂"之"质"，参见杨伯峻编著：《春秋左传注》第2册，中华书局1981年版，第545页），另《荀子·王霸》所载"关市幾而不征，质律禁止而不偏。"杨倞注："质律，质剂也。可以为法，故言质律也。""或曰：质，正也。"可见亦是本自郑注。参见王先谦：《荀子集解》，载于国学整理社辑《诸子集成》第2册，中华书局1954年版，第149页。张传玺先生认为"质剂"一词本意与契约形式无关，而是与其性质有关。参见张传玺：《契约史买地券研究》，中华书局2008年版，第42页。关于"质钱"，学界分歧颇大。主要有以下几种观点：第一，抵押或担保。张家山汉简将"质钱"释为："质，抵押。古书中'质'常以人作为抵押。"（张家山汉简《二年律令·金布律》，文物出版社2006年版，第67页）高敏先生亦持此观点："质钱"，是因"质"这种抵押行为而产生的。（高敏：《秦汉魏晋南北朝史论考》，中国社会科学出版社2004年版，161页）日本早稻田大学简帛研究会则提出"质钱"为"担保"之意："所谓'质钱'，即作为担保之钱。本条的质钱，因为被认为是官府管理的，所以可以理解是民借了官有器物作为担保而交付给官府的钱。"[早稻田大学简帛研究会："张家山二四七汉墓竹简训注——二年律令训注（五）金布律训注"，载早稻田大学长江流域文化研究所编：《长江流域文化研究所年报》第5号，2007年3月，第327页] 第二，用于抵押的钱。（陈松长："睡虎地秦简'关市律'辨正"，载《史学集刊》2010年第4期）或因抵押行为而产生的钱。（李明晓、赵久湘：《散见战国秦汉简帛法律文献整理与研究》，西南师范大学出版社2011年版，第506页）第三，"抵押钱""抵押金"或"抵押款"。（臧知非："张家山汉简所见西汉矿业税收制度试析——兼谈西汉前期'弛山泽之禁'及商人兼并农民问题"，载《史学月刊》2003年第3期；[日]柿沼阳平："战国及秦汉时代官方'受钱'制度和券书制度"，载武汉大学简帛研究中心主办：《简帛》第5辑，上海古籍出版社2010年版，第453页；李孝林等：《基于简牍的经济、管理史料比较研究》，社会科学文献出版社2012年版，第290页）第四，"税金"。陈伟先生认为"质钱"应理解为"官府为大型交易提供质剂而收取的税金"（陈伟："关于秦与汉初'入钱缿中'律的几个问题"，载《考古》2012年第8期）；李力先生则指出"质钱"的契税说与抵押之钱说均难以成立，他认为质是秦汉律中债的一种担保方式，质钱是因官府占有民之物以保证其借贷而产生的，是官府在借贷期限届满时所收到的、由民交来的款项。（李力："秦汉律所见'质钱'考辨"，载《法学研究》2015年第2期）笔者认为，将"质钱"理解为"抵押"或"税金"之意不妥。古今法律样态完全不同，虽然有交叉之处，但内涵与外延各异，有自己特定的适用范围。"质"为保证债务得以履行的一种方式应为无疑，史尚宽先生就此的表述甚为恰当："在古代无论动产、不动产或人身，如让给他方占有，以作为担保，均称为质。"（史尚宽：《物权法论》，中国政法大学出版社2000年版，第433页）"质钱"，应指在借贷法律关系中，为促使债务能够得以履行而缴纳给官府管理者一定数额的保证金。

[2] "市亭"为市吏治事之所。《周礼·地官·司市》载："以次叙分地而经市。"郑玄注："次，谓吏所治舍，思次、介次也，若今市亭然。"孙诒让正义："案《续汉书·百官志》，洛阳有市长，盖即于市亭为官寺，与周制同。"

牛者，各质其乡"，即市亭在立券之前应当询问乡吏。"典、老见其盗及虽弗见或告盗，为占质……"〔1〕典、老若明知道奴婢、马牛系盗卖，而为之提供交易合法的证词，应当"黥为城旦"。即使自己未见盗窃或没有人控告盗窃，亦应以"赎耐"处罚。第四，律文还规定若出卖行为系"半马半牛"，即未完全出让马牛的所有权，则在立券之时不需要向乡官验证。

《岳麓书院藏秦简（五）》收录了秦令的内容，"廷卒令甲"，规定了都官治狱的职权范围、程序。明确其只能治理都官所辖范围官人犯罪案件，"毋治黔首狱"。官人犯罪逃亡，恰好碰上其都官也在其逃亡之县界，而就近"自告"都官。都官应当受理，并且书写告辞，然后将案件移交给管辖之县。

> 令曰：都治狱者，各治其官人之狱，毋治黔首狱，其官人亡若有它论而得，其官在县眂中，（1894）而就近自告都官，都官听，书其告，各移其县。（1683）〔2〕

"先自告"，是一种常见的自首行为。行为人从事犯罪活动后主动归顺于官府，其作出的供述及相应的证据，官府经过验证之后，作为断决案件的重要线索和依据。

《岳麓书院藏秦简（三）》记载了一则"先自告"案例——"识劫𡜴案"。

> 大女子𡜴自告曰：七月为子小走马萧（羛）占家訾（赀）。萧（羛）当□大夫建、公卒（0023/0035）昌、士五（伍）、喜、遗钱六万八千三百，有券，𡜴匿不占吏为訾（赀）。𡜴有市布肆一、舍客室一。公士（1203）识劫冤曰：以肆、室鼠（予）识。不鼠（予）识，识且告𡜴匿訾（赀）。𡜴恐，即以肆、室鼠（予）识；为建等折弃（1204）券，弗责。先自告，告识劫𡜴。（1320）

---

〔1〕 "质"为验证或询问之意。《汉书》卷四〇《王陵传》："面质吕须于平前。"师古注："质，对也。"《汉书》卷六七《梅福传》："质之先圣而不缪，施之当世合时务。"师古注："质，正也。""占质"指为签订的买卖契券是否合法提供证词。《汉书》卷七《昭帝纪》："罢榷酤官，令民得以律占租。"师古注："占，谓自隐度其实定其辞也……今犹谓狱讼之辨曰占。"

〔2〕 陈松长主编：《岳麓书院藏秦简（五）》，上海辞书出版社2017年版。

案件大意，名为婉的女子于秦王政十八年（前229）七月为其子向官府申报家产时，隐匿了他人所欠债款六万八千三百钱，还有布肆和舍客室各一。公士识胁迫其将布肆和舍客室给予他，否则就揭发冤"匿訾"的行为。其害怕被举告，遂将布肆、客室给予了识，但随后又反悔，于是自告匿訾，并控告识恐吓罪行。

《封诊式》中记载的"盗自告"，亦为"先自告"案例：

> 某里公士甲自告曰："以五月晦与同里士五（伍）丙盗某里士五（伍）丁千钱，毋（无）它（15）坐，来自告，告丙。"即令令史某往执丙。（16）

某里公士甲自首说："于五月末和同住一里的士伍丙盗窃了某里士伍丁一千钱，没有其他过犯，前来自首，并告发丙。"当即命令史某前往将丙逮捕。

由上可见，"自告"前冠以"先"，意味着罪行尚未被发觉。"先自告"会得到更多的"减赎"宽待。《法律答问》规定："司寇盗百一十钱，先自告，可（何）论？当耐为隶臣，或曰赀二甲。"（8）即司寇盗窃一百一十钱，先已自首，如何论处？应耐为隶臣，一说应赀二甲。汉律中亦有"先自告减罪"的规定，《二年律令》载："告不审及有罪先自告，各减其罪一等。"（127）[1]《后汉书·明帝纪》载永平十五年诏对此有印证："犯罪未发觉，诏书到日自告者，半入赎。"犯罪未被发觉，在诏书到达之日自告者，将入赎减半。

（二）自出

"自出"则是专门针对逃亡者而言的，为"亡人"的自首行为，即行为人犯罪后先逃亡，后又悔过，主动投案于官府。"自出"在简牍文献中多有记载，可以较为完整复原该制度。睡虎地秦简《法律答问》中记载有几项关于"自出"的法律规定：

> 把其叚（假）以亡，得及自出，当为盗不当？自出，以亡论。其得，坐臧（赃）为盗；盗罪轻于亡，以亡论。（131）

携带借用的官有物品逃亡，被捕获以及自首，应否作为盗窃？自首，以

---

〔1〕 张家山二四七号汉墓竹简整理小组编著：《张家山汉墓竹简［二四七号墓］》，文物出版社2006年版，第5—88页。

逃亡论罪。如系捕获，按赃数作为盗窃；如以盗窃处罪轻于以逃亡处罪，则仍以逃亡论罪。

> 隶臣妾系城旦舂，去亡，已奔，未论而自出，当治（笞）五十，备系日。（132）

隶臣妾拘禁服城旦舂劳役，逃亡，已经出走，尚未论处而自首，应笞打五十，仍拘系直至满期。

> 女子甲为人妻，去亡，得及自出，小未盈六尺，当论不当？已官，当论；未官，不当论。（166）

女子甲为人之妻，私逃，被捕获以及自首，年小，身高不满六尺，应否论处？婚姻曾经官府认可，应论处；未经认可，不应论处。

《封诊式》中关于"自出"的式例，可以了解证据在自出制度中的具体运用情况：

"□捕"爰书

> 男子甲缚诣男子丙，辞曰："甲故士五（伍），居某里，迺四月中盗牛，去亡以命。丙坐贼人（17）□命。自昼甲见丙阴市庸中，而捕以来自出。甲毋（无）它坐。"（18）

男子甲捆送男子丙，供称："甲本为士伍，住在某里，本年四月盗牛，逃亡。丙犯有杀伤人罪而逃亡。昨日白昼甲发现丙隐藏在市庸里面，于是将他捕获，前来自首。甲没有其他过犯。"

《封诊式》中关于"自出"的式例，可以了解证据在自出制度中的具体运用情况：

"亡自出"爰书

> 男子甲自诣，辞曰："士五（伍），居某里，以迺二月不识日去亡，毋（无）它坐，今来自出。"问之（96）□名事定，以二月丙子将阳亡，三月中遣筑宫廿日，四年三月丁未籍一亡五月十日，毋（无）它坐，莫（97）覆问。以甲献典乙相诊，今令乙将之诣论，敢言之。（98）

男子甲自行投案，供称："为士伍，住在某里，于本年二月不知具体日期的一天逃亡，没有其他过犯，现来自首。"经讯问，其姓名、身份确实，于二月丙子日游荡逃亡，三月份逃避修筑宫室劳役二十天；四年三月丁未日簿籍记有他曾逃亡一次，共五个月零十天，没有其他过犯，无须再行查问。将甲送交里典乙验视，现命乙将甲押送论处，谨告。

《岳麓书院藏秦简（三）》记载了"暨过误失坐官案"，此则"数罪并罚"的案件，涉及"自出"。案情大略：江陵丞暨由于粮仓失修、不当傅籍者却被傅籍、判处案件出现失误等项过错，被举告了八次，暨由此被判"累论"，即数种罪行累计、合并处罚。暨不服进行申诉，首次申诉判决结果如同首次判决，即数罪并罚；暨再次申诉，经过审理认为暨为过失犯，判为"相沓"，即按照数种惩罚中最重的惩罚为最终惩罚。该案件中，有关于"自出"的内容，"未庿（斥）自出"，择录如下：

> 视故狱……权；□豁卿（乡）苍天窗（窗）容鸟；公士豕田橘将阳，未庿（斥）自出，当复田橘，官令戍，捸（録）弗得；走（087）偃未当傅，官傅弗得，除销史丹为江陵史，□未定；与从事廿一年库计，劾缪（谬）弩百。凡八劾。（151/140）

其中一项罪名为，"……公士豕田橘将阳，未庿（斥）自出。"（0087），即公士豕擅离岗位，为橘官种田，未被检举之前即自动投案。注释："自出，逃亡者自首。"[1]

《岳麓书院藏秦简（四）》第一组共收录105枚简，其中《亡律》篇对"自出"作出了较为细致的处罚规定，择录如下：

> ……少府均输四司空，得及自出者，吏治必谨讯，簿其所为作务以……（797）子杀伤、殴詈、投（殳）杀父母，父母告子不孝及奴婢杀伤、殴、投（殳）杀主、主子父母，及告杀，其奴婢及（1980）子亡已命而自出者，不得为自出。（2086）有罪去亡，弗会，已狱及以劾未论而自出者，为会，鞠，罪不得减。（2087）
> 咸阳及郡都县恒以计时上不仁邑里及官者数狱属所执法，县道官别

---

〔1〕 朱汉民、陈松长主编：《岳麓书院藏秦简（三）》，上海辞书出版社2013年版。

之，（1973）且令都吏时覆治之，以论失者，覆治之而即言（情）者，以自出律论之。（2060）其或亡盈三月以上而得及自出，耐以为隶（0170）臣妾，亡不盈三月以下而得及自出，笞五十，籍亡不盈三月者数，后复亡，鞭（2035）数盈三月以上得及自出，亦耐以为隶臣妾，皆复付其官。（2033）

城旦舂亡而得，黥，复为城旦舂；不得，命之，自出殹，笞百。（2009）

城旦舂司寇亡而得，黥为城旦舂，不得，命之，其狱未鞫而得自出殹，治（笞）五十，复为司寇。（1976）佐弋之罪，命而得，以其罪罪之。自出殹，黥为城旦舂。它罪，命而得，黥为城旦舂，其有大辟罪（2081）罪之。自出殹，完为城旦舂。（2039）〔1〕

《岳麓书院藏秦简（四）》第二组共收录 178 枚简，当中《索律》篇也对"自出"作出规定："索律〔2〕曰：索有脱不得者节（即）后得及自出……"（1314）

《岳麓书院藏秦简（五）》第一组简文中亦记录有关于"自出"的规定：

工隶臣妾及工当隶臣妾者亡，以六十钱计之，与盗同法。其自出殹，减罪一等。（1005）〔3〕

总之，上述所示的法律规定和司法案例可以对"自出"制度予以印证。"自告"与"自出"均有自首的含义，但是两者区别甚大。"自告"有两层含义，一层含义为"控告"，即受害人自行到官府控诉嫌犯罪行；另一层含义为自己有罪，在未被控诉、缉拿之前，主动到官府交代罪行，即通常意义上的"自首"，一般表述为"先自告"。"自出"专指逃亡者的自首行为，主体特定，并非普通人的自首行为。因此，两者在司法实践当中，证据适用规则各异，上述所示的法律规定和司法案例可以对此进行印证。自首制度的设定，

---

〔1〕 陈松长主编：《岳麓书院藏秦简（四）》，上海辞书出版社 2015 年版。按：简文中"命"，为通缉之意。"佐弋"，秦汉官职名，掌助射弋之职，监管督造部分弓弩，并远输边郡。

〔2〕 按："索律"当是"捕律"的秦代称法。"索"，犹"搜索、搜捕"。《史记·留侯世家》："秦始皇大怒，大索天下。"

〔3〕 陈松长主编：《岳麓书院藏秦简（五）》，上海辞书出版社 2017 年版。

目的在于促动嫌犯自动归案于官府。官府对自首者的供述进行验证之后，采取较为宽大的处罚措施。这对于打击犯罪行为，维护社会稳定，无疑具有推动功效。

二、捕告

"捕告"，意为捕获嫌犯束之于官府，并举报其罪行的行为。《墨子》卷一五《号令》载："诸吏卒民有谋杀伤其将长者，与谋反同罪，有能捕告，赏之黄金二十斤。"

告发之后，官府要通过核验证据，调查案件事实。除了若干情节与事实略有不合以外，被告发人确实犯有罪行，只是他们的犯罪尚不足以判处"黥为城旦"以上的罪名，都不当"购"。但是，只要是告发了足以判处"黥为城旦"以上的重犯，也不折不扣地给予法律规定的赏金。[1]

《法律答问》中有多篇关于捕告的规定，示例：

> 夫、妻、子五人共盗，皆当刑城旦，今中（甲）尽捕告之，问甲当购几可（何）？人购二两。（136）[2]

---

〔1〕 参见栗劲：《秦律通论》，山东人民出版社 1985 年版，第 313 页。

〔2〕 "购"，"悬赏、奖赏"，《说文·贝部》："以财有所求也。"《汉书·高帝纪》："乃多以金购豨将。"句下师古注曰："购，设赏募也。"秦汉简牍文献中大量记载了关于"购"的内容，例如，云梦秦简《法律答问》："甲告乙贼伤人，问乙贼杀人，非伤殴（也），甲当购，购几可（何）？当购二两。（134）"《二年律令·捕律》："□亡人、略妻、略卖人、强奸、伪写印者弃市罪一人，购金十两。刑城旦舂罪，购金四两。完城（137）□二两。"（138）"捕从诸侯来为闲者一人，拜爵一级，有（又）购二万钱。不当拜爵者，级赐万钱，有（又）行其购。数人共捕罪人而当购赏，欲（150）相移者，许之。（151）"《居延新简》："有能谒言吏，吏以其言捕得之，半与购赏。""能与众兵俱追，先登陷阵，斩首一级，购钱五万如此。""有能生捕得反羌、从徼外来为间，侯动静中国兵，欲寇盗，杀略人民，吏增秩二等，民与购钱五万，从奴它与购如此。"（甘肃省文物考古研究所等编：《居延新简》，文物出版社 1990 年版，第 493 页）《额济纳汉简》："购赏科条将转下之。"（魏坚主编：《额济纳汉简》，广西师范大学出版社 2005 年版，第 232 页。）秦代出土简牍文献所载案例中，能够见到"购"，即奖赏的具体运用制度。《岳麓书院藏秦简（三）》第一则案例"癸、琐相移谋购案"，案件缘于琐等将所捕获的治等犯人移交给癸等去州陵"谋购"，即请赏。该案件提供了秦代关于"购"的新的法律规定："死罪购四万三百廿，群盗盗杀人购八万六百卌钱。"（1473）秦代法律允许数人捕获嫌犯，而交给其他人向官府请赏，《二年律令·捕律》规定："数人共捕罪人而独自告者，勿购赏。吏主若备盗贼、亡人而捕人，及索捕罪人，若有告劾非亡也，或捕之而（154）非群盗也，皆勿购赏。捕罪人弗当，以得购赏而移予它人，及诈伪，皆以取购赏者坐臧（赃）为盗。（155）"但是，秩吏（秩禄在百石以上的低级官吏）缉拿逃亡者是其本身的义务，若弄虚作假，不但不得奖赏，还得惩罚，《法律答问》中记载："有秩吏捕阑亡者，以畀乙，令诣，约分购，问吏及乙论可（何）殹（也）？当赀

夫、妻、子五人共同行盗，均应刑为城旦，现甲把他们全部捕获告官，问甲应奖赏多少？每捕获一人奖赏黄金二两。

　　夫、妻、子十人共盗，当刑城旦，亡，今甲捕得其八人，问甲当购几可（何）？当购人二两。（137）

夫、妻、子十人共同行盗，应刑为城旦，已逃亡，现甲捕获其中八人，问甲应获得奖赏多少？每捕获一人应奖赏黄金二两。

　　甲捕乙，告盗书丞印以亡，问亡二日，它如甲，已论耐乙，问甲当购不当？不当。（138）

甲捕获乙，控告乙偷盖县丞官印而逃亡，经讯问乙逃亡的日期不合，其它与甲所控告相符，已判处乙耐刑，问甲应否受奖？不应受奖。

　　"盗出朱（珠）玉邦关及买（卖）於客者，上朱（珠）玉内史，内史材鼠（予）购。"可（何）以购之？其耐罪以上，购如捕它罪人；赀罪，不购。（140）

"将珠玉偷运出境以及卖给邦客的，应将珠玉上交内史，内史酌量给予奖赏。"应怎样奖赏？如被捕犯人应处耐罪以上，与捕获其他罪犯同样奖赏；如应处罚款，不予奖赏。

（接上页）各二甲，毋购。"（139）如果捕获"群盗"，则不管是不是"有秩者"，均应给予奖赏。"癸、琐相移谋购案"就是这样的情形，该案件中"校长癸、求盗上造柳"等诸人在捕获"群盗盗杀人"者，然后缚诣前往请赏，此行为完全符合秦代法律规定。其被惩处，缘于为了谋求更多的购赏，而以欺诈方式向官府"谋购"。《岳麓书院藏秦简（三）》第二则案例"尸等捕盗疑购案"，案件中引用了逮捕群盗的"购"规："律曰：'产捕群盗一人，购金十四两。'"（1342）即每捕获群盗一人，奖赏黄金十四两。又曰："它邦人……□□□盗，非吏所兴，毋（无）什伍将长者捕之，购金二两。"（1339）即他国之人……盗非由官吏所动员，未被编为什伍者，亦不是经将长所指挥，而逮捕群盗者，则要奖赏黄金二两。该案件，对于捕获楚人阆等一事，围绕应该授予求盗等何种奖赏，州陵县中产生了意见分歧，"疑尸等购。它县论。敢谳之。吏议，以捕群盗律购尸等"。（1479/1348）最后审定："治等，审秦人殹（也），尸（0138）等当购金七两。阆等，其荆人殹（也），尸等当购金三两。它有律令。"（0162）《岳麓书院藏秦简（五）》亦记载有关于"购"的规定："能捕耐罪一人购钱二千，完城旦舂罪（1027）一人购钱三千，刑城旦舂以上之罪一人购钱四千。"（1026）

《封诊式》中记载有多篇关于"捕告"的式例，试例如下：

"盗铸钱"爰书：某里士伍甲、乙捕送男子丙、丁及新钱一百一十个、钱范两套，告曰："丙盗铸此钱，丁佐铸（19）。甲、乙捕索其室而得此钱、容（鎔），来诣之。"（20）

"盗马"爰书：求盗某里人甲捕送男子丙，连同作为赃物的马匹、衣服和鞋，"捕来诣"："丙盗此马、衣，今日见亭旁，而捕来诣。"（23）

"夺首"爰书：某士伍甲捕送男子丙，及首级一个，男子丁同来，告曰："甲，尉某私吏，与战刑（邢）丘城。今日见丙戏旞，直以剑伐痍丁，夺此首，而捕来诣。"（32）

《岳麓书院藏秦简（四）》第一组《亡律》篇中有"捕若诇告"[1]的规定：

……迁者所包有罪已论，当复诣迁所；及罪人、收人当论而弗诣弗输者，皆迁之。有能捕若诇告，当复诣迁所。（2045）

《岳麓书院藏秦简（五）》第一组简文中也有"捕若诇告"的规定：

……执法、执法丞、卒史主者，罪减焉一等，当坐者或偏捕告，其所当坐者皆相除，或能（961）捕若诇告从人、从人属、舍人及挟舍匿者，死罪一人若城旦舂、鬼薪白粲罪二人，购钱五千。（2053+2050）

前文提及《岳麓书院藏秦简（四）》所载"金布律"，亦有关于奖赏

---

[1] "捕若诇告"，即"捕告"或"诇告"，秦汉律令规定应该赏以购金或减免其刑罚的两种行为。"捕告"，系将有罪者扭送官府，并举报其罪行的行为。"诇告"是指向官府举报嫌犯及其处所的行为，官吏将嫌犯抓捕之后，举报者方可获得奖赏。《龙岗秦简》记载有"捕诇"（74），"诇"，侦。《说文》言部："诇，知处告言之。"《急就章》："乏兴猥逮诇讄求。轭觉没人檄报留。"颜《注》："诇，谓知处密告之也。"即侦知罪犯藏身之处，告知于官府。《史记·淮南衡山列传》载："王爱陵，常多予金钱，为中诇长安。"《集解》引徐广曰："诇，伺候采求之名也。"《索隐》引邓展曰："诇，捕也。"引徐广曰："伺察探求之名。"引孟康曰："诇音侦，西方人以反间为侦。"引服虔曰："侦，候也。"可见，"诇告"是指向官府举报嫌犯及其处所的行为，官吏将嫌犯抓捕之后，举报者方可获得奖赏。《岳麓书院藏秦简（五）》有关于"诇告"的记载："数人共捕道故塞徼外蛮夷来为闲及来盗、略人、以城邑反及舍者若诇告，皆共其赏。"廷卒乙廿一（1908）。

"捕告"者的规定，择录如下：

> 金布律曰：禁毋敢以牡马、牝马高五尺五寸以上，而齿未盈至四以下，服辈车及垦田、为人（1229）就（僦）载，及禁贾人毋得以牡马、牝马高五尺五寸以上者载以贾市及为人就（僦）载，犯令者，皆（1279）赀各二甲，没入马县官。有能捕告者，以马予之。（1410）

以上秦代关于"捕告"的法律规定，出土简牍文献之中记载了大量的相关具体案例，展示了司法案件中相关证据的具体运用情况。捕告嫌犯的同时，当然需要具备相应的证据，而且应当提供客观的物证、证人证言，仅仅"言辞控诉"肯定不被支持。《岳麓书院藏秦简（四）》中记载的案例，"癸、琐相移谋购案""尸等捕盗疑购案"等就属于捕告类的案件。

可见，从秦代的法律规定到具体的案例记录都说明了捕告是当时提起诉讼的一种重要形式。告发者提供的言证及发现的其他证据，是案件的侦查与断决的重要线索与依据。

三、告发

告发亦即"告奸"，是指被害人及其亲属以外的、与案件无关联的他人向官府检举犯罪嫌疑人及其犯罪情况的行为，这是启动诉讼程序的一种重要方式。

商鞅变法，明确"告奸"之制，《商君书·开塞》载："王者刑用于将过，则大邪不生；赏施于告奸，则细过不失。"《商君书·说民》则阐述了"告奸"对于治国的重要性："省刑，要保，赏不可倍也。有奸必告之，则民断于心。"[1]即要减少刑罚，就要在民众中建立连保制度，使民众互相监督，互相约束，对那些揭发犯罪者的奖赏不可失信。同时，对"告奸"与否，有赏罚分明的规定："令民为什伍，而相牧司连坐。不告奸者腰斩，告奸者与斩敌首同赏，匿奸者与降敌同罚。"[2]

负有告发义务的主体，对犯罪行为保持警觉，应及时发现并报告，否则将承担相应刑责，主要指里典、田典、里老及伍人等。睡虎地秦简《傅律》

---

〔1〕 石磊译注：《商君书》，中华书局 2011 年版。
〔2〕《史记》卷六八《商君列传》。

规定："……典、老弗告，赀各一甲；伍人，户一盾，皆迁之。"（33）即里典、伍老不加告发，各罚一甲；同伍的人，每家罚一盾，都予以流放。[1]《岳麓书院藏秦简（四）》中多处记载有关于典、老的告奸的规定，例如：

> 主匿亡收、隶臣妾，耐为隶臣妾，其室人存而年十八岁者，各与其疑同法，其奴婢弗坐，典、田（1965）典、伍不告，赀一盾，其匿□□归里中，赀典、田典一甲，伍一盾，匿罪人虽弗敝（蔽）狸（埋），智（知）其请（情），舍其室，（2150-1+2150-2）□□□吏遣，及典、伍弗告，赀二甲。（1991）

《岳麓书院藏秦简（五）》中亦载有关于"同居、室人、典老、伍人"舍匿"从人"的规定：

> ……敢有挟舍匿者，皆与同罪。（1019）同居、室人、典老、伍人见其挟舍匿之，及虽弗见，人或告之而弗捕告，皆与挟舍匿者同罪。（1016）

对于"什伍"间不举告的惩处，一般限定于"知情不报"，即"匿奸"行为。若确实不知情者，一般不予追究责任，但对于负有管理职责的里典、伍老等基层负责人，即使不知情，也要处罚。这点从《法律答问》中可以得到印证：

> 贼入甲室，贼伤甲，甲号寇，其四邻、典、老皆出不存，不闻号寇，问当论不当？审不存，不当论；典老虽不存，当论。（98）

即有贼进入甲家，将甲杀伤，甲呼喊有贼，其四邻、里典、伍老都外出不在家，没有听到甲呼喊有贼，问应否论处？四邻确不在家，不应论处；里典、伍老虽不在家，仍应论罪。

秦简中关于告发的式例多有记载，例如，《封诊式》"经死"爰书："某

---

[1] 按："里典"，为一里最高负责人，亦称为率敖。《法律答问》载："可（何）谓'率敖'？'率敖'当里典谓殴。"（198）汉简中将之称为"正典"，张家山汉简《二年律令·钱律》："盗铸钱及佐者，弃市。同居不告，赎耐。正典、田典、伍人不告，罚金四两。"（201）注释："正典，里典。""田典"则为里中负责农业管理的小吏。

里典甲曰：里人士五（伍）丙经死其室，不智（知）故，来告。即令令史某往诊。"即某里的里典甲说："本里人士伍丙在家中吊死，不知道是什么原因，前来报告。"

四、"劾"[1]

"劾"，释读为官方纠举嫌犯。岳麓秦简的整理者对"劾"释解："官员以职权告发或检举犯罪行为，与普通告发形式的'告'相对。"[2]张家山汉简《二年律令·具律》对此作出了较为明确的规定：

> 治狱者，各以其告劾治之。敢放讯杜雅，求其他罪，及人毋告劾而擅覆治之，皆以鞫狱故不直论。(113)

强调治狱、覆狱必须以告、劾为前提，若制造障碍不法审讯，或无告、劾而擅自治狱、覆狱者，以不直罪论处。不难发现，告与劾在律中是启动案件的必要程序。

私以为见，汉代刑案审判，劾是先置程序。据《史记》载"张汤劾鼠案"，汉代刑案审判程序一般由劾、掠治、传爰书、讯、鞫、论、报及行刑构成。

> 汤掘窟得盗鼠及余肉，劾鼠掠治，传爰书，讯鞫论报，并取鼠与肉，

---

〔1〕"劾"，《说文解字》释曰："劾，法有罪也。"段注："法者，谓所法施之。"《广韵》："劾，穷推罪人也。"《周礼·乡士》："异其死刑之罪而要之"郑注："要之为其罪法之要辞，如今劾矣。"《急就篇》："诸罚诈伪劾罪人"颜师古注："劾，案举之也，有罪则案举。"《文选·通幽赋》注项岱曰："案举曰劾。"《吕刑正义》："汉世问罪谓之鞫，断狱谓之劾。"《唐律疏议》卷五："劾，鞫问罪人谓之劾。"沈家本先生考析曰："告、劾是二事，告属下，劾属上，劾有三义：一是上对下之词；二是两人相对之词；三是依《周礼》郑注，为罪法之要辞。"（（清）沈家本：《汉律摭遗》卷一《目录》，载（清）沈家本撰，邓经元、骈宇骞点校：《历代刑法考》，中华书局1985年版，第1372—1373页）徐世虹老师认为，"告"是"下告上"行为的总称，分为"口诉"与"书告"两种形式。"劾"属政府行为，有"劾而不案""先劾后案"及"先案后劾"诸情形，劾颇近似于现代诉讼中的公诉。（参见张晋藩总主编，徐世虹分卷主编：《中国法制通史》第2卷《战国 秦汉》，法律出版社1999年版，第577—595页）日本学者宫宅洁先生认为，"劾"除用于官吏之间的检举外，也可用于官对民的起诉。（参见［日］宫宅洁："'劾'小考——中国古代裁判制度的展开"，载［日］宫宅洁：《中国古代刑制史研究》，杨振红等译，广西师范大学出版社2016年版，第244—265页。）

〔2〕 朱汉民、陈松长主编：《岳麓书院藏秦简（三）》，上海辞书出版社2013年版，第108页。

具狱磔堂下。[1]

秦律规定举告犯罪是官吏的义务，如有失职将受法律制裁。睡虎地秦简《语书》记载了南郡郡守腾于秦始皇二十年四月向其所管辖下的各县、道官吏发布的命令，令他们严格举告犯罪活动：

> 自从令、丞以（5）下智（知）而弗举论，是即明避主之明法殹，而养匿邪僻之民。（6）

意为县令、丞以下的官员明明知道犯罪活动而不加纠举处罪，这是公然违背君上的大法，包庇邪恶的人。紧接着令中对官吏知而不举的行为，下达了处断规定：

> 若弗知，是即不胜任、不智（知）殹；知而弗敢论，是即不廉殹。此皆大罪殹。（7）

即如果不知道，是不称职、不明智；如果知道而不敢处罪，就是不正直。这些都是大罪。

通过严格的法律规定，督促官吏尽心履行举告犯罪的义务。《龙岗秦简》记有："吏弗劾、论，皆与同罪。"注曰："劾，依法对有罪者追究查处。"即对于犯罪行为，如果官吏不追究，应判与罪犯同罪。《史记·秦始皇本纪》："吏见知不举者与同罪。"《晋书·刑法志》载："作监临部主见知故纵之例，其见知而故不举劾，各与同罪，失不举劾，各以赎论。"

《岳麓书院藏秦简（五）》第一组简文中载有举劾的规定，试例如下：

> 同船食、敦长、将吏（1124）见其为之而弗告劾，论与同罪。（0967）

> 受制诏以使者或下劾吏，吏治之，劾节（即）不䌛，或节（即）徵逯使者，请：自今以来受制诏以使，其所举劾（0899）

> 制诏丞相斯：所召博士得与议者，节（即）有逮告劾，吏治者辄请之，尽如宦显大夫逮。（1130）

---

[1]《史记》卷一二二《酷吏列传》。

《岳麓书院藏秦简（五）》第二组秦令中亦有举劾的规定：

> 有不从律令者，都吏监者□举劾，问其人，其人不亟以实占吏其名
> 吏（事）官，吏三问之而不以请（情）（1728）实占吏者，行其所犯律
> 令罪，有（又）驾（加）其罪一等。·廷卒乙廿一。（1730）

睡虎地秦简中有诸多关于"劾"的记载：

《效律》："尉计及尉官吏节（即）有劾，其令、丞坐之，如它官然。"
（54）

《语书》："今且令人案行之，举劾不从令者，致以律（7），论及令、丞
（8）。"

《里耶秦简》中，发现了相对完整的举劾文书，兹录文如下：

> 启陵津船人高里士伍启封当践十二月更，□（廿九日）□正月壬申，
> 启陵乡守绕劾。卅三年正月壬申朔日，启陵乡守绕敢言之，上劾一牒
> （正）正月庚辰旦，隶妾谷以来。/履发。（背）（8-651）[1]

通过以上分析，可见秦代起诉制度划分细致，不同情状不同形式：受害人以"自告"方式提起的自诉，嫌犯从事犯罪活动后"先自告"，逃亡过程中"自出"，里典、田典、里老及伍人等负有监督义务主体的"告奸"，以及官吏的"举劾"行为。起诉是启动诉讼审判的首要环节，对后续程序至关重要。起诉制度的细密，反映了秦代已经架构了一套较为规范的诉讼制度。

起诉是启动诉讼审判的首要环节，其与证据密切相关。各类诉讼的提起方式虽然不同，但归根到底都是证据的具体运用过程，诉状本身将成为案件审理的重要证据。司法机关对起诉要进行审核，查验其诉讼的理由与依据是否成立，如果同法律所规定的禁止性要求相违背，则拒绝受理，甚至要追究起诉者的刑事责任。其中尤为值得分析的是秦代自告与自出的区别，秦代区分了普通自首和逃亡者自首的不同法律后果，从程序上明确不同情节的自首行为，有助于分化打击犯罪，促使嫌犯主动归案。

---

[1] 陈伟主编：《里耶秦简牍校释》第 1 卷，武汉大学出版社 2012 年版。

《汉律摭遗》"金布律令"补疑

——秦汉简牍金布律令小探

王安宇[*]

【摘　要】 沈家本在《汉律摭遗》中所判断的汉金布律、令并存的情况，与胡家草场西汉墓 M12 律令典中所见篇目一致。《金布律》与《钱律》在法源上存在密切关系，沈家本在《律目考》中将"金布律令"与"钱律"并列，与秦之《金布律》有关"行钱""择钱"相关法律分入汉初《钱律》的情况是相符的。秦《金布律》内容向汉初《钱律》《田律》的分化，一方面反映了当时独立实行货币立法的倾向，另一方面表明伴随货币经济的发达，征收货币税、实行货币代缴实物税、劳务税越来越受到秦及汉初统治者的重视。

【关键词】 金布律令；汉令；钱律；田律；货币经济

在出土文献面世前，传世文献所见汉代的《金布律（令）》留给后人很多疑问。沈家本在《汉律摭遗自序》中自言辑佚汉律之难，首先便以"金布律"举例，面对困难，"七十三叟"沈家本"龄穑气茶，时须卧息，穷竟日之力"，自谦"所获无多"，在"搜罗排比，分条比类，按律为篇"的过程中将金布律与金布令并举，认为当时二者并存，并对汉令的构成有自己的见解和认识。在《律目考》中，他将《金布律》与《钱律》并列，如此的"排比"亦有其自身基于对汉律理解的考虑。可喜的是，方兴未艾的秦汉法律简牍研究工作有力地推进了沈家本未竟的事业。出土文献所见的秦汉"金布律令"相关内容正可解答当年沈家本的疑问，也证实了他基于严谨史料考证之上的判断。从出土文献所见《金布律》及相关内容可知，《金布律》是汉初

＊　王安宇，中国政法大学法律古籍整理研究所教师。

即在秦制基础上发生分化的经济法律，其部分内容分入《钱律》《田律》，体现了秦汉之际货币经济发展的趋势。

一、沈家本金布律令并行说为新出简牍史料所验证

在简牍史料问世前，秦汉传世文献仅《汉书·萧望之传》中见"金布令"。[1]在《汉书·高帝纪》臣瓒注与《续汉书·仪礼志》注所引《汉仪》中，分别提到"金布令"与"汉律金布令"。[2]直到《晋书·刑法志》所载《魏律序》中始见汉代亦有"金布律"，且与九章律并列而举。[3]沈家本结合上述记载，在《历代刑法考·律令》中直列汉代存"金布律令"。[4]在《汉律摭遗自序》中，他记述辑佚汉律之难，提到书中所引汉律、令往往混淆，实难定夺时，即以《金布律》为例：

> 诸书所引律、令往往相淆，盖由各律中本各有令，引之者遂不尽别白。如《金布律》见于《晋志》，而诸书所引则《金布令》为多。今于律、令二者亦不能详为区别，若二郑注之所称，今时固难定其为律为令也。[5]

沈家本认为汉代是金布律、令并存的，在《汉律摭遗》卷一的"目录"中，他指出"似各律各有令、有科，初非并为一编也"。[6]这是他对汉代律、

---

〔1〕《汉书·萧望之传》载："望之、强复对曰："先帝圣德，贤良在位，作宪垂法，为无穷之规，永惟边竟之不赡，故金布令甲曰'边郡数被兵，离饥寒，夭绝天年，父子相失，令天下共给其费'，固为军旅卒暴之事也。"颜师古注："金布者，令篇名也。其上有府库金钱布帛之事，因以名篇。"（汉）班固撰：《汉书》卷七八《萧望之传》，中华书局1962年版，第3278页。

〔2〕《汉书·高帝纪》臣瓒注："金布令曰'不幸死，死所为椟，传归所居县，赐以衣棺'也。"（汉）班固撰：《汉书》卷一《高帝纪》，中华书局1962年版，第65页。《续汉书·仪礼志》引《汉仪》载："汉律金布令曰：'皇帝斋宿，亲帅群臣承祠宗庙，群臣宜分奉请。诸侯、列侯各以民口数，率千口奉金四两，奇不满千口至五百以亦四两，皆会酎，少府受。又大鸿胪食邑九真、交阯、日南者，用犀角长九寸以上若瑇瑁甲一，郁林用象牙长三尺以上若翡翠各二十，准以当金。'"（宋）范晔撰，（唐）李贤等注：《后汉书》，中华书局1965年版，第3104页。

〔3〕《魏律序》："盗律有还赃畀主，金布律有罚赎入责以呈黄金为价，科有平庸坐赃事，以为偿赃律。"（唐）房玄龄等撰：《晋书》卷三〇《刑法志》，中华书局1974年版，第925页。

〔4〕（清）沈家本撰，邓经元、骈宇骞点校：《历代刑法考》，中华书局1985年版（本书出版信息以下省略），第868页。

〔5〕（清）沈家本撰，邓经元、骈宇骞点校：《历代刑法考》，第1366页。

〔6〕（清）沈家本撰，邓经元、骈宇骞点校：《历代刑法考》，第1387页。

令、科结构的整体判断，自然也承认《金布律》亦包含相应的《金布令》。

梁启超在《论中国成文法编制之沿革得失》一书第四章"两汉之成文法"中，在罗列汉代法律形式时，亦将《金布律》《金布令》分列于"律""令"中。[1]程树德则与沈家本看法有别，他认为传世文献出现的金布律、金布令并存，是"令亦可称律也"的证据之一。他指出：

> 文帝五年除盗铸钱令，史记将相名臣表作除钱律；萧望之传引金布令，后书则引作汉律金布令，晋志则直称金布律，是令亦可称律也。[2]

鉴于此认识，他在《九朝律考·汉律考》的律名目录中并未列《金布律》，而是将传世文献中的相关记载列人《金布令》中，并提出了他的理由：

> 金布令（见《高帝纪》注《萧望之传》《礼仪志》注）师古曰，金布者令，篇名，若今之仓库令也。（《高帝纪》注）师古曰，金布者令，篇名也。其上有府库金钱布帛之事，因以名篇。（《萧望之传》注）金布律有毁伤亡失县官财物罚赎入责以呈黄金为价诸目。（《晋书·刑法志》）按晋志作金布律，后书礼仪志注引作汉律金布令，与萧望之传互歧，当以传文为正。[3]

传世文献中与金布律、令有关的记载屈指可数。沈家本、梁启超认可《魏律序》中关于"金布律"的相关记载，认为金布律、令并存。程树德则显然持谨慎态度，并认为"汉律金布令"这样的说法也不当可取，应与《汉书·萧望之传》为正。

睡虎地秦简问世以来，秦汉法律简牍先见《金布律》之名，《岳麓书院藏秦简（五）》中又见"内史旁金布令乙四""内史旁金布令第乙九""内史旁金布令第乙十八"令名。[4]中国政法大学中国法制史基础史料研读会在集释睡虎地秦简《秦律十八种·金布律》时结合上举岳麓书院藏秦简中所见的令

〔1〕详见梁启超：《饮冰室合集》一六《论中国成文法编制之沿革得失》，中华书局 2015 年版，第 11 页。

〔2〕程树德：《九朝律考》卷一《汉律考·律名考》，中华书局 2006 年版，第 11 页。

〔3〕程树德：《九朝律考》，中华书局 2006 年版，第 23—24 页。

〔4〕陈松长主编：《岳麓书院藏秦简（五）》，上海辞书出版社 2017 年版，第 184—185 页。

名，认为"秦汉时期'金布'律令并行"。[1]不过，严格意义上说，"内史旁金布令"不完全是"金布令"，而带有"内史旁"，岳麓书院藏秦简整理小组认为"内史旁金布令"应理解为内史所用"旁金布令"，故其注释"旁金布令"，指出其或为金布令之补充。[2]岳麓书院藏秦简所见秦令中尚有"内史仓曹令""内史户曹令""内史官共令""内史郡二千石官共令""尉郡卒令""郡卒令""廷卒令""卒令"等令名，这些都与地方郡县、内史所设官署有密切关系。[3]在里耶秦简中，出现"旁曹"及"金布发""署金布发"记载，这就说明秦县存在"金布"这一官署。如果"内史旁金布令"指"内史属县旁曹（所属）金布（官署名称）"所遵守的令或"内史旁近郡县之金布（官署名称）所遵守的令"的话，则很难说秦之"内史旁金布令"的存在就等于秦存在《金布令》。况且，即使岳麓书院藏秦简所见"内史旁金布令"就是"金布令"的组成部分，也只能说明秦存在金布律、令并存的情况。《二年律令》毕竟仅见《金布律》而无《金布令》。当时汉代简牍文献未见"金布令"之记载。有学者结合《二年律令》有《金布律》，而《汉书》《后汉书》中仅见《金布令》，推测自汉初之后，随着更具灵活性的《金布令》的出现，《金布律》反而显得僵化落伍，逐渐遭受冷遇，仅仅在形式上与令并存。[4]

胡家草场西汉墓 M12 出土汉律的问世初步解决了汉代《金布律》与《金布令》是否并存的问题。胡家草场西汉墓 M12 经初步判断应为文帝时期的墓葬，下葬年代不早于汉文帝后元元年（前 163）。在胡家草场 M12 出土的三卷律典中，第 2 卷"凡十八律"，其中就有"金布律"。其出土的两卷令典中，第 2 卷"凡廿六章"，其中就有"金布令甲"与"金布令乙"。胡家草场 M12 出土的律令简牍正如整理者所说"对汉代律典体系的复原与研究具有独特价值"，"将明显推动汉代令典的编纂与体系研究。"胡家草场 M12 所见律典、

---

〔1〕　中国政法大学中国法律史基础史料研读会："睡虎地秦简法律文书集释（四）：《秦律十八种》（《金布律》—《置吏律》）"，载中国政法大学法律古籍整理研究所编：《中国古代法律文献研究》第 9 辑，社会科学文献出版社 2016 年版，第 24 页。

〔2〕　陈松长主编：《岳麓书院藏秦简（五）》，上海辞书出版社 2017 年版，第 212 页。

〔3〕　曹旅宁在简帛网上发表《嶽麓秦令杂考》一文指出秦令与当时官署有密切关联，参见 http://www.bsm.org.cn/show_article.php?id=1042。

〔4〕　程维荣："有关秦汉《金布律》的若干问题"，载《兰州大学学报（社会科学版）》2010年第 4 期。

令典的篇目，整理者概括如下，笔者将律、令篇名相同者加下划线：

> 律典：第 1 卷包括告、盗、贼、亡、捕、囚、具、复、兴、关市、杂、钱、<u>厩</u>、效等律。第 2 卷包括朝、田、<u>户</u>、置吏、赐、市贩、置后、秩、均输、<u>仓</u>、爵、徭、行书、<u>金布</u>、傅、尉卒、奔命等律。第 3 卷包括腊、祠、司空、治水、工作课、传食、外乐、葬、<u>蛮夷复除</u>、<u>蛮夷士</u>、<u>蛮夷</u>、<u>蛮夷杂</u>、上郡蛮夷间等律。

> 令典：第 1 卷"令散甲"包括令甲、令乙、令丙、令丁、令戊、壹行令、少府令、功令、<u>蛮夷卒令</u>、卫官令、市事令共 11 种令。第 2 卷包括<u>户令甲</u>、<u>户令丙</u>、<u>厩令甲</u>、<u>金布令甲</u>、<u>金布令乙</u>、诸侯共令、禁苑令、<u>仓令甲</u>、尉令乙等 26 种令。[1]

沈家本在辑佚汉令时，指出文献所见"令甲、令乙、令丙"有两种情形：

> 惟令之名可考者尚多，在当时必更多，则所云《令甲》《令乙》者，诸令皆在甲篇、乙篇中乎？抑各令各有甲篇、乙篇乎？汉法之名，有律，有令，有科。《晋志》于《囚律》称《令丙》，称科，《杂律》称《令乙》，称科，《具律》《厩律》《兴律》《金布律》并称科，似各律各有令，有科，初非并为一编也。[2]

从上列胡家草场西汉墓 M12 律令篇目的情况，令典中"令散甲"中包含的"令甲、令乙"以下，可能就是沈家本所推测的"诸令皆在甲篇、乙篇"，而令典中与律典同名或篇名非常近似的那些令篇，应就是沈家本推测的"各律各有令……初非并为一编也"的情形。

从最新公布的胡家草场西汉墓 M12 律令典简牍的相关篇目，可知治学严谨的沈家本所判断汉代金布律、令并存的情况确实存在。"七十三叟沈家本"在辑佚汉律令时虽自言："诸书所引律、令往往相淆，盖由各律中本各有令，引之者遂不尽别白。……今于律、令二者亦不能详为区别，若二郑注之所称，今时固难定其为律为令也。"但在存在可能"相淆""引之者遂不尽别白"

---

〔1〕 以上关于胡家草场西汉墓 M12 出土的律令简牍相关情况，详见李志芳、蒋鲁敬："湖北荆州市胡家草场西汉墓 M12 出土简牍概述"，载《考古》2020 年第 2 期。

〔2〕 （清）沈家本撰，邓经元、骈宇骞点校：《历代刑法考》，第 1387 页。

的情况下，他仍实事求是，并未轻易论断，指出汉代可能存在独立成篇的"令甲、令乙"与律中各自有令的情况，可谓以"实录"精神辑考法律史史料的榜样。

二、沈家本《律目考》中将金布律令与钱律并列符合秦汉简牍所见二者关系

在沈家本的《律目考·律令二》中，将金布律令与钱律并列，虽然在《汉律摭遗》中并未见其阐述金布律与钱律关系的论点，但从其所辑佚的《金布律》内容来看，其中包含"罚赎入责以呈黄金为价""平庸"（物价平准）、"坐赃"（官吏买卖官物活动中定价腐败）等与货币定价有关的内容，沈家本显然认为这类与货币有关的内容也属于"金布律令"。传世文献中确实有"除钱律"的记载，他也认为"文帝听民铸钱，故除其律。后景帝复禁民铸钱，则其律亦必修复矣"。[1]故沈家本将金布律令与钱律并立，很可能是认为钱律内容在传世文献中已不复可考，所见金布律令内容有不少与货币、价格相关，故二者关系密切。

在睡虎地秦简《秦律十八种》所见《金布律》与《二年律令·钱律》中存在内容部分相似的律文。现列举如下：

> 《秦律十八种·金布律》65简：百姓市用钱，美恶杂之，勿敢异。[2]
>
> 《秦律十八种·金布律》68简：贾市居列者及官府之吏，毋敢择行钱、布；择行钱、布者，列伍长弗告，吏循之不谨，皆有罪。
>
> 《二年律令·钱律》197—198简：钱径十分寸八以上，虽缺铢，文章颇可智（知），而非殊折及铅钱也，皆为行钱。金不青赤者，为行金。敢择不取行钱、金者，罚金四两。[3]

---

〔1〕 （清）沈家本撰，邓经元、骈宇骞点校：《历代刑法考》，第1380页。

〔2〕 中国政法大学中国法律史基础史料研读会："睡虎地秦简法律文书集释（四）：《秦律十八种》（《金布律》—《置吏律》）"，载中国政法大学法律古籍整理研究所编：《中国古代法律文献研究》第9辑，社会科学文献出版社2016年版，第24页。

〔3〕 彭浩、陈伟、[日] 工藤元男主编：《〈二年律令〉与〈奏谳书〉——张家山二四七号汉墓出土法律文献释读》，上海古籍出版社2007年版（本书出版信息以下省略），第168页。

朱红林认为《二年律令·钱律》是从秦《金布律》中分化出来的。[1]于振波则指出："在秦律中属于'金布律'的律条,在《二年律令》中分别归入'钱律'和'金布律'中。这是秦、汉律典结构调整变化的结果,还是因为不同的抄本可以有不同的分类方式?"[2]

由上可知,汉代《金布律》与《钱律》非常可能是从秦《金布律》部分条文中分化出来,二者存在密切的同源关系。虽然目前尚待胡家草场 M12《钱律》《金布律》《金布令》详细内容刊布,但从目前所知汉代《金布律》与《钱律》的主要内容来看,《钱律》处罚的是伪造、破坏、不正确使用法定货币(钱、金),破坏货币流通秩序的行为,而《金布律》中有一部分规定了罚金缴纳时遇到的货币兑换比率问题、官营产业定价等方面的内容。《钱律》正是从《金布律》中"货币"与"价格"合并立法向专门为货币立法这种历史趋势的产物。[3]虽然今人无法窥测沈家本在《律目考》中将"金布律令"与"钱律"并列背后的论据,但客观上却符合秦汉简牍所见二者的同源关系。

三、从秦与汉初《金布律》部分内容入《田律》看财税立法的变化

《岳麓书院藏秦简(四)》118-120 简所载《金布律》是有关"出户赋"的规定,这部分类似规定在《二年律令》属于《田律》,现将此两部分律文列举如下:

　　　　《岳麓书院藏秦简(四)》118-120 简:·金布律曰:出户赋者,自泰庶长以下,十月户出刍一石十五斤;五月户出十六钱,其欲出布者,

---

〔1〕 朱红林认为:"睡虎地秦简中有《金布律》而没有《钱律》,而张家山汉简《二年律令》中却出现了专门的《钱律》。尽管《二年律令·钱律》中的内容部分地见于睡虎地秦简《金布律》,但我们不能据此断定《钱律》就是直到汉初才出现的。也许在睡虎地秦简《金布律》之后的秦代某个时期,《钱律》就已经出现了,也不是不可能的。一切还有待于新材料的出现和研究的深入。不过《钱律》是从《金布律》中分离出来的。它们之间的衍生关系总是没错的。"朱红林:"经济发展与战国秦汉之际法制建设的互动",载《吉林师范大学学报(人文社会科学版)》2014 年第 4 期。

〔2〕 于振波:"浅谈出土律令名目与'九章律'的关系",载《湖南大学学报(社会科学版)》2010 年第 4 期。

〔3〕 朱红林认为:"睡虎地秦简《金布律》是目前所见我国最早的涉及货币制度的立法,但并非是专门针对货币的立法,其中关于损坏官物按价赔偿及居赀赎债等规定只是涉及货币而已。张家山汉简《钱律》才是真正意义上的'关于货币制度的专门立法'。"朱红林:"睡虎地秦简和张家山汉简中的《金布律》研究——简牍所见战国秦汉时期的经济法规研究之一",载《社会科学战线》2008 年第 1 期。

许之。十月户赋，以十二月朔日入之，五月户赋，以六月望日入之，岁输泰守。十月户赋不入刍而入钱者，入十六钱。吏先为？印，敛，毋令典、老挟户赋钱。[1]

《二年律令·田律》255 简：卿以下，五月户出赋十六钱，十月户出刍一石，足其县用，余以入顷刍律入钱。[2]

《二年律令·田律》255 简所谓"余以入顷刍律入钱"，应是指《二年律令·田律》240-241 简中"收入刍稾，县各度一岁用刍稾，足其县用，其余令顷入五十五钱以当刍稾。刍一石当十五钱，稾一石当五钱"。[3]同样是财政收入的来源——田赋，在《金布律》中未尝规定，却在《田律》中有所规定。对比上列两则简文内容，可以基本认定上列秦《金布律》有关户赋的内容至《二年律令》的时代改属《田律》。虽然秦汉简牍中的《田律》都有田赋、租、税相关内容，但从目前所见简牍文献，秦《田律》中并无允许实物税赋可以以货币代缴的规定，现列代表性律文如下：

入顷刍稾，以其受田之数，无垦（垦）不垦（垦），顷入刍三石、稾二石。刍自黄䔛及束麋以上皆受之。入刍稾，相输度，可殴（也）。田律（睡虎地秦墓竹简《秦律十八种·田律》8-9 简）[4]

田律曰：租禾稼、顷刍稾，尽一岁不膚（毕）入及诸貣它县官者，书到其县官，盈卅日弗入及有遗入者，赀其人及官啬夫、吏主者各一甲⌐，丞、令、令史各一盾。遗其入而死、亡有皋毋（无）后不可得者，有（又）令官啬夫、吏代偿。（岳麓书院藏秦简·四 106-108 简）[5]

在《二年律令·田律》中，田赋（户赋）等允许使用货币代缴：

---

〔1〕 陈松长主编：《岳麓书院藏秦简（四）》，上海辞书出版社 2015 年版，第 107 页。

〔2〕 彭浩、陈伟、[日]工藤元男主编：《〈二年律令〉与〈奏谳书〉——张家山二四七号汉墓出土法律文献释读》，第 193 页。

〔3〕 彭浩、陈伟、[日]工藤元男主编：《〈二年律令〉与〈奏谳书〉——张家山二四七号汉墓出土法律文献释读》，第 187 页。

〔4〕 中国政法大学中国法律史基础史料研读会："睡虎地秦简法律文书集释（二）：《秦律十八种》（《田律》—《苑厩律》）"，载中国政法大学法律古籍整理研究所编：《中国古代法律文献研究》第 7 辑，社会科学文献出版社 2014 年版，第 88 页。

〔5〕 陈松长主编：《岳麓书院藏秦简（四）》，上海辞书出版社 2015 年版，第 103 页。

入顷刍稾，顷入刍三石；上郡地恶，顷入二石；稾皆二石。令各入其岁所有，毋入陈，不从令者罚黄金四两。收入刍稾，县各度一岁用刍稾，足其县用，其余令顷入五十五钱以当刍稾。刍一石当十五钱，稾一石当五钱。（《二年律令·田律》240-241 简）[1]

刍稾节贵于律，以入刍稾时平贾（价）入钱。（《二年律令·田律》242 简）[2]

卿以下，五月户出赋十六钱，十月户出刍一石，足其县用，余以入顷刍律入钱。（《二年律令·田律》255 简，前引）

秦时，已经立法规定户赋区分不同情况以货币、实物结合缴纳，并允许在一定情况下以钱代刍，比率是一石刍十六钱，相关规定在《金布律》中。到了《二年律令》相关规定改属《田律》。结合《二年律令·田律》中收取"刍稾"田赋可以以钱而代之，而目前所见秦简中尚未见有关规定，故秦田赋以钱、布代刍稾的规定可能也在《金布律》中。现将本文所述秦汉金布律（令）变化情况列表总结如下：

秦《金布律》	汉《二年律令》
货币行用相关规定	钱律
户赋（田赋）缴纳刍稾与钱、布缴纳及代缴的原则	田律
其他规定	待考

秦及汉初《金布律》内容的分化，一方面反映了当时独立实行货币立法的倾向，法律从认可实物货币到逐渐排斥实物货币，规范法定货币使用的过程；[3]另一方面伴随货币经济的发达，征收货币税、实行货币代缴实物税、

---

[1] 彭浩、陈伟、［日］工藤元男主编：《〈二年律令〉与〈奏谳书〉——张家山二四七号汉墓出土法律文献释读》，第 187 页。

[2] 彭浩、陈伟、［日］工藤元男主编：《〈二年律令〉与〈奏谳书〉——张家山二四七号汉墓出土法律文献释读》，第 188 页。

[3] 罗运环指出："从睡虎地秦墓竹简《金布律》到张家山汉简《钱律》，即秦代汉初这一时段，法律由认可实物货币'行布'到排斥实物货币'行布'，这是货币史上一个很有意义的进步。关于货币方面的法律由初具基础到更加细化，走向完善，为汉武帝时铸造推行五铢钱，从法律上奠定了良好的基础。"罗运环："中国秦代汉初货币制度发微——张家山汉简与睡虎地秦简对比研究"，载《武汉大学学报（人文科学版）》2012 年第 6 期。

劳务税越来越受到秦及汉初统治者重视，秦时，受传统思想制约，将田赋征收的"例外"情况——"以钱代刍"视为《金布律》的规范范围，与当时钱布兑换比率规定于此律一样。汉初统治者顺应经济发展趋势，不再视"以钱代刍"为例外，将原属《金布律》规定的有关"户赋（田赋）以钱代刍"内容归于《田律》，规范了相应赋税的征收程序。

西汉列侯爵位继承研究

师彬彬[*]

【摘　要】西汉列侯的爵位继承以后子嗣爵为法定形式与重要内容，并以绍封继绝和其他两种类型作为补充。西汉列侯的爵位继承权不完整并趋于弱化，取决于权力支配和继承法规定。西汉列侯的爵位继承机制趋于完备，主要涉及继承程序、继承形式与继承顺序三项内容。西汉皇帝重视调整列侯的爵位继承方式并严格控制列侯的爵位继承规模，发挥了加强中央集权、维持统治秩序、调整社会等级结构和减轻国家财政负担的社会功能。西汉列侯的爵位继承具有伦理性、制度化、阶段性、严格等级化、鲜明时代性与形式多元化的特征，既经历了从皇帝主导到权臣支配的过程，又在各个时期发挥了不同的社会功能。西汉列侯的爵位继承虽存在一定弊端，但发挥的社会功能占据主导地位。

【关键词】西汉；列侯；爵位继承；后子

爵位既是衡量两汉有爵者个人及其家庭成员政治影响和社会等级地位的一项标志，又与社会成员的经济权益密切相关。两汉列侯的爵位继承受到政府和社会成员的高度重视，汉代铭文中已存在"富贵昌宜侯王传子"[1]的记载。

爵位继承权是西汉政府赐予列侯的重要权益，并事关有爵者个人及其家庭成员政治身份、社会等级地位和经济权益的传递。汉律规定列侯后子嗣爵

---

　　* 师彬彬，历史学博士，许昌学院魏晋文化研究所讲师，研究方向为秦汉法制史。本文是作者主持的 2018 年度河南省哲学社会科学规划基金青年项目"'爵—秩体制'视角下的西汉列侯问题研究"（项目编号：2018CLS020）的阶段性成果。
　　〔1〕 容庚编著：《秦汉金文录》，我国台湾地区"中研院"史语所 1982 年版，第 634 页。

者可以享有原爵主五分之四的食邑，"律，非始封，十减二"。[1]西汉列侯的爵位继承属于列侯家庭成员的一种身份传承，反映了"善善及子孙，古今之通谊也"[2]的政治理念。西汉列侯的爵位继承不仅是法律重点调整的一种社会等级关系，而且是家庭关系、爵位制度与身份继承制度的重要内容。

迄今为止，学术界对西汉列侯爵位继承仍缺乏系统性、深入性的探讨，[3]并未将继承法的规定与列侯的爵位继承状况紧密结合。另外，学术界对西汉列侯爵位继承问题的研究大多局限于西汉初期，部分结论仍可商榷。如杨光辉认为："推恩爵制完善于汉武帝之世。汉推恩爵制，王之次子为列侯，列侯之次子为关内侯"，[4]与西汉列侯的爵位继承状况不符。

本文在梳理史料与总结前人研究成果的基础上，注重在"权力运作过程"中全面考察西汉列侯爵位继承的形式、特征、社会功能、弊端及其影响因素。笔者运用"二重证据法"、群体考察法和个案分析法探讨西汉列侯的爵位继承，不仅有助于全面理解西汉列侯群体经济权益、政治身份与社会等级地位的变迁，而且成为深入研究中国古代身份继承法发展和爵位继承制度演变的重要切入点。

西汉列侯的爵位继承成为皇帝对高爵阶层实施政治管理与身份控制的一项措施，并对社会秩序维持、统治集团演变与社会等级结构调整均产生了深远影响。如高祖十二年（前195）三月，"封爵之誓曰：'使河如带，泰山若厉，国以永宁，爰及苗裔。'始未尝不欲固其根本，而枝叶稍陵夷衰微也"。《史记集解》引应劭曰："封爵之誓，国家欲使功臣传祚无穷。带，衣带；厉，砥石也。河当何时如衣带，山当何时如厉石，言如带厉，国乃绝也。"[5]汉高祖通过封爵之誓的形式维护了功臣侯群体的爵位继承权，和西汉初期功臣集团势力强大、大规模战争频繁发生的政治形势密切相关。

---

〔1〕《汉书》卷八《宣帝纪》颜师古注引张晏曰。

〔2〕《汉书》卷七四《丙吉传》。

〔3〕 主要研究成果有［日］牧野巽："西汉的封建相续法"，载《东方学报》第3册，1932年，后收入《中国家族研究》，生活社，1944年（本书出版信息以下省略）；尤佳："汉晋绍封制度论考"，载《中华文史论丛》2014年第3期；尤佳："从考古资料再看汉代列侯的爵位继承制度"，载《四川文物》2016年第2期；刘欣宁：《由张家山汉简〈二年律令〉论汉初的继承制度》，台湾大学出版委员会2007年版（本书出版信息以下省略）；尤佳：《东汉列侯爵位制度》，云南大学出版社2015年版。

〔4〕 杨光辉：《汉唐封爵制度》，学苑出版社2004年版，第148页。

〔5〕《史记》卷一八《高祖功臣侯者年表》。

西汉皇帝通过颁布制书[1]和法律的形式规范列侯的爵位继承并以政权强制力保证实施，形成了列侯爵位继承人和其他家庭成员之间的身份等级差距。

另外，西汉皇帝通过颁布诏令以调整列侯的爵位继承形式。这一政治现象不仅反映了西汉儒家伦理思想与现实政治的紧密结合，而且成为皇权协调与列侯群体关系的一项措施。如平帝元始元年（公元1），"令诸侯王、公、列侯、关内侯亡子而有孙若子同产子者，皆得以为嗣。"颜师古注曰："子同产子者，谓养昆弟之子为子者。"[2]西汉末期，权臣王莽以平帝名义颁布诏令规定列侯在无子条件下可以以孙子、收养的侄子为嗣子并继承爵位，但控制在父系血缘范围之内。平帝元始元年诏令既扩大了西汉末期列侯爵位继承人的选择范围，又调整了政治秩序、统治集团构成和社会等级结构。

西汉列侯的爵位继承权取决于皇权支配和继承法规范，并和政局演变、统治集团发展、社会等级结构调整密切相关。西汉皇帝取消了少数列侯的爵位继承权，反映了列侯的爵位继承权不完整并趋于弱化。如《汉书》卷一七荻苴侯韩陶，"（武帝元封三）四月丁卯封，十九年，延和二年薨，封终身，不得嗣"。[3]西汉皇帝通过颁布法律与诏令以调整列侯爵位继承方式，不仅控制了列侯的爵位继承规模，而且成为削弱高爵阶层势力和减轻国家财政负担的一项措施。西汉皇帝重视对列侯爵位继承权实施政治管理与法律控制，有助于加强中央集权和调整社会等级结构，也在一定程度上维护了列侯群体政治身份、社会等级地位、经济权益的传递。

西汉列侯的爵位继承具有伦理性、制度化、阶段性、严格等级化、鲜明时代性与形式多元化的特征，并经历了从皇帝主导到权臣支配的过程。这一政治现象既反映了西汉统治集团的政治矛盾、权力斗争和利益冲突趋于激化，又产生了一定的社会功能与弊端。由于皇权和列侯群体拥有错综复杂的关系并存在一定的利益冲突，西汉后期列侯的爵位继承也产生了导致列侯群体规模急剧膨胀、削弱高爵阶层活力、增加国家财政负担、助长社会上等级观念与特权思想盛行、激化统治集团矛盾斗争等弊端。

---

〔1〕 "帝之下书有四：一曰策书，二曰制书，三曰诏书，四曰诫敕。……制书者，帝者制度之命，其文曰制诏三公，皆玺封，尚书令印重封，露布州郡也。"《后汉书》卷一上《光武帝纪上》李贤注引《汉制度》。

〔2〕 《汉书》卷一二《平帝纪》及颜师古注。

〔3〕 《汉书》卷一七《景武昭宣元成功臣表》。

一、后子嗣爵

清代学者梁章钜认为："后子者，为父后之子，即长子也。"[1]这一观点并不确切。后子即死者生前选定并上报政府登记认可的作为合法继承人的儿子，西汉后子的选择以嫡长子优先作为重要原则。西汉政府重视维护后子的爵位继承权，而列侯的后子亦称嗣子。如高后二年（前186）春二月诏曰："今欲差次列侯以定朝位，臧于高庙，世世勿绝，嗣子各袭其功位。"[2]另如，"孝文二年，（阙氏）文侯（冯）遗以它遗腹子嗣"。[3]

日本学者守屋美都雄认为："在西汉的封建实践中，只有事先经由正规手续、并为国家认定其继嗣资格的亲生子，才被承认对封爵的继承。"[4]西汉政府通过立法规定列侯嗣子的选择拥有一定仪式（立嗣）和法定程序，反映了政府重视对高爵阶层的爵位继承权实施政治管理和法律控制。如景帝中元二年（前148），"（令）列侯薨，遣大中大夫吊祠，视丧事，因立嗣"。[5]汉律规定列侯的嗣子选择必须得到政府派遣使者（太中大夫）的认定，体现了政府重视对高爵阶层实施政治管理和身份控制。西汉列侯的爵位继承权取决于皇权支配与继承法规范，并由太中大夫负责主持列侯的爵位继承仪式。立嗣目的在于"名分定则觊觎绝，此圣人之用心也"，[6]不仅有助于调整西汉高爵阶层家庭成员之间的关系，而且成为政府维护列侯后子爵位继承权的一项措施。

后子是西汉列侯法定的爵位继承人，后子的选择注重嫡庶之别与长幼有序。西汉列侯的置后也称立嗣，政府重视维护后子的爵位继承权以维持社会等级结构。西汉列侯的嫡长子如果早死或有罪，那么由其他嫡子依据年龄长幼顺序为后子并继承列侯爵位。西汉列侯的爵位继承以后子嗣爵作为法定形式和重要内容，政府重视维护列侯后子的爵位继承权。

---

〔1〕 见《称谓录》卷六《长子·后子》，收入（清）梁章钜、郑珍撰，冯惠民、李肇翔、杨梦东点校：《称谓录·亲属记》，中华书局1996年版，第83页。

〔2〕 《汉书》卷三《高后纪》。

〔3〕 《汉书》卷一六《高惠高后文功臣表》。

〔4〕 "关于曹魏爵制若干问题的考察"，载［日］守屋美都雄：《中国古代的家族与国家》，钱杭、杨晓芬译，上海古籍出版社2010年版，第180页。

〔5〕 《汉书》卷五《景帝纪》。

〔6〕 杨树达：《春秋大义述》卷五《正继嗣》，上海古籍出版社2013年版，第242页。

西汉皇帝对列侯爵位继承人的选择拥有最终裁决权，既反映了列侯群体拥有较高的政治身份与社会等级地位，又体现了皇权重视对高爵阶层的爵位继承权实施政治控制和法律控制，"其兄绛侯（周）胜之有罪，孝文帝择绛侯（周勃）子贤者，皆推亚夫，乃封（周）亚夫为条侯，续绛侯（周勃）后[1]。"另如，"孝惠二年，（鄼侯萧）何薨，谥曰文终侯。子（萧）禄嗣，薨，无子。高后乃封（萧）何夫人同为鄼侯，小子（萧）延为筑阳侯。孝文元年，罢（萧）同，更封（萧）延为鄼侯。（萧延）薨，子（萧）遗嗣。（萧遗）薨，无子。文帝复以（萧）遗弟（萧）则嗣，有罪免"。[2]再如，"（武帝）太初二年中，丞相（牧丘侯石）庆卒，谥为恬侯。（石）庆中子（石）德，（石）庆爱用之，上以（石）德为嗣，代侯"。[3]又加宣帝时期，"（韦玄成）当袭爵（扶阳侯），以病狂不应召。大鸿胪奏状，章下丞相御史案验。（韦）玄成素有名声，士大夫多疑其欲让爵辟兄者。……而丞相御史遂以（韦）玄成实不病，劾奏之。有诏勿劾，引拜。（韦）玄成不得已受爵。"[4]西汉皇帝通过颁布诏书的形式对列侯爵位继承人的选择拥有最终裁决权，成为皇权对高爵阶层实施政治管理和身份控制的一项措施。

汉律规定遗腹子可以成为后子并继承爵位、户主地位，反映了政府重视维护遗腹子的身份继承权，如《二年律令·置后律》曰："死，其寡有遗腹者，须遗腹产，乃以律为置爵、户后。"[5]西汉遗腹子继承爵位者一般为嫡子，并以"君薨，適夫人无子，有育遗腹，必待其产立之何？专適重正也"[6]作为理论依据。西汉遗腹子继承父亲爵位者规模较大，有助于协调有爵者的家庭成员关系和维持社会等级结构。例如，"孝文二年，（阀氏）文侯（冯）遗以（冯）它遗腹子嗣。"[7]另如成帝河平元年（前28），"安成侯（王）崇

〔1〕《史记》卷五七《绛侯周勃世家》。

〔2〕《汉书》卷三九《萧何传》。

〔3〕《史记》卷一〇三《万石张叔列传》。

〔4〕《汉书》卷七三《韦玄成传》。

〔5〕彭浩、陈伟、〔日〕工藤元男主编：《二年律令与奏谳书——张家山二四七号汉墓出土法律文献释读》，上海古籍出版社2007年版（本书出版信息以下省略），第237页。

〔6〕（清）陈立撰，吴则虞点校：《白虎通疏证》卷四《封公侯·右论诸侯继世》，中华书局1994年版，第148页。

〔7〕《汉书》卷一六《高惠高后文功臣表》。

薨，谥曰共侯。有遗腹子（王）奉世嗣，太后甚哀之"。[1]汉律维护了列侯遗腹子的爵位继承权并得到了认真执行，不仅反映了政府重视维护列侯群体后代的经济权益、政治身份与社会等级地位，而且有助于保障列侯爵位继承的稳定性和持续性。西汉列侯爵位继承人的选择范围虽较大，但大多数时期一般仅限于其亲生儿子，无子则国除。

置后即有爵者生前依法选定并上报政府登记认可的身份继承人以继承爵位和户主地位，包括置爵后、置户后两项内容。西汉置后以法律作为重要依据，如《二年律令·捕律》规定："吏将徒，追求盗贼，必伍之，盗贼以短兵杀伤其将及伍人，而弗能捕得，皆戍边二岁。卅（三十）日中能得其半以上，尽除其罪；得不能半，得者独除；死事者，置后如律。"[2]西汉初期关于置后的法律规定集中于《二年律令·置后律》，如《二年律令·置后律》曰："死，其寡有遗腹者，须遗腹产，乃以律为置爵、户后。"[3]李学勤先生认为："置后律详述有爵者如何置后。由于当时爵级相当普遍，置后自然是很大的问题。"[4]西汉置后的社会基础较广，反映了有爵者较多的社会背景。如文帝元年（前179）春正月立刘启为皇太子，"因赐天下民当代父后者爵各一级"。《史记集解》韦昭曰："文帝以立子为后，不欲独飨其福，故赐天下当为父后者爵。"[5]西汉政府通过置后加强了对社会成员的政治支配性和身份控制力，成为政府调整社会等级结构与维持家庭宗法伦理关系的一项措施。

西汉置后以法律条文的形式规定了继承人的权利和范围，成为身份继承的法定形式与重要组成部分。西汉因重罪不得置后者不可继承爵位，不仅限定了爵位继承人的选择范围，而且有助于维护法律秩序和社会等级结构。例如，"（文帝）后元年，（棘蒲）侯（陈）武薨。嗣子奇反，不得置后，国除"。[6]置后既成为西汉政府保障爵位和户主地位正常传递的一项措施，又反

---

〔1〕《汉书》卷九八《元后传》。

〔2〕彭浩、陈伟、〔日〕工藤元男主编：《二年律令与奏谳书——张家山二四七号汉墓出土法律文献释读》，第148-149页。

〔3〕彭浩、陈伟、〔日〕工藤元男主编：《二年律令与奏谳书——张家山二四七号汉墓出土法律文献释读》，第237页。

〔4〕"论张家山247号墓汉律竹简"，载李学勤：《简帛佚籍与学术史》，江西教育出版社2001年版，第211页。

〔5〕《史记》卷一〇《孝文本纪》及《史记集解》韦昭曰。

〔6〕《史记》卷一八《高祖功臣侯者年表》。

映了政府重视通过法律条文的形式对社会成员实施政治管理与身份控制。置后不仅成为西汉政府协调有爵者家庭成员关系和社会成员关系的一项措施，而且发挥了维护社会稳定、维持爵制秩序、加强中央集权、调整社会等级结构、巩固政权基础与增强统治集团凝聚力的社会功能。

依据被继承人死亡原因的差异，汉律规定置后分为疾死置后、死事置后两种形式，继承人的权利与范围亦不同。西汉的置后以疾死置后为主要内容，并以死事置后作为补充。

疾死置后即有爵者因病自然死亡后，依据生前依法选定并上报政府登记认可的继承人，继承爵位和户主地位。疾死置后确定了"立嗣必子"的主要继承原则，成为西汉列侯爵位继承的重要形式。《二年律令》规定了西汉初期列侯疾死置后者的选择范围，《二年律令·置后律》曰："疾死置后者，彻侯后子为彻侯，其毋（无）适（嫡）子，以孺子子、良人子。"〔1〕《二年律令》规定列侯疾死置后者，后子可以原级继承爵位，嫡子的爵位继承权优于庶子，嫡庶之别分明。《二年律令》规定爵位继承人的选择仅限于其子，加强了宗法血缘关系。汉律规定列侯后子的选择以嫡子优先为一项原则，有助于巩固政权基础、维持统治秩序、调整社会等级结构与增强统治集团凝聚力。西汉初期列侯的爵位继承机制既反映了列侯群体拥有较高的政治身份和社会等级地位，又体现了政府重视对高爵阶层实施政治管理与身份控制。

死事置后即有爵者战死或因公殉职后，依据生前依法选定并上报政府登记认可的继承人，继承爵位和户主地位。西汉初期的继承法规定死事置后者，爵位继承人的选择不仅以父系血缘关系作为主要依据，而且兼顾了婚姻关系，维护了妻子和其他家属的爵位继承权。如张家山汉简《奏谳书》载："故律曰：死□以男为后。毋男以父母，毋父母以妻，毋妻以子女为后。"〔2〕另如《二年律令·置后律》曰："□□□□为县官有为也，以其故死若伤二旬中死，□□□皆为死事者，令子男袭其爵。毋（无）爵者，其后为公士。毋（无）子男以女，毋（无）女以父，毋（无）父以母，毋（无）母以男同产，毋（无）男同产以女同产，毋（无）女同产以妻。诸死事当置后，毋（无）父

〔1〕 彭浩、陈伟、〔日〕工藤元男主编：《二年律令与奏谳书——张家山二四七号汉墓出土法律文献释读》，第235页。

〔2〕 彭浩、陈伟、〔日〕工藤元男主编：《二年律令与奏谳书——张家山二四七号汉墓出土法律文献释读》，第374页。

母、妻子、同产者，以大父，毋（无）大父以大母与同居数者。……☐及（?）爵，与死事者之爵等，各加其故爵一级，盈大夫者食之。"[1]《二年律令》规定西汉初期死事置后者，爵位继承人的选择顺序依次为儿子、未婚的女儿、父亲、母亲、男同产（兄弟）、女同产（姐妹）、妻子、大父（祖父）、大母（祖母）、与被继承人同居并在同一户籍上的其他家属（如侄子），反映了西汉初期家属在家庭中拥有不同的政治身份和社会等级地位。如高祖六年（前201），"（鲁侯奚涓）以将军从定诸侯，侯，四千八百户，功比舞阳侯。死事，母（疵）代侯"。《史记索隐》："（鲁侯奚）涓无子，封中母侯疵也。"[2]高祖时期，鲁侯奚涓死事并无子，而以其母疵继承列侯。西汉初期死事置后者的爵位继承人范围较广，不仅成为保障爵位继承持续性的一项措施，而且有助于稳定家庭关系、巩固政权基础和调整社会等级结构。这一政治现象既反映了西汉政府重视对战死者和因公殉职实施抚恤，又发挥了功绩激励的社会功能。

《二年律令》规定死事置后成为西汉初期爵位继承的补充形式，与大规模战争频繁发生、军功集团势力强大密切相关。汉律规定死事置后不仅成为鼓励社会成员建功立业的一项措施，而且发挥了笼络功臣、维护家庭稳定、调整社会等级结构、巩固政权基础与增强统治集团凝聚力的社会功能。

汉律规定列侯爵位继承人的选择范围和继承顺序既以父系血缘关系作为重要依据，又兼顾了婚姻关系和收养关系，从而形成了家庭成员之间的身份等级差距。

汉律规定了爵位继承的三个限制性条款，既反映了有爵者的爵位继承权不完整并趋于弱化，又体现了政府重视以法律形式管理爵位继承权。为了规范爵位继承机制、维持法律秩序并调整社会等级结构，西汉政府在大多数时期严格执行爵位继承法中的限制性条款。

首先，汉律规定故意自杀者不得置后，剥夺其后代的爵位继承权。如《二年律令·置后律》规定："其自贼杀，勿为置后。"[3]这项法律条文成为

---

[1] 彭浩、陈伟、[日] 工藤元男主编：《二年律令与奏谳书——张家山二四七号汉墓出土法律文献释读》，第236-237页。

[2] 《史记》卷一八《高祖功臣侯者年表》及《史记索隐》。

[3] 彭浩、陈伟、[日] 工藤元男主编：《二年律令与奏谳书——张家山二四七号汉墓出土法律文献释读》，第237页。

西汉政府对故意自杀者的一项惩罚措施，有助于预防和减少有爵者的犯罪，进而加强中央集权、维持法律秩序与调整社会等级结构。例如，"（武帝）元鼎元年，（堂邑）侯（陈季）须坐母长公主卒，未除服奸，兄弟争财，当死，自杀，国除"。[1]另如，"至（平帝）元始中，王莽为安汉公，诛不附己者，乐昌侯（王）安见被以罪，自杀，国除"。[2]西汉列侯因自杀而除国者规模较大，[3]并集中于西汉中后期。这一政治现象既反映了政府重视对高爵阶层实施政治管理与身份控制，又体现了统治集团的政治矛盾、权力斗争和利益冲突趋于激化。

其次，汉律剥夺了曾经有罪被处以耐刑以上刑罚者的爵位继承权。如《二年律令·置后律》规定："尝有罪耐以上，不得为人爵后。"[4]这一法律条文不仅成为西汉政府预防与减少爵位继承人犯罪的一项措施，而且有助于维护法律秩序和调整社会等级结构。西汉列侯嗣子因有罪而不得继承爵位者规模较大，反映了政府重视列侯爵位继承人的选择。例如，"孝惠七年（羹枣侯革朱）薨。嗣子有罪，不得代"。[5]另如，"（文帝）后元年，（棘蒲）侯（陈）武薨。嗣子（陈）奇反，不得置后，国除"。[6]再如，"（武帝）太初元年（阴城侯刘苍）薨，嗣子有罪，不得代"。[7]又如，宣帝神爵元年（前61），"（扶阳侯韦贤）病死，而长子有罪论，不得嗣"。[8]另外，"（平帝）本始元年（随桃侯赵昌乐）薨。嗣子有罪，不得代"。[9]上述史料说明，嗣子有罪不得继承爵位的法律条文在西汉得到了严格执行。

最后，为了维护列侯后子的爵位继承权，汉律规定了非子罪（非亲生儿子继承爵位的犯罪）、非正罪（非嫡子继承爵位的犯罪）。日本学者守屋美都雄认为："在西汉的封建实践中，只有事先经由正规手续，并为国家认定其继

---

〔1〕《史记》卷一八《高祖功臣侯者年表》。

〔2〕《汉书》卷八二《王商传》。

〔3〕参见刘欣宁：《由张家山汉简〈二年律令〉论汉初的继承制度》，台湾大学出版委员会2007年版，第53-63页。

〔4〕彭浩、陈伟、[日]工藤元男主编：《二年律令与奏谳书——张家山二四七号汉墓出土法律文献释读》，第240页。

〔5〕《汉书》卷一六《高惠高后文功臣表》。

〔6〕《史记》卷一八《高祖功臣侯者年表》。

〔7〕《汉书》卷一五上《王子侯表上》。

〔8〕《史记》卷九六《张丞相列传》。

〔9〕《汉书》卷一七《景武昭宣元成功臣表》。

嗣资格的亲生子，才被承认对封爵的继承；若无亲子，则将面临除国的规定。"[1]西汉列侯因非子罪和非正罪而除国者规模较大，并集中于西汉中后期。例如，"（文帝前元）五年，（涅阳）庄侯子成实非子，不当为侯，国除"。[2]另如，"（昭帝）元凤三年，（益都侯刘嘉）坐非广子，免"。[3]再如，"（成帝）河平四年，（杜侯复福）坐非子免"。[4]又如，"（哀帝元寿二）八月，（汝昌侯傅昌）坐非正免"。[5]另外，"（平帝）元始三年，（平周侯丁满）坐非正免"。[6]上述案例反映了西汉政府严厉打击列侯爵位继承中的非子罪、非正罪，有助于维护法律秩序与维持爵制秩序。

西汉爵位继承法在中国古代继承法的演变过程中占有重要历史地位，并对唐代爵位继承法产生了深远影响。如《唐六典》卷二《尚书吏部·司封郎中员外郎》规定："诸王、公、侯、伯、子、男若无嫡子及罪、疾，立嫡孙。无嫡孙，以次立嫡子同母弟；无母弟，立庶子。无庶子，立嫡孙同母弟；无母弟，立庶孙。曾、玄已下亦同此。无后者，国除。"[7]另如《唐令拾遗·封爵令第十二》规定："案封爵令，公侯伯子男，身存之内，不为立嫡。亡之后，嫡袭爵，庶子听仕，宿卫也。袭爵嫡子无子孙，而身亡者除国，更不及兄弟。"[8]再如《唐令拾遗·封爵令第十二》规定："诸王公以下，无子孙以兄弟为后，生经侍养者，听承袭，赠爵者亦准此。若死王事，虽不生经侍养者，亦听承袭。"[9]此外，宋代学者马端临认为："诸侯王与列侯，皆以其嫡子嫡孙世袭。其所受之封爵，自非有罪者与无后者，则爵不夺而国不除，此法汉以来未之有改也。至唐则臣下之封公侯者，始止其身而无以子袭封者，然亲王则子孙袭封如故。虽所谓茅土食邑多为虚名，然始受封之国与爵，则

〔1〕"关于曹魏爵制若干问题的考察"，载［日］守屋美都雄：《中国古代的家族与国家》，钱杭、杨晓芬译，上海古籍出版社2010年版，第180页。

〔2〕《史记》卷一八《高祖功臣侯者年表》。

〔3〕《汉书》卷一五上《王子侯表上》。

〔4〕《汉书》卷一七《景武昭宣元成功臣表》。

〔5〕《汉书》卷一八《外戚恩泽侯表》。

〔6〕《汉书》卷一八《外戚恩泽侯表》。

〔7〕（唐）李林甫等撰，陈仲夫点校：《唐六典》卷二《尚书吏部·司封郎中员外郎》，中华书局2014年版，第37—38页。

〔8〕［日］仁井田陞，栗劲等编译：《唐令拾遗·封爵令第十二》，长春出版社1989年版（本书出版信息以下省略），第219页。

〔9〕［日］仁井田陞，栗劲等编译：《唐令拾遗·封爵令第十二》，第219页。

父殁子继，世世相承。"〔1〕唐律继承了汉律关于疾死置后和死事置后的规定，反映了中国古代爵位继承法的发展。

西汉列侯的爵位继承权不完整并趋于弱化，既反映了列侯群体的政治身份与社会等级地位下降，又体现了皇权对高爵阶层实施利用和抑制并存的政策。

二、绍封继绝

日本学者牧野巽认为西汉诸侯王、列侯儿子的无条件袭封称为"嗣"，而例外的继承则称为"绍封"。〔2〕汉代大多数时期，诸侯王和列侯如果自杀、犯罪、〔3〕无后（无嫡子或嫡子早死），除皇帝以特别恩典的形式颁布制书允许继承爵位之外，一般应除国。例如，"汉兴，功臣受封者百有余人……（高祖功臣侯）子孙骄溢，忘其先，淫嬖。至（武帝）太初百年之间，见侯五，余皆坐法殒命亡国，耗矣。罔亦少密焉，然皆身无兢兢于当世之禁云"。〔4〕另如，"汉定百年之间，亲属益疏，诸侯或骄奢，忕邪臣计谋为淫乱，大者叛逆，小者不轨于法，以危其命，殒身亡国"。〔5〕再如西汉后期，"至（营平侯赵充国）孙钦，尚敬武主，无子，国除"。〔6〕西汉列侯除国规模较大，既反映了汉律严酷与皇权强化，又体现了皇权重视对高爵阶层实施政治控制和身份管理。

程维荣认为："分封与爵位世袭制度的本意，是厚待宗室，褒奖功臣，屏障朝廷，但因此造就的为数众多的诸侯与贵族，往往潜藏对中央的威胁，同

---

〔1〕（宋）马端临，上海师范大学古籍研究所、华东师范大学古籍研究所点校：《文献通考》卷二七七《封建考十八·宋诸王》，中华书局2011年版，第7589页。

〔2〕[日]牧野巽："西汉的封建相续法"，载《中国家族研究》，第357页。

〔3〕"凡有罪失侯者，大约如酎金、如为太常牺牲不如令、如为太常酒酸，罪之轻者也。余罪如为太守知民不用赤仄钱为赋、如不偿人责、如尚南宫公主不敬、如出入属车间、如坐出界、如买塞外禁物、如入上林谋盗鹿、如为太常与乐舞人阑入函谷关、如卖宅县官故贵，犹皆在可议之列也。余重罪则谋为大逆、大不敬、过律、奸、淫、略人、伤人，总之，所谓不奉上法者也。或但云有罪，疑狱也，不明所坐，或史阙之。"（清）汪越撰："读史记十表"，收入二十五史补编委会编：《史记两汉书三史补编》第1册，北京图书馆出版社2005年版，第16页。

〔4〕《史记》卷一八《高祖功臣侯者年表》。

〔5〕《史记》卷一七《汉兴以来诸侯王表》。

〔6〕"赵宽碑"，载高文：《汉碑集释》，河南大学出版社1997年版，第433页。

时增加王朝的财政负担，促成社会矛盾的尖锐化。"[1]西汉列侯除国人数较多，与政局变迁、官僚体制发展、统治集团演变、社会等级结构调整密切相关。例如，"自昭帝封（富平侯张）安世，至（张）吉，传国八世，经历篡乱，二百年间未尝谴黜，封者莫与为此"。[2]

绍封继绝简称绍封，即皇帝通过特别恩典颁布制书，允许少数除国诸侯王、列侯的后代或亲族成员继承诸侯王、列侯、关内侯等爵位以彰显皇恩。[3]尤佳认为："绍封之制是在侯国废除后所采取的一种继承方式，它允许从除国列侯的子孙、亲族中选立一位继承人来奉祀继统。这位继承人可以是除国者的嫡子孙，也可以是庶子孙，还可以是兄弟或者兄弟之子，甚至是其叔伯与祖父辈的亲族成员。"[4]我国台湾地区学者廖伯源认为两汉绍封继绝"纯粹为皇帝对列侯后裔之恩泽"[5]并不确切，汉代诸侯王后代也有绍封继绝者。西汉政府对列侯的爵位继承虽在大多数时期严格执行"无子国除"的政策，但在一定阶段以有限的绍封继绝作为补充形式。西汉皇帝通过实施绍封继绝削弱了亲子继承的社会功能，有助于保障列侯爵位传承的稳定性和持续性。

西汉列侯的绍封继绝继承了"兴灭国，继绝世，举逸民，天下之民归心焉"[6]的历史传统，不仅发挥了"褒功德，继绝统，所以重宗庙，广圣贤之路也"[7]的社会功能，而且产生了"褒显先勋、纪其子孙"[8]的政治影响。如西汉时期，"（酂文终侯萧何）后嗣以罪失侯者四世，绝，天子辄复求何后，封续酂侯，功臣莫得比焉"。[9]西汉列侯的绍封继绝重视对爵位继承人政治身

---

〔1〕 程维荣：《中国继承制度史》，东方出版中心 2006 年版，第 158 页。

〔2〕 《后汉书》卷五五《张纯传》。

〔3〕 日本学者牧野巽认为西汉绍封是基于皇帝旨意的例外性、恩惠性的措施，绝非制度上的规定，参见 ［日］ 牧野巽："西汉的封建相续法"，载《中国家族研究》，第 416 页。而尤佳老师认为："两汉时期王侯绍封的实例还是比较多的，更重要的是王朝在绍封的条件、范围及绍封者待遇等诸方面其实已形成了一套原则和方法，这在东汉表现得尤为典型。所以我们认为，绍封这种封爵继承制度在汉代，至少说在东汉已逐步制度化了。"参见尤佳：《东汉列侯爵位制度》，云南大学出版社 2015 年版，第 138 页。本文认为两汉绍封继绝的规模较小，但在东汉具有制度化的特征。

〔4〕 尤佳：《东汉列侯爵位制度》，云南大学出版社 2015 年版，第 179 页。

〔5〕 廖伯源："汉代爵位制度试释（上编）"，载《新亚学报》下册 1973 年第 1 期。

〔6〕 （魏）何晏注，（宋）邢昺疏：《论语注疏》卷二九《尧曰》，收入（清）阮元校刻：《十三经注疏》，中华书局 1980 年影印版，第 2535 页。

〔7〕 《汉书》卷七四《丙吉传》。

〔8〕 《后汉书》卷二六《韦彪传》。

〔9〕 《史记》卷五三《萧相国世家》。

份的选择，以皇帝特别恩典颁布制书并派遣高官作为皇帝使者主持封侯仪式而实施。西汉列侯的绍封继绝改变了列侯无子除国的状况，既扩大了列侯爵位继承人的选择范围，又调整了统治秩序与社会等级结构。

西汉绍封继绝的列侯规模相对较小，并集中于西汉中后期。如西汉时期，"（酂侯萧何）后嗣以罪失侯者四世，绝，天子辄复求（酂侯萧）何后，封续酂侯（萧何），功臣莫得比焉"。[1]另如平帝元始二年（2年）夏四月，"封故大司马博陆侯霍光从父昆弟曾孙（霍）阳、宣平侯张敖玄孙（张）庆忌、绛侯周勃玄孙（周）共、舞阳侯樊哙玄孙之子（樊）章皆为列侯，复爵"。[2]例如，"元始五年闰月丁酉，（爰氏）侯（便）凤以乐成曾孙绍封"。[3]西汉皇帝以功臣侯的后代作为绍封列侯的重要对象，反映了功臣侯拥有强大的政治势力和社会影响，也成为笼络高爵群体、巩固政权基础与增强统治集团凝聚力的一项措施。

西汉绍封继绝的列侯以功臣侯为主导，并以外戚恩泽侯和王子侯作为补充对象。如元帝颁布诏书绍封外戚侯许嘉，"初元元年，（平恩）共侯（许）嘉以广汉弟子中常侍绍侯"。[4]另如成帝颁布诏书绍封王子侯刘嫣、刘舜，"元延元年，（新昌）釐侯（刘）嫣以未央弟绍封"，[5]"元延二年，（桑中）侯（刘）舜以敬弟绍封"。[6]西汉绍封列侯的对象构成不仅反映了不同类型列侯政治身份与社会等级地位的差异，而且体现了皇权和高爵阶层之间的关系演变。西汉绍封列侯的对象构成既反映了皇权重视维护功臣、外戚、高官、宗室等政治势力的基本平衡，又体现了政局演变与社会秩序的调整。

西汉的绍封继绝成为皇权笼络宗室、功臣、高官和外戚以获取统治集团成员支持的一项措施，并发挥了制度化、对象选择性与身份多元化的特征。

由于皇权与列侯群体拥有错综复杂的关系并存在一定的政治矛盾与利益冲突，西汉后期列侯的绍封继绝也产生了加重国家财政负担、导致列侯群体人数迅速增加、削弱二十等爵制生命力、激化统治集团政治矛盾与权力斗争等弊端。

---

〔1〕《史记》卷五三《萧王相世家》。

〔2〕《汉书》卷一二《平帝纪》。

〔3〕《汉书》卷一八《外戚恩泽侯表》。

〔4〕《汉书》卷一八《外戚恩泽侯表》。

〔5〕《汉书》卷一五下《王子侯表下》。

〔6〕《汉书》卷一五下《王子侯表下》。

西汉绍封少数除国列侯的后代为列侯可考者仅见于西汉后期，具有阶段性、身份多元化和对象选择性的特征。绍封继绝成为西汉列侯爵位继承的一种补充，扩大了列侯群体规模和爵位继承人的选择范围。西汉末期绍封少数除国列侯的后代为列侯，体现了列侯群体的分化和重新组合，并与不同类型列侯的政治身份和社会影响密切相关。

西汉绍封除国列侯的后代为列侯经历了从皇帝主导到权臣支配的过程，不仅在各个阶段发挥了不同的社会功能，而且反映了统治集团的政治矛盾与权力斗争趋于激化。平帝时期的大司马王莽建议分别绍封诸侯王、高祖以来功臣侯的后代为列侯，并得到了实施。这一政治措施不仅成为西汉末期权臣王莽扩大权势和笼络统治集团成员的一项措施，而且助长了高爵阶层对皇权的离心力并推动了王朝更迭过程。如平帝元始元年，"（王莽）建言宜立诸侯王后及高祖以来功臣子孙，大者封侯"〔1〕。西汉末年，权臣王莽以平帝名义颁布制书的形式对列侯的绍封继绝拥有政治支配权。这一政治现象既反映了西汉末期皇权和外戚王莽对列侯爵位继承权的争夺趋于激化，又体现了国家权力重视维持统治秩序与调整社会等级结构。

三、其他形式

西汉列侯的爵位继承具有四种形式，以后子嗣爵为法定形式和重要内容，并以绍封继绝与其他两种类型作为补充。西汉列侯的爵位继承形式取决于皇权支配和继承法规定，并与政局演变、礼制发展、统治集团演变、社会等级结构调整、儒家宗法伦理观念影响密切相关。西汉列侯的爵位继承发挥了阶段性与形式多元化的特征，扩大了列侯爵位继承的规模和选择范围。这一政治现象不仅有助于保障西汉列侯群体爵位传承的稳定性与持续性，而且反映了皇权重视维护高爵阶层的政治身份、社会等级地位和经济权益。

其一，汉文帝元年（前179）以来，西汉皇帝多次赐予有爵者（包括列侯在内）后子一级爵位，其中两次还赐列侯嗣子五大夫（第九等爵位）。这一爵位继承形式成为西汉皇帝广施恩泽的一种表现，属于西汉爵位继承的补充形式。如文帝元年立刘启为皇太子，"因赐天下民当代父后者爵各一级"。《史记集解》韦昭曰："文帝以立子为后，不欲独飨其福，故赐天下当为父后

---

〔1〕《汉书》卷九九上《王莽传上》。

者爵。"〔1〕另如，"（武帝元狩元年四月）丁卯，立皇太子。赐中二千石爵右庶长，民为父后者爵一级"。〔2〕再如宣帝五凤元年（前57），皇太子刘奭行冠礼，"赐列侯嗣子爵五大夫，男子为父后者爵一级"。〔3〕又如元帝竟宁元年（前33），"皇太子冠。赐列侯嗣子爵五大夫，天下为父后者爵一级"。〔4〕另外，成帝绥和元年（前8）诏亦曰："其立（刘）欣为皇太子。……赐诸侯王、列侯金，天下当为父后者爵。"〔5〕这一爵位继承形式不仅有助于提高西汉有爵者后子的政治地位与社会身份，而且协调了有爵者的家庭成员关系。西汉皇帝多次颁布制书赐予有爵者（包括列侯）的后子爵位，并集中于西汉中后期。

西汉皇帝多次赐爵有爵者（包括列侯在内）的后子，不仅强化了嫡庶有别和长幼有序的继承制度，而且反映了"以孝治天下"的统治理念。〔6〕这一政治制度既扩大了西汉有爵者后子与其他儿子的家庭地位差异与爵位等级差距，又反映了皇权重视维护后子的经济权益、政治身份和社会等级地位。

其二，汉平帝元始元年诏令规定列侯在无子的条件下，可以以孙子、收养的同产子（侄子）为嗣子并继承爵位。这一规定既扩大了西汉末期列侯爵位继承人的选择范围，又调整了高爵阶层构成与社会等级结构。平帝元始元年，"令诸侯王、公、列侯、关内侯亡子而有孙若子同产子者，皆得以为嗣"。颜师古注曰："子同产子者，谓养昆弟之子为子者。"〔7〕这一诏令属于西汉末期列侯爵位继承的补充形式，并严重削弱了后子嗣爵的社会功能和社会影响，但不属于绍封继绝的内容〔8〕。平帝元始元年诏令成为权臣王莽（以平帝名义

---

〔1〕《史记》卷一〇《孝文本纪》及《史记集解》韦昭注。

〔2〕《汉书》卷六《武帝纪》。

〔3〕《汉书》卷八《宣帝纪》。

〔4〕《汉书》卷九《元帝纪》。

〔5〕《汉书》卷一〇《成帝纪》。

〔6〕参见刘修明："'汉以孝治天下'发微"，载《历史研究》1983年第6期；赵克尧："论汉代的以孝治天下"，载《复旦学报（社会科学版）》1992年第3期；孙景坛："汉代'以孝治天下'初探"，载《中共南京市委党校南京市行政学院学报》2002年第1期；"说'孝'——兼论'汉以孝治天下'"，载安作璋：《秦汉史研究文集》，人民出版社2015年版，第326-331页；蒋波、周世霞："论汉文帝的'德孝'治国思想"，载《咸阳师范学院学报》2019年第5期。

〔7〕《汉书》卷一二《平帝纪》及颜师古注。

〔8〕尤佳老师认为，汉平帝元始元年（1年）诏令属于绍封继绝的一种形式，参见尤佳："从考古资料再看汉代列侯的爵位继承制度"，载《四川文物》2016年第2期。笔者认为汉平帝元始元年（1年）诏令并不符合绍封继绝的定义，即未出现国绝的现象，尤佳老师的这一观点有待商榷。

颁布诏令）笼络列侯与扩大权势的一项措施，不仅助长了部分统治集团成员对皇权的离心力，而且严重干扰了皇权运行并加速了西汉王朝的衰亡过程，与这一诏令相似的规定见于《居延新简》E. P. T5：33："☒同产子皆得以为嗣继统☒……"[1]颁布于西汉中后期。元帝时期，列侯已有以同产子为嗣子并继承爵位的事例。如元帝初元元年（前48），"（元帝）封外祖父平恩戴侯同产弟子中常侍许嘉为平恩侯，奉戴侯后"。[2]

西汉列侯的爵位继承产生了一定弊端，但发挥的社会功能居于主导地位。

* * *

综上所述，西汉列侯的爵位继承拥有一套比较严密的程序并趋于规范化，体现了法律与礼制的逐渐融合。西汉列侯的爵位继承是列侯管理制度的重要组成部分，既反映了皇权对列侯群体实施利用和抑制并存的政策，又成为巩固政权基础、形成皇权效忠机制、维持统治秩序、增强统治集团凝聚力与调整社会等级结构的一项措施。西汉列侯的爵位继承不仅以法律和皇帝诏令作为主要依据，而且以政权强制力保障爵位继承实施。

西汉列侯的爵位继承机制趋于完备，涉及爵位继承程序、继承形式及时间、继承人的选择范围和继承顺序三项内容。汉律规定列侯爵位继承人的选择范围与继承顺序主要依据父系血缘关系而确定，并在西汉期初死事置后时可以兼顾婚姻关系。西汉政府对列侯爵位继承人的选择嫡庶之别分明，长幼有序，形成了列侯后子与其他家庭成员之间的爵位等级差距。汉平帝元始元年，权臣王莽于以平帝名义颁布诏令的形式规定列侯在无子的条件下可以以孙子和收养的侄子作为爵位继承人。这一诏令既调整了西汉末期爵位继承形式并扩大了列侯爵位继承人的选择范围，又反映了爵位继承法与儒家宗法伦理原则的结合。西汉列侯爵位继承人的选择取决于诏令规定和爵位继承法规范，并与权力运行机制密切相关。

西汉列侯的爵位继承以后子嗣爵为法定形式和重要内容，并以绍封继绝与其他两种类型作为补充。西汉政府对列侯爵位继承政策的选择比较灵活，综合运用上述上种继承形式。西汉政府在不同时期对列侯的爵位继承运用多

---

〔1〕 甘肃省文物考古研究所等编：《居延新简：甲渠候官与第四燧》，文物出版社1990年版，第20页。

〔2〕《汉书》卷九《元帝纪》。

种形式，不仅有助于维护列侯爵位继承的稳定性与持续性，而且体现了皇权和高爵阶层的势力对比状况变动。

西汉列侯享有的爵位继承权不完整并呈现日益弱化的趋势，部分列侯因犯罪、连坐、无后、权力斗争失败和皇帝制书的规定而丧失爵位继承权。西汉列侯的爵位继承具有伦理性、制度化、阶段性、形式多元化和鲜明时代性的特征，并经历了从皇帝主导到权臣支配的过程。

应劭《汉仪》与汉晋之际的法典编纂

曹　勤*

【摘　要】应劭从《律本章句》《尚书旧事》《廷尉版令》《决事比例》《司徒都目》《五曹诏书》《春秋折狱》七种文献中择取律令，并编辑律（含律注）、令、故事、比于《汉仪》一典。应劭作《汉仪》之事，已不同于以往的律令整理。《汉仪》的篇章体例完整，集多种汉代法律形式于一体，且运用了将法理法条化的法典编纂技术。若抛开它最终未予施行这一点，《汉仪》已然具有了法典的雏形，比魏《新律》更早，是汉晋之际的第一部私修法典草案。

【关键词】应劭；《汉仪》；汉晋之际；法典编纂；私修

汉末经董卓之祸，旧章湮灭，应劭为复兴汉室、存续汉法，删定七种律令以编定《汉仪》，这是汉晋之际法典编纂的第一次尝试。应劭私修《汉仪》，并于建安元年（196）将其奏于汉献帝。他在奏书的开篇就说："夫国之大事，莫尚载籍。载籍也者，决嫌疑，明是非，赏刑之宜，允获厥中，俾后之人永为监焉。"[1]据李贤注，"载籍"，即"礼"也。应劭明言自己作为"累世受恩，荣祚丰衍"汉室之臣，虽言"未足"，实则是以"纲纪国体，宣洽时雍"为己任的，所以编定了《汉仪》，并希望它能像儒家的"礼"一样，最终成为一部"俾后之人永为监"的法典。

一、应劭作《汉仪》事的问题变迁

《晋书·刑法志》（以下简称《晋志》）与《后汉书·应劭传》（以下简

---

* 曹勤，法律史学博士，西南政法大学马克思主义学院讲师，西南民族法文化研究中心研究员。
〔1〕《后汉书·应劭传》。

称本传）中关于应劭作《汉仪》事的史料，屡屡出现在中国法史"开创"一代的著述中。[1]

梁启超在其《论中国成文法律制度沿革得失》中，于第四章"两汉之成文法"引《晋志》来论"比"之法律形式，并称"《尚书旧事》《廷尉板令》《决事比例》《司徒都目》"为"判决例"；[2]又据此论"董仲舒之'春秋折狱'"及应劭之《汉仪》皆"成为国法"；[3]又于第五章"魏晋间之成文法"论及"编纂法典，殆时代最急之要求，而当日救济社会惟一之手段"时，又置应劭"纂述"《汉仪》一事为汉晋之际"编纂新律之事业"的重要一环。[4]

当时，同样将其视为"法典编纂之事"的，还有日本学者浅井虎夫，其在《中国法典编纂沿革史》中称"应劭删定律令，又作《驳议》"之后，"法典编纂之事无闻焉"，随后又将"应劭《律本章句》"与"叔孙宣、郭令卿、马融、郑玄等各作章句，凡十有余家，家数十万言"一并视作"解释法律之学"。[5]

沈家本《历代刑法考》在《律令》九卷、《汉律摭遗》中都引录了《应劭传》："辄撰《律本章句》……凡八十二事。"沈氏对"劭之所述书八种"（即本传应劭表奏中提及的《律本章句》《尚书旧事》《廷尉版令》《决事比例》《司徒都目》《五曹诏书》《春秋折狱》及《议驳》八种）的分析可总结为三点：其一，《律本章句》中的《章句》部分乃"（应）劭自撰"，[6]"于马、郑诸家章句之外"；[7]其二，《尚书旧事》至《春秋折狱》六种，分别属故事、挈令（板令）、决事类、诏令等法律形式；[8]其三，《春秋折狱》"似即

〔1〕 马小红："中国法史及法史学研究反思——兼论学术研究的规律"，载《中国法学》2015 年第 2 期。

〔2〕 梁启超："论中国成文法律制度沿革得失"，载范忠信选编：《梁启超法学文集》，中国政法大学出版社 2004 年版，第 132 页。

〔3〕 梁启超："论中国成文法律制度沿革得失"，载范忠信选编：《梁启超法学文集》，中国政法大学出版社 2004 年版，第 133 页。

〔4〕 梁启超："论中国成文法律制度沿革得失"，载范忠信选编：《梁启超法学文集》，中国政法大学出版社 2004 年版，第 137 页。

〔5〕 ［日］浅井虎夫，陈重民译，李孝猛点校：《中国法典编纂沿革史》，中国政法大学出版社 2007 年版（本书出版信息以下省略），第 16–17 页。

〔6〕 （清）沈家本撰，邓经元、骈宇骞点校：《历代刑法考》，中华书局 1985 年版（本书出版信息以下省略），第 876 页。

〔7〕 （清）沈家本撰，邓经元、骈宇骞点校：《历代刑法考》，第 1752 页。

〔8〕 （清）沈家本撰，邓经元、骈宇骞点校：《历代刑法考》，第 876 页。

董氏之书”,〔1〕《议驳》属“春秋断狱”，但范书从中所取之“杀人母兄代死”一篇“实无精义”。〔2〕

程树德《汉律考》就于《沿革考》有“建安中叶，应劭又删定律令之议，尚有可得而考者”;〔3〕于《律家考》下，列“应劭”一家;〔4〕又于《律名考》之“廷尉挈令”“辞讼比（决事都目附）”下列《应劭传》文。〔5〕

居于同一时代，面对相同的时代命题，上述几位中国法史的“开创”者们对同一史料却表现出了不同的问题关怀。梁启超与浅井虎夫都试图“以现代法理学概念‘整理国故’”,〔6〕也都试图在中国传统法制中寻找符合西方法律理论的元素，不约而同地将应劭作《汉仪》事认定为汉晋之际法典编纂的重要事件。浅井虎夫还进一步界分了魏以前与魏以后的“法典编纂”，称魏以前的法典是“以一之成典而一度编纂，常为静止之状态”，不同于“魏以后完全法典渐次编出”。〔7〕

沈家本与程树德为汉律研究“设范立制”,〔8〕他们的研究路径是“‘汉学’传统和古代律学的传统方法”,〔9〕他们试图通过对史料的辑佚考证来梳理中国自有之制度，回溯式地去古代寻求解决彼时中国法律变革问题的良方。因此，他们把注意力放到了上述史料中所涉及的“八种”文献，并将其放在了“春秋决狱”和“律章句”这两个主题中。上述两条研究路径的交汇点只在对律、令、故事、比等传统法律形式的问题上。

---

〔1〕（清）沈家本撰，邓经元、骈宇骞点校：《历代刑法考》，第876页。

〔2〕（清）沈家本撰，邓经元、骈宇骞点校：《历代刑法考》，第1776-1777页。

〔3〕程树德：《九朝律考》，中华书局1963年版，第143页。

〔4〕程树德：《九朝律考》，中华书局1963年版，第189页。

〔5〕程树德：《九朝律考》，中华书局1963年版，第27页、第32页。

〔6〕俞荣根、秦涛：“律令体制抑或礼法体制？——重新认识中国古代法”，载《法律科学（西北政法大学学报）》2018年第2期。

〔7〕［日］浅井虎夫，陈重民译，李孝猛点校：《中国法典编纂沿革史》，第16-17页。

〔8〕沈氏的《汉律摭遗》“构建律令体系，……其结构已大体包括了汉代的法律样态并凸显了律令体系，为认识汉律、研究汉律提供了值得信赖的基础读本”，也树立了“对一朝一代法律的认识，自然当首先着眼于其法律形式”的研究方式，而“程氏《汉律考》的最醒目之处，则在于卷七‘春秋决狱考’。……而《春秋决狱考》《律家考》则胜于沈书”。参见徐世虹：“秦汉法律研究百年（一）——以辑佚考证为特征的清末民国时期的汉律研究”，载中国政法大学法律古籍整理研究所编：《中国古代法律文献研究》第5辑，社会科学文献出版社2012年版，第11-12页、第20页。

〔9〕俞荣根、秦涛：“律令体制抑或礼法体制？——重新认识中国古代法”，载《法律科学（西北政法大学学报）》2018年第2期。

此后，法史学界对《应劭传》及《晋志》两段史料的研究方向未超出法典编纂、法律形式（律、令、故事、比）、春秋决狱、律章句四者。后因时代的变迁与研究趋势的转向，如今学界更倾向于在后三个论域（即法律形式、春秋决狱、律章句）中去探讨与使用上述史料。[1]随着法典编纂史叙述的线性简化（即从《九章律》到魏《新律》十八篇），在法典编纂问题上，应劭编纂《汉仪》一事便逐渐淡出了学者们的视野，以至于东汉在汉晋法典编纂史上也黯然失落。

近年来，已有少数国内外学者重新注意到应劭作《汉仪》事在律令整理上的地位，将之与魏晋律令典（或曰律令法典化）联系起来。如日本学者广濑熏雄认为："应劭的律令整理与魏新律'制新律十八篇，州郡令四十五篇，尚书官令、军中令，合百八十篇'、晋泰始律令'凡律令合二千九百二十六条，十二万六千三百言，六十卷，故事三十卷'的编纂很相似。我们认为应劭的律令整理才是魏新律、晋泰始律令的先驱。"[2]于洪涛也提出："应劭删定律令而作《汉仪》，其撰具《律本章句》《尚书旧事》《廷尉板令》《决事比例》《司徒都目》《五曹诏书》及《春秋断狱》等诸书。其中《尚书旧事》《廷尉板令》《司徒都目》《五曹诏书》等从名称上来看，可能就与汉代令文依照部门执掌进行分类编辑有关。这种对汉代律令的整合，已经向律令法典化迈向了很大一步。"[3]

二、《晋书·刑法志》与《后汉书·应劭传》文本比勘

应劭《汉仪》，首见于《后汉书·应劭传》，记载："又删定律令为《汉仪》，建安元年乃奏之曰……献帝善之。"而于正史《刑法志》系统，则首见

〔1〕 参见孟彦弘："秦汉法典体系的演变"，载《历史研究》2005 年第 3 期；杨振红："秦汉律篇二级分类说——论《二年律令》二十七种律均属九章"，载《历史研究》2005 年第 6 期；杨振红："汉代法律体系及其研究方法"，载《史学月刊》2008 年第 10 期；［日］籾山明："王杖木简再考"，载中国政法大学法律古籍整理研究所编：《中国古代法律文献研究》第 5 辑，社会科学文献出版社 2012 年版，第 23-45 页；"《春秋决狱》考绪貂"，载张伯元：《律注文献丛考》，社会科学文献出版社 2009 年版，第 93 页；"秦汉律学考"，载何勤华：《律学考》，商务印书馆 2004 年版，第 52 页；龙大轩：《汉代律与律章句考》，社会科学文献出版社 2009 年版；张忠炜："汉代律章句学探源"，载《史学月刊》2010 年第 4 期。

〔2〕 ［日］广濑熏雄："秦汉时代律令辨"，载中国政法大学法律古籍整理研究所编：《中国古代法律文献研究》第 7 辑，社会科学文献出版社 2013 年版，第 111-126 页。

〔3〕 于洪涛："论敦煌悬泉汉简中的'厩令'——兼谈汉代'诏'、'令'、'律'的转化"，载《华东政法大学学报》2015 年第 4 期。

于《晋书·刑法志》："献帝建安元年，应劭又删定律令，以为《汉议》，表奏之曰……献帝善之。于是旧事存焉。"〔1〕其事上承章帝时陈宠、陈忠父子"蠲革"刑法之事，下启汉末鸿儒及魏初议"复肉刑"之事。《晋志》以后，正史刑法志不载，此事转而进入由唐代杜佑的《通典》所开创的，被称为"法政专书"的"刑典"系统。〔2〕与《晋志》相比，《通典》关于此事的记载很简略。〔3〕《通典》不载应劭表奏之完整原文，也略去了"以为《汉议》""献帝善之"等大部分内容。之后，宋代郑樵之《通志二十略·刑法略·历代刑制》和马端临的《文献通考·考刑》都录有此事，且与《通典》同。应劭《汉仪》之事在古代正史与政书间的变迁大体如上，此后或转相引录或直接不载。

本传与《晋志》所载文献名称有异。如本传作"《汉仪》"者，《晋志》作"《汉议》"；本传分别作"《春秋决狱》""《春秋断狱》"者，《晋志》均作"《春秋折狱》"；本传作"《驳议》"者，《晋志》作"《议驳》"。

《晋志》文末较本传多了"于是旧事存焉"六字，应是作者加之。又少了"累世受恩，荣祚丰衍"及"贪少云补"12字，还少了"岂繁自谓……无乃类旃"共66字。

应劭表奏中有《左氏》引文，对同一引文，本传与《晋志》的记录在语序与结构上都有差异。本传作"虽有姬姜丝麻，不弃憔悴菅蒯"，《晋志》作"虽有姬姜，不弃憔悴；虽有丝麻，不弃菅蒯"。

范书成书于南朝，《晋书》在后，二书虽都引录了应劭表奏，且《应劭传》的引文更为完整，但不能就此来论定本传比《晋书》的记载来源更早、更可靠。相反，《晋志》的记载来源很可能要早于本传，据小川茂树考证："（《晋书·刑法志》）系出自张斐《汉晋律序注》，《汉晋律序注》又系袭用魏刘劭的《律序略》。"〔4〕也就是说，《晋志》的记载可能直接来自于比《应

---

〔1〕《应劭传》作《汉仪》，《晋志》作《汉议》，应同指一书，在此取《汉仪》。

〔2〕《中国法制史》，载陈汉章，钱英才、陈明吉主编：《陈汉章全集》第五册上，浙江古籍出版社2014年版，第146-201页。

〔3〕《通典》卷一六三《刑法一》："献帝初，应劭又删定律令，撰具《律本章句》《尚书旧事》《廷尉版令》《决事比例》《司徒都目》《五曹诏书》及《春秋折狱》，凡二百五十篇。又集《议驳》三十篇，以类相从，凡八十二事。于是旧事存焉。"（唐）杜佑撰：《通典》，中华书局1988年版，第4201页。

〔4〕［日］小川茂树："李悝法经考"，原刊《东方学报》京都第4册（昭和八年十二月），第7-9页。转载于朱颐年："厉廉隅室读律记"，载《中国学报》1944年第8期至1945年第3期。

劭传》更早的魏刘劭《律序略》。应劭献《汉仪》及表奏在献帝建安元年（196），而刘劭于"建安中，为计吏，诣许都"，[1]二人曾先后共事一朝，且时间相近，故刘劭应见过《汉仪》及应劭的表奏，由此可以推测，《律序略》应当记载了应劭《汉仪》之事及奏表原文。

三、"撰具"正义

沈家本认为《律本章句》的《章句》部分是应劭"自撰"，且应劭《章句》"与诸儒章句不同"。[2]又在《汉律摭遗》中称应劭《章句》"于马、郑诸家章句之外，《晋志》所谓十有余家"。[3]从文意来看，沈氏认定应劭《章句》不在《晋志》所举的"诸儒章句十有余家"之内。这里要注意两个问题：

第一，沈氏于"律本章句 尚书旧事"目下所引的《应劭传》相较于史书原文有缺字，原文为"辄撰具"，沈氏引文为"辄撰"，缺了一个"具"字。

第二，沈氏于"劭自撰《章句》，当与诸儒章句不同"下，还有解释："《尚书旧事》乃尚书之故事品式。……旧事即故事，劭集故事成书也。《廷尉板令》即廷尉挈令。《决事比例》即《陈忠传》之决事比。《司徒都目》即《东观记》之《决事都目》《晋志》之《法比都目》也。《五曹诏书》乃当时诏令。《春秋断狱》似即董氏之书。"可见，沈氏认为除《律本章句》之外的其他六种文献，皆非"应劭自撰"，而是早有成文，应劭之功仅在"集成"。

沈氏之后，程树德《九朝律考·律家考》将应劭列为一家，其下辑录4条史料，其中有"应劭《律略论》五卷"（《隋书·经籍志》）。自沈、程始，至今日之法史学界普遍将应劭列为律（章句）家。[4]其依据有二：一是《隋

---

〔1〕《三国志·魏书·刘劭传》。

〔2〕（清）沈家本："汉律摭遗"，载沈家本撰，邓经元、骈宇骞点校：《历代刑法考》，中华书局1985年版，第876页。

〔3〕所谓"诸儒章句"，应是指《晋书·刑法志》所言的"叔孙宣、郭令卿、马融、郑玄诸儒章句十有余家，家数十万言"。

〔4〕参见高潮、马建石主编：《中国历代刑法志注译》，吉林人民出版社1994年版，第68页；"秦汉律学考"，载何勤华编：《律学考》，商务印书馆2004年版，第52页；龙大轩：《汉代律家与律章句考》，社会科学文献出版社2009年版；张忠炜："汉代律章句学探源"，载《史学月刊》2010年第4期；"《春秋决狱》考续貂"，载张伯元：《律注文献丛考》，社会科学文献出版社2009年版，第93页。

志》有"应劭《律略论》";二是以应劭著有《律本章句》。然而，此唯二证据均不成立。

先说《律略论》，此乃刘劭所作，非应劭。《隋书·经籍志》原有："应劭《律略论》五卷亡。"沈家本《汉律摭遗》、[1]程树德《九朝律考》皆引录此条。程氏则将此直接归于应劭名下，未作考辨。此后，又有钱剑夫、中田熏等中外学者将《律略论》认定为应劭的律章句成果。

其实，《隋志》此处，是将"刘劭"误记为"应劭"。中华书局点校本已将《隋志》此处的"应劭"改作"刘劭"，并注明："'刘劭'原作'应劭'，据《魏志》《刘劭传》及《旧唐志》上、《新唐志》二改。"另有清人章宗源、姚振宗都已考证清楚："应劭当为刘劭"。也就是说，被学界普遍视作应劭律章句成果的《律本章句》和《律略论》，其实均非出自应劭。

再看应劭"自撰"章句一事。应劭其实并未"自撰"章句，"自撰"，乃沈氏因引文脱字而造成的误解。原文为"撰具"。

何谓"撰具"？先看"具"的本意。《说文·收部》："具，共置也。从收，从貝省。古以貝为货。"[2]又"具"与"撰"可以通用，如《论语·先进》："异乎三子者之撰"；何晏《集解》："孔曰：撰，具也"；刘宝楠《正义》："具者，备也。"[3]可见，"具"的本意有共置、陈列之意，与"撰"相通时，又有"备"之意。再看"撰"。"撰"的右边是"巽"，《说文解字》："巽，具也。从丌吅聲。"[4]所以，"巽"也有共置、陈列之意。"撰"的左边是"手"，这便有从陈列之物中择取之意。另，古书中"撰"与"选"常常通用，如《史记·司马相如列传》："历撰列辟"；裴骃集解引徐广曰："撰，一作选"；又柳宗元《故殿中侍御史柳公墓表》："'撰择贡士'蒋之翘辑注。"[5]所以，应劭奏文中"撰""具"二字并列使用，其意便是从已备的七种文献中择取相关律令编成《汉仪》，故曰："删定律令以为《汉议》。"

清人姚振宗早在其所补《后汉艺文志》"应劭《汉仪》二百五十篇"条

〔1〕（清）沈家本："按劭《本传》不载此书。唐有刘劭《律略论》五卷，而无此书。"（清）沈家本撰，邓经元、骈宇骞点校：《历代刑法考》，第1752页。

〔2〕（汉）许慎撰，（清）段玉裁注：《说文解字注》，浙江古籍出版社2006年版，第104页。

〔3〕（清）刘宝楠撰：《论语正义》，中华书局1990年版，第474页。

〔4〕（汉）许慎撰，（清）段玉裁注：《说文解字注》，浙江古籍出版社2006年版，第200页。

〔5〕宗福邦、陈世铙、萧海波主编：《故训汇纂》，商务印书馆2003年版，第936-937页。

已指出："《春秋断狱》与《律本章句》等，同为劭所引据之书耳。《文献·经籍考》亦以董仲舒《春秋决事比》为献帝时应劭所上，似皆误解史文'撰具'二字，故有此失。"[1]姚氏所言"引据"便是取自"撰""具"的本意。

为证姚说，笔者在此另举两则旁证。

旁证一："郡国上甘露降。群臣上言：'地只灵应而失草萌，宜命太史撰具郡国所上。'上遂不听，是以史官鲜记焉。"[2]此处太史的工作只是整理、编纂郡国上奏中关于"甘露降"这类祥瑞之事，所谓"郡国所上"并非太史"自撰"，而是他"引据"的对象。

旁证二："（许）慎又学《孝经》孔氏古文说。古文《孝经》者，孝昭帝时鲁国三老所献，建武时给事中议郎卫宏所校，皆口传，官无其说，谨撰具一篇并上。"[3]此条史料乍见之下，确实表达了"许慎著作古文《孝经》一篇"的意思，但细读前后文，此"撰具"之后应该是省略了宾语，当释为许慎"引据"他先前所学的"《孝经》孔氏古文说"而成书"一篇"。

可见，古人将"撰具"合用时，皆有"引据"之意，而无"自撰"之意。姚氏虽早已经洞察马端临、朱彝尊二人将"撰具"释为"撰写"之谬，[4]也提出了"引据"之意，却忽略了"具备"之意。从上引述两则，无论是"撰具郡国所上"，还是"撰具一篇并上"，都有"备于一"之意。

因此，"撰具"在此，有从七种文献中择取律令，并具备于《汉仪》之意。此"撰具"可作两层理解：其一，择取自七种律令，并编定于一典；其二，《汉仪》具备汉代完备的法律体系，即编辑律（含律注）、令、故事、比于一典。

四、七种律令考（上）

应劭编纂《汉仪》所取裁的七种律令，可以说包括了汉代基本的法律形

---

〔1〕 "后汉艺文志"，载（清）姚振宗撰，马小芳整理，王承略、刘心明主编：《二十五史艺文经籍志考补萃编》第七卷，清华大学出版社 2011 年版，第 170 页。

〔2〕《艺文类聚》卷九八《祥瑞部》引《东观汉记》佚文。

〔3〕《说文解字》第一五卷下后叙附上书。

〔4〕 沈家本与姚振宗同时，应未见姚氏考证，故对《应劭传》的这一误解一直从宋延续至清末，又由沈家本传至今日。参见高潮、马建石主编：《中国历代刑法志注译》，吉林人民出版社 1994 年版，第 68 页；"秦汉律学考"，载何勤华：《律学考》，商务印书馆 2004 年版，第 52 页；"《春秋决狱》考续貂"，载张伯元：《律注文献丛考》，社会科学文献出版社 2009 年版，第 93 页。

式，即律（含律注）、令、故事、比。此外，除《律本章句》外，其余六种的编纂者分属于尚书、司徒、廷尉三大中央官署，故据此分为四类，略加考述。第一类，《律本章句》；第二类，《尚书旧事》《五曹诏书》，属于尚书之官；第三类，《廷尉板令》《春秋折狱》《决事比例》，属于廷尉之官；第四类，《司徒都目》，属于司徒之官。

（一）《律本章句》

诚如上文所述，《律本章句》并非应劭所著，而是他编纂《汉仪》的资料来源。史籍中同样以"律本"为名的还有一种，即《隋书·经籍志》所录的"杜预《律本》二十一卷"。《新唐书·艺文志》又作"贾充、杜预《刑法律本》二十一卷"。《律本》与《刑法律本》当为一种。

据《晋书·刑法志》，《晋律》二十篇是先由"贾充定法律"，再与杜预"等十四人典其事"，"就汉九章增十一篇"而成的。又《隋书·经籍志》："晋初，贾充、杜预，删而定之。有律，有令，有故事。"又《晋书·杜预传》："预与贾充等定律令，既定，预为之注解，乃奏之。"可见，贾充与杜预等人所定律令，即《晋律》二十篇，可称为《律本》。又杜预的注解，亦称《律本》。或者，《晋律》之通行本，就是律文与律注合编，而这种合编的方式早在应劭之前就有了。应劭奏文中出现的《律本章句》，虽不知编定于何人，但应与上述杜预《律本》同属一类，或是官府日常行用的汉律汇编，也或许是学吏的官方教本。[1]

（二）尚书：《尚书旧事》《五曹诏书》

《尚书旧事》，即《尚书故事》，又称《南宫故事》。《后汉书·应劭传》胡三省注："汉故事，皆尚书主之也。"汉代尚书"主文书""掌通章奏"，[2]中央与地方的各类上下行文书都要经由尚书台汇编保存，"大凡政府档案，不论诏书、章奏、判例、仪制、约束、各朝注记甚至侍讲注籍都以原来的形式被保留起来，以供参考"。[3]东汉，从伏湛、侯霸两位尚书开始，就有了尚书"立故事"之制，"皆收集前世遗文为之，犹西京张苍定章程也。……与刑法

---

〔1〕 张忠炜：《秦汉律令法系研究初编》，社会科学文献出版社 2012 年版，第 162 页。

〔2〕 （唐）杜佑撰：《通典》，中华书局 1988 年版，第 663 页。

〔3〕 "从'如故事'和'便宜从事'看汉代行政中的经常与权变"，载邢义田：《治国安邦：法制、行政与军事》，中华书局 2011 年版，第 397 页。

类实别为一书"。〔1〕所谓"立故事"，即编纂"故典"（亦称"旧典"），因此，故事亦称"旧典"。《后汉书·伏湛传》："光武即位，知湛名儒旧臣，欲令干任内职，征拜尚书，使典定旧制。"《后汉书·侯霸传》："时无故典，朝廷又少旧臣，霸明习故事，收录遗文，条奏前世善政法度有益于时者，皆施行之。"东汉故事，除《尚书旧事》外，尚有书目可寻的还有《建武故事》《永平故事》〔2〕《元和故事》。〔3〕姚振宗以为"《尚书故事》似即建武、永平、元和历朝故事之总名。《唐·艺文》所载《建武故事》三卷、《永平故事》二卷，似即此书之佚存本"。〔4〕东汉尚书，有典定故事之权，所编定的"故事"之法典，其原典应藏于洛阳南宫。应劭曾为泰山太守，其所取裁的《尚书旧事》或是因太守日常行政所需，而抄录于尚书之官的副本。

《五曹诏书》，是以尚书五曹命名的诏书汇编。汉成帝建始四年"初置尚书员五人"，在原先尚书四曹（常侍曹、二千石曹、民曹、客曹）的基础上增设三公曹，是为尚书五曹。〔5〕东汉光武帝之后，将尚书五曹扩大为六曹。〔6〕而到了东汉末期，又恢复为五曹（三公曹、吏曹、二千石曹、民曹、客曹），〔7〕应劭所用《五曹诏书》应该是指经由此五曹发出或保存的诏书汇编。

又见应劭《风俗通义》佚文："光武中兴以来，五曹诏书，题乡亭壁，岁补正，多有阙误。永建中，兖州刺史过翔，笺撰卷别，改著板上，一劳而久

---

〔1〕"后汉艺文志"，载（清）姚振宗撰，马小芳整理，王承略、刘心明主编：《二十五史艺文经籍志考补萃编》第七卷，清华大学出版社2011年版，第148页。

〔2〕《新唐书·艺文志》。

〔3〕《后汉书·蔡邕传》。

〔4〕"后汉艺文志"，载（清）姚振宗撰，马小芳整理，王承略、刘心明主编：《二十五史艺文经籍志考补萃编》第七卷，清华大学出版社2011年版，第148页。

〔5〕（唐）颜师古注引《汉旧仪》云："尚书四人为四曹：常侍尚书主丞相御史事，二千石尚书主刺史二千石事，户曹尚书主庶人上书事，主客尚书主外国事。成帝置五人，有三公曹，主断狱事。"《汉书·成帝纪》。

〔6〕《后汉书·百官志三》载："常侍曹尚书主公卿事；二千石曹尚书主郡国二千石事；民曹尚书主凡吏上书事；客曹尚书主外国夷狄事。世祖承遵，后分二千石曹，又分客曹为南主客曹、北主客曹，凡六曹。"

〔7〕蔡质《汉仪》载："三公尚书二人，典三公文书。吏曹尚书典选举斋祀，属三公曹。常侍曹主常侍、黄门、御史事，世祖改曰吏曹。二千石曹掌中郎官水火、盗贼、辞讼、罪眚。民曹典缮治功作，监池、苑、囿、盗贼事。客曹天子出猎，驾，御府曹郎属之。"（清）孙星衍等辑，周天游点校：《汉官六种》，中华书局2008年版。

逸。"[1]

《五曹诏书》被题写于"乡亭壁"上，供地方官吏和百姓阅读、遵循。但是，《五曹诏书》是需要每年由专人进行更新和修订的，因为新颁布的诏令需要补录，旧的诏令也会因风吹日晒，文字有所脱落、缺损。这是一项费时费力的工作，由于人力所限，诏令的抄录需要时间，这必然也会导致诏令施行的滞后，而且，虽然汉律严禁私自修改诏书内容，甚至对"误脱字"也要予以罚金，[2]但误抄、漏抄这些人为的失误是在所难免的。因此，刺史过翔才把《五曹诏书》改写在"板上"，一劳永逸。

《风俗通义》的这段佚文讲的是《五曹诏书》的公示。汉代诏书在基层的传播与公示主要有两种方式，一种是壁书，[3]另一种就是汉简中出现的"扁书"。[4]"五曹诏书，题乡亭壁"，不难理解，应是以壁书的方式向吏民公布，而"笺撰卷别，改著板上"是否就是扁书，值得探讨。余嘉锡《书册制度补考·笺》曰："盖简策之制，字与上下齐，无复余地，故读者欲有所表识，则削竹为小笺，系之于简。刘向校书，康成注诗，皆先书之于笺也。"[5]结合前文"岁补正，多有阙误"七字来看，"笺撰"之意应是将校正的内容书写于小竹片上。

1992 年甘肃敦煌甜水井汉代悬泉置遗址出土汉哀帝时期太皇太后颁布的《四时月令五十条》的壁书，这是迄今为止出土最完整的汉代诏令壁书。[6]值得注意的是《四时月令五十条》"每条都有注解文字"，它们是"《五十条》的制定者对从汉《月令》中择录出的条文作的必要的解释、修订或补充"。[7]笔者臆测，如果《五曹诏书》也有如《四时月令五十条》那样的"注解文

---

〔1〕《太平御览》卷五九三《文部九》。

〔2〕《二年律令·贼律》："☑【□□】□而误多少其实，及误脱字，罚金一两。误，其事可行者，勿论。"彭浩、陈伟、［日］工藤元男主编：《二年律令与奏谳书——张家山二四七号汉墓出土法律文献释读》，上海古籍出版社 2007 年版，第 97 页。

〔3〕另有学者认为"这种将诏书题于各县乡亭墙壁之上的形式，就是粉壁"。徐燕斌："唐宋粉壁考"，载《华东政法大学学报》2014 年第 5 期。

〔4〕徐燕斌："汉简扁书辑考——兼论汉代法律传播的途径"，载《华东政法大学学报》2013 年第 2 期。

〔5〕"书册制度补考"，载余嘉锡：《余嘉锡文史论集》，岳麓书社 1997 年版，第 508 页。

〔6〕参见中国文物研究所、甘肃省文物考古研究所编：《敦煌悬泉月令诏条》，中华书局 2001 年版。

〔7〕"汉壁书《四时月令五十条》论考"，载高恒：《秦汉简牍中法制文书辑考》，社会科学文献出版社 2008 年版，第 250 页。

字"，那么，壁书诏令中的"注解文字"就会以"笺撰"的形式"改著板上"。也就是说，所谓"改著板上"，应是将《五曹诏书》抄录于简册之上，因为只有这样才会用到"笺"，也才能按照某种标准将《五曹诏书》的简册分类保存和公示，这就是所谓的"卷别"。"板"，即"扁"也。[1]笔者赞同陈槃之说，"改著板上"，即是以扁书的方式公示《五曹诏书》。

（三）廷尉：《廷尉板令》

"廷尉"作为最高的中央司法官，"主平天下狱事"（《春秋合诚图》）。《广雅》曰："'谳，疑也。'谓罪有疑者谳于廷尉也。"廷尉的主要职责是"掌平狱，奏当所应，凡郡国谳疑罪，皆处当以报。"[2]自汉高祖七年诏令始，疑狱奏谳制度便在汉朝正式确立，即县、道官有疑难案件，"谳"二千石官，由二千石官裁决后，"报"县、道官以裁定罪名；若二千石官不能裁决，则"移"交廷尉，由廷尉裁决后，"报"二千石官；若廷尉也不能裁决，则"奏"于皇帝，由皇帝作出最终裁决，而皇帝的最终裁决则以诏书的形式发布。在廷尉的疑狱奏谳文书中，应先条列清楚对案件的争议之处，并附几种裁判意见，即"分别其原"。皇帝的裁决，在廷尉奏谳文书的基础上，附上最终意见，并以诏书的形式下发廷尉，即"上所是"。[3]

疑狱奏谳，是廷尉职掌的主要事务。据上述《史记·酷吏列传》和《汉书·张汤传》的这则史料，可知《廷尉板令》（亦称《廷尉挈令》）正是廷尉为审理疑狱而编定的挈令。日本学者大庭脩将以中央官署命名的挈令解释为"只适用于一个官署或地域的特别之令"。[4]如果《廷尉板令》只适用于廷尉，那么，应劭从未在廷尉任职，他为什么会藏有《廷尉板令》？

应劭在汉室的最高官职是泰山太守，即郡二千石。郡守作为郡一级最高的司法长官，是廷尉的下一级，也是汉朝中央与地方疑狱奏谳制度上承下行的重要一环。基于同类司法事务的需要，廷尉编定《廷尉板令》后下行至郡守，以作为郡级审理疑狱的法律依据，当合情合理。此外，应劭所具的其他五种（除《律本章句》外）都与中央某官署有关，如：《尚书旧事》《五曹诏

---

[1] 陈槃撰：《汉晋遗简识小七种》，上海古籍出版社 2009 年版，第 95-96 页。

[2] 《续汉书·百官志》。

[3] （汉）司马迁撰：《史记·酷吏列传》，中华书局 2014 年版，第 3811 页。

[4] ［日］大庭脩：《秦汉法制史研究》，徐世虹等译，中西书局 2017 年版，第 66 页。

书》与尚书有关;《廷尉板令》《春秋折狱》《决事比例》,则与廷尉有关;《司徒都目》与司徒有关。可见,应劭藏有这些与中央官署有关的律令文献,并非偶得,而是因其郡守之职掌需要而备具。

五、七种律令考(下)

《春秋决狱》《决事比例》《司徒都目》都属于《晋志》所谓"汉时决事"类,[1]近代学者多将之归类于"比"。王应麟《困学纪闻》称《春秋决狱》是"关于汉时谳法,乃决事比之权舆也"。[2]梁启超就认为以上三者"皆判决例,即所谓'比'也","在当时,皆视之与律令有同一之效力者也"。[3]陈汉章指出:"汉董仲舒有《春秋决事》十卷,亦曰《决事比》,后汉陈忠又《决事比》三十三条是也。"[4]陈顾远则将《决事比例》《司徒都目》称之为"比之典籍"或"存其事之典籍"。[5]

(一) 廷尉:《春秋决狱》《决事比例》

应劭的奏文中两处提到《春秋决狱》,一处是记录了廷尉张汤陋巷问政董仲舒,后言"于是作《春秋决狱》二百三十二事,动以经对,言之详矣";另一处就是七种律令之一的《春秋断狱》。《晋志》与《应劭传》虽然都记载了应劭表奏的原文,但《晋志》两处都名《春秋折狱》,而本传则别为《春秋决狱》和《春秋断狱》。"决""断""折",字虽异,其意同,[6]但业不足以就此断定应劭所引据的《春秋断狱》,与董仲舒、张汤当时所作的《春秋决狱》同为一书。

---

〔1〕《晋书·刑法志》:"又汉时决事,集为《令甲》以下三百余篇,及司徒鲍公撰嫁娶辞讼决为《法比都目》,凡九百六卷。"

〔2〕(宋)王应麟,(清)翁元圻等注,乐保君、田松青、吕宗力点校:《困学纪闻》,上海古籍出版社 2008 年版。

〔3〕梁启超:"论中国成文法律制度沿革得失",载范忠信选编:《梁启超法学文集》,中国政法大学出版社 2004 年版,第 132 页。

〔4〕《中国法制史》,载陈汉章,钱英才、陈明吉主编:《陈汉章全集》第五册上,浙江古籍出版社 2014 年版,第 201 页。

〔5〕陈顾远:"汉之决事比及其源流",载《复旦学报》1947 年第 3 期。

〔6〕德国学者陶安认为,汉律以"决"字代替"断"字,二者本意应该分别是"定"与"治",用在"狱"的语境里同样可以表示"裁决""决定"之意。参见 [德] 陶安:"试探'断狱'、'听讼'与'诉讼'之别——以汉代文书资料为中心",载张中秋编:《中国法律形象的一面——外国人眼中的中国法》,中国政法大学出版社 2012 年版,第 64-78 页。

从传世史志（艺文志/经籍志）的记载来看，东汉初还存有"《公羊董仲舒治狱》十六篇"，[1]而到了唐代编修《隋书·经籍志》时留存的书目就成了"《春秋决狱》十卷（董仲舒撰）"，而后也出现了《唐日本国见在书目》的"《春秋断狱事》"与《崇文总目》的"《春秋决事比》"两种不同的书名。[2]张伯元据此认为"《决狱》不等于《断狱》，两者书名、篇数皆异，著书事不见于《史记》《汉书》。《决狱》乃董氏后学据口述所撰文十六篇，汉末亡失，应劭收集遗文整理为《断狱》"。[3]

汉代公文、书籍的书写载体以简牍为主，单位往往以"篇"计。与汉代不同，晋以后至唐代的主要书写材料转变为"纸张"，在装帧形式上盛行"卷轴装"，所以唐代的书籍一般称为"写卷书"或"书卷"，[4]故而以"卷"计。这样看来，很难从数量和单位的记载差异来认为《汉志》的《公羊董仲舒治狱》在汉末亡佚，而《隋志》的《春秋决狱》则是应劭辑佚前者之作。笔者认为，《晋志》和《应劭传》所载关于"《春秋决狱》"的史料，恰能证明"廷尉张汤陋巷问政董仲舒"而作的《春秋决狱》就是后来应劭作《汉仪》所具的《春秋断狱》，其并未在汉末亡佚，而是由应劭保存下来，其亡佚之事当发生在后世。孙猛以《崇文总目》《玉海》《宋史·艺文志》诸目"犹载此书"为据，认为"其佚当在明以后"，[5]笔者以为当如是。

作为廷尉谳狱的依据，《春秋决狱》成文之后，便具有了与律令同等的法律效力，故作为郡府审理疑狱的法律依据。应劭于汉室最终的官职是泰山太守，郡（太）守是郡一级的"司法长官"，有"断狱""谳狱"之权，[6]所以应劭才有《春秋决狱》。

〔1〕《汉书·艺文志》。

〔2〕《隋书·经籍志》之后，《唐日本国见在书目》录有"《春秋断狱事》十卷"；《旧唐书·经籍志》法家类录有"《春秋决狱》十卷，董仲舒撰"；《新唐书·艺文志》有"董仲舒《春秋决狱》十卷，黄氏正"；《崇文总目》则有"《春秋决事比》十卷，汉董仲舒撰，丁氏平，黄氏正。初，仲舒既老病致仕，朝廷每有政议，武帝数遣廷尉张汤问其得失，于是作《春秋决疑》二百三十二事，动以经对。至吴太史令吴（范）、汝南丁季、江夏黄复平正得失。颇残缺，止有七十八事"。

〔3〕"《春秋决狱》考续貂"，载张伯元：《律注文献丛考》，社会科学文献出版社2009年版，第93页。

〔4〕孙振涛："唐代'书卷'考释"，载《古籍整理研究学刊》2016年第6期。

〔5〕孙猛：《日本国见在书目录详考》上，上海古籍出版社2015年版，第219页。

〔6〕胡仁智：《两汉郡县官吏司法权研究》，法律出版社2008年版，第62页。

陈忠任廷尉时，为"省请谳之敝"而"为《决事比》"，[1]沈家本认为"《决事比例》即《陈忠传》之《决事比》"，[2]可见，《决事比例》也是廷尉之官因疑狱奏谳之需而整理编定的。也就是说《春秋决狱》和《决事比例》都成文于廷尉，二者编定的时间不同，前者编定于西汉，后者编定于东汉陈忠任廷尉时，但都行用至东汉末。

（二）司徒：《司徒都目》

据《后汉书·陈宠传》记载，陈宠曾任司徒府的辞曹，"掌天下狱讼"，他"为（司徒鲍）昱撰《辞讼比》七卷"。[3]又据《东观汉记》，司徒鲍昱后来奏定的除了陈宠撰的七卷《辞讼比》外，还有"《决事都目》八卷"。[4]沈家本认为《司徒都目》"亦《决事都目》之属"，而《决事都目》即"《传》所云决事科条，以事类相从"，[5]但《陈宠传》的"决事科条，以事类相从"者明确指的是七卷《辞讼比》。至此，《司徒都目》《决事都目》《辞讼比》三者的关系，仍未厘清。

又《晋书·刑法志》有"又汉时决事，集为《令甲》以下三百余篇，及司徒鲍公撰《嫁娶辞讼决》为《法比都目》"，此处《嫁娶辞讼决》与《法比都目》的关系用"撰……为……"相连。从本段的句式结构来看，"又"字统领"汉时决事……三百余篇"，"及"字统领"司徒鲍公……《法比都目》"，而"撰……为……"当与前句的"集为"同义，也就是说，《法比都目》的内容是"嫁娶辞讼决"。

《司徒都目》《法比都目》《决事都目》的内容皆是司徒谳狱，又皆以"都目"为名。[6]《决事都目》《法比都目》皆定于司徒鲍昱，当为一种，只是与《辞讼比》（或曰《嫁娶辞讼决》）之间是并存还是包含的关系，仅凭《后汉书》与《晋书》不一致的记载难以辨析。但所幸，应劭《风俗通义》记载了《司徒鲍宣决事》的三则案例，或可据此辨析《司徒都目》《法比都目》（《决

---

[1] 《后汉书·陈忠传》。

[2] （清）沈家本撰，邓经元、骈宇骞点校：《历代刑法考》，第865页。

[3] 《后汉书·陈宠传》。

[4] （东汉）刘珍等，吴树平校注：《东观汉记校注》，中华书局2008年版。

[5] （清）沈家本撰，邓经元、骈宇骞点校：《历代刑法考》，第1767页。

[6] 沈家本说："其称都者，总也。司徒总领法律，故曰都也。"（清）沈家本撰，邓经元、骈宇骞点校：《历代刑法考》，第1767页。

事都目》）与《嫁娶辞讼决》（《辞讼比》）之间的关系，亦可进一步探讨司徒谳狱与廷尉谳狱之间的联系与区别。

应劭《风俗通义》原有《狱法》《折当》二篇，其中《折当》篇辑"司徒鲍昱《决事》""丞相决事"数例。

第一，何侍搏姑案。[1]

基本案情：南郡女子何侍，因丈夫许远杖打她的生父何阳，[2]而"搏姑耳三下"，即打了自己婆婆（许远母亲）的耳朵三下。此案的特别之处在于何侍事前警告许远"共作夫妻，奈何相辱，揣我公者，搏若母矣"，她是因为丈夫侮辱击打自己的父亲在先，才予以报复。[3]此疑案由南郡奏谳至司徒府，其争点其实是一个礼法问题，即丈夫许远击打岳父在先，这是否可以作为妻子何侍打婆婆的正当理由？

司徒鲍昱《决事》引《论语·雍也》"君子不迁怒"之义认为：夫妇对婆婆本有赡养义务，且侮辱何侍父亲的是许远，并非受婆婆指使，君子对于一般人，尚且"不迁怒"，更何况婆婆本就是尊长？所以应以"减死"论处。

关于此案，彭卫、杨振红认为："官府没有对女婿辱骂岳父是否有罪表态，对儿媳减死罪论的处置也与上述《二年律令》弃市之法不合。如果此时《二年律令》的司法规定没有发生变化，合理的解释是对待何侍减轻处罚是对免去许远处罚的平衡，而这一切都是建立在'夫妻所以养姑'的基础之上。"[4]而李若晖则认为："何侍搏姑，乃是基于自古以来的礼俗中源远流长的礼之对等性原则。如从礼'报'的角度看，诚无可非议。但在律令之下，却罪至减死，几于丧命。"[5]显然，两种观点对"减死"的理解截然相反：前者以《二年律令·贼律》为据，认为何侍本该被弃市，却实际减轻了刑罚，只论"减死"；后者认为何侍的行为是当时礼法所允许的"报复"，却于"律令之下"被判处了"减死"重刑。论"减死"到底是减轻了原刑，还是依律当处？

---

〔1〕 沈家本曾举此案认为："司徒鲍宣决事云云，当《决事都目》之文，鲍宣乃鲍昱之讹"。

〔2〕 原文作"其后阳复骂，远遂揣之"。"揣"，《说文解字》："一曰捶之"，段玉裁注："捶者，以杖击也。"（汉）许慎撰，（清）段玉裁注：《说文解字注》，浙江古籍出版社2006年版，第601页。

〔3〕 （东汉）应劭撰，（清）王利器校注：《风俗通义校注》，中华书局2010年版，第588页。

〔4〕 彭卫、杨振红：《中国妇女通史·秦汉卷》，杭州出版社2010年版，第77页。

〔5〕 李若晖：《久旷大仪——汉代儒学政制研究》，商务印书馆2018年版，第246页。

诚如上文所述，司徒鲍昱判决依据不在"夫妻所以养姑"上，而在"非姑所使，君子之于凡庸尚不迁怒，况所尊重乎"；本案的争议不在于是否通过减轻何侍的处罚来免去许远处罚，而在于何侍的行为是否如她自己所理解的是礼法允许的"报复"行为。显然，鲍昱用"不迁怒"之义阻断了"许远揣公"和"何侍搏姑"之间法律上的因果关系，而依照相关律令判处了"减死"。

如果"减死"是符合当时律令的适刑，那么又如何解释《二年律令·贼律》处于弃市的规定呢？笔者认为"妇贼伤、殴詈夫之泰父母、父母、主母、后母，皆弃市"这条汉律中的"妇"并不包括婆媳关系中的媳妇，[1]因后文所列侵害对象仅有"泰父母、父母、主母、后母"，但汉代妇人称丈夫的父母为"舅姑"，[2]官文书上亦是如此称呼，如司徒鲍昱《决事》。再者，何侍"搏姑耳三下"，这个行为的性质是否比得上"贼伤、殴詈"，尚难定论。笔者认为何侍搏姑案与上述《二年律令·贼律》条文的关联性有待更充分的论证和更多史料的支撑，故不可轻易就此作出更多的推论。

第二，张妙酒后戏杀新郎案。

此案发生在受害人杜士的"嫁娶之会"上，张妙"酒后相戏"，原本是当时婚礼上闹房的习俗，却将新郎致死。"鲍昱《决事》云：酒后相戏，原其本心，无贼害之意，宜减死。"[3]司徒对此案的论定也是"减死"，但理据是"原其本心，无贼害之意"。原心定罪是汉代经义决狱的原则，本案之所以成为疑狱，主要是因为此案的发生缘于乡间婚礼的闹房习俗，新郎是因这"恶俗"而死，而非出于张妙的恶意，所以参与集议的司徒认为不应判处死刑，而以"减死"论。

第三，富翁遗腹子争财案。

此案是一年已90岁的老富翁，因无子而娶妾，与妾第一日同房，便当场气绝身亡。后来，妾生了一男孩，富翁的女儿诬告妾淫乱有子，称："我父死时年尊，何一夕便有子？"于是，富翁家的女儿就与这遗腹子"争财数年不能决"。[4]应劭的《风俗通义》载录了"丞相邴吉决狱"的文辞和依照邴吉所

---

〔1〕 简40："妇贼伤、殴詈夫镬泰父母、父母、主母、后母，皆弃市。"彭浩、陈伟、〔日〕工藤元男主编：《二年律令与奏谳书——张家山二四七号汉墓出土法律文献释读》，上海古籍出版社2007年版。

〔2〕 又《尔雅》："妇人谓夫之父曰舅，夫之母曰姑。"

〔3〕 （东汉）应劭撰，（清）王利器校注：《风俗通义校注》，中华书局2010年版，第589页。

〔4〕 （东汉）应劭撰，（清）王利器校注：《风俗通义校注》，中华书局2010年版，第589页。

提的方法验证遗腹子是否为老富翁亲生的过程。

第四，盗弟妇男婴案。

这也是一起关系富家兄弟同居财产的疑案，但本案直接争夺的不是财产，而是关系财产继承资格的男婴。基本案情：兄弟二人的媳妇同时怀孕，长妇怀孕期间伤了胎儿，大约是流产了。长妇隐匿此事，等弟妇生了男婴，便在夜里偷走了孩子。此案"争讼三年，州郡不能决"，于是上奏到了皇帝，皇帝召集丞相及众臣集议。诚如上文所述，在汉朝疑狱奏谳制度中，郡二千石不能裁决的奏于廷尉，廷尉也不能裁决的奏于皇帝。汉代审理这样的疑狱，皇帝常召集大臣集议，其中丞相/司徒是参加集议的主体之一，也往往是群臣集议的主持和主导者。[1]《风俗通义》载录的便是丞相黄霸当时在"殿前"决事的详细过程。[2]

应劭于汉灵帝中平六年（189）开始撰写《风俗通义》，最终成书于汉献帝兴平元年（194），又于汉献帝建安元年（196）献《汉仪》。[3]可见，《风俗通义》与《汉仪》都成书于应劭晚年，且相隔不久，其取材来源当有重合。上述《风俗通义》中载录的丞相/司徒决狱的案例，很可能就来自于"司徒鲍昱《决事》/《决狱》"，也就是应劭奏文提到的《司徒都目》。之所以用"司徒"命名，是因为其中所集的是丞相/司徒的判决意见，而那些疑狱最终就是以此结案的。

从上述案例可见，应劭载录的这些以丞相/司徒的判决意见作为终审判决的疑案，都是嫁娶、争财之类，文称"嫁娶辞讼"，有别于性质恶劣的刑狱。也不同于现代司法的民刑之分，诉至中央的嫁娶辞讼类案件，其处理结果是处刑，且刑罚可重至"减死"。有一点似可明确，东汉的司徒和廷尉在司法权上有所分野：司徒掌辞讼、廷尉掌刑狱。而《司徒都目》和《决事比例》正是司徒之官与廷尉之官因各自日常司法行政之需而各自汇编的"比之典籍"，[4]其内容则分别是"辞讼比"和"决事比"（刑狱类）。

---

〔1〕 参见秦涛：《律令时代的"议事以制"——汉代集议制研究》，中国法制出版社 2018 年版，第 63-67 页。

〔2〕 （东汉）应劭撰，（清）王利器校注：《风俗通义校注》，中华书局 2010 年版，第 590 页。

〔3〕 参见曹勤："应劭年谱考订——兼《后汉书》正误三则"，载《中国史研究》（韩国）2017 年第 8 期。

〔4〕 陈顾远："汉之决事比及其源流"，载《复旦学报》1947 年第 3 期。

六、结语：《汉仪》是一部私修法典草案

《汉仪》虽得到了汉献帝的"善之"，却最终未予施行。梁启超认为"献帝承认之，遂成为国法"。[1]但大庭脩则仅将此定性为"无以为之"的律令整理活动，并断言"汉王朝若不灭亡则整理无以为之"。[2]笔者认为，应劭编定《汉仪》之事，已不同于以往的律令整理，《汉仪》具有后世法典的雏形。

在应劭"删定律令"之前，东汉确已于光武帝、明帝、章帝、和帝、顺帝之时，分别由桓谭、陈宠、郭躬、郎颛、杨厚 5 人前后提出了 6 次删修律令的建议，程树德《九朝律考》卷一《汉律考》第六部分《沿革考》曾作整理。[3]现将 6 次删修律令之事条列如下：

（1）光武帝建武初年，桓谭由大司空宋弘举荐为"议郎给事中"，他上疏陈便宜，提出"令通义理明习法律者，校定科比，一其法度，班下郡国，蠲除故条"，然而"书奏，不省"，并未被采纳。[4]

（2）明帝即位之初，时任尚书的陈宠以"帝新即位，宜改前世苛俗"为由，上疏建议"绝钻钻诸惨酷之科，解妖恶之禁，除文致之请谳五十余事"，被明帝采纳，并将此"定著于令"，以令的形式施行之。[5]

（3）章帝元和三年，廷尉郭躬"条诸重文可从轻者四十一事，奏之，事皆施行，著于令"，此事亦以令的形式施行。[6]

（4）和帝永元八年，[7]廷尉陈宠"钩校律令条法，溢于《甫刑》者除之"。陈宠依《尚书·吕刑》所载罪刑体例，即"大辟二百，五刑之属三

〔1〕 梁启超："论中国成文法律制度沿革得失"，载范忠信选编：《梁启超法学文集》，中国政法大学出版社 2004 年版，第 133 页。

〔2〕 ［日］大庭脩：《秦汉法制史研究》，徐世虹等译，中西书局 2017 年版，第 6 页。

〔3〕 参见程树德：《九朝律考》，中华书局 1963 年版，第 154-162 页。

〔4〕 《后汉书·桓谭传》。

〔5〕 《后汉书·陈宠传》。

〔6〕 《后汉书·郭躬传》。

〔7〕 陈宠论及删修律令的原因时，引用了《春秋保乾图》的"王者三百年一蠲法"之说，并言当时正是"汉兴以来，三百二年"，正值"蠲法"之际。汉高祖刘邦灭秦的时间是公元前 206 年，至和帝永元六年（94），正好是 300 年。而陈宠却言"三百二年"，可见，陈宠"钩校律令条法，溢于《甫刑》者除之"之事应在其接替郭躬为廷尉后的第三年，也就是永元八年。详见曹勤："纬书中的法律世界——东汉纬书法文化研究"，西南政法大学 2018 年博士学位论文。

千"，来删减整理当时"宪令稍增，科条无限"的现行"律令条法"以及律章句。〔1〕

（5）顺帝阳嘉二年，郎顗条陈便宜七事，据《春秋保乾图》的"三百年一蠲法"之说主张"大蠲法令"。

（6）顺帝永建二年，杨厚上书以"汉三百五十年之厄"为由，提议"蠲法改宪"以消灾异。

上述 6 次律令整理的提议，有的被采纳，有的被搁置。

吕思勉认为应劭的《汉仪》将董仲舒的《春秋断狱》"与律、令及比并编"，且"后来魏晋修律，搀入其中者，必不少矣"，〔2〕即认为应劭《汉仪》开启了"并编"的法典编纂方式，后来的魏晋律典当吸收了不少《汉仪》的内容。笔者赞同吕说，这种"并编"的编纂方式正是《汉仪》与以往的"数次整理律令"最大的不同。〔3〕虽然与滋贺秀三所总结的"真正律令"的"法典编纂技术"仍有差距，但却与其所认定的"真正律令（律典令典）"的前身——魏《新律》有着不可忽视的联系。对应劭《汉仪》法典性质的认定和编纂技术的探讨，或可修正滋贺氏"作为律令特征的诸点，在汉代的律令中，一点也尚未具备"的论断。也可解释从汉律到魏律，法典编纂技术并非突变式地创举，而是从两汉数次律令整理到《汉仪》的"并编"再到魏《新律》的"全部律或者令，作为单一不可分的法典（律典、令典）编纂施行"，此种递进式地演变。〔4〕

值得注意的是，应劭在奏文中对"并编"的编纂方式有更具体的表述，即"蠲去复重，为之节文"。〔5〕所谓"蠲去复重"，是继续采用以往律令整理的方法，如桓谭"蠲除故条"，陈宠"除文致之请谳五十余事""溢于《甫刑》者除之"，郎顗"大蠲法令"，杨厚"蠲法改宪"等。而"为之节文"却是对七种律令进行形式上的加工，使之合于一体。

---

〔1〕《后汉书·陈宠传》。

〔2〕 吕思勉：《吕思勉读史札记》，上海古籍出版社 2005 年版，第 545 页。

〔3〕 大庭脩认为，"汉代曾有数次整理律令的举动。西汉的于定国，东汉的郭躬、陈宠、陈忠，东汉末的应劭等都进行过律令条文的整理"。详见 ［日］大庭脩：《秦汉法制史研究》，徐世虹等译，中西书局 2017 年版，第 6 页。

〔4〕 ［日］滋贺秀三："关于曹魏《新律》十八篇篇目"，载杨一凡主编：《中国法制史考证·丙编》第 2 卷，中国社会科学出版社 2003 年版。

〔5〕《后汉书·应劭传》。

　　"为之节文"，常见于儒家经典。《礼记·坊记》："礼者，因人之情而为之节文，以为民坊（防）者也。"《孟子·离娄上》："仁之实，事亲是也。义之实，从兄是也。礼之实，节文斯二者是也。"儒家学说本有文质之辨，人情、仁义乃质，需在礼的尺度内予以节制，即所谓"节文"。又兒宽《议封禅对》言："总百官之职，各称事宜而为之节文。唯圣主所由，制定其当，非群臣之所能列。"[1] 又《风俗通义·愆礼》："（羊）翩祖位则亚卿，雅有令称，义当纲纪人伦，为之节文。而首倡导犯礼违制，使东岳一郡朦朦焉，岂不愍哉！"应劭认为羊翩祖身为河南太守，理应"纲纪人伦，为之节文"，但却带头"倡导犯礼违制"。可见，"为之节文"与"纲纪"同义，与"犯礼违制"相对。也就是说，所谓"为之节文"，是应劭将礼的编纂方式借鉴到《汉仪》的编纂上，把"质"变成有节度的"文"，就是把礼义礼仪化，把法理法条化。

　　应劭奏上《汉仪》时，还明确记录了250篇的篇数，和作为附录的30篇《驳议》的情况。综上所述，《汉仪》的篇章体例完整，集多种汉代法律形式于一体，且运用了将法理法条化的法典编纂技术。若抛开它最终未予施行这一点，《汉仪》已然具有了法典的雏形，是比魏《新律》更早的法典，甚至可以说是汉晋之际的第一部私修法典草案。

---

　　〔1〕《汉书·兒宽传》。

试论沈家本对《唐律》与《大清律例》死刑条款比较

——拟以"七杀"相比较

王宏治[*]

【摘　要】沈家本在其《历代刑法考》中曾对中国历代的死刑条款作过系统的梳理和统计。本文在此基础上，首先对《唐律》与《大清律例》"五刑"中的死刑条款进行比较，在死刑的执行方式上，清朝除斩、绞外，还经常使用凌迟、枭首和戮尸，从而得出清朝在死刑的残酷性方面远远超过了唐朝。其次对"七杀"中的"谋杀"罪，"斗殴杀人"与"故意杀人"罪，"戏杀""误杀""过失杀人"罪分别进行比较，特别是以"劫杀"罪为重点，考察该罪名的产生与演变，并对以上各罪名犯罪的认定和刑罚的适用加以解读、剖析。最后通过沈家本对废除死刑的认识，阐述其对今日废除死刑思想的影响。

【关键词】死刑；七杀；谋杀；劫杀；废除死刑

沈家本在《历代刑法考》之《死刑之数》云：

唐：斩罪八十九事，绞罪一百四十四事。

按：《唐律》每条中每该数事，死罪凡二百三十三事。内有斩、绞同条者，若以条计，无此数也。《唐律》本于隋，《隋律》原于元魏。元魏《太和律》大辟二百三十五条，隋开皇除死罪八十一，唐贞观降大辟为流九十二，合之为一百七十三条，两相比较，已少四分之三，则所存当不

及六十条，与《唐律》见存之数不合。疑《太和律》之二百三十五条，条具数事，开皇、贞观所删降之条，条止一事，约略计之，尚得太和之半。故《唐六典》谓《贞观律》比古死刑，殆除其半也。

宋：天圣编敕，大辟之属十有七，庆历增为三十一，嘉佑增六十。

按：《宋刑统》全用《唐律》，而当时行用以编敕为准，此编敕大辟之数系在律外者，是死罪已多于唐矣。

元：死刑一百三十五。内凌迟九。

按：《元志》所载死罪，《卫禁》二，《军律》三，《户婚》一，《食货》二，《大恶》四十一，内凌迟六。《奸非》十八，内凌迟一。《盗贼》二十五，内凌迟二。《诈伪》五，《斗殴》一，《杀伤》二十九，内与《盗贼》门重一条。《禁令》八，共计一百三十五事。

明律死罪二百四十九，又《杂犯》十三。又《问刑条例》死罪二十。

按：《明律》死罪，凌迟十三，斩决三十八，绞决十三，斩候九十八，绞候八十七，共计死罪二百四十九。又《杂犯》斩四，《杂犯》绞九，共计十三。又《问刑条例》军罪最多，其死罪《婚姻》一，《军政》一，《关津》一，《贼盗》八，《人命》二，《斗殴》二，《诉讼》一，《诈伪》一，《杂犯》一，《捕亡》一，《《断狱》一，共计二十事。大抵元死罪视唐尤少，明则多于唐，而视宋为少。说者多谓明法重，而未考死罪之数，实未为多也。[1]

这是唐代以降，清代之前各朝法典中死刑条款之大概。关于清代死刑的数量，仍用沈家本的统计，沈氏在《虚拟死罪改为流徒摺》中说：

中国刑法，周时大辟二百，至汉武帝时多至四百九条，当时颇有禁网渐密之议。元魏时大辟二百三十条。隋开皇中除死刑八十一条。唐贞观中又减大辟九十三条，比古死刑殆除其半，刑法号为得中。国朝之律，沿自前明。顺治时律例内真正死罪二百三十九条，又杂犯斩绞三十六条。

---

〔1〕（清）沈家本撰，邓经元、骈宇骞点校：《历代刑法考》（三）之《死刑之数》，中华书局1985年版（本书著作方式和点校信息、出版信息以下省略），第1248-1250页；（清）沈家本：《历代刑法考》上册，商务印书馆2011年版，第567-569页。

迨后杂犯渐改为真犯，他项又随时增加，计现行律例内，死罪凡八百四十余条，较之顺治年间增十之七八。不惟为外人所骇闻，即中国数千年来，亦未有若斯之繁且重者也。[1]

清代死刑在《大清律例》的律文规定方面，因为是沿用《明律》，死刑条款不会有大的变化，其所增加者，主要是在"例"上。"例"是随时增加的，所谓"五年一小修，十年一大修"，二百余年，仅死刑增加了六百余条。

本文拟从《名例律》"五刑"的死刑及杀人罪的"七杀"将《唐律》的相关内容与《大清律例》进行比较。

一、《名例律·五刑》的比较

从《名例律·五刑》看，《唐律》是笞、杖、徒、流、死，各占一条，共五条；《大清律例》则合为一条，死刑都仅仅是"绞、斩"两种执行方式。但在实际上清代死刑的执行，还有凌迟、枭首、戮尸三项。此三项死刑的执行方式虽不见于《名例律》，却在分则中屡屡出现，如《刑律·贼盗律上》"谋反大逆"条："凡谋反，及大逆，但共谋者，不分首从，皆凌迟处死。"同卷"强盗"条附例："凡响马强盗持有弓矢军器，白日邀劫道路，赃证明白者，俱不分人数多寡，曾否伤人，依律处决，于行劫处枭首示众。"《刑律·人命》"谋杀祖父母父母"条："凡谋杀祖父母、父母，及期亲尊长、外祖父母、夫、夫之祖父母，已行者，皆斩；已杀者，皆凌迟处死。"同卷"杀死奸夫"条："其妻妾因奸同谋杀死亲夫者，凌迟处死，奸夫处斩。"又"杀一家三人"条："凡杀一家非死罪三人，及肢解人者，凌迟处死。"其附条例："凡杀一家非死罪三人，及肢解人，为首监故者，将财产断付被杀之家，妻子流二千里，仍剉碎死尸，枭首示众。"这里"剉碎死尸"就是戮尸的意思，用于强盗重罪犯人在监狱中死亡者，本应处斩、枭者，不因身死而免刑。据《清史稿·刑法志二》：

> 凌迟，用之十恶中不道以上诸重罪，号为极刑。枭首，则强盗居多。戮尸，所以待恶逆及强盗应枭诸犯之监故者。凡此诸刑，类皆承用《明

---

[1] （清）沈家本：《历代刑法考》之《寄簃文存》卷一《奏议·虚拟死罪改为流徒折》，第2028页。

律》，略有变通，行之二百余年。〔1〕

《大清律例·总类》引"凌迟处死"，其《刑律》为十一条，《刑例》六条。沈家本在《删除律例内重法析》中说：

> 查凌迟之刑，唐以前无此名目，始见于《辽史·刑法志》。辽时刑多惨毒，其重刑有车轘、磔掷诸名，而凌迟列于正刑之内。宋自熙宁以后，渐亦沿用。元、明至今，相仍未改。枭首在秦汉时惟用诸夷族之诛，六朝梁、陈、齐、周诸律始于斩之外别立枭名。至隋而删除其法，自唐迄元，皆无此名。今之斩枭，仍明制也。戮尸一事，惟秦时成蛟军反，其军吏皆斩戮尸，见于《始皇本纪》，此外无闻。历代刑法志并无此法。《明律》亦无戮尸之文。至万历十六年始定此例，亦专指杀祖父母、父母者而言。国朝因之，后更推及于强盗案件，凡斩、枭之犯，监故者无不戮尸矣。〔2〕

由此可见，清朝在死刑的残酷性方面，远远超过了唐朝，可以说是一种倒退。所以，沈家本在清末修订新刑律时又上奏建议删除重法，他说：

> 我朝入关之初，死刑以斩罪为极重。顺治年间，修订律例，诏用前明旧制，始有凌迟等极刑。虽以惩儆凶顽，究非国家法外施仁之本意。现在改订法律，嗣后凡死罪，至斩决而止，凌迟及枭首、戮尸三项，著即永远删除。所有现行律例内，凌迟、斩枭各条俱改为斩决；其斩决各条俱改为绞决，绞决各条俱改为绞监候，入于秋审情实；斩监候各条俱改为绞监候，与绞候人犯仍入于秋审，分别实、缓办理。〔3〕

可以说，从此以后像凌迟、枭首之类的惨酷的死刑执行方式在正式的刑法典上永远消逝。当然不能排除个别时段出现的法外酷刑。

---

〔1〕 （清）赵尔巽等撰：《清史稿》卷一四三《刑法志二》。

〔2〕 （清）沈家本：《历代刑法考》之《寄簃文存》卷一《奏议·删除律例内重法折》，第2024-2025页；并参见（清）赵尔巽等撰：《清史稿》卷一四三《刑法志二》。

〔3〕 （清）沈家本：《历代刑法考》之《寄簃文存》卷一《奏议·删除律例内重法折》，第2027页。

二、"谋杀"罪之比较

从"谋杀人"罪条比较,《唐律疏议》卷一七《贼盗律》规定:

> 诸谋杀人者,徒三年;已伤者,绞;已杀者,斩。从而加功者,绞;不加功者,流三千里。造意者,虽不行仍为首;即从者不行,减行者一等〔1〕。

《大清律例》卷二六《刑律·人命门》则规定:

> 凡谋或谋诸心,或谋诸人。杀人,造意者,斩监候;从而加功者,绞监候;不加功者,杖一百、流三千里。杀讫乃坐。若未曾杀讫而邂逅身死,止依同谋共殴人科断。
> 若伤而不死,造意者,绞监候;从而加功者,杖一百、流三千里,不加功者,杖一百、徒三年。
> 若谋而已行未曾伤人者,造意为首者。杖一百、徒三年;为从者,同谋同行。各杖一百。但同谋者,虽不同行,皆坐。
> 其造意者,通承已杀、已伤、已行三项。身虽不行,仍为首论;从而不行,减行而不加功者一等。
> 若因而得财者,同强盗不分首从论,皆斩。行而不分赃,及不行,及不分赃,皆仍依谋杀论。〔2〕

对于"谋杀人",《唐律》与《大清律例》的定义基本相似。《唐律》强调的是"二人以上",但"若事已彰露,欲杀不虚,虽独一人,亦同二人谋法"。《大清律例》则将其简化为"或谋诸心,或谋诸人",二者意思相同。总之,谋杀罪是指"预谋杀人",只要有杀人预谋,虽无具体行动(未行),即已构成犯罪。在此基础上,又分为:已行、已伤、已杀三项。已行,是指在预谋的基础上有所行为,因本人意志之外的原因而没有成功,没有造成被

---

〔1〕 (唐)长孙无忌等撰,刘俊文点校:《唐律疏议》卷一七《贼盗律》"谋杀人"条,中华书局 1983 年版,第 329 页。
〔2〕 田涛、郑秦点校:《大清律例》卷二六《刑律·人命门》"谋杀人"条,法律出版社 1999 年版,第 420 页。

害人的任何伤害的，可以说是"犯罪未遂"，《唐律》规定是徒三年，《大清律例》是杖一百、徒三年。已伤，是指为了杀人造成被害人受伤的行为，犯罪人希望造成死亡，因特殊原因（如被害人反抗，或加害人判断有误等）杀人未死，仅仅造成伤害，没有完全达到犯罪目的，《唐律》规定是判绞刑，《大清律例》则规定"若伤而不死，造意者绞监候，从而加功者杖一百、流三千里，不加功者杖一百、徒三年"。已杀，是指因谋杀行为造成受害人死亡，即谋杀者的目的完全达到，是完整的犯罪行为，《唐律》规定是为首者斩，"从而加功者绞，不加功者流三千里"，《大清律例》则对其造意者实施斩监候，从而加功者实施绞监候，不加功者杖一百、流三千里。从法律条文看，清律稍重于唐，但行文更加严谨一些。

《唐律》与《大清律例》都将"造意者"作为首犯。《唐律》之疏议曰："造意者，谓元谋屠杀，其计已成，身虽不行，仍为首罪，合斩。"造意者是指原始创意之人，具体行动无论其是否直接参与，都将其定为首犯，判处斩刑。《大清律例》则在其条例中规定：

> 凡勘问谋杀人犯，果有诡计阴谋者，方以造意论斩，助殴伤重者，方以加功论绞；谋而已行，人赃见获者，方与强盗同辟。毋得据一言为造谋，指助势为加功，坐虚赃为得财，一概拟死，致伤多命。[1]

此条例是据明神宗万历十五年（1587）刑部题本拟定，据《辑注》："此例乃律中令也，盖为谋杀诸条，其情本重，立法最严，恐听狱者易失于苛，所以慎民命也。凡谋杀之事，先须详玩此例。"[2]清代沿用此例，强调造意者不能单纯"据一言为造谋"，加功者不能"指助势为加功"，所以对造意不行，《唐律》规定是徒三年，而《大清律例》则无判刑的规定。在对谋杀罪的定罪量刑方面相比较，《大清律例》出言显得更加慎重一些。

对于谋杀罪的从犯认定，无论是"同谋加功者"，还是"受雇加功者"都是从犯。《唐律》之疏议曰："从而加功者绞，谓同谋共杀，杀时加功，虽

---

〔1〕 田涛、郑秦点校：《大清律例》卷二六《刑律·人命门》"谋杀人"条附条例，法律出版社1999年版，第421页。

〔2〕 参见（清）薛允升撰：《唐明律合编》卷一八《刑律二·人命》"谋杀人"条附条例，商务印书馆1937年版，第400页。

不下手杀人，当时共相拥迫，由其遮遏，逃窜无所，既相因藉，始得杀之，如此经营，皆是'加功'之类，不限多少，并合绞刑。"本条注释："雇人杀者，亦同。"其疏议曰："谓造意为首，受雇加功者为从。"此外，还有"同谋，从而不加功力者，流三千里"。《大清律例》直接将这些规定纳入律文："凡谋杀人，造意者，斩监候；从而加功者，绞监候；不加功者，杖一百、流三千里。"但强调必须"杀讫乃坐"。又在例文中规定，"助殴伤重者，方以加功论绞"。总体感觉，《清律》比《唐律》的法条更加规范、科学。沈家本在比较《大明律》与《唐律》时说：

> 此条与《唐律》大略相同。惟增入"因而得财"一节，即图财害命之事，尚无不可。惟已行未伤，唐无为从罪名，明增而有，但"同谋者皆坐"一语，遂多支节。或云已行未伤人，为从，无加功、不加功之分，故律文于杖一百上加一"各"字。又接以"但同谋者皆坐"六字，其承上之词耶？抑启下之词耶？否则一赘语也。[1]

《大明律》与《大清律例》的律文部分大体相同，故沈氏的评语亦可用于《大清律例》。《唐律》与《大清律例》在对谋杀罪的量刑方面，列表图示如下：

犯罪主体	犯罪行为	《唐律》	《大清律例》
首犯（造意者）	虽不行仍为首	徒三年	
	已行未伤人	徒三年	杖一百、徒三年
	已伤未死	绞	绞监候
	已杀死	斩	斩监候
从犯（同谋者）	同行未成	减一等、徒二年半	杖一百
	不同行未成	减行者一等、徒二年	杖一百
	已伤未死加功者	流三千里	杖一百、流三千里
	从而不加功者	徒三年	杖一百、徒三年

---

[1]（清）沈家本：《历代刑法考》之《明律目笺》一《刑律·人命·谋杀人条》，第1866页；《历代刑法考》（律令卷），第841页。笔者按：这段文字，原书标点有误，愚重新点过，有错讹笔者承担，下同。

犯罪主体	犯罪行为	《唐律》	《大清律例》
	已杀死加功者	绞	绞监候
	不加功者	流三千里	杖一百、流三千里

三、"斗殴杀人"与"故意杀人"罪之比较

对"斗殴杀人"与"故意杀人"比较,《唐律疏议》卷二一《斗讼律》规定:

> 诸斗殴杀人者,绞。以刃及故意杀人者,斩。虽因斗,而用兵刃杀者,与故杀同。为人以兵刃逼己,因用兵刃拒而杀伤者,依斗法。余条用兵刃,准此。
>
> 疏议曰:相争为斗,相击为殴。若以手足殴人者,笞四十。

斗杀罪,是指当事人双方原本没有要剥夺对方生命的"害心",因事相争引起相互冲突打斗,"两讼相趣谓之斗","讼"在此是"争"的意思,即以口头相争。"殴",指以手足、他物互相击打,造成伤害及一方死亡的行为。《斗讼律》的疏议曰:"斗殴者,元无杀心,因相斗殴而杀人者,绞。"[1]这里所强调的仍是其主观动机上"元无杀心";"斗而加兵刃、水火中,不得为戏"。一旦以兵刃相斗,或以水火等危险方式相斗,性质就发生变化,"即有害心",若有杀伤,则以故杀伤论。其注文:"为人以兵刃逼己,因用兵刃拒而杀伤者,依斗法。余条用兵刃,准此。"即斗殴双方,一方率先以兵刃相逼,另一方被迫以兵刃相拒,从而造成杀伤的,"亦依斗杀之法";而"以兵刃杀者,与故杀同"。所以斗杀,又称为"斗殴杀",清初黄六鸿对斗殴杀的定义为:"偶尔口角,互相争斗,用某物于某人某处一下打重,当时殒命,并无同谋及下手之人,此系斗殴杀。"又按曰:"斗杀,尔我争雄谓斗,彼此交打,原无打死之心。或当时,或保辜限内,打有致命之伤而死者,皆为斗杀。斗殴,止一人相敌无从,若有从,即系同谋共殴。"[2]

---

[1] (唐)长孙无忌等撰,刘俊文点校:《唐律疏议》卷二一《斗讼律》"斗殴故殴故杀"条,中华书局1983年版,第387页。

[2] (清)黄六鸿著,周保明点校:《福惠全书》卷一四《刑名部·人命上·七杀式附》,广陵书社2018年版,第253-254页。

故杀罪，是指故意地非法剥夺他人生命的行为，这里所说的故杀是指没有事先预谋的故意杀人行为，这是区别谋杀与故杀的要件。但故杀强调的也是故意，"知而犯之谓之故"，即以剥夺人的生命为目的。知道自己的行为会置人于死地，希望并放任这种结果的发生。《唐律疏议》没有专条规定"故杀"，只是在"斗殴杀人条"提及："虽因斗，而用兵刃杀者，与故杀同。"〔1〕唐代著名诗人白居易在《论姚文秀打杀妻状》引刑部及大理寺断曰："准律：非因斗争，无事而杀者，名为故杀。"〔2〕据《名例律》的疏议曰："故杀人，谓不因斗竞而故杀者。"〔3〕《斗讼律》的规定是："诸斗殴杀人者，绞；以刃及故杀人者，斩。虽因斗，而用兵刃杀者，与故杀同。"其疏议曰："以刃及故杀人者，谓斗而用刃，即有害心，及非因斗争，无事而杀，是名'故杀'，各合斩罪。'虽因斗而用兵刃杀者'，本虽是斗，乃用兵刃杀人者，与故杀同，亦得斩罪，并同故杀之法。"这里指的都是从斗杀罪中离析出来的故杀罪，在打斗中用兵刃，即以故杀论，强调的是"有害心"。又表现在"虽因斗，但绝时而杀伤者，从故杀伤法"。即斗竞已结束，一方分手后，去而复来杀伤另一方者，以故杀论。《宋刑统》引唐大中四年（850）制节文："故杀人者，虽已伤未死，已死更生，意欲杀伤，偶得免者，并同已杀人处分。"〔4〕其他形式的故杀人有"以毒药药人""医药故不如本方"等。对故杀罪的处刑一般是或绞或斩，杀而未死者，以故伤论罪。黄六鸿释曰："与某人素有仇嫌，偶然撞遇，一时忿起，用某物于某人某处一下，当时殒命，此系故杀。"并进一步释曰："故杀，事有怨恨，心无宿谋，逞怒一时，径情杀之者。未尝谋划，故次于谋杀；有死之心，故重于斗杀。"〔5〕

《大清律例》卷二六《刑律·人命门》"斗殴及故杀人"条规定：

〔1〕（唐）长孙无忌等撰，刘俊文点校：《唐律疏议》卷二一《斗讼律》"斗殴杀人"条，中华书局1983年版，第387页。

〔2〕（唐）白居易：《白居易集》第四册卷六〇《奏状三·论姚文秀打杀妻状》长庆二年五月十一日奏，中华书局1979年版，第1273–1274页。

〔3〕（唐）长孙无忌等撰，刘俊文点校：《唐律疏议》卷二《名例律》"除名"条，中华书局1983年版，第47页。

〔4〕（唐）长孙无忌等撰，刘俊文点校：《唐律疏议》卷二一《斗讼律》"斗殴杀人"条，中华书局1983年版，第387页。

〔5〕（清）黄六鸿著，周保明点校：《福惠全书》卷一四《刑名部·人命上·七杀式附》，广陵书社2018年版，第254页。

> 凡斗殴杀人者，不问手足、他物、金刃，并绞监候。
>
> 故杀者，斩监候。

本条的注文是：

> 独殴曰"殴"，有从为同谋共殴；临时有意欲杀，非人所知曰"故"。共殴者惟不及知，仍只为同谋共殴。此故杀所以与殴同条，而与谋有分。

特别说明为什么将斗殴杀人与故杀放在同一法条，而不与谋杀同条。

沈家本在《寄簃文存》卷二《论故杀》中用"论故杀""附录康熙雍正年故杀案""附录驳案""故杀余论"四条论证故杀，文长不全录。其引：

> 《今律注》："临时有意欲杀，非人所知，曰故。"《辑注》："临时有意欲杀，非人所知。"此十字乃故杀之铁板注脚，一字不可移，一字不可少。有意欲杀，乃谓故杀。若先前有意，不在临时，则是独谋于心矣。若欲杀之意，有人得知，则是共谋于人矣。临时，谓斗殴、共殴之时。故杀之心，必起于殴时。故杀之事，即在于殴内。故列于斗殴、共殴之中。除凡人之外，其他故杀皆附于《殴律》，其义可见。

但他又从"律法之义例"出发，对此有违义例之处，指出六项缺陷，[1]很值得刑法学家重视。沈家本对"斗殴及故杀人"的评议是：

> 唐目凡二，一曰"斗故杀用兵刃"，一曰"同谋不同谋殴伤人"，在《斗讼律》中，明改并移于《人命》，此明与唐之不同者。唐用兵刃杀者与故杀同，明则不问手足、他物、金刃，并为斗杀。唐有故杀，有故伤，明则有故杀而无故伤。唐共殴从者减元谋一等，应拟满徒，明则概以满杖论。其得失薛氏言之已详。至故杀之解，另详后篇。《汉律》斗以刃伤人，完为城旦，其贼加罪一等。贼者，即故意害人之谓。是汉法刃伤与他

---

〔1〕 参见（清）沈家本：《历代刑法考》之《寄簃文存》卷二《论故杀》，第2063—2073页。

伤不同，故伤者加一等，其即《唐律》之所本欤？〔1〕

沈家本所说的"其得失薛氏言之已详"，指的是薛允升的《唐明律合编》，薛氏所言，文长不录。〔2〕沈家本在评述《汉律》的"贼杀人"时说：

> 贼杀人，《王子侯表》："张侯嵩，坐贼杀人，上书要上，下狱，瘐死。"颜注："要上者，怙亲而不服罪也。""南利侯昌。坐贼杀人，免。"
>
> 按：凡言贼者，有心之谓，此疑即后来律文之故杀也。嵩疑要上，瘐死，其狱未决。昌仅免侯，当别有故。〔3〕

沈氏认为，后世之"故杀罪"，应该是源于汉律之"贼杀人"。他说："贼者，害也，凡有害于人民，有害于国家，皆可谓之贼。"〔4〕将"贼杀人"列为重罪，一是强调其犯罪动机是"有心"，即故意；二是强调其危害性。

四、"戏杀""误杀""过失杀人"罪之比较

"戏杀""误杀""过失杀人"罪，《唐律》分为三条，《唐律疏议》卷二一《斗讼律》规定：

> 诸戏杀伤人者，减斗杀伤二等；谓以力共戏，至死和同者。虽和，以刃，若乘高、履危、入水中，以故相杀伤者，唯减一等。即无官应赎而犯者，依过失法收赎。余条非故犯，无官应赎者，并准此。
>
> 诸过失杀伤人者，各依其状，以赎论。谓耳目所不及，思虑所不到；共举重物，力所不制；若乘高履危足跌及因击禽兽，以致杀伤之属，皆是。
>
> 诸斗殴而误杀伤旁人者，以斗杀伤论；至死者，减一等。

《大清律例》则合为一条，其卷二六《刑律·人命门》"戏杀误杀过失杀伤人"条规定：

> 凡因戏，以堪杀人之事为戏，如比较拳棒之类。而杀伤人，及因斗殴而误

〔1〕（清）沈家本：《历代刑法考》之《明律目笺》一《刑律·人命·斗殴及故杀人条》，第1869页。

〔2〕参见（清）薛允升撰：《唐明律合编》卷二一《斗讼律》"斗殴"条，薛氏按，商务印书馆1937年版，第489-490页。

〔3〕（清）沈家本：《历代刑法考》之《汉律摭遗》卷五"贼杀人"条，第1463页。

〔4〕（清）沈家本：《历代刑法考》之《汉律摭遗》卷一《目录》，第1371页。

杀伤旁人者，各以斗杀伤论。死者，并绞。伤者，验轻重坐罪。

若知津河水深泥泞而诈称平浅，及桥梁渡船朽漏，不堪渡人，而诈称牢固，诳令人过渡，以致陷溺死伤，与戏相等。亦以斗殴杀伤论。

若过失杀伤人者，较戏杀愈轻。各准斗杀伤罪，依律收赎，给付其被杀伤之家。过失，谓耳目所不及，思虑所不到。如弹射禽兽，因事投掷砖瓦，不期而杀人者；或因升高险足有蹉跌，累及同伴；或驾船使风，乘马疾走，驰车下坡势不能止；或共举重物，力不能制，损及同举物者。凡初无害人之意而偶致伤人者，皆准斗殴杀伤人罪，依律收赎，给付被杀、被伤之家，以为茔葬及医药之费。[1]

戏杀罪，是指当事人双方原无"害心"，"以力共戏，至死和同者"，[2]"两和相害谓之戏"，因相互戏嬉，造成死亡的行为。当事人双方原本没有怨仇，至死亡事故发生时仍和好如初。隋朝李士谦"其奴尝与乡人董震因醉角力，震扼其喉，毙于手下。震惶惧请罪，士谦谓之曰：'卿本无杀心，何为相谢！然可远去，无为吏治所拘。'"[3]李士谦以"本无杀心"作为判定其乡人不是故意杀人的依据，可以作为"戏杀"论。依《唐律》规定，戏杀减斗杀二等论罪，但可适用"赎"，如斗杀当判绞刑，减二等，依律流刑三等并为一等，减二等则当徒三年，再依赎法，徒三年折赎铜六十斤。但如用兵刃相戏，在乘高处险，或临危履薄，或在水中等危险环境中相戏闹，因而造成一方死亡的，则只能按减一等论处，因此时双方"自须共相警戒"，不应戏闹。此外，卑幼不得与尊亲属相戏，若因相戏造成尊亲属伤亡者，虽和亦不得以"戏杀伤"论，"各从斗杀伤法"。[4]黄六鸿对戏杀的定义为："与某人戏耍，误中某人某处殒命，此系戏杀。"[5]

过失杀人罪，是指因当事人的过失而造成他人死亡的行为。对于过失杀

---

〔1〕 田涛、郑秦点校：《大清律例》卷二六《刑律·人命门》"戏杀误杀过失杀伤人"条，法律出版社1999年版，第433页。

〔2〕 （唐）长孙无忌等撰，刘俊文点校：《唐律疏议》卷二三《斗讼律》"戏杀伤人"条，中华书局1983年版，第425页。

〔3〕 《隋书》卷七七《隐逸·李士谦传》。

〔4〕 （唐）长孙无忌等撰，刘俊文点校：《唐律疏议》卷二三《斗讼律》"戏杀伤人"条，中华书局1983年版，第425-426页。

〔5〕 （清）黄六鸿著，周保明点校：《福惠全书》卷一四《刑名部·人命上·七杀式附》，广陵书社2018年版，第257页。

人的认定，从主观上讲"为无恶心"，也是强调不具有犯罪的"故意"，"不意误犯谓之过失"；从客观上讲，"谓耳目所不及，思虑所不到"，[1]既包括因疏忽大意的过失，也包括因过于自信的过失，都是行为人自以为自己的行为不会危害他人，却因意想不到的原因，或应该预见到会有危害，行为人却自信能够避免，从而造成"误杀伤人"的后果。如向不闻有人声并看不到有人处投掷砖瓦及弹射，而致人杀伤；或与他人共举重物，自己力所不制，使对方死伤；或登高临危，失足跌落；或击禽兽等造成杀伤的行为，都属于过失杀伤人的行为。在一般情况下，过失杀人者可以入铜收赎。但若是不同身份者之间的过失杀伤人，则处刑又大不相同，如奴婢过失杀主人，则仍须处绞刑；子孙过失杀祖父母、父母，则流三千里；妻、妾过失杀夫，则减二等，即徒三年。反过来，主人过失杀奴婢，祖父母、父母过失杀子孙，夫过失杀妻妾者，则"各勿论"，[2]黄六鸿解释过失杀举例说："因拾砖打某物，不知某人在彼，着在某人某处殒命，此系过失杀。"[3]

误杀罪，是指虽有杀人的故意，而被杀者并非行为人所想要杀害的人。"假如甲共乙斗，甲用刃、杖欲击乙，误中于丙，或死或伤者，以斗杀伤论。不从过失者，以其元有害心，故各依斗法。"[4]误杀致死者，减斗杀一等。如在与人斗殴中，因失手跌倒，以致误杀伤旁人者，则以戏杀伤论。"斗而杀伤旁人又似误"，如是共捕盗贼，误杀伤旁人者，则以过失杀伤论。黄六鸿定义误杀曰："原与某人争斗，错打某人殒命，此系误杀。"[5]

《唐律》戏杀、过失杀及误杀人，皆无死刑，直接由斗杀减二等或一等定刑，并可适用赎法。而《大清律例》则对戏杀以斗杀论绞，误杀以故杀论斩，过失杀人准斗杀论罪，可"依律收赎"。沈家本评"戏杀误杀过失杀伤人"曰：

〔1〕（唐）长孙无忌等撰，刘俊文点校：《唐律疏议》卷二三《斗讼律》"过失杀伤人"条，中华书局 1983 年版，第 426-427 页。

〔2〕（唐）长孙无忌等撰，刘俊文点校：《唐律疏议》卷二二《斗讼律》，中华书局 1983 年版，第 406-408 页。

〔3〕（清）黄六鸿著，周保明点校：《福惠全书》卷一四《刑名部·人命上·七杀式附》，广陵书社 2018 年版，第 258 页。

〔4〕（唐）长孙无忌等撰，刘俊文点校：《唐律疏议》卷二三《斗讼律》"误杀伤"条，中华书局 1983 年版，第 423 页。

〔5〕（清）黄六鸿著，周保明点校：《福惠全书》卷一四《刑名部·人命上·七杀式附》，广陵书社 2018 年版，第 257 页。

唐分三目，曰"戏杀伤人""斗殴误杀伤人""过失杀伤人"，在《斗讼律》中，明并为一而移于此（指"人命门"）。惟"若知津河水深泥泞"一节，唐目曰"诈陷人死伤"在《诈伪律》中，死伤者以斗杀伤论，非戏、非误、非过失也，移入于此，殊觉不伦，读者不察。至《纂注》有其事与戏杀者相等，姚氏并取作小注，实大谬不然。此等非可以相戏之事，故律文曰诈称，曰诳令。唐戏杀分减二等、减一等及不和同不得为戏各以斗杀伤论三等。误杀有僵仆致死伤及误杀伤助己者。明戏、误并为一条，而删去此等层级，遇有案件，似此者定罪，遂难允当。此并明之不如唐者也。[1]

从表面看，戏杀、误杀罪，《唐律》无死刑，《大清律例》有死刑，而从司法实践中看，清朝的戏杀、误杀是虚拟死罪，在秋审时，"刑部将戏杀、误杀、擅杀之犯，奏减杖一百、流三千里"，[2]其死刑不会执行。在《大清律例》中，专设《过失杀伤收赎图》，规定："过失杀，绞，依律收赎，折银十二两四钱二分，给被杀之家埋葬。"[3]此图《大明律》没有，是"乾隆五年，馆修奏准芟除总注，并补入《过失杀伤收赎》一图而已"。[4]

清末修律时，沈家本上书要求废止虚拟死刑，建议将虚拟死刑直接改为徒刑或流刑。他说："戏杀初无害人之意，死出意外，情节最轻。误杀虽有害心，而死非互斗之人，亦初意之所不及……考之《唐律》，戏杀、误杀各按其当场情形，分别徒、流，并无死罪。"戏杀、误杀"盖虽名为绞罪，实与流罪无殊，不过虚拟死罪之名，多费秋审一番文牍而已"。[5]

五、"劫杀"罪之比较

"六杀"之外，还有一类杀人罪是因抢劫或劫囚等犯罪行为引起的杀人，称为"劫杀"，故又与六杀合称为"七杀"。黄六鸿总论人命案说："人命有

---

〔1〕 （清）沈家本：《历代刑法考》之《明律目笺》一《刑律·人命·戏杀误杀过失杀伤人条》，第1870页。

〔2〕 （清）赵尔巽等撰：《清史稿》卷一四四《刑法志三》。

〔3〕 田涛、郑秦点校：《大清律例》卷二《诸图·过失杀伤收赎图》，法律出版社1999年版，第53页。

〔4〕 （清）赵尔巽等撰：《清史稿》卷一四二《刑法志一》。

〔5〕 参见（清）沈家本：《历代刑法考》之《寄簃文存》卷一《虚拟死罪改为流徒折》，第2029页。

真有假，真者不离乎七杀：曰劫杀，曰谋杀，曰故杀，曰斗殴杀，曰误杀，曰戏杀，曰过失杀。"〔1〕

秦汉有"盗杀"之名，《盐铁论·刑德篇》："盗伤与杀同罪，所以累其心而责其意也。"沈家本对此按曰："大夫之言，当是《汉律》，皆当科死罪矣。"〔2〕贼杀人即相当于后世的"劫杀"，贼伤即为死刑，贼杀无疑当死。东晋安帝义熙五年（409），"吴兴武康县人王廷祖为劫，父睦以告官。新制：'凡劫身斩刑，家人弃市。'"〔3〕由此可知，东晋时犯抢劫罪，不仅本人处斩刑，还要株连家人弃市（绞刑）。北魏后期，"有司奏立严制：诸强盗杀人者，首从皆斩，妻子同籍，配为乐户；其不杀人，及赃不满五匹，魁首斩，从者死，妻子亦为乐户；小盗赃满十匹以上，魁首死，妻子配驿，从者流"。〔4〕这里所说的"强盗杀人"，即为后世之"劫杀"。

《唐律》无"劫杀"之名，劫杀在《唐律》中特指因劫囚而杀人，"诸劫囚者，流三千里，伤人及劫死囚者，绞；杀人者，皆斩。但劫即坐，不须得囚"。〔5〕沈家本对"劫囚"的评说是：

> 《唐律》劫囚流三千里，伤人及劫死囚者绞，杀人者斩。但劫即坐，不须得囚。《明律》不问杀伤与否，但劫即皆斩，未免过重。其不得囚犹之强盗之不得财，而不得囚者竟予骈诛，可乎？〔6〕

沈家本认为劫囚未得囚与强盗不得财相当，皆判斩刑"未免过重"。唐睿宗景云二年（711）大赦天下，"其谋杀、劫杀、造伪头首并免死配流岭南，官典受赃者特从放免"。〔7〕又开元十一年（723），南郊赦书："其十恶死罪、造

〔1〕（清）黄六鸿著，周保明点校：《福惠全书》卷一四《刑名部·人命上·总论》，广陵书社2018年版，第247页。

〔2〕（清）沈家本：《历代刑法考》之《汉律摭遗》卷二《盗律·贼伤条》，第1409页；《历代刑法考》（律令卷）之《汉律摭遗》卷二，第414页。

〔3〕《宋书》卷六六《何尚之传》；又参见《南史》卷三〇《何尚之传》。

〔4〕《魏书》卷一一一《刑罚志》。

〔5〕（唐）长孙无忌等撰，刘俊文点校：《唐律疏议》卷一七《盗贼律》"劫囚"条，中华书局1983年版，第330页。

〔6〕（清）沈家本：《历代刑法考》之《明律目笺》三《刑律·贼盗·劫囚条》，第1863页。

〔7〕《旧唐书》卷七《睿宗纪》。笔者按：《册府元龟》卷八四《帝王部·赦宥三》，引此条无"劫杀"字。

伪头首、劫贼劫杀事主，不在赦例。"[1]再开元二十四年（736）敕："天下见禁囚，犯十恶死罪及造伪头首，劫杀人，先决六十长流岭南远恶处。"[2]肃宗乾元三年（760）诏曰："其天下见禁囚徒，死罪降流，流已下一切放免。其十恶、反逆及伪造头首、强盗、劫杀、官吏犯赃枉法等，害政既甚，在法难容，不在此限。"[3]唐僖宗乾符二年（875），南郊赦："惟犯十恶叛逆以上，及故杀人、官典犯入己赃，兼情涉巨蠹，及持杖行劫，并故杀人，虽已伤未死更生，意欲杀伤偶得免者，并同已杀人法处分……并不在原免之限。"[4]"劫杀"之罪名陆续出现在皇帝的赦命、诏令之中。唐后期及五代后周，将"执杖行劫杀人"也称为"劫杀"，《宋刑统》卷一九《盗贼律·强盗窃盗门》引周显德五年（958）七月七日敕条：

> 劫盗及杀人贼同情、知情者，若是未行劫之前，曾与同居骨肉和同商量，或更教唆使去，事过之后，同受赃物，如此者谓之同情。若是拟行劫杀之时，骨肉虽知，止遏不得；或是劫杀之后，方始告知；或将到赃物，收藏在家，如此者谓之知情。应同情者，与贼同罪。若一家之内，同情者众，只取一人为首处死，余人为从，减死罪。其妇女同情者，量罪科断。如知情者，既诚劝不及，又告言无文，望准律处分。如累行劫杀，骨肉皆曾知情，亦可量情罪科断。

这可以说是"劫杀"罪入律。其"起请条"曰："臣等参详，应持杖行劫，一准旧敕，不问有赃无赃，并处死。"[5]宋代的大赦令常见"劫杀"罪名，如天禧四年（1020）诏曰："天下犯十恶、劫杀、谋杀、故杀、斗杀、放火、强劫、正枉法赃、伪造符印、厌魅咒诅、造妖书妖言、传授妖术、合造毒药、禁军诸军逃亡为群盗罪至死者，每遇十二月，权住区断，过天庆节即

---

〔1〕（宋）宋敏求编：《唐大诏令集》卷六八《典礼·南郊二》。笔者按：《册府元龟》卷八五《帝王部赦宥四》引此条作"劫贼杀事主"，其意虽为"劫杀"，但与上条《册府元龟》皆无"劫杀"字样。

〔2〕《册府元龟》卷八五《帝王部·赦宥四》。

〔3〕《册府元龟》卷八七《帝王部·赦宥六》。

〔4〕（宋）宋敏求编：《唐大诏令集》卷七二《典礼·南郊六》。

〔5〕（宋）宝仪等撰，吴翊如点校：《宋刑统》卷一九《盗贼律·强盗窃盗门》，中华书局1984年版，第302页。

决之。"〔1〕《庆元条法事类》引敕："诸杀人应入不道者，若劫杀、谋杀已杀人各罪至死者，虽会大赦得原，皆配二千里。"〔2〕"劫杀"列于其他诸杀之前。

最早将"劫杀"加入"六杀"而称"七杀"的是元代徐元瑞，其《吏学指南》卷三，列"七杀"之目：

> 谋 二人对议，故 知而犯之，劫 威力强取，斗 两怒相犯，误 出于非意，戏 两和相害，过失 不意故犯。

而《元典章》将"诸杀"列表，其排序为：过失杀、劫杀、谋杀、故杀、戏杀、误杀、斗杀；而正文排序则为：谋杀、故杀、劫杀、斗杀、误杀、戏杀、过失杀。其中出现的"劫杀"，所举案例为："反狱劫囚"，〔3〕其意与《唐律》之本意同。

明清律则又不见"劫杀"之名，《大清律例》强盗罪条例有强盗杀人，劫囚罪有因劫囚而杀人者，皆为斩罪。黄六鸿说：

> 据供：原与某人商量同去，用某物将某人杀死，又将他某物取了来，同某人分讫，此系劫杀。
>
> 按"人命"律内无"劫杀"字样，止"谋杀人"一条云："若因而得财者，同强盗，不分首、从论，皆斩。"
>
> 按本律注，无问杀人与否，但得财，即同盗论。况得财而又杀人乎？律中一"因"字下得甚细，盖初念止在杀人，未以得财起意，故曰"因"。一"同"字又下得甚深，盖强盗止利得财，初无杀人之意。今既杀其人，而又得其财，不更甚于强盗一等乎？故不曰"以强盗论"，而曰"同"，以其所犯无一不同于强盗，故不曰"以"而曰"同"也。然于强盗之律无可加者，以强盗杀人劫财，亦止以斩论，且彼原为谋杀，而偶起利财之心，故竟同盗论，不分首、从，皆斩，是于谋杀之律又加一等矣。〔4〕

---

〔1〕《宋史》卷一九九《刑法志一》。

〔2〕《庆元条法事类》卷七五《刑狱门·盗贼敕》。

〔3〕《元典章》典章四十二《刑部卷之四·诸杀一》。

〔4〕（清）黄六鸿著，周保明点校：《福惠全书》卷一四《刑名部·人命上·七杀式附》，广陵书社 2018 年版，第 256 页。

　　"劫杀"既不见于明清律，且明清律又增设"白昼抢夺"罪，其注曰："人少而无凶器，抢夺也；人多而有凶器，强劫也。"其条例曰："凡白昼抢夺杀人者，照窃盗拒捕杀人例，拟斩立决。"[1]依照《大清律例》规定："凡强盗已行而不得财者，皆杖一百、流三千里。但得事主财者，不分首从，皆斩。"如果是"强盗杀人，放火烧人房屋，奸污人妇女，打劫牢狱仓库，及干系城池、衙门，并积至百人以上，不分曾否得财，俱照得财律，斩，随即奏请审决枭示。"[2]薛允升评曰："《明律》但得财者皆斩，何以迄今仍遵行耶？窃盗临时拒捕杀伤人者皆斩，系照《唐律》'共盗临时有杀伤人者以强盗论'之文，谓伤人者绞，杀人者斩也。《明律》一概拟斩，亦觉过严。"[3]薛氏虽指的是《明律》，但《大清律例》与之相同，劫杀罪清律严于唐律，应无疑问。沈家本在《明律目笺》中论述"强盗"时，将《唐律》与《明律》进行比对：

　　《唐律》注谓以威若力而取其财、先强后盗、先盗后强等。但论其强不强，不论其强之先与后，其立法似严。然其律有持杖、不持杖之分，有一尺、二匹、十匹、五匹之分，有伤人、杀人之分，得财而未至五匹者亦止流三千里。其法最为平允。宋、元咸遵守之。至明而改为但得财者不分首从皆斩，而古法遂大变。《通考》："晋天福十二年，敕应天下，凡关强盗，捉获不计赃物多少，按验不虚，并宜处死。时四方盗贼多，朝廷患之，故重其法。"此特石氏一朝之秕政，而可尤而效之哉？今乃著为常典，意为治盗贵严，而实非探源之道。其律文之失，不在"不分首从"，而在"但得财"三字。受害者仅止些微，到案者遽膺骈戮，情法相准，岂得为平？至若窃盗临时有拒捕及杀伤人者皆斩，此即《唐律》先盗后强之事，明入之《强盗律》内，实与《唐律》之意相符。后人不知"先盗后强"之义，凡先盗后强者不以强盗论，妄增条例，枝节横生，固由昧于古法，亦因"但得财"三字立法太严，而为补苴之计，孰如改从

---

　　〔1〕　田涛、郑秦点校：《大清律例》卷二四《刑律·贼盗中》"白昼抢夺条及附例"，法律出版社1999年版，第386页。

　　〔2〕　田涛、郑秦点校：《大清律例》卷二三《刑律·贼盗上》"强盗条附例"，法律出版社1999年版，第378页。

　　〔3〕　（清）薛允升撰：《唐明律合编》卷一九《贼盗三·强盗》，商务印书馆1937年版，第455页。

《唐律》之为善乎！〔1〕

沈家本赞同《唐律》的立法精神，对强盗罪当根据情节，如持杖、不持杖，得赃多少，以及对受害人的伤害轻重，分别科刑。认为"但得财"即"不分首从皆斩"是"立法太重"，以致强盗杀伤人也判斩刑，似乎没有区别了。但《大清律例》用条例补充其缺憾：

> 凡图财害命，应分别曾否得财定拟，其得财而杀死人命者，首犯与从而加功者，俱拟斩立决；不加功者，拟斩监候；不行而分赃者，照强盗免死减等例问发。伤人未死而已得财者，首犯拟斩立决；从而加功者，拟斩监候；不加功者，亦照例问发；不行而分赃者，杖一百、流三千里。如未得财，杀人为首者，拟斩监候；伤人为首者，拟绞监候；其为从而加功、不加功者，俱分别递减。〔2〕

从此条例看，《大清律例》对"劫杀"罪的判处，虽仍严于《唐律》，但较《大明律》还是宽松一些的。

* * *

关于废除死刑的说法，笔者在拙作《中国刑法史讲义》中曾提到唐玄宗废除死刑的尝试，引起学界的关注。

唐玄宗时曾一度试图废除死刑。开元二十五年（737），"天下死罪惟有五十八人"，〔3〕玄宗为此颁诏："敕以为庶狱既简，且无死刑，自今以后，有犯死刑，除十恶死罪，造伪头首，劫杀、故杀、谋杀外，宜令中书门下与法官等详所犯轻重，具状闻奏。"〔4〕实际上肯定了一般的刑事犯罪已经没有死刑了。据日本学者研究，玄宗执政期间，曾一度废止死刑的执行，《唐六典》卷六《刑部》注曰："古者，决大辟罪，皆于市。自今上临御以来，无其刑，但存其文耳。"是说当时对犯死罪者，不执行死刑，皆处以配流，但刑律中仍保

---

〔1〕 （清）沈家本：《历代刑法考》之《明律目笺》三《刑律·贼盗·强盗条》，第1862—1863页；《历代刑法考》（律令卷），第837—838页。

〔2〕 田涛、郑秦点校：《大清律例》卷二六《刑律·人命》"谋杀人条附例"，法律出版社1999年版，第421页。

〔3〕 《旧唐书》卷五〇《刑法志》。

〔4〕 《唐六典》卷六《刑部郎中员外郎条》。

存其条款。这可以说是中国历史上第一次废除死刑的尝试。

到天宝六载（747）正月，玄宗又进一步要求将刑律中的死刑条款径行削除，他颁诏曰：

> 朕承大道之训，务好生之德，于今约法，已去极刑。议罪执文，犹存旧目，既措而不用，亦恶闻其名。自今以后，所断绞、斩刑者，宜除削此条，仍令法官约近例详定处分。今断极刑云决重杖以代极刑法，始于此也。

> 八载，诏曰：唐虞省刑，画冠不犯；秦汉制法，密网惟烦。理乱之机，得失斯在。朕尝想淳古务从敦朴，刑期不滥，政叶无为。岂惟守于升平，庶有臻于大道。顷者详诸条目，已从推究，至于结断，尚虑深刻。所贵从宽，示其知禁。宜令中书门下与刑部、大法官，审更详定，法律之间有所便者，具其条目奏闻。[1]

从这两条诏令看，玄宗不仅仅是指示有关部门及法官削除死刑条目，而且两年后他还亲自检查进度，认为修订后的法条仍显"深刻"，希望进一步"从宽"。玄宗自以为是躬逢"开元天宝盛世"，企望不仅是司法中不执行死刑，而且要在刑律中取消死刑条款，废除死刑之心，虽不逢时，其志可旌。但宋人却不领情，欧阳修在《新唐书·李林甫传》中，揭露李林甫弄权，罢黜贤相张九龄、裴耀卿，独揽相权，制造冤案，杀玄宗三子。因"恶杨慎矜"，令御史诬陷之，"于是慎矜兄弟皆赐死，株连数十族"。[2]而"大理卿徐峤妄言：'大理狱杀气盛，鸟雀不敢栖。今刑部断死，岁才五十八，而乌鹊巢狱户，几至刑错。'群臣贺帝，而帝推功大臣，封林甫晋国公。"[3]典型的"上下相遁"，共粉太平。司马光著《资治通鉴》时也不领情，批评玄宗"令削绞、斩条"是"上慕好生之名，故令应绞、斩者皆重杖流岭南，其实有司率杖杀之"。如此看来，玄宗此举确有沽名钓誉的味道。

安史之乱后，肃宗处治从伪之臣，"斩于独柳树者十一人，（达奚）珣及

---

〔1〕《册府元龟》卷六一二《刑法部·定律令四》。

〔2〕《新唐书》卷二〇九《酷吏·吉温传》。

〔3〕《新唐书》卷二二三上《奸臣上·李林甫传》。

韦恒腰斩，陈希烈等赐死于狱中者七人，其余决重杖死者二十一人"。[1]死刑的方式又正式出现了"杖死"。到了德宗建中三年（782），又颁敕说：

> 准唐建中三年八月二十七日敕节文：其十恶中恶逆以上四等罪，请律用刑，其余应合处绞、斩刑，自今以后，并决重杖一顿处死，以代极法。释曰：恶逆以上四等罪，谓谋反、谋大逆、谋叛、恶逆。[2]

这就等于正式宣布死刑的一般处决方式是"杖杀"，而不是法定的绞、斩了。从正史中的记载看，杖杀确实成为唐后期普遍行用的处决方式，其名称除杖杀外，还有"决杀""集众决杀""决痛杖一顿处死"等。沈家本对此评说：

> 以法制而言，杖轻于斩、绞，以人身之痛苦言，杖不能速死，反不如斩、绞之痛苦为时较暂。且杖则血肉淋漓，其形状亦甚惨。[3]

唐宪宗时又曾试图废除死刑，《新唐书·刑法志》批评说："今不隆其本，顾风俗谓何而废常刑，是弛民之禁，启其奸，由积水而决其防。故自玄宗废徒杖刑，至是又废死刑，民未知德，而徒以为幸也。"

清末修律，沈家本倡"死刑惟一说"，不主张近期废除死刑。他认为：

> 废止死刑之说，今喧嚣于欧美各洲矣，而终未能一律实行者，政教之关系也。惟死刑止用一项则东西各国所同。第译文简略，其理说未之能详。冈田博士之言则曰："各国之中，废止死刑多矣。即不废死刑者，亦皆采用一种之执行方法。今中国欲改良刑法，而于死刑犹认斩、绞二种，以抗世界之大势，使他日刑法告成，外人读此律者，必以为依然野蛮未开之法，于利权收回、条约改正之事，生大阻碍也必矣。"[4]

沈家本主张实行"死刑惟一"的目的在于收回"利权"，"自此而议律

---

[1] 《新唐书》卷五六《刑法志》。

[2] （宋）窦仪等撰，吴翊如点校：《宋刑统》卷一《名例律·死刑》，中华书局1984年版，第5页。

[3] （清）沈家本：《历代刑法考》（一）卷四《刑制总考四》，第53页。

[4] （清）沈家本：《历代刑法考》之《寄簃文存》卷三《死刑惟一说》，第2029页。

者，乃群措意于领事裁判权"。[1]但在对废除死刑问题上，他认为：

> 近数十年来，欧洲学者创废止死刑之说，诸小国中有实已实行者，而诸大国则皆不能行，亦虚悬学说而已。推原其故，欲废死刑，先谋教养，教养普而人民之道德日进，则犯法者自日见其少，而死刑可以不用。故国小者尚易行之。若疆域稍广之国，教养之事安能尽善尽美，犯死罪而概宽贷，适长厥奸心，而日习于为恶，其所患滋大。《盘庚》云："殄灭之无遗育，无俾易种于兹新邑。"《泰誓》云："除恶务本。"古人之言，非无故也。[2]

从沈家本对废除死刑的认识看，他不是一味追随"时髦"虚悬的学说，而是清醒地认识到，在"疆域稍广之国"，教化还不能达到尽善尽美之时，废除死刑是不现实的。唐玄宗之"废除死刑"是为了粉饰"盛世"，而清末的修律，则是寄希望使中华之法律从野蛮中走出来。一下子就提出"废除死刑"既不合乎当时的社会状况，也容易遭到反对修律者的攻击，欲速则不达。

今天，中国的改革开放在各方面都取得重大进展，使我们站在了更高的起点上，人民的文化素养已与前朝不可同日而语。世界上已有一百多个国家废除了死刑，而指望我国马上废除死刑，可能仍不现实。但废除死刑已经成为不可抗拒的历史潮流，这就要求我们学界首开风气之先，尽早将废除死刑提到议事日程上来，起码这个问题不应该成为学术研究的禁区。

---

〔1〕（清）赵尔巽等撰：《清史稿》卷一四二《刑法志一》。
〔2〕（清）沈家本：《历代刑法考》（三）之《死刑之数》，第 1248-1249 页；（清）沈家本：《历代刑法考》上册，商务印书馆 2011 年版，第 569 页。

晚唐皇庄买卖文书及相关问题刍议

——以《敕内庄宅使牒》为中心

马小娟*

【摘　要】《敕内庄宅使牒》是晚唐皇庄的买卖文书。皇庄买卖活动由请买者递交申状开启，内庄宅使所发牒文实为庄宅公验，具有证明、确权功能；户帖则反映庄宅田亩交割及税额变化。僧人正言将牒文、户帖刻于碑石，以图永久保存，防止所买庄宅被没收。正言病中作嘱授疏，并有同学、弟子证明。将疏文刻石，意在公示嘱授，避免庄宅被僧人侵吞、收归官有。该碑所载文书是研究晚唐、五代凭据制度的重要史料。

【关键词】晚唐；敕内庄宅使牒；庄宅买卖；文书；私产

一、《敕内庄宅使牒》碑文及结构

中国古代的庄宅田产是民众赖以生存的基础，也是法律规范调整的重要内容，究其根本，乃因其财产属性使然。文书则成为行政管理、明确权属的直接方式。唐朝对庄宅田产买卖文书的法律规范在中国古代则具有代表性。学界对唐代庄宅买卖[1]的研究有日本学者仁井田陞讨论了唐宋时期的土地以及家屋买卖文书，但主要着眼于民人之间的买卖契约，且主要讨论五代、宋

---

*　马小娟，中国政法大学法学院法律史专业博士研究生，研究方向为中国古代法律史。

〔1〕唐代买卖的庄宅中有套有田产的情形。又，唐代的"田产"和"土地"所指皆可为土地、田地、田庄、庄宅，如赵云旗所著的《唐代土地买卖研究》（中国财政经济出版社2002年版）中包括了土地、田地、田庄、庄宅等，又因本文以《敕内庄宅使牒》为研究对象，故以"庄宅"为称。所以，学术史的追溯也包括了土地、田地、田庄、庄宅等。

初的状况；[1]赵云旗在《唐代土地买卖研究》中讨论了均田制、皇庄、官庄、私人田庄、寺院田庄及土地买卖的诸方面及契约文书；[2]霍存福对唐代田宅、奴婢买卖契约予以关注；[3]薛政超则考察了唐代均田制下土地买卖与法制规范实践的互动；[4]李秋梅对庄宅买卖的单一文书市券予以研究。[5]可见，已有研究着重对唐代土地、田庄买卖的契约、市券研究，对唐代官方参与主导下庄宅买卖的行政文书研究尚有推进空间。

《敕内庄宅使牒》（以下简称《敕内》）则反映了唐代庄宅买卖文书的情况。其今在陕西西安碑林，于大中五年（851）正月十五日刻于《玄秘塔碑》碑阴。《北京图书馆藏中国历代石刻拓本汇编》、[6]国家图书馆碑帖菁华、[7]京都大学文学部博物馆[8]皆存其拓片。该碑主要内容为内庄宅使给牒以证明万年县浐川乡陈村的一处庄宅之出卖。学界对该碑有以下研究：在职官制度方面，加藤繁考证了内庄宅使，其职掌皇庄买卖，[9]唐长孺据此考察内诸司使；[10]在经济史方面，赵云旗据此认为官庄在官吏的请射下产生了买卖现象；[11]在佛教文化方面，砺波护认为此碑与武宗灭佛不无关系。[12]已有研究皆截取部分碑文以证其论，而未对该碑予以整体观照；且基本关注该碑，而

〔1〕 ［日］仁井田陞：《唐宋法律文书的研究》，东京大学出版社 1983 年版，第 89-104 页、第 139-140 页。

〔2〕 赵云旗：《唐代土地买卖研究》，中国财政经济出版社 2002 年版。

〔3〕 霍存福："再论中国古代契约与国家法的关系——以唐代田宅、奴婢买卖契约为中心"，载《法制与社会发展》2006 年第 6 期。该文后载于戴建国主编：《唐宋法律史论集》，上海辞书出版社 2007 年版，第 47-59 页。

〔4〕 薛正超："再论唐代均田制下的土地买卖"，载《云南社会科学》2016 年第 1 期。

〔5〕 李秋梅："透视与反思：敦煌文献所见吐蕃买卖契约研究——兼论唐蕃之间的文化交流"，载《青海社会科学》2018 年第 6 期。

〔6〕 北京图书馆金石组编：《北京图书馆藏中国历代石刻拓本汇编》第 32 册，中州古籍出版社 1989 年版，第 58 页。

〔7〕 "中国国家图书馆碑帖菁华"，载 http://read.nlc.cn/OutOpenBook/OpenObjectPic? aid = 418&bid = 44468.0&lid = gz00690&did =%E9%A1%A7%E5%B0%88690，最后访问时间：2020 年 10 月 29 日。

〔8〕 ［日］中村裕一：《唐代官文书研究》，京都中文出版社 1991 年版，第 437 页。

〔9〕 ［日］加藤繁："内庄宅使考"，载 ［日］加藤繁：《中国经济史考证》第 1 卷，吴杰译，商务印书馆 1962 年版，第 209-225 页。

〔10〕 唐长孺："唐代的内诸司使及其演变"，载氏著《山居存稿》，武汉大学出版社 2013 年版。

〔11〕 赵云旗：《唐代土地买卖研究》，中国财政经济出版社 2002 年版，第 76 页。

〔12〕 ［日］砺波护著，韩昇编：《隋唐佛教文化》，韩昇、刘建英译，上海古籍出版社 2004 年版，第 150-151 页。

未对同刻于一石的相关碑文予以分析，致使不能完全凸显该碑的价值。如此，则忽视了该碑反映的唐代庄宅买卖行政文书及相关问题，故笔者将对碑文整体展开讨论，尝试厘清诸问题。

关于录文，《金石萃编》[1]《全唐文补遗》[2]《中国历代契约会编考释》[3]皆有全文录文，但有个别字词识读有误。兹据《北京图书馆藏中国历代石刻拓本汇编》录文如下：

01 敕内庄宅使牒

02 万年县浐川乡陈村，安国寺金经（堂）一所，[4]

03 计估价钱一百三十八贯五百一□文。[5]

04 　　　舍三十九间，杂树共四十九根，地一□亩九分。

05 　　　庄居东道并菜园，西李叔和，南龙道，北至道。

06 牒：前件庄，准　　　敕出卖。勘案内□正词

07 状，请买，价钱准数纳讫。其庄□帖巡交

08 割分付，仍帖买人知任，便为主。□□要有

09 回改，一任货卖者。奉　　　使判□□者，准

10 判。牒知任为凭据者，故牒。

11 　　　　　判官内仆局承彭□

12 　　　副使内府局令赐绯　　　刘行宣[6]

13 　　　使兼鸿胪礼宾等使特进知□田绍宗

14 其价钱并人门，悉是僧正言衣出，[7]并不

[1]（清）王昶：《金石萃编》一一四卷，载新文丰出版公司编辑部编：《石刻史料新编》第1辑第3册，新文丰出版公司1982年版（本书出版信息以下省略），第2056页。

[2] 吴钢主编，王京阳等点校：《全唐文补遗》第7辑，三秦出版社2000年版，第2页。

[3] 张传玺主编：《中国历代契约会编考释》，北京大学出版社1995年版，第217-218页。

[4] 此处的"堂"，依据第16行"堂内"推出。

[5] 其为13万8501文，见杨清越，龙芳芳："长安物贵 居大不易——唐代长安城住宅形式及住宅价格研究"，载樊英峰主编：《乾陵文化研究（六）》，三秦出版社2011年版，第235页。

[6] 刘行宣与刘弘规的第五子同名同姓，刘弘规去世的宝历二年，刘行宣任内府局丞，大中五年（851）正月为内府局令、内庄宅副使，符合正常的升迁程序。见"唐代宦官刘弘规家族世系考述"，载杜文玉主编：《唐史论丛》第21辑，三秦出版社2015年版，第148页。

[7] 此处识读为"衣钵"源于（清）叶奕苞：《金石录补》卷二一《唐敕买庄宅牒并记》，载新文丰出版公司编辑部编：《石刻史料新编》第1辑第12册，第9088页。

15 忏同学、门徒、亲情等事。其正词即□□俗名。

16 从大中三年四月一日创造堂内□□□德一

17 十三事，并绿画两壁及砖座□□□□绿赤

18 白，兼上安鸱尾，修赎经藏等，□□□六百

19 贯文，内一百贯文外施，余并□□自出。

20 又修塔及碑堂北院砖堵、隔□□等计

21 当钱二百贯文，并是僧正言□□。

22 又院内祖婆父并同学等□□□□一所。

23　　　大中五年正月十五日承□□□□记

24　　　同学静□、同学常益、□□□□□正信

25　　　俗弟子李自迁、高行□□□□□方〔1〕

以上为《敕内》录文。其在碑石上位于碑阴第一截，为能全面分析该碑，列表如下（见表1），并展开详细探析。

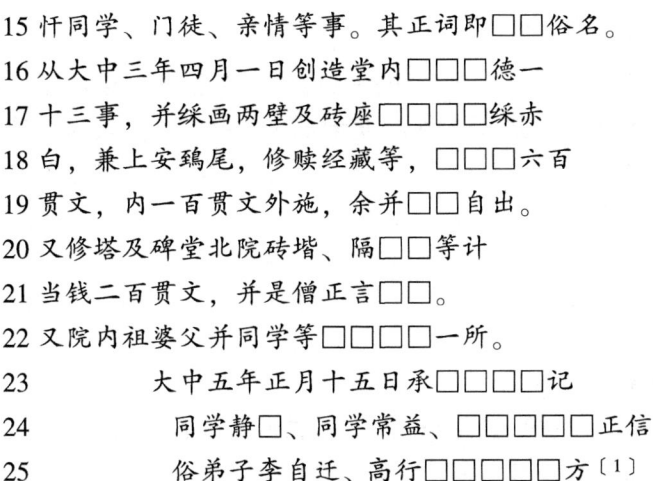

表1　《敕内》组碑之构成〔2〕

碑中位置	碑名与刻立时间
碑阳	《玄秘塔碑》[武宗会昌元年（841）十二月二十八日]
碑阴第一截	《敕内庄宅使牒》[宣宗大中五年（851）正月十五]
碑阴第二截	《比丘正言疏》[宣宗大中六年（852）四月二十五日]
碑阴第三截	《纲纪重地》[明万历二十一年（1593）]

二、晚唐庄宅买卖中的文书

学界对《敕内》性质及其准敕出卖的庄宅性质皆有所讨论，但详究细节，对其还有讨论空间。另外，晚唐庄宅买卖的文书到底为何，也还需探究。详论如下。

---

〔1〕　北京图书馆金石组编：《北京图书馆藏中国历代石刻拓本汇编》第32册，中州古籍出版社1989年版，第58页。

〔2〕　该表据前述《金石萃编》《北京图书馆藏中国历代石刻拓本汇编》整理。

（一）该碑为官文书？

目前对《敕内》性质，学界有四种观点：其为记文，以南宋田霖为主要代表，他将该碑定名为《唐安国寺产业记》，[1]由此，他认为此碑为记，而非其他类碑刻。其为市券，以清代叶奕苞为主要代表，"此牒系安国寺僧正言出价承买，后列俗弟子姓名，若今之市券也"。[2]其为符牒，以朱剑心为主要代表，他将此碑归于"符牒"类予以著述。[3]其为唐代官文书，以日本学者加藤繁、砺波护为主要代表，"唐代代表性的石刻官文书"。[4]仁井田陞认为，其是官给的证书。[5]

以下对诸说予以讨论。

该碑并非市券。其说"若今之市券"，乃按清代市券视之。此碑为唐碑，应按唐代法律规定来界定其性质，《唐律疏议》记载，"诸买奴婢、马、牛、驼、骡、驴，已过价，不立市券，过三日笞三十。卖者，减一等。立券之后，有旧病者，三日内听悔。无病欺者，市如法，违者笞四十"。[6]又如，"即买卖已讫，而市司不时过券者，一日笞三十，一日加一等，罪止杖一百"。[7]按此，唐代立券对象为奴婢、马、牛、驼、骡、驴等动产，而未言及田土、庄宅等不动产。故，该碑并非市券。

又，官府所颁发的市券，如《唐开元十九年（731）高昌商胡米禄山卖婢市券》，由西州都督府颁发并钤印，文辞为"准状勘责问，承贱人不虚，由责得保人……，勘责状同，依给买人市券"。[8]与之相同的行文，还见于《唐

〔1〕 记载该碑的原《京兆金石录》已不存，此说从陈思辑录的《宝刻丛编》（七）《京兆金石录》之注引所得。见（宋）陈思辑录：《宝刻丛编》卷七，载新文丰出版公司编辑部编：《石刻史料新编》第1辑第24册，第18203页。《石刻题跋索引》除记载有《敕内庄宅使牒》外，还记载《唐安国寺产业记》（《玄秘塔碑》碑阴），其实二者为同一碑。

〔2〕 （清）叶奕苞：《金石录补》卷二一《唐敕买庄宅牒并记》，载新文丰出版公司编辑部编：《石刻史料新编》第1辑第12册，第9088页。

〔3〕 朱剑心：《金石学》，上海书店1996年版，第190页。

〔4〕 加藤繁认为"这张牒是大中五年发给的，因为太长，加以省略"。见［日］加藤繁：《中国经济史考证》第1卷，吴杰译，商务印书馆1962年版，第214页。［日］砺波护著，韩昇编：《隋唐佛教文化》，韩昇、刘建英译，上海古籍出版社2004年版，第147页。

〔5〕 ［日］仁井田陞：《唐宋法律文书的研究》，东京大学出版社1983年版，第144页。

〔6〕 岳纯之点校：《唐律疏议》，上海古籍出版社2013年版，第428页。

〔7〕 岳纯之点校：《唐律疏议》，上海古籍出版社2013年版，第428页。

〔8〕 张传玺主编：《中国历代契约汇编考释》，北京大学出版社1995年版，第204页。

开元二十年（732）高昌田元瑜卖婢市券》[1]《唐天宝三载——至德三载（744—758）间敦煌行客王修智卖胡奴市券》[2]，比照文书用语，《敕内》并非市券。

该碑亦非"符牒"。朱剑心认为《敕内》为符牒，"符牒，隋以前未有也。唐嵩山少林寺牒，武德八年。龙门奉先寺牒，开元十年。其最初矣。此外惟大中五年敕内庄宅使牒，亦为唐刻。宋牒视唐倍蓰，金牒又多于两宋"。[3]其所谓"宋牒""金牒"是指给寺院的赐额牒，宋时由中书门下或尚书省发出，金时由礼部发出；而嵩山少林寺武德八年牒，为"武德八年赐少林寺田教并牒"，并非单一牒文，而是包括 1 件教书、2 件牒文，分别为行台尚书省牒和司户牒。[4]所以，其列举的诸牒并非同类牒文，亦非军事类符牒，"诸戎仗，非公文出给而辄出给者，主司徒二年。虽有符、牒合给，未判而出给者，杖一百"。[5]

该碑确有载录唐代官文书，但整个碑却并非官文书。碑之整体应为纪事碑，但其中前部分为内庄宅使下发的牒文，后部分为购买庄宅前后相关情况的纪事。

碑文第 1—13 行为牒文，即官文书部分；第 14—25 行为纪事。分析如下：

牒文部分，首先，从公文用语分析，第 1 行"敕内庄宅使牒"至第 10 行"故牒"，是牒文的全部内容；其次，从公文结构分析，第 11—13 行为牒文内容完结后的官员署名，标志文书完结。不足在于，官员署名处无时间、无钤印，但这并不能否认第 1—13 行为牒文。由于此，便不能判定此牒文下发的时间是大中五年，即碑文最后所记的时间。

纪事部分，第 14—22 行为纪事，主要记载四件事项：第 14—15 行记购买庄宅的申状者和出钱者；第 16—19 行记大中三年四月以来修建堂内饰物的出钱者及钱数；第 20—21 行记正言出钱修塔等事；第 22 行记院内祖婆父并同学等所做之事。第 23—25 行为纪事时间，及相关人的署名。结合前述，该碑为刻有公文的纪事碑。纪事目的在于明确财产及出资明晰，以防止日后纷

〔1〕 张传玺主编：《中国历代契约汇编考释》，北京大学出版社 1995 年版，第 205-206 页。

〔2〕 张传玺主编：《中国历代契约汇编考释》，北京大学出版社 1995 年版，第 209 页。

〔3〕 朱剑心：《金石学》，上海书店 1996 年版，第 190 页。

〔4〕 李雪梅：《昭昭千载：法律碑刻功能研究》，上海古籍出版社 2019 年版，第 68-69 页。

〔5〕 岳纯之点校：《唐律疏议》，上海古籍出版社 2013 年版，第 262 页。

争，留作证明（在第二部分详论）。

但疑问在于，此牒文应属于哪种官文书，性质为何。这还需从庄宅买卖的文书中寻找答案。在此之前，先需讨论此庄宅的性质。

（二）皇庄而非官庄

碑文第 1 行至第 13 行为内庄宅使"奉敕而牒"的牒文，是万年县浐川乡陈村一处庄宅出卖的凭据，即 10 行"牒知任，为凭据者，故牒"。此处疑问在于：该庄宅为皇庄还是官庄？

皇庄属于皇室财产，由内廷负责管理、运营，租税收归皇室；官庄属于国家，由政府部门掌管。这从晚唐设置有内庄宅使（职掌内廷所有庄宅）和庄宅使（职掌官有庄宅）一职，也可得出官方有意区分官庄与皇庄的分别运营。

加藤繁据此碑认为"官有庄宅也往往出卖"，[1]将其定性为官庄。主要原因在于他未严格区分内廷与朝廷，并认为二者都属官方。"内庄宅使是掌管官有的别庄、第宅、田园的"，[2]又言"内庄宅使大约是掌管直属于宫中的庄宅的，庄宅使大约是掌管属于司农寺的庄宅的。无论属于宫中的庄宅，属于司农寺的庄宅，同样是官有的庄宅"。[3]赵云旗虽然区分了皇庄和官庄之别，但亦认为此宅属于官庄，"陈村的一所官庄就是因请射出卖的"。[4]持此观点者还有霍存福、[5]姜密。[6]由此，学界多认为《敕内》中出卖的为官庄，进而以此为基准展开相关议题的研究。若不能审慎辨明碑中庄宅性质，可能导致结论或并不准确，因而须予以明确其为皇庄还是官庄。

从内庄宅使的职掌、安国寺在会昌灭佛以来的政治境遇以及安国寺的历史由来，可知，碑中庄宅属于皇庄而非官庄。以下详论。

---

〔1〕 ［日］加藤繁："内庄宅使考"，载［日］加藤繁：《中国经济史考证》第 1 卷，吴杰译，商务印书馆 1962 年版，第 214 页。

〔2〕 ［日］加藤繁："内庄宅使考"，载［日］加藤繁：《中国经济史考证》第 1 卷，吴杰译，商务印书馆 1962 年版，第 210 页。

〔3〕 ［日］加藤繁："内庄宅使考"，载［日］加藤繁：《中国经济史考证》第 1 卷，吴杰译，商务印书馆 1962 年版，第 216 页。

〔4〕 赵云旗：《唐代土地买卖研究》，中国财政经济出版社 2002 年版，第 89 页。

〔5〕 霍存福："再论中国古代契约与国家法的关系——以唐代田宅、奴婢买卖契约为中心"，载《法制与社会发展》2006 年第 6 期。

〔6〕 姜密：《唐宋法制变迁研究——国有土地法制变迁与社会经济发展》，河北人民出版社 2008 年版，第 198 页。

首先，从传世文献史料来看，内庄宅使职掌皇庄事务。所见相关史料如："（大历）十四年（779）五月，内庄宅使奏，州府没入之田，有租万四千余斛。官中主之为冗费。上令分给所在，以为军储。"〔1〕"贞元四年（788）二月，敕京城内庄宅使界诸街坊墙，有破坏，宜令取两税钱和雇工匠修筑，不得科敛民户。"〔2〕"宝历元年（825）九月，敕长春宫庄宅，宜令内庄宅使营建。"〔3〕"（宝历二年）九月，敕户部所管同州长春宫庄宅，宜令内庄宅使管系。"〔4〕

上述史料一为内庄宅使奏皇庄所收税租状况，大臣奏议其用途为口费，皇帝最终将其作为军费分散。若此税收属于朝廷，则当然用之于官途，而不会有"官中主之"事。史料二为京城内的诸街、墙坏修葺费用不得科敛民户，此街、墙属于内廷收管。史料三、四为长春宫的庄宅由内庄宅使营建、管理事。可见，内庄宅使管理皇庄事务，其下发的牒文是对内廷皇庄出卖的文书。

其次，碑中庄宅为皇庄，也可从安国寺在会昌灭佛以来的政治境遇中得知。《敕内》碑阳为《玄秘塔碑》，其于会昌元年（841）刻立后，和安国寺一同经历了会昌灭佛的政治罹难。安国寺在灭佛期间成为内园，"（会昌五年）诸寺见下手拆毁，章敬、青龙、安国三寺，通为内园"，〔5〕内园乃皇家庄园。会昌五年（845）八月，诏告"其天下拆寺四千六百余所，还俗僧尼二十六万五百人，收充两税户，拆招提、兰若四万余所，收膏腴上田数千万顷，收奴婢为两税户十五万人"。〔6〕会昌六年（846），左右街功德使奏请在两街添置庙宇，"其所添寺，于废寺中拣择堪修建者，左右街各增加八寺，敕旨：宜依"。〔7〕加上安国寺诸寺，与此数目刚好相同。〔8〕从会昌五年和六年的政策来看，很有可能安国寺在会昌五年成为内园后，其他财产也被收充，如浐川

〔1〕 （宋）王溥撰：《唐会要》卷八三，中华书局1955年版，第1535页。
〔2〕 （宋）王溥撰：《唐会要》卷八六，中华书局1955年版，第1576页。
〔3〕 （宋）王溥撰：《唐会要》卷三〇，中华书局1955年版，第563页。
〔4〕 （后晋）刘昫等撰：《旧唐书》卷一七上，中华书局1975年版，第521页。
〔5〕 ［日］圆仁撰，顾承甫、何泉达点校：《入唐求法巡礼行记》卷四，上海古籍出版社1986年版，第189页。
〔6〕 （后晋）刘昫等撰：《旧唐书》卷一八上，中华书局1975年版，第606页。
〔7〕 （宋）王溥撰：《唐会要》卷五八，中华书局1975年版，第999页。
〔8〕 方胜："唐武宗会昌灭佛中寺院及僧尼留存情况"，载《史学月刊》2009年第11期。左街添加兴唐寺、保寿寺、资圣寺、护国寺、保唐寺、安国寺、唐安寺、唐昌寺；右街添加千福寺、兴元寺、崇福寺、万寿寺、崇圣寺、龙兴寺、兴福寺、延唐寺。

乡陈村的庄宅，而在会昌六年准许重建时，诸财产并未完全归于安国寺，而由内廷继续掌管。

浐川乡庄宅原本属于安国寺也可从碑文得出。碑文第2行，"万年县浐川乡陈村，安国寺金经一所"。此处明确庄宅所在位置：万年县浐川乡陈村，但在具体名称前又加了"安国寺"。此处合理解释是其原本为安国寺寺产，现为皇庄，准许出卖。而不可能在发此牒文时已经明确出卖对象为安国寺，这可从第8行"仍帖买人知任，便为主"得出，即须给买人发下户帖后，才能成为庄宅主人；另，此庄宅经出卖后，并不属于安国寺（这在下文论述），因此，第2行的"安国寺"，并非表示出卖对象，而是原先为安国寺产之意。

最后，安国寺原本为睿宗宅邸，"安国寺，长乐坊，景云元年（710）九月十一日，敕舍龙潜旧宅为寺，便以本封安国为名"。[1]即其始建于景云元年（710），因睿宗原来被封为"安国相王"，故以此为名。

综上，《敕内》中准许出卖的庄宅为皇庄，而非官庄。

（三）皇庄买卖文书：牒文及其他

《敕内》碑中涉及五种文书，分别为状、敕、牒、帖、判等。

通过分析碑文，请买者递交申状是庄宅买卖程序的起始。本案中，正词提交申状给内庄宅使后，进而内庄宅使对申状予以勘验，确保内容真实，如财产明细、庄宅四至等，"舍三十九间，杂树共四十九根，地一□亩九分。庄居东道并菜园，西李叔和，南龙道，北至道"。此处的状与官方行政系统的状，如谢状、贺状、荐举状、进贡状等官—官往来的状不同，[2]应是民—官之间的申状。

正词向官府递交申状后，有司上奏此事于皇帝，通过行政运作获敕，即碑文首行"敕内庄宅使牒"，"敕"指来自皇帝的敕，意为内庄宅使奉敕而牒。牒，当指庄宅买卖的文牒，《唐律疏议》载，"依令，田无文牒辄卖买者，财没不追，苗、子及买地之财并入地主"。[3]且碑文"牒知任，为凭据者，故牒"，即说明此牒功能为庄宅买卖的凭据。所以，内庄宅使发给的牒，当是依敕的前提下，"牒：前件庄，准敕出卖"，再制作牒文发出。

此处第1—13行的牒，比照唐代行记、正史、敦煌文书资料，很可能是

〔1〕（宋）王溥撰：《唐会要》卷四八，中华书局1955年版，第846页。

〔2〕［日］中村裕一：《唐代官文书研究》，京都中文出版社1991年版，第419–427页。

〔3〕岳纯之点校：《唐律疏议》，上海古籍出版社2013年版，第205页。

晚唐时期土地出卖的公验。

首先，《入唐求法巡礼行记》中载录圆仁于开成五年二月二十日至二十四日请求公验及获得公验的过程：

（1）廿日，押衙牒付圆仁等送县司，令出公验，兼差所由李明夷相送入县。

（2）廿一日早朝，……李明夷早朝入县，衙时过。押衙牒："长官未判，未得公验"。

（3）廿二日，于当寺吃粥饭。缘长官清暇不出，未得公验。

（4）廿四日，早朝，得县公牒，文如别。所由李明夷勾当公验毕，归张押衙所。[1]

上述资料意概为：二十日，押衙出具给圆仁的请求出给公验的牒，由李明夷送入县衙；二十一日，由于李明夷错过朝衙时间，未得公验；二十二日，长官不出公务，未得公验；二十四日，早朝获得公验。这表明请求公验的牒由官方人员递交给相关官司，取得公验后，再由其发给个人，而非个人直接取得公验。所得公验如下所示：

> 登州都督府　文登县牒
> 日本国客僧圆仁等肆人
> 僧圆仁，弟子僧惟正、惟晓，行者丁雄万并随身衣钵等
> 牒：检案内得前件僧状，去开成四年六月，因随本国朝贡船到文登县青宁乡赤山新罗院寄住，今蒙放任东西。今欲往诸处巡礼，恐所在州县、关津、口铺、路次不练行由，伏乞赐公验为凭，请处分者。依检前客僧未有准状给公验，请处分者。准前状给公验为凭者。谨牒
> 开成五年二月廿三日　典王佐牒
>
> 主簿判尉胡君直[2]

就公文用语而言，这件公验文书与《敕内》第1—13行的文书行文与关键用词相类，如"文登县牒"后为圆仁等人数及所带物品明细，与第2—5行

〔1〕〔日〕圆仁撰，顾承甫、何泉达点校：《入唐求法巡礼行记》卷二，上海古籍出版社1986年版，第82—83页。

〔2〕〔日〕圆仁撰，顾承甫、何泉达点校：《入唐求法巡礼行记》卷二，上海古籍出版社1986年版，第83-84页。

庄宅位置及明细相类；"检案内……状"与"勘案内……状"相类；"为凭者"与"任为凭据者"对应。又，目前学界对公验文书的认定主要以"任为公验""任为凭据"等判词为关键标准。如砺波护认定的"温州衡阳县公验""温州安固县公验""温州永嘉县公验""台州黄岩县公验""台州临海县公验"，其中关键文书用语为"伏乞公验，以为凭据""任为凭据""任为公验"。[1]另，碑文"奉使判□□者，准判"，没有在圆仁的公验中出现，但在台州公验有相似用语"使君判付司，……准判者"。[2]这与公验文书的特点有关：管理宽松、格式简单、形式多变、勘发官员无固定限制，[3]故不能因为文辞不能一一对应，就否定其公验的性质。

公验的颁发机构无固定限制，适用场合也比较广泛。前述诸公验为旅行公验，敕内庄宅使牒为庄宅公验，还有军功公验，如京都藤井有邻馆藏的开元年间《敕瀚海军经略大使牒石报玉军功公验》、天理大学图书馆藏景龙年间公验《敕四镇经略史前军牒张君义》等。[4]由此来看，公验的勘发机构当不只是"普通的州县镇铺"，[5]其他官司亦有颁发公验的权限，且公验的适用场合广泛。

另外，敦煌文献和传世文献中皆有田地公验的记载，如《酉年十二月沙州灌进渠百姓李进评等请地牒并判》记载，"今拟开垦，恐后无凭，乞给公验处分。牒件状如前谨牒"。[6]传世文献中有田地给公验的规定，"长庆元年正月赦文，……委本道观察使于官健中取无庄田有人丁者，据多少给付，便与公验，任充永业"。[7]"会昌元年正月制，……自今已后，二年不归复者，即仰县司。召人给付承佃，仍给公验，任为永业。"[8]可见，晚唐存在田地公

〔1〕 ［日〕砺波护："入唐僧带来的公验和过所"，龚卫国译，陈国灿校，载武汉大学历史系魏晋南北朝隋唐史研究室编：《魏晋南北朝隋唐史资料》第 13 辑，1994 年版，第 136-149 页。持此观点者还有张飘，见张飘："出土文书所见唐代公验制度"，载《史学月刊》2017 年第 7 期。

〔2〕 张飘："出土文书所见唐代公验制度"，载《史学月刊》2017 年第 7 期。

〔3〕 张飘："出土文书所见唐代公验制度"，载《史学月刊》2017 年第 7 期。程喜霖在《唐代的公验与过所》（载《中国史研究》1985 年第 1 期）中认为广义的公验是指所有官厅发给的证明书。砺波护亦认同此观点。

〔4〕 ［日〕中村裕一：《唐代官文书研究》，京都中文出版社 1991 年版，第 440-443 页。

〔5〕 ［日〕仁井田陞：《唐宋法律文书的研究》，东京大学出版社 1983 年版，第 850 页。

〔6〕 唐耕耦、陆宏基编：《敦煌社会经济文献真迹释录》（二），全国图书馆文献缩微复制中心 1990 年版，第 374 页，斯 2103 号。

〔7〕 （宋）王溥撰：《唐会要》卷八五，中华书局 1955 年版，第 1566 页。

〔8〕 （宋）王溥撰：《唐会要》卷八五，中华书局 1955 年版，第 1566 页。

验，那么《敕内》出卖皇庄庄园及田地应为公验。关于内庄宅使下发此文的时间尚不能完全确定。[1]

"公凭"亦见于文献，圆仁等于"十四日早朝，入京兆府请公验，恐无公凭在路难为欤。西国三藏等七人，亦同来府请公验。府司判与两道牒，仰路次差人递过"。[2]按此，公验是文书的官方称谓，从官方视角而言，其功能在于验证、确权；公凭则是民间俗称，从民众视角而言，其功能在于凭证、证明。

另外，牒文部分还提到"帖"，应为户帖，是发给个人的确权凭据。户帖，始见于晚唐文宗大和四年（830），以载录乡村主户、城郭户的地宅田亩间架之数为主要内容，主要功能有：官府向民户通知其应纳税额（根据田产变动，在户帖上相应增减其应纳税额）、民间确认产权（所有权的凭证）、民户将其作为法律依据用于田事诉讼。[3]户帖的特点是一事一颁给，每次购入财产，相应的就有一份户帖。[4]碑文记载，"其庄□帖巡交割分付，仍帖买人知任，便为主"。此概为其庄宅户帖应交割分付，即在卖方户帖中划去庄宅信息及应交税钱，同时发给买者载有此庄宅信息的户帖，令其知任，成为庄宅之主。所以，请买者拿到的户帖反映了土地交割及税收变化情况。

至此，可以解释为何购买庄宅的公验要刻在安国寺的碑文上，这与公验的功能和使用情形有关。公验当为官司查证的证明文书，如前述圆仁公验，"恐所在州县、关津、口铺、路次不练行由，伏乞赐公验为凭"，乞公验的目的在于以备州县、关津等处的查验。其主要功能为证明，"恐后无有凭准，请给公验"。[5]所以欲长久保存证明，摹刻于石是最佳选择。所以，庄宅公验的功能在于证明、确权，而户帖更侧重于明确税收变动。

综上，晚唐皇庄的出卖，首先由买人递交申状，进而内庄宅使勘验并上

---

〔1〕 中村裕一在10行即"……故牒"后补了一行小字：大中五年正月☞日牒。他认为，从图版上看，没有年月日，这个时间应该是脱落所致。见〔日〕中村裕一：《唐代官文书研究》，京都中文出版社1991年版，第437页。他依据京都大学文学部博物馆（1990）所藏拓片，其在文中也说拓片中没有时间记载。故这个时间点是刻石者未刻所致，而非碑文漫漶。但中村先生因何推定这个时间点，却未说明。《敕内》落款处的时间为大中五年正月十五日，这是否是下发时间，亦不能完全肯定。

〔2〕〔日〕圆仁撰，顾承甫、何泉达点校：《入唐求法巡礼行记》卷四，上海古籍出版社1986年版，第185页。

〔3〕 葛金芳："宋代户帖考释"，载《中国社会经济史研究》1989年第1期。

〔4〕 戴建国："宋代赋役征差簿帐制度考述"，载《历史研究》2016年第3期。

〔5〕 见于天理大学图书馆藏景龙年间公验《敕四镇经略史前军牒张君义》，载〔日〕中村裕一：《唐代官文书研究》，京都中文出版社1991年版，第444页。

报，获得敕文后，再由内庄宅使颁给买人庄宅公验及户帖。

三、刻于碑阴：以存久远

前述已表明，《敕内》是官给的庄宅公验，具有证明功能，但为何不予单独立碑，而是刻于大达法师碑阴，也值得探讨。

碑阳《玄秘塔碑》，螭首方座，高 386 厘米，宽 120 厘米，28 行，满行 54 字，共 1200 余字。[1]碑侧为蔓草纹。[2]裴休撰，柳公权书并篆额，邵建和、邵建初镌刻。碑身上部在明嘉靖三十四年（1555）关中大地震时断裂，[3]因而碑阳、碑阴断裂处的录文有残缺。

《敕内》刻于碑阴，与大达法师的政治影响力、大达与正言的师承关系等因素密切相关。

从碑文可知，大达法师（769—836），十岁入道，十七岁剃度为僧。后入安国寺为上座，开成元年（836）六月卒，年六十七岁，获谥号"大达"。碑题"唐故左街僧录内供奉三教谈论引　驾大德安国寺上座赐紫大达法师玄秘塔碑铭并序"则表明其地位之尊崇，如左街僧录、[4]内供奉、[5]三教谈论、[6]大德、安国寺上座[7]及获赐大达和玄秘塔等。寺院中人对获赐谥号普遍存在尊崇之意，如柳宗元所撰《赐谥大鉴禅师碑》记载，"扶风公廉问岭三年，以佛氏第六祖未有称号，疏闻于上，诏谥'大鉴禅师'，塔曰'灵照之塔'。元和十年（815）十月十三日，下尚书祠部符到都府。公命部吏泲州司功掾，告于其祠。

---

〔1〕　碑之长宽，参考西安碑林博物馆官网：http://www. beilin - museum. com/index. php？m = home&c = View&a = index&aid = 148，最后访问时间：2020 年 9 月 20 日。

〔2〕　碑侧在京都大学人文科学研究所所藏石刻拓本资料中命名为《玄秘塔碑侧》，载 http://kanji. zinbun. kyoto - u. ac. jp/db - machine/imgsrv/takuhon/type_ a/html/tou1571x. html，最后访问时间：2020 年 10 月 29 日。

〔3〕　李炳武主编：《中华国宝陕西珍贵文物集成：碑刻·书法卷》，陕西人民教育出版社 1999 年版，第 170 页。

〔4〕　属于中央僧官，仅次于最高僧官左、右街功德使。参见谢重光著，何兹全主编：《中古佛教僧官制度和社会生活》，商务印书馆 2009 年版，第 123 页。

〔5〕　内供奉常伴皇帝左右，在唐代政治生活中有重要地位。参见介永强："论唐代的内供奉僧"，载《史学集刊》2019 年第 6 期。

〔6〕　三教谈论，即佛、道、释教的代表对御谈论，一度成为惯例，因而形成此称号。参见谢重光著，何兹全主编：《中古佛教僧官制度和社会生活》，商务印书馆 2009 年版，第 434 页。

〔7〕　上座，是基层僧官。此处是指大达为安国寺的主管官。参见谢重光著，何兹全主编：《中古佛教僧官制度和社会生活》，商务印书馆 2009 年版，第 126 页。

幢盖钟鼓，增山盈谷；万人咸会，若闻鬼神"。[1]又，碑文侧重描写唐德宗、顺宗、宪宗对大达的礼遇，进一步突出大达与皇帝的密切关系，以喻示其权威。

《敕内》记载正言出钱买庄宅，"正言"在《玄秘塔碑》中亦提及，"承袭弟子义均、自政、正言等"，即正言乃大达弟子。将《敕内》刻于碑阴，师承关系概为影响因素之一。

就该碑而言，其刻立后经历了全国范围内会昌灭佛的政治罹难，但终得完整保存，说明该碑依然有一定影响力。将《敕内》刻于碑阴，可依托于此，不至埋没。李达麟认为会昌灭佛期间此碑遭毁，但留下了大字拓本，目前所见碑是据拓本摹刻，并且今日所见皆为后刻的"通行本"。[2]但其对"大字本"着墨不多，且未说明来源，且对此碑做过专门研究的砺波护亦未怀疑此碑被毁。[3]因而，对"大字本"之说尚存疑。

所以，将《敕内》刻于《玄秘塔碑》阴，一方面欲依托大达的政治影响力，另一方面是师承关系的影响。再者，《玄秘塔碑》同安国寺一同度过了会昌灭佛的政治罹难，在宣宗大中初期恢复佛教的政治氛围中，既有依托该碑历史影响力的目的，亦有长久保存《敕内》的目的。正所谓，《敕内》系列碑是在武宗驾崩、宣宗当政后复兴佛教的背景下得以刻立的，正言将官方证明庄宅买卖的文书模勒上石，意在防御再次灭佛时，已得的财产不被没收。[4]

又，碑阴除《敕内》和《正言疏》，还有由明代左思明于万历二十一年书的《纲纪重地》。书者，"左思明，字五河，耀州人。嘉靖甲午举人，为永城令，修城、建桥、设仓、改驿、立太丘书院以教士，政绩卓然，升赵州"。[5]可见，其因政绩突出而升迁。明代仕途发达者多喜书字于碑，其同年还书"折桂""浣俗轩""进士""静观自得"等于其他刻石上。[6]其他人亦有书

〔1〕 王孺童：《王孺童集》8 卷《坛经诸本精校释义》，宗教文化出版社 2018 年版，第 320 页。

〔2〕 李达麟："玄秘塔碑之惑——大字本·通行本"，香港浸会大学孙少文伉俪人文中国研究所主办：《学灯》第 2 辑，上海古籍出版社 2017 年版，第 300-315 页。

〔3〕 ［日］砺波护著，韩昇编：《隋唐佛教文化》，韩昇、刘建英译，上海古籍出版社 2004 年版，第 147-153 页。

〔4〕 ［日］砺波护著，韩昇编：《隋唐佛教文化》，韩昇、刘建英译，上海古籍出版社 2004 年版，第 152 页。

〔5〕 《陕西通志》卷五七上，《钦定四库全书》本。

〔6〕 北京图书馆金石组编：《北京图书馆藏中国历代石刻拓本汇编》第 58 册，中州古籍出版社 1989 年版，第 45-49 页。

字于碑，兹举几例，如表 2 所列。

表 2　明代书字于碑之列表[1]

名称	时代	书者
梅花堂	明成化元年	左思明
中和	明嘉靖二十六年	陶珪
寿萱	明正德十一年	朱诚淋
积善	明正德十二年	朱诚淋
鱼龙变化	明正德十二年	朱秉榄

由此，《纲纪重地》从书写时代及其书写语境而言，与碑阳、碑阴的其他碑文并无实质性关联，可不予深究。

四、皇庄卖为私产

前述表明，皇庄出卖遵循严格的行政文书管理制度，但其能否卖于私人，以及私人如何证明其为私产，则是皇庄出卖后必须关注的问题。

（一）作为私产的证据：正言疏

关于《敕内》牒文准许出卖的庄宅归属方面，砺波护认为是比丘正言"为安国寺而用私人钱财购得万年县浐川乡陈村官家庄宅"，[2]即他认为此宅归属于安国寺。但其归属在《敕内》中不能直接得出，只能明确正言为出钱者。因而，要明确庄宅归属，还需结合碑阴第二截《比丘正言疏》。其刻于大中六年（852），即刻立《敕内》的次年。疏中载正言将其购买的庄宅嘱授予内供奉报圣寺三教谈论首座，对解读《敕内》有重要意义。故而，据中国国家图书馆碑帖菁华所藏拓片录文如下：[3]

---

〔1〕　该表参照陕西省文物管理委员会，陕西省博物馆编印的《西安碑林（附：碑石目录）》，内部资料，1963 年版，第 30—31 页。

〔2〕　[日] 砺波护著，韩昇编：《隋唐佛教文化》，韩昇、刘建英译，上海古籍出版社 2004 年版，第 151 页。

〔3〕　"中国国家图书馆碑帖菁华"，载 http://read.nlc.cn/OutOpenBook/OpenObjectPic？aid=418&bid=34443.0&lid=gd4051&did=？？4051，最后访问时间：2020 年 9 月 22 日。

01 正言自小入道，谬烈缁伦，

02 陪行伍。今缘身婴风疾，恐

03 僧务多，有故用悮用三宝。

04 圣言所有罪障不敢覆，

05 皆消灭。有少许赢利，充众僧

06 外，请将自出钱，买得废安

07 所，在万年县浐川乡。并先

08 庄，并院内家具什物，兼庄

09 内若外若轻若重，并嘱授

10 内供奉报圣寺三教谈论首座。

11 答　制赐紫大德兼当寺

12 主。有手下弟子李自迁并付。

13 庄悉是自出钱物买得，尽不

14 并诸同学等事，并皆无分。今

15 法师为主一舍，永舍生死。〔1〕

16 纲维和上老宿大德徒

17 明谨疏

18 大中六年四月廿五日疾病比丘正言疏

19　　　公

20　　　　弘

21 法迁　　　　　　　　　正信

22 直岁贺迁

其一，回应学界对此碑的误读。《全唐文新编》将此疏命名为《病中上寺主疏》，〔2〕但分析碑文，正言即是寺主，所以并非给寺主的疏。砺波护认为其是官方文书，〔3〕但其实为寺院僧人的嘱授疏。详论如下：

---

〔1〕　此处指正言将万年县浐川乡庄宅并物嘱授予报圣寺首座的行为。即今法师作主嘱授舍给报圣寺首座，即永远舍给。

〔2〕　周绍良总主编：《全唐文新编》卷九二〇，吉林文史出版社2000年版，第12582页。

〔3〕　[日]砺波护著，韩昇编：《隋唐佛教文化》，韩昇、刘建英译，上海古籍出版社2004年版，第150页。

从总体而言，第 18 行"比丘正言疏"是落款，第 19 行后为人名，因而该碑确是正言所做疏文。但其中主要包含了两个往来疏文，并非全为正言疏。因此，该碑总共包括三份疏文。

第一份疏文为第 1—10 行，为正言所做，将自己购买的泸川乡庄宅嘱授予内供奉报圣寺三教谈论首座。第 1—4 行是缘由，第 5—9 行明确嘱授的财物，第 10 行明确嘱授对象。此疏文的接受者为第 16 行之纲维和尚。

第二份疏文为第 11—17 行，以第 11 行"答 制赐紫大德"为标志，由第 16 行"纲维和上老宿大德"之徒明谨疏，是对前份疏文的回应。第 11 行为"答"疏对象，即正言；第 12 行表明庄宅交易过程中的执行人；第 13 行、第 14 行明确此庄宅由正言一人出资，因而有权作出财产处分；第 15 行表明由正言作出决定。第 16 行、第 17 行为答疏者的落款。

第三份，即第 18 行之"正言疏"，是对前两份疏的总体疏文，意在呈现自己嘱授庄宅事及寺院财务管理者的回应。

第 19—22 行为疏文或刻碑的见证者。其中"直岁贺迁"并非一般人，"直岁"与典座、维那等，是负责寺院财务与经济运作的职事僧。[1]又如"众僧吃粥间，纲维、典座、直岁，一年内寺中诸庄及交易并客断诸色破用钱物帐，众前读申"。[2]

由上分析，此疏发给对象非寺主，且非为官文书，乃正言所作疏。

其二，《敕内》中出卖后的庄宅属于正言私产，而非安国寺寺产。这可从碑文"嘱授"得出。僧尼对自己的私有财物，有嘱授权，"人、物俱在，是嘱是授。奴婢、田宅、车、牛、庄园等重物及轻物不可转者，名嘱。可付与，如绢匹、衣服、宝物等，是授"。[3]所以，嘱授指人物皆在，当面可以给予。而若此庄宅为安国寺产，正言则无权嘱授。

正言选择大中六年（852）作嘱授疏，乃因身处"病中"。这与僧人遗嘱《麹氏高昌延昌十七年某月六日道人道翼遗书》的情形相似，道翼因患重病，

〔1〕 王大伟：《宋元禅寺清规研究》，宗教文化出版社 2013 年版，第 154-155 页。

〔2〕 ［日］圆仁撰，顾承甫、何泉达点校：《入唐求法巡礼行记》卷三，上海古籍出版社 1986 年版，第 146 页。

〔3〕 （唐）道宣：《四分律删繁补阙行事抄》卷一《二衣总别篇》，见《大正藏》卷四〇，第 113 页下。转引自何兹全："佛教经律关于僧尼私有财产的规定"，载《北京师范大学学报（哲学社会科学版）》1982 年第 6 期。

立遗嘱分置田产、菜园于亲属、僧人，所以以遗嘱形式处理私产亦为佛教通则。[1]因为法律规定僧尼死后，若无遗嘱，死于寺院，其遗产要入于常住，或入与先前的僧人或俗人。[2]正言之嘱授疏的目的乃对逝后的遗产归属有所交代。并非所有嘱授都具备法律效力。嘱授，不得附以条件，指定用途，附条件的嘱授，不成立。[3]故，第一份疏文除嘱授，无冗余内容。正言将庄宅等物嘱授予"内供奉报圣寺三教谈论首座"，显然是留给僧人。这符合佛教财产继承中亡僧遗产由寺院和僧尼继承，而排斥俗界占有的原则。[4]另，嘱授的成立，或还需交代于寺院纲维、直岁等财务管理者，如碑中纲维、直岁等人，并由相关人等予以证明，如同学、弟子等。

所以，晚唐时期的僧人可通过嘱授方式交代自己遗产的归属，而并不必然归官或常住，僧侣们在管理自己的财产时有很大的自主性。[5]

（二）"记"后署名与立碑：证为私产与遗嘱公示

"同学"和"弟子"在《敕内》和《比丘正言疏》中共出现10次（包括正文、署名为弟子的人名等），是除署名官员、正言、正词等关键人物外，出现次数最多的一类群体。他们不仅可证明正言行为具有真实性，亦可证明正言私产具有独立性。

因为在财产方面，同学、弟子和僧人的关系复杂。法律规定师徒或同学的关系有同活共财、共财不同活及不同活亦不共财等。不同活亦不共财的僧人如妄分亡僧遗产，即是犯罪。共财不同活的师徒间，师本意欲予弟子的财产，师死归弟子。师徒的共有物依个人的应有部分分割。[6]"若师徒共契，财物共有，……是名共活，……若不同活，又非共财，妄言取分，能所俱犯，重则犯重，轻则偷兰。"[7]可见，僧人与同学、弟子之间的财物交织繁杂，若

---

〔1〕 姚崇新："在宗教与世俗之间：从新出吐鲁番文书看高昌国僧尼的社会角色"，载《西域研究》2008年第1期。

〔2〕 陶希圣主编：《唐代寺院经济》，食货出版社1979年版，第9页。

〔3〕 陶希圣主编：《唐代寺院经济》，食货出版社1979年版，第9页。

〔4〕 姚崇新："在宗教与世俗之间：从新出吐鲁番文书看高昌国僧尼的社会角色"，载《西域研究》2008年第1期。

〔5〕 ［法］谢和耐：《中国5—10世纪的寺院经济》，耿昇译，上海古籍出版社2004年版，第95页。

〔6〕 陶希圣主编：《唐代寺院经济》，食货出版社1979年版，第8页。

〔7〕 （唐）道宣：《四分律删繁补阙行事抄》卷一《二衣总别篇》，见《大正藏》卷四〇，第113页中。转引自何兹全："佛教经律关于僧尼私有财产的规定"，载《北京师范大学学报（哲学社会

明示所属财产独立，还需有利益关系密切者的证明。虽然碑文已言明"悉是僧正言所出"，即和同学、弟子无关，属正言私产，但还需同学、弟子署名以证。

质言之，同学和弟子署名于《敕内》和《比丘正言疏》的最后，是为证明正言财产独立的真实性，为避免或解决财产法律纠纷提供依据。正言之嘱授疏，在其死后，将成为处理其遗产的法律依据。[1]

将此疏立碑，主要在于公示与长久保存正言嘱授，一方面，以期能按其意愿处理遗产，不至遗嘱被隐没，财产被僧人侵吞。这与唐代后期僧人侵吞、挪用寺院财产的情形有关，[2]"寺中庄田钱物，各自主持，率多欺隐"[3]。另一方面，避免庄宅收归官有。唐代后期寺院常住财产削弱，僧尼私产增长，出现亡僧财产收归官有的现象。[4]为避免此现象，大历二年（767）敕"今后僧亡，物随入僧，仍班告中书门（下）牒，天下宜依"。[5]德宗时，敕"亡僧资财，旧例送终之余，分及一众，比来因事官收，并缘扰害。今仰依旧，一准律文分财法。官司仍前拘收者，以违制论"。[6]可见，尽管有亡僧财产不入官的敕文颁发，亦不能完全禁止。这也是将疏文刻于《敕内》之下，意欲依托其官给证明的法律效力，避免收归官有。所以，刻疏于碑，表明正言已作出嘱授，希依此处理遗产。

综上，正言于病中作出疏文，将买得的泸川乡庄宅嘱授予报圣寺僧人，并立碑公示，以免被僧人侵吞、收归官有。其中，同学、弟子以署名方式证明庄宅属正言私产。

*　*　*

《敕内》载录的公文与纪事反映出晚唐皇庄买卖的行政管理与文书样式。

（接上页）科学版）》1982 年第 6 期。其中，法律对共财、同活、不共财、不同活，又细分了诸多情形，此处不予细究。

〔1〕 郝春文依据《咸通六年（865）沙州尼灵惠唯（遗）书》指出"在敦煌，处置亡僧遗产的依据是其本人遗书"。见郝春文、陈大为：《敦煌的佛教与社会》，甘肃教育出版社 2011 年版，第 250 页。从上文分析及文书时间来看，当时处理亡僧遗产时遗嘱是重要依据。

〔2〕 李德龙：《敦煌文献与佛教研究》，中央民族大学出版社 2010 年版，第 64 页。

〔3〕 崔黯："乞降敕东林寺处分住持牒"，载周绍良总主编：《全唐文新编》，吉林文史出版社 2000 年版，第 8899 页。

〔4〕 李德龙：《敦煌文献与佛教研究》，中央民族大学出版社 2010 年版，第 65 页。

〔5〕 （宋）赞宁撰，范祥雍点校：《宋高僧传》，中华书局 1987 年版，第 368 页。

〔6〕 （宋）志磐撰，释道法校注：《佛祖统纪校注》，上海古籍出版社 2012 年版，第 1295 页。

皇庄出卖，由买人递交申状，内庄宅使勘验，并据敕颁发庄宅公验与户帖给买人。庄宅公验的功能在于证明、确权，户帖则反映庄宅田亩数及税额变动。鉴于会昌灭佛的教训，将官给庄宅公验摹刻于石，意永久保存，以防止财产被没收。庄宅由正言独自出钱买得，成为其私产，同学、弟子可以证明。逢其病中，作疏欲嘱授庄宅于报圣寺僧人。为避免僧人侵吞、收归官有，特将嘱授疏刻于《敕内》之下，依托官给公验，公示嘱授。

从前述可知，皇庄可以卖于正言个人为私产，但是否任何人都可以买得皇庄，有无身份限制、特殊要求等，对此，还不能完全解答，尚待其他材料证明。另外，目前已明确晚唐皇庄出卖有一定的行政程序与文书管理制度，官庄买卖程序与文书是否和皇庄买卖相似，还需探寻。除皇庄、官庄外，官员对其获赐的庄宅似乎并不能随意处分，仍需申奏皇帝，显庆元年，"（于）志宁奏曰：'臣居关右，代袭箕裘，周魏以来，基址不坠。行成等新营庄宅，尚少田园，于臣有余，乞申私让。'帝嘉其意，乃分赐行成及季辅"。[1]对此，留待日后探究。另外，五代、宋初的各类凭证文书较多，即公凭、公据，但对其形成渊源及流变过程的考察还需从晚唐寻踪，故该碑对晚唐、五代、宋初凭证制度研究有重要意义。

（本文在写作过程中利用了中国政法大学法律古籍整理研究所李雪梅老师收藏的拓片资料，同时得到石刻法律文献研读班马俊杰老师及刘伟杰师妹、项泽仁师弟等的帮助，在此一并申谢。）

---

〔1〕（后晋）刘昫等撰：《旧唐书》卷七八，中华书局 1975 年版，第 2700 页。

"请疏"文体初探

闫静怡[*]

【摘　要】"请疏"在宋、金、元代广泛应用于寺庙宫观住持劝请，其文字特点鲜明，部分刊刻成碑并保存至今。从行文目的层面看，请疏可大体分为"请住持疏""请开堂疏"和"请住持及开堂疏"三类。如果考证请疏的发展演变脉络，探索其性质和功用，就可以发现请疏的出现和演变与十方丛林制的发展相伴随，是一种体现了公务色彩、劝请含义、宗教程式、弘法目的的文体。

【关键词】请疏；住持；开堂；寺观；碑刻

由宋至元，劝请高僧仙师进入寺庙宫观担任住持有一定的仪式。而"请疏"这种文书在该仪式中经常出现，部分请疏还被寺院刊刻立碑，流传后世。寺庙宫观石刻如敕额碑、公据碑、道行碑、功德碑、塔铭等是被寺庙宫观刻碑勒石记录的重要文件，同样"有资格立碑"的请疏也应是如此。

目前学界对请疏研究较少。王汝娟的《南宋禅四六论略》站在骈文四六的文章学角度对南宋禅四六文中的"疏"进行了概况总结和特征分析。[1]清代马大相所编《灵岩志》将请疏解释为"请僧开堂之疏"，并从"虽与文艺无涉，亦不可不拈出一二，以见大臣忠君爱国之心，无所不尽其诚敬者也"的角度录有两封请疏，仅录文本，未录金石信息，也没有更多研究。[2]另有一些著作录有请疏文本，其中部分附带了碑刻照片、形制、款识等信息，如

---

　*　闫静怡，燕山大学高等教育发展研究中心教师，中国政法大学法律史专业在读博士生。

　〔1〕王汝娟：《南宋禅四六论略》，王水照、侯体健主编：《中国古代文章学的衍化与异形——中国古代文章学二集》，复旦大学出版社2014年版，第380-398页。

　〔2〕（清）马大相编，王玉林、赵鹏点校：《灵岩志》卷三，山东人民出版社2019年版，第30-31页。

《请疏碑》[1]《亳州请疏碑》[2]《蒋州栖霞寺请疏》[3]等。上述碑录以寺观志、地方志或史料存留为目的，并非专门研究请疏的学术成果。此外，宋、金、元代部分文人的文集中收录有他的请疏作品，但仅录正文文字，无题头、落款和可能有的碑刻信息。[4]有鉴于此，笔者尝试对请疏进行了初步整理。

一、目前可考的请疏概况

笔者目前整理请疏 143 篇。从发送对象看，所有请疏都发给寺庙宫观的住持，未用于其他场景或程序中。从朝代分布看，隋 1 篇、宋 60 篇、金 17 篇、元 61 篇、明 5 篇；从宗教分布看，仅 11 篇属道教，其他均属曹洞、临济、马祖、黄龙等佛教宗派；从文献载体看，48 篇刻石立碑（但有些碑已残，文本出自古籍文献），95 篇出自纸本文献，其中宋代的 60 篇全部出自纸本文献；从落款名称看，35 篇有官府、官员落款，其余没有；从请求内容看，劝请高僧仙师"住持"的 57 篇、"开堂"的 52 篇，在同一篇内请开堂和住持的 11 篇，共 120 篇，另外 23 篇也含有劝请住持或开堂之意。[5]请疏从内容上可以分为"请住持疏""请开堂疏"和"请住持及开堂疏"三类。

宋、金、元请疏全采用骈偶手法，题头（如有）、开头、结尾、落款（如有）形式较为固定，声律协调，文字绮丽，语句对偶。全文句数从三句到十七句不等，大部分集中在七句到十二句之间。其内容结构为：高人弘法之必

---

〔1〕　[日] 常盘大定、关野贞：《晚清民国时期中国名胜古迹图集》第 2 卷，王铁钧，孙娜译，中国画报出版社 2019 年版，第 21-22 页。

〔2〕　张正朋、张光路、岳连河编著：《鹿邑历史名胜》，中国鹿邑老子学会 1994 年编印，第 28-29 页。

〔3〕　（明）葛寅亮撰：《金陵梵刹志》上，南京出版社 2011 年版，第 196-197 页。

〔4〕　（宋）黄裳：《演山集》卷二九，收录五篇请疏文；（宋）苏轼撰，（宋）王宗稷编：《重编东坡先生外集》卷二七，收录二篇请疏文；（宋）黄庭坚撰，史季温编：《山谷别集》卷七，收录六篇请疏文；（宋）秦观撰，（清）王敬之等辑：《淮海集》卷十四收录二篇请疏文，续补遗收录一篇请疏文；（宋）晁补之：《鸡肋集》卷七〇，收录三篇请疏文；（宋）孙觌：《鸿庆居士集》卷三一，收录五篇请疏文；（宋）宗泽撰，（宋）楼昉、（清）王庭曾辑：《宗忠简集》卷六，收录四篇请疏文；（宋）胡寅：《斐然集》卷三〇，收录五篇请疏文；（宋）洪适：《盘洲文集》卷七〇，收录四篇请疏文；（宋）陈造：《江湖长翁集》卷三九，收录八篇请疏文；（宋）林之奇：《拙斋文集》卷二〇，收录二篇请疏文；（元）耶律楚材：《湛然居士文集》卷七至卷一四，散录三十篇请疏文。此外，其他古代文集也零星散录一些请疏文，均只有正文。由于太过繁杂，不再一一列举。因笔者能力所限，尚不能保证请疏文收集完整。特此说明。

〔5〕　开堂是宣讲教义、为皇帝祝寿的专门大型仪式。新住持升座后一般要开堂；现任住持升坛演法、祝延圣寿称"开堂祝寿"。日常修行讲经也有称"开堂"者，但不是本文所称"开堂"。

要——陈述目前困境（部分）——褒扬被劝请人道行美德——寺庙宫观胜境（部分）——对被劝请人必能光大山门的信心（部分）——催促早日接受劝请。疏文必以"窃以"开始，"谨疏"结束。文中大量运用宗教典故（少则两个，多则十数个），既强调了疏文的宗教用途，又提高了疏文的艺术性、可读性。部分请疏刊刻于石碑之上，与受劝请人的道行碑、塔铭等并存，反映了请疏至少是记载、佐证受劝请人担任住持职位的重要文件，是寺庙宫观的重要档案材料。

综上，请疏是宋、金、元代广泛应用于寺庙宫观住持劝请过程中的一种骈文形式的文书。

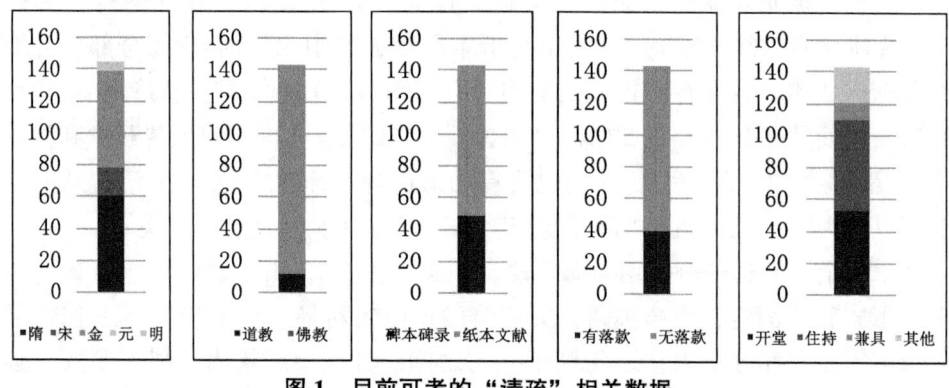

图1　目前可考的"请疏"相关数据

二、请疏文体之源流考

（一）"疏"之流变

1. 作为文字体裁的"疏"

"请疏"是古代文体"疏"的分支。先秦时期，"疏"为"疏远"之意，如《亢仓子》"亲之而疏，疏之而亲"。[1]汉代"疏"在一些情况下成为"书"的通假字。同时，民间书信也称"疏"，如《魏刘公干集》所录《谏平原侯植书》中"桢礼遇殊特，颐友疏简，私懼观者……"[2]至晋，"疏"演

---

[1]（战国）庚桑楚撰，（唐）王士元补亡：《亢仓子·政道篇》，中华书局1985年版，第13页。
[2]（汉）刘桢撰，（明）张溥辑：《魏刘公干集》卷三，扫叶山房书局精校重印汉魏六朝百三名家集本，第17页。

变为动词"解释","注疏"一词开始出现并在后世一直沿用，《后汉纪》序："末吏区区注疏而已，其所称美止于事义，疏外之意殁而不传。"[1]《十三经注疏》中之八篇"疏"（《周礼注疏》《仪礼注疏》《春秋公羊传注疏》《春秋谷梁传注疏》《孝经注疏》《尔雅注疏》《论语注疏》《孟子注疏》）全部为唐宋人所作。《四库全书》在《陶渊明集》中将"疏""祭文"列于同一卷，其中"疏"主要是给友人的私信，如《与子俨等疏》《祭程氏妹文》等。其中"寻念平昔，触事未远，书疏犹存，遗孤满眼"之语中"书""疏"在同一语境出现，互不通假。尽管如此，民间书信往来，在唐宋时极少称"疏"，而更可能称"书"或"札"。高僧与文人互通信件有时称"疏"，如张尧同《长水》诗："古来名未灭，人好水还清。一读高僧疏，尘劳悟此生。"[2]虽然唐宋时民间用"疏"的记录不多，但有据可考的疏文，已经出现了骈体居多、文采美妙的特点。如谢枋得《叠山集》中所录《梅野起居疏》，作为私宅铭记的疏文生动表达了作者的理想。晋代《搜神记》有"医人疏方须蚺蛇胆"之语，此处"疏"既可以理解为动词"书写"，也可以理解为名词"药方"。[3]《南齐书·列传第三十八》有"假贳文疏谓族子纮曰：'彼有自当见还，彼无，吾何言哉！'悉火焚之"，[4]民间契约凭证文书可称"文疏"。刘勰《文心雕龙》记载："迄至后汉……朝市征信则有符契券疏"，"疏者，布也……小券短书，号为疏也"。[5]"疏"已可作为市场交易证明。

2. 作为公文的"疏"

至晚在东汉时，"疏"就作为一种上行公文出现，内容主要是陈情和议论时事。刘勰《文心雕龙》称："自汉以来，奏事或称上疏，儒雅继踵，殊采可观。"[6]而《文章缘起》更明确提到汉代"疏之为言布也"，"疏者条其事而陈之，盖论谏之总名也，亦作去声"。[7]《蔡中郎集》专章记录了蔡邕的议、

〔1〕 （东汉）荀悦、（东晋）袁宏撰，张烈点校：《两汉纪》下，中华书局2017年版，第1页。

〔2〕 （宋）张尧同："嘉禾百咏"，钦定四库全书总目第一百六十五，四川大学古籍所编：《宋集珍本丛刊》第86册，线装书局2004年版，第637页。

〔3〕 （晋）干宝、陶潜著，甬袁韬壶标点：《搜神记》，扫叶山房书局1925年版，第104页。

〔4〕 （南朝·梁）萧子显：《南齐书》卷五七，中华书局1972年版，第998页。

〔5〕 （南朝·梁）刘勰撰，周振甫译注：《文心雕龙今译·书记》，中华书局1986年版，第232页、第236页。

〔6〕 （南朝·梁）刘勰撰，周振甫译注：《文心雕龙今译·奏启》，中华书局1986年版，第218页。

〔7〕 （南朝·梁）任昉撰，（明）陈懋仁注：《文章缘起》，影印文渊阁四库全书本，第14页。

疏、表、状，其上疏议论内容是"指摘时政缺失"，[1]或作为上呈作品说明如《上汉书十志疏》。曹丕《让禅第三表》中有"臣以蒙蔽，德非二圣，猥当天统。不敢闻命，敢屡抗疏，略陈私愿"。[2]"抗疏"是反对上级命令。《南齐书·列传第十三》中有"戢以年未三十，苦辞内侍，表疏屡上，时议许之"，是时表、疏均为上行公文，功能相近。[3]

"疏"在唐代迎来了大发展。上行文"疏"数量增加、内容扩展、形式灵活，融叙事、说理、议论和建议于一体，也可作上呈皇帝的公文："奏疏（陈述事实）""谏疏（反对皇命）""条疏（意见建议）"，如褚遂良《谏以皇子任刺史疏》、魏徵《谏太宗十思疏》、李德裕《任畹李丕与臣状共三道》。[4]"疏"还可用作双向流通的平行公文，如"答疏"。此外"疏"的法令含义得到发展，开始可以用于法律语境。贾公彦的《仪礼疏》是带有规则的仪礼总集；《唐律疏议》的"疏"仍取"解释"之意，但它是一种规范，或称法律渊源，是法律解释的编纂；疏也是判决形式，即"疏决"，刘肃《唐新语》有"（张嘉贞）……善疏决"之记载。

宋代，"疏"作为上行公文，内容和形式更加丰富。它可以作为弹劾甚至自劾之用。如"（文天祥）十一月二十二日发平江，既至，拜疏自劾，以所部州降陷也，请诛"。[5]"疏"与"札子"由于功能类似，也常被并列陈述，如李习《跋崔清献公七札十三疏后》。大臣上疏言事之文书叫"……疏"的数量增多，形成一种文书类目，如高斯得《请留二相之疏》。礼节性疏文"功德疏"已经出现，如苏轼在皇帝寿辰所进《同天节进功德疏表》。法律语境下，《宋刑统》延续了"疏议"格式，"疏"仍是一种法律渊源。宗教事务语境下，对寺庙宫观赐文也出现了"疏"，如《淳熙严州图经》中对宁顺庙的记录中有"中书门下所降敕牒、绫疏与神诸颁封诰、牒，无直庙者俱留州库"，"绫疏"与敕牒一起作封诰文书赐下。

〔1〕 （明）徐子器：《蔡中郎集跋》，中华书局1924年校刊本，第9页。

〔2〕 （三国·魏）曹丕撰，（明）张溥辑：《魏文帝集》卷一，信述堂1879年版，第48页。

〔3〕 （南朝·梁）萧子显：《南齐书》卷三二，中华书局1972年版，第583页。

〔4〕 "转问李丕有何方略，一一条疏报。"参见（唐）李德裕：《李文饶文集》卷一七，商务印书馆1936年影印本，第2册，第6页。

〔5〕 （宋）佚名：《昭忠录》，商务印书馆1939年版，第25页。

3. 作为宗教文体的"疏"

"疏"作为宗教文体名称出现，笔者所见最早在晋代葛洪《神仙传》"方欲书疏"，此时疏文是方士沟通鬼神的工具，带有符咒性质。《佛国记》有"故竹帛疏所经历，欲令贤者同其闻见"之语，"疏"同"书"，是动词。[1]南齐僧佑《出三藏记集》记录《分别功德经》五卷"一名《增一阿含经疏》，迦叶阿难造"，应是"经疏"一词出现的较早记录。隋代释吉藏《中观论疏》是一部佛教典籍。随着佛教发展，沟通山川鬼神的"疏"在隋代有所增加，而这一趋势到了唐代继续发展。同时，"疏"也是一种典籍形式，出现了澄观《华严大疏钞》、窥基《因明大疏》、释宗密《圆觉经略疏之钞》等。释道宣所编佛学典籍目录《大唐内典录》将"疏"与经、论、记、传等并列为佛教典籍形式。唐代道教有李荃《黄帝阴符经疏》。与儒家经典相应，对宗教典籍的解释也可称"注疏"，如成玄英《南华真经注疏》。另外，民间向寺庙施舍的记文也有用"疏"的例子。至"请疏"始兴的宋代，"疏"在宗教中的应用也越发广泛。宋代赵玉渊的《覆瓿集》录有《赠石头怀行者求度牒疏》《重建惠通寺疏》，求度牒、重建寺庙也可用"疏"。苏轼《东坡禅喜集》有《清净慈法诵禅师入都疏》《重请戒长老住石塔疏》，尽管其意并非请开堂或住持，但却以好友或地方官身份劝请高僧在本地寺庙挂搭，其文书性质难分公函或私信。也许正是这种可公可私的灵活性，使得"请疏"宜用于住持劝请。金代请疏留存数量不多，基本出自《金文最》等文集。推测金代请疏的形成与宋人文化影响密不可分，并非女真政权所自有或接纳的文化。但元代支持宗教发展，很多请疏以官府、官员名义发出。此外，寺庙记录善行亦用"疏"，如郭畀《修造宝塔疏》、方回《报恩寺修造疏》等。

（二）"请疏"之"请"

1. 住持劝请程序与佛教中国化

住持劝请这一程序，与我国佛、道二教十方丛林制的建立密切相关，或者说与佛教中国化的过程密切相关。从经济上，佛教传入中国初期，效仿印度僧人"托钵乞食"，寺庙并不发达，遑论寺产。无寺无产，则无需住持，更无需劝请。佛教初期的上述生存理念和方式与当时以农为本的中国传统相冲突，受到社会特别是儒学学者的尖锐批评，且大量僧人不事生产也确实造成

---

〔1〕（后秦）法显著，袁维学校注：《佛国记》，三晋出版社2017年版，第53页。

了严重的社会矛盾。对此，佛教提出了"农禅并举"，倡导"一日不作，一日不食"，进行了生产和生存方式上的中国化。"在禅宗的四祖道信、五祖弘忍之时，农禅并举之禅风已经略显端倪，至马祖道一创丛林之后，百丈怀海始制清规而加以规范化。改变印度佛教乞食的制度，适应地域文化，拓宽佛教发展的空间，是佛教中国化的标志。"〔1〕佛教从"托钵乞食"到"农禅并举"，促进了寺庙和寺产扩大，要有职事僧人进行管理，这才使住持这一职务成为必需。而住持的产生也经历了从甲乙徒弟制到十方丛林制的转变。"丛林指佛教僧众聚居及活动的场所……宋代以后，丛林又细化为多种：甲乙徒弟院（由所度弟子轮流住持甲乙而传者，采用世袭制，又称子孙丛林）；十方住持院（公请名宿为住持，由官吏监督选举，又称十方丛林）；敕差住持院（朝廷给牒任命住持）。"〔2〕如上所述，佛教由马祖道一创丛林、百丈怀海制清规，到宋代十方丛林制有了很大发展，更加适合本土经济社会。道教虽不必中国化，但也经历了类似的从子孙庙改为十方丛林宫观的过程，只不过时间稍晚。宋末元初的著名道人丘处机就是以十方丛林制为其"祖师戒律"的主要载体，总而言之，十方丛林制的核心内容之一即"官吏监督公请名宿住持"，则住持的劝请制度自此而起，请疏的使用也成为可能。

2. 《敕修百丈清规》中的请住持疏和请开堂疏

系统论述十方丛林制的唐代怀海和尚所撰《百丈清规》已经散佚。经过唐、宋、元的发展，元统三年（1335）起修，后至元二年（1336）成书的《敕修百丈清规》承前著之名，对佛教禅寺各事务的程序进行了详细陈述。其中就包括新住持的产生、劝请和入寺程序。〔3〕

"请住持疏"之"请"为"劝请"之意。当旧住持退院或圆寂迁化后，新住持人选通过评议产生。"两序勤旧就库司会茶议，请补处住持。仍请江湖名胜、大众公同选举。须择宗眼明白、德劭年高、行止廉洁、堪服众望者，又当合诸山舆论"。其程序是：首先，由本寺东西两序职事僧茶议，提出补处住持的要求；随后，由"江湖名胜、大众"以"公同选举"的形式，"宗眼明白、德劭年高、行止廉洁、堪服众望"的标准选举产生，得到"他山"认

---

〔1〕 张志鹏、张华："佛教中国化的理论模型、演变路径与经验启示"，载《西南民族大学学报（人文社会科学版）》2020 年第 11 期。

〔2〕 中国宗教协会编：《中国宗教百科大辞典》，民族音像出版社 2007 年版，第 391 页。

〔3〕 （元）德辉编，李继武校点：《敕修百丈清规》卷三，中州古籍出版社 2011 年版，第 64-96 页。

可；然后"列名金状保申所司请之"，经官府准许后方可接任。住持确认后即开始"请新住持"程序。本寺"修书"，同时"山门、诸山、江湖"要"制疏"；之后，专使赍此书和"疏帖"（不止一份）开始繁琐的仪程，在后续每个环节，"疏帖"都要被公示给被劝请人、被劝请人原寺庙僧众、本寺庙僧众、观礼诸人，在新住持入寺后，维那还要公开宣读它们。

请开堂疏在开堂仪式中使用。"古之开堂，朝命下，或差官敦请，或部使者，或郡县遣币礼请，就某寺或本寺官给钱料，设斋开堂。各官自有请疏及茶汤等，榜见诸名公文集。近来开堂，多是各寺自备。至时入院，侍者吩咐行者铺设法座，报，为挂上堂牌，具写官员、诸山名目，预呈住持。于座左设位、铺桌袱、炉、烛、排列疏帖，预先和会维那宣公文，首座宣山门疏。"[1]可知，"古时开堂"官员请疏是必备文书，"近来开堂"即元末开堂时并无官员请疏。这一条信息与请疏年代分布情况符合，侧面印证了请疏在元代以后鲜有使用的史实。

三、请疏性质探析

（一）请疏的公务色彩

48件碑本请疏中，有4件带官印，16件注明为官府疏文即"宣政院疏""府疏""州疏""县疏"等，2件为信民联名以个人名义发出，1件以寺庙名义发出，15件以官员身份和个人名义落款，余因残缺或碑本未录而不可考。不带官印，难称公文。但讨论尚不能就此停止。

敕牒、公据等官府公文一般落官府或官员名称，不署撰文者姓名。若撰文者应寺庙邀请或出于与寺庙、住持的亲近关系而以个人名义撰写的非公文疏文，则可能会署名。[2]目前，有落款的30封请疏全部为官府、官员款识，且全部为元代请疏。笔者推测：在元代，请疏的官府色彩增强而个人色彩渐弱。换言之，即宋、金期间，如前所述"请新住持"过程中，"山门、诸山、江湖"的会请文人代笔"制疏"，此时的请疏并未有过多官府介入；而元代以后，官府成为请疏的发文主体，其文本可能为官员撰写，也可能是延聘文人

---

〔1〕（元）德辉编，李继武校点：《敕修百丈清规》卷三，中州古籍出版社2011年版，第73页。

〔2〕由于现存请疏多缺抬头和落款，目前尚无撰文者个人落款的例证。本文所称撰文者个人落款，是从道行碑、塔铭、田园记乃至诗刻等类似的寺观碑刻例子推测而来。特此说明。

撰写，总之此时请疏强调的是发文的官府、官员，撰文者逐渐淡出。体现了佛教发展从宋到元时期，住持请疏公务色彩渐浓的过程。

本文对请疏性质的探讨是在文体层面，所欲强调的是这种非中文的文体，在应用中却带有很强的业务气息。尽管没有加盖官印，但有落款的请疏均为官府或官员发出。其发文主体、发文目的、应用场景、主要功能均非私函，而为公务。至于无落款的请疏，发文目的也是劝请住持这一寺庙事务，并非私事；发文前提是寺庙宫观同意，所以即使个人署名，也并非"纯"个人名义。不仅发文主体"公"，请疏的使用也是在公共场合宣示寺庙、公众意愿（即便初期没有代表官府意愿）应用于入寺或开堂这一重要仪式，既有礼器之功能，也有公示之效用。同时，请疏的收文主体也比较特殊。既非上行文的收文主体——皇帝或上级官府，也非平行文的收文主体——平级官府。它的收文主体是受劝请的住持个人，但又不同于作为下行文收文主体的、被官府管理或执行的个人。对收文的住持而言，请疏更像是一种彰表德行的"荣誉证书"；对寺观开堂仪式而言，请疏又类似"官方背书"。

进一步地，请疏虽然应用于宗教劝请事务，但并不是宗教文体。作为宗教文体的疏文前期纯为道士僧侣用来沟通阴阳之用，带有符咒性质，但请疏并非如此。南北朝起"疏"开始作为宗教典籍名称，但请疏也不是宗教典籍。宋代后"疏"开始应用于寺庙事务，如募僧疏、建寺疏等，前者为招募公示，后者带有功德榜性质，均与请疏有较大差别。我们可以从"疏"初作告神文，后成宗教典籍名，终到宗教事务文名称的演变，研究请疏的公务色彩和宗教色彩的交叉，探讨其形成的必然性，但不能说它是宗教文体。只能说，请疏包含宗教内容，是出于宗教弘法目的而在宗教事务中应用的，公务色彩强烈的世俗文体。

（二）"请住持疏"不是住持的任命文件

"请住持疏"不是前文"请新住持"中"俟公命下"中的"公命"，不是对该住持的官府任命文件。从前文可知应用请疏的寺观为十方丛林制，如果朝廷直接任命，那就变成敕差住持制了，逻辑不通。仅此一点已足可证明请疏并非住持任命文件（牒），此外我们还有若干旁证。第一，有官府、官员落款的碑本均为元碑。在元代，寺庙事务的处理中央机构为宣政院，诸路、府、州、县置僧录司、僧正司、都纲司，为宣政院下属地方机构，管理各地佛寺、僧徒。所以碑本落款的地方路、府、州、县显然并不是住持任命的权力部门。第二，无论是碑本还是文本，同一住持同时受大于一篇请疏的例子很多，而官府不可能上下级同时给同一人发任命公文。如龙山（2篇）、坚老（2篇）、海公（3篇）、琮公（2篇）、秀公（5篇）、长春子（3篇）、勃公（3篇）、钦公（4篇）、就公（3篇）、潘公（6篇）。由是观之，请疏应非任命文件。[1]第三，现存碑刻和碑拓大多没有官印。如是公文，则要么未加官印，要么寺观漏刻，而这不合常理。第四，从落款来看，除了官府，还有以官员个人名义发出的请住持疏。[2]官员个人发出的不可能是任命文件，请疏也不可能盖官印便为任命，未盖印便为私函，因此应无作为任命文件的可能。第五，新住持入寺有"呈寺印状"仪式。由"当寺库司比丘"呈"寺印一颗"，并申纳予"新命堂头大和尚，伏候慈旨"。[3]寺印是寺庙内部权力的象征，如果从权力交接角度看，寺印交接比请疏公示还更有"任命"意味。

（三）劝请文书采"疏"之文体的必然性

胡元德在《古代公文文体流变述论》中将"疏（上疏）"作为奏议类公文的分支。[4]比起表、笺、状、牒、劄子，"疏"的特色并不突出，甚至不能单独形成一个文种。但"疏"可能也正因此而最终与宗教事务汇合，形成"请疏"这一独特文体。换言之，寺庙宫观刻碑立石流传后世的是"请疏"，而非"请表""请状""请章""请牒""请符""请劄子"，确有其必然性。第一，"疏"应用主体广泛，可由各级官府官用，也可民用，能够适应请疏发文主体的多样性；应用场景多样，可以在上奏、陈情、建议、弹劾等多种情况下使用，用于"劝请"非常自然。相比之下，"奏"在宋代使用范围已经缩减；"表""章"等用于向皇帝上奏，也不适合；"牒"是任命文书，前文已论证不适用；"劄子"应用虽也很广，与"疏"类似，但公示效果不及"疏"。第二，"疏"主要用作上行文，间作平行或下行文。官府、官员和其辖区内寺庙、僧人本来是管理与被管理的关系。但在劝请过程中，他们至少

---

〔1〕宋代后期至元代，请疏中对受劝请人尊称为其法名最后一个字加"公"字，如就公其实法名"普就"，法号"古严"。上述举例中唯二例外是道教的长春子（丘处机）与潘德冲，一称道号，一称俗姓（全真教不舍弃俗姓）+"公"字。

〔2〕目前可考的请疏，以信民个人名义和寺庙发出的请疏都是请开堂疏。

〔3〕（元）德辉编，李继武校点：《敕修百丈清规》卷三，中州古籍出版社2011年版，第73页。

〔4〕胡元德：《古代公文文体流变述论》，南京师范大学2006年博士学位论文，第55页。

是"礼敬"与"被礼敬"的关系，甚至是信徒和宗教领袖的关系。此时采用下行文种"谕""令""榜""宣""示"等不能凸显官府敬意；"笺"取其"上奏"之用太窄，取其"信笺"之用又不够正式。此时一般上行、偶尔平行、公函私札皆可用的"疏"刚刚合适，既表达了推崇之意，又不失双方身份。第三，"疏"的内容、形式丰富。"疏"既能陈情，又可请示；既能承载实际内容，又能铺陈赞礼词句。文字形式可骈可散、可长可短。适合在劝请过程中发挥颂扬高僧之功德、论证驻锡之必然、表达催请之迫切等疏文功能。第四，请疏兴起的时候，"疏"和宗教事务已经开始交叉。如前所述，宋时已经在募僧、建寺等其他寺庙事务中使用"疏"这一文体。或许它也是"请疏"出现的铺垫和过渡，使得"请疏"的发展顺理成章。

综上，请疏这一文体尽管不是公文，但也并非私函，是一种应用于宗教劝请这一公共事务，具有公示功能，反映公众意愿的带有公务色彩的文体。

* * *

请疏不是法律文书，却反映了多层治理关系，如寺庙内部的管理关系、寺庙之间的关系、寺庙与官府及官员的关系、寺庙与信民的关系等。它的演变折射出宋、金、元时期宗教的发展，反映了统治者采取的宗教政策、法律。相关史实、官员官衔、请疏发出的时间点及寺庙管辖情况等，还有请疏碑刻的金石学信息，都在一定程度上具有法律史料功能，值得后人进一步研究。

《历代刑法考》所见元明刑官职权之变
与三法司制度的形成

陈佳臻*

【摘　要】刑部、大理寺之职，经由元代的实践与调整，到明代有了职能上的转变。刑部本为司法行政部门，元代因取消大理寺设置而将司法审判职能一并转归刑部，此后形成惯例，为明清两代所继承。明代虽重新设置大理寺，但仅作为审判覆核机关。这一部门职能的重新分配，还影响了明代三法司制度设计。明代三法司制度以元代五府官制度为实践基础形成。明代三法司以大理寺为覆审机构，贯彻了"慎刑"原则，避免重蹈五府官"一审终局"的覆辙。

【关键词】沈家本；《历代刑法考》；刑部；大理寺；五府官；三法司

沈家本所作《历代刑法考》，是对中国古代法律的源流、法律思想的变革、法典的发展变化、历代法律的得失、司法机构的设置等内容作全面整理考证的鸿篇巨制，凝聚了作为律学家的沈家本的学术心血。该书对于后进者研究中国古代法律、法典、法官的发展变迁，无疑有举足轻重的地位。具体之于元明二代，沈家本敏锐地意识到元代刑部、大理寺机构之废置沿革及其对明代司法机构的影响。他在书中谈道：

> 唐、宋以前，刑部不置狱而大理有狱，元不设大理寺，始于刑部置狱。此刑制中之一大关键也。夫刑部隶于尚书省，乃行政官，大理则裁判书官。汉代刑狱掌于廷尉，尚书出纳王命而已。唐时大理断狱上刑部，

---

* 陈佳臻，中国政法大学法律古籍整理研究所讲师。

覆于中书、门下。宋时刑部设审刑院，大理断天下奏狱，送审刑院，上中书，中书以奏天子。是其时中书为行政，大理为司法，刑部特于中书、大理中间作一枢纽，惟有详议纠正之职，而初不干预审判之事，其界限尚分明也。自大理寺而刑部置狱，司法、行政遂混合为一，不可复分。迨明初权归六部，设大理以稽查六部，盖与唐宋之制适相反矣。[1]

这段话，是沈家本综合考察唐宋元明诸朝的司法机构变迁后得出的判断。在沈家本看来，唐宋以前，主掌司法审判工作的是大理寺，刑部所掌，实为司法行政事务。在唐代的司法架构中，刑部并不作为司法审判机构，而是沟通行政（尚书省）、司法（大理寺）的枢纽部门。其标志在于，收监未决犯的"狱"置于大理寺，而不在刑部。元代废大理寺，合司法、行政二职能于刑部[2]，大理寺狱也一并移交刑部。这一司法实践直接导致明代建立后，大理寺之建置虽得恢复，却最终只能行使稽查覆审之职，而未能复裁判之权。

沈家本这一判断，为我们研究元明刑官职权变迁的内在逻辑提供了一个极佳的切入点。换言之，元明时期刑部、大理职权之变的详情如何？这一职权之变，又对明代三法司制度之形成起何助力？

一、大理之废、判例法行与元代刑部地位的提升

学者郑小悠曾经指出清代"部权特重"的现象，此非无所端绪。实际上，元代以降，刑部因其司法审判职能的扩张，部门地位亦水涨船高。从制度延续的角度看，元代肇始的新的司法审判格局，为明清两朝刑部地位的进一步提高提供了实践依据和制度习惯。

（一）元代大理寺的短暂置废概况

元朝仅在很短的时间内设置过大理寺，几乎可以说旋置旋废。在忽必烈取得汗位伊始，一度曾使用大理寺作为新朝官号。据《中堂事记》载，在中统二年左、右三部设立后，中书省曾一度任命郑汝翼为大理寺丞，其任命制词曰："某官法律深明，台寺遍历。常谨少恩之戒，共推断狱之平。任此旧

---

[1]（清）沈家本："历代刑官考"，载《历代刑法考》，商务印书馆 2011 年版，第 524-525 页。

[2] 本文所称元代刑部，包括元朝初年以左三部、兵刑部形式存在的"刑部"。元初曾一度采取左右三部和吏礼、户、兵刑、工四部体系，这段时间内，刑部被包含在右三部和兵刑部中。见拙文"元朝统一前六部设置考"，载《史学月刊》2020 年第 3 期。

人，弼予新政。可特授某官。宜在簿书之际，更详朱墨之工。"〔1〕

从《四库总目提要》看，郑汝翼自幼学律，为前金律科出身，任刑部检法，曾于中统四年作《永徽法经》对比唐、金二朝律，后来清代薛允升所作的《唐明律合编》即是模仿其体例而作，不过《永徽法经》现已不存。应当说，无论是在理论还是在实践中，郑汝翼对金朝法律都很熟悉。中统二年，诸制草创，新建立的元朝在比附金朝制度的基础上初步建立起自己的统治体系，其任用郑汝翼为大理寺丞，当是比附前金大理寺，以郑汝翼作为案件审理的法官。不过，即使是这个时候，恐怕大理寺也不是一个独立于右三部之外的司法机构，甚至不存在大理寺这一机构，而仅仅是元初借用这一官职来授予像郑汝翼这样精于刑名之人，这从王恽的记载中只字不提大理寺卿、少卿等诸官职的情况可见一斑。这个官职具体用到何时，郑汝翼之外是否还有人任大理寺丞，已经不得而知，可以肯定是，大理寺的相关称法很快则从元代官制中消失。此后，"掌领旧州城及畏吾儿之居汉地者"〔2〕的都护府曾于至元二十年一度改称大理寺，秩正三品，但很快又于二十二年改回"大都护"，此后元代则不复再有大理寺。

元既废大理寺，原本分属于大理寺的司法职能自然需要归并到唯一的司法部门刑部（此时忽必烈尚未置大宗正府）。据《元史·百官志》记载，元代刑部的职能，包含"大辟之按覆，系囚之详谳，孥收产没之籍，捕获功赏之式，冤讼疑罪之辨，狱具之制度，律令之拟议"，〔3〕其中，"大辟之按覆""系囚之详谳""冤讼疑罪之辨"等职能，很明显是吸收原大理寺"折狱详刑"〔4〕后的结果，前述沈家本的判断，不为无见。

（二）判例的采用与刑部职能的扩张

元代不采取传统的律令体系，而完全以"例"断案的司法审判方式，也为刑部职能的扩张提供机遇。

忽必烈建立元朝伊始，采用比附金朝《泰和律》的方式，来解决元朝司

---

〔1〕 "中堂事记"，载（元）王恽，杨亮、钟彦飞点校：《王恽全集汇校》，中华书局2013年版，第3426页。

〔2〕《元史》卷八九《百官五》，中华书局1976年版（本书出版信息以下省略），第2273页。

〔3〕《元史》卷八五《百官一》，第2142-2143页。

〔4〕（唐）李林甫等撰，陈仲夫点校：《唐六典》卷一八《大理寺鸿胪寺》，中华书局2014年版，第502页。

法审判中律令缺失的问题。但很快，到了至元八年，忽必烈就废止了这种做法，并在事后称："朕以汉人徇私，用《泰和律》处事，致盗贼滋众，故有是言。"[1]因此，至元八年以后，元朝司法就进入了"有例可援，无法可守"的局面。这里的"例"，既包括早期通过比附《泰和律》所形成的断案事例，也包括后来元朝中央逐渐整合颁行的各类单行法规。这些断例和单行法规通常具有一定时效性，经过一定时间后，旧断例往往被新断例所取代，而单行法规也时常进行修改。由于缺乏成体系的律令编纂，不同断例、法规之间又往往出现自相矛盾之处，[2]导致地方官在处理案件时无所凭依，只得向更有审决权的中央司法部门"作疑咨禀"。而此时元朝中书省中，只有刑部是唯一的专业司法机关，因此，在此后相当长一段时间内，"各处凡有到省刑名事理，多送本部（刑部）照勘，拟定呈省。"[3]

这样，刑部就在原本覆核死刑案件和疑难案件的基础上，又增加了"法官造法"的职能。从元代流传至今的法律文献可以看到，在判例体系下，刑部除了对地方咨禀的疑难案件议拟处理意见外，也常常将中央认为有必要作为全国通行的断例和单行法规颁行天下。这些文书最终需由中书省同意颁行，但中书省又往往以刑部的议拟意见作为最终处理意见，或仅仅在刑部的意见上略作微调。可见，虽然在形式上权力属于中书省，但在实际运作中，刑部才是整个元代司法体系的核心，这一职能的扩张和地位的提高，又奠定了明清两朝刑部在司法体系中的地位。

二、元明刑部的部门嬗递

就司法机构和法典编纂而言，元代刑部的建置和职能设计都对明代刑部产生了影响，同时，元代法律文献汇编的经验，也多少对《大明律》的体例

---

〔1〕《元史》卷一四《世祖十一》，第289页。

〔2〕断例方面，如元朝关于收继婚的政策，至元九年（1272）、至元十年（1273）与延祐五年（1318）的断例就出现完全不同的司法审判结果。在这三则断例中，收继者与被收继者同为叔嫂关系的汉人，但前两则断例均承认其收继关系，而后一则断例则否定了汉人之间可以发生收继婚；单行法规方面，则如元朝的《市舶则法》，经由至元而延祐年间略作调整外，在后来的至正年间，亦作了相当修改〔拙文《蒙汉文化的冲突与调适：以元代判例创制为例》（载《炎黄文化研究》第19辑）以及未刊文《元代〈市舶则法〉的演变及其"官法同构"现象》对此有所分析〕。

〔3〕陈高华等点校：《元典章》卷三九《刑部一·刑名备申招词》，中华书局、天津古籍出版社2011年版，第1340页。

产生了影响，元朝的判例法对明清律例结合体系也产生了一定影响。

正如沈家本所指出，元代刑部对明代刑部最明显的影响是，经元代刑部，明代刑部与大理寺出现了与唐宋时期不同的职能。在唐宋时，大理寺为"折狱详刑"的终审机关，刑部则负责稽查复核。元代不设大理寺，二部门职能遂合二为一。至明代又分出大理寺，但职掌与唐宋时正好对调，[1]只有刑部完成案件审理后"狱成，移大理寺覆审"。[2]

此一局面的形成，实际上再一次印证了元明之间的政治延续性。刑部负责断案，在元代之后已经形成惯例，明朝虽复设大理寺，但使其重返百余年前的唐宋旧制，显然是不现实的。究其原因，乃因元代以后在司法裁判文书中间形成的"地方（其他部门）—中书省—刑部—中书省—地方（其他部门）"这一流转过程（如下图1），至明代一并被新王朝所继承，刑部在司法审判中形成的核心地位难以撼动。[3]即使后来明朝废除宰相，六部升品，这一文书流转格局仍得基本维持，且进一步在机构建置中得到强化。（下文详述）

不惟如此，刑部建置在明初发生的体制变化，也反映出了元代刑部带来的影响。明初仿元制置中书省，其下六部尚书、侍郎一开始也没有恢复到一员制，洪武六年曾增刑部尚书、侍郎各一员，形成两刑部尚书、两刑部侍郎的格局。洪武八年（1375），又以"部事浩繁，增设四科，科设尚书、侍郎、郎中各一人，员外郎二人，主事五人"。[4]直到洪武十三年（1380）废中书省和丞相，六部升秩，始恢复单一尚书、侍郎制。

---

〔1〕 据《明史·百官志》称，明代重新设置大理寺，主要"为慎刑也"。与大理寺一同出现的，还有审刑司这个部门。在明代，大理寺覆审的案件仍需由审刑司再一次覆审，方可结案，但出于慎刑而叠床架屋的审判架构过于低效，因此在洪武十九年（1386），审刑司就被废除，止留大理寺。大理寺的出现，某种程度上也是吸取元代司法实践教训的产物。

〔2〕《明史》卷七二《职官一》，中华书局1974年版（本书出版信息以下省略），第1758页。

〔3〕 元朝正常的司法流程是，地方推官审案，涉案人员所属部门的地方诸官员共署、约会，定案后需经廉访司审录无冤，方可结案，并依据案情决定是否进一步上报中央，其中疑狱及死刑重案必须上报中书省和刑部。作为监察系统的御史台、行台及各地廉访司也会照刷文卷，以此揭露司法不公及冤假错案，接受百姓有条件地告冤等。正如吴师道所概括的，"天下之囚，自州县至于路，岁有风宪之审录，成案已具，上之省部俟报，可论决则付之在外有司足矣"。详见（元）吴师道，邱居里、邢新欣校点：《吴师道集》，吉林文史出版社2008年版，第395页。另拙文《"官法同构"视域下的元朝五府官》（载《内蒙古社会科学》2020年第3期）对此有详述。

〔4〕《明史》卷七二《职官一》，第1758–1759页。

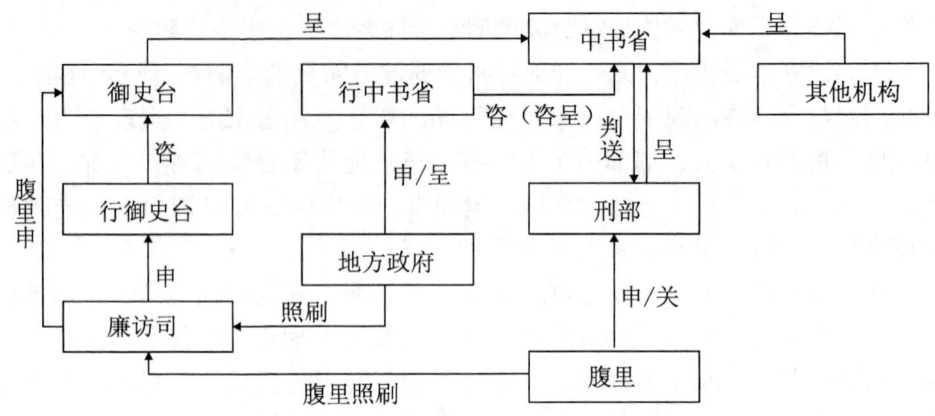

图1　元代以后司法文书之间的流转过程

另外，正如前述，元朝已经建立并形成习惯的文书流转格局，亦使明代六部的部内建置不得不重新按照这一文书流转格局设置，而无法再简单因循唐宋旧制。明朝初建之时，六部曾按唐制六部二十四司体系建部。以刑部为例，刑部之下又恢复了"总部、比部、都官、司门"的建置。但经长达一两百年不按二十四司体系办公的六部，无法很好地协同各小部门之间的权职，故此不久，洪武二十三年（1390）时，就将小四部解散，以当时全国十二布政司的设置分别对应设立十二部，分掌各布政司上呈的重案疑狱。洪武二十九年（1396）改称清吏司，永乐迁都北京后废北京司，增设云南、贵州、交趾司，后废交趾司，成十三道清吏司。其余各部，亦有分省建立清吏司之举。

清吏司的建置，实际上是在元代刑部的基础上发展完善的结果。六部之分工实践，终元而有百年，明朝则在其实践基础上进一步明晰这种分工。如元代刑部，其接收来自各行省与中书省的咨文，并对其中重案疑狱内容进行处理。这种文书流转格局至少在元代刑部的运作中形成了某些不成文的分工，明朝进一步将部内负责具体工作的郎中以下各官吏按地方布政司的建置分好，分别处理来自对应省份的司法事务，这样做有利于进一步规范各官吏职责，提高司法效率。另外，清吏司的出现，也是废除中书省之后的必然结果。如下图2所示：

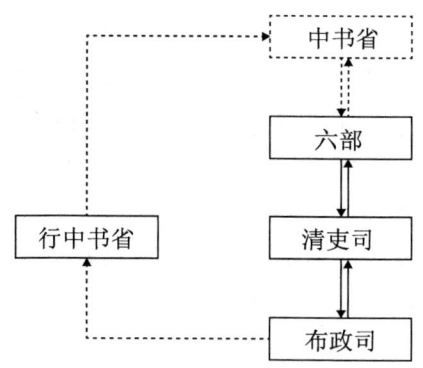

图2　元明文书流传格局之嬗变

在元朝，涉及重大事项文书，地方政府通过层层上报，最后由行省转咨中书省，再由中书省判送六部拟具意见，重新由上报路径转送回去。在这一流程中，发现问题的是地方政府，经由行省—中书省，最终处理问题的是六部。明朝洪武十三年（1380）以后，中书省废，地方行省职权亦转归都、布、按三司。都司属军事系统，察司归监察部门，布政司则直接与六部对接，故六部的职能司局之设，就转而关注如何与布政司更好地衔接问题上。为此，六部中与社会民生挂钩最密切，事最繁密的户、刑二部，就以布政司为单位，设立清吏司，由清吏司具体对接各布政司事务。吏、礼、兵、工不以布政司为单位设立清吏司，有其另外考量。吏部掌"文选、验封、稽勋、考功"事，礼部掌"仪制、祠祭、主客、精膳"事，均无须与地方作过多直接政务沟通；而兵、工所掌，往往又是跨布政司所辖区之政务，如防御堡垒之修缮、后勤运输之统筹、山川河渠之开凿等，故这四部的清吏司，往往依其职能类属而设。

三、元明司法审判的新探索：五府官制度的实践及经验

元朝在"治民"层面，将人民按工作性质、民族不同分门别类，各有户计、族属，在普通民户外又分有儒户、匠户、军户、医户、乐户等诸色户计，同时又有蒙古、色目、汉人、南人四类族属不同的人群，分类远比前朝细致。为了管理不同类型的人民，大量管理机构随之设立，相对应的法律法规也在大量事务交互过程中产生并调整。而这些业已存在的部门，往往代表了一方利益，它们轻易不愿将对所辖民众的司法审判权力让渡出来，因而，凡涉及跨户计、跨地区、跨民族等的事务，均需要由各部门通过"约会"来联合处理，

这就是元朝非常著名的"约会"制。这其中，部门级别最高的"约会"，即由中书省、御史台、枢密院、大宗正府和刑部"五府"官员所组成的"五府官"。

最初，五府官的出现主要是为了解决在京淹滞刑名案件，[1]而后才渐次推广到腹里乃至其他行省。[2]五府官正式成为固定组合，并从京畿发展为全国性制度，要到元代后期。后至元元年（1264），元顺帝"诏遣五府官决天下囚"，[3]首次将五府官从京畿地区推向全国；后至元二年（1265），顺帝诏令中提到的"省、院、台五府官三年一次审决，著为令"，[4]意味着五府官正式制度化。

以五府官分行各地审理冤假错案，解决滞狱问题，在理论上可以解决元朝司法审判中存在的一些问题。五府官由中央派出，组成人员为中央高级衙门的中高级官员，与案发地方并无过多社会关系，可以有效解决因人情关系所造成的包庇回护在"约会"时的发生。[5]另外，五府官均来自中央高级衙门，代表元朝中央政府行使权力，自然也在品级问题上无可争议，不会受到地方部门的过多干预。因此，或基于上述弊端，元朝中央决定将原本在大都地区行之有益的五府官制度化并推向全国，作为解决滞狱，减少冤假错案的

---

〔1〕 这仍与元朝特殊的行政格局有关。元朝普遍采用行省制，中书省既是全国最高的行政机关，同时也是元朝"腹里"地区最高的地方机构，既负责解决全国事务，又直接统治元朝"腹里"地区。因此，"腹里"地区（尤其是大都）的刑事案件，完全有可能由刑部等中央部门直接审理。加上地方报送的死刑案件和疑难案件，案件淹滞亦非稀见。

〔2〕 相关论述见陈高华："元朝的审判机构和审判程序"，载《东方学报》京都第66册；刘晓："元代大宗正府考述"，载《内蒙古大学学报（人文社会科学版）》1996年第2期。

〔3〕 《元史》卷三八《顺帝一》，第825页。

〔4〕 《元史》卷三九《顺帝二》，第836页。

〔5〕 大量史料显示，尽管朝廷三令五申规范地方各部门之间的"约会"，但其实际执行过程中仍出现许多徇私舞弊的行为，严重妨碍"约会"的进行及该制度的实行效果。在实际执行中，"约会"成为各部门"护向自己"的手段，导致"久禁着人呵，很生受有"。一些部门头目"知自底无体例"，处于理屈的一方，于是"推调着，约会处不来，迁延月日，逗留词讼，中间窒碍多有"。不仅如此，一些管理部门依仗自己的品级，甚至公然与司法部门发生冲突。举个例子，大德十一年（1307），玉宸乐院的乐工殴人，刑部试图缉捕其人，玉宸乐院长却以两个部门品级相等为由，悍然抵制刑部缉捕："（大德十一年十一月）乐工殴人，刑部捕之，玉宸乐院长谓玉宸与刑部秩皆三品，官皆荣禄大夫，留不遣"。而"约会"受阻不仅容易造成滞狱，在某些刑事案件中甚至还会影响取证进度和审判结果。从法律本身的角度看，刑事案件时效性非常强，特别是涉及刑侦问题时，如"人命、贼情等重罪过的"，时机稍纵即逝，不可能等各处官司"约会"齐才开始办案。"被杀死或被伤人呵，或强盗劫夺钱物，将钱主杀死打伤呵……天气热时，尸首变烂，人命的勾当干落后了"等都是这种刑事案件采取"约会"时可能遇到的技术问题。

重要手段。

但是，五府官在元朝的实践却以失败告终。约至正二年（1342），五府官决天下囚的司法实践便停止了。其最根本的原因在于，[1]五府官制度的推行，某种程度上是对元朝旧司法审判流程的反动，这种反动虽以解决"罪囚在禁淹滞"[2]问题为由，提倡司法高效，但从另一侧面看，它却打破了司法中所应坚持的"慎刑"原因。

其一，五府官制度简并了许多诉讼环节，几乎将原本应该层层上报并受监察系统监督的死刑案件直接变成终审案件。更少的诉讼流程，意味着不同流程之间产生的制约和监督机制更加难以发挥，冤案翻盘概率自然下降，这虽然有利于提高司法效率，但对司法公平本身却起不到更好的保障作用。中国古代司法一般以"缩小下级官吏定罪的权限"和"增加审级"作为恤刑手段，[3]五府官制度显然与此相悖。其二，相对独立的监察系统本身已经参与到司法审判中，转被动为主动，其监督掣肘的功能也因此转变，取而代之履行了司法审判职能，监察部门与司法部门在五府官制度中不再形成监督与被监督的制约关系，这本身又为司法，特别是人命重事蒙上了另外一层不确定性。[4]当五府官员的水平和道德足以暂时弥合这种制度缺失时，这一矛盾可能尚不明显；但当官员出现如苏天爵所说的"既不得人"，这种一次审断即终裁的做法，实际上反而更显草率，甚至引起更多的社会矛盾和问题，这是包括今天在内的司法审判活动都应当引起注意的。

有鉴于此，明朝在借鉴五府官制度而形成的三法司，就非常强调大理寺对案件的覆审职能。明朝三法司中，"初审，刑部、都察院为主；覆审，本寺（大理寺）为主"，[5]这就使三法司内部不再采用单一的一审终局，而增加应

---

[1] 五府官制度的废止还牵涉其他很多原因，如涉及权臣伯颜的政治斗争，在执行过程中效果大打折扣，出任五府审囚官的官员业务水平有限等。详见拙文《"官法同构"视域下的元朝五府官》（《内蒙古社会科学》2020年第3期）。

[2] （元）苏天爵：《滋溪文稿》卷二七《章疏》，中华书局1997年版，第450页。

[3] 吕思勉：《中国通史》，上海古籍出版社2009年版，第167页。

[4] 监察系统介入司法审判的情况并非在五府官制度化后才有，在元代前中期，甚至在唐、宋时期，监察系统已经多少被赋予一定的（或临时的）司法审判权，如元武宗时，还是皇太子的仁宗就下令，"有司赃罪，不须刑部定议，受敕者从廉访司处决，省、台遣人检核廉访司文案，则私意沮格，非便"。但这时候监察系统直接接入审判的情况并非常态，正如《中国政治制度通史》中所述，监察部门的主要工作，乃"言事""巡按"和"刷卷"。

[5] 《明史》卷七三《职官二》，第1783页。

有的审级，贯彻"慎刑"原则。

四、五府官实践与明朝三法司制度的形成

尽管五府官在元朝昙花一现，却对明朝的官制、法制产生了不小的影响，这集中表现在明朝三法司制度的建构和运作问题上。囿于主题及探究对象，笔者仅就其中所涉及的与元朝五府官实践有关的部分作分析。特别值得注意的是，因为朱元璋在法理上宣称明制"沿汉、唐之旧而损益之"，[1]故明人几少承认其制度设计与元朝之间存在的天然联系，但仔细比对元朝五府官和明朝的三法司仍可以发现，尽管在形式上采用了唐制，明朝三法司制度的运作却并不完全来自遥远的古制，而恰恰受元朝五府官的影响最深。

其一，明朝三法司由刑部、都察院、大理寺组成。这一制度并非一蹴而就，而是经洪武、建文两朝不断调整，至永乐朝始定型。据学者的研究统计，终洪武一朝，官方从未使用过"三法司"一词去指代由刑部、都察院、大理寺所组成的联合司法审判。彼时明朝初建，中央机构仿元朝而设置，有中书省、御史台、大都督府等，[2]后来在洪武十三年（1380），朱元璋杀胡惟庸，"罢宰相不设，析中书省之政归六部"，[3]同时"分大都督府为五，而征调隶于兵部"，[4]开始全面调整从元朝继承过来的政治体制。在这一背景下，由五府变成三法司，既是元明官制交替的结果，也是这种联合审判制度进一步优化组成官员的结果。如前述，元朝五府官由中书省、枢密院、御史台、大宗正府、刑部组成，其中，中书省已于洪武十三年罢，枢密院同时由兵部和五军都督府所分。原先负责军事单位里司法活动的大都督府断事官同步析分为五军都督府断事官，此后更是在建文一朝被革罢。[5]元大宗正府为蒙古官制札鲁忽赤的汉化，至明也一并废除，故五府之中，只有刑部以及由御史台发展而来的都察院还存在明朝官制中，中央层面的司法权亦逐渐统合到刑部与都察院中。元朝不设大理寺，刑部兼具前朝大理寺职能，后来，明朝重新在

〔1〕《明史》卷七二《职官一》，第 1729 页。

〔2〕 中书省成为最高行政机构的情况仅发生在元朝，而大都督府实则由枢密院转变而来，其中负责军事单位司法活动的是断事官，亦元朝所特有。以此观之，明制承元当无疑义。

〔3〕《明史》卷七二《职官一》，第 1729 页。

〔4〕《明史》卷七二《职官一》，第 1729 页。

〔5〕 关于都督府断事官的相关研究，可参见李军："明代断事司考述"，载《故宫学刊》2011 年总第 7 辑，紫禁城出版社 2011 年版。

刑部中分设大理寺，仅存的二法司遂增为三法司。

其二，受元制影响，明朝都察院的职能亦与唐宋御史台不尽相同。唐宋时期的御史台主要掌监察权，其执法往往被动，以履行检举、弹劾为主。[1]元朝御史台系统不但继承上述权力，还在照刷文卷、录囚中进一步介入司法审判活动，最终成为五府官的一部分，到明朝则演变为三法司之一。《太祖实录》中记载"刑部、都察院皆掌天下刑名"，[2]《皇明条法事类纂》中记载"通政司每日所受词状，送刑部者十之八，送都察院者十之二"[3]等，俱是都察院直接介入司法审判活动的证据。吕思勉亦曾意识到这个问题。他指出，"御史，本系监察之官，不当干涉审判"，但"至明，遂竟称为三法司之一了"。[4]

其三，明朝三法司的运作模式是在五府官实践基础上进一步完善的结果。在京师，三法司除了会审地方上报的"人命重狱"外，还负责缓解京师的滞狱问题。而随着三法司制度逐渐成熟，三法司不但有了固定的办公场所，也形成了朝审、大审、热审、寒审等有规律的会审，较之五府官，其制度又更为完善，历时亦更加长久。

此外，一如五府官，三法司在京师地区的职能亦被推行到全国各地。"狱空"是古代君主圣贤的标志之一，因此滞狱问题常成为古代君主关注的问题。明太祖朱元璋"患刑狱雍蔽"，[5]成祖朱棣时，又有刑科曹润建言解决滞狱问题，引起明成祖的关注。最终，这一问题的解决也落实到了三法司。朱元璋曾敕三法司，"今尔等详覆天下重狱，而犯者远在千万里外，需次当决，岂能无冤"，并"遣官审录之"。[6]此后，三法司常有赴全国各地审囚，如成化

---

〔1〕 关于唐代御史台对司法介入的情况，可见张雨所著《唐代司法政务运行机制及演变研究》（上海古籍出版社 2020 年版），又可参见李治安的《唐代执法三司初探》（《天津社会科学》1985 年第3 期）；王宏治的《唐代司法中的"三司"》（《北京大学学报（哲学社会科学版）》1988 年第 4 期），以及刘后滨的《唐代司法"三司"考析》（《北京大学学报（哲学社会科学版）》1991 年第 2 期）等文章。由史料及相关研究成果可见，唐代御史台在司法活动中主要履行事后监察职责，只有在特殊情况下，御史台才会主动介入司法活动，并非常态。

〔2〕《明太祖实录》卷一六八"洪武十七年十一月丁丑条"，我国台湾地区"中研院"史语所1962 年校勘本。

〔3〕《皇明条法事类纂》卷三八《刑部类·告状不受理·在京词讼原被在附近照旧提人监问》，科学出版社 1994 年版，第 543 页。

〔4〕 吕思勉：《中国通史》，上海古籍出版社 2009 年版，第 167 页。

〔5〕《明史》卷九四《刑法二》，第 2309-2310 页。

〔6〕《明史》卷九四《刑法二》，第 2310 页。

八年（1472），"分遣刑部郎中刘秩等十四人会巡按御史及三司官审录"等，[1]形成"在外恤刑会审之例"。[2]当然，尽管三法司制度之于五府官制度有沿袭的一面，但它们毕竟分属两个不同的朝代，其发展、演变自然也有差异的一面，这是任何制度继承之间所不能避免的。

* * *

得益于沈家本在《历代刑法考》中的关注，元明刑官职权的变化及联合司法的实践得以为后进学者所关注。刑部、大理寺之职，经由元代的实践与调整，到明代有了职能上的转变。刑部本为司法行政部门，元代因取消大理寺设置而将司法审判职能一并转归刑部，此后形成惯例，为明清两代所继承。明代虽重新设置大理寺，但仅作为审判覆核机关。这一部门职能的重新分配，还影响了明代三法司制度设计。明代三法司制度以元代五府官制度为实践基础形成。明代三法司以大理寺为覆审机构，贯彻了"慎刑"原则，避免重蹈五府官"一审终局"的覆辙。

---

〔1〕《明史》卷九四《刑法二》，第 2311 页。
〔2〕《明史》卷九四《刑法二》，第 2310 页。

明清刑部称比部考

张 雨[*]

【摘 要】 以沈家本《寄簃文存·比部考》为切入点，重新梳理和解释明清时期存在的将曾经的刑部子司——"比部"用作刑部别称现象产生的时间线索后，可知"比部"指代刑部的文例出现于明代，且基于以下两个条件：第一，制度溯源时的信息不对称。明代知识精英受"断罪无正条，用比附加减之律"的律学思想和实践活动的影响，从而加重其对刘宋比部"主法制"、北齐比部"掌诏书、律令、勾检等事"的历史记忆。正统以后，作为刑部下属机构的"比部（科）"之名的消失，则为上述现象的出现提供了必要的制度前提。第二，文坛流派的分化及文学复古思想的影响。正德、嘉靖之际，与前、后七子相继以诗文相友，主张文学复古的张治道、王宗沐等一大批刑部官员的文学实践，是造成上述新出文例迅速在明清精英群体中扩散的深层次原因。

【关键词】 刑部；比部；沈家本；寄簃文存

一、明清人视野下的刑部称"比部"[1]现象

《比部考》最初刊于北京法学会主办的《法学会杂志》（复刊）第 2 卷第 7—8 号合刊（1914 年 12 月 15 日），[2]是沈家本的六篇遗作之一。该组文章题作《寄簃文存三编》，后经整理，与《寄簃文存》（八卷，光绪丁未冬仲刊，1907 年）、《寄簃文存二编》（上下卷，辛亥冬季刊，1911 年末或 1912 年初）汇

---

* 张雨，中国政法大学法律古籍整理研究所副教授。

〔1〕 关于"子司"的含义，参见拙文《唐宋间"子司"词义转换与中古行政体制转型》（载《中华文史论丛》2019 年第 3 期）。

〔2〕 上海图书馆编：《中国近代期刊篇目汇录》第 2 卷下册，上海人民出版社 1982 年版，第 3326-3327 页。参见陈柳裕：《法制冰人——沈家本传》，浙江人民出版社 2006 年版，第 259-264 页。

为一编，仍题作"《寄簃文存》八卷"，收入《沈寄簃先生遗书》甲编（约于1928—1929年出版）。由此可知，《比部考》撰写不早于1912年，文字如下：

比部官名，始于曹魏，所掌何事，史弗能详。《唐六典》云："比部郎中，魏氏置。历晋、宋、齐、后魏、北齐，皆有郎中。后周天官府有计部中大夫，盖其任也。梁、陈、隋并为侍郎，炀帝曰比部郎。自晋、宋、齐、梁、陈，皆吏部尚书领比部，后魏、北齐及隋则都官尚书领之，皇朝因焉。武德三年（620），加中字。龙朔三年（引者按：应作"二年"，662），改为司计大夫，咸亨元年（670）复故。"所叙沿革甚详，亦不及魏氏所掌之事。玩其语意，谓后周计部中大夫盖其任，龙朔改为司计大夫，是所掌者仍司计之事，而非刑事。《汉书·张苍传》："迁为计相。"注，文颍曰："臣能计，故号曰计相。"师古曰："专主计籍，故号计相。"《周官》司会隶于大宰，故后周计部亦隶天官府也。惟《宋书·百官志》言三公、比部主法制，《隋志》言北齐比部掌诏书、律令、勾检等事。第宋之刑狱，领于都官，北齐断罪，掌于三公，似法制非专属刑狱之法制，律令亦但为司（勾）检之一端，当是立法之事，而非司法之事。周时司寇掌刑，而刑典建自大宰，古时司法、立法殆亦未尝混合为一钦？唐比部掌勾会之事，官既隶于刑部，而所掌非刑，宋代承之。

寻绎"比"字之义，《小司徒》"三年大比"，校比也；《王制》"必察小大之比"，比例也。二义本相引申，而相承又各为一义。比部如以刑法得名，当为比例之"比"；如以勾会得名，当为校比之"比"。《韵会》四支："比，相次也。又比部，官名。"四纸："比，校也，唐比部官名。"凡比较者，必相次而始见。《大司马》注："比，校次之也。"校、次二义本属相生，是旧说比部乃三年大比之比，而非小大比之比，与唐、宋职掌其义正合。《正字通》谓："比部，官名，取校勘、亭平之义，即今刑部。"其说不知何本？校勘与亭平各为一义，不可强合。校勘尚是校比之意，亭平诂"比"字，如何可通？望文生义，不足为据。后人称刑部为比部，殆因其尝主法制及勾检、律令，遂袭其名。稽诸旧说，初不如是。至"比"字之音，《小司徒》释文"毗志反"，《大司马》释文"必履反"或"毗志反"，原有上、去二音。《韵会》有平声，当别有所本。自来韵书之训，皆本经传，无杜撰者。《正字通》以音"皮"为非，盖泥于校比之"比"必读上声，而未考《韵会》之本有此音。《王制》释文："比，必利反，例也。"《后汉书·陈忠传》："奏上二十三条，为决事比。"注："比，例也。"是比例之"比"，古读去声，今人则多作上声读矣。[1]

《寄簃文存三编》之名，应由沈家本自定。在刊出前，先已见于沈家本《墓志铭》（撰于 1914 年 4 月 21 日前），属于尚未成书中的一种。[2] 相较于《寄簃文存》《寄簃文存二编》收文分别为 45 篇（撰于 1903—1907 年）和 38 篇（撰于 1908—1911 年）来看，[3]《寄簃文存三编》仅收文 6 篇，反映出该编确实尚在撰写过程中，只是因作者去世而中辍。

对于明清刑部称"比部"的问题，《比部考》并非沈家本最初的思考。早在刊于宣统元年（1909）仲秋的《历代刑官考》中，[4] 沈家本就已经注意到此问题：

> 比部始于曹魏，其初所掌何事？史弗能详。刘宋主法制，后齐掌诏书、律令、勾检等事。第宋之刑狱领于都官，齐三公掌断罪，似法制非专指刑狱之法制，律令亦但为勾检之一端。唐比部掌司（勾）会之事，《六典》言后周天官府计部中大夫是其任也。隶刑部而所掌非刑，宋代承之。绎"比"字之义，《小司徒》"三年大比"，比校也；《王制》"必察小大之比"，比例也。比部如以刑法得名，当为比例之"比"；如以勾会得名，当如比校之"比"。《韵会》四支："比，相次也，比部，官名"；四纸："比，校也，唐比部官名。"凡比校者必相次而始见，故《大司马》注云："比，校次之也。"是旧说比部本是三年大比之"比"，而非

---

〔1〕（清）沈家本撰，邓经元、骈宇骞点校：《寄簃文存》卷四《比部考》，载《历代刑法考（附〈寄簃文存〉）》，中华书局 2006 年版（本书出版信息以下省略），第 2145—2146 页。

〔2〕王式通："吴兴沈公子惇墓志铭"，载徐世虹主编：《沈家本全集》第 8 卷，中国政法大学出版社 2010 年版（本书出版信息以下省略），第 979 页。参见李雪梅："百年回眸：沈家本碑志的生成"，载中国法院博物馆编：《中国法院博物馆》总第 2 集，人民法院出版社 2019 年版，第 7—21 页。

〔3〕李贵连："《寄簃文存》版本漫谈"，载北京大学法律系编：《改革与法制建设——北京大学九十周年校庆法学论文集》，光明日报出版社 1989 年版，第 265—275 页。

〔4〕此据沈家本自叙。该书另有吴廷燮叙，作于宣统元年（1909）七月。（清）沈家本撰，邓经元、骈宇骞点校：《历代刑法考（附〈寄簃文存〉）》，第 1952 页、第 1954 页。

大小比之"比",与唐宋职掌其义正合。后人称刑部为比部者,殆因尝主法制及勾检律令,遂袭其名。而稽诸旧说,盖不如是。[1]

将此段文字与数年之后写成的《比部考》略加对照,即知两者文字相近,而后者加详。

应该说,沈家本并非是关注到明清时期刑部称为"比部"现象的第一人。例如黄一正于万历十九年(1591)编成的《事物绀珠》中,汇集了当时所能见到的"刑部"称谓:

> 秋官、司寇、司法、司败、司臬、肤使、比部、司宪、法室、法曹、决曹、墨曹、后曹、贼曹、宪部、都官、比曹、门曹、长流白云(已上通称刑部)。大司寇、秋卿、士师、司刑太常伯(已上称尚书)。小司寇、佐宪、参典、贰宪、司刑少常伯(已上称侍郎)。宪部郎、定科郎、小秋(三称郎中)。秋官上士(员外)。主宪(主事)、主法(主事)。[2]

可见,"比部"只是刑部官众多别称之一,但却是时人用以指代刑部或刑部官员的最常见的称谓之一。这一义项,还被明末学者张自烈收入到《正字通》中:"比部,官名,取校勘、亭平之义,即今刑部。旧注沿《正韵》,比部之'比',音'皮',误。"[3]稍后,清初学者顾炎武也曾针对上述现象专门写过一则札记:

> 《周礼·小司徒》:"及三年则大比,大比则受邦国之比要。"注:"大比,谓使天下更简阅民数及其财物也。"郑司农云:"五家为比,故以比为名。今时八月案比是也。"《庄子》云:"礼法度数,刑名比详。"唐

---

〔1〕(清)沈家本撰,邓经元、骈宇骞点校:"历代刑官考(下)",载《历代刑法考(附〈寄簃文存〉)》,第1989页。在此段文字前,沈家本还考及以都官为刑官之称的原因,并对《唐六典》所述制度渊源有所质疑。见前书第1988-1989页。参见拙文《从三公曹尚书到都官尚书:尚书刑部成立的早期因素》(未刊稿)。

〔2〕(明)黄一正:《事物绀珠》卷八《称谓部上·刑部称谓类》,万历三十二年(1604)刻本,载《四库全书存目丛书》,子部第200册,齐鲁书社1995年版,第685页。参见(清)梁章钜撰,冯惠民、李肇翔、杨梦东点校《称谓录》卷一六《刑部(附刑部各司古称)》,中华书局2018年版,第250-253页。

〔3〕(明)张自烈编、(清)廖文英补:《正字通》辰集下,载《四库全书存目丛书》,经部第197册,齐鲁书社1997年版,第712页。

时刑部有刑、比（原注：音毗）、都官、司门四曹。《通典》："比部郎中，龙朔二年改为司计大夫，咸亨元年复旧。天宝十一载（752）又改比部为司计，至德初复旧。"《旧唐书·职官志》："比部郎中、员外郎之职，掌勾诸司百僚俸料、公廨、赃赎、调敛、徒役、课程、逋悬数物，周知内外之经费，而总勾之。"《杨炎传》："初，国家旧制，天下财赋皆纳于左藏库，而太府四时以数闻，尚书比部覆其出入。"《宋史·职官志》："比部郎中、员外郎，掌勾覆中外帐籍，凡场务、仓库出纳在官之物，皆月计、季考、岁会，从所隶监司检察，以上比部，至则审核其多寡登耗之数，考其陷失，而理其侵负。"《山堂考索》："会计逋欠，每三月一比，谓之比部。"故昔人有刑罚与赋检相为表里之说。今四曹改为十三司，而财计之不关刑部久矣，乃犹称郎官为比部，何邪？[1]

《日知录》对后世学者影响深远，[2]沈家本也曾评说："其学通贯古今，尤喜谈世事，正不当仅以考订精详相许也。然执论或失之拘迂，或邻于拗僻。诋之者至谓亭林用世，是安石复生，则过矣。"[3]既然以"正不当仅以考订精详相许"称之，则说明沈家本亦对《日知录》较为熟悉，故不应不知顾炎武对"比部"的考证。沈家本在前文中虽未提及《日知录》，但从其所考来看，引用资料多与顾炎武所引不同，或即有意为之。

顾炎武指出明代以后，刑部四曹体制被改造成为十三司体制是比部作为刑部别称出现的重要节点。这是正确的，也反映出明清之际学者的思考。但将比部之"比"训为"大比""案比"之"比"，则是受唐宋尚书制度的影

---

〔1〕（明）顾炎武，（清）黄汝成集释、乐保群校注：《日知录集释（校注本）》卷二四《比部》，浙江古籍出版社 2013 年版，第 1404 页。《日知录》初刻于康熙九年（1670），称符山堂本八卷，至十五年（1676），辑为三十卷。今本三十二卷，由其弟子刻于康熙三十四年（1695），是为遂初堂刻本。

〔2〕赵俪生："顾炎武《日知录》研究——为纪念顾炎武诞生 350 周年而作"，载《兰州大学学报（社会科学版）》1964 年第 0 期。

〔3〕"借书记"，载（清）沈家本撰：《沈家本未刻书集纂》，中国社会科学出版社 2018 年版，第 1816 页。参见曾尔恕、黄宇昕："沈家本西法认识述评"，载"沈家本与中国法律文化国际学术研讨会"组委会编：《沈家本与中国法律文化国际学术研讨会论文集》上册，中国法制出版社 2005 年版，第 150-151 页。

响，故将比部视为财务审计部门，[1]因而有明代以来"财计之不关刑部久矣，乃犹称郎官为比部，何邪"的疑问。

对此，沈家本在《比部考》中进一步明确指出："旧说比部本乃'三年大比'之'比'，而非'大小比'之'比'，与唐、宋职掌其义正合。……后人称刑部为比部者，殆因其尝主法制及勾检、律令，遂袭其名。稽诸旧说，初不如是。"虽然其中旧说指《韵会》《正字通》等书，但亦可视为对顾炎武及其所引《山堂考索》的回应。

二、明代以"比部"指代刑部文例的初步统计

如前所述，刑部四曹在明代的消失，是以"比部"指代刑部文例形成的制度基础。但身处当时语境之中的顾炎武、沈家本，在追溯其成因时，都未试图揭示这一现象出现的具体时间。故本文首先尝试解答此问题。

以"比部"指代刑部，流行于明清精英群体之中。如嘉靖二十六年（1547），王宗沐、吴维岳等人倡立刑部诗社。一时之间，王世贞、李攀龙等纷纷加入其中。但后来此二人又别立诗古文社（一说并无立社之事，而有唱和酬答等社事活动），主要成员还有徐中行、梁有誉、宗臣、谢榛、吴国伦等五人，并称嘉靖七子或后七子（别于前七子）。[2]他们彼此之间，便以"比部"相称。如嘉靖三十年（1551）正月，李攀龙、谢榛夜集于王世贞（元美）宅，送刑部郎中吴维岳（峻伯）、徐文通（汝思）、袁福徵（履善）离京察刑。

---

〔1〕 唐宋情况也有所不同。唐代尚书比部是财务勾检系统的中央领导机构，参见王永兴：《唐勾检制研究》，上海古籍出版社 1991 年版，第 66-81 页。宋初中央财务勾检由三司勾院、磨勘理欠司负责，尚书省比部司无所掌，郎中、员外郎仅为京朝官迁转官阶。元丰五年（1082）后，比部司职掌得以恢复，但至哲宗元祐元年（1086），便因事简，"省比部郎官一员，以都官兼司门"。南宋初年，随着尚书省分工体系的重心向案—科倾向，郎官合并的现象进一步发展：高宗建炎三年（1129），诏比部兼司门之事，孝宗隆兴元年（1163），又诏都官兼比部、司门之事，共置郎中一员。参见《宋史》卷一六三《职官志三》。参见张雨："唐宋间'子司'词义转换与中古行政体制转型"，载《中华文史论丛》2019 年第 3 期；张希清等：《宋朝典制》，吉林文史出版社 1997 年版，第49-50 页。

〔2〕 （清）钱大昕：《嘉靖七子考》，陈文和、曹明升点校：《潜研堂文集》卷一六，载陈文和主编：《嘉定钱大昕全集（增订本）》第 9 册，凤凰出版社 2016 年版，第 257-258 页；"王世贞与后七子群体"，载刘延乾：《江苏明代作家研究》，东南大学出版社 2010 年版，第 201-203 页；李玉栓："明后七子结社考辨"，载黄霖主编：《中国文学研究》第 20 辑，复旦大学出版社 2012 年版，第94-104 页。

王世贞《送比部吴峻伯江西抚刑序》称："惟辛亥嘉靖春正月，天子询于秋官之长，下诸道使十有五人，洗冤滞、悯蠢愚、辨疑似，以闻上。"李攀龙、谢榛亦分别有诗《集元美宅，送汝思、吴峻伯、袁履善三比部》《初春夜集王元美宅，饯别吴峻伯、徐汝思、袁履善三比部出使，得杯字》以纪之。[1]清代仍沿此风，《清稗类钞》载：

> 钱塘张惕斋太守兴仁，款（颖）慧媚学，道光辛丑（1841）成进士，入词垣，改刑部，擢御史，出典广东乡试。京察一等，授建昌守。履任半载，以缴照迟延，部议镌级。大吏奏留，以劳绩复官，檄摄袁郡。将之任，病殁，年五十有九。惕斋于散馆前，在正阳门关帝庙求签，有云："常把他人比自己，管须日后胜今朝。"以为可留馆也。及改刑部主事，始悟"常把他人"，盖庶常（即庶吉士）属他人；刑为比部，属诸己也。编检七品，而主事则六品，"胜今朝"亦验矣。[2]

值得注意的是，作为流行于精英群体的"话语"，士大夫官僚在使用上述表达时，有着明确的边界意识，并未在语言的"边界"寻求超越，因而相关文例几乎从未超出"文学"之外。[3]这突出地体现在以"比部"指代刑部文例并不

---

〔1〕 周颖：《王世贞年谱长编》，上海三联书店 2016 年版，第 114 页。

〔2〕 徐珂编撰：《清稗类钞》第 10 册《迷信类·张惕斋求签》，中华书局 2003 年版，第 4667 页。张兴仁事迹见（清）丁丙：《武林坊巷志》第 4 册"金芝麻巷"条，引《道光丁酉（1837）科浙江乡试齿录》，浙江人民出版社 1987 年版，第 517 页；秦国经主编：《清代官员履历档案全编》第 3 册，华东师范大学出版社 1997 年版，第 529 页。参见商衍鎏：《清代科举考试述录》第三章第五节《翰林院庶吉士之散馆》，故宫出版社 2014 年版，第 164—170 页。

〔3〕 "文学"，取"文章博学"之义，见《论语·先进篇》。（魏）何晏注、（宋）邢昺疏：《论语注疏》卷一一，北京大学出版社 2000 年版，第 160 页。在朝廷所颁任命文书——诰命中，因受文学影响较深，亦出现有以"比部"指代刑部的文例。万历十六年（1588），授河南府知府王见宾（曾任南阳府推官及刑部主事、员外郎、郎中）中宪大夫诰命曰："尔河南开封府知府王见宾，性行高雅，明习政事。出为理官，入为比部，中外皆称其廉平。擢守大邦，剸理繁剧。岁数不登，以政为岁。有击强之明，无烹鲜之扰。朕甚嘉焉，是用授尔阶中宪大夫，锡之诰命。"（明）冯琦：《冯用韫先生北海集》卷三一《诰敕·河南开封府知府王见宾》，载沈乃文主编：《明别集丛刊》第 4 辑第 58 册，黄山书社 2015 年版，第 591 页。此后，唐文献《奉贺晴江王公（见宾）加衔布政使备兵密云叙》中亦化用其诰命之词而称："公以进士起家，为郡司理，入为比部郎，一切谳狱明允，出典名藩，用循良踔。"（明）陈子龙等辑：《皇明经世文编》卷四五五，载上海古籍出版社编：《续修四库全书》第 1662 册，上海古籍出版社 2002 年版（本书出版信息和编者信息以下省略），第 155 页。王见宾生平见《明中宪大夫都察院右佥都御史巡抚延绥奉旨加级起用晴宇王公墓志铭》（刘鸿训撰），载韩明祥编著：《济南历代墓志铭》，黄河出版社 2002 年版，第 229—236 页。

见于《明史》纪传部分之中，《明实录》中亦仅一见，[1]或是删改未净之遗存。

没有出现在《明史》纪传部分的上述文例，却出现在同书《艺文志》中：史部刑法类，著录有陈璋《比部招拟（议）》二卷；集部别集类，著录有梁有誉《比部集》八卷。[2]以此两书为代表，笔者首先搜集了明代以"比部"为名的著作共17种，按类别分为表1和表2。

表1　明代以"比部"为名的刑法类著作[3]

序号	著/辑者	著作名称	卷/册数	刊/钞本	纂集时间	内容	作序者	作序时间	著/辑者任官
1	陈璋	《比部招议》	二卷/三册	刊本	嘉靖十三年（1534）	著者手裁（详后）	刑部尚书聂贤	嘉靖十三年（1534）	正德六年（1511），授刑部河南清吏司主事，累迁刑部左侍郎

---

　　[1]《明实录》载郑世威小传曰："世威，福建长乐人，中嘉靖己丑（1529）进士，从比部出金江右。贵溪、分宜（即夏言、严嵩）后先当路，不为屈，转湖广参藩。投劾归，教授生徒，躬耕自给。嵩败，起南京右通政，擢左副都御史，改今官。以谏采珠不报乞骸。林居郡邑，监司不识其面，布衣芒蹻，三十年如一日。"《明神宗实录》卷一五一，万历十二年（1584）七月戊寅条，上海书店1982年版，第2795-2796页。后引诸朝《明实录》，皆据此版本。参见（明）张岱《石匮书》卷一五六《郑世威传》："郑世威，福建长乐人，嘉靖八年进士……授户部郎，丁艰，改刑部，出为广西按察司金事，寻改广东。丁内艰，复除江西。"《续修四库全书》第318册，第517页。另如前述，明清时，秋官、司寇等亦常用作刑部代称。但与比部相较，前两者皆非始于明朝，且明人在使用这两个代称时，界限意识亦较后者为弱，如秋官（非指钦天监秋官正者）见于《明太祖实录》洪武十二年（1379）十一月戊午，吕宗艺为刑部尚书诰词，第2027-2028页，及《明英宗实录》卷一四一，正统十一年（1446）五月甲戌，国子监祭酒李时勉上疏（参见表3），第2785页，后者则见于《明史》卷九五《刑法志三》、卷一六三《陈敬宗传》。换言之，作为刑部代称的"秋官、司寇"与"比部"在使用中的差异，恰可视为明代文学中古典与今典的不同。

　　[2]《明史》卷九七《艺文志二》、卷九九《艺文志四》。

　　[3]资料来源：（清）范邦甸等撰，江曦、李婧点校：《天一阁书目》[此书目由阮元于嘉庆十三年（1808）主持刊印，故亦称《阮目》]卷二之《史部二·政书类》，上海古籍出版社2019年版（本书出版信息以下省略）；周子美编：《天一阁藏书经见录》卷上，华中师范大学出版社1986年版（本书出版信息以下省略）；陈纬撰：《陈省斋年谱》，乐清文物馆铅印本2000年版（本书出版信息以下省略）；陈纬：《石塘山居杂文》，线装书局2014年版（本书出版信息以下省略）；张伟仁主编：《中国法制史书目》第2册，我国台湾地区"中研院"史语所1976年版；赵万里编：《北京大学图书馆藏李氏书目》（中册），北京大学图书馆铅印本1956年版；[日]高桥芳郎：《宋至清代身分法研究》，上海古籍出版社2015年版，第179-181页；李冰逆："从身分法变革论明清时代法律的连续性问题——以'雇工人'律为中心"，载《四川大学学报（哲学社会科学版）》2018年第4期；《明史》卷二〇二、《唐龙传》卷一一二《七卿年表二》；《珂雪斋前集》卷一六《龚春所公传》，载（明）袁中道，钱伯城点校：《珂雪斋集》（中），上海古籍出版社1989年版，第697-699页。

续表

序号	著/辑者	著作名称	卷/册数	刊/钞本	纂集时间	内容	作序者	作序时间	著/辑者任官
2	佚名	《比部招议》	一册	钞本	不详	天顺、正德年间刑部问案、取招、议奏及奉旨处理之刑案	无	无	不详
3	唐龙	《比部招拟类钞》	不分卷，六册	钞本	嘉靖十五年（1536）	分类辑抄嘉靖年间刑部取问招议拟上奏之刑案	不详	不详	时任刑部尚书
4	龚大器	《新刊比部招拟》	五卷/两册	刊本	万历五年（1577）	不详	不详	不详	嘉靖三十八年（1559），授刑部主事，累迁浙江温处道副巡使、河南左布政使

表2　明代以"比部"为名的别集类著作[1]

序号	作者	别集名	卷数	作者生卒/中试年	任职刑部情况	作序/编辑者	作序/编辑时间
1	詹瀚	《詹比部集》	不详	弘治元年至嘉靖三十一年（1488—1552）	刑部主事、郎中、侍郎	不详	嘉靖中期
2	梁有誉	《兰汀存稿》（《梁比部集》）	八卷	正德十四年至嘉靖三十三年（1519—1554）	授刑部主事	曹天祐	嘉靖四十四年（1565）

---

〔1〕 资料来源：（明）赵镗：《通议大夫刑部左侍郎燕峰詹公瀚墓志铭》，（明）焦竑：《国朝献征录》卷四六，载《续修四库全书》第527册，第434页；《明世宗实录》卷三四六，嘉靖二十八年（1549）三月癸巳条，第6275页；（明）梁有贞：《梁比部行状》，（明）梁有誉：《兰汀存稿》卷八附录，载《明代论著丛刊》，伟文图书出版社1976年版，第285-291页；（明）华云：《华比部集》，（明）俞宪：《盛明百家诗》，载沈乃文主编：《明别集丛刊》第5辑第97册，黄山书社2015年版，第299页；辛幹撰，李广扬点校：《无锡艺文志长编》，上海古籍出版社2015年版，第155-156页；（清）沈翼机等：《清雍正朝〈浙江通志〉标点本》第10册，中华书局2001年版，第5380页；民国浙江省通志馆编：《重修浙江通志稿（标点本）》第8册《著述考艺术考》，方志出版社2010年版，第4899页；戎默整理：《石英中集》，"整理说明"，浦东历代要籍选刊，复旦大学出版社2015年版，第99-100页；（明）李荫：《比部集》，收入《六李集》，载《四库全书存目丛书补编》第14册，齐鲁书社2001年版，第74-131页；张晓彭："内乡李氏与明代中原文学创作"，载《殷都学刊》2017年第2期；（明）彭辂撰：《冲溪先生集》（版心题《彭比部集》），载《四库全书存目丛书》，集部第116册，齐鲁书社1997年版，第1-279页；（清）翁方纲撰，吴格整理：《翁方纲纂四库提要稿》，上海科学技术文献出版社2005年版，第909页；徐泳：《山东通志艺文志订补》第6册，集部第1册，山东人民出版社2016年版，第225页；（清）陶元藻辑，蒋寅点校：《全浙诗话（外一种）》卷三三，第4册，浙江古籍出版社2017年版，第827页；（清）朱彝尊编：《明诗综》卷五六《唐邦佐》，上海古籍出版

续表

序号	作者	别集名	卷数	作者生卒/中试年	任职刑部情况	作序/编辑者	作序/编辑时间
3	华云	《华比部集》	一卷	弘治元年至嘉靖三十九年（1488—1560）	南京刑部郎中	俞宪	嘉靖四十五年（1566）
4	郁兰	《郁比部稿》	不详	嘉靖十三年（1534）进士	南京刑部主事	不详	不详
5	石英中	《石比部集》	八卷	正德四年至嘉靖八年（1506—1529）	刑部主事	石应魁	万历六年（1578）
6	李荫	《李比部集》	九卷	嘉靖四十三年（1564）举人	刑部广东清吏司主事	李云鹄	万历三十五年（1607）
7	彭辂	《冲溪先生集》（《彭比部集》）	八卷	正德十年至约万历二十年（1515—1592?）	南京刑部主事	汤显祖	万历三十八年/（1610）万历三十九年（1611）
8	张敬	《张比部集》	不详	隆庆元年（1567）举人	刑部江西司郎中	不详	不详
9	唐邦佐	《唐比部集》	三卷	隆庆二年（1568）进士	刑部主事	徐应亨	不详
10	管志道	《管比部奏议》		嘉靖十五年至万历三十六年（1536—1608）	南京刑部郎中、刑部郎中	不详	不详
11	郑履准	《郑比部集》	不详	嘉靖十七年至万历十五年（1538—1587）	南京刑部郎中	不详	不详
12	万国钦	《万比部集》（《万二愚先生遗集》）	不详	万历十一年（1583）进士	南京刑部郎中	不详	不详
13	申继揆	《申比部诗集》（《蓬园集》）	六卷，今存一卷	万历十八年至康熙十三年（1590—1674）	刑部郎中	徐增	顺治十七年（1660）

以上两表中，"比部"均是指代刑部的文例，且全部集中在嘉靖以后。虽然这并不能说明该文例最早出现的时代，但也可以在一定程度上反映出其流行于嘉靖以后的明朝中后期。这既与明朝前期仍存在刑部四曹或四科（详见

（接上页）社1993年版，第1113页；（明）祁承爜撰，郑诚整理：《澹生堂藏书目》，上海古籍出版社2015年版，第627页；陈国庆、刘莹：《中国学术思想编年·明清卷》，陕西师范大学出版社2006年版，第251页；（明）顾宪成：《泾皋藏稿》卷一九《郑大夫平泉（履准）公传》，载沈乃文主编：《明别集丛刊》第4辑第24册，黄山书社2015年版，第734-735页；江西省社会科学院情报资料研究所编：《江西地方文献索引》下编，江西省社会科学院情报资料研究所铅印本1985年版，第548页；徐忠民：《西山文化通览》，江西人民出版社2017年版，第228-229页；柯愈春：《清人诗文集总目提要》上，北京古籍出版社2001年版，第10页。

下节）相符，也与笔者据万历年间编成的《国朝献征录》所统计的"比部"文例流行时间相吻合（见附表1）。[1]

表1、表2中标明时间的文例最早者，是刊于嘉靖十三年（1534）的陈璋《比部招议》。此书被《明史·艺文志》误录作《比部招拟》，[2]或许源于"招拟"（成招拟罪或问招拟罪）是明清司法政务运行中的成语，[3]颇为常见，如见于前表而未被《明史·艺文志》收录的唐龙、龚大器所分别编纂的《比部招拟类钞》[4]《新刊招拟指南七卷首一卷新刊比部招拟五卷》（此为两书合刊，故表1仅节录相关书名）。

《明史·艺文志》所著录的《比部招议》一书，除了构成本节主旨讨论的起点之外，也与沈家本有一定的关系。

在中国政法大学法律古籍整理研究所、中国社会科学院法学研究所法制

〔1〕 （明）焦竑《国朝献征录》刻于万历四十四年（1616），共120卷，收录了洪武至万历朝3500余人的传记等资料，深受明清学者重视（王坚："试论明清时期的山左史学成就"，载山东人文社科协作体办公室、山东大学儒学高等研究院编：《明清时期的山左学术》，齐鲁书社2014年版，第123-125页），该书将所收资料按传主身份、职位分类，便于查检。加之此书电子版较易获得（国学导航，载http://www.guoxue123.com/shibu/0201/01gcxzl/index.htm，最后访问时间：2020年1月7日），故笔者最先据此进行了初步统计。

〔2〕 万历《温州府志》卷一七著录有陈璋《比部招议》[从隆庆《乐清县志》起，本传及书目所载书名，即分作《比部招拟》《比部招议》。（清）鲍作雨撰，陈纬校注：《道光乐清县志》卷八《人物上》、卷一一《艺文上》，线装书局2009年版，第510页、第512页、第722页]，孙诒让编《温州经籍志》时，却径从《明史·艺文志》《千顷堂书目》改"议"为"拟"。（清）孙诒让撰，潘猛补校补：《温州经籍志》卷一三《史部·政书类·法令》，上海社会科学院出版社2005年版，第550页。按，陈璋，竹冈人，原属乐清（今属温州），成化十二年（1476）割属太平县（今台州温岭市），仍称乐清籍。见（清）庆霖修、戚学标纂：《嘉庆太平县志》卷一一下《人物志二·仕进》，《中国地方志集成·浙江府县志辑》第50册，上海书店1993年版，第241页。另，同书卷一五上《艺文志一·书目》载陈璋书亦作："《比部招拟》二卷"，"明侍郎陈璋著，乃其初为主事时论定，深得法外之意"，第320页。

〔3〕 （明）孙承泽：《天府广记》卷二，北京古籍出版社1982年版，第23页；《明神宗实录》卷一四二，万历十一年十月己巳条，第2642页。按，问招拟罪，《诸司职掌》（洪武二十六年颁行）及万历《大明会典》作"问拟招罪"。（明）不著撰人、杨一凡点校："诸司职掌"，载杨一凡、田涛主编：《中国珍稀法律典籍续编》第3册《明代法律文献（上）》，黑龙江人民出版社2002年版，第278页；（明）申时行等修、赵用贤等纂：《大明会典》（万历朝）卷一七七《刑部十九·问拟刑名》、卷二一〇《都察院二·奏请点差》，《续修四库全书》第792册，第155页、第501页。

〔4〕 该书在张伟仁主编《中国法制史书目》（第2册，第812页）、骆兆平《天一阁流散书寻踪》（《天一阁杂识》，上海古籍出版社2016年版，第242页）时均被著录为《比部招拟类钞》。但在骆兆平《天一阁明抄本闻见录》（载骆北平编著：《新编天一阁书目》，中华书局1996年版，第291页）却误录为《比部招议类抄》。又，张伟仁前揭书称《比部招拟类钞》辑者不详，恐误。该书为唐龙等撰，见（清）范邦甸等撰：《天一阁书目》（《阮目》）卷二之二《史部二·政书类》，第216页。

史研究室整理的《沈家本全集》中收录有《比部招议》一书。该书原为沈家本旧藏稿本，内录明英宗天顺元年至武宗正德七年间（1457—1512）刑部问案、取招、议奏及奉旨处理之记录。内有于谦谋为不轨事、张伟剿贼不力纵放殃民事、拏获反贼赵鐩事、刘瑾任意欺罔专权纳贿事、起解叛逆贼寇何锦事等五案。[1]该书原为明抄本，抄录者及抄录年份不详。民国二十四年（1935），上海大东书局曾将其整理出版，并由清末民初的著名法学家董康鉴定。[2]这部抄录者不详的《比部招议》，应该与天一阁旧藏"比部招议一册（钞本）〇天顺间纂"为同一书。[3]

同时，天一阁另藏有："比部招议二卷〇明少司寇陈省斋撰。古渝聂贤序"。[4]陈省斋即陈璋。该书后来从天一阁流散出去，罗振常曾在上海书坊见过此书，并予以著录，较之《阮目》稍加详细："《比部招议》二卷，后有嘉靖甲午（十三年）刑部尚书古渝聂贤序：'今少司寇省斋陈公手裁也，公筮仕官刑曹九载，所判悉成帙。'凡二卷，黑口本，皮纸印，三册。"[5]此后，该书入藏南浔蒋氏传书堂（后改密韵楼）。蒋汝藻延请王国维编成《传书堂藏书志》，亦

---

〔1〕 徐世虹主编：《沈家本全集》第2卷，第295-332页。参见该书第1卷卷首《整理者名录》，第2页。据下文分析可知，《沈家本全集》所收录的《比部招议》稿本，并非沈氏著作。后笔者询于整理者，得知当时对此稿本未多加考证，出于尽量全面展现沈藏稿本的目的而将其收入全集。

〔2〕 董康鉴定《比部招议》，载华友根编：《董康法学文选》，法律出版社2015年版，第311-342页。董康认为，《比部招议》所录各疏源自明代秋审题疏中的单疏（区别于汇疏，如氏著《秋审制度》第一编所录《会审重囚疏》等题疏，见何勤华、魏琼编：《董康法学文集》，中国政法大学出版社2005年版，第381-388页），但在鉴定时未涉及此本《比部招议》编撰者的问题。

〔3〕 （清）范邦甸等撰：《天一阁书目》（《阮目》）卷二之二《史部二·政书类》，第215页。之所以编者指为天顺年间所纂，应是其据该书所载最早的于谦案时间而著录。这与编者同样据明抄本《天圣令》首篇《官品令》将其著录为："官品令三十卷"的方式是一致的。见《天一阁书目》卷二之二《史部二·职官类》，第204页；戴建国："天一阁藏明抄本《官品令》考"，载《历史研究》1999年第3期。

〔4〕 （清）范邦甸等撰：《天一阁书目》卷二之二《史部二·政书类》，第216页。

〔5〕 周子美编：《天一阁藏书经见录》卷上，第136页。（明）屠隆《白榆集》文集卷二有《比部招议序》："予往为理官，业见《比部招议》一书，朝夕手之不置，蕲（祈）仰见古明刑弼教之遗，著之行事已。由选部迁棘寺，犹不释卷也。乃今奉天子玺书，使视江南，而予之忧益深矣。"潘猛补认为屠氏所序者即陈璋之书，而将该序补录入孙氏书中。（清）孙诒让撰，潘猛补校补：《温州经籍志》卷一三《史部·政书类·法令》，第550-552页。徐美洁认为该文作于万历八年，屠隆在青浦知县任上，并认为是为某书肆新印陈璋《比部招议》而作。见氏著《屠隆年谱（1543—1605）》，上海人民出版社2015年版，第114页。从"仰见古明刑弼教之遗"来看，将此序与陈璋前书联系起来是合适的。但从作序者曾任"理官""选部""棘寺"，并"奉天子玺书，使视江南"来看，与屠隆经历（万历五年进士。授颍上知县，调青浦。入为礼部主事，被劾削籍。见徐美洁撰：《传略》，载徐美洁：《屠隆年谱（1543—1605）》，上海人民出版社2015年版，第7-10页）不符，颇疑为误收入《白榆集》之文。

著录该书。〔1〕然而，天一阁旧藏的两部同名著作，后来常被人误认为一书。〔2〕

《国朝列卿纪》所载《陈璋传》曰："（刘）瑾诛，应诏起用，辛未（正德六年，1511），授刑部主事。时司寇藁城张公子麟精法律，属多难之，璋曰：'士而不读书，谓之废学；官而不读书，谓之旷工。况生死人乎！'乃研求法意，至忘寝食。律有疑难，亲为注解，遂以法家名。历员外郎、郎中。丙子（十一年，1516），审录天下狱囚，司寇张公廉其能者，具名疏上，领命审录八闽，所活不下百余人，有《恤刑录》行于世……己丑（嘉靖八年，1529），以疾乞归……癸巳（十二年，1533），起为刑部左侍郎。时司寇聂公贤虚心以受，事无大小，必同心后行。且日以律法与诸属讲明，每曰：'法官非公明仁恕，则轻重之间，鲜有得其当者。'故一时诸属，多以刑名著闻。聂公仍撼其旧稿，寿诸梓，名曰《比部招议》。凡入仕者，咸贾之，以资吏治。"〔3〕

---

〔1〕 王国维撰：《传书堂藏书志》上册，上海古籍出版社 2014 年版，第 438 页。蒋氏藏书于 20 世纪 20 年代后又流散数处，参见王亮："南林蒋氏传书堂考略"，载王绍仁主编：《江南藏书史话》，上海古籍出版社 2009 年版，第 726-740 页。

〔2〕 道光二十七年（1847），刘喜海编《天一阁见存书目》（简称《刘目》）时，已仅存天顺间所纂《比部招议》，并且指明其为"二卷，明陈省斋撰"（骆兆平：《天一阁明抄本闻见录》，载《新编天一阁书目》，第 291 页）。可见，在编定《刘目》时，陈璋《比部招议》已散出，故编者误将两种《比部招议》著录在一起。这一看法影响较大，不少学者将前述两书混为一谈。参见陈纬："《比部招议》琐考"，载《陈省斋年谱》附录，第 41-50 页；"读《比部招议》琐言"，载陈纬：《石塘山居杂文》，第 298-304 页。但亦有学者谨慎地指出，从有关书目著录上看，我国台湾地区所藏明钞本《比部招议》（即佚名天顺间所纂）与原天一阁藏明刻本《比部招议》二卷三册（即陈璋所著）不同，或许是同一书名的两种书。张伯元："古代判例考略"，载林明、马建红主编：《中国历史上的法律制度变迁与社会进步》，山东大学出版社 2005 年版，第 501 页。

〔3〕 （明）雷礼编：《国朝列卿纪》卷五九，载《四库全书存目丛书》，史部第 93 册，齐鲁书社 1996 年版，第 651-652 页。另据李廷相撰《陈璋墓志铭》："明年（嘉靖十二年），升刑部左侍郎。有谏官冯恩者，以言获罪，狱既成矣，公莅任，即奋然曰：'开释我责也。'乃走白执政，为具奏，冯得生全。司寇聂公凤重公，至是信服，因梓其《比部》《恤刑》之录，以为法家式。"（清）李登云、钱宝镕修，陈坤等纂：《光绪乐清县志》卷二下《邑里三·塚墓》，载《中国地方志集成（浙江府县志辑）》第 61 册，上海书店出版社 1993 年版，第 141 页。该书将墓志作者误作王廷相（1474—1544，字子衡），其人与李廷相（1485—1544，字梦弼）同为弘治十五年（1502）进士，但前者是明代中叶气学的重要代表，上承张载，下启王夫之，又位列前七子，名望在后者之上。而嘉靖十年（1531）三月甲辰，诏吏部、都察院"会举年力未衰识见老成者"。被举有尚书秦金、王时中、高友玑、赵璜、都御史孙修，侍郎李廷相、王荩卿、陈璋，通政马理。诏："听起金、时中、廷相、璋四人。"《明世宗实录》卷一二三，第 2967-2969 页。这与墓志所载"有诏甄录旧臣，公与司徒秦公金、司马王公时〔中〕应荐，廷相亦滥与焉"相符。参见"陈璋年谱"，载陈纬：《石塘山居杂文》，第 296 页。潘猛补在《温州经籍志》所加按语中，指陈璋《比部招议》由贤贤"于嘉靖癸巳十二年刻行于世"，当据墓志或传记而言，且其亦受他人影响，将前述抄录者不详的《比部招议》与陈璋的同名书混为一谈。

其中所载《比部招议》刊行之事与罗振常所引聂贤序节文一致，故知该书为陈璋旧稿，经其手裁，因此不应包括其任职刑部之前的于谦等案。

陈璋所裁定的旧稿，应是其在刑部主事任上以来，针对"律有疑难"所作的注解，故能为入仕者所重，"以资吏治"。[1]万历年间，王樵、王肯堂父子在对《大明律附例》（万历十三年，刑部尚书舒化奏进）"犯罪自首"条："若自首不实及不尽者，以不实不尽之罪罪之。至死者，听减一等（自首赃数不尽者，止计不尽之数科之）"进行笺释时，便曾引："《比部招议》云：'强盗首赃不尽者，旧皆以不尽之罪罪之，至死者，减一等。今改正，止拟不应从重。盖强盗以得财坐罪，与计赃定罪者不同。如劫人银十两，止将一两出首，即一两亦合坐死，不谓之自首不尽。若三次打劫，隐下二次，止将一次出首，则谓之不尽也。首次数不尽者，与首财数不尽者不同，不可不知。'"[2]这与前述天顺间所纂《比部招议》的内容判然有别。由此益可知，作为律学著

---

〔1〕（明）李开先：《李中麓闲居集》卷七《中顺大夫彰德府知府王公（旒）合葬墓志铭》（撰于嘉靖二十一年，1542）载，王旒嘉靖二年（1523）进士及第后，"试政都察院，除授行人司行人……行人三年，人悉望其有科道之选，乃止升本司司副……司副二年，稍迁刑部福建司署员外郎。乃取《比部招议》《条例全文》及《王端毅驳稿》三书，时时抱而读之。及临事，犹问之吏人，或告之云：'招欲情节联比，而重在议头，且于外省文移，繁简迥别，虽府推知县人部者，犹必而后知，矧公以行人司进者乎？但聚旧案卷四五宗，逐一详观，有龃龉处，更请之老司长，无不了者。'不旬日，刑名虽未过人，有及人者矣。寻升河南司郎中"。卜键笺校：《李开先全集（修订本）》，上海古籍出版社2014年版，第660页。其中，《条例全文》是成化、弘治年间条例奏本的汇编（张伯元："钞本《条例全文》遗存考"，载华东政法学院科研处编：《市场经济与法制建设》，法律出版社1997年版，第319-333页）。王端毅，即王恕（字宗贯），其人虽于景泰年间（1450—1456）任职大理寺左评事，但所留著述中，未有以《驳稿》为名者。参见（清）黄宗羲，夏瑰奇点校：《明儒学案》卷九《三原学案·端毅王石渠先生恕》，载沈善洪主编：《黄宗羲全集》第13册，浙江古籍出版社2012年版，第162-164页。故颇疑所谓《王端毅驳稿》，实为刊于弘治五年（1492）的《王恭毅公驳稿》（《四库全书存目丛书》，子部第37册），作者王槩，字同节，正统七年（1442）进士，官至大理寺卿、刑部尚书。该书首列参驳文书式九条，其后为王槩任职大理寺卿时的奏驳公牍。《比部招议》应即陈璋所撰，而据墓志，王旒所翻看此书时约为嘉靖七年，在聂贤刻印之前，推测当系稿本或钞本。

〔2〕（明）王樵私笺、王肯堂集释：《大明律附例笺释》卷一《名例律》，万历三十年（1602）序刊本，东京大学东洋文化研究所汉籍善本全文影像资料库，载 http://shanben.ioc.u-tokyo.ac.jp/main_p.php? nu=B3800900&order=rn_no&no=00597&im=0030031&pg=130，最后访问时间：2020年9月21日。《比部招议》的此段内容，亦为薛允升所引，但未提及该书，仅注明引自《笺释》。见氏著，怀效锋、李鸣点校：《唐明律合编》卷一九《贼盗》，"强盗"条，法律出版社1999年版，第532页。造成薛氏疏失的原因可能在于清人重辑《笺释》时，已脱去"比部"二字，仅作"《招议》云"。见（明）王肯堂原释，（清）顾鼎重辑：《王仪部先生笺释》卷一，康熙三十年（1691）刻本，《四库未收书辑刊》第1辑第25册，北京出版社2000年版，第309页。

作的陈璋《比部招议》与作为判案集的佚名《比部招议》实为两书。

如前引王旒事迹可知，在付梓之前，陈璋之书便以稿本或钞本在刑部官员之中流传。因此可以推知，《比部招议》的书名，或许在正德年间作者任职刑部期间便已出现。这与佚名《比部招议》钞本可能出现的最早时间大体一致，均从侧面说明"比部"指代刑部文例的出现肯定要早于嘉靖时期，但需要得到进一步的证明。

三、以"比部"指代刑部文例的始现时代及其成因分析

利用鼎秀古籍全文检索平台（不含《明实录》），笔者以朝代"明"、正文包含"比部"为条件进行了检索，并对搜集到的全部资料进行了分析，将出现于嘉靖朝之前的文例，按照撰写时间早晚制成表3、表4。

表3 明代嘉靖之前"比部"指代刑部文例

序号	作者	文章名	撰写时间	引文	任职刑部者	任职时间	任职	来源
1	程通	《春日闻唐比部将至荆州》	永乐初	如题	唐某	永乐初	无	《贞白遗稿》卷五
2	杨守陈	《祭李祭酒先生文》	景泰三年（1452）或稍后	继明刑于比部，复载笔于词垣	李时勉	约永乐九年至十六年	主事	《杨文懿公文集》卷六
3	张瑄	《题许白云先生文集后》	成化元年（1465）	后官比部，命胥史沈纯者录出，欲刊行之	张瑄	正统七年（1442）后	主事、郎中	《许白云先生文集》卷末
4	史鉴	《先考友桂府君行状》	成化三年（1467）	尚书比部谢郎中巡抚东南，尝召问利病，先君条对甚悉	谢某	宣德中	不详	《西村集》卷八
5	朱应登	《太华寺赠张比部元电三首》	正德十一年（1516）	如题	张元电	正德五年至十一年	主事、郎中	《凌溪先生集》卷五
6	杨褯甫	《新修六合县记》	正德十一年（1516）	五阅月而告成，适诏进主留都比部事	万廷理	正德十一年（1516）后	不详（主事）	《嘉靖六合县志》卷七
7	郑善夫	《白湖送陈比部》	正德十一年（1516）	如题	陈璋	见表1	见表1	《少谷集》卷七

续表

序号	作者	文章名	撰写时间	引文	任职刑部者	任职时间	任职	来源
8	郑善夫	《南山赠林迁于比部》	正德十二年（1517）	如题	林迁乔	正德十二年	主事、员外郎	《少谷集》卷五
9	郑善夫	《方处士墓志铭》	正德十三年（1518）	著贤声于昆、沙二邑，征为比部郎	方豪	正德十三年至十四年，嘉靖元年至二年	主事、员外郎	《少谷集》卷十二
10	刘储秀	《华岩川歌送比部张太微谢病归》	正德十三年（1518）	如题	张治道	正德十二年至十三年	主事	《刘西陂集》卷一
11	郑善夫	《大末忆方思道》	正德十五年（1520）	远怜方比部，经岁断来书	方豪	见前	见前	《少谷集》卷五
12	刘储秀	《赠胡比部蒙溪省觐二首》	正德十五年（1520）	如题	胡侍	正德十三年至嘉靖元年	云南司主事、署广东司员外郎	《刘西陂集》卷二

表 4　明初作为刑部子部的"比部"文例〔1〕

序号	作者	文章名	撰写时间	引文	任职者	任职时间	来源
1	宋濂	《莆田林氏重建先祠记》	不详，应在洪武五年（1372）六月	讳迁府君九世孙比部主事衡			

---

〔1〕 另检得 1 例，（明）邓元锡：《皇明书》卷一九《名臣上》："户〔部〕尚书吴人郁新，以度支主事得赐名，以比部郎，超授户侍，考满，擢尚书。"载《四库全书存目丛书》，史部第 29 册，齐鲁书社 1996 年版，第 245—246 页。据解缙《资善大夫户部尚书郁公（新）神道碑》载："洪武戊辰岁（二十一年，1388），予以年少擢进士，为中书舍人，直翰林日，侍讲华盖殿中，时引选官居前，讲官不避，即顾问可否，辄以直对。一日，见凤阳郁公于侪众中，姿貌魁伟，音吐洪畅，威仪整齐，心异之。上果赐名新，即命户部度支主事。度支掌内帑赐予，内直所与文渊阁相迩也。会尝与之议论，练达经历，久相善也。未几，公升北平郎中。先是，户部其属有四，是岁分为十二，故有是命，进阶奉议大夫。二十四年，超授嘉议大夫、户部右侍郎。"（明）解缙：《解文毅公集》卷一四，载沈乃文主编：《明别集丛刊》第 1 辑第 28 册，黄山书社 2013 年版，第 213 页。可见，前文"比部"是户部北平部之讹。郁新未尝为刑部官，故未列入本表中。

序号	作者	文章名	撰写时间	引文	任职者	任职时间	来源
			后〔1〕				
2	宋濂	《故陈母林夫人墓志铭（有序）》	洪武七年（1374）	莆田林夫人既殁，其子熙因比部主事林士衡持状来征文	林衡（士衡）	洪武初年	《宋学士文集》卷二三《翰苑续集》卷四
3	宋濂	《赠林经历赴武昌都卫任序》	不详，应在洪武八年（1375）十月前	莆有林君士衡，由进士起家，署为比部主事，政成，迁武昌都卫经历			《宋学士文集》卷三五《翰苑别集》卷五
4	朱元璋	故更囚名第四十三	洪武十九年（1386）	刑部比部主事吏员王进、阮贞等	王进、阮贞	洪武中	《大诰续编》
5	夏原吉等	—	永乐十六年（1418）	（洪武）九年，以事降为刑部比部郎中，又降员外郎	吕宗艺	洪武九年（1376）	《明太祖实录》洪武十二年（1379）
6	刘熙修	—	弘治元年（1488）	举俊秀，任比部主事	李从善	洪武五年（1372）	《弘治衡山县志》卷四

表3"比部"文例之中，最早者为程通《春日闻唐比部将至荆州》。"唐比部"，或即唐求（"每忆唐求思渺然，别离何似路三千"），事迹不详。此

---

〔1〕 宋濂提及，林氏重建先祠，源于"讳迁府君九世孙比部主事衡，患祠之规制庳狭，不足以交神明"。工程始于元至正十八年（1358）十二月，终于洪武三年（1370）十一月。但未载撰文时间，文末称"衡字士衡，通经而有文，为名进士云"。蒋金德、张文德等点校：《宋濂全集（新编本）》第3册，浙江古籍出版社2014年版，第1010页。林衡，洪武三年（1370）乡试中举，四年（1371）吴伯宗榜下进士，"刑部主事，终应天府尹"。（明）黄仲昭修纂，福建省地方志编纂委员会旧志整理组、福建省图书馆特藏部整理：《八闽通志》（下册）卷五四《选举·科第·兴化府》，福建人民出版社2006年版，第366页。据此，林氏先祠虽建成于洪武三年（1370），但宋濂之文并非作于当年。考虑到明初六部体制的变化，比部之名见于洪武五年（1372）六月之后（详后），故知撰写《莆田林氏重建先祠记》不得早于这一时间。此后，林衡迁任武昌都卫经历，事在改武昌都卫为湖广都指挥使司前。见《明太祖实录》卷一〇一，洪武八年十月癸丑条，第1712页。

诗应撰于永乐元年（1403）春，但其来源颇可疑。[1]加之，当时刑部虽已不再分四曹，但在所属十二清吏司下仍设有宪、比、司门、都官四科（详后），故此处"比部"称呼存在疑问，无法用来证明以"比部"称刑部现象早在永乐初年已出现。因此，收录于杨守陈《杨文懿公文集》（弘治十二年刻本，1499）中的《祭李祭酒（时勉）先生文》，就成为笔者目前所检索文献中存在"比部"指代刑部文例的最早出处。

如前所述，顾炎武、沈家本均指出，明代刑部体制的转变，是产生以"比部"称刑部现象的原因。但对这一体制转变与将刑部称为"比部"文例

---

〔1〕 程通，字彦亨，绩溪人。洪武二十三年（1390）应举，对策称旨，授辽王府纪善。靖难之役起，从辽王泛海归京师，上封事数千言，陈御备策，进左长史。成祖即位后，从辽王徙荆州。以所上封事语多指斥，械至京师，死于狱。家属戍边。文稿百余卷，悉毁于官。事迹见《明史》卷一四三《程通传》；（明）程敏政：《长史公传》、（明）程定：《辽府左长史彦亨公行状》，载程通：《贞白遗稿》卷八，《景印文渊阁四库全书》第1235册。弘治以后，其后人程定、敏政等始搜集遗稿、事迹，以彰其名。至嘉靖中，程长、伯详又将遗稿等付梓，题作《贞白遗稿》。然因历时久远，《长史公传》等所载事迹往往得于传闻，不免有失实之处。明末清初学者王三省、潘柽章已先后指出《长史公传》既已称"未几高皇帝上宾，庚辰（建文二年，1400）从王渡海南还，辛巳（建文三年，1401）进左长史。明年（建文四年，洪武三十五年，1402）始从之国荆州"，又复言："会文皇帝举兵靖难，遣人至荆州，公草上封事数千言。"与《明世宗实录》所载不合。（清）潘柽章：《国史考异》卷五，中华书局1985年版，第124-125页。除此之外，《贞白遗稿》收录程通在荆州所撰文多篇，其中不少存在疑问。如为同邑方友彰撰《思诚堂记》称"逮予寓从来荆南，友彰不远数千里走书谒记"，为汪彦吉撰《仙岩晚翠楼记》亦称汪氏"不远数千里，以书抵荆南"（《贞白遗稿》卷三），与绩溪至荆州距离不合［这一距离同前书卷六《荆州登楼》（其一）"翘首忽生千里思，慈颜一别又三年"，及《寄汪育德斋》（其一）"吴山楚水隔千里"两句相合。按，前引《荆州登楼》诗句，与"前七子"之一的边贡（1476—1532）《五月五日以扇奉寄二亲侑以小诗二首》（其二）末两句"睡起忽生千里思，慈颜一别又三年"几乎一样。无独有偶，《春日闻唐比部将至荆州》（其二）"几载相逢见面难，只凭尺素报平安。江陵不日君须到，春月春花好共看"（《贞白遗稿》卷五，第772页），诗意、遣词亦与边贡《柬马公顺同年》"三载风尘一见难，每将书札报平安。梁园幸是同官地，春月春花却自看"颇为相近。边贡：《华泉集》卷七，载《景印文渊阁四库全书》第1264册］，而与其所撰《程氏渊源录跋》"庚午（洪武二十三年），忝以科目出身，拜亲王纪善，寻进左长史，扈驾之国，由京之辽，不远五千里"相合（《贞白遗稿》卷二。此文亦有问题，即进左长史不应在辽王之国前）。另有《蜀川陈氏宗谱序》载，"洪武庚辰岁仲春月，谨奉令旨俾予还乡展省丘陇，将行，南郡诸缙绅大夫追饯于西门之沙市"，并记载了"由武昌而下，经赤壁之胜"而还家的路线（《贞白遗稿》卷二）。按，庚辰为建文二年，称洪武者，或因永乐初改之故。但当时辽王身在南京，尚未至荆州，故程通归家必不可能自武昌而下。此文必为伪作。考虑到这些诗文的存在与明初文献"传者多失真"的特点，颇疑《春日闻唐比部将至荆州》是伪作或误收他人之作。参见（清）朱彝尊，黄君坦点校：《静志居诗话》卷六，"解缙"条："明初诗传者多失真，如杨廉夫《题钟山作》，此吾乡朱山人纯诗也。解学士《题虎顾众彪图》，则又廉夫之诗也。"人民文学出版社2006年版，第146页。

出现的关系，仍有待进一步细化。

明代刑部始见于洪武元年（1368）八月奏定六部官制（俱正三品衙门）。此前，朱元璋政权虽于甲辰建制后设有"百司纲领，总率郡（群）属"的中书省，〔1〕但其下并无六部等机构。直至吴元年（1367）七月，设太常、司农、大理、将作四司（司各置卿，正三品），系于中书省之下，初步搭建起较为完整的中央行政系统架构。但六部官制，迟至洪武元年（1368）八月才完全建立。究其原因，与朱元璋一早就确立的"元氏昏乱，纪纲不立。主荒臣专，威福下移。由是法度不行，人心涣散，遂致天下骚乱"意识有关。〔2〕

因此，甲辰年初置中书省及宰相之后，在较长一段时间内，中书宰相之下缺乏必要的行政系统机构。尽管随着政权扩张和体制化等内外部因素的双重作用，明朝建立后仍不免继承金元一省六部制的中枢体制，但其政权组织形态内部，却与元制有着细微但深刻的不同。〔3〕嗣后，行中书省、中书省及宰相的相继罢废，与之密切相关。

前述元明之制的不同，主要体现自洪武五年（1372）起，朱元璋逐渐仿照唐代尚书省六部二十四司体制，在六部之下各置四子部（属部），〔4〕

---

〔1〕 初置中书省及其设官，见《明太祖实录》卷一四，甲辰年（元至正二十四年，1364）正月丙寅条，第175页。对这一阶段中书省职掌的概述，见于同前书卷一五，甲辰年十一月辛酉条，第207页。参见《明太祖实录校勘记》，第40页。亦见（明）谈迁：《国榷》卷二，至正二十四年十一月辛酉条，中华书局2005年版，第315页。两者文字略同。

〔2〕 《明太祖实录》卷一四，甲辰年正月戊辰条，第176页。这一表述中，既包含对中书省的训诫（"上退朝谓左相国徐达等"），也隐含对元末行中书省权力扩张的不满。关于后者，参见李治安：《元代行省制度》，中华书局2011年版，第935-936页。

〔3〕 黄阿明："明初中书省四部考论"，载《史林》2019年第5期。

〔4〕 《大明会典》（万历朝）卷二《吏部一·官制一》，《续修四库全书》第789册；《明史》卷七二《职官志一》。据《明太祖实录》所载刑部四子部之职曰："总部掌格律，及人命、贼盗、欧（殴）詈、称冤、狱具、公式、职制之属"，"都官掌配没人口，及诈伪、工役、徒流、逋逃、屯户、过名、诫谕之属"，"比部掌赃赎、勾覆，及钱粮、户役、婚姻、田土、茶盐、纸札、俸给、囚粮、断狱、诸奸之属"，"司门掌门禁，及关渡、邮驿、军政、捕亡、掌牧、营造、略诱、杂行之属"。《明太祖实录》卷一三〇，洪武十三年三月戊申条。参见《明太祖实录》卷七四，洪武五年六月癸巳条。但更详细的记载，见于刑部大堂所立碑刻：总部"治宪典轻重之置"，掌"凡律令（律律、职制、仪制、公式、吏役、祭祀）、盗贼（反叛、盗贼、诈伪）、人命（谋故杀人、知情左使、审覆详议）、平反（审问、申冤、翻次、狱具）、词讼（实封、建言、陈情）、杂行（本部俸给、分管类填勘合）"，比部"治户婚赃罚之典"，掌"凡户律（户口、徭役、田宅、婚姻、犯奸、私度僧道、市廛、钱债）、仓库（钱粮、课程、钱法、俸给）、断狱（议狱处决、狱囚衣粮）"，都官部"治徒配

改变了金元六部之下无专曹，而以"以令史分头掌之"的科—曹案分工机制。[1]以刑部为例，洪武六年（1373），其下分总部（后改名宪部）、[2]都官部、比部、司门部，四部各置郎中、员外郎、主事若干，共计34

（接上页）拟决之政"，掌"凡申明（凡岁报罪囚、官吏过名、申明戒谕）、工役（凡拘役囚人、在逃违限、工役文册、不应役故等事）、审断（凡抄籍隐瞒入官财产、提调牢狱、季终类决淹禁）、杂行（分管类填勘合地方）"，司门部"治关津防禁之典"，掌"凡军政（宫卫、军政、关津）、孳牧（厩牧、邮驿）、营造（营造、河防）、杂行（捕亡略诱及类行勘合地方）"。（明）陶尚德等撰：《南京刑部志》卷二《司刑篇》，《金陵全书》第18册，乙编史料类，南京出版社2015年版（本书出版信息以下省略），第146-149页。据《明太祖实录》载洪武十三年（1380）所定六部官制，刑部仅置一侍郎，但不久后，刑部侍郎即分左右。见《明太祖实录》卷一三八，洪武十四年（1381）七月己酉，以前军都督府经历商英试刑部右侍郎。而据《南京刑部志》所载"国初职掌（碑树堂上）"，刑部置一尚书二侍郎（第98-99页、第145页），且仍有"总部"之名，可知此碑立于洪武十四年至二十二年之间。故该碑所见律令篇目，稍不同于《诸司职掌》载四科职掌所见律令篇目（详后），后者已同于洪武三十年（1397）颁布的《大明律》。见（清）薛允升撰：《唐明律合编》卷首《明律总目》，商务印书馆1937年版。

〔1〕金代六部之下没有"司"一级的设置。史籍虽有"吏部考功郎"之名，但只是因为考课职掌较为重要和专业，故以称之。元代吏部之下也曾一度专设"考功司"或"考功堂"，以郎中等主其事，故称考功郎中。但通常情况下，金元六部之下不分司，而以科—曹案分工，由令史主其事。据元人所载，其六部之下无专曹官，皆以"令史分掌名头，尚书为之长"。如吏部有封诰科（旧司封）、勋封科（旧司勋）、考选科（旧考功），"以令史分头掌之"。户部有金科（旧金部）、仓科（旧仓部）、内度科、外度科（旧度支）、粮草科（旧属粮料院）、审计科（旧属审计院）等。其余礼部、兵部、刑部、工部则未见分科，而以其职掌由令史分掌。如"礼部掌凡礼乐、祠祭、燕享、贡举、释道、四方使客、诸蕃进贡、犒设帐设之事"，其中分掌"祠祭、燕享、山陵致祭、司天、医卜、释道度牒、忌辰、庙讳、旌表"及"四方使客"，分别注曰"旧祠部""旧主客"。"兵部掌兵籍、军器、镇戍、厩牧、铺驿、车辂、仪仗、郡邑图志、险阻障塞之事"，其中分掌"仪仗"，"紧慢置铺驿走递马数、承发司文字、车辂、合给牌札、厩牧"，注曰"旧库部"。刑部"掌律令格式、审定刑名、奴婢配隶、关津机（讥）禁、城门启闭之事"，其中分掌"关津机（讥）察、城门启闭"，注曰"旧司门"。工部"掌修造营建法式、诸作工匠、屯田、山林川泽之禁、江河隄岸、道路桥梁之事"，其中分掌"山林川泽之禁"，注曰"旧虞部""都水监都水"，注曰"旧水部"。（元）富大用：《新编古今事文类聚·新集》卷一一至一六《六曹部》，书目文献出版社1991年版，第1858页、第1873页、第1874页、第1875页、第1877页、第1885页、第1186页、第1187-1188页、第1890页、第1897页、第1899页、第1901页、第1908页、第1910页、第1915页、第1917页、第1920页。（明）吴琯：《三才广志》卷四八七，"比部""司门"条，分别载作："元置刑部比部，凡令〔史〕分头掌之"，"元刑部令史分专掌名头"。《续修四库全书》第1228册，第582页。参见张帆："金元六部及相关问题"，载《国学研究》第6卷，北京大学出版社1999年版，第143-148页；《回归与创新——金元》，吴宗国主编：《中国古代官僚政治制度研究》，北京大学出版社2004年版，第326-330页。

〔2〕六部之总部改名，见《明太祖实录》卷一九五，洪武二十二年二月丙辰条。

人。[1]相较于金元刑部而言，员额显著增加。[2]这就使得自金代正隆元年（1156）以来，国家日常政务文书已无需经过宰相机构，完全依托于六部官员签署即可处理的政务运行机制在新的历史条件下进一步强化。这成为洪武十三年（1380）正月废中书省、罢宰相，以六部承天下之政的前提。[3]

在经过一系列调整之后，洪武二十三年（1390）为进一步强化中央对地方财政、司法的管理，户、刑二部又从四部体制改为以省分司的十二部，后改称十二清吏司。[4]各司之下则设宪、比、司门、都官四科，分掌律令事

---

[1] 《明太祖实录》卷七四，洪武五年六月癸巳条，卷八三，洪武六年六月辛未条。洪武时期，刑部、大理寺官制不断调整。洪武元年置刑部而省大理司。洪武八年，中书省奏改户、刑、工三部官制，其中刑部分为四科，每科置尚书、侍郎以下10人，合计40人（户部、工部，所改与刑部几同）。洪武十三年（1380），更定六部官制，刑部恢复四部体制，置员减至12人。刑部官吏的减少，与大理寺即将于洪武十四年（1381）复置有关，但直至建文朝，大理寺废置不定。故洪武二十三年（1390）改十二部后，刑部官吏员额又增至50人。此后员额不断调整，至万历年间，刑部十三司定额64人。《明太祖实录》卷一〇二，洪武八年十一月丁丑条，卷一三〇，洪武十三年三月戊申条，卷二〇四，洪武二十三年九月戊戌、乙巳条。参见那思陆：《明代中央司法审判制度》，北京大学出版社2006年版，第16-18页；王天有：《明代国家机构研究》，紫禁城出版社2014年版，第171页。值得注意的是，洪武十三年（1380）正月罢中书省，废宰相制度，正发生于洪武八年至十三年间户部、刑部、工部三部体制由单一尚书制改为四科尚书之时。尚书的增多，与六部独立性的提高有关。这很可能是为谋划废置中书省的制度实践。最终，作为过渡性官制，分科以置尚书的六部体制在完成自己的使命后即被废止。

[2] 金代刑部置尚书、侍郎、郎中各一员，员外郎、主事各二员，合计七员。元代刑部置尚书三员，侍郎、郎中、员外郎各二员，首领官（主事）三员，合计十二员。参见《金史》卷五五《百官志一》；《元史》卷八五《百官志一》。

[3] 参见张雨：《唐代司法政务运行机制及演变研究》，上海古籍出版社2020年版，第222-224页。

[4] 建文元年，刑部十二清吏司体制被回改为详宪、比议、职门、都官四司。户部亦如之。同时，"改旧官制，如六部尚书旧正二品，升正一品，又增设侍中二员，正二品"。朱棣即位后，悉数恢复旧制。《明太宗实录》卷一〇，洪武三十五年七月甲申条；（明）许相卿：《革朝志》卷一，载《四库全书存目丛书》，史部第47册，第144页、第148页。参见（明）王世贞撰：《弇山堂别集》卷一二《建文官制后革》，中华书局1985年版，第228页；（明）郑晓撰，李致中点校：《今言》卷一，中华书局1984年版，第33-34页。提升尚书品阶，增设侍中，意在加强六部独立行政的能力。当时已无宰相和中书省，所以改变的是洪武体制中"事皆由朝廷（皇帝）总揽"的局面。故朱棣曾说："今虽不立丞相，欲将六部官增崇极品，掌天下军马钱粮，总揽庶务。虽不立一丞相，反有六丞相也。天下之人，但知有尚书齐泰等，不知朝廷。"《奉天靖难记》卷二，洪武三十三年二月癸亥条，王崇武：《明本纪校注·奉天靖难记注·明靖难史事考证稿合集》，国风出版社1975年版，第267页。如何调整六部行政体制，以应对朱元璋废丞相之后的局面，是从洪武年间就开始的制度探索。建文帝作出了自己的选择（包括探索内阁体制），但却没有太多思考的时间和调整空间，诸多尝试随着靖难之役而宣告结束。参见王家范："仁政的理想与哀歌"，载氏著《百年颠沛与千年往复》，上海人民出版社2018年版，第326-328页。建文朝以后，历史进程虽然被改变，但在"政归六部，以尚书任天下事"的体制下，六部权力持续扩大。可以说，明中期以后阁部之争的制度内核早在六部独立之初便已悄然埋下。

类。[1]至宣德十年（1435）定制，以地方省制为准，刑部定制为浙江等十三清吏司，"各掌其分省及兼领所分京府、直隶之刑名"。司一级机构政务分工的细化，也使得宪、比、司门、都官四科逐渐失去意义。因此，宣德十年以后，刑部职掌"止分司管理，不列四科矣"。[2]

随着正统六年（1441），北京新刑部的落成，并去"行在"之名，原来刑部四曹或清吏司四科的印记在建筑空间中也彻底消失。[3]此时，距离以"比

---

〔1〕 刑部诸清吏司之下，宪科掌律令之职制、公式、仪制、人命、名例、盗贼、诈讹（伪）、斗殴、申冤诸门，及问拟刑名、除拨官吏、会计粮储、月支俸给事项；比科掌律令之户役、田宅、仓库、课程、钱债、市廛诸门，及类进赃罚、收买纸札、处决重囚、详拟罪名、岁报罪囚事项；司门科掌律令之宫卫、关津、邮驿、军政、厩牧、营造、河防诸门，及编发囚军、皂隶狱卒、营造事项；都官科掌律令之捕亡、婚姻、犯奸、杂犯、断狱诸门，及提调牢狱、拘役囚人、申明诚谕、官吏过名、类填勘合、抄札、狱具事项。《诸司职掌》，《中国珍稀法律典籍续编》第3册《明代法律文献（上）》，第275-291页。参见（明）陶尚德等撰：《南京刑部志》卷二《司刑篇》，第101页；（明）林俊：《刑部陕西司题名记》，《见素续集》卷九，《影印文渊阁四库全书》第1257册。

〔2〕 （明）陶尚德等撰：《南京刑部志》卷二《司刑篇》，第149页。刑部清吏司之下分为四科，载于《诸司职掌》，因而成为编修《大明会典》的基础。参见鞠明库："《诸司职掌》与明代会典的纂修"，载《史学史研究》2006年第2期；柏桦、李倩："论明代《诸司职掌》"，载《西南大学学报（社会科学版）》2014年第4期。取消司下所分四科，仅见于前引《南京刑部志》，《大明会典》未提及。因此，虽然四科消失于宣德末年，但其影响直至嘉靖中仍存在。如天一阁旧藏明钞本《刑部纂集事例》一卷，"前有目录分四科：宪科、比科、司门科、都官科"，"编纂弘治至嘉靖新增事例……凡宪科八十一条，比科三十九条，司门科二十一条，都官科八条"。周子美编：《天一阁藏书经见录》卷上，第137页；王国维撰：《传书堂藏书志》上册，上海古籍出版社2014年版，第436页。不过，撰写于嘉靖初的《刑部陕西司题名记》还提到，刑部定为十三司后，"析府部，诸司兼理之，循宪、比、都官之任，而司门属之司马（即兵部）"。这一说法恐不可以此前刑部清吏司下四科况之。如林俊在《科续题名记》中则提及，"刑〔部〕惟长自择主事之负文章、习典故、端慎者为之。或二人，或三人，迁则代，谓之本科。长贰恃若肘臂，正若副腹心焉"。可见，嘉靖中科题名并不以四科区分，所谓"本科"，系从诸司主事中择二、三人充之。两篇题名记应撰于林俊担任刑部尚书的嘉靖元年至二年间，《明史》卷一一二《七卿年表二》。

〔3〕 （明）彭韶撰《刑部广东清吏司题名记》（撰于成化五年，1469）载："永乐间，安南内属，置交趾司，又拆云南、四川之交为贵州，置贵州司，而北平升为北京，始置司……当是时，官置在金陵，而北京设行部，车驾巡幸，又称行官以从，罢则否，无常员。至十九年辛丑，北京告成，乃置曹司，一依金陵旧制。后加以行在，又废交趾，而云南自为司。方定都之初，百务草创，率皆权寓莅事。今城隍庙西惜薪司，俗呼刑部是也。正统辛酉（六年），改建于此，始去行在，正陆曹之名。而金陵谓之南京，官联如故，然其主事仅一人。而此则定员三人，并正、副郎为五人，而选任甚严。"（明）郑岳纂，吴伯雄点校：《莆阳文献》卷一二，广陵书社2016年版，第193-194页。（明）刘隅《贵州清吏司题名记》（撰于嘉靖四十四年，1565）载："厥初秋官之属，尚袭宋元置四子部，曰总部、比部、都官部、司门部，后改十三清吏司，割总部旧址之前，建贵州司署。"（明）陶尚德等：《南京

部”称刑部现象在史籍之中的首次出现，仅有十余年的时间了。结合明代刑部的上述变化，推测刑部称“比部”文例在英宗正统年间（1436—1449）产生，应可成立。[1]

对于刑部称“比部”文例的产生，前文主要围绕机构变化予以解读。但还需注意，制度变迁虽然是上述现象出现的必要基础，但却并非是充要条件和直接因素。因为同样是不存在刑部四司的金元时期，并没有产生以“比部”称刑部的现象。[2]因此有必要将视野从机构本身扩展出去，不仅要揭示

（接上页）刑部志》卷四《明刑篇》，第 754 页。这说明，消失在洪武末年的刑部四曹，对南京刑部的影响是长期存在的。而正统年新建北京刑部时，已无需考虑这一因素了。需要注意的是，与刑部取消清吏司下分科不同，户部清吏司下一直沿袭分科体制。如清代户部诸清吏司“书吏尚区为四科，曰民科、曰支科、曰金科、曰仓科，分案管理”，刑部则未言分科。（清）纪昀等撰：《历代职官表》卷六，上海古籍出版社 1993 年版，第 129 页。这反映出六部内部政务运行机制的差异。

〔1〕 张凡引《明史·职官志》载，刑部“傅律例而比议其罪之轻重以请”来解释以“比部”之职，以及用以称刑部的原因。见氏著《明代会审研究》，中国政法大学 2008 年硕士学位论文，第 27 页。虽然上述文本出于清人之手，且也不能完全据以推定“比部”之职，但这一表述却与明清知识精英受“断罪无正条，用比附加减之律，定于明”而承于清的律学思想和实践活动相符〔面对律无正条的情况，受宋《庆元条法事类·断狱令》“比附定刑虑不中者，奏裁”规定的影响，明初修律时改变了唐律之文，将比附加减定拟的做法正式入律。（清）沈家本撰，邓经元、骈宇骞点校：《明律目笺》卷一，载《历代刑法考（附〈寄簃文存〉）》，第 1807 页、第 1815–1816 页。唐明律之不同，承蒙清华大学陈新宇教授在 2020 年 11 月第二届沈家本与中国法律文化学术研讨会上的提示，谨致谢忱〕，因而与建文朝刑部比议司之名重合。因此，上述看法均有助于理解以“比部”指代刑部文例出现的知识背景。与之类似的，还有明人所用“法比”一词。如杨守陈《明亚中大夫福建右参政陆公（昶）墓志铭》载：“景泰辛未（二年，1451）进士，历刑部主事、员外郎、郎中，仁恕明敏，以文学饰法比。”《杨文懿公文集》卷二六，沈乃文主编：《明别集丛刊》第 1 辑第 49 册，第 497 页。（明）顾璘《国宝新编》载，徐祯卿“筮仕武皇朝，厌司法比，请移学职，斯亦可窥其雅识矣”。丛书集成初编本，中华书局 1985 年版，第 7 页。而同为前七子的康海在其所撰《奉议大夫工部虞衡清吏司郎中致仕刘君（汝靖）墓志铭》提及的杨一清《通州改建砖厂记》（此文未见唐景绅、谢玉杰点校：《杨一清集》，中华书局 2001 年版）：“天下财力，取之不遗锱铢，而莅事者则每制于法比，牵于毁誉，安常习息，以为通患。其有能深虑，却顾为斯人图便安者，盖寡矣。”（明）康海著，金宁芬校点考释：《对山集》卷四四，社会科学文献出版社 2016 年版，第 575 页。此例甚多，兹不赘举。另，附表 1 例 1“初官比部，即思刑法以达于政”中“比部”，文集本作“法比”，见周道振辑校：《文徵明集》卷三〇《明故嘉议大夫河南布政司右参政吴公（愈）墓志铭》，上海古籍出版社 1987 年版，第 694 页。

〔2〕 同样利用鼎秀数据库进行搜检后，含有“比部”的文献，金元时期各一例。（金）元好问《龙虎卫上将军虓虎公神道碑》载：“大父查剌，明威将军、比部详稳官。”整理者指出，详稳官见《金史·百官志三》，为诸部族之官，“比部”疑是“北部”之误。周烈孙、王斌校注：《元遗山文集校补》卷二七，巴蜀书社 2013 年版，第 960 页、第 965 页。（元）唐元《书胡氏家训卷末》载：“延祐丁巳（四年，1317），余始识相之胡君于中表黄氏家……后六年为至治壬戌（二年，1322）之春，俾其子泰初出示先大父知丞与比部公家训书。”《唐氏三先生集》卷一一《筠轩文稿》，《北京图书馆古籍

上述文例产生的时间，更要揭示其流行的原因。

以表3为例，在明武宗之前的文例，仅有4例。其余8例，均出现在正德后期。这与前文据《国朝献征录》所作的初步统计所揭示的以"比部"称刑部现象的流行时间是相衔接的。值得注意的是，郑善夫《白湖送陈比部》诗的对象，恰好就是以《比部招议》而被《明史·艺文志》所著录的陈璋（见表1）。同样被提及的还有张治道——刘储秀《华岩川歌送比部张太微谢病归》："较艺南宫连得第，青丝走马杏园中。赤鸟飞兔花县里，昨者重迁西省郎。"——则出现在附表1中。诗中"西省郎"即"西翰林"，[1]亦见诸与刘储秀相唱和的胡侍笔下：

> 刑曹多文士，故称"西翰林"。前辈不暇论，正德间，若亳州薛蕙君采、仪真蒋山卿子云、马平戴钦时亮、关西刘储秀士奇、张治道时济、王

（接上页）珍本丛刊》第115册，书目文献出版社1991年版，第566页。从时间上看，胡氏先祖"知丞公""比部公"，应是其在南宋所任知县丞、比部郎中员外郎之职。不过，金元虽无以"比部"称刑部文例，但却存在以"祠部"称礼部的现象。李纯甫撰于金正大八年（1231）的《嵩州福昌县崇真观记》载："绛人许希言者，输粟于大司农，得名于祠部，曰崇真观，伐石以志之。"（清）谢应起等修，刘占卿等纂：《宜阳县志》（光绪朝）卷一五，《中国方志丛书》（华北地方）第117号，成文出版社1968年版，第1130页。撰于"大朝丁酉岁"（1237）后的《重修悟真观记》载："德方，陵川人，年二十出家，明昌三年壬子（1192），礼本州神霄宫郭太宁为师。泰和丙寅（1206），奉祠部牒，披戴登坛，为大法师。"（元）李俊民：《庄靖先生遗集》卷八，山右历史文化研究院编：《山右丛书·初编》第7册，上海古籍出版社2014年版，第501页。虽然有学者认为此两处"祠部"为金代礼部下属机构，并以此质疑张帆前撰文中有关金代尚书六部下不分司而分科的观点（孙久龙：《金代礼部研究》，吉林大学2016年博士学位论文，第38—39页；孙久龙、王成名："金朝礼部宗教管理方式刍议"，载《史学集刊》2019年第2期）。但从金代寺观赐额敕牒均由尚书礼部颁下来看，这两处"祠部"均应是礼部别称，并不足以推翻张帆的论断。参见拙文《金元时期省部关系的文书学考察——以敕牒形态演变为中心》（未刊稿）。

〔1〕 西省郎，晋以后为中书通事郎、中书侍郎之别称。龚延明：《中国历代职官别名大辞典》，上海辞书出版社2006年版，第286页；陈仲安、王素：《汉唐职官制度研究》（增订本），中西书局2018年版，第48页。明清时，"西省"为内阁中书科之别称，但同时刑部也有"西曹（台）""外翰林"之誉："《客燕杂记》（按，明末陆启浤撰）：嘉靖中，李攀龙、王世贞俱官西曹，相聚论诗，建白云楼榜诸君诗。人目刑部为外翰林，亦称西台。"（清）梁章钜撰，冯惠民、李肇翔、杨梦东点校：《称谓录》卷一二《内阁（附中书科）》、卷一六《刑部（附刑部各司古称）》，中华书局2018年版。参见《国朝献征录》卷七一《光禄寺丞丘秉文传》载："察廉迁为比部主事。会车驾郎杨继盛条劾分宜相严嵩罪恶十余事，天子以其事连东宫，系之西狱。相嵩先后令人密谕西曹郎故折辱苦之，郎客相嵩门下者，争希指以求媚，秉文独时具豪饟于杨。"《续修四库全书》第529册，第13页。按五行之说，西属金，主兵刑，故刑部、兵部皆有"西曹"等别称。如黄滔《刑部郑郎中第二启》曰"头居东署，首列西曹"（《全唐文》卷八二三，《续修四库全书》第1648册）。至明代，刑部、大理官亦皆沿用之。

讴舜夫、昆山周凤鸣于岐、开化方豪思道、都下萧海于委、无锡顾可适与行、绵州高第公次、会稽沈弘道伯充、鄞县叶应骢肃卿、莆田王凤灵应时，并文藻瑰奇，蜚华艺苑，济济多贤，尚难悉举。余时联镳接武，咸获交承。离析忽三十年，丧亡略尽。言念畴昔。不胜邻笛之悲。〔1〕

其中所提到的人名，不少见于表3、附表1。见于前表，而未被胡侍提及的还有郑善夫与何景明（仲默）："武宗时，銮舆频出，百司无事。余（张治道）与西陂同在比部，而信阳何仲默先生与西陂为诗友。"〔2〕此二人虽未尝任职刑部，但与李梦阳、徐祯卿等人一起，在明朝中期掀起了一场"倡言文必秦汉，诗必盛唐"的文学复古之风，以改变当时盛行的"台阁体"和"理气诗"文风。这些人就是所谓的"前七子"或"弘治十才子"。〔3〕陈璋、张治道、刘储秀等人因与之理念相近，亦被视为广义的"七子派"诗人。清人曾称："考七子之派，肇自正德，而衰于万历之季，横踞海内百有余年。其中一二主盟者虽为天下所攻击，体无完肤，而其集终不可磨灭。非惟天姿绝异，笼罩诸家，亦由其学问淹通，足以济其桀骜。固根柢深固，虽败而不至亡也。"〔4〕

---

〔1〕（明）胡侍撰：《真珠船》卷八《西翰林》，中华书局1985年版，第86页。（明）林俊《刑部陕西司题名记》亦称："属既专官以各程其职，无情失，无狱留，无奸容，无怨敛，体仁质义，而三事修之，五疵去矣……以赞司寇，以质成于天子，而又相资仕学部，称小翰林，若何文肃（乔新）、彭惠安（韶）、张庄简（悦）、孙忠烈（燧），今彭幸庵（泽）诸公，文行兼茂，刚贞并伟者也。"

〔2〕（明）张治道：《刘西陂集序》，（明）刘储秀：《刘西陂集》卷首，载《四库未收书辑刊》第5辑第18册。

〔3〕《明史》卷二八六《文苑二·李梦阳传》。刑部官员之所以汲汲于标榜自身，与当时文坛风气有关。王世贞《福建按察司提学副使宗君臣墓志铭》载，宗臣"又十余载，始成乡荐。明年（嘉靖二十九年，1550）成进士高第，授刑部广西司主事。太宰李公默见君文而奇之，调为其属，得考功。故事，吏部郎自相贵，绝不复通他曹郎。而君日夜与其旧曹李于鳞（攀龙）、徐子与（中行）、梁公实（有誉）及不佞世贞游，益相切劘，为古文辞。考功署中，自公令外多不复酬往。而君少年骤贵显，诸曹偶不无目摄之矣。君亦以湛思故，咯血，谢病归"。《国朝献征录》卷九〇，《续修四库全书》第530册。然而到了隆庆年间，文风为之一转。袁宏道《送京兆诸君升刑部员外郎序》载："西曹旧称清秩，居是官者，多文雅修饰之士。嘉、隆之末，天下太平，士大夫缓带而谈艺，竞为复古之词，以相矜尚。一时学士，翕然宗之，而西曹之人，十居其九，流连光景，鼓吹骚雅，诸曹郎望之若仙，故当时西曹视他曹特易。"钱伯诚：《袁宏道集笺校》卷一八，上海古籍出版社2008年版，第708页。参见吴艳红、姜永琳：《明朝法律》，南京出版社2016年版，第94-95页。

〔4〕（清）纪昀：《四库全书总目提要》卷一七二《少室山房类稿》，载魏小虎编撰：《四库全书总目汇订》第9册，上海古籍出版社2012年版，第5652页。参见薛泉："七子派考略"，载氏著《滇南掇拾集》，武汉大学出版社2015年版，第141-151页；黄卓越：《明永乐至嘉靖初诗文观研究》，北京师范大学出版社2001年版，第97-98页。

值得注意的是，前后七子活跃的正德至万历时期，正是本文所谓刑部称"比部"现象最初的流行期。

由此不难推知，与前七子诸人交相唱和的张治道、刘储秀之辈，继之以又曾羽翼后七子派的以王宗沐、吴维岳为首的刑部诗社派，是将业已存在的以"比部"称刑部文例扩大化的主要推动者。在文学复古思想的影响之下，他们除了借用魏晋南北朝之际曾一度"主法制"的"比部"作为自己的身份标识外，还有意曲解"西省郎"这一向与刑部无涉的词臣别称，加诸己身，以适应明代刑部独立于其余五部之外，在宫城以西的现实。[1]这样也有助于凸显他们不同于前、后七子的自我意识，并借此达到疏离政治的目的。[2]

* * *

据《事物绀珠》《称谓录》等类书所记载，明清时期精英群体，以前代官称作为自己所任官职的别称，并不仅限于刑部官员，"比部"也只是刑部众多别称中的一个，但却在机缘巧合之下，成为当时刑部官员使用频率最高的身份标识之一，因而得以进入字书，并为顾炎武、沈家本等著名学者所关注。这说明，以"比部"称刑部现象的背后，有其特殊之处。

首先，这一现象源于制度溯源时的信息不对称，因而造成顾炎武产生"财计之不关刑部久矣，乃犹称郎官为比部"的疑问。正如沈家本所言，上述现象的产生，与明代知识精英受"断罪无正条，用比附加减之律，定于明"的律学思想和实践活动的影响，从而加重其对刘宋比部"主法制"、北齐比部

---

〔1〕 （明）洪朝选：《归田稿》卷二《宜山何公（宽）应廷尉召北上序》（隆庆五年，1571）载："国家设刑部、都察院、大理寺以掌天下之刑狱，其事权、品秩视五府各部，谓之三法司。其官署之建设必在西北，于南在钟山之阴，于北在国之巽隅，截然一区，不与诸官寺齿，谓之西衙门。"李玉昆点校：《洪芳洲先生文集》，商务印书馆 2018 年版，第 102 页。明初置吏部等五部于南京皇城外千步廊东侧，而移三法司于皇城西北太平门外贯城，其地在玄武湖东岸、钟山西北麓之间。正统之后，考虑到北京的地理空间，于皇城西南（依先天八卦，西南为巽位）宣武门街西选址置三法司。相较于位于千步廊两侧的"五府各部"，此地仍居于西北。此后，北京三法司前街称刑部街，清末改称旧刑部街，东起西单牌楼路口，西至闹市口。1956 年，因扩展西单到复兴门的道路而被拆除。蒋缵初："南京明代刑部及都察院遗址调查记"，载《文物参考资料》1958 年第 8 期；王越：《明代北京城市形态与功能演变》，华南理工大学出版社 2016 年版，第 152—153 页、第 155 页；蔡青：《百年城迹（1900—2010）——北京城貌及古建筑的百年嬗变》，金城出版社 2014 年版，第 242-244 页。

〔2〕 张德建："明代嘉靖间刑部的文学活动"，载《中国文化研究》2011 年第 4 期。

"掌诏书、律令、勾检等事"的历史记忆有关。正统以后，作为刑部下属机构的"比部（科）"之名彻底消失于北京新部之中，更为以"比部"称刑部现象的出现提供了必要的制度前提。

其次，还需要指出，制度变迁并非上述现象产生和流行的充要条件。正德、嘉靖之际，与前、后七子相继以诗文相友，主张文学复古的张治道、刘储秀、王宗沐、吴维岳等一大批刑部官员的文学实践，才是造成以"比部"指称刑部文例迅速在明清精英群体中扩散开去的深层次原因。同时，在使用这一"今典"式表达时，他们也有着明确的边界意识，绝少在官方话语背景下的文本中使用该文例，而是将其限定在诗文、墓志、私撰传记等"文学"文体中。

附表 1　《国朝献征录》所见"比部"文例

序号	志/传主	卒年	引文	任职刑部者	任职时间	志/传作者	撰写时间	来源
1	吴愈	嘉靖五年（1526）	戊戌（成化十四年），授南京刑部广东司主事……初官比部，即思明法以达于政	吴愈	成化十四年至十五年、二十年至弘治三年	文徵明	嘉靖七年（1528）	卷九二
2	张尧年	嘉靖十六年（1537）	曾祖父曰璿，正德辛未（六年）进士，历官刑部员外郎。……越二世至比部公始显，而比部次子逵，正德辛巳（十六年）进士	张璿	正德六年（1511）	孙鑛	嘉靖十六年（1537）	卷九九
3	左思忠	嘉靖十四年（1535）	己卯（正德十四年，1519），余以比部亦谢病归。	张治道	正德十四年（1519）	张治道	嘉靖二十二年（1543）	卷二六

续表

序号	志/传主	卒年	引文	任职刑部者	任职时间	志/传作者	撰写时间	来源
4	魏桀	嘉靖十八年或十九年	弘治乙丑（十八年）进士，历官南京行人司副、〔刑部〕员外郎、郎中。……其在比部吏事精核，众所难决者必咨于公	魏桀	正德初	张时彻	嘉靖二十六年（1547）	卷九〇
5	闫（阎）溥	嘉靖二十六年（1547）	乙酉（嘉靖四年，1525）授刑部河南司主事，己丑（八年）晋云南司员外郎，是冬再晋河南司郎中。……其在比部，研精律例，鞫讯不苟，原情附律，不苛不纵，人称平焉	闫（阎）溥	嘉靖四年至十年	许宗鲁	嘉靖二十六年（1547）	卷八四
6	詹瀚	嘉靖三十一年（1552）	登丁丑（正德十二年，1517）进士，官比部。……公之在比部也，刚正执法，人不可干以私。……升四川司郎中，时九庙大工兴。……升刑部右侍郎，寻转左。复因言致仕归，归四年而卒	詹瀚	正德十二年至嘉靖三年，嘉靖二十七年	赵镗	嘉靖三十一年（1552）	卷四六

序号	志/传主	卒年	引文	任职刑部者	任职时间	志/传作者	撰写时间	来源
7	梁有誉	嘉靖三十三年（1554）	岭南在国初称五先生诗，嘉靖中，盖有梁比部云。……庚戌（二十九年），成进士，……后期，乃授比部郎	梁有誉	嘉靖三十年至三十二年	欧大任	嘉靖三十五年（1556）	卷四七
8	钱泮	嘉靖三十四年（1555）	乙未（嘉靖十四年，1535），举进士，筮仕闽之侯官，改浙之慈溪。召入刑部主事，历员外郎、郎中，……在比部尤称职办	钱泮	嘉靖二十年（1541）后	文徵明	嘉靖三十六年（1557）	卷八六
9	张逊业	嘉靖三十八年（1559）	予十七而以诸生识有功（逊业字）济上，甫加予一岁也。而丞尚宝矣，则又以比部郎从有功饮，燕中甚欢。而何，有功谪去	王世贞	嘉靖二十七年至二十九年	王世贞	嘉靖三十八年（1559）	卷七二
10	周文兴	嘉靖三十九年（1560）	服阕，起授比部主事	周文兴	正德十年（1515）	赵镗	嘉靖三十九年（1560）	卷七六
11	黄懋官	嘉靖三十九年（1560）	坐营陈鹏举等凡四人，听理比部	—	—	李维桢	嘉靖三十九年（1560）	卷三二

续表

序号	志/传主	卒年	引文	任职刑部者	任职时间	志/传作者	撰写时间	来源
12	宗臣	嘉靖三十九年（1560）	嘉靖庚申（三十九年）之二月，宗君子相卒于闽，其遗言曰："死，葬我金陵。"而是时太公为南比部郎也，则以櫬之金陵栖焉	宗周	嘉靖三十六年至三十九年	王世贞	嘉靖四十年（1561）后	卷九〇
13	王凤灵	嘉靖四十一年（1562）	丁丑（正德十二年，1517），凤灵举进士，授刑部主事……其起家比部郎，年甫弱冠	王凤灵	正德十二年至嘉靖初	乔世宁	嘉靖四十一年（1562）	卷九四
14	陶大年	嘉靖四十四年（1565）后	是时，封公尚善饭，比部君已举于乡。人有惜公解官者，……子一，即比部君允光，南京刑部山东清吏司郎中	陶允光	嘉靖四十四年（1565）后	陈所蕴	嘉靖四十四年（1565）后	卷八六
15	丘秉文	隆庆四年（1570）	迁为比部主事，……长兴徐中行以词赋名比部，时与秉文为同舍郎，以文章交最至	丘秉文、徐中行	嘉靖三十二年至三十三年	撰人不详	隆庆四年（1570）	卷七一
16	诸大绶	万历元年（1573）	十岁（嘉靖十一年，1532），善属文。比部郎八山钱公，越巨儒也，见而奇之	钱梗	嘉靖十一年至二十三年	张元忭	万历元年（1573）	卷二六

序号	志/传主	卒年	引文	任职刑部者	任职时间	志/传作者	撰写时间	来源
17	王守仁	嘉靖七年（1528）	是年（正德五年，1510），先生升南比部主事，寻改吏部验封司	王守仁	弘治十三年至十五年、正德五年至六年	耿定向	万历十二年（1584）	卷九
18	王懋德	万历十二年（1584）	举隆庆戊辰（二年）进士，由南京比部郎出为金华守	王懋德	隆庆中	王世懋	万历十二年（1584）	卷九〇
19	黄姬水	万历二年（1574）	至曾祖暐，用经术举进士，官比部郎有声	黄暐	弘治中	冯时可	万历十三年（1585）	卷一一五
20	吴嘉会	万历十六年（1588）	明年（嘉靖十四年，1535）成进士，授行人司行人。当选台省，以年不及格，由司副转比部郎	吴嘉会	嘉靖十七年至二十年	王家屏	万历十六年（1588）	卷四一
21	江治	万历二十年（1592）	丁未（嘉靖二十六年，1547），登二甲进士，授刑部主事……会东粤缺督学使，廷议谓非比部不可，于是先生领玺书行	江治	嘉靖二十六年至三十三年	颜备	万历二十年（1592）	卷五三
22	王爱	隆庆五年（1571）	秀水比部王先生……癸亥（嘉靖四十二年，1563），擢刑部山西司主事，……有二儒士籍相袁公庇哗饮禁中，逮治比部，先生执法不少贷	王爱	嘉靖四十二年（1563）	陈于陛	万历二十一年（1593）	卷四七

序号	志/传主	卒年	引文	任职刑部者	任职时间	志/传作者	撰写时间	来源
23	郑世威	万历十二年（1584）	乙未（嘉靖十四年，1535），复出比部，丁酉（十六年），出金广西臬……戊辰（二年），入为少司寇。……郎比部时，谳陕以西狱	郑世威	嘉靖十四年至十六年，隆庆二年至三年	叶向高	万历二十一年（1593）	卷四七
24	舒化	万历二十四年（1596）	体震，今为南比部郎	舒体震	万历中	邹德溥	万历二十四年（1596）后	卷四五
25	张梦鲤	万历二十五年（1597）	始入守大理卿，宣言：廷尉与比部、御史台共执法耳	—	万历九年至十年	冯琦	万历二十五年（1597）	卷六八
26	朱鸿谟	万历二十六年（1598）	公以迁右司寇行矣。戊戌（万历二十六年，1598），公遂卒，至不能为殓。大司马岳峰萧公及符卿益轩蒋公、比部静所刘公醵金，始得具棺殓	刘一相	万历二十六年（1598）	邹元标	万历二十六年（1598）	卷四七
27	江东之	万历二十七年（1599）	同年舒比部疫死，余一子，公入室抱其子归	舒邦儒	万历八年（1580）后	邹元标	万历二十七年（1599）后	卷六三

续表

序号	志/传主	卒年	引文	任职刑部者	任职时间	志/传作者	撰写时间	来源
28	朱庚	万历三十六年（1608）	州守公三子伯应，举万历甲戌进士，官比部郎。……忽捕医沈令誉，得王铨部士骐、于比部玉立凤与劳问书，欲以奸书事坐令誉，波及于、王公	朱伯应/于玉立	万历二年（1574）/万历三十一年（1603）	邹元标	万历三十七年（1609）	卷一七
29	曹泰	成化二十三年（1487）	有仆窃其金为平康之游，则橐枏然矣。公怒甚，往讼于比部郎。郎追妓至，痛榜之，妓怨，反诬公，以是罢不叙	—	景泰中	冯时可	万历中	卷八四
附1	张宪	正德六年（1511）	壬辰（成化八年，1472），登进士第，观政刑部，即留意法比，部长贰皆贤之。会吏部选科道，偶遗公，众皆疑愕，寻乃授考功主事	张宪	成化八年（1472）后	费宏	正德六年（1511）	卷五二
附2	谢士元	弘治七年（1494）	遂以知建昌，……比部一再饥	—	宣德中	罗玘	弘治七年（1494）	卷六〇

明清小说对代书的表现及法律资料价值

孙　旭[*]

【摘　要】代书的沿革，大体经历了一个民间自发—官派充任—民举官考的逐步发展过程。明清小说对代书的表现主要为：反映代书的设置目的，表现代书的充任条件，展示代书写状的具体要求，涉及代书收费的影响因素，列举代书的活动场所，揭示针对代书的管理手段。这些资料既有与传统法律资料相一致之处，也有予以补充的方面，可丰富相关领域的研究。

【关键词】明清；代书；法律

本文的代书，指古时有资格代两造（原、被告）、干证（证人）等书写状词、禀帖等法律文书的人。代书与讼师都是民间诉讼活动中的活跃分子，但与讼师屡遭官府打压——"深恶此曹，如恶恶臭"[1]的境遇不同，代书的活动为官府所认可，并得到官府的专门管理。法史学界很早就对代书予以关注，张晋藩、郑秦、那思陆等学者在研究清代司法审判制度时均曾提及。[2]近年来，吴佩林、邓建鹏、李艳君、郑小春等学者利用地方司法档案、徽州文书探讨清代代书的考选、职数、收费、运作中的问题及原因等，取得

　＊　孙旭，文学博士，中国政法大学法律古籍整理研究所副教授，主要研究方向为中国法制史、法律与文学的交叉。

〔1〕　中国社会科学院历史研究所宋辽金元史研究室点校：《名公书判清明集》卷一二《惩恶门·把持·先治教唆之人》，中华书局1987年版，第479页。

〔2〕　张晋藩：《清代民法综论》，中国政法大学出版社1998年版；张晋藩主编：《中国民事诉讼制度史》，巴蜀书社1999年版；张晋藩主编：《中国民法通史》，福建人民出版社2003年版；郑秦：《清代司法审判制度研究》，湖南教育出版社1988年版；郑秦：《清代法律制度研究》，中国政法大学出版社2000年版；那思陆：《清代中央司法审判制度》，北京大学出版社2004年版；那思陆：《清代州县衙门审判制度》，中国政法大学出版社2006年版；［日］夫马进："明清时代的讼师与诉讼制度"，载［日］滋贺秀三等著，王亚新、梁治平编：《明清时期的民事审判与民间契约》，法律出版社1998年版。

了突破性进展。〔1〕明清小说中也有一些关于代书的资料，其中既有与典籍文献、司法档案、徽州文书相一致之处，也有予以补充的方面，下文对此展开论述。

一、代书的沿革

就目前所见材料，可以推测，代书的沿革，大体经历了一个民间自发—官派充任—民举官考的逐步发展过程。

在现存最早传世律典《唐律疏议》中，已出现约束代书行为的法律条文："诸为人作辞牒，加增其状，不如所告者，笞五十；若加增罪重，减诬告一等。"〔2〕从其中措辞可见，代书应是从民间自发产生的职业，因其职业具有特殊性，官府特加以约束。宋时，律典及官员所作的官箴书中，均出现了关于代书的记载。代书称书状人、书写人，并于写状书铺户、书铺等固定场所代人写状。较之唐代，代书的职业呈现出规范化、规模化的趋势。元代是代书职业发展的变革期，从现存史料可见：大德以前，一仍宋代，代书乃民间自发，于写状书铺户、书铺代人写状；大德以后，官府派专门的吏人充任，〔3〕代书开始由民间"私营"走向官府"包办"。这标志着官府对代书的规范和管理进一步加强。

明代的情况稍显复杂。颁布于洪武元年（1368）的《大明令》规定："凡诉讼之人，有司置立口告文簿一扇，选设书状人吏一名。如应受理者，即便附簿发付书状，随即施行。"〔4〕邓建鹏据此认为："明初与元朝类似，由官府派官吏充任写状人。"〔5〕关于明中后期代书的情况，学界没有论及，笔者发现成化年间的文林（1445—1499）在《温州府约束词讼榜文》中有所提及：

> 各县每里凭粮里老，或递年保举行止端庄、众所推服者民一名，次

---

〔1〕 吴佩林："法律社会学视野下的清代官代书研究"，载《法学研究》2008 年第 2 期；邓建鹏："清朝官代书制度研究"，载《政法论坛》2008 年第 6 期；李艳君："清代的代书及代书戳记"，载《法制与社会》2009 年第 4 期；郑小春："清朝代书制度与基层司法"，载《史学月刊》2010 年第 6 期。

〔2〕 刘俊文点校：《唐律疏议》卷二四《斗讼》，法律出版社 1999 年版，第 479 页。

〔3〕 参见吴佩林的《法律社会学视野下的清代官代书研究》、邓建鹏的《清朝官代书制度研究》。

〔4〕 《大明令·刑令》，附于怀效锋点校：《大明律》，法律出版社 1999 年版，第 265 页。

〔5〕 邓建鹏："清朝官代书制度研究"，载《政法论坛》2008 年第 6 期。

保老实、真楷书状人一名，本县给与耆民图书并簿一扇。（小注：图书须掌印官亲写号数，并押字，雕刻成文，令其收掌。）凡遇本图有人果受冤屈，老人不能断理者，许赴书状人写状。书状人必须审问的确，方与书草，然后领至耆民看过，耆民再行细细审访。情词果实，方录真状，后亲押字，用图书挂号。然后书状人将代写某状并日期书于簿，以凭契勘。如无钤号者，俱不准理。……若有虚捏不实，耆民并书状人一体坐罪。[1]

可见在明中后期，书状人的任职方式已由元后期、明初的官府派吏人充任，一变而为由民间保举；并且，原本由书状人一人完成的写状活动，分而为耆民、书状人两者共同承担。官府授权耆民保管图书，书状人写状后，耆民审访确实，方在词状上"押字，用图书挂号"。至此，状词具备形式合法，可呈递至官府。如果没有此一"钤号"，则状词形式不合法，官府不会"受状"。此一设置，具有使耆民、书状人相互牵制，避免一人独大的积极意义。

清时，概因明中后期民举耆民、书状人分担代书一职的方式比较繁琐，《大清律例》予以简化，并增加"考取"的环节，以加强管理："内外刑名衙门，务择里民中之诚实识字者，考取代书。凡有呈状，皆令其照本人情词，据实誊写，呈后登记代书姓名。该衙门验明，方许收受。如无代书姓名，即严行查究，其有教唆增减者，照律治罪。"[2]再次将由耆民、书状人分担的代书职责集于代书一身，并确定了民举官考的任职方式。这种设置方式一直延续至清末推行"新政"前。光绪三十四年（1908），四川总督赵尔丰鉴于官代书存在的种种弊端，下令各属予以裁撤，代书方渐次退出历史舞台。[3]

二、代书的设置目的

从现存史料可见，代书的设置目的主要有二。一是帮助涉讼但不识字的

---

[1] 杨一凡、王旭编：《古代榜文告示汇存》第 1 册《文林告示·温州府约束词讼榜文》，社会科学文献出版社 2006 年版，第 435-436 页。

[2] 田涛、郑秦点校：《大清律例》卷三〇《刑律·诉讼·教唆词讼》"条例"，法律出版社 1999 年版，第 490-491 页。

[3] 转引自吴佩林："法律社会学视野下的清代官代书研究"，载《法学研究》2008 年第 2 期。

乡民写状，"乡愚孤嫠，不能自写，必倩代书"。[1]从明清小说可见，不只是不识字的乡民，即便识字能文者，对词状亦难免有生疏隔阂之感。

《醒世姻缘传》第八十一回中狄希陈在京候选期间所娶小妾童寄姐，妒虐丫鬟珍珠，致其自缢而死。狄希陈邻居光棍刘振白得知，趁机带着花子诈财；珍珠父母韩芦、戴氏得知实情后，也来狄家大闹。刘振白出头讲和，但韩芦、戴氏得钱后，犹且不足，又去告官。察院差惠希仁、单完来提寄姐。寄姐母亲童奶奶善于招待周旋，哄得差人高兴，为之出主意："替狄奶奶递张诉状，就诉上是他挑唆韩芦告状……"童奶奶踌躇道："这诉状可叫谁写？"单完推荐："一个赵哑子写的极好……"并自告奋勇带狄希陈去赵哑子处写状。单完要赵哑子"用心给他写写，不可潦草了"，又叮嘱狄希陈"你说与他情节"。狄希陈文笔不好，其考取秀才、进学还是靠亲戚作弊帮忙，但毕竟粗通文墨，较之"乡野愚民"要好很多，但他向赵哑子陈述情节时，却咬文嚼字、拉拉杂杂："在下原籍大明国南赡部洲山东等处承宣布政使司济南府绣江县人，家住离城四十里明水镇。家父姓狄，名宗羽，号宾梁。先母相氏，就是现任工部主事相于廷的姑娘。"古时规定，不得匿名呈控，"凡告，大小词状上无写状之人姓名、贯址者，俱不准理"。[2]狄希陈言及姓名、籍贯无可厚非，但将父母姓名及与工部主事的亲戚关系一一道出，毫无必要。单完忙截住："长话短说，叫他快写状罢。"狄希陈不服气："不说个来历明白，这状怎么写？"单完道："写状不用这个，待我替你说罢……"狄希陈在基本情节的陈述上不得法，一旦触雷，按照明清法律规定，状词将面临"不准"——不被受理的结局。

事实上，即便是衙门中人，对律法规定、诉讼程序、官府内幕等比较谙熟，也不一定能驾驭好写状的技巧。比如单完虽然在陈述情节上强过狄希陈，但具体到采取何种诉讼策略、如何落实到纸面上就不甚明了，故而在替狄希陈陈述完基本情节后，向赵哑子坦言："……或是童氏自己诉，或是狄爷出名诉，你见的透，该怎么样就是。"一句"见得透"，坐实了代书在词状书写上的权威性。

---

[1]（清）黄六鸿：《福惠全书》卷三《莅任部·考代书》，载官箴书集成编纂委员会编：《官箴书集成》第 3 册，黄山书社 1997 年版，第 257 页。

[2]（明）佚名："新官轨范·体立为政事情"，载官箴书集成编纂委员会编：《官箴书集成》第 1 册，黄山书社 1997 年版，第 738 页。

法律是一个专业性较强的领域。法律条文的掌握、法律文本的书写，对民众来说有困难，对官员来说也并不轻松。明清时，从社学到府州县学乃至国学，学生都要不同程度地学习律法以及判词的书写，并作为日常考课的内容之一；在科举考试中，律法以及判词很多时候也是必考内容之一。因此，读书人平时要记诵律法、拟做判词。虽然如此，读书人所获得的法律知识也比较有限，一旦及第得官、临政亲民，还是要补课。不少官箴书作者就告诫得官者赴任前，阅读相关法律书籍，以获得听讼断狱的技巧以及书写判词的能力。为了更好地断案制判，有些官员还聘请刑名幕友予以襄助。民众虽然能通过多种渠道获得法律知识，但很多都是关于权利与义务的划分、合法与非法的判定，比较简单、粗疏，法律层面上如何操作、采取何种诉讼策略就难乎其难了。因此，对于民众来说，请代书写状是一件有益自身之举。史料表明设置代书可方便不识字者写状，但明清小说却揭示了代书对于识字能文者同样重要，补充了史料记载的不足，使得对相关内容的表现更为全面、细致。

代书的第二个设置目的是劝民息讼。讼事不利于社会稳定，对当事人的生活也有一定影响，"受怕躭惊，打点使用，吃打问罪，坐仓讨保，破了家业，误了营生"，[1]因此官府"厌讼"，推崇"无讼"。为减少"滥讼之害"[2]的发生，律法设置了一系列的"告状限制"：有时间上的限制，如词讼日起诉；时效上的限制，如不得呈控远年之事；证据上的限制，如对所告之事不得称疑。目的就是通过立案困难，使负气而来的当事人有机会冷静下来，反思内省，事过境迁之后，很可能就此打消告诉念头。在这一思想的主导下，官府将代书设计成劝民息讼的一道关卡："若夫殴詈假质，凡不切之讼，听其从宜，谕遣之。谕之而不伏，乃达于官。"[3]代写状词与劝民息讼这看似矛盾的两方面，就这样统一在了代书身上。

关于代书设置的劝民息讼目的，明清小说主要表现了该目的达成的不易。

---

〔1〕（明）吕坤：《新吾吕先生实政录·民务》卷三《附乡甲劝语》，载官箴书集成编纂委员会编：《官箴书集成》第1册，黄山书社1997年版，第469页。

〔2〕（明）刘时俊：《居官水镜》卷一《杂说·省讼说》，载官箴书集成编纂委员会编：《官箴书集成》第1册，黄山书社1997年版，第599页。

〔3〕（明）汪天锡：《官箴集要》卷下《听讼篇·弭讼》，载官箴书集成编纂委员会编：《官箴书集成》第1册，黄山书社1997年版，第284页。

《醒世姻缘传》第八十九回中的薛素姐因丈夫狄希陈在京候选期间娶妾，又串通亲戚、家人一起瞒她，兼之她于追赶途中受辱，恼羞成怒，意欲报复。她找到一个"极会写状"的代书，提出："我要在县里递张首状，央你写得仔细，我送你一两纹银。"代书道："你且将情节说来，看系何事，我好与你写。"素姐遂诬陷狄希陈在京潜住，娶红罗女为妻，"剪草为马，撒豆成兵"，并装作假官，"往四川成都府调兵"。代书闻听，道："这事别当玩耍，有实据才好。这要问出谎来，你不消说是诬告加三等，还要拿写状子的打哩。且问证见是谁？"代书反复强调证据的重要性并告以诬告的后果，也算实践了"谕遣之"。心智正常者经此一问，必然闭口缩颈，放弃首告的打算。无如素姐乃转世冤魂，专为索命而来，一口咬定："我是他的老婆，再有我知的真么？汉子谋反，老婆出首，这也还另要证见么？"为了保护传统的伦理秩序，古代律法规定亲亲相容隐，禁止亲属之间互相控诉或者作证，但谋反等重罪不在其列。代书见其振振有词，兼且贪图其许诺的高昂状费，遂"大了胆"与她写。被官长寄予厚望的劝民息讼目的就此落空。

传统史料对代书的第二个设置目的涉及不多，明清小说不仅予以涉及，还深入反映了代书在贪欲的驱使下对此一目的的背弃，显示了小说直面现实，反映社会黑暗面的优长所在，比较深刻。

三、代书的充任条件

从现有史料看，充任代书者，首先需词理明通、相貌端良，"有在本治为人代书词状者，许赴本县，定日当堂考试。词理明通，且验其状貌端良者，取定数名，开明年貌籍贯，投具认保状"[1]其次，还需老成能事，"宜择一二老成练事者使书之，月比而季考，酌其功过而加赏罚焉"[2]这些记载比较粗线条，明清小说因写人记事而有了细致表现的机会。

古时，词理明通者多醉心科举，只有在功名无望的情况下，才甘心沉于下僚，身充代书。《醒世姻缘传》第八十一回中的单完陪狄希陈去找赵哑子写状。狄希陈见赵哑子其貌不扬，担心其写不好。单完打保票："这是我从小同

---

[1] （清）黄六鸿：《福惠全书》卷三《莅任部·考代书》，载官箴书集成编纂委员会编：《官箴书集成》第3册，黄山书社1997年版，第257页。

[2] （明）汪天锡：《官箴集要》卷下《听讼篇·弭讼》，载官箴书集成编纂委员会编：《官箴书集成》第1册，黄山书社1997年版，第284页。

窗的兄弟，原是大有根基的子孙。说起来，当今皇帝都还和他有亲。饱饱的一肚才学，顺天府考了几遍童生，只是命运不好，百当没得进学。若论他本事，命运好时，连举人、进士也都中了，还在这里写状哩……""大有根基""当今皇帝都还和他有亲"不过是单完抬其身价之辞；"饱饱的一肚才学""命运好时，连举人、进士也都中了"也是对其才学的夸张之语，皆不足信。最可信的，是对其"考了几遍童生""没得进学"的介绍。惟其具有一定才学，方可胜任写状一职；也惟其才学不足以考上生员、举人，青云路无门，方甘心充任代书，以为糊口之资。

从某种角度来说，代人写状也是一门生意。因此，与官府出于易于掌控的目的而希望代书"老成"不同，诉讼者以胜诉为主要目的，他们希望的代书是精明的，甚至是尖锐的，能够洞悉世情、切中肯綮。《醒世姻缘传》中的赵哑子就是这样的人。单完叙述完案件情节后，将如何起诉、如何写状的包袱仍给了赵哑子。赵哑子没有任何踌躇、思考，立即道："这没叉路，劈头诉着刘芳名，说他诈财无餍，挑唆韩芦单告女人，因察院爷不拘妇女，所以不告上男人，好叫女人出官，尽力诈骗。就是本夫出名代诉，写上诈去银子数目。"即刻作答，既指明了诉讼的具体策略，又洞悉了对方"单告女人"的目的。清王又槐在《办案要略》中说，司法官批呈词要"能揣度人情物理，觉察奸刁诈伪"，[1]可见写状也需具备这一素质。狄希陈担心这样写，"虽是他诈了银去，只怕问官说是行财，不大稳便"。赵哑子道："这位察院爷只喜人说实话，这上头不大追求你。……"不仅洞悉人情，还善揣官意。

诉讼人多心焦气短，缺乏耐心。他们不仅希望代书有高超的诉讼策略，还希望其能尽快地将诉讼策略落实到纸面上。如果被告赴官应诉心切，则这种要求更为强烈。在这种情况下，代书的文字驾驭能力就显得颇为重要了。《醒世姻缘传》中的单完因察院要升堂了，催赵哑子快写状，狄希陈好去应诉。赵哑子"铺开格眼，研墨搦笔，不加思索，往上就写"。刚写完，察院三声云板，冲堂开门，惠希仁跑来催问，单完道："方才写了，只没得读一遍，不知说的不曾？"赵哑子道："没帐，快赶上递吧。我写字自来不差，差了我管。"如此敢于打包票，源于对自身文字驾驭能力的自信。状子递上后，察院

---

〔1〕（清）王又槐："办案要略·论批呈词"，载官箴书集成编纂委员会编：《官箴书集成》第4册，黄山书社1997年版，第769页。

看了，道："你这是诉状，准了，出去。"得到官府的认可，可见状子的质量确实不错。

明清小说不仅表现了代书的充任条件，还揭示了以讼师充代书的情况。前文已言，讼师遭官府打压，代书得到官府认可，但《活地狱》第一回中的讼师刁占桂"蒙本县大老爷考取得一名代书，专在县衙前替人家包揽讼事，兼写状词"，《醒世姻缘传》中也是对代书始称"讼师"。这并不是小说家不懂法，相反，小说对律法诸多方面的表现都证明小说家是懂法的，其这样写的目的，乃是暗示代书亦可由讼师充任这一情况，这并不奇怪。官箴书屡言治吏，却多有"革退书手，仍旧占住衙门，相沿已久"〔1〕的情况，正如瞿同祖所言："条文的规定是一回事，法律的实施又是一回事。某一法律不一定能执行，成为具文。"〔2〕代书的充任就存在这一情况——讼师的业务与代书有交叉，故在打点好官府的前提下，可以转充代书，变不合法为合法。官箴书作者多是中下层"循吏"，且意欲给为官者以正面指导，因此较少揭示官府与讼师沆瀣一气的情况，明清小说因而显示出独特价值。

四、代书写状的具体要求

对代书写状的第一个要求是内容真实。为了规范诉讼行为、整顿诉讼秩序，官长要求代书据实写状，严禁谎状，"考定代书，所以杜谎词也"。〔3〕

明清小说以生动的反例表现了某些代书对这一要求的违背。《斩鬼传》第六回中的丢谎鬼因伙计急突鬼占了铺中东西，想打他，又怕吃亏，想道："此事只得到官。"遂寻了一个代书写状。那代书"不管他是虚是实，问了大概"，竟将告伙计占财写成"明火劫财，杀人无数事"。

明清小说还客观地展示出代书对据实书写的违背，源于当事人的要求。《醒世姻缘传》第八十一回中的差人单完陪狄希陈去找赵哑子写状。狄希陈见赵哑子其貌不扬，担心："心中果有甚么识见，写得出甚么动人的状来？若是写得不好，岂不误了正事？"单完为其打保票："广读赵钱孙李，多描天地玄

---

〔1〕 （明）佘自强：《治谱》卷二《到任门·查革积棍》，载官箴书集成编纂委员会编：《官箴书集成》第 2 册，黄山书社 1997 年版，第 97 页。

〔2〕 瞿同祖：《中国法律与中国社会》，中华书局 2003 年版，导论第 2 页。

〔3〕 （清）黄六鸿：《福惠全书》卷一《刑名部·立状式》，载官箴书集成编纂委员会编：《官箴书集成》第 3 册，黄山书社 1997 年版，第 327 页。

黄。一篇文字两三行，情愿弃儒写状。铺纸惯能说谎，挥毫便是刁言，常常激怒问词官，拿责代书廿板。"狄希陈道："这便极好，无刁不成状哩。能放刁撒谎，这官司便就赢他。"《斩鬼传》第六回中的丢谎鬼寻到代书，也是提出："这要写得厉害，耸动官府。"可见代书"说谎""刁言"首先是应当事人的要求，是当事人追求告状受理、胜诉的必然结果。

状词有字数上的限制，"每状不过三行，每行不过五十字"，[1]"（词讼）不过百字，并大字，依式真谨书"。[2]在有限的字数内将案情陈诉明确，"耸动官府"，从而被受理，乃至胜诉，是极不容易的。古时多有讼师秘本、日用类书教人如何写状，可见此事的难为与需求的紧迫。在这种情况下，为了告诉被受理、胜诉，当事人必然要求代书对案情加以"设计"和"处理"，这是造成代书"任意架空"的重要原因，官箴书单纯抨击代书"多驾虚词，捏成长篇"，[3]而极少追本溯源，不够客观。

此外，史料多载代书往往与讼师相互勾结，"讼师所捏虚词，欲图衙门收受，务必嘱代书登记姓名。代书唯利是图，遂与登名"，[4]危害百姓。从小说可见，代书与讼师之间的勾结，有些是由当事人促成的。《歧路灯》第七十回中的讼师冯健为盛希侨写完告亲弟的状子后，盛希侨要谭绍闻代他誊写，谭绍闻问为何不请满相公誊写。盛希侨道："舍弟认得满相公笔踪，若到承发房查出笔迹，他骂他个狗血喷头。"冯健道："何用如此。明日早晨，着盛价送到代书房刘铺，写完用个戳记，三十文大钱就递了。"

对代书写状的第二个要求是符合状式。状式是状子的格式。官府要求代书照状式写状："凡各府州县受词衙门，责令代书人等，俱照后式填写。"[5]文林给出了通行的状式："告状人某人，年几岁，某县某都某面，有无疾病，状

〔1〕（明）不著撰者：《居官必要为政便览》卷下《刑类》，载官箴书集成编纂委员会编：《官箴书集成》第2册，黄山书社1997年版，第65页。

〔2〕杨一凡、王旭编：《古代榜文告示汇存》第1册《文林告示·温州府约束词讼榜文》，社会科学文献出版社2006年版，第436页。

〔3〕（明）蒋廷璧："璞山蒋公政训·严门禁"，载官箴书集成编纂委员会编：《官箴书集成》第2册，黄山书社1997年版，第9页。

〔4〕转引自吴佩林："法律社会学视野下的清代官代书研究"，载《法学研究》2008年第2期。

〔5〕（明）吕坤：《新吾吕先生实政录·风宪约》卷六《状式》，载官箴书集成编纂委员会编：《官箴书集成》第1册，黄山书社1997年版，第555页。

告某事。……书状人某，勘验著民某人，歇家某人，住某处。"〔1〕语言朴实，不讲对仗、押韵，也很庄重。

明清小说展示了不合状式状子的具体情况。《醒世姻缘传》第七十四回中薛素姐因烧香路上被人殴打，并抢去衣饰，请赵先儿代写状子。赵先儿自作聪明，以为"若与别人的状词写成一样，不见出众，所以自成一体"，"又想中式的时文，也有一定的体式，如今割裂变幻，一科不同一科，偏中得主司的尊意"，所以"把这状词的格式也变他一变"。其状如下：

> 告状人，狄门薛氏，年二十，又零着四。为光棍，打抢大事。三月三，因回家去，通仙桥，光棍无数，走上前，将奴围住，抢簪环，吊了鬖髻；夺衣裳，剥去裙裤；赤着脚，不能行步。辱良家，成何法度？乞正法，多差应捕。本府老爷详状施行。

这一状词有打油诗、押韵的风格。明清时，个别官长针对户婚、田土、钱债等民事案件时，会以打油诗、押韵的方式写作判词；但针对刑事案件时，绝不会以这种方式书写。诉讼人出于对官府的尊重，递交的状词也不会是此种风格。赵先儿为"武秀才"出身，武秀才在武学中虽也背书、授书、写作，但还是以军事训练为主，文化水平有限，因此，才会别出心裁，以此种方式写作状词。这一状词遭到府尹的否定："这等可恶！状自有一定的体式，你割裂了，这般胡说，戏弄本府。"将其"革退代书，不许再与人家写状"。

明清小说对代书不仅能从正面表现，还能从反面揭示，以此更加深刻。

五、代书收费的影响因素

吴佩林等学者的研究揭示了清代官员设立的代书收费标准以及地方司法档案记载的实际收费数额，为我们了解当时的细节及实况提供了帮助。明清时期物价变动比较大，而小说的确切创作年代又不易确定，在这种情况下，据小说中的资料来确定特定时期代书的收费问题较有难度。但小说中涉及了一些影响代书收费的因素，很有价值。

---

〔1〕 杨一凡、王旭编：《古代榜文告示汇存》第1册《文林告示·温州府约束词讼榜文》，社会科学文献出版社2006年版，第439页。

其一，家境贫、富。《醒世姻缘传》第九回中的计老因女婿晁源纵妾逼死女儿计氏，欲去官府告状。他"寻着了写状的孙野鹤，与了他二钱银子，央他写状"。晁源得知被诉，则"（叫人）请了写状的宋钦吾来，与他说了缘故，送了他五钱银子，留了他酒饭"。计老"跌落了"，光景有限；而晁源的父亲正做着"通州知州"，家境富有，因此晁源所付状费远高于计老。

其二，居于京城、外地。《醒世姻缘传》中的单完因童奶奶招待得好，主动提出陪狄希陈找赵哑子写状，并告知付费的内幕："……你要自己去，他见你村村的，多问你要钱。""村"有多重含义，这里的"村村的"应是"乡下人""不懂行"之意。狄希陈由家乡山东绣江县明水村来京城听选，相对于京城人，其是外地人、乡下人，不懂京师行情，因此写状容易受骗，多花冤枉钱。

其三，诉讼胜、败。《醒世姻缘传》第八十二回中的赵哑子保证他写的状子一定会胜诉，"只是叫他吃了亏就是"，要狄希陈"三两银子谢我"。单完道："……先给你五钱银，官司果然赢了，我保着叫狄爷再给你二两。官司若平和，没帐，就只这五钱拱手。"古时，典卖田产，原业主可多次找赎；公差拘人，在"差使钱"之外，也可另外要求给付"后手"——这是通行的、多索银钱的一种手段。代书在胜诉后要求多给"谢仪"，也属正常。

其四，书写真、谎状。薛素姐欲诬告丈夫谋反以泄愤，所以向代书承诺："你写得详细，我送你一两纹银。"这是《醒世姻缘传》中最高昂的状费，惟其为谎非真，才使身处乡下的家庭妇女薛素姐情愿支付如此血本。

地方司法档案不会总结代书收费的依据，明清小说对当事人身份、家世、籍贯等的介绍，为我们总结相关的收费依据提供了便利。

六、代书的活动场所

关于官代书的活动场所，吴佩林认为："官代书的活动场所多在诉讼各方在县城居住的'歇家'。"[1]明清小说的表现颇为丰富。

从明清小说可见，代书多活动于官署附近。如《醒世姻缘传》中的计老在"县门口"寻到孙野鹤；晁大舍所派的人也是在"县门前"请了宋钦吾；狄希陈来到"南城察院"，差人惠希仁要单完"陪狄爷去写状"。近于官署，

---

[1] 吴佩林："法律社会学视野下的清代官代书研究"，载《法学研究》2008 年第 2 期。

方便诉讼人寻找，也方便官长查究。

此地可能是诉讼各方居住的"歇家"，也可能是茶馆等人流聚集之地。《儒林外史》第四十五回中的生员余持被诬过赃，知县要其写个清白的诉呈。余持请差人吃了茶，起身就要走。差人扯住不放，道："你才在堂上说你是生员，做生员的，一年帮人写到头，倒是自己的要去寻别人？对门这茶馆后头就是你们生员们写状子的行家，你要写就进去写。"余持没法，只得同差人走到茶馆后面去。差人望着里边一人道："这余二相要写个诉呈，你替他写写。他自己做稿子，你替他誊真，用个戳子……"

为了减少支出，代书还可能直接在自己家中代人写状。《歧路灯》第九十回中的代书王紫泥老了，"告了衣衿，家中无度用，把儿子挂出招牌来，上面写着'官代书王学箕'，门上垂个帘儿，房内设三四个座儿，单等那乡村的户婚田产人，衙门前遵依甘结纸，或是告的，或是诉的，或是保人的，或是自递限状的，全凭这一管软枪头子，一条'代书某某'戳记印板儿，流些墨水，籴米买柴"。

相对于古代繁杂的律法体系及其司法实践，代书的活动场所是一个很小且不重要的问题，很多传统史料都不予涉及。明清小说却以其细致描摹社会生活的优长之处，予以详细揭示，很难得。

七、针对代书的管理手段

从前文可见，传统史料中官长对代书的管理主要表现在两方面，一是考试，二是责罚。明清小说没有揭示官长对代书的考试。小说重在表现矛盾的发生、发展、高潮与结局，而考试代书一般不具备这样的效果，因此没有涉及。

明清小说表现了官长责罚代书前对其的诘问。《醒世姻缘传》第八十九回中的县官看代书替薛素姐写的告夫谋反状子，心生疑惑："他既潜住京师，做这些歹事，怎么往八九千里外四川去调兵？你这状一定另有个主意，不是实情。"差人将代书拘来后，诘问："你怎么与这妇人写如此谎状呢？"代书见势不妙，只好老实回答："据小的看来，其实是谎。但他自己的妻子出首，又是谋反的事情，小的怎敢与他格住不写？"代书承担不起万一谋反行为属实，自己不为写状的法律后果。县官谙律法，深以为然，道："你这也虑的是。"不再追究。

明清小说揭示了官长对代书的具体责罚。《醒世姻缘传》第八十一回中的狄希陈担心赵哑子写不出好状子，单完为其打保票："广读赵钱孙李，多描天地玄黄。一篇文字两三行，情愿弃儒写状。铺纸惯能说谎，挥毫便是刁言，常常激怒问词官，拿责代书廿板。"写"谎状"的代书受打二十大板，很可能是当时通行的责罚。

有些官长出于仁爱之心则不责罚代书。《歧路灯》第四十六回中的张绳祖在王紫泥的指点下，趁程知县公出，交好的董主簿署任之机，捏称谭绍闻欠其亲戚贾李逵银子不还，还大打出手。董主簿要其补状。三人遂"请了一个代书蔡鉴写了稿儿，誊了真，用上戳记，与钱一百文，开发出去"。不想状子递交后程知县回署办公。程知县据文契的简陋、贾李逵与中人白兴吾交代交银地点的互异、谭绍闻不合常理的口供等，审出所谓的谭绍闻"赖债不偿"乃是张绳祖"强索赌债"。按理，诱赌童生、干系他人前程，应予重惩，但程知县"是个严中寓慈、法外有恩的心肠"，嘴上说得严厉，"却留下空儿，叫张绳祖、王紫泥自行生法求免"，最后仅把贾李逵、白兴吾责板了事。至于誊写状子的代书，程知县则根本就没将其叫上公堂。

古时，官府并不禁止个人写状，"官吏、僧道、公人及大族有司讼者，并听亲自书状"。[1]小说中多有当事人自写状词或请他人代写而不假手代书的例子。但这种情况到清雍正七年（1729）有了改观，要求个人写状后，必须经由代书誊写，方为有效："凡有呈状，皆令其照本人情词据实誊写。呈后登记代书姓名，该簿验明，方许收受。"在这种情况下，状词由当事人自为斟酌，代书不过是代为"誊写"、盖戳，使其形式合法；一旦出现"谎状"，自然应当事人全权负责。官长不责罚代书，也是情理中之事。

* * *

代书在诉讼中的地位不如讼师重要：代书仅是诉讼活动开始的标志，讼师却有可能改变整个诉讼活动的走向。因此，代书不是小说家关注的重点，较少得到用心描摹，也因之少了小说家很多个人化东西的掺杂，而更加符合史实。

明清小说在表现代书时，没有照搬律典、官箴书中的条框记载，而是通

---

[1] 杨一凡、王旭编：《古代榜文告示汇存》第1册《文林告示·温州府约束词讼榜文》，社会科学文献出版社2006年版，第436页。

过人物和故事加以形象、细致表现，不仅修正了史料记载偏激的方面，丰富了史料记载不足或未予涉及的内容，还为现代研究提供了佐证。比如关于代书的法律素养，有学者认为："至于'代书'，依照清律规定应由'里民中诚实识字者'充任，而他的工作只是依照涉讼之人的'本人情词，据实誊写'，成为呈词而已。如有教唆增减，皆依诬告律反坐治罪。所以他只是一个誊录的书手，并不需要什么法学知识。"〔1〕但从小说可见，代书不仅熟悉法律知识，对诉讼策略、官长性情等也非常了解，并且由于当事人对案件受理、胜诉的强烈渴望，他甚至要具备官箴书所言"多驾虚词，捏成长篇"的能力——在提供可靠证据的同时，还为相关史料做了生动注脚。

〔1〕 张伟仁："清代的法学教育"，载贺卫方编：《中国法律教育之路》，中国政法大学出版社1997年版，第180页。

试论清代律学与经学的关系[*]

李 明^{**}

【摘　要】清代律学以律例为中心，侧重于整理或注释律例条文以便于司法实践中的运用，清代律学具有突出的技术性和实用性特征，临民治事者对其有刚性需要，但是"读律法"并不为一般读书人所重视，律学实则在清代的学问体系中地位边缘。嘉道以降的经世思潮宽舒了研律的整体氛围，资治致用的律学获得显著发展。在清代律学地位升降过程中，研律者从自身知识结构出发，一方面积极援经入律，发明经、律会通之处，借助经学提振律学，在司法实践中"引经治事"，援用儒家经典作为断案理据；另一方面用治经学的方法来研治难读的律学，提升了律学作品的质量。清代律学与经学关系紧密，律学在研究手段及价值关怀上积极向经学靠拢。

【关键词】清代律学；经学；引经治事；注律；经、律关系

清代经学复盛，清帝奖翼经学，学者辑佚书、精校勘、通小学，[1]名家辈出，经学著述宏富。在清代学术主流之外，为少部分人所苦心营求的传统律学在清代也发展至高峰。1934 年陈顾远先生在《中国法制史》中指出，"自汉以来，儒家思想支配中国历史数千余年，其间固有盛衰，但君主为治之道，终皆未能有逃于儒，而中国法制之经其化成，更系当然。……儒家之中心思想在'经'，'经'不特备人类行为之标准，抑且示法律制度之绳墨，故研究中国法制者，苟不考及儒家之'经'，而仅涉猎历代之法制典章，实无由

　＊　本文系华中师范大学历史文化学院"近现代中国社会转型与国家治理"群究群建项目的阶段性成果。

　＊＊　李明，华中师范大学历史文化学院讲师。

　〔1〕　（清）皮锡瑞，周予同注释：《经学历史》，中华书局 1981 年版，第 295 页、第 330 页。

窥其底蕴"。[1]陈氏所揭橥儒经与法律之关系，实则为中国法律学术史上一重要问题。王宏治先生深入剖陈《唐律疏议》中具体法条所引用的经典文辞及其所体现的经学义理，基于此，他认为中华法系的理论基础就是经学。[2]邱澎生先生在研究中分析明代丘濬、王樵及清代汪淮等几位学者努力融合经学与法律知识的一些著作，及其整合经学与法学的努力，揭示出明清时期士人和官员结合儒家经典与法律知识的现象。[3]但另有研究者乃谓明清时期律学与经学日渐疏离，[4]孰是孰非？目前学界对于清代律学与经学的关系问题鲜有专论，本文尝试以清人对律、经关系的相关论述为切入对此加以梳理，文章首先对清代律学的学术地位加以重新估量，藉此以交代清代律学研究者"援经"的大背景，随后从价值论与方法论维度分别对经、律关系予以具体分析。清代律学讲求致用，学术地位边缘，律学研究者从自身知识结构出发，发明律与经会通之处，藉此提振清代律学的地位，同时借鉴治经的方法以治律，促进了律学作品质量的提升。

一、"专家之学"：重估清代律学的学术地位

有清一代推动律学研究的群体主要是官员和幕宾，推动律学研究的动机即是为了致用。在清代，律学作品的研习群体和阅读群体的范围并不会太大，律学作品相较于同时期清代汉学主流学术对经义的精研阐释和宋学对性理的往复绎思，毫无疑问属于"实学"[5]的范畴，它在讨论内容上所体现

---

〔1〕　陈顾远：《中国法制史》，据商务印书馆 1935 年影印版，收入《民国丛书》第 1 编第 28 册，上海书店 1989 年版，第 54~55 页。该书卷首作者自序写于 1934 年 6 月。

〔2〕　王宏治："《唐律疏议》与经学的关系探究"，收入曾宪义主编：《法律文化研究》第 4 辑，中国人民大学出版社 2008 年版。王宏治："试论中国古代经学与法学的关系"，收入张中秋编：《中国与以色列法律文化国际学术研讨会论文集》，中国政法大学出版社 2005 年版。此外，刘怡君仔细考察了《唐律疏议》中引述各部儒家经典的情况，梳理了"援经入律"的情况 141 例，参见刘怡君："《唐律疏议》'援经入律'之实况及其功能"，载《法制史研究（中国法制史学会学刊）》2018 年第 33 期。

〔3〕　邱澎生："律例本乎圣经：明清士人与官员的法律知识论述"，载《明代研究》2013 年第 21 期。

〔4〕　陈锐："中国传统律学新论"，载《政法论坛》2018 年第 6 期。

〔5〕　本文是在利用厚生、经世致用、实事求是、实学实用这个意义层面使用"实学"一词。葛荣晋先生指出："中国所谓实学，实际上就是从北宋开始的'实体达用之学'，是一个内容极为丰富的多层次的概念。在不同的历史时期、不同的学派和不同的学者那里，其实学或偏重于'实体'，或偏重于'达用'，或二者兼而有之，或偏重于二者之中的某些内容，情况虽有区别，但大体不会越出这个范围。'实体达用之学'既是实学的基本内涵，又是实学的研究对象。"见葛荣晋：《葛荣晋文集》

出的技术性和论述旨趣上所具有的实用性，决定了它并不会受到士民的普遍关注。

在 1810 年小斯当东将中文《大清律例》翻译为英文出版时，他就理解某些律例文字的困难，在"译者序"中发出这样感叹："在少数情况下，文本语言之晦涩、结构之复杂使读者即使理解了单个字词的意思，也搞不清它们组合后的整体含义。译者就此咨询过一些最有学问的中国人，这也是他们的共识。"[1]不只是那个时代的异国研究者存在这样的困惑，这也是清代当时中国智识阶层对《大清律例》文本所普遍持有的初步观感。因为"律书精微奥衍，目类繁赜，即向号专家之学，犹苦展卷茫然，猝难通贯"，[2]"中国法律之学，旧为士大夫所不习，必服官司寇，始研求之。然条文繁密，细如茧丝，要于至当而不可易，骤而读之已苦其难"。[3]一方面，作为专门之学难读不易掌握，另一方面，一般读书人在知识养成中对这一门学问也普遍淡漠疏远。

在清代，做刑名幕友，在一般读书人看来是文人的末途，群相鄙薄。[4]名幕汪辉祖认为做幕就是"吃子孙饭"，并不讳言积阴德、避天谴，表现出浓厚的阴骘观念。[5]此外，他还一再提及法律工作者"救生不救死"、讼师之恶名，等等。大学者戴震在给三入刑曹担任刑部员外郎的某公撰墓志铭时，不由得感喟："夫刑者，人之死生，苟不慎，是轻杀人者，未有不中其身及其子孙者也。"[6]由这些不难窥见，清代普通读书人视从事法律工作为畏途的潜在心态。乾隆末年，孙星衍官刑部直隶司主事，他"在刑部时，尝有句云：'幸逢

（接上页）第 5 卷《中国实学通论》，社会科学文献出版社 2014 年版，第 10 页。

〔1〕[英]小斯当东："小斯当东论中国与中国法——小斯当东《大清律例》译者序（1810年）"，屈文生、靳璐茜译，载张仁善主编：《南京大学法律评论》2015 年春季卷，法律出版社 2015 年版，第 101 页。

〔2〕（清）刚毅辑：《审看拟式》卷首"叙供法"，光绪十五年江苏书局刻本，收入高柯立、林荣辑：《明清法制史料辑刊》第 2 编第 72 册，国家图书馆出版社 2014 年版，第 70 页。

〔3〕魏元旷：《潜园文集》卷一〇《奉天法律讲习所同学录序》，见《魏氏全书》（共 4 函 28 册）第 1 函第 6 册，刻本，国家图书馆北海古籍馆藏。

〔4〕邓云乡："汪辉祖及其著述"，载邓云乡：《水流云在丛稿》，中华书局 2001 年版，第 528 页。

〔5〕张伟仁："清代的法学教育"，收入贺卫方编：《中国法律教育之路》，中国政法大学出版社 1997 年版，第 233-234 页。以及张伟仁："良幕循吏汪辉祖：一个法制工作者的典范"，载中南财经政法大学法律文化研究院编：《中西法律传统》第 6 卷，北京大学出版社 2008 年版，第 362-370 页。

〔6〕（清）戴震撰：《戴震集》"补遗"之《奉直大夫刑部浙江清吏司员外郎毛公墓志铭》，上海古籍出版社 2009 年版，第 449 页。

尧舜求刑措，敢学申韩号法家。'同官辄笑为迂。"〔1〕可见当时即使是刑部的官员，他们对于刑名法家之学也有微妙心理。"顾律文古质简奥，难以卒读，而经生家又辄视为法律之书，不肯深究。迨身为刑官，乃勉强检按，取办一时，无惑乎学士大夫之能精于律者鲜也。"〔2〕清人在当时将"胥吏之考故事，幕宾之读律法，俗儒采集性理之说"〔3〕三者并举，可见"读律法"受到时人的鄙夷，孙星衍在当时也指出"近时则内自比部，外而牧令，以举业起家，目不睹律令之文"。〔4〕至光绪十三年（1887）刚毅在《审看拟式》开篇序言中就指出："近世溺于制举帖括之业，苟且简陋于律令格式，每多阙焉不讲。间有博学多闻者，亦且鄙为申韩家言，不屑措意，一委之于幕客吏胥。"〔5〕可见当时一般读书人乃至临民之官对于律学普遍的淡漠态度。

但是，律学确乎是官员临民治事所需，这种刚性需求使得清人创制了体裁多样且数量丰富的律学作品。"律例者，百执事临民行政之规矩也。顾卷帙繁多，读者骤难得其要领。"〔6〕让浩繁的律例理解起来更加准确，使用起来更加便利，这是清代律学研究的中心关怀和终极目的。故此，清代律学在研究进路和风格上，突出呈现出如何便利于应用的倾向，由此出现了数量较多的便览、图、表、歌诀类的律学作品。乾隆年间刊刻的曾恒德《律表》绘制律例表格，夹加小注，一目了然；光绪初年刊行的杨荣绪《读律提纲》将《大清律例》的内容按照律文内在的特点与含义进行提挈编排；光绪二十九年（1903）刊印《大清律例汇辑便览》分栏汇辑，眉目清晰。光绪初年梁他山《读律琯朗》七字一句，简而不陋；光绪年间沈国梁《大清律例精言辑览》七字一句，条例清晰。以图表、摘要、提纲或歌诀等形式对律例加工，显然直接是为了帮助使用者理解和援引使用。这一类律学作品在数量上占据了清

---

〔1〕（清）陈康祺撰，晋石点校：《郎潜纪闻初笔二笔三笔》卷八，中华书局1997年版，第182页。

〔2〕《皇朝经世文编》卷九〇，张玉书："刑书纂要序"，载（清）魏源撰，魏源全集编辑委员会编：《魏源全集》第18册，岳麓书社2004年版（本书出版信息以下省略），第8页。

〔3〕"贺涛传"（畿辅文学传稿），见《贺先生文集》，民国三年徐世昌京师刻本，收入上海古籍出版社编：《清代诗文集汇编》第771册，上海古籍出版社2010年版（本书出版信息以下省略），第635页。

〔4〕（清）孙星衍：《嘉穀堂集》之《李子法经序》，见《孙渊如先生全集》，四部丛刊本，收入上海古籍出版社编：《清代诗文集汇编》第436册，第199页。

〔5〕（清）刚毅辑《审看拟式》之刚毅"自序"，光绪十五年江苏书局刻本，收入高柯立、林荣辑：《明清法制史料辑刊》第2编第72册，国家图书馆出版社2014年版，第3页。

〔6〕（清）黄鲁溪编辑：《名法指掌新纂》卷首"道光十年桂良序"，同治五年刻本。

代律学作品的绝大部分，其实用性旨趣很明显。

"律为用世本，不可不读"，[1]一些对资治有突出作用的律学作品大受追捧，反复刊行，流传既广且久，例如刘衡的三卷《读律心得》。刘衡在广东任知县"七年三任"之后，嘉庆二十四年（1819）冬因丁忧告归，受叔父之邀于道光元年（1821）入幕襄理政务，期间读律八个月而制成《读律心得》。当刘衡的儿子手录一帧，"携至京师，戚友铨授外吏者，竞相假抄"。"从父叙将试令山西，尤读而好之，谓此编实学治津梁"。[2]由时人对《读律心得》的传抄与评论，亦可证该律学作品有资实用之不诬。《读律心得》与《蜀僚问答》一卷、《庸吏庸言》二卷合为"刘簾舫吏治三书"独立刊行，有同治十年（1871）黔阳官署刻本和同治十二年（1873）刻本，[3]而"刘簾舫吏治三书"复被经世官员丁日昌所辑《牧令全书》悉数收入。《牧令全书》有同治七年（1868）江苏书局刻本、同治十二年羊城书局刻本和光绪二十二年（1896）上海图书集成印书局铅印本等。从江苏到广州，从贵州到上海，从道光初年《读律心得》诞生，赓续直至清末的重印，这部律学作品呈现出旺盛的生命力，其内驱力则主要来自作品对于浩繁律例的撮要整编与切要实用。

据此可见，清代律学作为"术"，具有浓厚的技术性与实用性特质，然而作为"学"，则在清代的学术门类和知识体系中处于边缘性的地位。清代律学地位稍有提振，既有内在理路的因素，又时乘外在机缘。一方面，清代律学作为专门之学，临民治事者对其有着刚性需求；另一方面，嘉道以降，经世思潮宽纾了士民对于"读律法"的偏见，律学的朴实致用契合了时代的精神而获得了显著发展。福建光泽人何秋涛以史地名作《朔方备乘》为世所知，他在道光二十四年（1844）成进士，授刑部主事，《清史稿》中特别记载："刑部奉敕撰《律例根源》，亦秋涛在官时创稿云。"[4]在当时与何秋涛并精

〔1〕（清）高世宁编、高世泰订：《高忠宪公年谱》卷上"万历二十年壬辰三十一岁"条，清康熙间刻本，收入北京图书馆编：《北京图书馆藏珍本年谱丛刊》第 54 册，北京图书馆出版社 1999 年版，第 503 页。

〔2〕（清）刘衡：《读律心得》卷末"道光丙申刘良驹跋文"，同治七年刊本，载官箴书集成编纂委员会编：《官箴书集成》第 6 册，黄山书社 1997 年版，第 171 页。

〔3〕辽宁省图书馆、吉林省图书馆、黑龙江省图书馆编：《东北地区古籍线装书联合目录》，辽海出版社 2003 年版，第 1168-1169 页。

〔4〕《清史稿》卷四八五。

西北地理的山西平定人张穆，同样讲求经世之学，张穆于兵制、农政、水利、海运、钱法，尤为究心，[1]足可见当时士人瞩目实务的学术气氛。何秋涛关切实务，因职事所系，以经世精神开展了律学的研究。[2]

何秋涛的律学研究并非个例，从整体上来看，嘉道以降的经世思潮，对于律学研究的生长提供了培植的沃土，这一点在律学作品的数量上有突出体现。张晋藩先生主编的《清代律学名著选介》一书附录《律学简介总表》，[3]该表对律学作品及作者均有简要整理与介绍，且附带说明作品版本，该表收录170种律学作品，虽较该书最末的《附录书目》中开列的428种，在数量上为少，但《律学简介总表》信息更为详实，且代表性更强，兹以此170种清代律学书目为统计对象，以分析律学作品在清代各朝的数量分布情形。需要说明的是，这170种书并非是170本，其中有汇集丛刊的情况，这种情况只算为一种；作品归属于哪一个朝代，以刻本或抄本的年代为准，且大多数以初次刊刻的时间为率，因为其中有一些书被不同的机构刊刻或前后多次刊刷，有的书出版时间情况相对复杂，笔者对各书出版的时间均作了初步的辨别和考量；存在有这种情形，即有的作品是由主要活动于乾隆朝时期的人在乾隆朝所撰写，但到了光绪年才刊出，这种情形笔者归入到光绪朝即作品刊刻的朝代中。这170种书，除去时间不详者计有8种；对于厕入其中的《大清律例》文本和《三流道里表》和《五军道里表》等计有5种，笔者认为此类应当抛开不计；此外，还有虽是清人所作，但并非讨论清代的律学问题，而是对汉律或宋元明法制，或是以清之前的时段为讨论时间范畴的作品，计有6种，亦不计算在内；因此有效样本为151种，兹将其时间分布列表（表1）如下：

---

[1] 郑天挺："张穆《月斋集》稿本"，载郑天挺：《清史探微》，北京大学出版社1999年版，第211页。

[2] 关于何秋涛与《律例根源》一书的具体关系，参见李明："清代'按语'类律学文献的出现、递纂与版本诸问题"，载中国政法大学法律古籍整理研究所编：《中国古代法律文献研究》第13辑，社会科学文献出版社2019年版。

[3] 张晋藩主编：《清代律学名著选介》，中国政法大学出版社2009年版，第543-608页。

表1　《清代律学名著选介》一书附录所收 170 种清代律学作品初次刊刻时间分布表

时间 [各朝 时长]	顺治朝 [18 年]	康熙朝 [61 年]	雍正朝 [13 年]	乾隆朝 [60 年]	嘉庆朝 [25 年]	道光朝 [30 年]	咸丰朝 [11 年]	同治朝 [13 年]	光绪朝 [34 年]	民国 初期 数年	合计
数量	2	13	4	15	12	32	6	13	51	3	151

　　尤其值得注意的是，嘉庆一朝时间尚不及乾隆朝一半，但出现的律学作品数量却几乎相埒，并且到了道光朝这种趋势愈益发展，数量是乾隆朝的两倍多，出现了首个峰值。[1]嘉道间律学作品的突然加增和数量的高涨，结合清代中后期学术思潮变动的背景，便不难发现，它实与嘉道间学术的转向与经世潮流的崛兴桴鼓相应。陆宝千先生在讨论"嘉道史学"，一文梳理嘉道学风从考据到经世之嬗递，指出："明末遗老之治史，盖以天下生民为念也。其后考据之学，为达人显贵之所主持，聪明才俊之所奔赴，此种以史学经世之精神，渐淡渐湮矣。惟物极必反，途穷则变。搜断碑，刺佚书，辨训诂，考异文，其术至浅；为稍有才气者所不耐。联牍殚翰，反之身己心行，推之民人家国，了无益处；尤为有心之士所不满。适嘉庆以还，政事如河、如漕、如盐，以及吏治、财赋、戎政，无不积弊丛生。而白莲教痌溃于腹地，张格尔变乱于西北，英吉利凭陵于东南。士大夫懔于商羊石燕之警，惧有梁倾压侨之祸；于是自陇亩而至庙堂，相与讨论朝章国故，古今利病，边陲离合，绝域政教。而史学兴焉；而经世之音振焉。喁于相望，遂与明末遗老相桴鼓矣。"[2]一则是学术的内在发展理路对于积弊的反动，二则是时事的窘迫，催生了经世潮流的到来，律学以鲜明的致用特质因而受到经世学者的重视，并且律学直接作用于吏治，匡时救弊，其用尤显。在道光六年（1826）问世的首部清代"经世文编"，选录者以注重实际、经世致用的标准，汇辑清初至道光五年（1825）间的相关篇目，文编的下属门类包括吏户礼兵刑工六政，其

　　〔1〕　光绪朝的数量为最，一方面是这个时期很多此前如乾隆朝、嘉庆朝等出现的作品这个时候才得以刊刻出来，另一方面，也可能是时去不远，文献的保存更为丰富完整。当然遴选入《律学简介总表》中的作品并非滥竽，时间的筛选也是对律学作品质量的鉴别，由此可见，越是世忧时艰则对律学的讲求则越为昌明，而经世的学术空气和律学作为一门学问的知识氛围的转变也助力了这个时期律学研究及作品的问世。

　　〔2〕　陆宝千：《清代思想史》，华东师范大学出版社 2009 年版，第 314-315 页。

中刑政门下又分为刑论、律例和治狱，共计五卷，所收录文章 83 篇，[1]篇幅不可谓少，其中不少有关律学的论说则将律学作为一门经世之学集中展示出来，宣示了其存在和价值，扩大了其声势。

梁启超早在宣统三年（1911）《学与术》一文中就明确指出："学也者，观察事物而发明其真理者也；术也者，取所发明之真理而致诸用者也。"[2]律学的实用性旨趣旗帜鲜明地表明，它在传统中国知识体系中归属于"术"的范畴，中国自来就有学与术分殊，道与器分途的看法，形而上者谓之道，形而下者谓之器，学术思想是形上之学，技艺之学则属形下学的范畴。在清代走完其历程，梁启超于 20 世纪 20 年代回望中国近三百年学术史的时候，辟有专章历述历算学、物理学、医学乃至乐曲学，并无一语及于清代的法律之学，他在讨论乐学时开篇即言："昔之言学者，多以律历并举。律盖言乐之律吕也。"[3]在他看来，律者指代的是律吕之学。清亡未久，去时匪远，在当时知识分子的知识结构中，律学的踪履依然难觅。

二、"以经义通乎律文"：援经学以提振律学

在清代律学学术地位升降的进程中，值得注意的是，研律者将律学与经学进行联结的阐释与援经入律的学术实践，推助了清代律学的学术发展。

早在明代，曾在刑部任职后出任江西按察使的张师绎（万历二十六年进士）在给《大明律分类便览》作序时，除了申明"《春秋》者，刑书者也"这一层已为众所熟知的意蕴外，还特别论述了一番"律"与"易经"之间的关联："律，易也，易有八卦，律分八字，易有象，有爻，有象，律有诰，有律例，有大注。""夫易之所以易者，象也。五刑亦称象刑焉。易之妙在于错综，律之妙在于以、准、皆、各、其、及、即、若。有能以读易之法读律，而又能以学律之法学易，其惟圣人乎，其惟圣人乎。"[4]明人对律与经之间幽

---

〔1〕《皇朝经世文编》卷九〇—九四《刑政》，载（清）魏源撰，魏源全集编辑委员会编：《魏源全集》第 18 册。

〔2〕 梁启超：《学与术》，收入梁启超：《饮冰室合集》第 3 册《饮冰室文集之二十五（下）》，中华书局 2003 年版，第 12 页。

〔3〕 梁启超：《中国近三百年学术史》，山西古籍出版社 2003 年版，第 339 页。

〔4〕（明）张师绎：《月鹿堂文集》卷二《大明律分类便览序》，清道光六年蝶花楼刻本，收入四库未收书辑刊编纂委员会编：《四库未收书辑刊》第 6 辑第 30 册，北京出版社 2000 年版，第 37 页。

微相通之处的阐述，为清代研律者进行经、律的联结导夫先路。

康熙六十年（1721）进士王士俊在论及"律令"时就指出："律令与礼乐相表里。"〔1〕雍正八年（1730）进士袁守定将"经"与"律例"中的"原则"与"节目"相比对，申述"律本经术"这一命题："律中十恶八议，原本《周礼》七出、三不去，原本《大戴礼》；老小废疾收赎，即司刺三赦之义；亲属相为容隐即父为子隐、子为父隐之义。而例内子报父雠，奏请定夺，即神明公羊子复雠之义。一部《大清律》，损益百王，原本经术，其设为大防，以防民之流，皆不得已之苦心，而节目委曲之中，具见忠厚仁爱之意。孟子所谓行仁义，此其鹄矣，读之不觉子谅恻隐之心，油然而生也。"〔2〕这种揭示经与律二者间联系，彰显其共同的要旨与关怀的做法，也为后来研律者在申明经、律关系时所袭用，并在论述上作了进一步发展。

道光八年（1828）朱枟在《粤东成案初编》自序中就质言："夫律例，本乎圣经，发为政教。其质也，则本之于'书'；其坊〔3〕也，则本之于'礼'；其断也，则本之于'春秋'；其和也，则本之于'诗'；其变也，则本之于'易'。"〔4〕圣人的经典，儒家的"五经"：诗、书、礼、易、春秋，律例与它们都有着密切的内在关联，朱氏认为，律例之学是本源于五经。更早一些，康熙朝王明德就指出："律也者，威用之麟经（指《春秋》。引者注）也。"〔5〕律之"义本麟经，体同易卦"，通其义，则"印之圣经贤传"。〔6〕这可视为律例本于五经这种论述在清代的先声。道光朝有研律者就指出："是书

---

〔1〕（清）徐栋辑：《牧令书》卷一七《刑名上》，道光二十八年刊本，载官箴书集成编纂委员会编：《官箴书集成》第 7 册，黄山书社 1997 年版，第 371 页。

〔2〕（清）徐栋辑：《牧令书》卷一七《刑名上》，道光二十八年刊本，载官箴书集成编纂委员会编：《官箴书集成》第 7 册，黄山书社 1997 年版，第 371 页。

〔3〕此处所述"律"与"礼经"之间关系的看法，适与下文所提及嘉庆年间王有孚的表述相类似，"律之为书，正与礼经相表里，凡其显设科条，皆严示之坊，而欲使人之不致误犯也。故为人子者，不可以不知律"。见（清）王有孚：《一得偶谈初集》，嘉庆十年刻本，收入杨一凡编：《中国律学文献》第 3 辑第 4 册，黑龙江人民出版社 2006 年版，第 386 页。

〔4〕（清）朱枟辑：《粤东成案新编》"序文"，道光十二年刻本，收入杨一凡、陈灵海编：《清代成案选编》乙编第 2 册，社会科学文献出版社 2016 年版，第 8-9 页。

〔5〕（明）王明德：《读律佩觽》卷一"律母"，清康熙十五年王氏冷然阁重刻本，收入杨一凡编：《中国律学文献》第 5 辑第 6 册，社会科学文献出版社 2018 年版，第 104 页。

〔6〕（明）王明德：《读律佩觽》之"读律八法"，清康熙十五年王氏冷然阁重刻本，收入杨一凡编：《中国律学文献》第 5 辑第 6 册，社会科学文献出版社 2018 年版，第 90 页、第 91 页。

（指《大清律例》，引者注）之大经大法，实与典谟训诰相表里。"[1]着意揭示律与《尚书》间的关联。光绪年间任职刑部的董康在入民国后专门辑录整理明清秋审制度，他在篇首的例言中就申明指出，"秋审虽为明以后之特例，然徵之群经诸子，已具其精神"，在目录之末专门附有"徵信篇"，意在将秋审制度考诸"群经""诸子""史志"和"其他载籍"。[2]与董康同一时期的蒋楷也持有相类似的议论取向，并有所推进。学部员外郎、青岛特别高等专门学堂总稽察蒋楷在宣统二年（1910）付印《大清律讲义前编》一书，全书开篇在对"圣训"相关内容的辑录与补注阐述之后，紧接着第二部分即是"经义"，缕述群经典籍之中有关刑、律的内容，指出"律之昆仑墟，其惟经义乎"，[3]申言律学的祖源乃在于经义，他在论述中广泛采摭《尚书》《周礼》《礼记》《左传》《论语》《孟子》等经学典籍，并且"稽之汉宋儒，先惟求其是，徵之东西学说，欲观其通"。[4]更早一些，乾隆年间汪辉祖在谈及"读律"之时，就将"律文"与"四子书"（即《论语》《大学》《中庸》《孟子》四部儒家经典）并置而论，[5]沟通律学与经学，事实上成为律学研究者常见的思考取向。

清代研律者也尝试作出将"经与律合而为一"的阐释努力，他们在论述中特别着意揭示出"读书"与"读律"二者的绾合之处："孔子曰听讼犹人，仲由片言折狱，时未有刑书也。比读《尚书》《礼记》，知已散见于经，而《周官》益详，盖律者，所以佐礼之未化者也，出于礼即入于法。昌黎、柳州诸公，引经断狱，其以斯欤。东坡云，读书万卷不读律，致君尧舜终无术。"[6]这番论述从源头上表征律源出于经，经与律是同一的，这种看法也正是后来"引经断狱"能够成立的重要内在理据。除了追溯性地从"源"的维度论证

〔1〕 包㴑："读律卮言"，见《大清律例精义》书末跋文，清刻本，收入李坚、刘波、吕淑贤编：《哈佛燕京图书馆藏古籍珍本丛刊·史部》第18册，国家图书馆出版社2018年版，第277页。

〔2〕 董康辑：《秋审制度第二编》之清代部分"辑例"与"目录"，1941年铅印本，中国社会科学院历史研究所图书馆藏书。

〔3〕 （清）蒋楷编：《大清律讲义前编》，宣统二年石印本，收入高柯立、林荣辑：《明清法制史料辑刊》第3编第56册，国家图书馆出版社2015年版，第80页。

〔4〕 （清）蒋楷编：《大清律讲义前编》，宣统二年石印本，收入高柯立、林荣辑：《明清法制史料辑刊》第3编第56册，国家图书馆出版社2015年版，第80页。

〔5〕 （清）汪辉祖：《佐治药言》之"读律"条，收入《丛书集成新编》第30册，新文丰出版股份有限公司1985年影印版，第715页。

〔6〕 《大清律例精义》书末邵纬跋文，清刻本。

外，清代研律者另一方面也从"流"的过程性维度阐发经与律的相合之处："尝观汉大儒叔孙宣、郭令卿、马融、郑康成，皆为律作章句；晋张斐、杜预皆为律作注；魏置律博士；齐敕仕门之子弟习律；唐置律学；宋欧阳公为一代文宗，则劝人读文案，而律母八字，王伯厚《困学纪闻》且详析焉。盖古之时，经与律合，律文所不到者，援经术断之，故不必举成案为准则，自能无枉无滥。"[1]这些溯源性的陈析表明经与律在长期发展的过程中所具有的紧密关系，即"经与律合"。

咸丰三年（1853）进士杨荣绪（广东番禺人，字浦香，同治十三年卒）在同治二年（1863）补授浙江湖州府知府，他整顿地方庶务，绩著循良，"其守湖州十年，专心读律，为提纲一书"。[2]杨荣绪在《读律提纲》中提挈揭示出这样一则条目："《律主于仁亦辅乎礼且多本于六经之义》：此类不可枚举，须逐条以经注之。"[3]杨荣绪提出以经注律，但此条至此即止，随后并未有详细文字进一步阐述，只是在此条末尾有后来者以双行小字夹注，曰："昌龄谨案，先生欲逐条以经注之，然未及注，今仍其旧，不敢妄补。"可以覆按的是，在该书最后，作者总结出如下数条，似乎是对此条的呼应：《律所以教人崇正学》《律所以教人重纲常》《律所以教人讲礼让》《律所以教人尚信义》《律所以教人惜廉耻》《律所以教人别流品》《律所以教人重户籍》《律于至严中寓至仁》。[4]举出律中相关的门类条目以分析之，由此发明律中旨意与仁义道德、纲常礼教之相符相通。杨荣绪少年读书粤秀书院的同学陈澧在为他撰写的碑铭中总结指出：杨荣绪在"守郡后专心吏治，著书解释律例，以治经之法为之，谓律意即经义也"。[5]以治经之法来治律，律意即经义，这种将律

〔1〕《秋审实缓比较汇案新编》之光绪五年桑春荣《秋审实缓比较汇案序》，光绪九年京都撷华书局印本，收入高柯立、林荣辑：《明清法制史料辑刊》第 2 编第 45 册，国家图书馆出版社 2014 年版，第 4-5 页。

〔2〕陈澧："读律提纲序"（光绪四年正月），见杨荣绪：《读律提纲》，光绪三年刊本，收入广州大典编纂委员会编：《广州大典》第 10 辑《学海堂丛刻》第 79 册，广州出版社 2008 年版，第 133 页。

〔3〕杨荣绪：《读律提纲》，光绪三年刊本，收入广州大典编纂委员会编：《广州大典》第 10 辑《学海堂丛刻》第 79 册，广州出版社 2008 年版，第 149 页。

〔4〕杨荣绪：《读律提纲》，光绪三年刊本，收入广州大典编纂委员会编：《广州大典》第 10 辑《学海堂丛刻》第 79 册，广州出版社 2008 年版，第 152-154 页。

〔5〕陈澧："浙江湖州府知府候选道杨君碑铭"，见杨荣绪：《读律提纲》，光绪三年刊本，收入广州大典编纂委员会编：《广州大典》第 10 辑《学海堂丛刻》第 79 册，广州出版社 2008 年版，第 158 页。

与经在方法论和价值论方面相沟通的看法，是嘉道后学术潮流的一种共相。经学自来是学术的正宗，在清代其地位之崇隆自不待言，阐明律学之中与经学相会通之旨意，与其说是援经入律，阐明律学之宏旨，毋宁说是以技术之学见长的律学借经学以自重、以自显。杨荣绪"授徒十年，讲经必讲注疏，从学者数百人"，[1]具有如此深厚经学知识背景的作者，在读律之后体会律意微旨与经义若合符节，他声言要逐条以经注律，这种知识的比对迁移是当时读书人常有的思维路径。援经入律、以经注律是律学脱离纯粹技术性工具而增进价值关怀和发掘理论旨趣的重要手段。道光三十年（1850）进士俞樾曾为江苏臬台署撰联一幅，曰："读律即读书，愿凡事从天理讲求，勿以聪明矜独见；在宦如在客，念平生所私心向往，肯向温饱负初衷。"[2]俞樾所言"读律即读书"，援经学以提振律学地位的努力，改变一般读书人对律学的知识态度，促使士子对律学鄙薄态度的更代，从而营造了律学研究的有益氛围。

读律、读书、读经史，清代法律工作者很早就对这些命题作出了深刻的思考。康熙十三年（1674）陈丹赤在给他的刑部同事王明德所撰《读律佩觿》一书作序时，有感于斯人是书，于序文中畅论了一番"读书"与"读律"的看法："律法之未明，率由读书者不知律，读律者不知书，彼读律不知书者勿论已，即读书当涉历经史时，初未讲求施设，迨渔猎青紫后，又何尝加意民瘼，其为聋聩，为木偶，比比皆然，究何异于并未读书之人，又何怪乎不善读律者之陷于四失而莫救耶。"[3]对于居官者而言，"读书"与"读律"均不可偏废，而读书尤当涉及经史，否则无异于未读书之人。陈氏在受读该书后，当即就论断"斯集行将辉映今古而弗替矣"，[4]他指出："佩觿之为集，其术仁而端，其心公而普，其援引经经而纬史，其印证详确而晓畅，其命意则朝宗孔孟而必不庞杂申韩。"[5]他认为《读律佩觿》一书援引经史，朝宗孔孟，道出了这部律学名著的经史根柢，印证了他所论居官者"读书"

---

〔1〕 陈澧："浙江湖州府知府候选道杨君碑铭"，见杨荣绪：《读律提纲》，光绪三年刊本，收入广州大典编纂委员会编：《广州大典》第10辑《学海堂丛刻》第79册，广州出版社2008年版，第158页。

〔2〕 见河北省保定市直隶总督署博物馆展览碑刻。

〔3〕 （明）王明德：《读律佩觿》之"陈序"，冷然阁藏本，哈佛大学善本特藏电子影像，页5b-6a。

〔4〕 （明）王明德：《读律佩觿》之"陈序"，冷然阁藏本，哈佛大学善本特藏电子影像，页7a。

〔5〕 （明）王明德：《读律佩觿》之"陈序"，冷然阁藏本，哈佛大学善本特藏电子影像，页6a。

与"读律"并举的看法。而王明德"苦学精思"兼具两方面的功夫，陈氏认为，若非如此，他"骤当案牍杂陈，始拟引经断狱，吾恐其含毫濡墨，必多龃龉抵触，乌能成是全璧兼金，令人读之不倦，信之弥笃乎"。[1]读书也要读律，而读书尤要重经史，通经史则有助于断狱，这是在清初有着刑部任职经历的官员所道出的远见卓识。

研律观念上的经、律沟通引导了律学研究者在读律方法以及司法实践中对"经"的借重，它与传统"春秋决狱"的意旨相汇合，进一步调整了清人对于律学的知识感觉。嘉庆年间会稽王元镐在王有孚《一得偶谈》刊行时，于书末跋文中申发了一番对于读律方法的见解："余尝谓读律之法，与读《春秋》同。《春秋》之属辞比事，非参互焉、错综焉，引伸而触类焉，不能知其笔削之精微。律之义蕴，错出迭见于各篇，读之者，亦何独不然。至于引律以折狱，则又不外乎《虞书》所称'宥过无大，刑故无小'之二言；《康诰》之小罪式尔，大罪适尔；《吕刑》之'上刑适轻，下服；下刑适重，上服'，胥是道也。"[2]这一番读律方法的阐释，着意用治经学的手段来措置专门繁难的律学，阐明引律折狱正与经学文献中的道理相应相通。到了清中期，一般读书人已经有意识将经学与律学二者并提而论，从经学研究的方法论上关照切入律学的研究，实则蕴藏着价值论上的并置，可以看出律学不再是末流而受到漠视。嘉庆二十五年（1820）进士、咸丰四年（1854）开始出任刑部尚书十余年的赵光，身后其子赵珩集录刊刻《赵文恪公遗集》，作序人就赵光治狱与论事之行述，畅发感慨，议论文章与政事相通、经义亦与律文相通的旨趣："故文章盖与政事相通，虽圣门达才，四科分列，然未尝不兼擅也。两汉名臣，类多能文章而任兵刑之重，则崇儒术尚通经效，非若魏晋以后，所谓文人但工辞赋而已，唐代人才继踵汉京，大臣若张曲江、陆宣公、李卫公，诸贤文章相业，当时并重，而韩、柳独以文章著称，退之论淮西事状、与鄂州柳中丞书，其于兵事洞中窾要，而子厚驳陈子昂复仇议，亦能以经义通乎律文，信乎文章与政事非二致矣。"[3]提倡文章与政事相通、经与律并置，并

---

〔1〕 （明）王明德：《读律佩觿》之"陈序"，冷然阁藏本，哈佛大学善本特藏电子影像，页7a。

〔2〕 （清）王有孚：《一得偶谈初集》之"会稽宗愚弟元镐跋文"，收入杨一凡编：《中国律学文献》第3辑第4册，黑龙江人民出版社2006年版，第483页。

〔3〕 《赵文恪公遗集》之序文，见赵光：《赵文恪公年谱附遗集》，据光绪十六年刊本影印，收入《清末民初史料丛书》第35种，成文出版社1969年版，第285页。

且肯定和重视律学研究所具有的积极效用，它的重要意义在于这种贯通、等量齐观的思想为一般读书人摆正对律学的认知、开展律学研究、从事刑名工作解除了精神上的桎梏，并提供了某些研究方法论上的指南。这是清代思想界对于律学的"松绑"。

钱大昕（雍正六年生，乾隆十九年进士）在给孙星衍的一封信中曾表达了这样一种看法，"闻阁下有意刊《唐律疏议》，此真无量功德，较之一时平反冤狱，其惠盖万万倍也"。[1]以精研经史蜚声的大学者钱大昕在听闻孙星衍要刊刻《唐律疏议》一书时，大加赞誉，在钱氏看来，推动律学知识的研究与传播，其功德较之于平反冤案远甚，足可见清代第一流的学者对于律学这一门类学问所秉持的开放包容的积极心态。

要刊刻《唐律疏议》的孙星衍（字伯渊，乾隆十八年生，乾隆五十二年进士）也是一位以经史著称的大学者，是乾嘉学派的代表人物，但是另一方面，我们鲜知的是，孙星衍曾任职刑部，从事过较长时间的刑名工作。他在翰林院散馆后因忤和珅之故入刑部，任主事、升郎中，外派复任按察使，"官刑部，为法宽恕，大学士阿桂、尚书胡季堂悉器重之。有疑狱，辄令依古义平议，所平反全活甚众"。后到地方"权按察使，凡七阅月，平反数十百条，活死罪诬服者十余狱"。[2]从这些司法实践的表现来看，以一甲进士而改入刑部的孙星衍，其法律素养同样毫不逊色。孙星衍在官刑部直隶司主事时，受堂官重视，派办秋审，他办理案件"傅古亭疑，多所全活"，[3]《清史稿》载，孙星衍"官刑部时，即集《古文尚书马郑注》十卷、《逸文》二卷"。[4]因为《古文尚书》为东晋梅赜所窜乱，孙星衍任刑官之时，对此书开展考订辨伪，这成为他后来撰成《尚书今古文注疏》的基础。孙星衍从事司法工作，体会到"古大臣之通达治体者，皆倚儒生以经义决疑狱"，他本人也践行"循古书通世务，以为引经断狱之助"。[5]作为刑部官员的孙星衍，同时也研律以积累法律知识、提升刑名素养，在他身上，治经与理刑两不相碍，居官之余，

〔1〕（清）吴修编：《昭代名人尺牍小传》卷二二，据书信原文，收入沈云龙主编：《近代中国史料丛刊续编》第75辑第744种，文海出版社1980年版，第1049页。

〔2〕《清史稿》卷四八一。

〔3〕（清）陈康祺撰，晋石点校：《郎潜纪闻初笔二笔三笔》卷八，中华书局1997年版，第182页。

〔4〕《清史稿》卷四八一。

〔5〕（清）孙星衍：《嘉穀堂集》卷一《李子法经序》，见《孙渊如先生全集》，四部丛刊本，收入上海古籍出版社编：《清代诗文集汇编》第436册，第199页。

诂经考史，在治狱之时，依古义以求平。更早一些，顺治九年（1652）进士王士禄在康熙二年（1663）为李渔所纂辑《资治新书》作序时更是明确指出，"士非明义理，备道德，通经学者，不可居治狱之官"。[1]道出司法工作者所需具备的经学素养，清代后来的研律者甚而下一论断曰："非深于经者，不可以议律。"[2]到了清末，律学大家、曾任刑部尚书的沈家本在去世后，有挽联悼其生平志业曰："所谓今之皋陶取申韩法治精神务去其毒；不愧古时儒者习马郑经生事业而会其通。"[3]称述沈家本兼法家（皋陶）与儒者双重身份于一身，申、韩之法与马、郑之经，二者俱收并蓄。

不论是居庙堂之高的刑部官员，还是处江湖之远的草根律学家，沟通经、律，成为他们在研律手段与价值关怀上的共同选择。康熙四十六年（1707）刑部尚书王揆在给吴江孙丹书所编成《定例成案合钞》一书作序时，就指出这类讲求"律法"之书，可以"阐扬圣德、羽翼经纶"。[4]元和王有孚以申韩之学游公卿间，"从事于律者三十余年"，是一时名幕，他在从事刑名幕友工作中结撰有《洗冤外编》《秋审指掌》《刺字会钞》《慎刑便览》等读律作品六种，嘉庆十年（1805）王有孚的幕主葛周玉在给这位襄助其理政已有六年的助手所著《一得偶谈》所写的序文中，称赞"其谈刑法也，通权达变而不泥于成例，其谈经义也，深入显出而不拾人牙慧"。[5]浙西李文运在《一得偶谈序》中同样指出，其友王有孚"洵善读书，尤善读律"，"其谈学问也，直抉经史之精蕴，非经生家常言，其谈案牍也，用律而不为律缚，常于疏节阔目中得其意于言外，惟早彻书理，故能细究律意，是使书与律二而一者也"。[6]在清人看来，"刑法"与"经义"，"书理"与"律意"，两者之间融汇交贯，并无轩轾分别，王有孚本人也在书中特别说明"律之为书，正与

〔1〕（清）王士禄："资治新书序"，见浙江古籍出版社编：《李渔全集》第16卷《资治新书（初集）》，浙江古籍出版社1991年版，第3页。

〔2〕包淳："读律卮言"，见《大清律例精义》书末跋文，清刻本，收入李坚、刘波、吕淑贤编：《哈佛燕京图书馆藏古籍珍本丛刊·史部》第18册，国家图书馆出版社2018年版，第277页。

〔3〕李贵连：《沈家本传》，广西师范大学出版社2017年版，第24页。

〔4〕孙丹书编：《定例成案合钞》之王揆"序"，康熙五十八年吴江乐毅荆堂刻本，收入高柯立、林荣辑：《明清法制史料辑刊》第2编第9册，国家图书馆出版社2014年版，第491—492页。

〔5〕（清）王有孚：《一得偶谈初集》之"嘉庆十年葛周玉序"，收入杨一凡编：《中国律学文献》第3辑第4册，黑龙江人民出版社2006年版，第375页。

〔6〕（清）王有孚：《一得偶谈初集》之"嘉庆十年李文运序"，收入杨一凡编：《中国律学文献》第3辑第4册，黑龙江人民出版社2006年版，第377页、第378页。

礼经相表里"，[1]律例中所严示的科条，是为了使人不致误犯，而"礼"经则指导规范人们的言行举止。

王有孚在办案理牍、处理地方事务的实践中，他总结认为："引经治事，最易詟服人心，故律以明经，则所以验其学者益广；经以通律，则所以资其仕者益深。"[2]对于为政者而言，"明经"与"通律"二者是相互促进补益的，在司法实践中，"狱疑不具，治礼之生，援经意而断之"。[3]如果能够做到"引经治事"，处理时务则最能折服人心。同样有着任刑名幕友阅历的乾隆朝名幕汪辉祖也认为，"遇疑难大事，有必须引经以断者，非读书不可"。[4]可见经义事实上与律例一样，在理政中有同样的收效，二者并不是违碍或者分途异路的，在清人的司法实践中，也确有引经治事、处理纠纷的案例。

乾隆二十一年（1756）汪辉祖任无锡县幕友，县民浦四童养妻王氏与他的叔叔通奸事发，是当以服制来量刑还是以凡人论处，汪辉祖与另一名刑名幕友以及上级臬司的意见发生了冲突，汪辉祖坚持认为王氏童养未婚，夫妇之名未定，不能旁推，而臬司乃至巡抚以名分所关，迭次议驳。汪辉祖引据《礼记·曾子问》中内容，"未庙见之妇而死，归葬于女氏之党，以未成妇也"，指出王氏"未庙见，妇尚未成"，复引《礼记·王制》中"附从轻"之言，主张"附人之罪，以轻为比"，以及《尚书·大禹谟》"罪疑惟轻"的理据，提出"与凡有间，比凡稍重"的量刑主张，得到了巡抚庄有恭的肯定。[5]援用儒家经典是这起通奸案得以妥善裁断的重要理据。

再如，乾隆二十五年（1760）汪辉祖在长洲县任幕友，遇到了一件缠讼 18 年未结的立嗣案。富家孀妇周张氏十九岁就守寡，这位可怜的妇女将

〔1〕（清）王有孚：《一得偶谈初集》，收入杨一凡编：《中国律学文献》第 3 辑第 4 册，黑龙江人民出版社 2006 年版，第 386 页。

〔2〕（清）王有孚：《一得偶谈初集》，收入杨一凡编：《中国律学文献》第 3 辑第 4 册，黑龙江人民出版社 2006 年版，第 415 页。

〔3〕阙名："掌故学"，见邵之棠辑：《皇朝经世文统编》卷四三《内政·刑律》，收入沈云龙主编：《近代中国史料丛刊续编》第 72 辑第 714 册，文海出版社 1980 年版，第 1715 页。

〔4〕（清）汪辉祖：《佐治药言》之"读律"条，收入《丛书集成新编》第 30 册，新文丰出版股份有限公司 1985 年影印版，第 715 页。

〔5〕（清）汪辉祖："病榻梦痕录"，收入北京图书馆编：《北京图书馆藏珍本年谱丛刊》第 107 册，北京图书馆出版社 1999 年版，第 24-26 页。

遗腹子抚育至十八岁未及娶妻又失去了儿子继郎，"族以继郎未娶，欲为张之夫继子；而张欲为继郎立嗣"，是给丈夫还是儿子继嗣，孀妇和族人产生了意见分歧，"辗转讦讼"，官府累次将此案批示给房族处理，案卷至此积累已厚逾数尺。周张氏认为如果不给儿子立嗣，"则继郎终绝，十八年抚育苦衷，竟归乌有"。这种情况下，作为幕僚的汪辉祖认为，"律所未备，可通于礼。与其绝殇而伤慈母之心，何如继殇以全贞妇之志"。因此汪辉祖"舍律引礼"，坚持主张将张氏所嘱意之昭穆相当的 16 岁少年立之为孙，以此完案。[1]

又如，乾隆二十七年（1762）汪辉祖在秀水县游幕，该县出现贡生陶世侃富室争遗纠纷，是否采取"以孙祢祖"归继的做法，各方聚议纷纷，难以定议，汪辉祖"长夜求索，忽忆《礼经》殇与无后者，祔食于祖之文"，[2]以此为凭据拿定主意解决了争讼，该案的处理意见大为上级官员浙江巡抚庄有恭所赏识。其中据以断案的理据出自《礼记·丧服小记》："庶子不祭殇与无后者，殇与无后者从祖祔食。"[3]这正是清人所主张援"经意"或"经术"而断案的具体体现。还如，乾隆三十一年（1766）在汪辉祖坐馆的平湖县出现争继之讼，有狡黠之人殳球趁其缌服叔父殳凤于死而无子，殳球贪图死者之遗产而企图承继，该案上控至知府。汪辉祖详析有关例文之例义，但是仍难持议允当，最后的突破口是引据"《传》曰已孤则不为人后"，[4]认为殳球在他的本生父已经故去多年的情况下，希求为他人作后，是为不孝，以此推论，断定殳球无出继之理，由此妥善完结了这起议继案件，该案的处理意见受到嘉兴知府邹应元的肯定，认为"汪友之议创而确"。[5]以上从汪辉祖年谱中所择录的数则例证，正可反映清人在司法实践中引经治事的具体情形。

援"经"或"礼"而进入到律学，是当时读书人以自身知识结构从事该

---

〔1〕（清）汪辉祖："病榻梦痕录"，收入北京图书馆编：《北京图书馆藏珍本年谱丛刊》第 107 册，北京图书馆出版社 1999 年版，第 36-39 页。

〔2〕（清）汪辉祖："病榻梦痕录"，收入北京图书馆编：《北京图书馆藏珍本年谱丛刊》第 107 册，北京图书馆出版社 1999 年版，第 47-48 页。

〔3〕（清）孙希旦撰，沈啸寰、王星贤点校：《礼记集解》卷三二，中华书局 1989 年版，第 870 页。

〔4〕（清）汪辉祖："病榻梦痕录"，收入北京图书馆编：《北京图书馆藏珍本年谱丛刊》第 107 册，北京图书馆出版社 1999 年版，第 61 页。

〔5〕（清）汪辉祖："病榻梦痕录"，收入北京图书馆编：《北京图书馆藏珍本年谱丛刊》第 107 册，北京图书馆出版社 1999 年版，第 62 页。

项学问的研究，在方法论上的自然选择和在价值论上的自然迁移，也是提振律学地位使其靠近或进入学术主流的一种尝试和努力，以期获得普遍的接纳而非囿于个别群体中的研习。从工具性的形而下到阐释律学的精神旨趣而预流形而上，并不是要抛却律学的工具性、实用性的学问底色，相反在另一条线索上，正是因为律学的这一最重要的特质，使得它在清代经世致用思潮的勃兴中乘时而兴，时移世变宽纾了对于律学的既有成见，清代律学也因缘获得了显著发展，这种发展突出表现在清代律学作品体裁多样，数量甚夥。

三、"以治经之法为之"：注律方法上的经学手段

段玉裁曾说："考核者，学问之全体，学者所以学为人也。"〔1〕"义理、文章，未有不由考核而得者。……盖由考核以通乎性与天道，既通性与天道矣，而考核益精，文章益盛。"〔2〕考证是手段，是载体，同时也是成果。在时代学术风尚的熏染，以及学问研究推进的内在理路的选择下，清代律学研究中以考证为特点的注律作品成为最具代表性的研究成绩，如康熙朝王明德《读律佩觽》、乾隆朝吴坛《大清律例通考》、光绪朝薛允升《读例存疑》等，这一类的作品数量并不太多，然而是律学中的精品，质量上乘。正如上文所引，精于汉学考据之学的东塾先生陈澧（1810—1882，字兰甫，广东番禺人）说《读律提纲》的作者、他的好友杨荣绪，在治任之上，"著书解释律例，以治经之法为之"。光绪六年（1880）进士番禺人吴道镕对陈澧的这一看法也深表赞同，并进一步指出："《读律提纲》先已刊《学海堂丛刻》，其书挈举律要，博引各门律文证之，略如凌次仲《礼经释例》之法，东塾所谓以治经之法读律是也。"〔3〕周一良先生指陈清代学者考订史料，总结认为"清代学者在治经之余，有不少学者以治经之法治史"。〔4〕事实上，这一论断同样也适用

---

〔1〕（清）段玉裁撰，钟敬华校点：《经韵楼集》卷八《娱亲雅言序》，上海古籍出版社 2008 年版，第 192 页。

〔2〕 刘盼遂辑校：《经韵楼文集补编》卷上《戴东原集序》，见（清）段玉裁撰，钟敬华校点：《经韵楼集》，上海古籍出版社 2008 年版，第 370 页。

〔3〕 杨荣绪：《杨麟香先生遗稿》之卷末跋文，广东省立中山图书馆藏钞本，收入桑兵主编：《清代稿钞本》第 30 册，广东人民出版社 2007 年版，第 439 页。

〔4〕 周一良："纪念陈寅恪先生"，收入纪念陈寅恪教授国际学术讨论会秘书组编：《纪念陈寅恪教授国际学术讨论会论文集》，中山大学出版社 1989 年版，第 20 页。

于对律学的研究，清代研律者使用治经的方法从事注律工作，成为一种自觉、普遍的研究路径。道光二年（1822）进士邹鹤鸣给皖省循吏、知府胡调元所辑《刑部说帖揭要》一书作序，该书于道光十三年（1833）刊刻，胡调元曾于嘉庆二十一年（1816）任刑部直隶司员外郎，邹氏有感于胡调元所整理"刑部说帖"的重要，议论"律例之学"，他指出："治律犹治经也。经以正文为宗主，注即注是经者也，疏即疏是经者也，推之名儒学案、诸家荟说，皆发明是经，羽翼是经者也。本此意以治律，不充其类于至繁至多，不足以阐律学之至精；不参其解于至深至浅、至奇至正、至无常、至有主，不足以得律学之至当。而所谓至精至当者，本天理笅人情，仍可以'惟简乃孚'之一言蔽之也。"[1]注疏经文、兼采诸家学说以发明经文深义，以此治经方法来研治律学，方足以达致律学之精当，邹氏所论提示了"治经"与"治律"在方法论上的会通。晚清名儒朱一新（光绪二年进士）在与诸生问答中也特别说道："孔子惧，作《春秋》。《春秋》者，圣人之刑书，实圣人之礼书也。""律则大中至正，有互见其义者，有深没其文者，细如茧丝，非以治经之法治之，不能通知其意也。郑君曾注汉律，盛行六朝；孙渊如刊有《唐律疏议》，至五代《刑统》以下，亦皆有端绪可寻。今律如《五服图》等，皆与礼学相出入。"[2]可见在清后期一般学者对于律学与经学尤其是其中的礼学所秉持的看法，他们主张在研律时应当采用治经的方法，于此亦可见这种方法论的历史传统。

戴震认为治经的基础工作是"小学文字"，"由文字以通乎语言，由语言以通乎古圣贤之心志"。[3]王鸣盛指出，经以明道，读经之法则是"正文字，辨音读，释训诂，通传注，则义理自见而道在其中矣"。[4]乾嘉学者们治学都是从文字、声音、训诂入手，重视对典章、名物、字义、音韵的训诂工作，这也是清人治经学的基本方法。一般的读书人在阅读学习《大清律例》时，

---

〔1〕 邹鹤鸣："刑部说帖揭要序"，见盛康辑《皇朝经世文续编》卷九九，武进盛氏思补楼光绪二十三年刊本。

〔2〕（清）朱一新著，吕鸿儒、张长法点校：《无邪堂答问》卷三，中华书局 2000 年版，第 104 页、第 106 页。

〔3〕（清）戴震撰：《戴震集》上编文集卷十《古经解钩沈序》，上海古籍出版社 2009 年版，第 192 页。

〔4〕（清）王鸣盛撰，黄曙辉点校：《十七史商榷》之《序》，上海古籍出版社 2013 年版，第 1-2 页。

也多以治本经的方法来读律例，自觉运用了训诂的方法，这可从清人在阅读时所作批注得到印证。嘉庆八年（1803）官修刻本《大清律例》两函全 24 册，在该刊本中一些页面的天头空白处，阅读者针对相关内容用毛笔以小字加注，如卷 30 "刑律诉讼·诬告"，在 "地方官立行详请褫革衣顶" 上端有眉批："褫，音耻，解也，脱也。"[1] 卷 31 "刑律受赃·官吏受财"，在 "驳诘不已" 上端眉批："驳音博，马色不纯。诘音乞，问也责也。"[2] 卷 31 "刑律受赃·有事以财请求"，在 "在外省业已招解臬司" 正上方眉批："臬音孽，法也。"[3] 卷 38 "工律营造·擅造作" 上端眉批："擅，音善，自专也。"[4] 诸如此类的批注并非鲜见，笔者在其他版本的《大清律例》文本中也遇到过此类批注，并且阅读批注的内容更为丰富。很显然，这些最基本的通音、解字的工作，也正是士人研习经学的初阶法门，与戴震所言 "治经先考字义，次通文理"[5] 者相符相契。张世明先生在对 "考据学方法与律学方法" 的专门研究中明确指出，"中国传统的考据学和传统律学的方法实际上是相通的"。[6]

律学文本内容之难需要经过考订以通其义。"虽然至难者修律之事，而尤难者读律之人。何则？律文至细，律义至深。有一句一意者，有一句数意者；有一字一意者，有一字数意者。"[7] 对于晦涩难明者需要通过考镜源流、比对辨析的方式使其彰明昭著、意无模棱，减少在判案时法律适用中的分歧。例如，在王明德《读律佩觽》中对 "但" 的解释，从音训的方法入手，对该字进行了精确而全面的规范性定义。"但者，淡也。不必深入其中，只微有沾涉便是。如色之染物，不必煎染浸渍深厚而明切，只微着其所异之濡，则本来面目已失，不复成其本色矣。故曰但。律义于最大最重处，每用但字以严之。此与文字内，所用虚文，作为转语之义者迥别。如谋反大逆条，内云：凡谋

---

〔1〕《大清律例》卷三〇。

〔2〕《大清律例》卷三一。

〔3〕《大清律例》卷三一。

〔4〕《大清律例》卷三八。

〔5〕（清）戴震撰：《戴震集》上编文集卷九《与某书》，上海古籍出版社 2009 年版，第 187 页。

〔6〕张世明：《法律、资源与时空建构：1644—1945 年的中国》第 4 卷《司法场域》，广东人民出版社 2012 年版，第 891 页。

〔7〕《皇朝经世文编》卷九一，徐宏先："修律自愧文"，载（清）魏源撰，魏源全集编辑委员会编：《魏源全集》第 18 册，第 31 页。

反、谋大逆，但共谋者不分首从，皆凌迟处死。此一条用但字之义，是对已行、未行言。盖凡律，皆以已行、未行分轻重，此则不问已行、未行，而但得系共谋时在场即坐矣。盖所以重阴谋严反逆也。"[1]一字之失出，则干系人命，不可不慎。中国文字言简义丰，一字而兼括数义，律学的严谨性要求对律例中使用的专门术语及概念作出明确的界定，不得有含混和发生歧义的余地。因此，研究者在注律作品中运用考据的方法挥宏阐精，极致精微，辨析律例中用字用词。"清代释律家们刻意求索一字、一词、一句的特定含义和内在联系以及不同的字、词在不同罪中的特定解释。同时，融音韵学、文字学、训诂学和法学知识于一体，并辅之以实例加以深化，使得法律解释形象、生动。"[2]运用考据的方法，考证源流，辨析字义，对律文注释的精微正体现了清代律学所达到的水平。

在清代律例体系中，"服制"对于律例在司法实践的运用关系至深。各级司法机关在量刑拟判时，轻重上下的权衡对于案件中服制因素的考量极为审慎，秋审中的改轻入重或改重为轻，很多情况下即是中央与地方对案情中"服制"的看法不同所致。藉此之故，清代司法官员对于服制的探究研习是他们的基本功，非得下一番切实的功夫，才能在审断中准确定拟，减少失出失入之虞，所以无甚名气的刑部普通职员如光绪二十一年（1895）任刑部主事的魏元旷有《律服图笺辨》一卷，[3]辨析诸如母改嫁等服制有关的问题；声名煊赫如薛允升者，有《读例存疑》这样的鸿篇巨制，同时也有《服制备考》这样并不太引人注目的作品，探索服制问题是读律的必由之径，和"名例律"一样也是理解和运用《大清律例》的基础性的先行知识储备。吴绍诗、吴坛父子明习法律，父子相代供职刑部，吴坛在乾隆二十六年（1761）入职刑部后，久任刑曹，后撰有《大清律例通考》。吴坛在《大清律例通考》中对"服制"一类的考订，纯熟地使用了考证的方法，他在"服制"部分的考订，旁征博引，折衷经义，兼及诸家之注疏，常常是一条而按语近千言，如"子为嫁母（亲生母，父亡而改嫁者）"条，吴坛四加按语，"谨按"中旁摭檀弓疏、郑玄注、唐律、《大唐开元礼》《政和五礼新仪》《司法书仪》、朱熹

---

〔1〕（清）王明德撰，何勤华等点校：《读律佩觿》，法律出版社 2001 年版，第 29 页。

〔2〕何敏："清代私家释律及其方法"，载何勤华编：《律学考》，商务印书馆 2004 年版，第 504 页。

〔3〕见魏元旷："潜园文集"，收入林庆彰主编：《民国文集丛刊》第 1 编第 30 册，文听阁图书有限公司 2008 年版。

所编《家礼》《大明集礼》《孝慈录》《明会典》等，随后是"又按""附考"，最后复加"又按"，引录汉代韦玄成、汉宣帝刘询之诏、三国时蜀人谯周、晋人袁准、宋人庚蔚、明人姚翼、清人徐乾学等诸家之说，如此不惮其烦，详细考证就是为了说明父亲卒，亲生母改嫁，子当服齐衰杖期之礼。[1]如此辨析之目的乃在于发生此类服制命案时，以明确人物之间的关系，作为量刑依据，运用考证的手段所通达的是律例在实践中的准确适用。

除了用研治经学的方法对律例的内容进行疏通辨析考订，清代律学研究者在律学作品的体裁与格式方面也注意借鉴经学文献的有益成果。集诸家之善说的"集解"体裁在经学注释中很早出现，较为常见，影响很大，清代的律学家也采用经学注释这种常用方法来注释律文，沈之奇的《大清律辑注》，万维翰的《大清律集注》等律学成果，在清代影响甚广。杨剑通过对清代辑注律学的专门研究指出，律学家用"辑注"的方法注释法典，体现了传统律学和经学的深厚渊源，经学始终是律学家必备的基本素养，经学注疏也是律学最直接的方法渊源，它所反映出的法律解释的技术方法与传统汉语中的文义解释路径高度契合。[2]在注经中，研究者特别注意对本经与注及疏之间的区分，正文中甚至常用"【注】"或"【疏】"以显著标识，[3]这种严格区分、不相羼杂的做法，在清代"律例汇辑便览"这一类律学文献中有比较突出体现。同治十一年（1872）湖北谳局刻本《大清律例汇辑便览》一书，正文的页面通常有四层，最下一层是主体部分，篇幅最大，包括了律正文、律内小注，以及补律所未备的辑注、笺释等项，小注、辑注、笺释等一如经学文献中以双行夹注小字的注疏格式出现；此外摘出《吏部处分则例》中相关内容录在相应律文的上方，是为该页中最上面的第一层；页面中间的第二、三层，主要是将户礼兵工各部则例，及中枢政考、会典等书与刑例交涉的部分，以及《刑案汇览》等相关的案件，分别摘录，以资理解律例正文的相应内容。[4]"是书以律文、条例、注释为宗……附载各部则例、会典、通行、成

---

〔1〕（清）吴坛：《大清律例通考》卷三《服制》，见马建石、杨育棠主编：《大清律例通考校注》，中国政法大学出版社1992年版，第97-107页。

〔2〕杨剑："'辑注'在清律学中的方法论价值及意义"，载《法学》2019年第9期。

〔3〕（清）阮元校刻：《十三经注疏》，中华书局1980年影印版。

〔4〕湖北谳局汇辑：《大清律例汇辑便览》第1册，同治十一年刻本。

案等件……录列上、中层。"〔1〕这种分层加以区别的做法，与本经的注疏在格式上有启发相通之处。

＊　＊　＊

在科举制度的导向下，清代读书人一般都是学习儒家经典以求仕进，在少部分人进入法律工作行列后，他们从自身已有的知识结构和治学方法出发，展开了对律例的学习与研究，因此，他们一方面援经入律，发明经、律会通之旨意，藉以提振清代律学的边缘学术地位，以增重他们所从事法律工作的价值感；另一方面，他们在具体开展的律学研究工作中，治律如治本经，借鉴了治经之中重视文字训诂等基本方法，乃至经学注释的体裁、格式等，正因如此，清代的律学文献质量也获得了较高起点。清代律学与经学的关系，从延续性的直观方面来看，"春秋决狱"那种以儒家经义为标准的断案方式在司法实践中仍有具体的体现，清人以经义决狱，其中尤其重视对"礼"经的研究与援用，并且他们阐发"明经"与"通律"二者之间的贯通，实践引经治事这一主张；此外，嘉道以降，律学的致用特征契合了经世的时代思潮，同时又与今文经学通经致用的学术气质合拍，清代的律学缘此也在这一时期有了突出的发展。

【本文原刊于《清史研究》2020 年第 5 期。是次修订收入文集，增补后续发现的相关材料，进一步充实了原文，敬希读者察鉴指正。】

---

〔1〕《大清律例汇辑便览》第 1 册。

何谓庸医？

——基于清代法律的分析

郭瑞卿*

【摘　要】 庸医是国家医疗治理的重要内容。究竟什么是庸医，清代"庸医杀伤人"律在立法上对其边界作了规定，其是以官方正统医疗为框架予以设计。清前期以治理正统医疗秩序为目标，嘉庆朝以后医疗立法整合，法术医疗纳入"庸医杀伤人"律下，庸医内涵从正统医疗扩大到法术类医疗，而后者更是国家治理的对象。通过庸医法律，国家试图建构单一的正统医疗体系。

【关键词】 清代；庸医；法术医疗；司法认定

庸医在清代医疗中十分常见，这也是当时国家医疗治理的重要内容。那么在国家的治理中有没有一个明确的庸医概念（或标准），可以引导人们树立正确的医疗观念，帮助建构良好的医疗模式呢？"庸医"一词在中国古代医疗中早已有之，唐宋以降，此类记载大量涌现，自元代起更是被载入国家立法，说明国家与民间关于庸医已形成了一定的共识。然而究竟什么是庸医，如何去评判，标准又为何，因国家和民间立场的不同，二者之间必然对庸医认定存有差异。如何认识它们之间的共性与差异尚需要我们作进一步的深层探讨分析，笔者将另作探讨，本文的重点欲以清代法律为视角，探寻什么是庸医，法律如何界定之，有助于了解这一时期国家关于该问题治理的深度与广度。清代是帝制中国时期的最后一个王朝，其医疗之多元、庸医说之盛行皆具有代表性，清代"庸医"立法集前朝之成就，并有所发展，这也为庸医研究提

---

* 郭瑞卿，中国政法大学法律古籍整理研究所副教授。

供了素材。目前学界于此亦有关注，既有的研究认为，他们"医术低下"，甚至"不通医理"，或"医德"不堪，其治疗行为给病人带来了极大的痛苦，重者使病人失去性命，[1]并指出清代庸医之所以普遍，是由于缺乏"对医疗市场业医者的资格审定与管理医疗市场等制度上的措施与规范"，[2]国家立法对医疗实践中发生的医患纠纷解决具有指导与监督作用，惩罚力度轻，不足以解决庸医问题。[3]这些研究指出了当时庸医确实存在的医疗技术、医德以及国家法律治理的缺陷等问题，反映了当时的医疗乱象。但这些研究主要以正统医疗（中医医疗）为框架，忽略了当时医疗多元的情形，且普遍具有明显的患者视角或旁观的俯视视角，其庸医论断的客观性仍有许多需要深思的地方。例如，其一，庸医评价的标准是什么？是国家所定，还是民间自定，抑或它们已达成一致的认定？如"医术低下"说，其评判究竟是因疾病没有治愈，还是医疗技术没有达到当时的平均水准？其二，医理[4]指的是什么？是指脉理？病理？药理？以何为判断"通医理"的参照？清代是多民族的国家，其时的官方医疗体系包括了汉医、蒙医及藏医等，太医院的医科设置曾多达十一科，它们的医理是否一样？当时的医疗已有了全科与专科之别，有些医疗，如针灸按摩、正骨等，是否也需要具备同其他医疗一样的医理知识？如果这些业医者不通所谓的"医理"，是否说明他们医技不精？若以此"通医理"之说作为评价业医者医术的标准，那么清代民间医疗中庸医人数之众亦是确然。诸如此类的庸医问题尚有许多，本文于此不欲一一列举，拟尝试探

---

〔1〕 以上观点参见杨晓越、余新忠："医生也'疯狂'：明清笑话中的庸医形象探析"，载《安徽史学》2017年第1期。其他类似的观点见刘澄中："《红楼梦》对庸医假药的批判"，载《医学与哲学》1984年第9期；肖彬："'胡庸医乱用虎狼药'小考"，载《红楼梦学刊》1994年第2期；尚福星："《醒世姻缘传》——二庸医"，载《赤峰学院学报（汉文哲学社会科学版）》2014年第2期。

〔2〕 见张华："清代医家的行医之道——以《壶中天》与《医界现形记》为中心的探讨"，南开大学2010年硕士学位论文，第18页。

〔3〕 见杜家骥主编：《清代社会基层关系研究》下，岳麓书社2015年版，第七章医患关系；路彩霞："清末京津庸医问题初探"，载《中国社会历史评论》2007年第0期。

〔4〕 医理之说是在宋朝儒医出现后所形成，他们深受程朱理学影响，于医疗中不重术，而是推崇医理。"唐以前之医家，所重者术而已，虽亦言理，理实非其所重也。宋以后医学家，乃以术为不可恃，而必推求之理。此自宋以后医家之长"（参见王致谱主编：《民国名医著作精华中国医学源流论》，福建科学技术出版社2004年版，第46页）。儒医以儒学注释医学，解释医理，具有排斥其他医学流派之嫌，这也遭到后人的批评，"其所谓理者，则五运六气之空理而已，非能于事物之理有所真知灼见也"。（参见王致谱主编：《民国名医著作精华中国医学源流论》，福建科学技术出版社2004年版，第46页）

讨与分析清代法律中对庸医的定义，其认定的依据为何，指向是什么，以了解当时国家的医疗治理。

一、庸医界定：立法规范

因医疗而产生的事故责任追究立法在中国古代早已有之，唐律《职制》和《杂律》篇所制定的御医和普通医疗人员医疗事故立法，更是成为后世立法的范本。但以庸医为事故责任主体的立法于元代方始出现。

（一）清代以前的庸医法律认定

"庸医"一词具有极强的价值评判取向，以其为制度规范用语开宗明义，表明了国家的法律取向。元代时期国家重视医疗，设立了医户，专事医疗，且于各级地方设置医学教育机构，对愿习医者进行专业培训，学生必须学习《素问》《难经》《本草》《圣济总录》《伤寒论》等医疗书籍，但由于医技不精，民间医疗事故屡屡见闻。至大四年（1311）江西行省上呈咨文，要求禁治庸医，据《元典章》"禁治庸医"记载：

> 至大四年十一月，江西行省准中书省咨刑部呈："尝闻医出上古，实非小技，几微之间，死生系焉。若学医之人深究其道，用药得宜，庶几不误于人命。比年以来，一等庸医不通《难》《素》，不谙脉理，至如药物君臣佐使之分、丸散生熟炮炼之制，既无师传，讵能自晓？或曰录野方，风闻谬论，辄于市肆大扁'儒医'，以至闾阎细民不幸遭疾，彼既寡知，谩往求谒。庸医之辈，唯利是图，诊候中间，弗察虚实，不知标本，妄投药剂，误插针穴。侥幸愈者，自以为能；谬误死者，皆委于命。岐黄之道，果如是耶？略举至元七年，益都府医人刘执中，针犯也速歹儿元帅娘子肠胃身死，本人所犯拟决一百七下，追给烧埋银两，以充营葬之资。至大二年，广平路曲周县医工张永，因朱当儿患心风病证，用梨芦末调治，被毒致命。又陕西行省咨：'凤翔府医工王文素，看诊李大使卒患阳证伤寒，用羌活、附子药饵，以致热攻身死。'幸而罪遇原免。（此）〔比〕例拟征烧埋银两。外，本部俱有文案可考，似此致伤人命，不可缕数。以此参详，各处路府州县既有所设提领、教授、学正、教谕、提举之官，今后医户以及编氓子弟愿学医者，必须期于精明济物。每遇旦望，其提举、教授等官严立规程，课试诸生医书、医义，若能明察脉

理、深通修合者，方许行医。看候如有诊候不明，妄投药剂、误插针穴致伤人命者，临事详其轻重追断。所据提举、教授等官训诫失宜，禁约不到，亦行究治。如蒙准呈，遍行照会，以戒庸医有所知惧，不致误伤人命，具呈照详。"都省咨请依上施行。[1]

元代推崇儒医，儒医重医理，以儒学为道统，被视为良医，而咨文所言之"庸医"则反之，不通医书，不熟脉理，不了解药物性能，以野方给人治病，咨文中所举案例皆是庸医的典型代表，其误伤人命，危害甚大，故此江西行省呼吁中央，禁治其进入医疗行业，国家亦设有"禁医人非选试及著籍者，毋行医药"[2]之政令，立法明定："诸庸医以针药杀人者，杖一百七，征烧埋银。"[3]可知当时法律中庸医之称具有特定的业医人群目标，与儒医形成对照，是国家法律治理的目标，但律文中"针药"二字究竟是指疾病医疗过程中的"针药"行为，还是包括了非医疗性的"针药杀人"行为，不是很明确。此处的"杀人"是指杀人行为还是死亡结果，也不清晰。结合下文刑罚语境及杀人律的规定，应是指医疗过程中的致人死亡。其庸医处罚是施以杖刑及经济惩治，而未作资格剥夺。

明代时期医疗体制仿照元朝，庸医立法结合了唐律与元律，将律条命名为"庸医杀伤人"，规定："凡庸医为人用药针刺，误不依本方，因而致死者，责令别医，辨验药饵穴道，如无故害之情者，以过失杀人论，不许行医。若故违本方，诈疗疾病，而取财物者，计赃，准窃盗论。因而致死，及因事故，用药杀人者，斩。"[4]庸医是医疗事故的责任主体，过错区分故意与过失，过失责任从轻处罚，以资格剥夺论惩。若故意以医疗行骗钱财，以窃盗论。如果因此而致病人死亡，或借医疗杀人之事，处以斩首之刑。法律明确了庸医的医疗责任。但庸医究竟涵盖了哪些医疗人群，是否也以儒医为参照，还是以医疗行为过错作为认定标准，抑或兼有，因缺少实证，不得而知。

（二）清代的庸医立法认定

清代庸医立法始于顺治三年（1646）颁行的《大清律集解附例》"庸医

---

〔1〕 陈高华等点校：《元典章》，中华书局、天津古籍出版社 2011 年版，第 1116–1117 页。

〔2〕 转引自周晓菲、王致谱编著：《民俗文化与中医学》，中国中医药出版社 2017 年版，第 23 页。

〔3〕 （明）宋濂等撰：《元史》，阎崇东等校点，岳麓书社 1998 年版，第 1534 页。

〔4〕 怀效锋点校：《大明律》，法律出版社 1999 年版，第 156 页。

杀伤人"律："凡庸医为人用药、针刺误不依本方，因而致死者，责令别医辨验药饵、穴道。如无故害之情者，以过失杀人论依律收赎，给付其家，不许行医。若故违本方乃以诈心疗人疾病，而增轻作重，乘危以取财物者，计赃准窃盗论。因而致死及因事私有所谋害故用反症之药杀人者，斩监候。"[1]这一规定是在明代律文中添加小字而成，其后雍正五年（1727）的《大清律集解》和乾隆五年（1740）的《大清律例》"庸医杀伤人"本律一仍为此文，未作变动，直至晚清。结合律文字义与整个清代法律体系语境，"庸医"本律具有以下几个方面的构成：其一，庸医主体，涵盖了以汤剂、针刺方式进行疾病医疗的业医人员。其二，过错行为，是指业医人员在为患者治疗过程中的医疗行为。其三，医疗后果，是指患者死亡、诈疗取财、杀人等。其四，量刑，根据业医人员的医疗动机，区分故意和过失，过失致死者，轻罚，处以经济制裁及资格刑。故意者，若图获取钱财未致患者死亡，以窃盗论惩；若图财致病人死亡或以医药杀人，处斩监候之刑。由此看来，庸医立法文字虽然简洁，但内容信息颇多。尽管没有明文规定什么是庸医，但根据业医人员的目的及其医疗结果来确认其医疗行为是否符合正常的疾病医治，如果医疗中出现了法律规定应惩治的事实，即认定该业医人员为庸医。

据上，庸医过错分为两种情形：一是医疗技术，诊治（过失）有误，包括开方、用药、针灸穴位错误。业医者在为患者治疗疾病中，出现药物未按方使用或者以针刺错穴位者，经其他同行鉴定确认后，视为庸医。因为他们"虽无害人之心"，但"已操杀人之术"，故此"一误不可再误"，剥夺行医资格。此种惩罚具有两方面的含义，一方面是警告业医人员在进行疾病医治时应尽注意义务，慎重医疗行为；另一方面提醒医术不精的业医人员慎重入行，一旦悬牌行医，则面临医疗过失的经济惩罚和行业终身禁止的双重风险。二是医疗品德，业医人员诊治疾病，目的是帮助解除患者痛苦，治愈疾病，而不是为达个人私欲，利用专业医疗技术行加害之事。患者罹患疾病，寻求业医人员的医疗，是出于对医疗执业者的职业信任，他们若本可"一药可愈"，但因业医者"恐其容易，得财不多"，故意修改医方，"使其难愈"，拖延病情，图"病人久而用药多"。或者故意反用医方，加重患者病情，"反重之使

---

〔1〕（清）沈之奇撰，怀效锋、李俊点校：《大清律辑注》，法律出版社2000年版，第701页。

其苦，而后医则功大，而报礼重"，[1]获得病人感激，取利更加丰厚。这些医疗人员的目的在于"诈疗"骗财，虽"初无必杀之意"，但"已施可杀之术"，"其心可诛"。这不仅背离了医疗行业伦理，更严重的是破坏了正常的医疗秩序。业医者最恶劣的品行是以"活人之术"，行"杀人之事"，这不仅是置伦理道德于不顾，更是对人命与法律的蔑视，其害更甚。杀人于不备，得手容易，而破案难。此类惩罚意在治理业医人员的职业操守，警示他们不要滥用医疗技术。[2]就惩罚力度而言，法律显然更加强调业医人员的医德问题，业医人员的道德良知重于技术。

疾病医疗颇为复杂，个案皆不尽相同，如何验证医疗事故中业医人员存有过错责任，认定其为庸医呢？清代前期的做法通常是根据医疗结果，由业医者举证，官府进行验证。如若病人在医疗过程中死亡，虽由业医同行进行医疗鉴定，但同行间同一疾病的治疗方法也存有许多差异和争议，标准不一，鉴定意见能否客观亦是另说。且病人死亡原因诸多，如体弱虚不受补，历经不同医者的医疗或疾病本身在当时难以治愈，等等，这是医疗鉴定中难以验证的，因此以医疗结果判断医者治疗有误不利于业医人员。清代立法在较长的时期内皆没有注意到这些问题。

这种状况在同治年间修订的《大清律例会通新纂》中有了改变，补充了业医人员医疗有误的一些认定情节，"庸医杀人必其病本不致死，而死由误治显明确凿者，方可坐罪。如攻下之误而死，无虚脱之形；滋补之误而死，无胀懑之迹，不使归咎于医者；其病先经他医，断以不治，嗣被别医误治至死，形迹确凿，虽禁行医不治其罪，以其病属必死也"。[3]言下之意，只有在患者于医疗中出现了本不应死亡的情形，方确认医者为庸医。如果医疗中，业医者以攻下法，即用通泄方式以攻逐患者体内积滞结邪而致病人死亡，但经检验，死者没有虚脱情形，不能认定其为庸医。若业医者采滋补法，令病人服用滋腻补品、补药以补益虚弱而出现患者死亡，经验证尸体没有胀懑情形，也不能认定其为庸医。医者接治被其他医者认定为不能医治的病患而出现死亡者，亦不能因之认定为庸医。这亦即表明当时官府已经意识到了医疗事故

---

〔1〕（明）雷梦麟撰，怀效锋、李俊点校：《读律琐言》，法律出版社 2000 年版，第 360 页。

〔2〕（清）沈之奇撰，怀效锋、李俊点校：《大清律辑注》，法律出版社 2000 年版，第 701–702 页。

〔3〕转引自任元鹏：《医学的法律边界》，东南大学出版社 2012 年版，第 183–184 页。

责任并非单方的业医过错。言外之意，患者一方在医疗中也可能具有责任。这些内容的增入，令法律对庸医的认定更加客观，这应是当时医疗和司法验证发展的结果。

庸医立法在嘉庆年间增加了新的内容，于律文下附设了条例，"凡端公道士及一切人等作为异端法术，如圆光画符等类医人致死者，照斗杀律拟绞监候。未致死者，杖一百，流三千里。为从各减一等"，[1]将实施法术给人医疗者纳入庸医行列，这暗示着法术实施者的行为动机虽然是为人治病，但他们不通医术，其治病行为是庸医医疗。他们的量刑重于庸医过失致人死亡的惩罚，是因其明知不懂医术，却故意为人治疗，以获取利益或达到一定的个人目的。但其惩罚又轻于庸医故意用药拖延病情致人死亡之刑，可能是由于法术医疗实施者动机纯正，即为人治病。该条例的增设，在法律上改变了民间既有的医疗体系，预示着清代国家只认可一种医疗方式，即官方正统医疗，庸医成为一个国家整合民间医疗资源、治理医疗秩序的法律概念，体现了清统治者医疗治理的立法目的。这是清代最高统治者治理本民族医疗改革——即由巫术治疗向官方正统医疗转型的一次立法借鉴与总结，将满族巫术医疗禁治经验，推广到其他当时普遍盛行的法术医疗治理中，整合至庸医立法目下并治。

清代医疗在入关以前的很长时期实行萨满巫术医疗，皇太极崇德年间着手移风易俗，进行改革，以严法禁止萨满巫术医疗，并开始建设其官方正统医疗，这是以汉人、蒙古、满族医疗相融合的体系。清入关以后，清统治者于庸医立法上虽然沿用了明律，但因医疗构成背景的不同，庸医治理所涵括的医疗人群是否与明律一样，还需再作仔细的考证。清入关之初，满洲医疗尚处于巫医分离阶段，官方正统医疗依然在构建中，以法律继续推进本民族的医疗改革，是清朝统治者关心与治理的重点，其时的庸医立法与其说是基于医疗治理，不如说是时局下政治便宜考量的立法姿态。其时中原地区的正统医疗体系已经非常成熟、发达，庸医认知与治理亦富有经验，学习与借鉴是推动满洲医疗改革和建构自己医疗体系的快速有效捷径。明律没有将法术医疗纳入庸医治理，虽在礼律"禁止师巫邪术"条对其有所规制，但目的是宗教、信仰活动治理，而非医疗。清入关后也沿用了此条立法治理民间宗教、

---

〔1〕 （清）托津等：（嘉庆朝）《钦定大清会典事例》卷八〇五《刑部·刑律》"庸医杀伤人"。

信仰，因此初期一段时间之内，其法术类医疗治理由两部分立法构成：满洲的巫术医疗改革和"禁止师巫邪术"律中所涉及的以宗教、信仰活动为目的的医疗，并未覆盖所有的法术医疗。这反映出当时统治者对中原地区医疗认识的不足，在立法时采取向明律看齐，甚至直接拿来主义，原文照用，他们希望以最短的时间实现与中原医疗法律的对接。需要注意的是，清初统治者对满洲医疗与中原汉人医疗的差距非常清醒，也意识到民族医疗文化的差异必将影响医疗习惯，因此在修订禁止巫术医疗立法时理性地将满洲旗人与汉人分别而治，将满洲巫术医疗改革逐步推进，渐与中原地区的巫术医疗相统一，这在康熙、雍正时期的立法中亦有体现。[1]应该说，他们意识到了其民族身份的转变，实施对国家的治理需要从法律上实现链接，这不仅仅是制度层面的，更是文化的认同与支撑。正是在这个前提下，才有了嘉庆时期医疗立法的整合，将医疗禁治内容统于庸医律。

清代庸医立法从内容而言是为医疗治理而设，虽然没有明晰何谓庸医，但建立了庸医的边界，即确认了何种医疗行为或医疗结果可以被认定为庸医，出现了法律列举的行为或结果，业医人员就会受到惩罚。这样的设置在法律上建构了与民间"庸医害人""庸医杀人"一致的观念。清政府入关以后借助于中原地区发达的正统医疗，建立其自身的官方医疗体制，改进本民族医疗习惯，努力推进医疗体系的统一治理，在立法层面上实现了由初期的巫术医疗与正统医疗的分而治理到并轨治理，有利于国家政府推动官方正统医疗的普及，帮助民间社会建立疾病求治于良医的医疗观。医疗立法整合是清代统治者在本民族医疗治理基础上的经验总结，也是当时国家简化医疗立法的需要。经过整合，法律将民间复杂的多元医疗现象分为两类：一是业医者（即官方正统医疗人员）的医疗；二是非业医者（即法术医疗者）的医疗。前者以庸医立法规范之，后者则直接被认定为医疗非法。庸医非法医疗与非法的法术医疗共同构成了清代中晚期庸医治理的内容，便利了清政府对民间医疗的管控，尤其是为司法治理民间医疗提供了统一运作的法律依据。

二、庸医认定：司法裁判

根据上文，清代庸医认定其实就是对医疗事故责任过错的认定，国家立

---

〔1〕 本文在此不欲对其展开探讨，详文请参见拙文《清代民俗医疗的法律规制》，载中国政法大学法律古籍整理研究所编：《中国古代法律文献研究》第 15 辑，社会科学文献出版社 2020 年版。

法明确了庸医的边界，根据业医人员之医疗动机或医疗结果来认定，那么司法实践中司法官员在处理医疗案件时是如何确认业医人员的医疗行为与医疗结果之间存在因果关系的呢？或者如何确认业医人员的医疗行为有违治病救人，对患者具有危害呢？下面基于案例分析来对上述问题进行解答。

【案例一】

　　戴成緑被陈洪名殴伤谷道连肾囊，后未经报官，即央曾习外科之戴成香医治，戴成香知有治跌打损伤旧方，用草药号筒及草乌头二味用米炒制给服，戴成緑服药后仍喊肾囊冷痛，旋即呕吐昏晕殒命。该县初验时因尸已发变，肚脐青胀，十指甲十趾甲亦现青黯，与中毒情形相似。并因尸亲原报有服药后呕吐殒命字样，仵作刘声远误认中药毒身死，将戴成香依庸医杀人论律收赎拟解。旋经该县访出实情禀明，委员检验，戴成緑周身骨殖俱白色，并无受毒情形。且牙龈骨紫红色，实系生前下部受伤身死。是此案既经该省委员检验明确，戴成緑实死于伤非死于毒，将殴有致死重伤之陈洪名拟抵。[1]

在这个案件中，戴成香因戴成緑被陈洪名殴伤谷道连肾囊，以"跌打损伤"之药方为其配药服用，戴成緑服药后不久，呕吐昏晕而死。那么戴成香的医疗是否构成庸医杀伤人？他是否是庸医呢？欲回答这两个问题，司法官员需要解决以下两个方面的事情：一是戴成香的医治方式是否是正统的医疗手段？二是他的医治行为与戴成緑的死亡结果是否存在直接的因果关系。关于第一个事情容易确认，戴成香曾经学习过外科，即一些处理痈疽疮疡等显露于外的病症医术，他以成方药剂医治戴成緑，属于正统医疗。戴成緑服用其配置的药物后死亡，他的死因究竟是伤情过重，还是药物导致？抑或二者并存？案件初审之时，县令与仵作根据尸体表面呈现的症状，判断符合中毒情形，结合死者家属的供词，判定戴成緑死于中毒，认定戴成香用药有误（其所开药方中含有药性剧毒的乌头），裁决他庸医杀伤人。此后，原审县令再次对案件进行调查，并由省委员对戴成緑的骨殖进行检验，发现骨殖并无中毒迹象，而是伤重致死，因此确认戴成緑的死与戴成香的医疗行为不存在

─────────────

〔1〕（清）祝庆祺等编：《刑案汇览三编》，北京古籍出版社2004年版，第1073页。

因果关系，认定其庸医杀伤人的罪名不予成立。

【案例二】

李秀玉误用川乌药未致吴贵祥等同服受毒身死一案。查该犯因吴贵祥胳肘生疔，并称四肢疼痛，以为血热风湿所致，用土门冬、川乌等药煎冲给饮，后又另调二道令其留俟晚间再服。吴贵祥知系医风之药，因陈维新病证相同，转给伊饮服，不意李秀玉所用川乌买自过路草药担上，本未制过，且又有草乌，以致吴贵祥等先后毒发殒命。是该犯采择药石不精，以致药中有毒，误中病人身死，审明并无故害之情，自应依误不如本方律，以过失杀人科断。至用药误杀二命律例内并无作何加重明文，检查亦无办过成案。惟查车马碰轧致毙二命之案，向止照律收赎，间因情节较重，于追银给主之外酌加枷号示儆。此案李秀玉误医吴贵祥等致毙二命，该督拟于倍追赎银之外，从重杖一百，加枷号三个月，揆之情法。尚属平允，似可照覆。[1]

案例二李秀玉的医疗行为与吴贵祥、陈维新死亡的因果关系，应是司法官员依据李秀玉或者死者家属的供词或经尸体检验而认定存在着直接的关系。那么，李秀玉给病人服用毒性极强的药物究竟是出于故意，还是过失，司法官员是如何判断的呢？因案情介绍比较模糊，仅可说明李秀玉给死者吴贵祥配制的药物含有剧毒，致二人中毒身亡的事实，却无法确定其是否出于故意，但司法官员认为他没有害人的主观故意，以过失杀人论惩，认定其庸医杀伤人罪名成立。李秀玉的量刑明显重于庸医过失杀伤人的惩罚，是因为陈维新的死亡虽非其直接医治，但其死亡确是服用李秀玉配制的药物而导致，类似现代刑法中的想象竞合，故此二罪重罚。

【案例三】

安抚咨薛传年赴京呈控医生叶重光为伊子薛家煜医病针刺身死一案。查此案叶重光因薛传年之子薛家煜染患里积病证，叶重光以脉息双伏认系青筋白虎痧，按医书应行针刺，薛传年以日期当避不宜针刺，叶重光

---

〔1〕（清）祝庆祺等编：《刑案汇览三编》，北京古籍出版社 2004 年版，第 1211–1212 页。

声言痧老恐即不治，随用针刺其手足，又给末药和服，并用姜汁点入眼角，以致薛家煜汗涌殒命。前经薛传年来京具控，发交该省审办，经该省审将叶重光依庸医杀人律拟绞收赎，薛传年依申诉不实拟杖，咨部结案。嗣薛传年复以叶重光并未为伊子拟抵，伊反受杖责来京具控，发交审明，仍照原拟咨部。查叶重光欲图见功，误行针刺致毙人命，既无挟仇情事，止应依庸医杀人本律科断。至薛传年拟杖一百之处，检阅原咨，系因控词装点依申诉不实律定拟，查核情罪均属允协，应请照覆。[1]

叶重光在为病人治病的过程中，病人死亡。病人死亡的原因是什么？与叶重光的医疗行为是否具有直接的因果关系？其因果关系，司法官员又是因何而认定的？这些问题的答案在上面的文字无法找到，但叶氏几次皆被司法官员认定存在医疗过失性的过错责任，即"误行针刺"，但不知此处的误行，是行针刺错了穴位，还是如死者家人所认为的"日期不当不宜针刺"，而叶重光不顾患者家人意见而擅行针刺呢？如果是前者，则属于"庸医杀伤人"所规定的典型庸医过失性过错。如果是后者，则行针所刺穴位无误，不具有医疗过错。司法官员究竟是基于什么认定叶重光是庸医杀伤人呢？是由于病人死亡？还是病人家属京控，引发了官府的重视，不得不将叶重光以庸医论惩？具体原因不得而知。

如果业医者在较长时间内不能为患者治愈疾病，司法中是否可以据此认定其诈疗疾病，故意拖延病情，为图获利呢？我们试从下列的案件中寻找答案。闻常在京郊马兰峪居住行医，雍正元年（1723）十月，郡王允禵因福晋感冒，请其医治好了。至十二月，福晋再次生病，允禵继续请他为其医治，"医治到了今年闰四月内，不见好，愈加重了，我就不要治，告辞过。彼时郡王允禵将福晋的后事预备了，讨了内里的医生医治"。闻常为郡王福晋治疗疾病，不仅没有治愈，其病情在治疗期间反而加重了，几至家人将后事都作了准备，后来请了宫中太医将其治愈。事后，闻常以"庸医故违本方，诈疗疾病而取财物者，准窃盗论"而定罪。闻常究竟是否明知治病医方，但故意不按照医方救治福晋？司法官员因何认定？

该案中对他医疗责任进行追究者并非是郡王允禵家人，而是雍正皇帝。

---

〔1〕（清）祝庆祺等编：《刑案汇览三编》，北京古籍出版社2004年版，第1213页。

雍正认为闻常"系民间小医，就敢担当医治郡王允䄉将福晋，医治不好，就该辞去，并不辞去，将福晋病担搁，以致在彼处事出"，在雍正看来，闻常僭越身份，敢于为允䄉福晋治疗疾病"甚是胆大"，依照常理，如果医治不见成效，即应请辞，令病患家人早做其他安排，但他并未辞去，认为"必有缘故"，下令严审。雍正的怀疑未尝没有道理。审理案件的官员初审时并未有收获，雍正令承审官员对闻常刑讯，闻常方始招认："我系穷人，图得银钱，妄想医治好了，希图郡王允䄉保举入太医院，得个官职，想得银钱是实，并无别的缘故。"这份供词似乎可以解释闻常"胆敢"为福晋看病的动机，但若因此认定其具有"故违本方，诈疗之心"，则有些牵强。业医者的生计即是给人看病，以换取佣金。该案患者的身份尊贵，闻常如若真得像其供词所言，希望将福晋医治好了，既能够赚取医疗费用，又可以借此由郡王允䄉荐举其入太医院，按照这个逻辑，他应该尽全力在最短的时间内将福晋疾病治好，一展医术，因为御医是业医者医疗技术水平最高的代表，这样他被推荐入太医院的可能性会更大。他没有能够医治好福晋，只能说明其医术能力有限，他不是没有请辞，而是被允䄉挽留。倘若仅根据他为福晋医治疾病期间，"得过郡王允䄉银七十两，缎子三疋，绫子两个，皮衣一套，纱衣一套，马一匹"，而判定他进一步起了贪婪之心，具有"诈疗"的故意，理由并不充分。此案的审理官员认为闻常"乱用医药"为福晋治病，应是推定他在用药时知道或明白药物的功效不能治愈疾病，但可以拖延病情，因此裁定他具有犯罪故意。"乱用药物"应如何理解，因对药物的性能掌握不精确而用，未必是出于故意，是否也被理解为"乱用"？再者，福晋所患何病，案件中出于为尊者讳，没有提及，如若其疾病在当时即是疑难之症，一般的医者不知或不能治疗该病，闻常基于自身医疗水平的认知而用药，是否也称之为"乱用"？福晋的疾病最终是由宫内医者治愈，以此相参照，认定闻常"诈疗"取财是否客观？闻常为自己的医技付出了沉重的代价，他不仅被定为庸医，而且治病所得也被定性为赃物，"家产查明籍没"，其人"解回本处，交与地方官，毋令出本县境"。[1]

该案存有许多疑点，其中疑点最大的人是允䄉，他因何在福晋患病时，从民间延请私医，而不是寻求宫中太医救治，以至于拖成重病？虽然闻常曾

---

〔1〕 见中国第一历史档案馆档案内阁刑科题本，档案号：02-01-02-2312-006。

经治好过福晋感冒，但他第二次为福晋治病长达数月没有痊愈，反而加重，期间闻常请辞，但仍被挽留，这有些不合乎常理，令人费解。可能这也是雍正皇帝所怀疑的地方。闻常的医技相对于太医院的医生必然存在差距，但其在马兰峪一带长期行医，他在供词中也提及若"医治好"了福晋，希图得到举荐"入太医院"为医，说明他对自己的医疗技术最初具有相当的自信，也可能正是如此，他为福晋医治疾病可以长达数月，没有疗效，方另请太医治疗。该案具有一定的政治意味，这也许是当刑部建议将闻常以"庸医故违本方，诈疗疾病"，以窃盗论惩，"杖一百，流三千里，将闻常金妻发往黑龙江给披甲人为奴"时，被雍正皇帝驳回的缘由，认为将其"议发黑龙江过矣，着从宽免其发遣"。闻常作为一个医者，在为病人治疗疾病时，或许过于相信自己的水平，延误了时机，导致病人病情加重，其固然有过，但定以庸医诈疗，惩罚未免过重。

清代时期病人治疗疾病通常首先由诊治之医开方，然后按方至药铺取药煎煮，这亦意味着病家在疾病医疗过程中，可能面临着医方与药物取用不当的双重风险，一方面，诊治之医开方不当，直接影响着后面病人疾病的治愈，医疗事故一旦发生，开方医者的责任首当其冲。另一方面，药物选取不当也可能导致病人病情加重，甚至死亡。"庸医杀伤人"律文没有关于药铺用错药物而以何治罪的明文，清代关于药物使用的法律规定仅见于"合和御药"律，"合和御药，误不依对症本方及封题错误，经手医人杖一百。料理拣择误不精者，杖六十"。[1]由于病人身份的特殊性，要求开具医方的医生与药物拣择等人员分别由不同的人承担，一旦药物有误，则由拣择者承担法律责任。此法律只适用于御药人群。那么如果民间发生药铺药物拣取有误，司法官员将适用何种法律处理此类案件？药铺又应承担怎样的法律责任呢？我们试以下面的案例来回答这些问题。

嘉庆二十一年（1797）四川发生了"刘武受误卖药材致刘士庚等中毒身死"案，案件审理中，四川总督因法律没有关于"铺户辨认药材不真误卖，致毙人命治罪明文"，向刑部咨询，刑部建议其将"刘武受比照庸医为人用药不依本方因而致死，以过失杀人论罪，依律收赎"。[2]刘武受是一名药铺的售

---

〔1〕（清）托津等奉敕：《钦定大清会典事例》（嘉庆朝）卷七六七，《礼律·仪制》，合和御药。
〔2〕（清）祝庆祺等编：《刑案汇览三编》，北京古籍出版社2004年版，第1213页。

卖人员，在销售药材时因辨认有误而错卖，以致病人中毒而亡。其身份，按照现代医疗，属于医疗人员的范畴，但清代时期，医者特指受过一定的医疗培训、能够按脉、开具药方的人员，因此，刘武受是非业医人员，不能直接适用庸医杀伤人律，但刑部比附类推，将他照"庸医为人用药不依本方致死"处罚，说明刑部认为药铺售药者与开方医者一样，都属于疾病医疗人员，他们售卖药材理应熟知药材的功用，能够辨别药材，如若出现医疗事故，则按照庸医处理。晚清时期的《清稗类钞》中也曾记载了一家药铺因店中学徒拿错药材而致病人死亡的案件：

> 张某行医，兼卖药。一日，以有事外适，令伙守店。伙忽内迫，邀近一旧徒，"倩之代庖"。须臾归，问徒曰："有市药者乎？"曰："有。某人来市旋覆代赭汤一剂，已撮付之。"伙检点一过，大惊曰："代赭于橱顶取之耶？"曰："然。"曰："误矣。此信石也。缘乡人多市以种菜，故蓄之；复虑儿童之戏弄也，故高置之，汝亟往告曰：'药不良，须易之。'计尚可及。"徒狂走而去，未至数里，忽邻有猛犬逐而噬，徒骇，归告，伙急自往觇之，则哭声盈耳矣。讼于官，医请以药渣验视之，则诸药均已白烂，信石尚宛然，乃治徒以过失杀人罪，而张亦破产。[1]

药铺售药学徒将信石误作为代赭，卖与病家，导致病人服用亡故，以过失杀人论罪，显然也是以"庸医杀伤人"律予以惩治。可见，当时司法中医药为一家。

由上可见，司法官员在审理"庸医杀伤人"案件、确认医疗人员是否为庸医时，他们所关注的是医者的医疗行为与患者死亡之间有无直接关联，需要验证该业医人员是否具有行医资质，其在医疗过程中有无不当，这也是对他们医疗资格的鉴定。从医者的角度而言，这是对其从业生涯的评判，该评判的权威性重于同行评判。因此，官府客观、公正、专业的裁断，于业医人员至为重要，若因一次偶尔发生的事故完全否定他们的从业资质，将其认定为庸医，否定其医疗水平，有失公平，也会引起业医人员的不服。传统业医

---

[1] 转引自李今庸：《国医大师李今庸全集》第 1 辑，湖北科学技术出版社 2016 年版，第 143 页。

人员的培养非常不易，他们不仅需要掌握理论知识，更要积累临床经验，耗时长，一旦因偶然事件被剥夺行医资格，惩罚不能谓之轻。

前文提及清代医疗治理实行巫、医并治，嘉庆朝以后，法术医疗非法化，国家全面禁止，以确立官方正统医疗的唯一合法化。然而民间社会在长期的发展过程中，早已形成了他们的疾病医疗观，不会因为国家政府关于巫术与正统医疗的不同态度而发生根本变化。在医疗实践中，他们常常巫、医并用，巫中有医，或医中有巫。巫术医疗在现代医学上被认为具有心理医疗功用，但清代政府将其医疗方式视为邪术，不承认其具有医疗功效，司法中也多将此类案件以庸医杀伤人附例判决，但对于医、巫并用的医疗人员，司法如何适用法律？是以附例巫术医疗论罪，还是以律文庸医论惩？下面的这个案例或许能够回答这些问题。

乾隆五十二年（1787），京师地区发生了一起妇女带发修行，在庙中为人"看香治病"的案件。张李氏"因伊夫患痰迷病症，闻有瓦子街居住民妇李氏常拉铁练募化，代人治病，即请为伊夫医治。见李氏用手按摩，针扎病处，病即痊愈。该氏从此与李氏往来学习，粗知针扎治病之法"。[1]按摩与针扎即是当时正统医疗中的按摩与针灸之术，在疾病医疗中十分常见。张李氏因丈夫身体不好，承担起了挣钱养家的重任，她以其所学的按摩、针灸医技，为人治病，渐渐在其家乡大兴一带赢得了名声。张李氏不识字，也不通医理，对于自身治愈病人的原理也无以明白，其笃信宗教，认为其医疗技术灵验受益于神灵的庇佑，她常常将自己托身于寺庙行医。当时的满族贵妇大学士三宝的儿媳乌佳氏和贵州巡抚图思德之子恒庆之妻宜特莫氏皆身患疾病，延请其治疗，二人病愈后，各自修复了一座寺庙，请她住持。她此后便以这两座寺庙为依托，一边修行，一边为人治病，延揽香客。因名声远播，惊动了步军统领衙门，寺庙被查封，张李氏也被关押。此案因涉及满洲贵族妇女，乾隆皇帝亲自指令定亲王绵恩等人审理。张李氏应如何定罪，即其身份应如何认定？绵恩等人认为，她"本一民妇，出家为尼，辄假烧香治病为名，念咒画符，煽惑远近居民及官员眷属"，[2]依据《大清律例·礼律·祭祀》"禁止师

---

〔1〕 中国第一历史档案馆藏，军机处录副奏折，"奏报将宛平县西峰寺尼姑诈骗财物交官变卖事"，档案号：03-1437-031。

〔2〕 中国第一历史档案馆藏，军机处录副奏折，"奏为审拟宛平县西峰寺行修民妇诓骗财物事"，档案号：03-1437-026。

巫邪术"律，"凡师巫假降邪神，书符咒水，扶鸾祷圣，自号端公、太保、师婆（名色），及妄称弥勒佛、白莲社、明尊教、白云宗等会，一应左道异端之术，或隐藏图像，烧香集众，夜聚晓散，佯修善事，煽惑人民"，[1]将其定罪。根据这一裁决意见，张李氏被认定为"异端邪术"烧香惑众，换言之，她在寺庙的活动不是疾病医疗行为，而是借助于宗教外衣的左道异端行为。审理意见上奏乾隆皇帝后，乾隆认为，"张李氏假神画符，以烧香治病为名，惑众敛钱，固属不法，但乡村愚妇，不过为图骗钱财起见"，[2]将张李氏在寺庙空间的"画符"、烧香治病视为法术性质的医疗行为。即承认张李氏是给人治病，但医疗方式不被乾隆所认可，不是官方的正统医疗。在判决中，张李氏的按摩、针灸之术被忽略，更被乾隆称为"愚妇"，这直接否决了她的医技。其原因可能在于她是下层社会的妇女，不识字，也就意味着她不通医书，不通医理，所以她的医术也不被乾隆等所认可。张李氏的医疗否定，也是许多这一时期下层社会医疗人员在遭遇官府时的真实写照。尽管清代时期正统医疗已成为主流医疗，但宗教、信仰等精神空间的医疗功用从未因巫术医疗的禁止而在民间消亡，民间寻求疾病治疗也不以医疗者是否具备法律规定的业医者身份而作为寻求的目标。

三、庸医认定中存在的问题

国家立法划定了庸医的边界，明确了何种医疗行为、治病手段，或何种医疗结果是庸医，但这样的规定一旦实施到司法中，则可能导致司法官员"按图索骥"，令庸医认定的客观性大打折扣。如上文的案例三叶重光案，病人死亡的原因是否与叶重光的治疗存在直接的因果关系并不清楚。病人患有里积病症，属于积症，根据《黄帝内经》，"其著孙络之脉而成积者"，是邪气留著在孙脉而成积，[3]依据滞留时间的长短，部位的不同，如皮肤、五脏（肝、心、脾、肺、肾），积症治愈的难度也不尽相同，有的可以治愈，有的积症不能治愈，如积症在心，如果出现"里大脓血，居肠胃之外，不可

---

〔1〕（清）吴坛："大清律例通考校注"，载马建石、杨育棠主编：《大清律例通考校注》，中国政法大学出版社1992年版，第543页。

〔2〕转引自赵志强主编：《满学论丛》第2辑，辽宁民族出版社2012年版，第119页。

〔3〕转引自王新华编著：《黄帝内经类编》下，上海辞书出版社2013年版，第709页。

治"。[1]案件中没有提及患者的积症究竟是在什么部位，但病情应该是已经比较严重了，因为叶重光认为是"青筋白虎瘰"，所以制定了给患者施以针刺的医疗方案，病人家属也没有反对，病家反对的是针刺日期，双方在施针的时间上发生分歧。叶重光认为病人病情已经非常严重，"瘰老恐即不治"，如果不立即医治，病人将面临病情恶化而将不治。他考虑到了病人的病情危急，不顾病家的意见，积极进行施救。从专业的治疗角度看，很难认定叶重光的医疗过错。这也许是案情文字没有说明司法官员究竟基于什么标准而认定叶重光"庸医杀伤人"。或许是患者家属反应激烈，毕竟病人在施针过程中死亡是客观事实。但这样的认定，对于他来说，不仅"庸医"之名伴其余生，更严重的打击是医术生涯的终结，惩罚不可谓不重。有意思的是，其20世纪的同行曾为他喊屈，"这例只因针刺病人手足与姜汁点眼，病人死亡而作为'庸医伤人律'，似处理欠妥，医生取穴不当，进针过深，手法太重，导致病势发展、恶化，属技术过失，乃欲速不达，事与愿违，非庸医杀人"，[2]认为叶重光的过错在于操之过急，施针手法过重。施针手法之轻重还取决于患者个人的身体素质，不能以此作为判断医者医术是否失误的唯一依据。叶重光在医疗时可能也没有考虑到病人的身体可否承受针刺，确实存在一定的疏忽过错。

医疗中发生命案，司法官员通常是按照一般命案处理，这样的审理方式不利于医者。如案例一中戴成绿死亡后，县令和仵作对尸体的验证即是按照清律规定的命案程序进行，他们根据尸体的表象形似中毒，即认定戴成香承担医疗过失过错责任，以庸医杀伤人定罪。按照庸医杀伤人律的规定，如果医疗过程中发生致人死亡事故，应由同行进行验证，查验医者用药或针刺穴位等是否符合正常的医疗，但从案例一看，尸体检验者两次皆非医疗同行。据研究表明，清代司法检验中也有医者的参与，他们一般是验证涉疾病类案件，[3]但什么情形下医疗命案需要医者参与，他们参与验证的内容是什么还缺乏研究。

庸医立法中业医者的医疗过错与法术医疗者的医疗行为分别治理，在国家立法中，二者医疗的方式截然不同，界限分明，司法实践中，二者的区分

〔1〕（清）沈金鳌撰，李占永、李晓林校注：《杂病源流犀烛》，中国中医药出版社1994年版，第77页。
〔2〕刘玉书主编：《针刺事故救治与预防》，中医古籍出版社1998年版，第279页。
〔3〕见茆巍："清代司法检验活动中的医者"，载《文史》2020年第1期。

并不那么显然，病家常常医、巫两用，一些业医人员，尤其是下层的医疗人员也会采用两种医疗方式为人治疗疾病，这样的医疗方式在司法中常常被视为非法的法术性医疗，如上文的张李氏。虽然国家立法和司法的目的在于治理医疗乱象，树立官方正统的医疗方式，推进他们所谓的正确医疗观念，但在当时医疗资源不足的情形下，不加区别地一概否定一切不符合国家医疗观的医疗方式，不利于民间疾病医疗和有效医疗体制的建构。

综上，清代法律没有清晰的庸医概念，"庸医杀伤人"立法是针对国家正统医疗的设计，其所规范的一系列医疗行为，皆是法律惩治的目标，这构成了庸医的边界，即法律惩治的医者一定是庸医。因此庸医的法律形象是被国家所否定的、是负面的，这与民间的庸医形象一致，民间所谓的"庸医害人""庸医杀人"在法律上需要承担"害人"或"杀人"的刑事责任，在国家的制度层面，庸医可能具备一定的行医资质，但因为行医过程中出现了立法所规定的过错行为或医疗后果，被禁止从事医疗职业。嘉庆朝以后，针对民间医疗乱象日渐严重的情形，国家调整医疗立法，进行法律资源整合，将医疗相关内容统于"庸医杀伤人"律下，既彰显了国家医疗的价值取向，也希望通过整合，将庸医治理的观念贯彻到整个医疗领域。立法将庸医与法术医疗并轨治理，这对于当时混乱的民间医疗秩序整治具有积极意义。清朝统治者希望通过医疗法律整合，将宗教与医疗彻底分开，宗教的归宗教，医疗的归医疗，宗教不要参与世俗世界的医疗生活，医疗是官方正统医疗的领域。这也许是清代政府在进行医疗立法整合时，将其相关内容纳入"庸医杀伤人"律的一个政治考量因素。通过整合，不仅在法律上扩大了庸医人群的范畴，增加了国家医疗治理打击的对象，无论是业医者，还是宗教、信仰之流等非业医者的医疗活动，都以庸医进行治理，有利于建构官府的正确医疗观，推动国家医疗体制的统一，推进官方正统医疗的发展。但这样的立法治理有些理想化、简单化，其后果是庸医泛化，其法律效果也大打折扣。

从"救生不救死"透视清代司法的伦理困境

陈　丽*

【摘　要】"救生不救死"是指司法人员在裁判中针对杀人犯而故意或过失减轻刑罚使之免于处死的法律现象，其本质是司法不公。这类现象在清中后期大量存在，并逐渐形成了这一固定表述，从民间俗语而扩展到官方文书中。就其成因而言，既包括司法官吏的知识背景、个人信仰和性格趋向等主观因素，又受到吏治恶化和社会环境变迁等客观因素的影响。这种现象彰显了清代法律规定与司法实践之间的偏离，也在一定程度上造成了君臣之间的紧张和冲突。清代统治者一再申斥和严禁"救生不救死"行为，并完善律法，还根据《大清律例》和《吏部处分则例》等法律对官员的出罪行为予以惩罚。然而，受多种因素的影响，清代"救生不救死"现象并未完全杜绝。

【关键词】 救生不救死；六滥；阴德；曲为开脱；吏治

　　受本土道家、儒家、阴阳家以及道教思想的影响和佛教文化的渗入，传统中国自汉代开始流行死刑报应说。[1]在司法官员眼中，拯救生者乃是积"阴德"，因此司法官吏针对杀人犯而进行出罪行为，表现为"故出"或"失出"。就清代而言，这类现象自乾嘉转型后逐渐增多，并形成"救生不救死"

＊　陈丽，中国政法大学法律史专业博士研究生，研究方向：法律社会史、法律思想史。本文受到"中国政法大学科研创新项目《清朝治官之法与国家治理的得失》"资助，项目编号：20ZFG82006；论文撰写过程中受到导师林乾教授的指导，并得到顾元教授的建议，在此一并致谢。

〔1〕　霍存福从法律文化视角探讨了传统中国的报应说（参见霍存福：《复仇·报复刑·报应说——中国人法律观念的文化解说》，吉林人民出版社 2005 年版，第 202－249 页）。另有俞江和尚海明揭示传统中国的"杀人偿命"（参见俞江："中国刑法史上的'杀人偿命'"，载《文化纵横》2012 年第 2 期；尚海明："善终、凶死与杀人偿命——中国人死刑观念的文化阐释"，载《法学研究》2016 年第 4 期）。

这一固定用语。学界对相关问题的研究仍存在继续探讨的空间。[1]考诸史料发现，清代的"救生不救死"，在话语表述方面，从民间俗语逐渐扩展为官方用语；在实践中成为司法裁判中的陋习，其成因较为复杂，造成的影响也很恶劣，由此或可透视清代司法的伦理困境。

一、话语嬗变：从"曲法开脱"到"救生不救死"

清代司法实践中不乏"救生不救死"的现象，但这一话语的形成和流布经历了较长的过程。"救生不救死"这种表述来源于坊间俗语，最早见于纪昀《阅微草堂笔记·姑妄听之（四）》。该篇文字成书于乾隆五十八年（1793），在时间上契合乾嘉转型的大背景，也处在秋审制度的完善期。

（一）"曲法开脱"的泛滥

"曲法开脱"是先于"救生不救死"而存在的用以指称司法官吏在裁判中对杀人犯实施的出罪行为的话语表述方式。另外，"从宽免死""曲为开脱""曲为宽宥""巧为开脱"等词汇也被用以描述类似现象。

乾隆是关注"曲为开脱"现象的典型，时常明发谕旨表达对案件裁决的看法。最为典型且被载入《历年有关秋审钦奉上谕》的是，乾隆二十二年（1757）十月，皇帝勾决江苏等三省的情实罪犯，指出问刑衙门在审判案件时姑息了事，"一切情罪之应正法者，苟可巧为开脱，辄文饰狱词，拟入监候缓决"。[2]秋审监候缓决人犯一般无生命之虞，有的在监禁几年或者十多年后，遇到庆典或灾荒还可以得到宽宥减等，造成了无人为冤死者偿命、刁恶莠民更加肆无忌惮、刑名案牍逐渐增多的后果。乾隆指责司法人员"巧为开脱""文饰狱词"，且手段高超、技艺娴熟，如殴杀案"必以为曲在死者"；卑幼伤及尊长的服制案，"不曰救亲情急，即曰尊长起衅"。类似这样的情况在招册中很多，"总以辗转回护，曲为之贷"。[3]"总以辗转回护"可谓点睛之笔，

---

〔1〕 如张伟仁先生认为佛教教义与中国传统民俗宗教融合，致使许多司法官员图立阴功而"救生不救死"（参见张伟仁："中国传统法理思想"，载《台大法学论丛》1996年第4期）；另可参阅蒋冬梅："救生不救死之说的缘起与流行"，载《铁道警官高等专科学校学报》2010年第6期；赵红武："'救生不救死'与清代中晚期死刑处理"，中国政法大学2012年硕士学位论文；李平："中国历史中的杀人偿命观演绎及其现代启示"，载《法律史评论》2019年第2期。

〔2〕 杨一凡编：《清代秋审文献》第1册，中国民主法制出版社2015年版，第55页。

〔3〕 《清实录》第15册，中华书局1986年影印版，第989页。

将司法人员主观方面的"曲"和客观方面的"文饰狱词"概括得十分到位。乾隆五十四年（1789）十二月，针对浙江省姚胜立一案，皇帝指出虽然罪名无关出入，但案件情节有疑，应是刑书人等有意删减的结果，遂传谕浙江巡抚琅玕再审详究，据实覆奏。[1]也就是说，"刑书人等"删减案情几乎成了常用的作弊手段。

（二）"救生不救死"的代入

"救生不救死"出现在《阅微草堂笔记》后便广为流传，之后对它的记载则由私人载笔发展到官方史书中，在一定程度上取代了"曲法开脱"等表述。

嘉庆朝起该词在上谕中屡现，最早的一例出现于嘉庆六年（1801）五月，皇帝严正斥责了"世俗鄙论所云'救生不救死'之说，以为积阴功"的现象。嘉庆认为死者含冤更损伤阴德，刑官断狱不应有意严苛，也不可"博宽厚之名，于应死之犯曲法开脱"；国有律例，不可任意出入，问刑衙门应持平断案，矜恤生者的同时也应当为死者伸冤。[2]此则上谕将"曲法开脱"等同于"救生不救死"，而"世俗鄙论"一词很好地说明了"救生不救死"话语的建构，即它起初是一种民间表达。然而现象是先于话语存在的，"从宽免死""曲法开脱""曲为宽宥"是先行存在的表述，之后被"救生不救死"这类贴切的表述而有所取代。

《清实录》中"救生不救死"这一固定表述共出现49次，其中嘉庆朝7次，道光朝18次，咸丰朝10次，同治朝6次，光绪朝8次。《光绪会典事例》也将这类上谕分载各门以昭示中外。但有一点显著的变化就是从咸丰三年（1853）开始，《清实录》中涉及"救生不救死"的条目形成了固定套话——"固不可失之刻核，亦不可惑于'救生不救死'之说，故从轻减"，从某方面说明了晚清法制的废弛。

《大清律例》"斗殴及故杀人"例反复出现"拟抵"等字样，还根据司法案例和情势变迁对法令适时调整，这与传统中国"杀人偿命"的观念不谋而合，其深层逻辑是对"情罪允协"、刑求中道等原则持之以恒地追求。"救生不救死"现象自嘉庆以降较为普遍，沈家本曾指出乾隆朝以后故杀案件"日

---

〔1〕《清实录》第25册，中华书局1986年影印版，第1227页。

〔2〕《清实录》第29册，中华书局1986年影印版，第83页。

少"，很多故杀案件被当作斗杀处理，与盛行的"救生不救死"之说有很大关系。[1]咸丰二年（1852），监察御史王茂荫也根据问刑衙门有"救生不救死"的陋习，他条分缕析、据理力争而促成了秋审拟缓人犯拜双汶被改判为实的结果。他上奏指出，刑部在会题时，将"死者肆行喊骂，先行动手"和案犯不得已才还手且下手轻微列为重要情节；刑部还认为死者拜景文"年虽七十"，"犷悍性成"，其所受之伤"俱轻浅"。[2]也就意味着让死者自身承担一部分死亡责任，这与上文所谓殴杀案件中，以"曲在死者"为由而装点情节、文饰狱词，不谋而合。王茂荫对此一一反驳，他援引秋审上谕，坚持认为刑部拟缓不当，故请旨饬下九卿再行详议。十月十四，咸丰将此案酌改入实，"以儆凶顽"，并告诫中外问刑衙门，"断不可惑于'救生不救死'之说，改易情节，牵就成案，致令死者含冤"。[3]

二、司法的内在张力：皇帝的"仁慈"与官吏的陋习

"救生不救死"现象逐渐增多，反映了清代司法的内在张力，即以皇权为代表的司法制度顶端设计者和以司法官员为主的司法制度维护者和践行者之间的矛盾和冲突。问刑部门在司法实践中因内外因素而使得实践与制度产生了偏离，冲击了原有的制度建构。

（一）官吏对"救生不救死"的"偏好"

"救生不救死"指向的是对杀人犯的救济，给予加害人更轻的刑罚，更多的是从宽，完全免于处罚的情形不多，即在罪与罚的关系中罚不当罪，本质上是司法不公。司法人员在实际操作中表现为故出或失出。清代问刑官员对杀人犯的宽纵自乾隆朝起增多，逐渐形成了"救生不救死"偏好，并通过删改案情以实现这一目的。

中国第一历史档案馆馆藏档案题名为"失出"的有71件；"故出"有10件；"故入"18件；"失入"57件；还有一些被命名为"审拟错误"的档案。总的来说，司法人员出入人罪的档案有一定的存量。《大清律例》"官司出入人

---

[1]（清）沈家本：《寄簃文存》，商务印书馆2015年版，第57页。

[2]（清）王茂荫："秋审人犯情罪较重请饬详议疏"，载沈云龙主编：《近代中国史料丛刊》第85辑，文海出版社1972年版，第4497-4500页。

[3]《清实录》第40册，中华书局1987年影印版，第962页。

罪" 律对于故意和过失犯罪处罚大不相同, 过失犯罪比故意犯罪的处罚要轻, 以故出入人罪为基准, 失入减三等, 失出减五等。[1]司法人员裁判中过失犯罪多于故意犯罪; 出罪比入罪多; "失出" 是最多的违法类型, 俗语谓 "宁失出, 勿失入"。典型的如清末律学家吉同钧曾因朝审失出被降调, 十年努力化为泡影, 然而他在谪官后依旧表明心志: "寄言司法诸君子, 毕竟生人胜杀人。"[2]

《大清律例》中 "断罪引律令" 规定 "凡 (官司) 断罪, 皆须具引律例"。[3]但太过僵硬的规定并不能将一切情形囊括殆尽, 清代司法官员往往通过改造或删减供词以移情就法。其一是为了判罪得当, 仕途稳固; 其二也不免掺杂私心, 曲为宽纵。

清代秋审的时间都较为固定且集中, 也给了部分臣工作弊的机会。因帝位禅让, 乾隆六十年 (1795) 和嘉庆元年 (1796) 都是秋审停勾年份。乾隆六十年, 乾隆在热河早降谕旨, 仍将秋审案情最重者勾决。又先后面谕刑部侍郎张若淳和尚书胡季堂安排此事。而到了八月, 刑部本末倒置地将停勾之本先进, 而将情重各犯招册拖后。更让乾隆震怒的是, 蒙古台吉图巴扎布致毙四命及其家奴齐博克为从加功一案, 刑部援例错误将本应立决案件归入监候, 意在宽纵。刑部堂官在秋审办定后才将这个重案奏上, 不仅陷皇帝于 "矜恤之恩, 转类严苛" 的境地, 而且 "稍不经意, 竟任颟顸混过"。因此皇帝谕令将刑部和理藩院堂官交吏部严加议处; 该案之图巴扎布改拟斩决, 齐博克改拟绞决; "书此旨之军机大臣有意回护", 也被严加议处。[4]

现存的清代《颁发条例》中的一些条目很好地说明了官吏在司法实践中存在 "曲法开脱" 的情形。咸丰元年 (1851) 三月的 "嗣后办理强盗重案及命盗服制案" 条源于署理山东巡抚刘源灏代青州副都统向刑部咨询服制重案如何办理, 刑部据道光三十年 (1850) 办理湖南郑添朗殴死小功服叔郑正焕一案的结果, 将相应谕旨恭录而行文该抚, 其中载明地方将伦纪攸关的服制之案, "转得以 '并非有心干犯' 一语为救生不救死之计"。也就是说地方官经常为凶犯辩护。其后江南道监察御史福昌又奏请饬 "内外理刑衙门办理命盗服制案件务得其平, 并请酌定地方官盗案处分", 咸丰下旨让刑部议奏, 于

---

〔1〕 张荣铮、刘勇强、金懋初点校:《大清律例》, 天津古籍出版社 1993 年版, 第 621 页。
〔2〕 闫晓君整理:《乐素堂文集》, 法律出版社 2014 年版, 第 222 页。
〔3〕 张荣铮、刘勇强、金懋初点校:《大清律例》, 天津古籍出版社 1993 年版, 第 648 页。
〔4〕 《清实录》第 27 册, 中华书局 1986 年影印版, 第 868-870 页。

是刑部会同吏部和兵部将福昌所奏各条逐一详核覆奏经皇帝批准通行。这些条例中明确写明地方办案时常出现"曲为开脱""以大化小、以小化无"等情形，是故清廷严格服制、命盗及强盗案的办理。[1]

（二）君主对"救生不救死"的斥责

整体来说，清代君主痛斥"救生不救死"，并且希图牢牢控制整个国家的死刑最高决定权以彰显个人的权威和仁慈。案件的裁判涉及对多种因素的考量，如主观恶性、犯罪手段、犯罪经过、加害人和被害人之间的关系、首从犯之间的关系、社会危害性、客观损伤程度等。尽管清早期官方文本中并未出现"救生不救死"这一字样，但具有更广泛意义的"从宽"却是司法人员在裁判中的偏好，这引起了皇帝们屡次斥责。康熙四十四年（1705）的朝审情实罪犯少，康熙直言"太宽"，对恶人的儆戒效果不佳，并将之晓谕刑部。雍正信仰佛教，"阴德""集福"等词常与"从宽"同时出现在他的训谕中，据《清实录》统计，面对秋审和朝审的实践，雍正最少11次告诫司法人员要宽严得中，不枉不纵。

嘉庆是痛斥"救生不救死"现象最显著的帝王。嘉庆六年（1801）九月，广东省办理秋审失出至17案，嘉庆核查情节——驳改，指出其中抵命的罪犯人数显然不足，问刑衙门显属有意从宽。之后，皇帝传旨申饬署巡抚瑚图礼和升任臬司吴俊，告诫他们不要沾染"救生不救死"这种不良习气，此后办案必须详慎，刑协于中。[2]十四日后，嘉庆又批评外省在审办刑名事务时"惑于'救生不救死'之说"，有意疏纵应抵人犯，而让死者衔冤，是空博宽厚之名，"其实与锻炼周内，刻意从苛者，同失持平之道"。[3]次年八月，嘉庆又明示不可"狃于'救生不救死'之俗论"，无枉无纵，生死无憾才是修刑之实。[4]嘉庆六年（1801）和七年（1802）是较为集中申斥"救生不救死"现象的时段，与嘉庆励精图治、整顿司法有很大关系。

皇帝一方面收紧死刑最高决定权以达到"明刑弼教"的效果，另一方面又通过赦宥收买人心、昭示仁慈。《清朝续文献通考》载明传统中国自《周

---

〔1〕《颁发条例》咸丰元年三月"嗣后办理强盗重案及命盗服制案"条，光绪年间刻本，（哈佛大学汉和图书馆珍藏本电子版）。

〔2〕《清实录》第29册，中华书局1986年影印版，第148-149页。

〔3〕《清实录》第29册，中华书局1986年影印版，第152页。

〔4〕《清实录》第29册，中华书局1986年影印版，第358页。

礼》确定"三宥三赦"后，"后世博宽大之名，一遇庆典，滥行肆赦，无论罪之轻重，一概宥释，致罪人幸逃显戮，而良善多被冤抑"。此语道明了滥赦的危害，而清朝也不例外，"凡遇国庆则普颁恩诏，遇灾荒则查办减等"。[1]乾隆四十七年（1782）十二月，皇帝将秋审各官犯内情实十次以上未勾的黎慕莲等五犯，全部加恩从宽释放。乾隆四十八年（1783），乾隆还自诩临御四十八年以来，矜慎庶狱，"不肯有意从宽，屈法施仁，多活一人，以为积阴功起见。又岂肯多杀一人，有意从严耶"。[2]嘉庆五年（1800），皇帝表明服制案件中归入秋审情实者本系情有可原之犯，多不实勾。[3]这里隐含了服制类情实人犯很少抵命，"情有可原"成为司法官吏上下其手最为正当的借口；也反映了秋审分类的僵化，既然是并不实勾的服制案件又何必归入情实？可能一方面要控制地方任意的宽纵行为，另一方面则通过这类免勾案件的存在以彰显皇帝的权威和仁慈。

（三）君臣的冲突与"秋审实缓错误处分则例"

君主与大臣之间的博弈在司法中也体现得淋漓尽致，皇帝有时可随性对案件进行裁判，但当问刑官员存在"救生不救死"行为或为杀人犯表达缓决意见时，往往要承担出罪的责任。乾隆二十九年（1764），刑部尚书舒赫德奏请将三个秋审情实类人犯改为缓决，被皇帝严行申饬。一是为实现"重伦常而昭法纪"的目的，故服制之犯不得轻议更张；二是乾隆认为"必先有皋陶之执法，而后可施帝尧之矜宥"，舒赫德等人沽名钓誉而奏请拟缓，是以三宥自居，皇帝的权度无从体现。[4]这则案例中既涉及杀人犯量刑问题，还涉及皇帝对官员品性的定性，更重要的是臣工过于积极地为杀人犯奏请拟缓反而有削弱帝王权威的可能。清代对于一些情有可原的服制案件，允许问刑衙门夹签声请以表达意见，[5]这一制度到乾隆后期有扩大化趋势。乾隆五十五年（1790），刑部定拟申兆吉一案，以斩决、斩候双签请旨，又置皇帝于尴尬境地。无论皇帝如何选择，刑部都占据舆论优势。皇帝认为刑部有意从宽邀誉，而将刻核之名归之于他，为此将管理刑部事务的大学士阿桂等严行申饬，"原

---

〔1〕 刘锦藻撰：《清朝续文献通考》第4册，商务印书馆1936年影印版，第10009页。
〔2〕 《清实录》第23册，中华书局1986年影印版，第945-946页。
〔3〕 《清实录》第28册，中华书局1986年影印版，第978页。
〔4〕 《清实录》第17册，中华书局1986年影印版，第1011-1012页。
〔5〕 顾元：《服制命案、干分嫁娶与清代衡平司法》，法律出版社2018年版，第182-214页。

本发还，仍著推究案情，另行具题"。[1]

清代的死刑案件数量随着时代发展而发生变化，裁判轻重不一渐有扩展之势，为此清廷加强条例和处分则例的制定。康熙亲政时期，每届秋审情实罪犯通常不满百人。如康熙四十五年（1706），秋审情实罪犯 70 人，勾决 25 人。康熙对秋审较为慎重，制定了几条重要的"官司出入人罪"例。及至雍正继位，一改乃父宽仁作风。二年仲春，他告诫刑部"外示严明，中心须存仁恕"，并谆谆告诫刑官要念其子孙，"岂可疏忽，致有后悔乎？"[2]雍正在上谕中将刑官断狱与子孙福报联系在一起，颇值得玩味。乾隆早期，每年秋审情实案件不过三百多件。[3]《清实录》明确记载，到了乾隆后期各直省案件大多在 50 件以上，有些甚至达到了 100 多件。以乾隆四十六年（1781）为例，当年九月十一，秋审官犯、服制及云南、贵州情实罪犯中，勾决 139 人；次日，将四川情实罪犯中 191 人予勾；十八日，将广西、广东情实罪犯中 213 人予勾；二十日，将福建情实罪犯中 115 人予勾。[4]当然，每个省份因人口和犯罪率不同导致监候案件的具体数字有所区别，皇帝也试图维持年度均衡和地域平衡，嘉庆更是力图清理积案，并逐渐放开了"一面具题，一面先行正法"的适用，使得秋审案件的数量有所下降。当然，并非所有命案都经秋审，立决案件不经秋审，咸同光三朝一度盛行"就地正法"；另有一些命案在民间得到了消化，有些甚至得到了地方官的欺瞒和默许，并未层层上报。民生日蹙，风气日卑，私和及贿买顶凶都存在。如乾隆五十五年（1790），皇帝谕令嗣后各省劣幕若主使官员作弊，官员获罪，劣幕同罪。

清代在秋审实践中，逐渐完善了错案追责机制。为了约束司法官吏在拟判中的出入人罪行为，清代专门制定了"秋审实缓错误处分则例"，这与《大清律例》中"官司出入人罪"律例一脉相承，从而形成了以处分则例为主和律例为辅的"双轨制"错案追责机制。[5]乾隆四十六年（1781）和嘉庆十年（1805）是严定秋审处分例的两大关键节点。

---

〔1〕《清实录》第 26 册，中华书局 1986 年影印版，第 86-87 页。

〔2〕《清实录》第 7 册，中华书局 1985 年影印版，第 280 页。

〔3〕（清）沈家本：《寄簃文存》，商务印书馆 2015 年版，第 57 页。

〔4〕《清实录》第 23 册，中华书局 1986 年影印版，第 266 页、第 268 页、第 278 页和第 280 页。

〔5〕白阳："优礼与管控之间：清代错案责任'双轨制'之形成及其原因探析"，载《交大法学》2020 年第 3 期。

乾隆四十六年（1781），四川省和湖广省秋审招册内经刑部改入情实者各有七案。皇帝明定处分，"嗣后各省秋审案件，如经部驳至五案以上，俱系问拟失出者，著交部议处；如五案之内，有问拟失入一案，即著交部严加议处"。[1]当年四川、湖广两省秋审案件，即照新例办理。五日后，广东省秋审案件虽经刑部改拟仅三案，未达到交部议处标准，但广东巡抚李湖"援拟失当，殊属有意从宽，著传旨申饬"。[2]

"秋审实缓错误处分则例"往往因皇帝个人喜恶而被破坏。乾隆四十八年（1783）十月初二，皇帝将四十七年各省办理秋审失入的臬司均"改为降三级从宽留任"；[3]其中原任四川按察使孙嘉乐办理秋审案件，经刑部改驳至14起，本应革任，最后也是降三级以部员用。14起是定例5起标准的近三倍，而这样的臬司还可以转岗，可见皇帝的擅断与随性。十月十九，巡抚姚成烈和湖北按察使汪新因贿嘱顶凶重案被处分，姚成烈却从宽免革任；乾隆认为臬司为通省刑名总汇，因此将汪新"照部议降三级调用"。[4]乾隆五十年（1785）四月，乾隆又将四十九年办理秋审失入的5名巡抚或按察使从宽留任，令其自行议罚。皇帝给出的理由是"今各案失入处分，应行降革之员，内而尚书侍郎，外而巡抚臬司，不一而足，皆系国家大员。若概予降革，一时人才难得"。[5]也就是说，督抚、臬司在办理秋审过程中很难免于被追责，有些年份出入人罪的数量过多，就会使得一方大员面临降革。而刑名只是这些大员负责的众多政务中的一类，动辄人事更替对于整个帝国的运行是极为不利的。

嘉庆十年（1805）秋审由刑部改实为缓者3起，而改缓为实达83起之多，为此，皇帝作了一个重大决定——复秋审失入失出处分例，并说明向例督抚和臬司都要受秋审失入和失出处分，嗣经降旨宽贷，各省大吏因此"更无瞻顾考成之虑，遂尔遇事从轻"，因此"仍前定立处分"，从下届秋审开始执行。[6]这道上谕被完整载入《钦定六部处分则例·刑部·审断下·秋审实

---

〔1〕《清实录》第23册，中华书局1986年影印版，第268页。

〔2〕《清实录》第23册，中华书局1986年影印版，第278页。

〔3〕《清实录》第23册，中华书局1986年影印版，第909页。

〔4〕《清实录》第23册，中华书局1986年影印版，第923页。

〔5〕《清实录》第24册，中华书局1986年影印版，第481-482页。

〔6〕《清实录》第29册，中华书局1986年影印版，第1051-1052页。

缓错误》中，紧随其后还有八条相关则例，形成了外官与刑部秋审实缓错误的双重问责机制。其中咸丰九年（1859）制定的按照各省失出秋审起数的比例而分别处分的规定，[1] 则考虑到了各地域秋审起数的不平衡，体现了一定的灵活性。

三、"救生不救死" 现象出现的成因

传统中国的一些社会现象并不因朝代更迭而消失，而是在滋长或蔓延，"救生不救死" 现象在乾隆后期呈扩张趋势。清代 "救生不救死" 现象的成因应当从主观和客观两方面进行分析。

（一）受仁民爱物，福祸相报观念的影响

司法官吏乃至刑名幕友具有不同的个人品性、爱好、刑罚观和生死观。他们既受儒家 "仁" 的思想影响而进行司法活动，又对佛家倡导的 "救生" 和 "报" 等思想有所汲取，从而形成了独特的生死观和刑罚观。

人的个性有宽严仁刻的区别，而且又容易受到具体环境的影响产生变化。面对刑名事务时，因个性使然会对同一事务的认知和促成的结果有所差别。生死问题是人类的两大终极问题，尽管儒家提倡 "死生有命，富贵在天"，然而对于人际关系则以 "仁者，爱人" 为核心，主张 "行而宜之"。清代官吏长期浸润于儒家经典，对仁义之道深信不疑，知行合一要求 "仁义" 不仅是道德律，更应躬行于实践。以儒家经典涵养心性，仁恕成为一种可能。另外，传统中国盛行的 "阴德" 之说为多数人承认，构成了生死观中的重要组成部分。古人一般视拯救生命为积阴德之善事，并渴求福报子孙，清人也对此深为迷信。加之佛教倡导的救生和轮回转世说，为以上思想理论打了强心剂。张伟仁先生指出，佛教教义中许多部分与传统民俗宗教融合，形成了功德、报应、冥审、轮回等信仰，一定程度上促使了 "救生不救死" 现象的增多。[2]

乾隆三十年（1765），河南巡抚阿思哈为沈邱县民王架一案声请，被刑部

---

[1] （清）文孚纂修："钦定六部处分则例"，载沈云龙主编：《近代中国史料丛刊》第 34 辑，文海出版社 1969 年版，第 997-1000 页；刘锦藻撰：《清朝续文献通考》第 4 册，商务印书馆 1936 年影印版，第 9872 页。

[2] 张伟仁："中国传统法理思想"，载《台大法学论丛》1996 年第 4 期。

议驳。皇帝认为阿思哈"心存开脱"缘于"新任臬司何煟，素信佛法，方虑其惑于慈悲之说，欲于谳狱求阴骘"。将阿思哈申饬，并告诫他不可再"似此姑息"。[1]次年三月，阿思哈又因审题葛继荣图产强嫁寡嫂案被申饬，乾隆又把矛头指向了"平素持斋佞佛，妄托慈悲，以文其沽名陋习"的何煟。[2]有"老佛"之谓的江西巡抚吴绍诗，也曾被严行申饬，并被告诫"务痛自湔改"。[3]乾隆五十七年（1792）正月，皇帝斥责朱珪"迂阔多活人积阴德之见，遇事从宽。所谓妇寺之仁，实属非是"。[4]以上四起典型的案例都说明乾隆以"诛心"的方式断定大吏对刑名事务拟断不当，试图通过训斥使得他们的个性能有所转变，在断案上更为明允。

尽管晚清受到西方文化的强烈冲击，其时的刑部官员依旧认同宽仁能获福报，身世飘零、子孙凋落、家道衰颓等因素混合在一起，更使他们多了几分笃定。就群体经历而言，晚清刑部中有相当数量的司官和堂官都得子较晚。而这些现象都被时人看作是治狱积德的结果。尽管晚清刑部官员能明确区分"释教喜谈果与因，儒家涵养性中仁"，即更多地从儒家"仁"的角度解释"秋谳年年法网宽"的问题，[5]但他们还是将治狱宽严和子孙盛衰联系在一起。可见，这些刑部官员所坚信的并不是纯粹的儒家道德，其中夹杂了轮回、救生和阴德的理念。芜杂的生死理念交织在一起，促成了"救生不救死"现象多发。但个体生命对是非善恶的理解不同，每个人的阴德观也有区别，一般人因阴骘的说法不杀人，认为不论人之善恶，杀人一定会受到殃咎；也有人主张恶人可杀。就历史实践而言，清代一味宽纵杀人犯的司法官员并不多见，更多的是对个案裁判持有不同意见。

（二）司法实践与制度设计的偏离

所谓的"司法实践与制度设计的偏离"则包括受"救生"传统的影响、吏治的恶化、司法程序设计上的缺点、官员的政绩考核压力和社会情势变迁等因素。

第一，传统中国民间信仰丰富，清代民众普遍相信灵魂存在、轮回转世

---

〔1〕《清实录》第18册，中华书局1986年影印版，第86-87页。

〔2〕《清实录》第18册，中华书局1986年影印版，第341页。

〔3〕《清实录》第19册，中华书局1986年影印版，第207页。

〔4〕《清实录》第26册，中华书局1986年影印版，第752-753页。

〔5〕 闫晓君整理：《乐素堂文集》，法律出版社2014年版，第223页、第345页。

以及报应理论。"救生"和"轮回"等因素交融在一起，构成了民间信仰的重要组成部分。一个生命的消逝，不仅关乎个体，还与整个家族的命运相连。一个人被人杀死后，若他的亲友未曾给他讨回公道，那么他在九泉之下便不得安宁；甚或成为孤魂野鬼，幽气郁结，为害人间。这不仅是普通民众的认识，还为清代的有识之士所坚持，他们认为死者含冤待雪的渴望比杀人者求脱的期盼还要强烈。"当其遭遇凶人而致之死，其宛转毒虐迫切痛楚之状，固有天地所不忍视，鬼神所不忍闻者，彼其冤魂厉魄，沉痛九幽，以待官长之昭雪。"[1]若有司"不救死"会致使戾气郁结而酿为殃咎。清代佛教信徒广泛，受轮回观念和因果报应的影响，民间社会盛行"救生"和"放生"的做法。清代许多人喜欢将拯救生命与积阴德关联，余治的《得一录》中，善待带字的纸片都被看作是积德行善，遑论拯救生命的功德。同时，"乐生恶死"乃人之天性，有些人认为司法人员拟断凶犯死刑后，那些不愿死去的凶犯的怨气可能会缠绕到司法人员身上；因职务之由判拟他人死刑，在一些司法人员看来也是变相的杀人行为；若拟判太多的人死刑，身上的戾气太重，会影响到一个人的仕途和命运。裕谦在《救生不救死论》中以问答形式表现了清人的认知。有司认为杀人者依法必死，那就造成了杀人者和被杀者都会死去，这是两条人命。但在审判时，杀人者还活着，对于死者已无力回天，那么对于生者就必须救助；再者，生者与死者都是他治下的民众，本应并救，若不救"尚生者"，反倒将其拟为死罪，则又杀害了一个民众，因此不得不救杀人者。

第二，自乾隆朝起，清代吏治腐败呈扩张之势，后世愈演愈烈。上下相护，通同蒙隐，清代几起典型的官员犯罪更是加速了治官之法的立法转向。乾隆五十五年（1790）三月十七，寿跻八旬的乾隆痛陈吏治衰弊，各省督抚"凡遇刑名重案及城工等事，往往因循忽忽，辗转迟延。阳藉详慎之名，阴遂诿玩之计"。为挽救外省废弛弊端，遂妥立章程，定以例限。[2]自乾隆中晚期始，甘肃冒赈案、和珅案、广兴案、王丽南私雕官印案、山阳冒赈案等大案迭兴，都揭示了吏治的衰颓。嘉道后内忧接续外患，国家治理重心有所倾斜，

---

〔1〕（清）裕谦："救生不救死论"，载沈云龙主编：《近代中国史料丛刊》第85辑，文海出版社1972年版，第4337页。

〔2〕《清实录》第26册，中华书局1986年影印版，第77-78页。

吏治腐败成为死局。晚清冤案迭兴，其中以杨乃武与小白菜案以及王树文案最具代表。王树文案印证了清代河南省政治生态极度恶劣，巡抚李鹤年一再请托和诡辩，该案最终因赵舒翘等刑部官员力争才平反，以李鹤年为首的河南多名官员受到处分。

第三，清代官员问责制度设计上的缺陷。《大清律例》看似严密，实则对官员约束过多，反而造成了官吏的因循和上下相蒙。法律在因革损益中，对办案官员层层加码，但并不能杜绝司法腐败。就清代的审判机制来说，人命案件在逐级审转复核下，一般由各省按察使拟定，督抚复审后咨送刑部。死刑案件以按察使的拟断最为重要，"臬司曰生，则其人不得而死；臬司曰死，则其人不得而生"。[1]乾隆也明示："刑名乃臬司专责，出入之际，咎无可辞。"[2]清代司法档案具有构造的可能，"纸面审理"并不能充分了解案件实情，尤其是在死刑案件审理中起重要作用的按察使，通常在各省首府办公，"官非亲民，则情不易得；事统一省，则识不易周"；看到的都是详报之语，前人的意见会迷惑个人的思考；审问的案犯都是历经敲扑的创残，稍一提审则震聋恐栗，"虽有冤莫敢复辨，由是或失而出，或失而入，一出入而人命关焉"。[3]也就是说臬司在刑案审断中地位重要，责任重大，但案卷和审讯依旧有许多漏洞，会影响到案件结果。这是一个特别考验个人才干的职位，这类人因案获咎也较为突出。此外，因督抚总揽一方事务，督率下属，往往是第一责任人，同样承担出入人罪的处分。乾隆五十二年（1787）九月，四川省秋审各案经九卿改缓为实者共九起。皇帝将直接责任人四川按察使陈奉兹交部严加议处，并将未等秋审事竣而来京陛见的四川总督保宁饬行。[4]

秋审时，皇帝不仅惩治过错官员，还试图从根源上断绝过错。如乾隆四十八年（1783）山西秋审颇值得关注。是年十月初五，皇帝指出山西省刑案繁多，办理多有未协，故任命刑部能事司员长麟补授山西按察使员缺。要求山西巡抚农起和长麟力图办好来年山西省秋审案件。[5]《大清律例·名例律·

〔1〕（清）管同："送朱干臣为浙江按察使序"，载沈云龙主编：《近代中国史料丛刊》第85辑，文海出版社1972年版，第4363页。

〔2〕《清实录》第15册，中华书局1986年影印版，第990页。

〔3〕（清）管同："送朱干臣为浙江按察使序"，载沈云龙主编：《近代中国史料丛刊》第85辑，文海出版社1972年版，第4363页。

〔4〕《清实录》第25册，中华书局1986年影印版，第267-268页。

〔5〕《清实录》第23册，中华书局1986年影印版，第917页。

同僚犯公罪》规定："若同僚官一人有私，自依故出入人罪（私罪）论。其余不知情者，止依失出入人罪（公罪）论"，仍依四等递减科罪。这是一个针对文武官员犯公罪承担连带责任的总括性条款，即对于官吏中个人所犯的私罪，其他同僚也要连坐以公罪论。"事应奏而不奏"律也规定文武职官"有所规避，（如怀挟故勘，出入人罪之类）从重论"。另有"官司出入人罪"例明确规定地方上下级之间承担连带责任。乾隆四十一年，英山县"僧广明因奸致死杜得正一案"，最终经六安州知州倪廷谟讯出实情，促成了两个"官司出入人罪"条例的出台。其一，严定州、县承审罪关凌迟的逆伦重案的故入、失入处分；其二，知府、直隶州，能将生死大案改拟得当，可由吏部引见。[1]此外，康熙五十七年（1718）制定、乾隆三十八年（1773）修改的"官司出入人罪"例规定督抚具题事件，部驳至三次、仍执原议的情况下，才将督抚等交部议处。此条例于道光十二年（1832）被删除，但咸丰二年（1852），又定"断罪不当"例规定，凡直省"由刑部驳审之案，无论失出、失入，一经讯得实情，即当据实平反，毋得固执原题，含糊了结"。[2]即将地方官的"试错"次数从三次限制为一次，地方官因审拟错误"动辄得咎"的可能性大大增加。

清代不仅严格控制地方官员的司法过程，还约束中央三法司的拟断行为。前述律文对之适用，但也有专门针对这一群体的定例。雍正十一年（1733），针对刑部办案引用律例以及三法司的责任出台了"断罪无正条"例。这个条例将案件到达中央覆审的各环节的问题和责任一一列明，自此问刑官员因审断不当的追责性条款趋于完善。除皇帝外，任何问刑人员都有被追责的可能。

第四，清代的政绩考核压力也影响了案件的公平裁决。在传统中国行政权力包揽一切的情况下，作为亲民官的州县官的个人能力和素质直接决定了一地的风尚，但他们也被比拟为琉璃屏，一触即碎。就司法审判而言，为人称赞的往往是那些审明确情、断案公道、平反冤狱的人，然而传统中国也存在滥拟、滥罚等"六滥"现象。[3]乾隆中期，四川通江县知县刘上台，将关系伦常的重案草率检验，偏听谰言，"甚至有意删改供词"，差点让凌迟斩绞

---

〔1〕 张荣铮、刘勇强、金懋初点校：《大清律例》，天津古籍出版社1993年版，第626-627页。

〔2〕 胡星桥、邓又天主编：《读例存疑点注》，中国人民公安大学出版社1994年版，第876页。

〔3〕 柏桦："明清州县司法审判中的'六滥'现象"，载《清史研究》2003年第1期。

重犯漏网，非寻常失出可比。皇帝令四川总督阿尔泰，严审定拟具奏。[1]追根究底，底层官员出入人罪跟政绩考核方式有很大关系，刑名案件事关个人考成，尤其是发生命盗案件后大多要承担公罪，因此官员往往对狱讼捏造巧饰，进而生发出一系列不良后果。有些案件本身盘根错节、兹事体大，上级长官往往有所指示或嘱托，"救生不救死"的背后也蕴藏着诸多经济利益和政治关系考量。

第五，清代的司法程序规定也存在诸多弊端。比如，清代的命案检验制度看似严密但也有漏洞。《大清律例》中"检验尸伤不以实"律例，对检验人员、免检范围、检验方式和检验程序等细节问题进行规定以保证检验有序开展。检验不但事关死者的冤屈，更关系到活人的生命，作为收集初始资料的检验环节是弄虚作假的关键之处，检验一般不会重复，断案往往以尸格为凭。实际检验中有许多弄奸舞弊之道，如仵作贪利受贿捏造、官嫌尸臭而不亲临监督、死者家属害怕暴露骸骨打扰死者安宁或有伤门楣而争闹、凶犯亲人试图隐匿等原因，都会造成检验结果的失真。仵作造假较为常见，典型的是乾隆晚期仵作王全因验伤切实为皇帝识记，又因受贿捏报而出名。乾隆五十一年（1786）四月，刑部具奏梁张氏呈控伊子梁冀州身死不明一案，经讯得知乃是仵作王全，"受贿捏报跌伤"。皇帝念王全曾在覆验吴雅氏尸身时指出真伤，将其从宽免治罪。[2]

除前述地方官员承担连带责任外，清代的逐级审转复核制使得上下级官员形成了一个利益纽带，因此京控的成功率和翻案的可能性微乎其微。同时，清代法制体系成熟，在律例之外还有大量则例的存在，清朝一方面要求官员据法定罪，另一方面繁杂的法律之间存在大量法条竞合的情形，这就使得复杂的案情有了一种以上裁判的可能。清朝的驳案在次数限制方面一再加紧，只能使地方上下级官员发出的意见更为一致。同样是司法不公的行为，但清代对故出和失出的认定和处罚完全不同，"失出"成为司法人员常犯的错误。

此外，不可忽视清代整体社会环境的变迁对司法的影响。社会转型中矛盾更为激化，巨大的人口压力、频繁的天灾人祸和大量的流民群体使得社会不安因素增加，资源争夺更为激烈，"世故日降，人情日纷，不多为科条，不

---

[1]《清实录》第 17 册，中华书局 1986 年影印版，第 1030-1031 页。
[2]《清实录》第 24 册，中华书局 1986 年影印版，第 836 页。

足以尽天下之情而穷天下之变"。[1]小民经常因争山、争水、争田产等酿成命案。尤其是乾嘉社会转型，伴随着辽阔的疆域和众多的人口，社会矛盾丛生，教匪、命盗案件激增，犯罪率上升。道光二年（1822），针对广东、福建等六省"预先敛费约期械斗雠杀"的纠众互殴之案，刑部奏准"斗殴及故杀人"新例，规定按照械斗规模区分首从人数办理，"地方官不将主谋首犯审出究办，及有心回护，将械斗之案分案办理，该督抚严参，照官司出入人罪例，议处治罪"。[2]这表明社会矛盾丛生而产生了大量的特例。会匪和械斗问题牵扯着整个帝国的神经；同时，传统的伦理也逐渐松绑，服制类的奸情、杀伤案件逐渐增多。[3]清政府有意通过重刑措施对这些问题加以规制。可以说，一方面是犯罪的增多，另一方面是法制的重刑化趋向和社会观念之间的冲突，加之吏治的腐败，使得司法裁判中"救生不救死"的现象大行其道。尽管清代对州县进行了冲繁疲难的区分，但在地方州县正式编制不变的情况下，州县官面临的公务却与日俱增，不得不借助于更多的杂佐人员，刑名幕友和讼师便有了更多的操纵可能。

四、"救生不救死"带来的消极影响

"救生不救死"的本质是司法不公，这种现象的泛滥，小到影响个人生死浮沉，大到影响法律因革损益乃至吏治环境以及国家治理。

（一）造成了司法不公

传统刑罚的目的在于报复、威慑和教化，报复在于拿命相抵，威慑在于惩戒奸顽，教化在于导民向善。司法实践中，"救生不救死"与传统中国的刑

---

〔1〕（清）管同："对用刑说"，载沈云龙主编：《近代中国史料丛刊》第85辑，文海出版社1972年版，第4346页。

〔2〕胡星桥、邓又天主编：《读例存疑点注》，中国人民公安大学出版社1994年版，第588页。

〔3〕典型的是"殴期亲尊长"例中原有一条根据乾隆四十五年（1780）的通行、于道光四年（1824）纂定的条例（起自"期亲卑幼听从尊长，共殴期亲尊长、尊属致死"），"其要旨是对于听从期亲尊长主使殴杀其他次尊长和尊属的情况作出区别对待，核心是'下手伤轻之卑幼，依律只科伤罪'"。也就是说卑幼并不是第一责任人。而到了道光十四年（1834），这条例被删除，以新例规定期亲卑幼"无论下手轻重，悉照本律问拟斩决"。原例的废止和新例中加重对期亲卑幼的惩罚，除了考量服制因素外，还与当时盛行的"救生不救死"之说有很大关联，即期亲尊长一般会揽下所有的罪责，官吏在操作中也有删移情节的可能，使得期亲卑幼面临的处罚较轻。具体可参见顾元：《服制命案、干分嫁娶与清代衡平司法》，法律出版社2018年版，第58-71页。

罚目的是背离的，因此统治者一再强调"出"与"入"同样是司法不公的表现，小到不能实现个案正义，大到破坏法制乃至威胁统治稳定。个人生死浮沉既关乎犯人的生死，也牵连着审判官吏的仕途。就清代惯用的"救生不救死"的方法来说，一般就是删减案情、移重就轻，在文牍之上下功夫。《救生不救死论》载有司法人员的说辞："彼犯死法，不能自匿其必死之情，吾据其实而声之，则无救；吾略为减省之，移其重以就其轻，则可救。"在这些法官眼中，装点文牍并非贿纵、私庇、有所干请、有所瞻顾迎合畏避而为之，"则吾心固可质之幽明而无愧"。〔1〕也就是说大多数法官只是出于"救生"而为，并非有心玩法。但不能排除现实中存在贿纵和请托的可能。有司是专门奉法之人，但往往是这一最熟悉法律的群体利用法律而"曲为开脱"，造成了法制的混乱。

纵如掌管天下刑名总汇的刑部，有时在断案时也望风而定。光绪五年（1879）的秋审颇有意思，先是太仆寺少卿钟佩贤奏秋审缓决人犯中，河南斩犯李金木，"情节甚重，法无可贷。刑部照拟缓决，与例不符"。九月初五，皇帝谕刑部将此案详细覆核，务期允当。〔2〕因此刑部有意在断案时从严。之后，甫任少詹事的宝廷又指出当年秋审过严，刑部改实达四十一起，上《法宜宽严互用疏》。他认为刑部将杀改实，几乎等同于"罪疑惟重"。还指出一些贪酷的地方官枉法自利，庸懦无能的官员惟幕友、吏役是听。九月十五，针对宝廷所奏，朝廷专门表明李金木是经刑部覆核改实，并非有意从严，要求嗣后办理刑狱，务须详慎持平。固不得过于宽纵，亦不得因有此案，相率苛求，致失"罪疑惟轻"之义。〔3〕

（二）加速了吏治腐败

吏治腐败与司法不公互为因果。以"救生不救死"为代表的司法不公是对法律的阳奉阴违，死者的冤抑得不到伸张，其他的民众也会对官吏失去信任。清代法律在设计方面要求官员所承担的连带责任过重，嘉庆五年（1800）制定的"官司出入人罪"规定刑部在驳案时，要检查府州县的原详，据实核

---

〔1〕（清）裕谦："救生不救死论"，载沈云龙主编：《近代中国史料丛刊》第85辑，文海出版社1972年版，第4335-4336页。

〔2〕《清实录》第53册，中华书局1987年影印版，第491页。

〔3〕《清实录》第53册，中华书局1987年影印版，第496页。

办。"如原详本无错误，经上司饬驳，致错拟罪名者，将该上司议处；如原详未奉饬驳，该上司代为承当，除原拟之员仍按例处分外，将该管上司照徇庇例严议。"[1]也就是说在逐级复核制度下，即便案件开始是由初审拟判错误，最后只要经刑部驳改，那么上司就要被问责。行文至此，便不难理解王树文案中河南巡抚李鹤年再三强辩。就清朝而言，法律严密并不利于政治生态得到根本净化，地方官员往往形成利益团体层层回护，以此降低"救生不救死"的违法成本，相习成风实属正常。或官倡幕和，或幕倡官从，牢不可破！

（三）腐蚀了社会风气

"救生"与"枉死"是相对的，案外人和司法人员对同一件命案的认知是完全不同的。在执法者眼中杀人者也是一条民命，拯救了杀人者，也是"自解于天下"的方式。但局外人却认识到这种做法有极大的危害，如梅曾亮曾感叹道，这种做法不仅救不了杀人者，而且增加了其他民众死去的可能，"非徒益民被杀者之死，且益民杀人者之死也"。[2]

死刑的威慑力应当是最强的，严刑重法之下，民众理应畏刑少犯。事实上，人性的恶不可估摸，总有个例在极刑面前依旧犯法，世人只能用"非人情"来解释。一些民众看到侥幸不死进而效仿去犯罪，更在常理之外。也就是说，"救生不救死"现象可能变相地"激励"了一些民众触犯死罪的可能。对于逆理逞凶，处心肆恶的杀人犯，若官员隐瞒情节、文饰狱词，就是不伸张死者的冤苦，而助长杀人者的凶恶，"于情为不平，于理为不顺，于居心为作伪，于事上为不忠"。州县是定案的根基，初审尤其重要，若删改案卷，就难以察看实情，使得凶犯免死，增加了其他民众犯法的可能。同时死者的亲属为了伸冤上诉不已，最后往往酿成巨案，也就是包世臣所谓的"七分不公道"，上诉案件往往成了官与官之间的对抗。这就造成了"屈一枉死之鬼，而相缘而死者益多；救一幸生之人，而所累之生者尤众。幸而事寝，孽已难逭于冥诛；设或案翻，咎且上连于大吏"。[3]裕谦憎恶"曲法长恶"，因此写了《救生不救死论》，他在清朝中叶就看到了这种曲法行为牵一线而动全身的危

---

〔1〕 张荣铮、刘勇强、金懋初点校：《大清律例》，天津古籍出版社1993年版，第627页。

〔2〕 （清）梅曾亮："刑论"，载沈云龙主编：《近代中国史料丛刊》第85辑，文海出版社1972年版，第4314页。

〔3〕 （清）裕谦："救生不救死论"，载沈云龙主编：《近代中国史料丛刊》第85辑，文海出版社1972年版，第4338-4339页。

害，然而这类现象却无法根绝。

*　*　*

传统中国通过刑措的轻重多寡透视国家治理的成败与否而及时调整各项措施，但各项政策的落实需要人才去切实践行。犯罪与刑罚是刑法的两大核心问题，清代司法官员秉持"中道"，追求情罪允协。然而在命案裁判中也存在司法官吏出入人罪的行为，其中对杀人犯实行的出罪即"救生不救死"。清代帝王痛斥这类现象，但三令五申似乎并不奏效。"官司出入人罪"等律例和处分则例并不能杜绝这类现象的发生。传统中国，行政人员兼理司法，以钱谷刑名为大端，司法官员秉持某种理念而自有一套办案的理路、逻辑或目的，吏治渐趋腐败也影响了司法裁判，并逐渐形成了一种恶性循环。人性的善恶和世道的明幽息息相关，因而"有治法，无治人"何尝不是一种缺憾？是故沈家本说："有其法者尤贵有其人矣！大抵用法者得其人，法即严厉亦能施其仁于法之中；用法者失其人，法即宽平亦能逞其暴于法之外。"[1]

---

〔1〕（清）沈家本：《历代刑法考》，商务印书馆 2011 年版，第 43 页。

第三编

清末修律与近当代法治研究

沈家本与晚清民法继受的光与影

——侧写《大清民律草案》几个问题

黄源盛*

【摘　要】清末的西法东渐是近代中国第一次也是最大规模的法继受，其不但将西方的法治思想带到中国的大地上，也将先进的实定法吸纳到了我们的法制之中。民法作为"定人民与人民之关系"的基本市民法，亦在这一经济社会剧变期受到重视。由沈家本主持的民商合一的《大清民律草案》彻底改变了我国两千年来民刑混同的历史，其在立法精神上整合西方近代民法思潮，在篇章体例上师法日德，同时亦注重调查融入各地民事习惯。应当说，《大清民律草案》是一次具有开创性的立法继受，它第一次将西方数百年发展的民法系统性地带入到中国。虽然它仍不可避免地受限于制度传统和政治经济社会文化教育的现状而有其历史局限性，但是，由其所开启的民事立法制度和变革的精神，却因此得到了传承发展，不仅指导了北洋政府的民事司法实践，更为民国南京政府1930年代之《民法》奠定了基础。

【关键词】大清民律草案；民法继受；民事习惯；沈家本

一、引言

法学界先哲吴经熊于数十年前曾为文《法律的三度论》，[1]指出每一个

---

* 黄源盛，中南财经政法大学文澜学者讲座教授、台湾政治大学法学院兼任教授。

〔1〕 Dr. John. C. H. Wu, Juridicial Essays and Studies, The Three Dimensions of Law, pp. 1-5. 嗣该文经译成中文版，吴经熊："法律的三度论"，载《法学论集》1983年版，第1-4页；［日］小林直树：《法的人间学的考察》，岩波书店2003年版，其中第三章 "法の時間論"，第四章，"法の空間論"，第199-264页、第131-198页。

别特殊的法规范事件均有其时间、空间与事实三度，统摄"法"的诸象，构成一个"预测法的坐标"。我们探讨法的历史发展，实不可不准诸时、地、事物的蕃变，晚清民国的民事立法自也不能例外。

从古今中外"法"的历史演化看来，法规范与法制度并非纯为民族历史、民族精神与民族确信的反映，[1]而仍须考虑到人类理性的创造，具有发展性与可变性。历史的演进，既根源于时势的形成与变动，时势不断衍化，社会也就不断变异；因此，顺势而变与因革损益自是自然之理。一代之法，缘一代之政体、经济、社会、文化而生，事为昔人所无者，不妨自我而创。

以现今欧陆法"民法"的概念与内涵来衡量，传统中国法规范中，完全符合此一标准者实属凤毛麟角，绝大部分是有民事的，同时又有刑事的或行政的法规范性质，因而有被称为"诸法合体、民刑不分"者。[2]实际上，传统中国法制究竟有无"民法"？倘若有，是"民刑不分"？抑或"民刑有分"？还是"不分之中又有分"？说法并不一致。[3]一般说来，帝制中国时期，并无一部当代意义的正式"民法典"，这已是不争之论，问题是，没有"民法典"是一回事，有无"民事规范"又是一回事；即使有"民事规范"，其间有无所谓"权利与义务对应"的内涵呢？[4]如果有，那是什么？如果没有，那又是为什么？还要进一步追问，当晚清民国之际，社会经济结构已然转型，如何由传统的"民刑混同"转趋"民刑分立"？中国首部"民律草案"是如何产出的？在草拟过程中至今还遗留哪些存疑问题？修律大臣沈家本

〔1〕 德国历史法学派的创始人萨维尼（Friedrich Carl von Savigny, 1779—1861）虽强调法律系民族历史、民族精神与民族确信的反映，法律与民族之间富于有机的联系。但他也认为，要立法之前，须有法学家先整理已经存在的法素材，并以此为基础来建立法体系；之后，法典是根据法学家的学说来建立，而不是单纯由立法者凭空抽象的订立。

〔2〕 有关传统中国法的法典结构，是否可概括为"诸法合体、民刑不分"，学界颇多争论，其详可参阅《中国古代法结构形式的特点争议》，载胡旭晟：《解释性的法史学——以中国传统法律文化的研究为侧重点》，中国政法大学出版社2005年版，第174-181页。

〔3〕 关于此一类问题的论述，可参阅下列诸书，杨鸿烈：《中国法律思想史》，我国台湾地区"商务印书馆"1993年版，第400-403页；张晋藩：《清代民法综论》，中国政法大学出版社1998年版，第1页；［日］寺田浩明："清代司法制度研究における法の位置付けについて"，载日本《思想》1990年第792号，第179-196页。

〔4〕 论者谓：唐明清代已区别刑事责任与民事责任，故有偿而不坐、坐而不偿及令修立而不坐等规定。惟律内掺杂民事法，违者亦予处罚，如婚姻及收养违律、买卖标的物的行滥短狭、负债不偿等，亦负刑事责任。要之，民刑事制裁或效果，尚未充分分化，诉讼又不分民事与刑事，即民事诉讼亦依刑事诉讼程序进行。引自戴炎辉：《中国法制史》，三民书局1971年版，第18页。

（1840—1913）在其间扮演何种角色？对其后又产生了哪些影响？其历史及时代意义各为何？

凡此诸问，事涉广泛，很值得细细求索，遗憾的是，由于史料的遗阙，迄今尚无完整可靠的文献可供征引；[1]本文拟分别从立法继受理论的宏观视野及若干个别问题的微观角度，以《大清民律草案》前三编为中心，[2]验往证今，除了回顾华人社会"民事法制"的生成、确立及其发展外，也试图探寻 20 世纪上半叶以前民事法律体系的承转关系，并思索若干纠结的法文化问题。

二、由民刑混同到民刑分立的理念分殊与立法滥觞

从形式上观察，传统中国立法史的时代区分，约略可分为四个阶段：第一阶段，自唐虞以迄周末（公元前 2333—公元前 222）的法典创始期；第二阶段，自秦汉以迄南北朝（公元前 221—580）的法典确立期；第三阶段，自隋唐以迄清季（581—1901）的法典发达期；第四阶段，自清光绪二十八年以迄宣统三年（1902—1911）的法典变革期。在这漫漫两千多年的法制历史长河中，有关法典的编纂体例何以重刑轻民？时至晚清如何由民刑混同转趋民刑分立？

（一）晚清社会经济结构的转型与规范渴求的窘境

晚清社会的形变，基本上是从传统农业社会逐渐转向近代雏形的工商业社会。盖自西汉以来，采重农抑商政策，中国的传统社会是建立在农业上，社会结构系以农业为基础。多数农民，聚其家族，耕其田畴，既无可以无限发达的工业，也就无可以无限发达的商业。而中国的经济在根本上是一"自足的系统"，且相缘于此一自足系统的，则是一非经济性的文化。不论儒、道、释的哲理，以及依其所建构的社会制度、家庭组织、伦理道德、风俗习惯与典章律令等都是与农业性分不开的。

1840 年鸦片战争以后的中国，内外情势有了极大的变化。古老而传统的中华法系，面临空前的挑战，产生了巨大且深刻的形变与质变，而属于旧文

---

[1] 张生："大清民律草案的编纂：资料的缺失与存疑的问题"，载中国政法大学法律古籍整理研究所编：《中国古代法律文献研究》第 5 辑，社会科学文献出版社 2011 年版，第 397–407 页。

[2] 根据修订法律馆 1911 年铅印本《大清民律草案》的"说明稿"，只有《总则》《债权》《物权》三编先行公布，至于《亲属》《继承》两编待修订法律馆与礼学馆会商后再另行公布。亦即在宣统三年（1911）九月定稿的只有前三编，后二编当时尚未定稿。

化所孕育的法律体系也随之而遽变。就法律继受言，继受外国法的原因复杂多端，且彼此经常交错相连，其中之一为"规范渴求理论"，[1]系指主张继受外国法的原因，是由于本国法在数量方面有欠缺，不足以提供解决冲突的模式，必须从外国引进，而规范之所以欠缺，主要乃因经济发展或社会变迁所引起。

自从近代西方文化进入中国社会以后，整个情势大大改观。可以说，改变中国社会的基本力量，并非西方的枪炮兵船，而是西方的工业技能，侵入中国的西方文化在基调上是工商业，这个工商业性的西方文化迫使中国的社会结构与文化价值解体乃至崩溃。说得具体些，鸦片战争前的中国社会是一个典型的农业社会。农业社会以家为组织的基本单位，由男耕女织的自耕而食与自织而衣，发展为家庭工业，再发展为家族性的合伙工业。这种重农抑商、家族本位、伦理本位的社会，在闭关自守时代，社会秩序尚称安定，也尚勉可维持其酌盈济虚、以有通无的自给自足生活方式。及至鸦片战争战败，海禁大开，列强于军事征伐之外，涌入大量的资本，继之以经济侵吞，一方面，从中国输出工业原料及劳动力；另一方面，又将机器制成的商品，源源越过低额关税而主宰整个中国市场；使中国手工业窒息，广大的中国民众反成为被倾销的对象。从前家族的经济基础破产了，家族的意识形态幻灭了，家族的社会结构崩解了。中国社会起了质的变化，这更替的社会并非纯粹意义上所说的"资本市场社会"，而是所谓"半殖民或次殖民地式"的社会。

此时，一般的知识分子憬悟到传统的农本思想，已不足以适应时代之需，转而提倡西方的新"农学"，以科学方法改良农业，并一反抑商的传统，倡行"重商学说"；也由于列强要求清廷开放重要的沿海港口与欧美通商，沿海沿江一带的工商业遂逐渐萌芽。虽然当时的工商规模还微不足道，却是中国由传统农本社会转向工商社会边缘的第一次大转变。而位于通商口岸大都市里的商人也相继组织商业行会。经济关系起了变化，社会结构亦随之变动，出现了"买办"的"官督商办"型态，资本主义社会的意识形态也次第渗入，原本的生活关系、传统文化思想的绝对价值几濒临破灭；泰西的法律规范、

---

[1] 有关法律继受的理论基础学说有：力的理论、规范渴求理论、面子理论及自觉理论等。而晚清继受外国法的动因，除了撤废领事裁判权外，另有欧日近代法典编纂的冲击、传统社会经济结构的转型、清廷救亡图存的危机意识等多种。详参黄源盛：《法律继受与近代中国法》，政治大学法学丛书55，2007年版，第47-65页。

道德标准输入被视为当然。由于传统中国法制无法适应如此遽变的经济关系和新兴的社会型态，因而使继受西方近代法律成为可能。

从具体数据来说，自五口通商到 20 世纪初期，清政府变法修律这一期间，外国资本主义工商企业在华发展迅速，国人商事组织也打破传统简单合伙规模，民营新式工商企业步洋商之后累年增加，华、洋商人之间涉讼事件日益频繁。据史料显示，从 1840 年至 1911 年间，历年创办的资本额在一万元以上的企业总数共 953 家，资本额达 203 805 千元。[1]另据海关资料统计，19 世纪 40 年代约为 3000 万海关两，19 世纪 50 年代约为 5000 万海关两，19 世纪 80 年代末已超过 1 亿海关两，及至 1894 年则达到 162 102 911 海关两。[2] 1894 年甲午战后，列强进一步强化对华商品输出，自给自足的传统小农经济受到前所未有的冲击，先进的工业文明的成果不断涌入中国，相对落后的农业生产方式面临着西方工业化大生产的严峻挑战。

言法制者固不宜过度强调"经济决定论"（economy determinism）的说法，但社会的基础要因是经济构造，且经济情势足以影响法制，也是无须争辩的。所以，要理解晚清法制的变迁，对于清末经济情况，不能不有一基本认识。可以说，中国近代化的进程具有经济需求，这是毋庸置疑的。而表现于经济生活上，就其归趋而言，是要变农业社会为工商业社会，变自然经济体系为商品市场经济体系，变乡村文明为城市文明，变狭隘的地域性经济为世界联系性经济。可是，中国社会这一历史性的大转变，并不是自然演变的结果，而是在列强藉助炮舰与种种不平等条约下骤然强加给予的。

尤其在新的历史条件下，传统法制至少遭到三种政治力量的非议：一是列强嫌弃它不能全面保护其在中国殖民地的利益；二是代表"买办阶级"的洋务派，在与列强交涉时，深感中国法律无法提供其必要的依据；三是民族工商业者长期受到传统法律的压抑，而无法成长，企图脱身与西方资本家同享法律周全的保障。在此种情势下，扬弃传统法制，继受西方近代法律与法制，就具备了必要性和迫切性。

要言之，由于中国社会经济结构的激变，由于外国资本主义经济的入侵，加上列强将其意识形态直向殖民地输入；当时的中国通商口岸，可以见到基

---

[1] 陆仰渊、方庆秋主编：《民国社会经济史》，中国经济出版社 1991 年版，第 117-120 页。
[2] 吴慧主编：《中国商业通史》第 5 卷，中国财政经济出版社 2008 年版，第 105-106 页。

督教广泛的传播、自由思想迅速地蔓延、权利观念日渐抬头；原本建立在专制皇权自然经济基础上的旧法制，显然已无法适应新出现的内外社会形势，亟须有新的法制来加以规整。因此，社会不同的利益团体从各自角度，提出修改旧律，制定新法典的要求，试图以近代六法的体系取代以刑律为主的旧律例；社会经济关系的遽变、民商规范的缺如，不能不说是促使晚清展开变法修律的根本原因之一，而倡议修订民商法典的呼声也渐闻渐近。

（二）中国第一部民事立法的胎动

传统中国律典，民事与刑事规范混同、实体法与程序法杂糅的编纂形式，已不合近代以来各国编纂法典的体例与近世最新的学理，必须加以改造。清末康有为首倡宜仿照近代西方法律体系制定民商法典，早在光绪二十四年（1898）就曾提出：

> 今宜采罗马及英、美、德、法、日本之律，复位施行，不能骤行内地，亦当先行于通商各口。其民法、民律、商法、市则、舶则、讼律、军律、国际公法，西人皆极详明……故宜有专司，采定各律，以定率从。[1]

或许，康氏当时对于民法、民律、商法等概念未必十分熟稔，但能把此等法律之制定列为维新变法的一项重要内容，足见其识见异于常人。

晚清变法修律，于光绪二十八年（1902）谕派沈家本、伍廷芳为修订法律大臣，设立修订法律馆，惟该馆初创之际，先从事于翻译外国律书及修订旧有律例，民法仍未遑编纂。鉴于《大清现行刑律》仍然民刑混同，光绪三十二年（1906）七月初四日，《时报》刊载了《改良法律所应注意之事》，呼吁早日实行民刑分立，制定独立的民法典：

> 法律分析多门，然大别之，实民法、刑法两类，其余皆从此而生，而法律之精神实亦即寄于此。盖专制国之法律，命令而已，其条文皆注重上与下之间，至于人民与人民之交涉，视之殆无足重。自民法独立，别与刑法分驰，然后人民之权利，日益尊重。然民法又源于宪法，宪法

---

[1] 康有为："应诏统筹全局折"，载中国史学会主编：《戊戌变法》第2册，神州国光社1953年版，第20页。

未立，又几无民法之可言。故必次第分明，然后下手不至错乱，得收相维之益。今者，民法未立而商法先颁，民事刑事诉讼法又相继出焉，学者常议其本末倒置。[1]

光绪三十三年（1907）四月初四日，《南方报》也刊登了一篇题为"论中国急宜编订民法"的文章，随即被主流的《东方杂志》转载。[2]该文就世界各国民法的异同、民法的性质、民事法律关系的主体进行了清晰的论述，尤疾呼政府宜早日制定民法。文中写道：

> 民法者，实体法也、普通法也、随意法也，而其实国内法中之私法一大宗也。世界各国其民族性质、历史、惯习各不相同，故其民法之范围亦各不同。然于不同之中而求其无不同之点，所谓权利之主体与客体是也。先就主体言之有二：一自然人、二法人。我国向无法人之制，故于公益之事，往往无一定规则，所谓自然人之权利亦听其自生自息，自消自长，毫不措意于其间。及至权利丧失乃仅仅以刑法之一部分为救正之地，其于权利之危险，又何如耶？危险者如此，稳固者如彼。当此预备立宪之际，其将何去何从耶！……若民法者，定私法上权利义务之所在及其范围，故有百利而无一害者也。[3]

文章刊出之后，引起广泛的回响。民政部尚书善耆于同年即上奏，提出民法与刑法均关乎国家治道，二者不可偏废，并奏请"饬下修律大臣，斟酌中土人情政俗，参照各国政法，厘定民律，会同臣部奏准颁行"。[4]奏疏云：

> 查东西各国法律，有公私法之分。公法者，定国家与人民之关系，即刑法之类是也；私法者，定人民与人民之关系，即民法之类是也。二者相因，不可偏废，而刑法所以纠匪僻于已然之后，民法所以防争伪于未然之先，治忽所关，尤为切要。各国民法编制各殊，而要旨宏纲大略相似。举其荦荦大者，如物权法定财产之主权，债权法坚交际之信义，亲

---

[1] 《东方杂志》1907年1月9日，第3卷第12号。
[2] 《东方杂志》1907年8月3日，第4卷第6号。
[3] 《东方杂志》1907年8月3日，第4卷第6号。
[4] （清）朱寿朋编，张静庐等点校：《光绪朝东华录》第5册，中华书局1958年版，总第5664页。

族法明伦类之关系，相续法杜继承之纷争，靡不缕晰条分，着为定律……中国律例，民刑不分，而民法之称，见于《尚书·孔传》，历代律文，户婚诸条实近民法，然皆缺焉不完……窃以为推行民政，澈究本原，尤必速定民律，而后良法美意乃得以挈领提纲，不至无所措手。[1]

其实，沈家本也早已洞悉此事之紧要，在光绪三十三年，他说过：

法律之损益，随乎时运之递迁，往昔律书体裁虽专属刑事，而军事、民事、商事以及诉讼等项错综其间。现在兵制既改，则军律已属陆军部之专责，民商及诉讼等律，钦遵明谕，特别编纂，则刑律之大凡自应专注于刑事之一部；推诸穷通久变之理，实今昔之不宜相袭也。[2]

光绪三十三年清廷再派沈家本、俞廉三、英瑞为修订法律大臣，是年将修订法律馆予以扩充，酌设二科，分任民律、商律、民事刑事诉讼律之调查起草。每科设总纂一人，纂修、协修各四人，调查一人或二人，民律草案的修纂主要由该馆第一科负责，又设咨议官，甄访通晓法政、品端学粹之员，分省延请，以备随时咨商。凡各省习惯及各国成例，分别派员或咨请出使大臣调查，以期取得充分之参考资料。

三、法律继受与沈家本主导下的《大清民律草案》

在清末变法修律期间所拟定的各种法案中，最具突破性者要属《大清民律草案》，于光绪三十三年，先由修订法律馆招揽欧、美、日归国留学生分科治事，慎重考虑延聘外籍修律顾问人选，并抉择如何取法外国立法例，踏出关键性的第一步，却也留下几个存疑问题。

（一）外国立法例法源依据的表里

就法律继受的类型来说，有所谓"同质法继受"与"异质法继受"两大类，前者指的是母法国与子法国的固有法系属同性质；而后者是指子法国的

---

[1] "民政部奏请厘订民律折"，载沈桐生辑：《光绪政要》，文海出版社1985年版，第2425-2526页。

[2] 《修订法律大臣沈家本等奏进呈刑律分则草案折并清单》，政学社印行，《大清法规大全》卷12《法律部》，宏业出版社1972年版，第1985页。

原生态法规范、法制度，乃至于宗教、经济、社会文化等背景，与母法国大相径庭。很显然，晚清的民法继受是属于异质法的继受。为此，论列有关《大清民律草案》继受的法源依凭，不能仅止于规范条文间的比较，还要进行制度的比较，甚至深入探究其发展状态及与固有法调合的情形。要问的是，其所依据的外国立法例源自何处？亦即其法源的根据为何？

考察《大清民律草案》的修订过程，再端详其时代背景，可以发现，清末的法律近代化，本质上是列强势力逼使下的一次法律继受，必须借助他山，方能事半功倍，它以法典化为核心，尽可能地呼应列强"改同西律、皆臻妥善"的要求，期能收回领事裁判权。质言之，清末民法近代化是传统法制在外力冲击下的一次"强制性继受"，其间，外国立法例法源的选择关乎法律规范的表现形式，左右法制发展的路线。而长达1316条的《大清民律草案》前三编能在短短四年内完成，大量的法典继受不能不说是一条快捷方式。有争论的是，《大清民律草案》拟订的蓝本究竟取自何处？其母法是哪部法典？对此，学界存有不同看法，有以为主要系仿照德国民法典，[1]另有以为系仿自日本的明治民法。[2]

以上两种不同观点，各有其见地，也各有所偏执。其实，要谈论此一话题，恐怕得先略略提及日本的近代民法史，以利比较。日本在明治维新之前，并无独立的民法典，民事案件大都取决于仿效传统中国法制而成的律令和旧日的习惯，内容比较单纯，而且不甚完整。维新以后，日本被迫由锁国自守而门户开放，由昔日幕府专制的封建政治，一变为君主立宪的近代式体制，政治社会经济情势都发生了剧烈的变动，传统式的民事法制，自然不足以因应时势之需，而有制定民法典的必要；再者，日本在幕府末期，与外国签订了许多不平等条约，企图撤废领事裁判权是明治维新的起因，也是当时的国是之一，而民法典的制定，尤有必要。所以，在明治三年（1870）三月，即在太政官之下设立制度调查局，令请精通法语的箕作麟祥翻译《法国民法》，以作为编纂民法典的准备，其后日趋积极，迨明治十二年（1879）在脱亚入欧思潮的导引下，专聘法国巴黎大学教授波阿朔那德（G. E. Boissonade de

---

〔1〕 李秀清："中国近代民商法的嚆矢——清末移植外国民商法述评"，载《法商研究》2001年第6期。

〔2〕 孟祥沛："《大清民律草案》法源辨析"，载《清史研究》2010年第4期。

Fontarabie）起草民法，提经元老院通过，于明治二十三年（1890）公布，预定自明治二十六年（1893）一月一日起施行，史称"旧民法"。

但因该法几乎是 1804 年法国拿破仑民法典的翻版，既有伤于日本国民的民族感情，和日本社会经济情况也诸多扞格；此外，拿破仑民法典虽然执 19 世纪初期民法的牛耳，为各国所宗仰，但 19 世纪后期以后，已渐失其优势，甚至略有过时之况，为此，该民法公布后，即引起相当的争议，断行派主张如期施行，延期派则主张无限期的延后，[1]反对最甚者，甚至说出"民法出，忠孝亡"的言词；激烈论争的结果，终由国会通过，将该法延期施行。[2]迨 1894 年，日本政府始设置法典调查会，改派学者穗积陈重、富井政章、梅谦次郎三人，以德国 1887 年第一次民法草案为蓝本，重行起草民法，于明治三一年（1898）七月六日起施行。该法改从德国立法例，分为五编，依序为《总则》《物权》《债权》《亲族》《相续》，全文共 1044 条。观乎日本民法，和各国民法一样，分为三类：《物权》和《债权》是关于财产法方面的，《亲族》和《相续》是属于身份法方面的；《总则编》规定全部民法共通适用的法则，而为其余四编共同适用的基础。因为各编的性质不同，其理论基础也各异，大体说来：总则和财产法部分，继受自德国民法和法国民法，以个人主义为其理论的基础；身份法部分则依从日本传统思想，以家族主义为其立论的根基。

《大清民律草案》前三编主要系以上述 1899 年的日本民法典为直接蓝本，而间接则从 1896 年的德国民法典而来，列陈理由如下。

其一，《大清民律草案》虽有不少内容与德国民法典相同或相似，这是间接借鉴德国民法所使然。从文化角度看，19 世纪后半期，德国不论在人文社会或自然科学领域都超越了欧洲其他各国，这对于向来主张"要继受外来法就要选择最强势的"日本而言，自有相当的魅力。此外，日本 1899 年民法的三位起草人当中，有二位曾留学过德国，[3]这当然影响了彼等后来民法典的起草、解释和研究工作，甚至牵动整个日本民法学的发展走向。尤其体现在德国民法典中的德国民法学研究的巨大成果，也是使德国民法学成为日本所

---

[1] ［日］星野通编著：《民法典论争资料集》，日本评论社 1969 年版，第 1-8 页；［日］手塚丰：《明治民法史の研究》下册，庆应通讯 1991 年版，第 335-343 页。

[2] 林纪东：《战后日本法律》，正中书局 1956 年版，第 76-78 页。

[3] 梅谦次郎与穗积陈重均曾留学德国洪堡大学（Humboldt University of Berlin）。

仿效的重要原因。[1]因此，德国民法对日本明治民法典的影响极深，而《大清民律草案》是以明治民法为转介站，间接导入德国法，因此，三部法典自然存在着为数不少的神似规定。

以《总则编》来说，取法自日本的有第二章人，设若干节；规定妻为限制行为能力人之一种；设禁治产与准禁治产之区别，对于禁治产设监护人，对于准禁治产设保佐人；规定取得时效及消灭时效，并设有共通适用之通则等。至于《大清民律草案》中存在部分内容与德国民法典相似而与日本明治民法不同者，例如，针对限制行为能力人的代理人、关于债权中受领迟延的问题，以及关于消灭时效，《德国民法》第 90 条规定："一般时效期限为三十年"，《日本明治民法》第 67 条规定，"债权，因十年间不行使而消灭。非债权或所有权之时效，因二十年间不行使而消灭"。对此，《大清民律草案》第 304 条采取德国的立法例，规定："债权之请求权，因三十年不行使而消灭。"

类似状况的出现，并非《大清民律草案》直接取自德国民法的结果，而是 20 世纪初德国法学在日本国内风行一时所造成的。自 19 世纪末开始，德国法学后来者居上，取代法国法学成为日本的主流法学，日本以德国法为蓝本构建其六法体系；以德国司法为典范建立其司法体系，在立法技术和思维方式上极力模仿德国，甚至在司法实践中也以德国法学理论解释日本法律。德国法学在日本法学界占据领先的地位，如果说，当时日本进入德国法万能时代，并不为过。法学者言必称德国，有人甚至说："没有德国法学，就没有日本的法学。"[2]在这种情况下，《大清民律草案》的草拟者松冈义正身在其中，自然深受其熏陶，或许，在协助清廷草拟民法典时，也发觉到日本明治民法的某些个别规定不尽合于时用，而将德国法学的某些观点和主张采纳到《大清民律草案》之中。值得注意的是，《大清民律草案》虽有个别内容与德国民法相似而与日本明治民法不同，却有更多内容与日本明治民法相似而与德国民法不同，这也清楚揭示了《大清民律草案》与日本明治民法典的直接师承关系。

---

〔1〕 ［日］北川善太郎：《日本法学の历史と理论》，日本评论社 1968 年版，第 129-135 页。

〔2〕 参见日本法学家末弘严太郎的发言，日本评论社编集局：《日本の法学》，日本评论社 1950 年版，第 81 页。转引自 ［日］北川善太郎：《日本法学の历史と理论》，日本评论社 1968 年版，第 12 页。

其二，在法典编排结构上，《大清民律草案》与德国民法相同，于五编体系中将《债权编》置于《物权编》之前，不同于日本明治民法的《物权编》在前、《债权编》在后。之所以如此安排，盖于近世认为债为取得物权的重要方法，且适用较广之故；而日本明治民法将物权列于债权之前，或以物权为根本，而人类生活上，物权较债权发生在先之故。这种结构的编排反映出立法者对债权和物权在社会生活的价值认知不同。不过，也不能仅仅由于《大清民律草案》的编章编排次序与德国同而与日本异就得出《大清民律草案》系直接继受德国民法的结论，否则就很难解释何以德国民法债法部分称为"债的关系法"，明治民法则称之为"债权"编，"债"和"债权"虽仅是一字之差，前者寓有保护债权人与债务人双方之法意，而后者则侧重在债权人。

其三，在法律专门用语上，当时日本已经先后以法国法及德国法律为主要仿效对象，创造了许多"和制汉语"的法律词汇。由于中日的汉字语文相通，所以明治时期日本的法律术语通过译介、法律词汇表和词典进入中国。[1] 例如在具体法律用语上，动产、不动产、不当得利、事务管理、担保物权、质权、保佐人、法人、财团法人、社团法人、禁治产、准禁治产、取得时效、消灭时效、侵权行为等概念均原封不动地来自日本明治民法，相同的法律用语侧面反映了《大清民律草案》脱胎于日本明治民法的事实。

综上所述，从法律继受的观点说，《大清民律草案》并非某一国家民法典的"单一继受"或"全盘继受"，而是一种"混合式的继受"或"选择性的继受"，它的前三编形式上系直接经由日本明治民法而来，实质内容与精神则明显间接受到德国民法的影响。甚至，另有部分系采自瑞士者，例如德、日民法于《总则编》均无"法例"之设，而《大清民律草案》于《总则编》揭"法例"于首章，即系仿瑞士的立法例。因此，我们可以在《大清民律草案》的立法理由中，频频见到所谓"本案采多数之立法例""本案采各国立法例"等字眼。[2] 兹以《总则编》为例，列举其章节名目之同与异的对照表如下，以明其梗概：

---

〔1〕　何勤华、殷啸虎主编：《中华人民共和国民法史》，复旦大学出版社1999年版，第15页。

〔2〕　黄源盛：《晚清民国民法史料辑注》第1册，犁斋社2014年版，第46页、第143页、第353页等。

表 1

《大清民律草案》 总则（1911 年）	《德国民法》 总则（1896 年）	《日本明治民法》 总则（1898 年）
第一章　法例		
第二章　人 　第一节　权利能力 　第二节　行为能力 　第三节　责任能力 　第四节　住址 　第五节　人格保护 　第六节　死亡宣告	第一章　人 　第一节　自然人 　第二节　法人 　　第一款　社团 　　第二款　财团 　　第三款　公法人	第一章　人 　第一节　私权之享有 　第二节　能力 　第三节　住所 　第四节　失踪
第三章　法人 　第一节　通则 　第二节　社团法人 　第三节　财团法人	第二章　物、动物	第二章　法人 　第一节　法人之设立 　第二节　法人之管理 　第三节　法人之解散 　第四节　罚则
第四章　物	第三章　法律行为 　第一节　行为能力 　第二节　意思表示 　第三节　契约 　第四节　条件、期限 　第五节　代理、代理权 　第六节　允许、承认	第三章　物
第五章　法律行为 　第一节　意思表示 　第二节　契约 　第三节　代理 　第四节　条件及期限 　第五节　无效撤销及同意	第四章　期间、期日	第四章　法律行为 　第一节　总则 　第二节　意思表示 　第三节　代理 　第四节　无效及取消 　第五节　条件及期限
第六章　期间及期日	第五章　消灭时效	第五章　期间
第七章　时效 　第一节　通则 　第二节　取得时效 　第三节　消灭时效	第六章　权利的行使、自 卫和自助	第六章　时效 　第一节　总则 　第二节　取得时效 　第三节　消灭时效
第八章　权利之行使及担保	第七章　提供担保	

（二）修律顾问人选与民商的分合

时势造就人才，人才也趁势引领风潮；清末修律之时，中国尚处于工商业的萌芽阶段，欧西先进法律知识的传播刚刚引进，还谈不上法学的进阶。可以说，即使在《大清民律草案》草拟之际，国内真正对民法有深刻了解者也寥寥无几。实际上，在拟订的过程中，主要起作用的是日本法学专家，这就加深了民律草案借助日本民法的中间桥梁作用而继受德国民法的痕迹。于变法修律中，张之洞率先提出要延揽各国的法律专家帮同中国立法修律。在联衔会保沈家本、伍廷芳为修律大臣之前，张氏在致刘坤一和袁世凯的信中即说：

> 近来，日本法律学分门别类，考察亦精，而民法一门最为西人所叹服。该国系同文之邦，其法律博士多有能读我会典律例者，且风土人情与我相近，取资较易。……在日本访求精通法律之博士一两人，来华助我考订编纂，尤为有益。[1]

沈家本对此也持同样的看法，且是这个倡议的执行者；问题是，在有限的人力资源下，如何挑选外籍顾问？沈家本曾说："……至延聘外国法律专家，尤宜慎重，臣等现正详细斟酌，俟聘定后另行具奏。"[2]至于草拟民律的具体人选，沈家本与翰林院侍讲学士朱福诜[3]似有不同意见，人选之议实际背后牵涉的是：民法典的编纂体例要采"民商合一"，还是"民商分立"？所谓"民商分立"者，乃民法法典之外，尚有商法法典与之对立的制度；而所谓"民商合一"者，乃民法法典之外，不复有商法法典的存在，即以商事亦属民事。大体言之，民商分立制为19世纪以前产生民法法典的国家所采用，如德国、法国、日本等是；而民商统一制乃20世纪以后新订民法法典之国家所采用，故为新制，如1901年公布之《瑞士债务法》，即开民商法合一之端。

从史料上看来，朱福诜较属意的人选是有"日本民法典之父"称誉的梅

---

〔1〕（清）张之洞：《张文襄公全集》卷一七。

〔2〕（清）朱寿朋编，张静庐等点校：《光绪朝东华录》第5册，中华书局1958年版，总第5803页。

〔3〕朱福诜，光绪六年进士，曾任河南学政、贵州学政。魏秀梅编：《清季职官表附人物录》，近代史研究所史料丛刊5，2002年版，第457页。

谦次郎，[1]因为在民商法典的编纂上，梅氏是主张民商合编体例的学理，朱福诜在光绪三十三年（1907）十一月《奏请慎重私法编制选聘起草客员折》中说：

> 日本修正民商法时，梅谦次郎曾提议合编，以改约期近，急欲颁布而不果。中国编撰法典之期后于各国，而所采主义学说不妨集各国之大成，为民商法之合编。[2]

梅谦次郎是日本明治初年注释派的民法泰斗，司法部法学校法学士，1886 年入法国里昂大学（Université de Lyon），以拔萃的成绩毕业，转赴德国柏林大学（Humboldt-Universität zu Berlin），于 1890 年归国，任东京帝国大学法科教授，翌年获得法学博士学位，历任法科大学校长、法制局长官、文部总务长官等职。其最显赫的业绩乃 1893 年任法典调查会委员，从事民法、商法典的起草，对于法典的编纂具有卓越的才能与精力。宪法以外之法典，几乎无役不与。1906 年更任法律调查委员，从事改正商法、刑法、刑事诉讼的审查，1910 年 8 月受命膺任韩国法典的调查起草，案未及半，以病卒于汉城（今首尔市），年仅半百。梅氏本属一法法派的学者，但因潮流所趋，同时又努力吸收德法派的新思想。氏之所长，在能以锐敏之观察力洞察事物的真相，短处在拙于方法论。故聆氏之言论者，有时不免感牵强附会之思，亦俗所谓"白圭之玷"，贤者不免。其所著《民法要义》五巨册，以通俗之语意阐明法律的真髓，发凡起例，至今日本言民法者犹宗之。[3]

对于大清民律的编纂，民政部草拟的《编纂民法之理由》中对民商法编纂的体例似较倾向于采民商分立，曾表明：

---

[1]　梅谦次郎是 1898 年日本明治民法的三位主要起草人之一，1906 年曾以日本法政大学总裁的身份来中国访问，其民法学著作《民法要义》多被译成中文。诸如，孟森译述：《日本民法要义·总则编》，上海商务印书馆 1910 年版；孟森译述：《日本民法要义·债权编》，上海商务印书馆 1911 年版；陈与燊译述：《日本民法要义·亲族编》，上海商务印书馆 1911 年版；金泯澜译：《日本民法要义·相继编》，上海商务印书馆 1911 年版；陈承泽、陈时夏译述：《日本民法要义·物权编》，上海商务印书馆 1913 年版。

[2]　"法律大臣沈家本等折议覆朱福诜奏请慎重私法编制由"，引自《故宫档案沈家本奏折》。

[3]　据穗积陈重所述，在法典调查会的主查委员会及总会上，梅氏发言的总数高达 3852 次之多。详参［日］潮见俊隆、利谷信义编：《日本の法学者》，日本评论社 1975 年版，第 73-89 页。

本草案虽规定私（法）上之关系，然关于商事者，则让诸商法，不规定于本草案中。原来民商二大法典之并存，多数之立法例虽亦如此，其学理上果正当与否，现尚为未决之问题。惟在中国，民商二法典使之并存于（世），实际上颇为便利也。又本草案虽规定私法上之关系，然于公法上之关系并非全不规定。公法上之法律关系以规定于本草案为宜者，则收入本草案中。盖法典虽须尊重学理，然于实际上之便宜亦不得轻视也。此外，私法上之法律关系亦非网罗于本草案中，因立法上及实际上之便宜，委诸特别法、条约及习惯等不少。[1]

修订法律馆于光绪三十四年（1908）十月初四日对朱福诜的意见也作出回应。沈家本奏议，首先肯定起草民律应以日本、德国民法为范本：

臣等伏查欧洲法学统系约分法、德、英为三派，日本初尚法派，近则模范德派，心慕力追。原奏所陈确有见地，臣等自当择善而从，酌量编订。总之，无论采用何国学说，均应节短取长，慎防流失。

不过，对于朱福诜"民商合编"的主张并不表赞同：

查自法国于民法外特编商法法典，各国从而效之，均别商法于民法各自为编，诚以民法系关于私法之原则，一切人民均可适用；商法系关于商事之特例，惟商人始能适用。民法所不列者，如公司、保险、汇票、运送、海商等类，则特于商法中规定之，即民法所有而对于商人有须特别施行者，如商事保证、契约利息等类，亦于商法中另行规定。凡所以保护商人之信用，而补助商业之发达，皆非民法之所能从同，合编之说似未可行。[2]

此外，关于"聘请外国法律专家"的事宜，沈家本在光绪三十四年（1908）上奏道：

---

[1] 中国第一历史档案馆藏档案，《修订法律馆全宗》，《编纂民法之理由》（档案号：10-00-00-0007-009）。

[2] "法律大臣沈家本等折议覆朱福诜奏请慎重私法编制由"，引自《故宫档案沈家本奏折》。

　　臣等一再斟酌，以聘用外人至有关系，不得不加意慎重。遂于今年三月馆事粗定后，派令臣馆提调、大理院推事董康前赴日本，详细访察。该员在日本将及半载，深悉梅谦次郎为该国政府随时顾问必不可少之人，断非能轻易聘用。访有日本法学博士志田钾太郎为商法专家，名誉甚着。禀经臣等公同商酌，聘充臣馆调查员，电请出使日本国大臣胡惟德，妥定合同，约其来京。此外，另订旧在京师之日本法学博士冈田朝太郎、小河滋次郎、法学士松冈义正，分任刑法、民法、刑民诉讼法调查事件，以备参考。臣等仍督同编纂各员，限定课程分类起草，一面派员调查各省民商习惯随时报告，总以酌采各国成法而不戾中国之礼教民情为宗旨。此臣等日与编纂各员所兢兢致慎者也。[1]

　　依照沈家本的想法，梅谦次郎的确是当时日本最具声望的民法学家，但因国内事务忙碌，且已受聘为韩国政府修律最高顾问，在聘之不可得，又迫于急需用人的考虑下，延请当时已在中国境内的另一位日本民法实务家松冈义正担纲民事法的起草，此举仍不失为另一种务实的选择。因此，光绪三十四年（1908）十月，沈家本另奏请聘用松冈义正协助编纂民律草案，该请求迅即获得清政府的批准。[2]据当年所签订的合同，松冈义正的薪资为月薪800银元，为期三年，略低于冈田朝太郎的月薪850银元。[3]

　　松冈义正，何许人也？日本民法及民事诉讼法专家，1892年，毕业于东京帝国大学法科，长年从事司法实务工作，历任东京地方裁判所判事、东京控诉院、大审院各判事，著作甚丰。[4]光绪三十二年（1906）十一月，时任东京控诉院部长法官的松冈氏应清廷之聘，赴北京充当清政府修订法律馆顾

　　〔1〕　"法律大臣沈家本等折议覆朱福诜奏请慎重私法编制由"，引自《故宫档案沈家本奏折》。

　　〔2〕　（清）朱寿朋编，张静庐等点校：《光绪朝东华录》第5册，中华书局1958年版，总第6001页。

　　〔3〕　该合同原件之复印本委托九州大学法学院西英昭教授，从日本外务省外交档案中所找得，特此致谢。详见外交史料馆，3门8类4项16-2号《外国官方に于テ本邦人雇人关系杂件清国部》第四（一卷），北京法律学堂及法律馆调查员松冈义正部分。

　　〔4〕　松冈义正其后于日本大正五年（1916）获法学博士学位，有关松冈义正与晚清民事法编纂的相关资讯，参阅熊达云：《清末における中国法律の近代化と日本人法律顾问の寄与について～松冈義正と民事关系法律の编纂事业を中心にして～》，东京JFE21世纪财团编：《JFE21世纪财団アジア历史法学研究报告书》，2012年版。松冈义正著有《破产法讲义》《民法论总则编》《特别民事诉讼法》《新民事诉讼法注释》全6卷、《民法论物权法》等书。参阅［日］伊藤隆、季武嘉也编：《近代日本人物史料情报辞典3》，吉川弘文馆2007年版，第222-223页。

问，兼任北京法律学堂民法、民事诉讼法及破产法教习。同时负责民律中的《总则》《债权》及《物权》三编的起草工作，另协同国人起草民律中的《亲属》《继承》两编，宣统三年（1911）完成该草案，即所谓的《大清民律草案》，为中国法制史上第一部民法草案。

该草案前三编的拟订，由于是松冈义正所主导，最终采"民商分立"。其编制体例系建立在"由抽象到具体""由一般到特殊"的立法技术之上，强调四大立法宗旨：（1）注重世界最普通之法则，（2）原本后出最精确之法理，（3）求取最适于中国民情之法则，（4）期于改进上最有利益之法则。《亲属》《继承》后二编因"关涉礼教"，迭次谕旨会同礼学馆订立，全草案虽有五编，当时仅将前三编，在沈家本辞去修订法律大臣职务后，于宣统三年九月，由俞廉三等奏呈朝廷。[1]惟上奏之日，武昌枪响，清廷覆亡，故该草案既未经宪政馆核定，亦未及资政院议决，自也不可能颁布。

仔细翻阅其内容，人格平等是近代民法产生和存在的基础，《总则编》第4条规定："人于法令限制内，得享受权利或负担义务。"该条确立了近代民法的人格平等原则，但遗憾的是，于《总则编》第26－30条却规定妻为限制行为能力人。《债权》《物权》两编各详划其区域，并以继受欧陆法及日本法为多，如能力之差异、买卖之规定，以及利率、时效等项，大都采用当时普通之制，奠定了契约自由原则，于第513条明确规定："依法律行为而债务关系发生或其内容变更消灭者，若法令无特别规定，须依利害关系人之契约。"尤其采用了近代民法的过失责任原则，于《债权》编第945条规定："因故意或过失，侵害他人之权利而不法者，于因加侵害而生之损害，负赔偿之义务。"有关法人及土地债务诸规定也仿自各国新制，既原于精确之法理，期无凿枘之虞。而保护所有权人的私有财产原则是近代西方国家宪法的基石，也是民法的核心，该草案《物权》编第二章即关于所有权制度的专门规定，例如第983条规定："所有人于法令之限制内，得自由使用、收益、处分其所有物。"

（三）民事习惯调查的轻重

法律规范反映世故民情，而文化有其区域独特性，各国的法制往往因国

---

〔1〕　详参"修订法律大臣俞廉三等奏编辑民律前三编草案告成缮册呈览折"，载故宫博物院明清档案部编：《清末筹备立宪档案史料》下册，中华书局1979年版，第911－913页。

情所系、风俗所关，各有特色，无需强力求同，也不必处处舍己徇人，此为不争之理。就继受外国法言，如何能使外来法与本土资源相结合是极为重要之事，《大清民律草案》在拟订时对于民间习惯是否有做到相应的配套措施？于今看来，似乎负面的评价较多。

其实，"斟酌古来之习惯"是晚清在制定民法典过程中考虑的原则之一。光绪三十三年五月，大理院正卿张仁黼在以"明订民律宗旨"为主要内容的奏折中说：

> 国之所与立者惟民，一国之民必各有其特性，立法者未有拂民之性者也。西国法学家亦多主性法之说，故一国之法律必合乎一国之民情风俗，如日本……民法五编，除物权、债权、财产三编，采用西国私法之规定外，其亲族、相续二编，皆从本国旧俗……特闻立法者，必以保全国粹为重，而后参以各国之法，补其不足。此则以支那法系为主，而辅之以罗马、日耳曼诸法系之宗旨也。……凡民法、商法修订之始，皆当广为调查各省民情风俗所习为故常，而于法律不相违悖，且为法律所许者，即前后所谓不成文法，因为根据加以制裁，而后能便民，此则编纂法典之要义也。[1]

为此，在草拟民法典时，除了摹效欧陆及日本法的普通规则外，主导修律的沈家本也早已体悟到，中国传统民事习惯的调查是不可或缺的基础工作。他说道：

> 人类通行之习惯，各因其地，苟反而行之，则必为人所摈斥而不相容。故各地方之习惯，亦有强制力含其中者，是以国家法律承认之，或采之为成文法。

实际上，当时参与《大清民律草案》修订的大员，在民事习惯调查一事上并无歧见，因此，在考察国外民事立法的同时，民商事调查活动也同时积极地推进。例如光绪三十四年（1908）正月二十六日，沈家本疏请调查东南

---

[1] "大理院正卿张仁黼奏修订法律请派大臣会订折"，载故宫博物院明清档案部编：《清末筹备立宪档案史料》下册，中华书局1979年版，第833-836页。

民俗商情。片云：

> 再拟定民商法典，亟应派员亲往各省调查习惯，以资考证。查有翰林院编修朱汝珍，现充臣馆纂修，该员洞彻法理，任事精勤，拟请派令前赴东南各省，将民俗商情详细调查，随时报告，事毕即行回京。[1]

同年五月，沈家本又上《奏呈法律馆咨议折》，主张由修订法律馆主持，在全国各地展开大规模的民商事习惯调查。而在光绪二十九年至光绪三十二年间（1903—1906），为配合《商人通例》《公司律》《破产律》等商事单行法的制定工作，实际上已着手商事习惯的调查，此外，又奏请以各省提法使、按察使兼充法律馆咨议官。咨议官除对各项法律事件应札饬各州县详查报告外，对于法律馆所派调查员还应协助调查，随时接洽。宣统二年（1910）正月，沈家本正式上奏云：

> 民商各律，意在区别凡人之权利义务而尽纳于轨物之中，条理至繁，关系至重。中国幅员广远，各省地大物博，习尚不同。使非人情风俗洞彻无疑，恐创定法规必多窒碍。[2]

为明确民事习惯调查的指导思想、调查程序、调查重点、调查期限，修订法律馆另制定了《调查民事习惯章程》（共 10 条）。[3]从其详细的说明中，可以看出，当时的民律草拟者对民事习惯调查的高度关注，部署规划也相对细致周详。

但毕竟，由于政局动荡、中央财政艰难、修律时程压缩、调查人员短缺，造成中央在地方威信下降，各地方大都未能按中央的原计划时间完成民事习惯调查工作，致清末的民事习惯调查对编订《大清民律草案》并未产生直接且积极的影响，以致招来不少非难之声。其间，曾襄助沈家本修律，后来任国民政府修订法律馆馆长的江庸指陈：

---

〔1〕 "修订法律大臣沈家本等片"，引自《故宫档案沈家本奏折》。

〔2〕 宣统二年一月 "修订法律大臣奏为编订民商各律照章派员分省调查折"，引自《故宫档案沈家本奏折》。

〔3〕 黄源盛：《晚清民国民法史料辑注》第 4 册，犁斋社 2014 年版，第 1851–1852 页。

民律草案多继受外国法，于本国固有法源，未甚措意，如民法债权编于通行之"会"，物权编于"老佃""典""先买"，商法于"铺底"等，全无规定，而此等法典之得失，于社会经济，消长盈虚，影响极巨，未可置之不顾。[1]

此番评价，左右其后的点评颇大。其实，参与修订民律的成员们，对传统民商事习惯的重视，力图使民律与国情民俗相符的用心是斑斑可考的。因为传统中国成文法偏重于刑事规范，始终欠缺一部独立的民法典，民事纷争大多依赖民间习惯来解决，只有通过民事习惯调查才能深入民事活动和民事解决规制在近代中国的真实状况；又鉴于过往德、日编纂民法典时，也都很强调本国民事习惯的搜集采用，这更坚定了修订民律大臣们在这一工作上的决心与戮力，这种在法律继受过程中考虑其本土化的思维方式是难能可贵的。尽管囿于种种因缘，民事调查工作并未能如期如实地完成，也未达到预期的效果，然而，此一作为还是起到了应有的功能。这次调查活动的结果，使修律者对地方风俗习惯有了较深刻的认识，也更清楚地意识到传统民事习惯与西方近代法多所龃龉，民律不能完全照搬他国之法。宣统三年（1911）九月，修订法律大臣俞廉三等特别奏明："臣等调查之资料，参照各国之成例，并斟酌各省报告之表册，详慎从事。"[2]此并非全为虚言！

可见，《大清民律草案》还是尽最大可能地整合了西方近代民法思潮和传统中国民事习惯，其成效如何恐怕不单是民事习惯调查本身的问题，而是整体社会环境条件所使然，民事习惯调查终究代表了在继受外国法过程中一个应为的方向，此次修律虽未能展现具体成果，其正面意义仍然值得肯定。

（四）《大清民律草案》脱稿前后人事的浮沉

有疑义的是，当《大清民律草案》前三编竣事后，上奏领衔人并非沈家本而是俞廉三，何以未及该草案上奏后再更换修律大臣？世人但知，晚清变法修律过程中，有关《大清新刑律》礼教派与法理派的"礼法争议"，却鲜有人论及《大清民律草案》脱稿前后也有一段"礼法之争"的小插曲。

---

〔1〕 江庸："五十年来中国之法制"，载申报馆编：《最近之五十年——申报馆五十周年纪念（1872—1922）》，上海商务印书馆 1923 年版。

〔2〕 详参"修订法律大臣俞廉三等奏编辑民律前三编草案告成缮册呈览折"，载故宫博物院明清档案部编：《清末筹备立宪档案史料》下册，中华书局 1979 年版，第 911-913 页。

清末在礼法之争中，不仅掀起新旧官僚与东西洋留学生、资政院议员之间的大冲突，舆论界也有激进与保守之分，在新闻媒体上各自大做文章。虽然报纸新闻之类的报道并非第一手史料，不宜拿来作为论证的直接证据，却也能见得当年对于民律草案出台前后人事的纷纷扰扰。

刚刚完稿的民律草案被礼部礼学馆所牵制，一时尚难奏呈，报界舆论对民律的前途十分关注，修订法律馆承受着朝野内外的压力。恰在此时，法部尚书廷杰病重请辞，传闻沈家本有望升任法部尚书。[1]不久，廷杰辞世，朝廷命绍昌为法部新尚书。沈家本非但没有升职，反而于宣统三年（1911）二月二十二日辞去修订法律大臣及资政院副总裁两项职务，回任法部左侍郎，由大理院少卿刘若曾充任修订法律大臣，学部右侍郎李家驹任资政院副总裁。[2]时为修订法律馆第二科总纂，被归类为法理派的汪荣宝闻讯后相当错愕，在日记中写道："殊出意外。"[3]报界纷纷揣测沈家本去职的原因。《大公报》报道称："沈子惇侍郎修订法律大臣一差，日前奉谕开去。兹闻其原因，系为政府以该侍郎所订法律多与礼教不合，屡被言官指摘，且在资政院毫无建白，监国深滋不悦，故有同日开去法律大臣及资政院副总裁之职。"[4]倘姑且依其所说，沈家本离职一事，似与宣统朝新当权者摄政王载沣有关，即指载沣并不赞同新律过度倾斜西方近代法制，反而比较敦崇礼教，暗助礼教派。[5]

其实，早在《大清新刑律》经资政院于宣统二年（1910）十二月决议通

---

〔1〕 "沈侍郎将升法部之预闻"，载《大公报》1911年1月17日。

〔2〕 "上谕"，载《申报》1911年3月23日。

〔3〕 汪荣宝："汪荣宝日记"，载沈云龙主编：《近代中国史料丛刊三编》，文海出版社1987年版，第621册至第623册，第816页。

〔4〕 "沈侍郎开去兼差之原因"，载《大公报》1911年3月26日。

〔5〕 该报又报道，沈家本得旨谢恩，顿感到轻松许多，曾语人云："予今开去此两项兼差，外间多有为予惋惜者，殊不知修订法律与充资政院副总裁，此两差最难理处，稍有不慎，非受责于政府，必受谤于舆论，无论如何，恒处于丛怨地位。今一律释此重负，何快如之!"沈看透时局，并不恋栈，深知身兼修订法律大臣与资政院副总裁是腹背受怨的差事，既要应对朝廷，又要承受外界舆论的批评，行事如履薄冰，故得旨开缺而感欣悦。参见 "沈侍郎撤差后之愉快"，载《大公报》1911年3月30日。其实，自光绪三十二年（1906），修订法律大臣伍廷芳请旨开缺后，沈家本已感孤掌难鸣，萌发退意。光绪三十三年（1907），各省督抚奏议《大清刑事民事诉讼法》草案时，沈家本的修律工作并不顺利。同年，大理院正卿张仁黼上奏影射沈家本大权独揽，沈家本顺水推舟上奏请辞修订法律大臣差使；但宪政编查馆复议张折时，肯定了修订法律大臣和修订法律馆是必要的差职和机构，谕旨采纳宪政编查馆建议；不久，又任命沈家本为修订法律大臣。由此可见，沈家本当修律大臣的几年中，并非一路顺遂。参阅史洪智："清末修订法律大臣的政治困境"，载《史学月刊》2013年第1期。

过后，在制定过程中礼教与法理两派的呶呶争辩便该落幕。谁知，来年二月，礼教派的京师大学堂总监督刘廷琛再起锣鼓，上书清廷，痛劾法理派，说道：

> 窃维政治与时变通，纲常万古不易，故因世局推移而修改法律可也，因修改法律而毁灭纲常则大不可。盖政治坏祸在亡国，有神州陆沉之惧，纲常坏祸在亡天下，在有人道灭绝之忧，宗旨不可不慎也。[1]

奏折中更严词指斥："该法律大臣受恩深重，曾习诗书，亦何至叛道离经若此？"扬言"断未有朝廷明崇礼教，该馆阴破纲常，擅违谕旨，自行其是。天命未改，岂容抗命之臣？该大臣恐不能当此重咎！"如是尖刻言词，对沈家本来说，自是沉重的一击！

《时报》认为，沈家本离职资政院副总裁一事并不单纯，同时溥伦开缺资政院总裁，继任者为世续，是奕劻所保举，而继任副总裁李家驹则为那桐所保举，[2]此事皆为军机重臣奕劻和那桐上奏促成的。该报评论道："溥伦对议员感情既深，有恩威并济、涵盖众流之度；沈家本威望似不如伦，然沈固法律专家也，于旧律既经验数十年，于新律亦研究数载，其智识实远出于诸老朽之上。"那桐是"著名守旧之辈也，当在军机时，碌碌无所短长，曾未闻有所建白，久已不协于众望，即转而掌内务府事"；庆亲王奕劻和那桐，既握军机中之大权，又握外务部之大权，"去岁，因弹劾军机处案，屡为议员所迫也，固已恶之深而恨之极矣！然语有之，蛇无头而不行。庆、那以为议员之所为，皆由伦贝子酿成之，于是以恶议员恨议员者，转而迁怒于伦贝子，此则庆、那之处心积虑也"。[3]

似乎，刘若曾充任修订法律大臣，也是由那桐一手所促成的，而且就在沈家本开缺上谕发出的翌日。《时报》隐晦地说："枢臣因沈家本修订法律专主从新，故保刘若曾代之，复嗾令刘廷琛奏请申明新律宗旨，饬礼学、律学两馆依据旧律参订各新律，以维名教。"[4]《申报》有《时评》称："沈家本既开去资政院副总裁差，又开去修订法律大臣差，而仅饬回法部侍郎本任，

---

[1]　参见"大学堂总监督刘廷琛奏新刑律不合礼教条文请严饬删尽折"，载故宫博物院明清档案部编：《清末筹备立宪档案史料》下册，中华书局1979年版，第887—889页。

[2]　"专电"，载《时报》1911年3月23日。

[3]　"论资政院更调正副总裁事"，载《时报》1911年3月24日。

[4]　"专电"，载《时报》1911年3月24日。

动辄得咎，可怜。刘若曾既肯为枢臣傀儡，又能傀儡刘廷琛，故得一修订法律大臣差，心劳日绌，可怜。"[1]这些议论影射了修律背后的权位纷争。而刘若曾，1889年己丑科进士，为翰林院编修，曾任考察各国政治大臣参赞、大理院正卿，从其履历看来，他对修史、科考、学务等方面较有经验，但有关法律方面的修持明显逊于沈家本。宣统元年（1909）七月，《申报》报道了刘若曾的近况，称他是"礼教家之专门"，以孝行闻名，最得张之洞器重，被赞为"才堪大用"，将升授礼部侍郎。[2]虽然终未进入礼部，但从其仕途历练来看，他于宣统三年（1911）被任命为修律大臣，或可说明当时朝廷对待编纂新律关于礼教思维的倾向与态度已有所转变。

我常这么想，太阳底下并无太多新鲜事，凡有"人"的地方就有"事"的存在，此即所谓贪、嗔、痴、慢、疑、邪见的作祟；也为此，世上总是人事纷争不断，而宦海本无常，沈家本对于《大清民律草案》的拟订，未能克尽前功，时也？势也？命也？

四、《大清民律草案》对后世的影响及其历史意义

世界上任何一个民族、任何一个国家、任何一个地区的文化，除由于独创外，大都是因相互影响的结果。在各个不同的历史发展阶段，两个以上的个体彼此接触之后，对于外来的文物制度加以选择、吸收；就这样，文化因接触而传播，同时，也在他文化的激荡下，创造出自己独特的文化，法文化的发展也不外乎此。

姑不论清末以前源远流长的传统中国法时期，仅以20世纪上半叶晚清民国立法史的时代区分来看，约略可分为三个阶段：第一阶段，自清光绪二十八年以迄宣统三年（1902—1911）的法典蜕变期；第二阶段，民国建元以至十七年（1912—1928）的北洋政府法典过渡期；第三阶段，民国十七年（1928）国民政府立法院成立至1949年间的法典整建期。想问的是，《大清民律草案》对后世产生了什么影响？

（一）民初北洋政府时期无民法典下的"条理"运用

或许，天命真的无常，晚清变法修律的改革理念还来不及落实，清帝国

---

[1] "时评"，载《申报》1911年3月25日。
[2] "京师近事"，载《申报》1909年9月11日。

的国祚已尽，所有的后续只能到民国时期来寻绎了！而晚清修律大臣沈家本所领导的继受外国法工程，志虽未竟，业绩已有，留给其后的北洋政府颇多回旋空间。民国初年，政权更替频繁，就刑事与民商事等法律虽先后设"法典编纂会""法律编查会"及"修订法律馆"等机构，负责赓续起草各类法案，但毕竟兹事体大，一时难有所成。各级法院审判根据的法源为何？理论与实际的运作又如何？是一个相当有趣且值得关注的课题，本节拟仅述及民事方面而不及其他。

宣统二年（1910）四月由沈家本主持，根据《大清律例》删修而成的《大清现行刑律》颁布施行，这部刑律把《大清律例》中有关继承、分产、婚姻、田宅、钱债等纯属民事的条款专门辑出，不再附以刑罚，首开"民刑分立"的雏形。进入民国，这部《大清现行刑律》的刑事规范几乎被全部废除，而其中的《民事有效部分》却成为北洋政府时期的"实质民法"。[1]单就此而言，如果说，沈家本是近代中国民事立法的先行者，洵非过誉！

除《现行刑律民事有效部分》外，尚须提及者，还有清末宣统三年（1911）《大清民律草案》及民国十四年（1925）《民国民律草案》的存在。《大清民律草案》由于在晚清变法修律期间并未通过正式的立法审议程序，自无法律上的效力；因此，民初参议院否决援用该草案作为民事审判的法源依据。虽然如此，综览大部分大理院的判决例，可以发现，《大清民律草案》对大理院法曹在判决过程中，形成"心证"过程的影响相当大。[2]也许，大理院的法曹以及原被告两造的在野律师们，依他们当时所受的法学训练，显然是较偏于传统中国法或欧陆法系的思维模式，因此，在处理实际讼案时，很自然地会选择或必须去适用成文法典。但是，在正式民法典及其附属各项法规尚未订颁，只有两次民律草案的情形下，又不得不想尽办法采用此等既成的民律草案，甚至参以草案的立法原则及说明以作为断案的法源依据。例如大理院四年上字第2118号判例：

> 然查失火延烧是否需有重大过失始负赔偿责任，在现行法上尚属待

---

[1] 有关《大清现行刑律》的修订历程，详参黄源盛：《晚清民国刑法春秋》，犁斋社2018年版，第49—84页。

[2] 由于民国十四年《民国民律草案》草就时间已近于大理院时期的末端，致被援引以为"条理"断案者甚少，故暂置不论。

决问题，惟即以需有重大过失论，重大过失即欠缺轻微注意之谓，故仅需用轻微注意，即可预见有侵害他人权利之事实而竟怠于注意，不为相当之准备者，即不可不谓有重大过失。[1]

上述所援引的条理依据，在《大清民律草案》中即可找到相同的内涵，该草案《债权编》第八章"侵权行为"第945条规定："因故意或过失，侵害他人之权利而不法者，于因加侵害而生之损害，负赔偿之义务。前项规定，于失火事件不适用之。但失火人有重大过失者，不在此限。"立法理由说："无论何人，因故意或过失侵害他人之人格或财产而不法者，均须赔偿其所受之损害，否则，正当权利人之利益必至有名无实。惟失火如无重大过失，必责令赔偿因失火而生之重大损害，未免过酷，此本条所由设也。"详细比对上引判例所援用的条理，其法意几与民法草案雷同。

再例如大理院三年上字第195号判例：

> 上告人引用民律草案第二百零三条："向对话人间之要约未定承诺期间者，非及时承诺不生效力。"第两百零四条所谓："要约经拒绝者，失其效力。前项规定逾两百零二条所定之期间者，准用之。"以及第两百零五条所谓："承诺非对话人之要约，须于要约人所定期间，或第两百零二条内所定期间内承诺之。"的规定，主张其所为书函要约与委任余森庭之面商要约不生效力，不负契约上之责任。[2]

大理院指出："民法尚未颁布，民律草案条文当然不能适用，本案上告人遽引该律草案条文，主张殊难认为正当；惟本案按民事法条理而论，契约的成立，应于要约到达后相当期间内为承诺之表示，若因行为地或当事人间之通常惯例，或要约人之意思表示，其承诺为不必通知者，则自有可认为承诺之事实时，契约始为成立，否则承诺逾相当期间，于要约既失效力后始行到达者，则惟可视承诺为新要约，其契约并不因而成立也。"本案中，大理院虽然驳斥《大清民律草案》的直接适用，但是观其判决理由中所谓"民事法条理"的适用结果，其实与该草案并无太大差异。

---

〔1〕 黄源盛纂辑：《大理院民事判例辑存》，犁斋社2012年版，第169页。
〔2〕 黄源盛纂辑：《大理院民事判例辑存》，犁斋社2012年版，第251页。

从以上所举二例，可以看出，大理院其实是把《大清民律草案》的规定转换成"条理"来运用，通览大理院的大多数判决，其适用的条理纵然与民律草案相同者，也从不直接援引《大清民律草案》以对，揆其想法，或在避免法源位阶错置所可能引发的误会。细读《大理院判决例全书》，[1]其汇编方式系根据《大理院编辑规则》，略去个案的具体事实，只摘录具有普遍规则效力的"判决理由"部分，并按照《大清民律草案》的编排体例，以条为单位，依编、章、节的结构编排。其编制体例几与《大清民律草案》相同；想象上，大理院法曹很有可能恒将《大清民律草案》备置案头，遇有案情及争点相当的讼案，即援引草案的相当条文，以制作判决。另外，阅读时人所编纂的《大理院法令判解分类汇要》[2]一书，更进一步将《现行刑律民事有效部分》之相关规定依附于《大清民律草案》的编排体例之中。例如有关《户役门》私创庵院及私度僧道，《田赋门》有关寺院庄田附于第三章第三节"财团法人"项下；再如《钱债门》违禁取利条列于第二编《债权》、第一章第一节之"债权之标的"项下；再如《钱债门》费用受寄财产条及《杂犯门》失火与放火故烧人房屋条附于第二章"契约"第十三节"寄托"项下等。

至于在法学方法论上，为解决实际法律秩序中所遭遇的法律漏洞，而有所谓"法官造法"的现象。倘以此类彼，有质疑的是：当大理院的法官们在从事"漏洞补充"时，他们究竟想要根据何种"条理"来填补所遭遇到的"漏洞"？尤其令人好奇的是，大理院在民事审判中所实际援用，并且拿来作为"漏洞补充"依据的各种"条理"，它们是否又能够回溯或归纳至一个可以声称具有圆满性，且具有内部一致性的民事法律体系呢？如果答案是肯定的话，在民刑分立才刚开始推展，且又欠缺独立民事法典的情况下，大理院的推事们究竟要如何建立，或是要到哪里去寻找这样一套具有圆满性的民事法律体系呢？

可以这么说，在当时虽尚无成文的民法典，然于大理院推事的心目中，一部"具有圆满性的民事法律体系"的民法典却可能是"隐然存在"的。事实上，大理院三年统字第144号解释也称："民法（草案）虽未颁行，其中与

---

〔1〕 此书为郭卫所编辑，全书仅有"判例要旨"而缺"判例全文"。

〔2〕 黄荣昌编辑："最近修正大理院法令判解分类汇要"，载《民例之部》，上海中华图书馆1921年印行。

国情及法理适合之条文，本可认为条理，斟酌采用。"〔1〕虽然，此民律草案当时只能作为"条理"法源而被援用，但引用民律草案而来的"条理"，它具有的规范效力显已非一般的条理可以比拟。如果这是合理推论的话，显然民律草案在北洋时期已具有"准"民法典地位的倾向。

（二）南京国民政府时期1930年代民法典的奠基石

1928年，国民政府完成北伐，随即展开一连串的宏图擘画。大体说来，南京国民政府法律体系的建立和发展经历了三个阶段，前期从南京国民政府建立到抗战爆发（1928—1937），中期为对日抗战（1937—1945），后期为国共内战（1945—1949），本节拟仅着重于第一阶段的立法建制。在这一期间内，国民政府对于晚清及北洋政府时期的法制，有承袭，也有新创，特别是对于"六法全书"的编纂事业全面开展，具体收割了自清末民初变法修律以来的大部分成果。

有关民法典的编订，国民政府察觉到1911年的《大清民律草案》及1925年的《民国民律草案》已不足以因应时需，乃由立法院重加起草；聘法国学者宝道（Georges Padoux）为顾问，〔2〕以德国、瑞士的民法典为主要继受对象，少数则参考自苏俄、泰国新民法，其中，于民国十八年（1929）四月最先完成《总则编》，共分七章，155条，并附详细说明书如下：

> 谨按民法为人民日常生活之准绳，民法总则编又为民法共同适用之规则，其直接关系个人之福利，间接关系国家之繁荣者实为巨大。我国频年扰攘，虽尝有两次民法草案，而因循至今，迄未成为法典。际此全国统一，训政开始，领事裁判权之收回亦将实现。亟应从速编订统一之民法，而总则编为一切民事法规之根据，尤应首先编订，以资适用。惟其编订之方针关系綦大，既不应骛新炫奇，又不当拘常泥旧，允宜审慎

---

〔1〕 郭卫编著，吴宏耀、郭恒点校：《民国大理院解释例全文》，中国政法大学出版社2014年版，第346页。

〔2〕 宝道，法国人，1889年毕业于巴黎大学，1890—1896年任职于法国外交部，嗣转任突尼斯政府秘书长（1896—1904）、暹罗政府法律顾问（1905—1914）。1914年来华任北京政府审计院顾问，1919年再任司法部顾问，曾一度担任华洋义赈会副会长；1928年后任国民政府立法院、司法院和交通部法律顾问。他熟谙中国国情，广泛参与了中国近代法典的编订工作，并撰写或发表了有关中国法的报告、建议和论著。王健编：《西法东渐——外国人与中国法的近代变革》，中国政法大学出版社2001年版，第541页。

精详，以公平正义为旨归，以党义国情为尺度，必能切合社会现实之要求，而为新时代新主义之法典。[1]

该民法《总则编》的立法体例为继受德国民法的亚洲国家如日本、韩国、泰国等所独有，法国民法及瑞士民法不采之。揆诸《总则编》的立法例，可说是法学历经长期发展的产物，肇始于德国 18 世纪普通法（Gemeines Recht）对 6 世纪优士丁尼大帝所编纂《学说汇编》（Digesten Pandekten）所作的体系整理，充分展现了德意志民族抽象、概念、体系的思维方法，其内容主要体现在两个基本核心概念之上，一为权利，一为法律行为。[2]其后，《债》《物权》二编于同年十一月公布，《亲属》《继承》两编则公布于次年十二月，直到民国二十年（1931）五月五日整部民法才全部施行。仔细比对《民国民法》对于《大清民律草案》有因有革，以《总则编》为例，其承与变之大要如下：

表 2

《大清民律草案》（1911 年）	《民国民法》（1931 年）
于《总则编》首设"法例"一章	虽亦设有"法例"，但两者间之内容有异
于第二章设若干节	不复另设节与目，并将行为能力规定于法律行为"章"
规定妻为限制行为能力人	采男女平等主义，特予删除
设禁治产与准禁治产之区别，对于禁治产设监护人，对于准禁治产置保佐人	只设禁治产之一种，惟置监护人
于法人章，特设通则，而财团法人又多援引社团法人之规定	将两种法人共通适用之规定完全归纳于通则中
对于主物与从物未设规定	对于主物与从物特为增入
于法律行为中设有契约一节，规定一般契约之通则	以契约为发生债权债务之原因，改于《债编》中规定

---

[1]《民国民法》的《总则编》之立法理由，据原起章说明，列举有下列四点：（1）习惯适用之范围；（2）社会公益之注重；（3）男女平等之确定；（4）最新编制之采用。

[2] 参阅王泽鉴：《民法总则》，作者 2013 年印行，第 26—27 页。

续表

《大清民律草案》（1911 年）	《民国民法》（1931 年）
规定取得时效及消灭时效，并设有共通适用之通则	将消灭时效规定于《总则编》，取得时效则规定于《物权编》

值得留意的是，民法与商事法究宜采"民商合一"，抑或"民商分立"？此乃涉及私法体系建构中无可回避之立法政策的抉择。晚清的《大清民律草案》及 1925 年的《民国民律草案》，大体上系仿自德国及日本等 20 世纪以前制定民法法典国家所采的立法体例，皆按"民商分立"的原则起草，即除规范个人间法律关系的"民法典"外，尚制定有规范商事交易及其他商事关系的"商法典"。及至国民政府时期，民商立法体例该如何抉择？再起争议，论争的结果，基于国内外的法制历史、为了适应社会变迁的需要、有利于世界各国的经济交往、顺应世界的最新立法趋势、有助于理顺法典编纂体例、贯彻法律之前人人平等，以及为了避免司法实践中法律适用可能产生的分歧与混乱等种种因素的考虑，乃决定采取当时尚不多见的"民商合一"的瑞士立法例，编定民商统一法典。[1]

其后，立法院遵照这项决议，在编纂民法典时，将通常属于商法总则之经理人及代办商，商行为之交互计算、行纪、仓库、运送营业及承揽运送均纳入《债编》内，其他商事法之不能合并者，则分别制定单行法，形式面上采"民商合一"制，不另立"商法典"。与此同时，自 1929 年至 1931 年间也另陆续公布了《公司法》《票据法》《海商法》《保险法》四大商法，在进行法律汇编时，将其附于民法典之后。[2]揆诸实际，商法以发展工商企业、促进国民经济为目的，为追随世界潮流及社会变动之需，可能要随时修订，采民商合一编例，其商事特殊部分另制定单行法，单行法之修改，不至于牵一发而动全身，自有其优点；惟通常仍将上述四大商法合称为"商事法"。

---

〔1〕 参阅《民商法划一提案审查报告书》，民国十八年六月五日送立法院，同年十一月二十二日《民法·债编》即公布。另有关"民商合一"立法政策问题的相关问题，详参阅长清：《中国民法总论》，商务印书馆 1933 年版，第 26-29 页；王伯琦：《民法债编总论》，正中书局 1980 年版，第 302 页；等等。

〔2〕《公司法》公布于民国十八年十二月二十六日，《票据法》公布于民国十八年十月三十日；《海商法》公布于民国十八年十二月三十日，并自民国二十年一月一日施行；《保险法》公布于民国十八年十二月三十日。

于今观昔，这部民法典其实是集清末《大清民律草案》及《民国民律草案》的积累而来，盖非"创造性"的法典，"大抵有基方筑室，未闻无址忽成岑"，如此之谓！耐人寻味的是，国民政府立法院成立以后，不到几年功夫，即制颁如此庞大的民法典，采的全是当时各国最新的立法例，整套是欧西近代的法律意识，其制定过程，何以如此顺遂？虽有零星争议，何以未再引起如晚清制定《大清新刑律》时，礼教派与法理派两方激烈的争辩？也未有如日本继受欧陆法时所引发的"民法典论争"，导致民法典之久久未能出世；[1]难道说，经过了十多年，国人已能泰然接受二度西潮？是"貌合神离"，还是"形式的偶合"？

五、20 世纪上半叶民事立法继受的省思

多彩多姿的 20 世纪匆匆过去了，观乎前半叶的民事立法继受与法制变革，无论是采欧陆模式抑或日本模式，或多或少都有其各自的历史与时代意义；而任何一种法文化的引进，一般也都有一个选择、抗拒、改造与融合的过程。尤其，在这一过程中所产生的种种正向或乖离现象，值得我们细细回味与认真面对。

（一）法律继受中超文化立法的困境与民事法在地化

从立法继受的观点，法典律条固可以循着理想而制颁，不过，社会是有惰性的，尤其，像中国这样一个古老的国家，广土众民之外，更有其悠久的历史文化与传统包袱，一旦要改弦更张来适应新法律所创造的一切，当然不是一蹴而就之事。因此，对于清末民初乃至国府时期的"六法体制"，论者有以"超前立法"称之，认为这是落后的社会却想要拥有先进法治国家法规范的"浪漫情怀"，注定命运多舛，而对这种现象我则常以"超文化立法"名之。

诚然，立法固应参酌世界新思想、新潮流，重视合理的造法活动，但仍须兼顾到本国国情；因为，法规范是具有多面性的，非仅于斗室中、议堂上斤斤辩论，即为毕事；仍应参以历史性、民族性，乃至本土固有的伦理观念，衡以实际的社会经济状况而产生；否则，法律虽定，不易施行，勉强为之，于国情冲突，引起抗拒，甚至屈从，人民失掉尊敬法律的心，又岂是立法的

---

〔1〕 有关晚清变法修律过程中的"礼法之争"与日本"民法典论争"的比较，可参阅孟祥沛：《中日民法近代化比较研究——以近代民法典编纂为视野》，法律出版社 2006 年版，第 135-153 页。

本愿？以《大清民律草案》前三编来说，虽未尽理想，却也还算符合近代法学思潮的趋势，体现了近代民法发展的方向，深具前瞻性。问题是，还来不及议定公布施行，清室已倾，无法征验其是否能具体有效的落实。

实际上，法制的落实与否，与政治、经济、社会乃至文化、教育等面向环环相扣。自民国初年以迄 1949 年，中国战乱频仍，各地区间经济发展极不均衡，沿海与内地相差甚远；民国初期原属地方割据之局，嗣后南京国民政府成立，其有效控制的区域也很有限，各地区的法制系统与法律生活，有相当程度的歧异。因此，纵使其后有了 1925 年的"民律第二次草案"及 1930 年代的"民国民法"，揆诸实际，除了若干较发达的地区，法制运作较上轨道外，大多数落后地区，就庶民百姓而言，现代法律的保障并非普遍有效存在，新法典的实施状况并不如预期，致使这部继受自欧陆、日本的民法典，长期无法正常成长，不能发挥法制应有的社会规范功能。

值得一提的是，20 世纪上半叶，民众的生活依然普遍艰难，文化素质仍十分低下。据抽样统计，当时的识字率约在百分之二十左右，在南京政府时期，四亿多国民中，文盲仍占大多数。教育家晏阳初曾说：

> 吾国男女人民号称四万万，估计起来，至少大多数一个大字不识，像这样有眼不会识字的瞎民，怎能算作一个健全的国民而监督政府呢？怎么不受一般政客官僚野心家的摧残蹂躏呢？[1]

旨哉斯言！在一个"法治社会"理念刚刚萌芽的国度里，纵然标榜要法律近代化，但要真正地落实，谈何容易？不过，从另一个角度看，长期以来，有许多法规范之所以不能发挥真正的效力，不能成为具有实效性的行为规范，是因为没有在观念上建立稳固的基础。这种现象不独在华人社会如此，在其他国家也屡见不鲜，尤其在社会急剧动荡之际，更不足为怪。历史法学派所说的"法律既不是自然存在的，也不是人为的，而是自然长成的，无可创造"。就某个历史阶段的现象言，固属有理，但所谓"非长成的或创造的法律"，假以时日，也未尝不能在社会大众的意识上生根、长成，甚至开花结果。换句话说，法律或国家政策的制定，若能超越民众的法律感情，多少有

---

〔1〕 晏阳初："平民教育新运动"，载宋恩荣主编：《晏阳初全集》第 1 卷，湖南教育出版社 1989 年版。

引领与转化法文化的作用。法学者王伯琦曾说：

> 我们的行为规范，虽不是立法者可以制造的，但立法者制成的法律，对于社会大众的意识，确有莫大的启示作用，从而足以加速促成其意识之成熟……早熟的立法，在其一时的效力方面，或许要打些折扣，但在启迪人民意识方面，却有极大的作用，我们不妨称之为"法教"。尤其在一个社会需要有重大的变革之时，此种立法上的手段，更为重要。[1]

王先生提出了一个绝妙的名词"法教"，有其几分道理在，盖法律的使命，除了适应时代要求之外，并须具有促进社会进化，使向理想目标进展的精神。草拟于 1910 年代的《大清民律草案》，由于未正式颁布，无法计其落实成效；而制定于 1930 年代的民国民法，公布施行之际，中国仍属农村宗族社会，欠缺以个人为本位的权利意识，此种超前立法乃至超文化立法，明显与现实脱离；但在某种程度上也正如王先生所言，引导着社会变迁，并因着社会变迁反过来影响民法的发展。例如一夫一妻制、夫妻财产制、配偶的继承权、女子的继承权、父母对于未成年子女权利义务的行使及负担、子女人格及财产的独立、配偶人格及财产的独立，凡此，当年在中国社会常引人质疑，甚至认为将成具文，但一般说来，至少尚不致引起激烈的抗拒。

而为了解决超前立法所形成的特殊社会困境，"法治教育"或许是另一种引领法文化进行变迁的方式。简单地说，继受本土所不熟悉的先进法制，使法规范走在本土法律文化的前端，民众通常是先抗拒，而后才将缓慢适应予以接受，终至被转化，甚至被同化；然而，国民在成长过程中接受的传统法律观念，却最容易深印在脑海中终身不变，而不断与外来的继受法产生冲突。其实，文化价值的转化总是最为艰难，最是需要时间，所谓"变法难，变法的观念更难"，作为继受外国法为主的近代中国社会，与其对超前立法排斥、抗拒，倒不如坚定信念，由"法教"入手，透过"法治教育"的完整实施，使现代法治观念在官与民的心灵逐步奠下根基，自然而然地成为其社会生活的准则，法律继受这条路才会走得扎实。

不过，在法学发展路途上，晚清民国于立法时，由于急于求成，往往着

---

[1] 王伯琦：《近代法律思潮与中国固有文化》，法务通讯杂志社 1989 年版，第 68-69 页。

重于外国立法例的引介与导入，于法律用语上，部分立法未免过度的"舶来词"，专门术语往往生涩隐晦，谈不上信、达，更遑论雅、俗共济。而司法裁判文书，对一般百姓而言，更是望而生畏，人民对法律有了严重的疏离感。尤其对于此等继受自外来的法律，一旦移植国内，其实际的运作状况如何？社会的适应性又如何？往往欠缺配套考虑。此一方面，固可归咎于长期以来媚于外国的先进法律文化所致；另一方面，实也因为国内法学长期疏于法律"在地化"的关注。

事实上，法制本无绝对的良窳，立法政策端在人为，或以弥补过去的缺点，或随世界法学新潮流而改进，要随社会进化程度而决定。作为一个法律继受国，我们固不应以法律本土化为名而闭关自守，甚至自外于世界；但该如何使法律在地化，成为人民真正认同的社会规范，可说是法学界最沉重的使命了。遗憾的是，不管清末或民初，此份"使命"，距理想目标仍然遥远。

当然知道，不必刻意拒斥异质的强势法律文化，今后的我们，仍然需要向文明法治先进国家学习，作大量的法规范、法制度的比较，但继受的目的不应仅局限于外国法的重现，而宜更加重视社会实际经验的相互观摩；外国法学的新理论也仍值得引进，这不但不妨碍法律的在地化，反而会是一大助力才是。

（二）传统法律文化与近代法律思潮的拒斥与转化

不论晚清、民初的法律草案初拟，还是国民政府时期的民法典正式问世，总免不了摆荡于模范列强与固守国粹之争，这是古今中外有关法律继受常上演的戏码。回首这一段往事，可以发现，立法菁英、法学者莫不投入心力，试图重新塑建个人、家庭和国家之间的关系。而民法作为私法之重者，对旧有法意识礼教伦常的存废尤为重中之重，自不免引发争议。问题是，"立法继受"并不只是立法者一次的立法行为而已，而是长期社会变迁与法律变迁的适应过程。[1]其成败，应可在嗣后的法律适用及国民法律生活意识的落实程度上得到验证；在法制西化过程中，晚清民初乃至国民政府时期新法的创制是受内外之力逼迫而来，这是一种强制性、异质性、混合性的继受，不得不选择放弃以家族、伦理、义务为主的本土法律意识，并接受个人、自由、权

---

〔1〕 参阅 Anfred Rehbinder："从法社会学观点探讨外国法的继受"，陈添辉译，载《司法周刊》1994 年 3 月 16 日、3 月 27 日、4 月 3 日。

利为本位的西方法律思想，严格说来，这并不是心甘情愿的。

以 1930 年代国民政府立法院制定完成并先后颁行的民法各编为例，如何将民族固有法意识及欧西近代法律思潮两相兼顾，是件很不容易的事。当时参与民国立法的吴经熊曾说：

> 全部民法已由立法院于最近两年中陆续通过，并正式公布了！此后，中国已为一个有民法典的国家了，这是在法制史上何等重要、何等光荣的一页！但是，我们试就新民法从第一条到第一二二五条仔细研究一遍，再和德意志民法及瑞士民法和债编逐条对校一下，倒有百分之九十五是有来历的，不是照张誊录，便是改头换面！这样讲来，立法院的工作好像全无价值了，好像把民族的个性全然埋没了！殊不知内中还有一段很长的历史，待我分解一下吧：第一，我们要先明白，世界法制浩如烟海，即就其荦荦大者，已有大陆和英美两派，大陆法系复分法、意、德、瑞四个支派。我们于许多派别当中，当然要费一番选择工夫，方始达到具体结果；选择得当就是创作，一切创作也无非是选择。因此，我们民法虽然大部分以德、瑞民法作借镜，也不能不问底细就认为盲从了……俗语说得好，无巧不成事，刚好泰西最新法律思想和立法趋势，和中国原有的民族心理适相脗合，简直是天衣无缝！[1]

或许，这是吴先生期勉国人的强烈愿力。不过，新民法确有其优点，但也未必皆与国情相应；尤其对于最后两句"刚好泰西最新法律思想和立法趋势，和中国原有的民族心理适相脗合，简直是天衣无缝！"是否果如其然？仍有讨论的空间。但我还是相当赞同"选择得当就是创作，一切创作也无非是选择"这种说法。惟不能回避的是，中国法律文化传统悠远，一脉相承，继受欧西法制，如果单从政治及技术层面着手，显然无法克尽其功，势必经过"文化重整"的阶段。虽自隋唐以迄明清，中华的法律文化曾是东亚地区的先驱者，它向周边辐射的结果，也曾几度形成先进且成熟的东亚法文化圈。然而，昔日的光彩却成为嗣后法律继受的负担，沉重的历史包袱，伴随着大部分地区仍属极度落后的农业经济，另掺杂了晚清民初社会经济和政治构造间

---

[1] 吴经熊："新民法和民族主义"，载氏著《法律哲学研究》，清华大学出版社 2005 年版，第172-173 页。

的错综矛盾，新的法律文化和现实国民性间，实际上存在着深大的"泥泞"。在这泥泞中，不论晚清还是民国，在法律近代化这条路上显然坎坷崎岖，走得相当蹒跚。

具体说来，清末民初乃至1949年以前的中国，法律形式上虽已渐趋近代化，但时局犹混沌纷乱，大部分地区仍封闭贫瘠，司法组织不够健全，法学教育未能普及，官民对"法治社会"的价值认同不足，中国社会也从未经历西方近代个人主义与自由法制的洗礼，而清末民初又适逢西方社会高唱"由个人而社会"，由"权利而义务"之际，不免妨碍国人对西方法治基本理念的认识与接受；更因拂拭不去传统法律文化的阴影，对继受的西方民主法治及其实定法，或做同语异义的扭曲，甚或束诸高阁，遂使西方法律或法学的继受，变形变质，徒具形骸。

可见，法律规范纵然可以在一夜之间继受改变；问题是，继受后的法律，其实践性如何？欧陆的近代民法乃经过数百年的理论变迁、实际运作，逐渐茁壮而成。至于晚清民初的民事立法，则是仓促成事，并未经历此生根、成长的阶段，短期间内要从传统"家族伦理法"转成近代欧陆"个人权利法"，自不易达成。在法律执行面上，要从具体道德规范的实践，转向抽象法律原则的逻辑推演，也有困难。尤其本国的法学理论、法律政策与官民之间法的观念等方面无法配合时，更易出现立法理想与行法实际之间的巨大鸿沟。

其实，法律创制的超高效率，并不等于司法实践的顺畅。近代中国法律基本上是外来的产物，继受过程尽管简短，但本土化过程则相对漫长，立法与司法容易产生脱节，两者的时效存在严重的"时间差"。法律传统无法一刀两断，法律制度又要与时俱变，消弭此等间距，一方面须通过社会变迁，筛汰不合国风、民情或时宜的法条，另一方面要通过司法主体的高度智慧及巧妙运作，将传统司法与近代司法原则相融合，调整法律对社会生活的适应性，也使社会生活尽量与现代法律导向趋同。如此，方能衡平先进法律与实际生活之间的脚步，弥合其间的脱节，推进社会的平稳变迁。

六、结语

仔细想来，晚清民初乃至南京国民政府的各个时期，对于近代欧陆法或日本法的继受，可以使我们得到这样的启示：要改变中国法文化，完全在中国的古圣经义或传统伦常礼教中去寻找，是不够的；必须要敞开大门，汇纳世界其他先进法律文化，注入非中国法文化的元素，加以比较、选择与吸收，截长补短，才能产生新的法律文化。

我们也得承认，之所以要继受外来的法律，绝不单单只是政治、经济、军事落人之后，也确实存在着一个传统中国法律已无法适应近代社会的快速变迁问题，承认西方近代法律的相对先进性，就可以给予清末民国输入欧陆乃至日本法律一个适当的疏释。因为洞察并承认西方近代法律文化的理性成分，而加以引进、继受，将促进我们本身法律文化的滋长，进而有利于消除历史的、现实的隔阂，加速文化交流，并在交流中省察自己的不足，适时调整规范重建的政策定向。

当然，清末民国以来法制的近代化，追求的是与列强先进的独立、平等与合理的法制，在这些追求当中，势必要对传统加以整理、评鉴、批判，甚至大部分的扬弃，但绝不是，也不必对传统全面否定。再明白的说，清末民国时期的法制近代化，是传统与近代挂钩接榫的历史运动，所意含的不只是消极地对传统巨大地摧毁，也不是简单的剪裁与拼凑；而是要在学习先进国家法制模式的同时，也能多加省视本身的文化感情与社会的客观现实，唤起国人自尊与理性开拓的精神，进而一步步地转化传统，使新生的法律可以运作，展现出活性化的一面。

在中国二千多年的法文化时光隧道里，晚清这十年的变法修律，只不过是历史中的一瞬。但是，就法制而言，这十年的变化却是空前的、古今绝续的，超越了任何一个帝制王朝，沈家本是这次变法修律活动的掌舵人，在旧律的改造和新律的创制上，都立下深刻非凡的功绩。虽受制于时代背景、局限于政治立场、窘迫于修律的时程、无奈于体力的渐衰，沈家本对于《大清民律草案》的着力确实未及《大清新刑律》之深，以至于他功未竟而被迫身先退。但无论如何，沈氏的法律思想与法制改革不能说失败，他在这段时期的付出也是功不可没的。因为他替近代中国开启了一扇新的法制思想之窗、一个新的变革架构，他的许多理念与作为，深深影响后来民国法制的发展，沈家本有情来下种，中国法律近代化因地果还生！

中国近代的民事判例制度及其借鉴意义

张 生[*]

【摘 要】中国近代的判例起源于清末《大理院审判编制法》中的法律解释权。民国北京政府时期，由于民事制定法不完备，大理院在民事审判实践中逐步形成了一套生成、编辑、变更判例的制度；民事判例与解释例成为民事法律体系的主体部分。南京国民政府时期，在继承大理院判例制度的基础上，又有所改变：生成、编辑、变更判例的权力形式上由司法院统一行使，实质上由最高法院进行甄选和编辑判例；并且，随着判例数量的累积，更加注重将判例要旨与民法典的统一汇编。中国近代民事判例的生成、编辑与变更制度，对于完善我国现时代案例指导制度具有重大的历史借鉴意义。

【关键词】中国近代；法律解释权；判例；判例要旨；案例

一、序说

"例"在中国古代法律体系中占有重要地位。在清代国家法律体系中有条例、则例、事例、榜例等，在地方有省例、例规等。由于"例"相对律典、会典具有灵活性，多来源于法律实践，故而有学者认为中国古代是"'成文法'与'判例法'在相互消长中走向平衡"的"混合法"。[1] 应当说，中国古代的"例"在很大程度上属于制定法的范畴。"例"的生成多源于法律实践，但是经过"立法程序"[2]形成的，并且具有普遍拘束效力的"例"在形

---

* 张生，中国社会科学院法学研究所研究员，博士生导师。

〔1〕 参见武树臣：《中国法律文化大写意》第六章，北京大学出版社 2011 年版。

〔2〕 隋唐以后国家法律体系中出现了多种例，凡是具有普遍效力的例，都是经过主管部门甄选、奏请，皇帝或中书门下裁可的法律规范。

式上多是抽象的规范，[1]形式上更加近似于近现代的制定法。

中国近代的判例源自对日本、德国等大陆法系国家法律体系的全面继受。中国在继受大陆法系国家的民法、刑法、行政法等实体法的同时，继受了大陆法系国家的司法裁判制度，最高法院有权将其"判决"确定为"判例"，作为对制定法的具体解释，[2]下级审判机关在裁判时，必须将制定法和相关判例一体遵守。"判例"是法律体系的一部分，是制定法的延伸性规范。因此，中国近代的判例，与英美法系国家的"判例法"不同，英美法系国家的"判例法"以"遵循先例原则"为基础，上级法院或本院的"判决先例"具有普遍的拘束力，"判例"本身就是法律规范的主要形式。中国近代的判例和德国、日本等大陆法系国家一样，只有最高审判机关可以通过判例具体解释法律，最高审判机关的判例对本院和下级法院具有拘束力，地方法院不具有通过判例解释法律的权力。

按照判例在民法体系中的作用，中国近代的民事法律体系可以分为清末民初（1906—1927）和南京国民政府（1927—1949）两个历史时期。清末民初时期，民事法律体系处在初创阶段，民事法律渊源包括"现行律民事有效部分"、民事单行法、大理院民事判例和解释例。民事判例是民法体系的重要组成部分，特别是在民国初期（1912—1927），大理院形成了一套完整的判例生成、编辑、变更的制度，其民事判例是民法体系的主体部分，对其他各种法律渊源起到整合作用。南京国民政府成立之初，最高法院沿用民初大理院的判例制度，在1930年以后，随着《中华民国民法》（以下简称民国民法）各编的颁布实施，民国民法及其附属关系法成为具有最高效力的法律渊源，最高法院的民事判例退居为"具体司法解释"的地位。因为民事判例全文篇幅过长，实际发挥法源功能的是民事判例要旨。

二、清末民初的民事判例及判例要旨汇编

清政府自光绪三十二年（1906）实行官制改革，改大理寺为大理院，为全国最高审判机关。依据同年颁行的《大理院审判编制法》，当时的大理院分

---

〔1〕 杨一凡、刘笃才：《历代例考》，社会科学文献出版社2012年版，第407页以下。

〔2〕 民国时期最高审判机关解释法律的权力通过两种方式行使：一种是通过判例对法律的具体解释，另一种是通过解释例对法律的抽象解释。

设民、刑两科，[1]分别管辖民事案件与刑事案件的裁判。《大理院审判编制法》第19条规定："大理院之审判，于律例紧要处表示意见，得拘束全国审判衙门。"[2]该规定确立了大理院的法律解释权，这是日后创设判例的法律依据。宣统二年（1910），清政府又颁布了《法院编制法》，该法第35条规定："大理院卿有统一解释法律，必应处置之权。"这一规定进一步明确了"统一解释法律"的权力，由大理院卿（即院长）代表整个机构统一行使，意即创设判例和解释例的权力由大理院卿统一掌控。《法院编制法》之第37条规定："大理院各庭审理上告案件，如解释法令之意见，与本庭或他庭成案有异，由大理院院长依法令之义类，开民事科或刑事科或民刑两科之总会审判之。"该规定旨在解决判例和解释例的变更问题，当新判例或解释例与"成案"有异时，由大理院卿召集民事科或刑事科，或民刑两科总会讨论决定，以保障法律解释的统一性。宣统二年（1910）八月，清政府正式举办全国法官考试，[3]具有近代法学教育背景的法官是在考试选拔以后，才正式出任各级审判厅推事。大理院作为清政府的最高审判机关，其民科（包括民事各审判庭）法官主要由刑部旧有推事（审判官）转任而来，多具有丰富的司法经验，为从事全新的民事审判和法律解释奠定了基础。从清末《各省审判厅判牍》[4]所收录的大理院判牍文书来看，该汇编共收录大理院15则判牍，其中只有两则民事批示。大理院的民事批示，即大理院对上诉民事案件的终审判决。清末民事法律从删修后的《大清律例》中分离出来，被称作"现行律民事有效部分"。在民事审判刚刚分离出来，民事制定法极不完备的情况下，大理院公开发布的民事批示实际上就是最初的民事判例，对地方各级审判厅的民事裁判具有重要的指导作用，不仅为地方各级审判厅确立了裁判的规范依据，而且在民事审判程序方面也可以作为参考。

自1912年5月民国北京政府大理院（以下简称民初大理院）改组成立

---

[1] 清政府于光绪三十二年（1906）十二月十七日开始启用大理院院印，大理院各庭印信于次年十一月初二颁领。最初大理院民科设两个审判庭，刑科设四个审判庭；后改为民科、刑科各三个审判庭。

[2] 该法刊录于《光绪新法令》，收录于上海商务印书馆编译所编纂：《大清新法令（1901—1911）点校本》，商务印书馆2010年版。

[3] 参见李启成："宣统二年的法官考试"，载《法制史研究（中国法制史学会会刊）》2002年第3期。

[4] 两函，法学研究社1912年刊行，其中收录的判牍为宣统三年（1911）辑录。

后，该院作为最高审判机关其内部最初设有两个民事审判庭和一个刑事审判庭，负责民事、刑事裁判事务。[1]民初大理院民事审判庭对民事上诉案件、上告案件、上控案件作出终审裁判（包括判决和裁定，但绝大多数是判决）。民初大理院的民事裁判一般都包括五部分内容：（1）裁判时间及字号；（2）上诉方（或上告方，或抗告方）及被上诉方（或被上告方，或被抗告方）的基本情况（双方当事人姓名、性别、住址，以及委托代理人的姓名、职业情况）；（3）主文（判决结果）；（4）理由；（5）审理此案的合议庭各推事以及书记官、具体判决时间。民事裁判的核心是第四部分的"理由"，大理院推事在这一部分阐述对案件事实的分析和裁判依据。"理由"部分一般又包括三方面的内容：（1）上告人依据的基本事实和理由；（2）被上告人答辩的基本事实和理由；（3）合议庭在对双方当事人所依据的事实、理由进行分析的基础上，阐述裁判依据，即"本院按"以下部分。自民国元年（1912）开始受理案件，至民国十六年（1927）闭院，民初大理院民事各庭作出裁判的民事案件共两万余件。[2]大理院的民事判决一般只对具体案件的双方当事人具有拘束力，并不具有普遍的规范效力。民初大理院早在1912年12月就开始公开出版《大理院判决录》，[3]从1913年开始，每月编辑出版一册，连续出版至1914年7月，共计20册。

民国北京政府沿用清末"现行律民事有效部分"（《大清律例》中不科刑的民事条款以及《户部则例》的部分条款，仅有100个条文）为民事基本法，[4]从制定法的角度来看，民事法律体系极不完备。

1913年2月1日，大理院民事审判庭作出重要判决——《民国二年（1913）上字第三号判决》，在判决的"裁判理由"部分明确阐述了中国固有民事习惯习成为习惯法的四项条件，即"习惯法构成之要件"。[5]该判决被

---

〔1〕 大理院审判庭数量依受理案件数量的多少而定，到1919年大理院民事审判庭扩充至四个，刑事审判庭增加至两个，直到1927年没有发生过变化。

〔2〕 大理院判决现保存于南京第二历史档案馆，档案全宗号为二四一，共有15651卷。据我国台湾地区政治大学黄源盛教授较为精确地统计，大理院民事判决共有25 000件，详见《政大法律评论》1998年第59期，《民初大理院司法档案的典藏整理与研究》一文。

〔3〕 大理院书记厅编，收录民国元年（1912）七月至民国三年（1914）七月的民事、刑事判决。

〔4〕 此外还针对具体问题颁布了《验契条例》《契税条例》《清理不动产典当办法》等少数民事单行法。

〔5〕 郭卫编：《大理院判决例全书》，会文堂新记书局1932年版。

民事审判庭议定、大理院最后确定为判例，这也是民初大理院第一次通过判例来解释法律：何为"习惯法"？自此以后，在民初大理院两万余件民事判决中有 1757 件被确定为判例，或明确解释了当时的民事法律，或确认民事习惯的效力，或采用某一条理补充法律的不足。大理院民事审判庭将这些判决著为判例，不但对本案当事人有拘束力，而且对同类法律关系有普遍的规范效力。在制定法没有规定的情况下，习惯、条理[1]成为民法体系的补充性法源；但是，在什么情况下习惯可以成为习惯法？在什么情况下可以适用条理？均需要大理院在判例中作出具体解释。民国初期大理院裁判民事案件可以依据的法律规则包括：法律（现行律民事有效部分为民事基本法，还有各项单行法），民事习惯（修订法律馆在各省区设有调查员，负责调查地方民事习惯），条理（包括西方民法之学说、原则，以及民律草案之条文）。这三种法律渊源在民事司法中的适用顺序是："判断民事案件应先依法律所规定；法律无明文者，依习惯法；无习惯法者，依条理。"[2]在当时各种法律渊源杂乱的特殊历史时期，大理院的民事判例不仅发挥了具体解释法律的作用，甚至起到"发现法律"、构建民法体系的作用。

大理院最初通过《大理院公报》[3]《政府公报》《司法公报》[4]向社会公开公布判例全文，还有《法律评论》《法政杂志》等多种民间法学杂志刊登判例全文。但是随着判例数量的不断增加，每月出版的判例汇编不断积累，判例的庞杂性不便于各级审判机关检索、适用，于是判例要旨的抽取与编辑应运而生。判例要旨是从判例全文中抽象概括出来的，与一般民事判决不同的是，经大理院著为判例的民事判决，"本院按"部分阐述的判决依据，经过资深之评议推事进行抽象提取，将判例中具有普遍规范效力的部分从判例全文中分离出来，形成判例要旨。由此可知，大理院民事判例要旨来源于民事判例，是民事判例中阐述的普遍民事法律规则。当今散见于各种公报、各主

---

〔1〕《大清民律草案》没有经过立法程序成为法律，民国北京政府司法部通令各级审判厅"可以作为条理加以引用"。"条理"在南京国民政府时期改称"法理"，即相关民法学说、法律原则等，在没有制定法和习惯可以适用的情况下，可以作为裁判的依据。

〔2〕郭卫编：《大理院判决例全书》1913 年上字 64 号判例要旨，会文堂新记书局 1932 年版。

〔3〕《大理院编辑处规则》第 6 条第 2 项规定，《大理院公报》登载判例解释，其要旨及全文应一并登载，无要旨可以摘记者，则毋庸摘记。但是，《大理院公报》也仅仅于民国十四年（1925）发行了 3 期。

〔4〕《政府公报》《司法公报》登录大理院判例，稳定而连续，成为官方正式的公布方式。

要法学杂志，以及保存于南京第二历史档案馆的大理院原档民事判例全文，总数有 1267 件。可是《大理院判决例全书》（郭卫编辑，上海会文堂书局民国二十一年版）收录的民国二年（1913）至民国十六年（1927）的民事判例要旨有 1757 则；现存的判例要旨与判例全文相比较，存有判例要旨，而无全文者有 490 件。[1]可见，民事判例全文不若判例要旨更便于检索适用，也更受到各级法院的重视。

1915 年 10 月大理院编辑处首次编辑刊行《大理院判例要旨》，其中不仅公布了 1912 年 9 月至 1914 年 12 月的判例要旨，还附录了《大理院判例要旨汇览及大理院解释文件汇览编纂规则》[2]。该编纂规则第 2 条规定了判例要旨汇览与判例的标准编纂样式，如表 1。

表 1　判例要旨汇览与判例的标准编纂样式

	上栏			判例要旨			
判例要旨参考	(1) 同例异例裁判号次	(2) 现行法条	(3) 解释文件号次及汇览页次	(4) 惯例	(5) 前清旧法及草案条文	(6) 外国法条及判例	(7) 学说
	下栏			裁判原文			

以上编纂样式表明两点：第一，大理院非常注重判例要旨的作用，因而在汇览中上栏先列判例要旨，下栏再列裁判原文（全文）；第二，为保障判例要旨的编纂质量，在编纂规则中列出了 7 项与判例要旨相关的参考内容，避免本判例与现行法、既有判例和解释例相抵触，以及本判例的依据（惯例、旧法、法律草案、学说等）。在审判实践中，因大理院面对"案多人少"的问题，刊著判例的推事没有能力在短时间内详尽开列诸多参考内容。[3]因而，该

---

〔1〕　判例全文的总数，为黄源盛先生在编辑《大理院民事判例全文汇编》过程中所统计。可参见黄源盛："民初大理院司法档案的典藏整理与研究"，载《政大法律评论》1998 年第 59 期。

〔2〕　李相森："民初大理院法令解释制度研究（1912 至 1927）"，南京大学 2011 年硕士学位论文。该论文称 1916 年刊行《判例要旨汇览》，应为 1915 年刊行，1916 年再版。

〔3〕　系统掌握"惯例"，非经实地调查不能详查；"外国法条及判例"非受过良好的比较法训练，而不易得知；谙熟"学说"，必须有深厚的理论造诣。如此高的要求，就当时国内民法学界也无人能够做到。

编纂规则第 11 条，又做简易规定：可以暂行省略参考门第四至七之款目。[1]

1918 年 8 月，大理院公布《大理院编辑规则》，[2]规定大理院编辑处编辑判例汇览、解释文件汇览的格式如表 2：

表 2　大理院编辑处编辑判例汇览、解释文件汇览格式

眉批			
要旨	参考旧例 （或旧解释）	参考法文	参考解释文件 （或判例）
年份			
某字号次			

民国四年（1915）大理院编辑《大理院判决要旨》之后，在民国八年（1919）、民国十三年（1924）先后编辑出版了《大理院判例要旨汇览》正集、续集首尾相连，以及《政府公报》《司法公报》《大理院公报》，对民事判例要旨的公布几无遗漏。判例要旨在汇编体例上也发生了变化：最初判例是按照发布时间来编辑、发布，到 1915 年以后则是大体按照民法典[3]（总则、债权、物权、亲属、继承）的篇章顺序来分类汇编。判例要旨汇编在形式上已经极为近似于民法典的篇章体例。民事判例要旨在性质上属于司法解释，[4]一般而言，它解释制定法的法律效力应该准同于法律，即处于第一适用顺位，优先于民事习惯、条理的适用。大理院民庭推事郑天锡曾指出："我国法律，尚未完备，裁判时，常赖判例为之补充。大理院为我国最高法院，其判例在实际上与法律有同一效力。外国法院，如上海英美法院，每逢适用中国法律而无明文可引用时，亦采用我国判例。我国大理院判例，在中国法律上占有之地位，其重要亦可想见矣。"[5]

---

〔1〕　当时大理院三个民事裁判庭的裁判任务极重，同时需要对判例进行编辑，难以对每个判例要旨提供学说、外国立法例的支持。

〔2〕　收录于民国北京政府司法部参事厅编：《改订司法例规》，1922 年刊行。

〔3〕　即《大清民律草案》和民国《民律草案》的分编体例。

〔4〕　对于判例要旨的性质有不同见解，有认为属于"习惯法"的，有认为属于"判例法"的，还有认为属于"条理"的，而笔者认为"司法解释"最为妥当。参见张生：《中国近代民法法典化研究（1907—1949）》第三章第二节以下，中国政法大学出版社 2004 年版。

〔5〕　郑天锡："大理院判例之研究"，载《法律评论》1924 年第 36 期。郑天锡所谓"判例"，在司法适用中实际就是判例要旨。

三、南京国民政府时期的民事判例与判例要旨汇编

南京国民政府时期以民国民法的颁布实施为界线，可以将民事判例的作用分为两个阶段：前民法典时期和后民法典时期。在前民法典时期，判例仍旧是民法体系的主体部分，对制定法的解释甚至可以覆盖制定法本身的功能；对习惯效力的认定，对法理的适用，都具有权威性。旧有的民事判例要旨的汇编，仍然发挥效力。南京国民政府最高法院正式发布判例始于1928年，当时各项主要法律尚未公布实施，北京政府时期的法律法规凡是与国民党中央所发布的各项政策不相违背的，仍然有效。最高法院在民事审判方面，主要依据大理院的判例与解释例作为裁判依据；同时，最高法院的三个民事审判庭精选本庭的裁判，著为判例，作为本院和下级法院遵循的依据。法律界对最高法院判例的反应极为迅速，自1928年10月，郭卫开始连续编辑出版《最高法院判例汇编》；[1]1929年4月，张虚白也开始连续编辑出版《最高法院判例汇编》。[2]民事判例包括五部分内容：（1）判决时间与字号；（2）要旨；（3）上诉方（或上告方，或抗告方）及被上诉方（或被上告方，或被抗告方）的基本情况（双方当事人姓名、性别、住址，以及委托代理人的姓名、职业情况）；（4）主文（判决结果）；（5）理由。与民国北京政府大理院判例的区别在于，略去原判决合议庭推事和书记官，以及判决时间（在判决字号部分已有）。

民法典颁布实施以后，南京国民政府最高法院民事判例的内容和功能都发生了变化：判例的内容沿袭了之前的五项内容，又增加了"参考法条"一项，附于"要旨"之后；民事判例从"可以发现"民事法律规范，转变为"具体解释"制定法（特别是"民法典"）。民法典等重要法律颁布之后，民事判例要旨与各项制定合编为一体，判例要旨依照制定法进行分类，成为"六法全书"的一部分。从表3可以看出，民法典颁行前后，民事判例要旨分类汇编的差异：

---

〔1〕　上海法学编译社出版，连续出版28辑。
〔2〕　第1辑由中华法学社出版，从第2辑开始由上海法政学社出版。

表3 民法典颁行前后民事判例要旨分类表〔1〕

判例要旨类别	民法及关系法颁布实施前	民法及关系法颁布实施后
民法及相关实体法	关于民法总则	关于民法总则
	关于民法债权	关于民法债编
	关于民法物权	关于民法债编施行法
	关于民法债及继承	关于民法物权
	关于民法亲属	关于民法物权编施行法
	关于民法继承	关于民法亲属
	关于清理旗地官产章程	关于民法亲属编施行法
	关于寺庙监督条例	关于民法继承
	关于商法	关于民法继承编施行法
		关于公司法
		关于票据法
		关于著作权法
		关于破产法
		关于船舶法
民法及相关程序法	关于民法诉讼	关于不动产登记
	关于民事诉讼	关于民事诉讼
	关于民事诉讼律	关于民事执行
	关于民事执行	关于法律适用条例
	关于县知事审理诉讼章程	
	关于法律适用条例	

在民法、商法等实体法和民事诉讼法、民事诉讼执行规则等程序法公布实施之前（基本以 1930 年为时间分界线），判例要旨已形成民事实体法、民事程序法的分类。在民事实体法中又按照"民法"和"商法"来划分。民法

---

〔1〕 根据郭卫、周定枚编辑：《最高法院民事判例汇刊》，上海法学书局 1934 年版，第 1 期至 17 期之内容整理。

主要依照"民律草案"[1]的五编（总则、债权、物权、亲属、继承）来分类，其中又有一些"清理旗地官产""寺庙监督"等特种产业的处理规定。在当时，涉及商事的裁判较少，没有再作具体分类。在民法、商法等法律公布实施之后，判例要旨完全按照相关法律进行分类，法律概念更为准确统一。

南京国民政府成立之初，沿袭民初大理院"统一解释法律"的制度，判例的确认和变更都由最高法院来决定。民事判例的确定和变更由各民事审判庭讨论决定；涉及多个民事庭的，由院长召集民庭总会决定。涉及刑事问题的，由院长召集民事、刑事各庭总会讨论决定。1935年《法院组织法》施行之后，判例变更规则也发生了重大变化。《法院组织法》第25条规定："最高法院各庭审理案件，关于法律上之见解，与本庭或他庭判决先例有异时，应由院长呈由司法院院长召集变更判例会议决定之。"[2]原来由最高法院行使的"统一法律解释权"，转由司法院来行使。变更民事判例的提议、判例要旨的初步编辑，由最高法院承担，但是民事判例的变更，由最高法院院长呈请司法院院长召集变更判例会议来决定，避免判例之间产生矛盾。

四、近代民事判例制度的历史借鉴

清末在法律改革进程中，仿效大陆法系国家创设了民事判例制度。民国北京政府时期民事制定法不完备，大理院的民事判例是民事法律体系中的规范主体，但民事判例以判例要旨的形式发挥规范功能。南京国民政府时期，在民法颁布前后，最高法院的民事判例在法律体系中所发挥的作用不同，但其发挥规范作用的形式仍然是判例要旨。民国民法是在短短一年的时间里起草完成的，整个起草、审议、颁布的时间也只有23个月，并没有给不断变化的社会生活提供完备的行为规范和裁判规范。民事判例成为民法规范具体化的必然制度手段之一。民事判例来源于最高法院终审民事判决，包含了每个民事案件的法律事实，内容比较庞大，不便于检索与参照适用。最高审判机关将判例中具有规范意义的裁判理由——"判例要旨"提取出来，并按照制定法的结构体系加以汇编。判例要旨与制定法相结合，构成了更为完善的民

---

[1] 包括《大清民律草案》和民国《民律草案》，二者的编别基本相同。

[2] 吴经熊编，郭卫、元觉增订：《中华民国六法理由判解汇编》第一卷，上海法学编译社 1948 年版。

法体系。判例变更制度，可以将社会所需要的规范在裁判中创制生成，替换旧有的判例。而长期司法裁判所形成的大量判例，为制定法的修订积累了经验，逐步完成了理论准备。中国近代最高审判机关生成判例、编辑判例要旨、变更判例的制度值得汲取借鉴。

新中国成立后，在司法审判实践中逐步形成了案例指导制度。1985 年 5 月，《最高人民法院公报》开始向社会公布各类典型案例，作为法律适用的参照标准。2010 年 11 月，最高人民法院颁布了《关于案例指导工作的规定》，标志着案例指导制度的全面确立。2015 年 5 月最高人民法院又颁发了《〈关于案例指导工作的规定〉实施细则》，案例指导制度得到进一步完善。截至 2021 年 8 月，最高人民法院已经发布 28 批共 162 件指导性案例，其中民事指导性案例占了相当大的比例。随着民法典的制定、颁布与实施，分批发布的指导性案例应当按照民法典的体系结构进行整理汇编，与制定法规范形成对应的解释关系。在对指导性案例进行汇编时，可以采取以下三种编辑形式。

第一种形式是指导性案例的全文汇编。全文汇编就是按照最高人民法院分批发布的顺序，对民事指导性案例加以全文收录。此种汇编保持了原判决的全面信息，便于全面了解案例裁决的理由和依据，对于细微区分案例与案例之间的差别是不可缺少的。为了克服现有全文汇编以发布时间为编排顺序，不便于检索应用的问题，对现有全文汇编有必要增加"裁判要点目录"，将按照时间顺序发布的指导性案例，纳入到民法典的体系结构之中。

第二种形式是与民事法律相结合的"裁判要点"汇编。在民事指导性案例数量不断增加的情况下，缺少体系的数量庞大的指导性案例不便于精确检索和适用。"裁判要点"汇编就是提取民事指导性案例的"裁判要点"，附编于相关民事法律之后，形成法律与案例的直接对应关系。如果一个案例中适用了多个法律，可以在适用的主要法律之后附属"裁判要点"，其他法律之后以参照案例编号的形式简单附属。

第三种形式是在统一的与民事法律相结合的"裁判要点"汇编的基础上，扩展性的"区域案例"汇编。中国社会经济发展的区域不均衡，民族国家内部文化的差异性，使得地方审判机关在统一适用国家法律法规、遵守最高人民法院指导性判例的同时，在适用区域习惯层面的法律依据必然有所差异，地方审判机关也将形成本区域内有参考意义的司法案例。"区域案例"汇编仅在本区域内具有参考效力，针对法律授权、自治条例、地方法规规制的领域。

　　以上三种形式的案例汇编，为方便司法适用、法学研究，在载体形式上可以采取两种发布方式：第一种是纸质文件和出版物，如现在最高人民法院以通知的方式分批发布的"指导性案例"，不同批次发布的"指导性案例"形成一个连续的体系；第二种是机构官方网站的电子发布，最高人民法院可以将"指导案例全文汇编""与法律结合的裁判要点汇编"在网络平台上发布，并动态更新。最高人民法院可以通过其官方网站发布"指导案例全文汇编""与法律结合的裁判要点汇编"；省、市自治区的高级人民法院还可以将不违背法律法规、指导性案例的"区域性案例"在其网站上发布，并动态更新。电子发布的案例更便于动态更新，进行大数据统计和参考应用，服务于"统一法律适用"，建立权威、高效、公正的审判体系。

沈家本会通中西思想在清末民律修订中的体现

柴松霞[*]

【摘　要】1902 年沈家本开始主持清末十年修律，其主要宗旨思想是"会通中西"。这一思想在他参与《大清民律草案》时得以延续和完善，也是沈家本法律思想走向体系化和完备化的重要表现。在民律修订过程中，沈家本"会通中西"的法律主张和西法与国情相结合的原则得以践行，具体是通过翻译外国法典、延聘日本专家和进行风俗习惯调查三条主要途径来实现的。会通中西思想不同于"中体西用"思想，它具有兼容并蓄的特质，体现了新与旧、中与外的文化整合，使得《大清民律草案》成为中国固有民法的基本终结和与西方近代民法接轨开端的标志。

【关键词】沈家本；清末；会通中西；民律草案

《大清民律草案》是我国第一部由国家制定的民法法典文献，标志着中国民法在法典化和现代化道路上跨出了第一步，也可由此进一步窥探中西民法文化的冲突与交融。为收回"治外法权"，自 1902 年起，沈家本主持修律，但在当时官方的上谕中，提到商律并没有提到民律："惟是为治之道，尤贵因时制宜。今昔形势不同，非参酌适中，不能推行至善。况近来地利日兴，商务日广，如矿律、路律、商律等类，皆应妥议专条……总期切实平允，中外通行，用示通变宜民之至意。"[1] 即使像张之洞这样的开明人士且对法律有一定的理解，也仅把修订商律看作是维护商业秩序的功利需要，"必中国定有商律，则华商有恃无恐，贩运之大公司可成，制造之大工厂可设，假冒之洋

---

* 柴松霞，法学博士，天津财经大学副教授，硕士生导师。
〔1〕《德宗景皇帝实录》卷四九五。

行可杜"，[1]并未认识到是对国民的权益保护。随着修律工作的开展，民律修订的要求也被提上日程，从修律宗旨到具体做法，都透露着沈家本会通中西的法律思想。

一、会通中西思想在民律修订宗旨中的体现

虽然收回领事裁判权是清末修律的契机，但是预备立宪的开展才是真正推动修律的步骤、措施，包括民律的制定。当时，总的方针政策是："仿英、德、日本之制，定为立宪政体之国，先行宣布中外，于以固结民心，保存邦本。"[2]这与沈家本"会通中西"的修律思想是一致的。清廷在光绪三十二年（1906）宣布预备立宪的诏谕中强调："廓清积弊，明定责成，必从官制入手，觅应先将官制分别议定，次第更张，并将各项法律详慎厘定，而又广兴教育、清理财务，整饬武备，普设巡警，使绅民明悉国政，以预备立宪基础。……俟数年后规模粗具，查看情形，参用各国成法，妥议立宪实行期限，再行宣布天下，视进步之迟速，定期限之远近。"[3]

光绪三十三年（1907）清廷又派出达寿（后被李家驹接替）、汪大燮（沈家本的女婿）、于式枚等宪政大臣详细考察日、英、德三个君主立宪国家的法制情况。庆亲王奕劻等呈《奏请改考察政治馆为宪政编查馆折》，也称："嗣后遇有关系宪政及各种法规条陈，并请饬交该馆议覆，以归一律。"[4]同日，清廷上谕依准这一做法，并明确规定："一切编制法规、统计政要各事项"，"著即改为宪政编查馆，资政院未设以前，暂由军机处王大臣督饬原派该馆提调详细调查编定，以期次第施行"。[5]

随后，七月十六日，宪政编查馆即依照此谕拟定了《拟呈宪政编查馆办事章程折》，其后所附清单明确将"考核法律馆所订法典草案。（原注：法典指民法、商法、刑法、刑事诉讼法、民事诉讼法诸种而言），[6]各部院、各省

---

〔1〕《江楚会奏变法》第三折。

〔2〕 1904年《东方杂志》增刊：《宪政初纲》，第12页。

〔3〕"宣示预备立宪先行厘定官制谕"，载故宫博物院明清档案部编：《清末筹备立宪档案史料》，中华书局1979年版，第44页。

〔4〕 故宫博物院明清档案部编：《清末筹备立宪档案史料·叙例》，中华书局1979年版，第44页。

〔5〕"考察政治馆改为宪政编查馆谕"，载故宫博物院明清档案部编：《清末筹备立宪档案史料》，中华书局1979年版，第45-46页。

〔6〕 参见俞江："《大清民律（草案）》考析"，载《南京大学法律评论》1998年第1期。

所订各项单行法及行政法规"作为其设置功能之一。[1]因此，宪政编查馆于光绪三十四年（1908）将民律修订正式确定在九年筹备立宪事宜清单里，即光绪三十四年，开始修订民律，至第四年核定民律，第六年颁布新定民律，至第八年实行民律。[2]

关于民律修订的宗旨，随着沈家本主持的修律运动的深入开展，大量外国法律及法学著作陆续翻译介绍进来，尤其在《大清新刑律》和《商律》等法律的修订过程中积累了较为丰富的经验，虽然在礼法之争过程中立法者曾持对立意见，但对民律修订的宗旨在展开讨论之后却达成一致。

光绪三十三年五月一日，大理院正卿张仁黼呈奏折，其中议道："明订法律宗旨也。国之所与立者惟民，一国之民必各有其特性，立法者未有拂人之性者也。西国法学家，亦多主性法之说，故一国之法律，必合乎一国之民情风俗，如日本……民法五编，除物权、债权、财产三编，采用西国私法之规定外，其亲族、相续二编，皆从本国旧俗。……特闻立法者，必以保全国粹为重，而后参以各国之法，补其不足。此则以中国法系为主，而辅之以罗马、日耳曼诸法系之宗旨也。"[3]对张仁黼的意见，上谕要求"所有修订法律，著法部、大理院，会同详核、妥议具奏"。[4]

修律大臣沈家本和法部尚书戴鸿慈就此分别上奏折，基本上同意了大理院的意见。对于"参酌各国法律"的问题，沈家本强调"首重四译"，并提出"修律事宜关系至巨，任其责者，必于古今中外法律本原，心知其意，始能融会群言，折衷一是"。[5]戴鸿慈也强调修订法律应学习西方经验，要求"翻译各国法律条文及有各之判决例，解释法律正当理由，以较各国法律异同优劣。……中国编纂法典最后，以理论言之，不难采取各国最新之法而集其大成，为世界最完备之法典"。[6]

可以看出修订民律之宗旨仍然是沈家本修律思想的延续，无非围绕两个

---

〔1〕 故宫博物院明清档案部编：《清末筹备立宪档案史料》，中华书局1979年版，第49页。

〔2〕 "宪政编查馆资政院会奏宪法大纲即议院法选举法要领及逐年筹备事宜折"，载故宫博物院明清档案部编：《清末筹备立宪档案史料》，中华书局1979年版，第54-66页。

〔3〕 "大理院正卿张仁黼奏修订法律请派大臣会订折"，载故宫博物院明清档案部编：《清末筹备立宪档案史料》，中华书局1979年版，第834-835页。

〔4〕 李贵连编著：《沈家本年谱长编》，山东人民出版社2010年版，第220页。

〔5〕 故宫博物院明清档案部编：《清末筹备立宪档案史料》，中华书局1979年版，第838-839页。

〔6〕 故宫博物院明清档案部编：《清末筹备立宪档案史料》，中华书局1979年版，第841页。

中心：一是"必合乎一国之民情风俗"，"以保存国粹为重"；二是"采取各国最新之法""比较各国法律异同优劣"，"补其不足"。其实，这样的宗旨是贯穿整个修律运动的，其中包括刑法、民法和各类诉讼法等的修订。用沈家本的话说就是："是编（指刑律分则条文）修订大旨，折衷各国大同之户规，兼采近世最新之学说，而仍不戾乎我国历世相沿之礼教民情。"〔1〕

会通中西、学习西法与结合国情不能偏废这一思想在沈氏主持修律工作中日渐凸显。到了光绪三十四年（1908），沈家本在奏章中已明确将此二原则与修律工作结合起来。"凡关于东西各国法制，先以翻译最新书籍为取证之资，事虽繁重，尚有端绪可寻。惟各省地大物博，习尚不同，使非人情风俗纤悉周知，恐创定民商各法，见诸实行必有窒碍，与其成书之后多所推求，曷若削简之初，加意慎重。"〔2〕

在沈氏思想指导下，民律修订的讨论更加深入和具体化。在法律修订馆派人对各省民商习惯作了初步调查，并制定出《调查各省商事习惯条例》的基础上，宣统元年（1909）五月，沈家本、俞廉三与各军机大臣进一步总结出民商各法修撰宗旨的结论："人类通行之习惯，各因其地，苟反而行之，则必为人所摈弃而不相容。故各地方之习惯，亦有强制力含其中者，是以国家法律承认之，或采之为成文法。然所谓习惯，有一般习惯与局地习惯之不同。一般习惯，可行于国内之一般；局地习惯，只行于国内之一地。国家当交通机关未发达时代，往往局地习惯多于一般习惯。我国现时修订法律，似宜承认局地的，采为成文法，庶得因应而便实行。俟各省一律交通，法律逐渐改良，然后注意一般习惯，于修订法律甚为便利。"〔3〕可见，沈氏不仅注重习惯的区分，而且还强调如何从习惯上升到国家法，将立法与法律所处客观环境和社会效果结合起来，这也是他学习西法理念与国情结合的思想体现。

修律大臣俞廉三、刘若曾在宣统三年（1911）的《奏编辑民律前三编草案告成缮册呈览折》中所提出的四条〔4〕，"注重世界最普通之法则"，"原本

〔1〕 "进呈刑律分则条文三十单折"，见李贵连编著：《沈家本年谱长编》，山东人民出版社2010年版，第252页。

〔2〕 "法律馆咨议调查章程折"，见李贵连编著：《沈家本年谱长编》，山东人民出版社2010年版，第277页。

〔3〕 转引自李贵连编著：《沈家本年谱长编》，山东人民出版社2010年版，第313页。

〔4〕 《大清民律（草案）·奏折》，宣统三年法律修订馆印。

后出最精之法理" 仍未超出沈家本所说 "折衷各国大同之良规，兼采近世最新之学说" 的范围。而 "求最适于中国民情之法则" 一项无非是 "仍不戾乎我国历世相沿之礼教民情" 的翻版。第四项 "期于改进上最有利之法则" 则是会通中西的体现。

可见，从民律修订的动机到宗旨，都是沈家本修律思想的延续，这说明沈家本法律思想走向体系化、完备化。在会通中西法律思想指导下，沈氏修律表现出对于本土民情、风俗的关照。民法的确脱离不了本土化特色，毕竟是跟普通老百姓生活息息相关的。这一点，沈家本看得非常清楚，他非常注意西法与本土国情的结合问题。说明在 "礼法之争" 过程中，虽然沈家本作为法理派的代表，但并不意味着他真的在所有法律修订理念中反对民情风俗等传统。尤其在民律修订这一方面，他非常强调和尊重对传统习俗的遵循。

二、会通中西思想的实现途径

光绪三十三年 （1907），清廷下谕将法律修订馆改成宪政编查馆后，九月五日，宪政编查馆上《议覆修订法律办法折》并提到："除刑法一门，业由现在修订法律大臣沈家本奏明草案不日告成外，应以编纂民法、商法、民事诉讼法、刑事诉讼法诸法典及附属法为主，以三年为限，所有上列各项草案，一律告成。"[1]当天，清廷即根据此奏颁发谕旨："派沈家本、俞廉三、英瑞充修订法律大臣，参考各国成法，体察中国礼教民情，会通参酌，妥慎修订，奏明办理。"[2]具体如何执行呢？沈家本等人提出三个办法，一是翻译 "各国最新法典及参考各书"；二是 "延聘外国法律专家，随时咨问"；三是 "体察中国情形"。[3]此后修订民律的全过程也是落实这三个办法的过程。

具体到延聘外国法律专家一途，沈家本赞同通过日本学习西方这条途径，认为能达到事半功倍的效果，因为 "各国法学，各自为书，浩若烟海，译才难得，吾国中不能多见。日本之游学欧洲者，大多学成始往；又先已通其文字，故能诵其书册，穷其学说，辨其流派，会其渊源"。[4]至光绪三十三年（1907），延聘日本法学家参与修订民律一事已经在办理中。即所谓 "至聘用

---

〔1〕 故宫博物院明清档案部编：《清末筹备立宪档案史料》，中华书局 1979 年版，第 851 页。

〔2〕 《德宗景皇帝实录》卷五七九。

〔3〕 俞江："《大清民律（草案）》考析"，载《南京大学法律评论》1998 年第 1 期。

〔4〕 "法学名著序"，载《沈寄簃先生遗书》甲编《寄簃文存》卷六。

起草员一节，已商请日本志田钾太郎等，分任调查，以备参考"。〔1〕延聘日本
法学家参与修订民律一事，学界尚存两种说法：一种说法是，"沈家本亲赴日
本拟邀著名民法学者梅谦次郎到中国帮助起草民法典，因梅谦次郎要去朝鲜
不能应邀，沈家本邀请了日本大审院判事、民法学者松冈义正。同时还邀请
了帝国大学刑法教授冈田朝太郎，司法省事务官小河滋次郎，帝国大学商法
教授志田钾太郎。"〔2〕

另一种说法则认为沈家本并未去过日本，只是"修订法律馆于光绪三十
二年（1906）四月派董康等一行四人专程赴日本进行司法考察，以期能够在
颁行大清新刑律以后的司法实施中提供借鉴"。〔3〕我国台湾地区学者黄源盛则
指出沈家本"主张派员出国考察，并力邀日本法学者或法律家来华任教及协
助编纂法典"，〔4〕意思是既肯定了派董康等人赴日考察，又肯定了他同时有邀
请法学家来华的意图。从现有资料看，第一种意见缺乏有力的支持。沈家本
虽重视学习外国法律，但当时毕竟年事已高（光绪三十二年已六十六岁），且
担任修律大臣要职，不可能亲赴。

的确，在光绪三十一年（1905），沈家本就上折奏请派员赴日本考察：
"我国与日本相距甚近，同洲同文，取资尤易为力，亟应遴派专员前往调查，
借得与彼都人士接洽研求。……然非得有学有识通达中外人员，不能胜任。
兹查有刑部候郎中董康、刑部候补主事王守询、麦秩严，通敏质实，平日娴
习中律，兼及外国政法之书，均能确有心得，拟请派令该员等前赴日本，调
查法制刑政，并分赴各裁判所，研究鞫审事宜，按月报告，以备采择。"〔5〕

无论何种争议，起码都说明沈氏主张向日本学习的意图非常明确。只不
过聘请专家一途要晚于考察法制。因为沈家本于光绪三十三年（1907）五月
十八日的奏折中曾补充道："臣上年奏派刑部候补郎中董康等，前赴日本考察
法制，以经费未充，仅将裁判、监狱两项查明归国，而考察欧美法制，力更
未及。"〔6〕显然是说如果经费充足，主要目的仍是"考察法制"，而非延聘专

〔1〕 李贵连编著：《沈家本年谱长编》，山东人民出版社 2010 年版，第 252 页。

〔2〕 梁慧星：《民法总论》，法律出版社 1996 年版，第 15 页。

〔3〕 阿涛、祝环："清末法学输入及其历史作用"，载《政法论坛》1990 年第 6 期。

〔4〕 黄源盛："沈家本法律思想与晚清刑律变迁"，台湾大学 1991 年博士学位论文。

〔5〕 《光绪朝东华录》卷一九六。

〔6〕 故宫博物院明清档案部编：《清末筹备立宪档案史料》，中华书局 1979 年版，第 838 页。

家。关键此时，清政府对于延聘外国法学家仍有顾虑，担心由此"干预立法之事"。[1]因此，沈家本纵有此心，也不能独下延聘日人参与修律的决定。就连聘请刑法专家冈田朝太郎参与修订新刑律时，也是以法律学堂聘为主讲的名义。"上年（1906）九月间法律学堂开课，延聘日本法学博士冈田朝太郎主讲刑法，并令该教习兼充调查员帮同考订。"[2]毕竟，变法修律，兹事体大，谁都不想背上丧权辱国的罪名。纵是想学习日本，沈家本也得与清廷达成上下意见一致，方才实行。这也说明一项改革能否得以实现，还必须得到最高统治者的支持和认可才行。

直至光绪三十三年（1907）十月二日，沈家本才将"不惜重资延聘外国法律专家，随时咨问"[3]等语写进修订法律馆《修订法律办法折》内。得到清廷准许后，才"商请"日本法学家志田钾太郎来华。[4]而具体人员名单是光绪三十四年（1908）十月才得以确认："修律大臣沈家本奏，聘用日本法学博士志田钾太郎、冈田朝太郎、小河滋次郎、法学士松冈义正，分纂刑法、民法、刑民讼法草案。允之。"[5]其中，松冈义正起草了民律前三编，又协同起草了亲属、继承二编。可见，在"中体西用"主流思想下，要真正实践会通中西的理念，还需得到上层的允许与支持方可行。哪怕不涉及国体和政体这种根本性问题，只是私法编纂途径、技术和体例问题，也要受到统治者认识的制约。

虽然早在光绪六年（1880），同文馆就将《拿破仑法典》用聚珍版刊刻中译本成书，开启了中国最早翻译外国民事法律的先河，但那时的民法翻译尚具有偶然性、盲目性，法律用语也不统一，因此得不到广泛地理解。而真正系统翻译各国法律书籍是沈家本主持修律时期，光绪三十三年（1907）五月十八日，他曾上折对法律馆前期工作作了总结。从该折所列清单看，已译完国外法律凡二十六种，除《法兰西印刷律》一项，其余均为各国刑法、诉讼法和少数编制法。当时，已译未完者中，民事法律仅《德意志民法》一种。[6]

〔1〕 故宫博物院明清档案部编：《清末筹备立宪档案史料》，中华书局1979年版，第841页。
〔2〕 李贵连编著：《沈家本年谱长编》，山东人民出版社2010年版，第239页。
〔3〕 李贵连编著：《沈家本年谱长编》，山东人民出版社2010年版，第247页。
〔4〕 李贵连编著：《沈家本年谱长编》，山东人民出版社2010年版，第252页。
〔5〕 《光绪朝东华录》卷二二。
〔6〕 故宫博物院明清档案部编：《清末筹备立宪档案史料》，中华书局1979年版，第838页。

到宣统元年（1909）正月时，民事法律翻译已大大提高了进度。沈家本向清廷奏报修订法律馆重新开馆（1908）一年多来所办事宜中，"译《日本民法》（未完），译《德国民法》（未完），译《法国民法》（未完），译《奥国民法》（未完）"。[1]

在清单中，刑事法的翻译工作已告一段落，民法比重大大增加，因为民律修订工作业已展开。当时"拟订民律亲属法总则及第二章，拟订民律继承法总则"。[2]因此，要在民律修订中会通中西，实现西法与国情相结合，必须大量翻译国外民法。到宣统元年十一月，翻译工作成果颇丰。"译德国民法总则条文，译奥国亲属法条文，译瑞士民法总则条文，译瑞士亲属法条文，译法国民法总则条文，译法国民法身份证书条文，译法国民法失踪条文，译法国民法亲属条文，译日本冈松三太郎所著民法理由总则物权债权（未完），译日本奥田义人所著继承法……译日本法律辞典。"[3]

此项翻译工作也是结合着民律草案的修订推进的。当时"拟订亲属法草案第三章至第七章，拟订继承法草案第二章至第六章，拟订商法总则草案，拟调查民事习惯问题，拟调查商事习惯问题"。[4]虽然与刑事法的翻译书目相比，民事法律翻译仍明显欠少，但因清末此次立法，其社会的、经济的基础并不完备，非势所必然，而是不得不为。所以，翻译的重点从某种意义上说也是"择善而从"的选择，其中德、日二国民事法规选择优先。自清末宣布预备立宪以来，其模仿德日法制的意图可见一斑。

三、西法与国情相结合的法律原则

会通中西思想要在本土践行，必然注重国情问题，即风俗习惯问题。虽然沈家本曾在答复张之洞关于《遵旨核议新编刑事民事诉讼法折》中提到"风俗习惯容有难强"，因此不必等到"风俗尽美而当"再行变法，[5]但他从来都没有忽略风俗习惯的重要性。事实上，早在光绪二十八年（1902），刘坤一、张之洞、袁世凯在会保沈家本和伍廷芳修律的奏折中，就已强调"风土

---

〔1〕 李贵连编著：《沈家本年谱长编》，山东人民出版社2010年版，第282页。

〔2〕 李贵连编著：《沈家本年谱长编》，山东人民出版社2010年版，第281页。

〔3〕 李贵连编著：《沈家本年谱长编》，山东人民出版社2010年版，第323页。

〔4〕 李贵连编著：《沈家本年谱长编》，山东人民出版社2010年版，第322页。

〔5〕 李贵连编著：《沈家本年谱长编》，山东人民出版社2010年版，第195–196页。

人情"对民、刑法修订的重要性。[1]沈氏也很重视"民情风俗"对民事立法的重要性,他认为修订法律就是应该"不决乎我历世相沿之礼教民情",而"使非人情风俗纤悉周知,恐创定民商各法,见诸实行必有窒碍"。[2]

沈家本认为,应该将"各国法律之得失既当研厥精微互相比较,而于本国法制沿革以及风俗习惯尤当融会贯通心知其意"。[3]可见,沈氏站在立法者的客观立场上,对于中外法制和本国习惯是一视同仁,没有偏见的。[4]这种文化包容性的态度已经超越了"中体西用"的思想,也使得其"会通中西"的含义与传统士大夫强调的"中学为体、西学为用"不同。沈氏这种兼容并蓄的思想也带动了总体的修律气氛,光绪三十三年(1907)五月,大理院正卿张仁黼上书清廷:"凡民法商法修订之始,皆当广为调查各省民情风俗所习为故常,而于法律不相违悖,且为法律所许者,即前条所谓不成文法,用为根据,加以制裁,而后能便民,此则编纂法典之要义也。"[5]张氏与沈氏的主张虽无本质不同,但他强调了习惯法调查的另一重要目的,是"用为根据",使法律与习惯能够互相诠释,以达到便于实施,"加以制裁","而后便于民"。

张氏这个呼应性奏折也是得到自上而下的赞同,据此,宪政编查馆奕劻等上奏请设立各省调查局时陈述理由:"中国疆域广袤,风俗不齐,虽国家之政令,初无不同,而社会之情形,或多歧异。现在办法,必各省分任调查之责,庶几民宜土俗,洞悉靡遗。将来考核各种法案,臣馆得有所依据,始免两相抵迕。"[6]清廷随即颁《令各省设立调查局各部院设立统计处谕》[7]认可这一提议。调查局的设立,为其后法律修订馆修编民商律等奠定了基础。光绪三十四年(1908)五月,沈家本上奏呈法律馆咨议调查章程。"馆中修订各律,凡各省习惯有应实地调查者,得随时派员前往详查。"[8]此章程实际上明确了调查馆目的、职能,成为以后民商事习惯调查章程制定的依据。此折得到允准后,沈家本也随即着手布置调查工作。

---

[1] 李贵连编著:《沈家本年谱长编》,山东人民出版社2010年版,第115页。

[2] 李贵连编著:《沈家本年谱长编》,山东人民出版社2010年版,第253页。

[3] 李贵连编著:《沈家本年谱长编》,山东人民出版社2010年版,第277页。

[4] 李贵连编著:《沈家本年谱长编》,山东人民出版社2010年版,第132页。

[5] 故宫博物院明清档案部编:《清末筹备立宪档案史料》,中华书局1979年版,第834页。

[6] 故宫博物院明清档案部编:《清末筹备立宪档案史料》,中华书局1979年版,第51页。

[7] 故宫博物院明清档案部编:《清末筹备立宪档案史料》,中华书局1979年版,第52页。

[8] 李贵连编著:《沈家本年谱长编》,山东人民出版社2010年版,第277页。

宣统元年（1909）三月，沈家本等奏派编修朱汝珍赴各省调查商事习惯。"当月至上海，发问题百余事。……至预备编纂民法，前经通饬各省，将各地方风俗民情之文野，按合各项法律，以资编订。现在各省报告，颇多缺漏，不足以供考查资料，因将应行详查之事，续行增加各项，合定表式，分行各处，再行咨催准照查覆。"〔1〕这说明数月间各省关于民俗习惯报告已多所呈报，派馆员赴各省调查也已成行。奔着认真负责的态度，修订大臣很快发现这些报告大多应付了事，缺漏太多，故而又提出习惯调查需制定统一的要求，并派员指导催督进行。

宣统二年（1910）正月，沈家本再次专为调查民事习惯奏请派馆员赴各地调查，奏折称："窃维民商各律，意在区别凡人之权利义务而尽纳于轨物之中，条理至繁，关系至重。中国幅员广远，各省地大物博，习尚不同，使非人情风俗洞澈无遗，恐创制法规必多窒碍。上年臣等会奏派翰林院编修朱汝珍调查关系商律事宜……馆中于各省商情具知其要。而民事习惯视商事尤为繁杂，立法事巨，何敢稍涉粗疏。臣等公同商酌，拟选派馆员分往各省。将关系民律事宜，详查具报。"〔2〕这是民律修订过程中又一大事件，奏折表明修律者们对民法要旨已极有心得，对民事习惯的重要性有了深刻清晰的认识。为了创制出无多"窒碍"之本国民法，修律者们殚精竭虑，认真实干。

为了这次调查，法律修订馆专门制定了《调查民事习惯章程十条》，章程在此前经验基础上，考虑周到细致，安排详备完整。如要求调查官员，"必得该省绅士襄助，方得其详……"，"各处乡族规、家规，容有意美法良，堪资采用者，调查员应采访搜集，汇寄本馆，以备参考"，"各处婚书、合同、契约、借券、遗嘱等项，或极详备，或极简单，调查员应搜集抄一份，汇寄本馆以备观览"〔3〕，等等。此次调查活动的成果是收集到了各地调查问卷，使修律者们对国内地方风俗有了直观认识，为"洞澈无遗"作好了资料准备，从而也从根本上真正践行了沈家本西法与国情相结合的思想原则。

宣统三年（1911）九月，修订法律大臣俞廉三等奏进民律草案时，已表明了习惯调查与采用西法如何相得益彰："遴派馆员分赴各省采访民俗习惯前

〔1〕《东方杂志》第 8 期，见李贵连编著：《沈家本年谱长编》，山东人民出版社 2010 年版，第 301 页。

〔2〕 李贵连编著：《沈家本年谱长编》，山东人民出版社 2010 年版，第 329 页。

〔3〕 李贵连编著：《沈家本年谱长编》，山东人民出版社 2010 年版，第 330-331 页。

后奏明在案，臣等督饬馆员依调查之资料，参照各国之成例，并斟酌各省报告之表册，详慎从事"，[1]并最终将"求适于中国民情之法则"作为编纂民律四项宗旨之第三项写进了奏折。

所以，《大清民律草案》以清廷谕旨"参考各国成法，体察中国礼教民情"为修订原则，通过延聘日本法学家参与编修、翻译国外民事法律和设立各省民俗调查局这三方面工作的推行，都离不开修律大臣沈家本主持之功。同时，通过这些具体的工作也可以窥探沈氏"会通中西"思想在民律修订过程中的实践情况。上述三项重要的工作最终于宣统三年（1911）九月前后完成。后因在《大清新刑律》制定过程中发生"礼法之争"，沈家本遭到礼教派诸多指责攻讦，于宣统三年二月提出辞去修订法律大臣和资政院副总裁之职，清廷下旨允准，调大理院少卿刘若曾为修订法律大臣。[2]虽然宣统三年九月《大清民律草案》前三编编辑告成的奏折里，修律大臣署名为俞廉三、刘若曾二人，实则也是沈家本民律思想的体现。

四、会通中西思想在民律修订中的影响与评价

虽然自近代以来，许多著名法学家从不同角度表达了对《大清民律草案》褒贬不一的态度，但都承认它是采用了当时世界上普遍的立法原则和最新法理法例，有可取之处，这也是以沈家本为代表的法理派"会通中西"的结果。的确，在具体操作过程中，这部民律草案的修订存在不适合国情的地方，也存在不重视社会利益和不注意中国固有法源等问题，但沈家本等人在修订民律过程中，对如何采用世界普遍的民法原则和新的法理进行探索，对如何兼顾国俗民情和社会利益进行尝试，都为以后的民法典修订提供了思路和借鉴。

在会通中西的实施过程中，沈家本始终贯彻执行着清廷"择善而从"的宗旨，不管是翻译西书还是进行民俗习惯调查，都是有选择性的。在当时内忧外患、形势紧迫和救亡图存的大背景下，修律大臣较为认真细致地去推动各项工作的进行，而并非是出于应付时局的权宜之计，这是难能可贵的。

以曾任民国政府修订法律馆馆长的江庸的评价为例，他认为民律草案继受外国法不当，"于本国固有法源，未甚措意"，如"前三编全以德、日、瑞

---

〔1〕《大清民律（草案）·奏折》，宣统三年法律修订馆印。
〔2〕李贵连编著：《沈家本年谱长编》，山东人民出版社2010年版，第384页。

三国之民法为模范，偏于新学理，该草案于我国旧有习惯，未加参酌。后一编虽采用旧律，但未经多数学者之讨论，仍不免有缺漏错误。故民律草案就条文形式上观之，未免不整齐周密，然因草案继承外国法，对于本国固有法源，不甚措意。……不能认为适宜之法案也"。[1]学界受他影响颇多，也认为"该草案前三编以德国、日本、瑞士三国民法为楷模，强调现代法律精神，对中国传统法制、习俗大多未加注意"。[2]实则这些评价也带有以结果的归纳替代过程的分析之嫌，因为这种论调本身忽略了继受法文化和法制现代化进程的难度。

在形势紧迫的情况下，民律草案的实际修订时间，因宪政编查馆于宣统二年（1910）《修正宪政逐年筹备事宜折》[3]的压缩，从原来的6年减为3年，民俗调查与起草修改安排，让民律草案本身存在众多缺陷和不足，与编纂时间限定不无关系，因为在有限的时间内很难做到"参酌中西"与"切实平允"。其实，草案本身在践行"会通中西"思想时，已给后人留下很多参考和经验，开创了中西民法文化交融的先河。梁慧星先生的评价是较为客观的："通过这一民法典草案，大陆法系民法尤其是德国民法的编纂体例及法律概念、原则、制度和理论被引入中国，对现代中国的民事立法和民法理论产生了深远的影响，且充分显示我中华民族如何在外来压力之下，毅然决定抛弃固有传统法制，继受西方法学思潮，以求生存的决心，挣扎和奋斗。"[4]这何尝不是沈家本这一法学大家的魄力所在？虽然他本人未出过国，但在时代背景和内忧外患形势下，因为爱国情怀的驱使，他同样具有睁眼看世界和学习世界先进法律文明成果的宏大视野。事实证明，中国法律要实现近代化需要"会通中西"，但具体的实施途径仍需继续探索。

---

〔1〕 杨幼炯：《近代中国立法史》，中国政法大学出版社2012年版，第48页。
〔2〕 叶孝信主编：《中国民法史》，上海人民出版社1993年版，第607页。
〔3〕 故宫博物院明清档案部编：《清末筹备立宪档案史料》，中华书局1979年版，第71页。
〔4〕 梁慧星：《民法总论》，法律出版社1996年版，第17页。

近代以来传统乡约传承与转化研究

孙明春[*]

【摘　要】《吕氏乡约》是中国历史上第一个成文乡约和乡约组织制度，《吕氏乡约》《朱子增损吕氏乡约》等传统乡约所确立的自治与互助的本质属性、亲民与新民的教化风格等构成了乡约精神。乡约制度和乡约精神在民国时期重获关注，其所蕴含的自治意义和宪制价值为时人所瞩目，民国学人甚至将其上升到"民众自订宪法""自治团体精神宪法"等高度来进行礼赞和阐发。不论是在近代还是在当代的乡村建设和乡治实践中，传统乡约均有被传承与改造的实例，而宪法修正案关于国家倡导社会主义核心价值观内容的增写，也为推进传统乡约在当代乡治中的转化提供了助推。

【关键词】宪制；自治；乡约；乡治

一、乡约及其精神简述

中国拥有发达的农耕文明和悠久的地方自治传统。钱穆认为，中国历代重视地方自治，此也是中国传统政治富有民主精神的主因之一。他谈道："然中国传统政治，所以犹不失为富有一种民主精神之政治者，历代看重地方自治，亦其一因。"[1]

北宋熙宁九年（1076），在陕西省蓝田县诞生了中国历史上第一个成文乡约和乡约组织，因其为蓝田吕氏兄弟所首倡，故一般将其称为《吕氏乡约》《蓝田乡约》或《蓝田吕氏乡约》。吕大忠代表吕氏兄弟在解释为什么要制定这样一份乡约时写道："人之所赖于邻里乡党者，犹身有手足，家有兄弟，善

---

* 孙明春，首都经济贸易大学法学院副教授。

[1] 钱穆：《政学私言》，九州出版社 2010 年版，第 40 页。

恶厉害皆与之同，不可一日而无之。不然，则秦越其视，何与于我哉！大忠素病于此，且不能勉，愿与乡人共行斯道。惧德未信，动或取咎，敢举其目，先求同志，苟以可为，愿书其诺，成吾里仁之美，有望于众君子焉。"[1]

《吕氏乡约》共由两部分组成：第一部分为约文，相当于现代法律中"实体性规范"，包括四句十六字，即"德业相劝、过失相规、礼俗相交、患难相恤"及相关释义；第二部分为补充规定，相当于现代法律中的"程序性规范"，包括罚式、聚会、主事三方面内容。约文部分的具体内容可通过表1来大致窥其全貌：

表1　《吕氏乡约》约文内容详解表

约文	详解
德业相劝	德：见善必行，闻过必改。能治其身，能治其家；能事父兄，能教子弟；能御僮仆，能事长上；能睦亲故，能择交游。能守廉介，能广施惠；能受寄托，能救患难；能规过失，能为人谋，能为众集事；能解斗争，能决是非；能兴利除害，能居官举职。
	业：居家能事父兄，教子弟，待妻妾；在外则事长上，接朋友，教后生，御僮仆。至于读书治田，营家济物，好礼乐射御书数之类，皆可为之。
过失相规	犯义之过六：酗博斗讼，行止逾违，行不恭逊，言不忠信，造谣诬毁，营私太甚。
	犯约之过四：德业不相劝，过失不相规，礼俗不相成，患难不相恤。
	不修之过五：交非其人，游戏怠惰，动作无仪，临事不恪，用度不节。
礼俗相交	凡行婚姻丧葬祭祀之礼，礼经具载，亦当讲求。如未能递行，且从家传旧仪。甚不经者，当渐去之。下列与乡人相接、庆吊、遗物婚嫁丧葬和助事相关者四条（略）。
患难相恤	患难之事七：水火、盗贼、疾病、死丧、孤弱、诬枉、贫乏。

附在约文后面的"程序性规范"共有罚式、聚会、主事三部分，其中"罚式"就是对犯约者的处罚规定，其包括"犯义之过，其罚五百（轻者可损至四百三百）。不修之过及犯约之过，其罚一百（重者或增至二百三百）。凡轻过，规之而听，及能自举者，止书于籍，皆免罚。若再犯者，不免。其

---

[1]　陈俊民辑校：《蓝田吕氏遗著辑校》，中华书局1993年版，第567页。

规之不听，听而复为，及过之大者，皆即罚之。其不义已甚，非士论所容者，及累犯重罚而不悛者，特聚众议，若决不可容，则皆绝之"。

通过这段规定我们可以发现，《吕氏乡约》对于犯约者的处罚手段主要包括金钱罚、名誉罚和身份罚。其中金钱罚为常用手段，额度根据所犯程度轻重从一百至五百不等。名誉罚就是犯小过且认错态度较好的只将其犯过事实记录下来，以观后效。身份罚是最严重的处罚，《吕氏乡约》对其的适用也规定了严格的程序，包括犯"不义"的情节应非常严重，民愤很大，而且是累犯经重罚依然不知悔改，经众议后如果大家都觉得不能容留，才可"绝之"。对于"绝之"到底所指为何，现在史料没有记载，因此也就形成了不同的解读意见。根据吕大钧在《答伯兄》书中"乡约中有绳之稍急者，诚为当已逐，施改更从宽。其来者亦不拒，去者亦不追，固如来教"的表述，可知民众对于入约、退约还是比较自由的，因此可以推断，对犯约者"绝之"的处罚应该不是像有些人想象的驱逐出村落甚至结束其性命那么严重，此处"绝之"应作强制其退约解。

"聚会"和"主事"实际上是乡约实施的保障性条款，主要是规定与乡约实施有关的人、财、物及聚会活动时的主要内容等。其中"聚会"条规定：每月一聚，具食；每季一聚，具酒食。所费率钱，合当事者主之。遇聚会则书其善恶，行其赏罚。若约有不便之事，共议更易。"主事"一条规定：约正一人或二人，众推正直不阿者为之，专主平决赏罚当否。直月一人，同约中人不以高下，依长少轮次为之，一月一更，主约中杂事。[1]可见，《吕氏乡约》的组织架构和活动机制比较清晰、简单，"共议更易"以及不分高下、长少轮次担任"直月"的规定更为这份有史以来的第一份乡约平添了不少现代民主和平等的色彩。

尽管在当时推行时间不长，地域也比较有限，但《吕氏乡约》作为我国历史上第一份成文乡约对后世产生了持续而深远的影响，并在明清各类乡约中取得了"令甲"的地位。民国学人刘庆科从历史与自治的角度论述了乡约诞生的用意和精神，他提出："而讲求古礼者，遂别创乡约，以冀复古乡治之精神。于是留心乡里自治组织之人，以为古法既废，民德不兴，不可以言治。故先纠其性质相近者，集合约束，造成一种良善之俗，而后徐复三代之规，

---

〔1〕 陈俊民辑校：《蓝田吕氏遗著辑校》，中华书局 1993 年版，第 566–567 页。

相侵相及，期于一般之人，均能自治。"[1]

乡约在宋以后的变迁可用"盛衰无常和内涵歧异"（狄百瑞语）来概括。乡约本是儒门中人在乡间自发推行礼治的产物，尽管在后世变迁中出现了"法家化"的歧出，但在变中亦有不变，这些不变包括自治与互助的本质属性、亲民与新民的教化风格等。乡约既鼓励个体的向上和努力，又倚重集体的团结和砥砺，从一开始就具有互助与劝善的属性，而且这一属性几乎贯穿了乡约发展的始终。在明清时期的讲约活动中，为便于乡民理解、接受，出现了不少通俗的讲约文本，朝廷也鼓励采用乡民喜闻乐见的宣讲形式，可谓是站在乡民角度、顾及乡民感受的一种儒家立场。在笔者看来，所有这些都构成了乡约变迁中的儒家"底色"，而这些"底色"也正是乡约的精神所在。[2]

二、乡约宪制价值的再审视

清朝末年是中国近代的起点，也是中国思潮澎湃、政制失调的大变动时期。为应对迭次出现的变局、危局，清廷在被动与主动间寻求变革，由此也引发了自治运动在朝野的勃兴。在陈之迈看来，清末地方自治的尝试构成了政治改革的主要方面，从某种意义上甚至与预备立宪有着同等重要的地位。他提出："清末的政治改革措施，一方面是筹备宪政，一方面则是兴办自治。"[3]被集权、专制压抑许久的自治热情一经官方提倡和释放，就如火山岩浆喷涌而出，这种热情并未随着政权的更迭而消退。辛亥革命前后，士民之中一直保持着较高的地方自治热情。以致地方自治言论"日腾于士大夫之口"，"谈国是者，咸以地方自治为立国之基础"。[4]

自治运动在近代中国勃兴以来，尽管译介、推崇欧美和日本等域外自治制度的著述大量涌现，但与此同时，也有不少民国学人将目光投在了中国古代。他们一方面敏锐地发现纯靠移植"西法"在中国引发的种种不适和弊端，一方面对中国古代自治精神和相关制度进行了梳理和阐发，呼吁各界在推行地方自治时要顺民情、承古意。在此过程中，《吕氏乡约》《朱子增损吕氏乡

---

〔1〕 刘庆科："中国地方自治沿革考（中）"，载《地方自治》1935年第4期。

〔2〕 孙明春："以'乡约精神'成就特色镇'里仁之美'"，载《人民法治》2018年第14期。

〔3〕 陈之迈：《中国政府》，上海人民出版社2015年版，第512页。

〔4〕 柳诒徵撰，蔡尚思导读：《中国文化史》，上海古籍出版社2001年版，第934页。

约》等传统乡约再次进入民国学人视野，其所蕴含的自治意义和宪制价值为时人所瞩目。

梁启超对乡约就有留意，他谈道："宋则吕大防及其昆弟大临等，作《蓝田吕氏乡约》，行之而大效，朱熹复增损约文，广为传播，后此言乡治者多宗焉。其精神重教育及患难之周恤，于地方行政及生计事项无所及。"[1]杨天竞认为《吕氏乡约》不仅在古代乡治中地位崇高，并且与中国传统治理思想一脉相承，他提出："综览史乘，自有自治以来，以地方一二人之力，自订规约，而能潜移人心，默化习俗，实启成文规约之先例者，应以宋代吕大临吕大防昆弟所倡之《蓝田乡约》首屈一指。不但后世乡约里社之组织，皆以是为权舆，而其趋重德治，不尚人为死法，尤能代表我国系统之精神、民族之特性，与大学修齐治平之义，若合符节，初无二致也。"[2]吕咸认为："乡约者，为邻里乡人互相劝勉，以相助协济为目的之一种组合之成文规约也。同邑同里之人，就其实际需要，利害关系，共同商定一种规条，相期共守，以维持共同生活，其性质等于民众自订之宪法。"[3]胡庆钧指出："在中国历史的传统里，可以真正称为人民自动结合的基层行政机构就是乡约制度，这一制度的名目在今天的传统地方权力结构里面还可以找到它的地位。"[4]

此外，杨开道称赞说："由人民自动主持，人民起草法则，在中国历史上，吕氏乡约实在是破天荒第一遭。"[5]萧公权认为《吕氏乡约》"于君政官治之外别立乡人自治之团体，尤为空前之创制"。[6]钱穆对乡约也致意再三，认为宋明时代的乡约"即当日地方自治团体一种精神之宪法"。[7]

乡约在民国学人处能获得如此高的赞誉，除了《吕氏乡约》所开创的自治精神确有其价值和魅力外，也是民国施行地方自治的"形势使然"。清末以还，自治连同宪政作为"良法善治"的代名词，都是西方舶来品，官方在推行地方自治时不期然间也就将"模范列强"作为了首要选择。可是这一做法不仅使移植而来的自治理念和制度难以在中国本土落地生根，也于无形之中

---

[1] 梁启超：《梁启超论中国文化史》，商务印书馆 2012 年版，第 107 页。
[2] 杨天竞：《乡村自治》，大东书局 1931 年版，第 191 页。
[3] 吕咸："专载：中国乡约概要"，载《四川县训》1936 年第 9 期。
[4] 胡庆钧："论乡约"，载《中国建设（上海 1945）》1948 年第 5 期。
[5] 杨开道：《中国乡约制度》，商务印书馆 2015 年版，第 73 页。
[6] 萧公权：《中国政治思想史》下册，商务印书馆 2011 年版，第 523-524 页。
[7] 钱穆：《政学私言》，九州出版社 2010 年版，第 43 页。

刺痛了部分珍视固有传统学人的心。因此，他们中不少人企望通过"整理国故"来为自治开展提供镜鉴和滋养。作为纯然创制于民间且在后世典籍屡有提及的乡约一经发现，不少民国学人如获至宝，甚至将其上升到"民众自订宪法""自治团体精神宪法"的高度来进行礼赞也就不足为奇了。

三、乡约在近代乡治中的运用与改造

传统乡约不仅引发了民国学人在学理上的阐发和重视，而且在地方自治和乡村建设实践中也不乏参照实验甚至改造运用的实例，其中较为突出者当属米鉴三、米迪刚父子在河北定县举办的翟城村治以及梁漱溟在山东济宁开展的乡村建设活动。

（一）翟城村治中的乡约身影

《吕氏乡约》在整个翟城村治中扮演了一个极为重要的角色。与米迪刚一同投身乡村自治事业的尹仲材甚至将《吕氏乡约》与孔孟的乡治思想等量齐观，他指出："自周制乡州党族间比等官废弛以后，而村治在学理上之根据与法理上之地位尤不少发明，如孔子观道于乡求礼于野之特重乡党也，如孟子方里同井制田修学之扶助良法也，又如后代吕氏乡约之条分缕析尤其显著也。"[1]

米鉴三、米迪刚父子在主持翟城村治时，曾建立了一套完备的自治规范体系，其中最为重要者当属《翟城村之村治组织大纲》，其可称得上是翟城村治的"小宪法"。这份大纲提纲挈领共 11 条 210 字，确立了村治的核心和原则。大纲按语部分的字数反超过正文，讲述了村治的渊源和精神。通读按语我们可以发现，翟城村治从某种程度上可以说是对《吕氏乡约》所确立精神的参照和承继。按语首先肯定了《吕氏乡约》的历史地位和贡献：

> 村治是德治主义，又是由下而上运行政治之本位。宋儒吕和叔家于蓝田所订吕氏乡约，为古今行村治者有成文约规之鼻祖。惜当时宋儒既无自下而上之政治运动，而朝廷党祸之横加，亦是阻碍村治发达之一种大压力。非然者，以一吕氏之蓝田乡约，且足以转移关中风俗，称治一时，况能合濂洛闽各派徒党，群起而效之，有不全国风化大行造成良好

---

[1] 米迪刚、尹仲材：《翟城村》，中华报社 1925 年版，第 10 页。

政府者哉？[1]

按语接着指出了翟城村治对于《吕氏乡约》的"参照"策略，即分为直接参照和间接参照。直接参照部分主要体现在翟城村的"德业实践会"和"改良风俗会"，间接参照主要体现在对《吕氏乡约》精神的整体肯定和继承。按语谈到：

> 今以翟城村之组织大纲即全部各项组织，例蓝田乡约。据表面观之，翟城村规划严密，巨细毕举，蓝田乡约只属于翟城村中之德业实践会与改良风俗会之一二事。然实而按之，蓝田乡约对于德治主义，确具有充满包涵之精神。虽于先富后教之旨微有不符，然已为季世所难能者矣。凡研究德治主义以创办村治者，不可不手置一篇，庶不致徒营情于生产事务之发达，而忘怀于义利之辩也。因附刊于后，世之言村治约规者，庶乎其免数典忘祖之诮乎？[2]

翟城村的"德业实践会"成立于1914年正月，以进德修业、养成完全人格为办会宗旨。该会分男子部和女子部，借用高小学校和女子高小学校来定期举办活动。其中男子部又分通常会和夜学会，通常会（会员年龄要求为15—25岁）以尊重道德、躬行实践做模范会员为目的，夜学会（会员年龄要求为25岁以上）以实践青年道德、修习日用生活必要之知识技能为目的。女子部又分为处女部和妇女部，处女部以增进女子之品学为目的，妇女部以研究家庭教育、家事经济、看护儿童等法，以全妇道为宗旨。[3]翟城村的"改良风俗会"倡议于1915年十月，其成立目的是痛除不良之遗风旧习，通过正习俗来正人心。该会规定男非20岁不娶女非16岁不嫁，不准女子缠足，丧事从简，改正迷信风俗等。[4]

通过对"德业实践会"和"改良风俗会"的介绍我们可以发现，其与《吕氏乡约》颇多共通之处，比如二者均靠乡民自愿参与，为了"向上向善"的共同目的而结成一个团体，通过定期活动来壮大团体力量进而推动所在区

---

[1] 米迪刚、尹仲材：《翟城村》，中华报社1925年版，第32页。

[2] 米迪刚、尹仲材：《翟城村》，中华报社1925年版，第32-33页。

[3] 米迪刚、尹仲材：《翟城村》，中华报社1925年版，第118-121页。

[4] 米迪刚、尹仲材：《翟城村》，中华报社1925年版，第121-122页。

域风气的改善。除以上两会外，翟城村还成立有教育会、乐贤会、勤俭储蓄会、爱国会、防除害虫会、农产物制造物品评会、辑睦会等自治组织。尽管米迪刚没有言明，但在笔者看来，其中的"辑睦会"也深受《吕氏乡约》的影响。该会以联络村人感情、互相友助为宗旨，号召本村同人应吉凶相问、患难相助、诚忱亲睦、如一家族，同时要求，本会同人，如有放荡野蛮紊乱风纪或与村人交恶，只要属于同一村人，都应互相全接。[1]显而易见，这些号召和要求与《吕氏乡约》中的"礼俗相交""患难相恤""过失相规"的约文精神可谓如出一辙。

（二）梁漱溟对乡约的改造

梁漱溟认为中国是一个"伦理本位、职业分立"的社会，所以建设乡村推行自治也应"从理性求组织"。关于理性，梁漱溟曾指出：

> 理性，一面是开明的——反乎愚蔽；一面是和平的——反乎强暴；故唯理性抬头，愚蔽与强暴可免。古时儒家激见及此，而深悯生民之祸，乃苦心孤诣，努力一伟大运动，想将宗教化为礼，将法律、制度化为礼，将政治（包含军事、外交、内政）化为礼，乃至人生的一切公私生活悉化为礼；而言"礼"必"本乎人情"。将这些生活行事里面愚蔽的成分、强暴的气息，阴为化除，而使进于理性。所谓"礼乐不可斯须去身"，盖要人常不失于清明安和，日远于愚蔽与强暴而不自知。理性的开启，从这里收功最大。[2]

由此可见，梁漱溟在乡村建设中所言说的"理性"其实在某种意义上就是为传统儒家所强调的"礼"。某组织要想和谐、有效地运作，还需贯穿某种精神，在梁漱溟看来，这种精神应是"自力"而非"他力"，应是"向内""向上"而非"向外""向下"，其原因如他所言："从来中国社会秩序赖以维持者，不在武力统治而宁在教化；不在国家法律而宁在社会礼俗。质言之，不在他力而宁在自力。贯乎其中者，盖有一种自反精神，或曰向里用力的人生。"[3]

---

〔1〕 米迪刚、尹仲材：《翟城村》，中华报社 1925 年版，第 127–128 页。
〔2〕 梁漱溟：《乡村建设理论》，商务印书馆 2015 年版，第 46 页。
〔3〕 梁漱溟：《乡村建设理论》，商务印书馆 2015 年版，第 41 页。

在探寻过程中，传统乡约进入梁漱溟的视野，他认为其正是中国古人"以理性求组织"的典范。梁漱溟还将传统乡约与地方自治进行了比较，认为传统乡约要高于地方自治，他谈到：

> 乡约这个东西，可以包含了地方自治，而地方自治不能包含乡约，如果拿现在的地方自治与乡约比较，很显然的有一个不同。现在的地方自治，是很注意事情而不注意人；换言之，不注意人生向上。乡约这个东西，它充满了中国人精神——人生向上之意，所以开头就说"德业相劝"，"过失相规"。它着眼的人生向上，先提出人生向上之意；主要的是人生向上，把生活上一切事情包含在里边。地方自治则完全是注意事情，没注意到人生向上。[1]

梁漱溟还将传统乡约与现行地方自治法规进行了比较，认为传统乡约要优于现行地方自治法规，因为现行地方自治法规几乎毫无伦理情谊可言。他指出："以之与现行地方自治法规来比较，其气味很不相同。现行地方自治法规，恰好缺乏这两点，他是把人生向上的意思除外；同时以权利为本位，伦理情谊的意味也没有了。……乡约是本着彼此相爱惜、相规劝、相勉励的意思；地方自治法规则是等你犯了错即送官去办，送官之后，是打是罚一概不管，对于乡里子弟毫无爱惜之意；这样很容易把人们爱面子的心、羞耻之心失掉。以后将更为不好。它完全是只注意事情，想让事情得一个解决，而无爱惜人之意。"[2]也正基于此，梁漱溟才提出，其所中意的乡村组织其实就像乡约那样的乡村组织。他提出："我们来组织乡村的时候，大体上是要像乡约一样，大家认识了彼此的真关系，以求增进彼此的关系，把大家放在一种互相爱惜情谊中，互相尊重中；在共同勉励于人生向上中来求解决我们的生活问题。"[3]

传统乡约自订立距离民国已近千年，如果在乡村自治中复制照搬肯定行不通。梁漱溟也注意到了这一点，他虽重视传统乡约但不主张盲目照搬，建议应对传统乡约加以"改造"，如此才能适应形势，推动新社会的构造。

---

〔1〕 梁漱溟：《乡村建设理论》，商务印书馆 2015 年版，第 191 页。
〔2〕 梁漱溟：《乡村建设理论》，商务印书馆 2015 年版，第 192 页。
〔3〕 梁漱溟：《乡村建设理论》，商务印书馆 2015 年版，第 199 页。

在传统乡约中，梁漱溟对《吕氏乡约》和陆世仪的《治乡三约》尤为称赞，即便如此，若要在当下使用也需进行一番补充改造。梁漱溟对乡约改造的具体策略如下：

第一，将消极的彼此顾恤变成积极的有所作为。这个是针对乡约中"患难相恤"说的，梁漱溟认为，我们不能等患难来了再去相恤，而是提前就能有互助合作来共同提高抵御灾变的能力。譬如贫乏问题，我们就要大家合作生产，合作运销，不要单是消极的周济贫乏，我们要积极的使其不贫乏。

第二，要将"人生的向上，志气的提振"作为乡约的一个根本，以此来改造社会，创造新文化，创造理想的社会，建立新组织。梁漱溟认为，古人在乡约中注重善和品德是非常可取的，但其也有短缺，一是这个善是偏乎个人，二是善的标准是相对固定、有限的。鉴于此，梁漱溟主张，要推展开来，将偏乎个人者改为社会的，以此来改造乡村，改造我们的社会，创造出人类新文化。

第三，注重谋求广大的联合，与讲求进步的机关之设立。梁漱溟认为，我们要举办的乡约非只是一乡之约，不是一乡之人能共勉为善就行了，他希望每一乡都要往外走，与外边的远近各地联络起来。同时，不能只看重个人德性的完善，还应讲求生活方法上的进步。在梁漱溟看来，其在邹平举办的乡学、村学就是讲求进步的机关，如将它们融入乡约，乡约也就有望成为一个进步的团体组织了。

第四，确保乡约组织的自治性和独立性，即乡约组织不可以借政治的力量来推行，至少他是私人的提倡或社会团体的提倡，以社会运动的方式来推行，政府只能站在一个不妨碍或间接帮助的地位，必不可以政府的力量来推行。

此外，乡约以往发展历史表明，借政治力量提倡乡约，非失败不可。在梁漱溟看来，借政府的力量来做事情其实是在用一种命令强制力，这个力量用下去，他一步一步都是机械的，但社会、经济的主体还是在人，要想求得发展，就需发动人自发乐为的精神，而这种精神靠强制是得不来的。对于此，用梁漱溟自己的话说就是："乡村组织，就是一个种子，政府好比风雨、日光、肥料，等等，政府只能从四面去培养，帮助乡村组织的自然生长。……政府对于自治问题，也要持一个听其实验的态度，不可定一整齐一致的法规，强让地方去行。自治要自己办，若一归政府举办，则非落于呆板的形式

不可。"〔1〕

四、乡约在当代乡治中的创造性转化

随着清廷的覆亡和中华法系的解体，乡约虽在制度层面已经退出了历史舞台，但传统乡约的精神却穿越时空散发出了持久的魅力。即便在当代乡治中，仍有一些有现实关怀和担当精神的学者重拾传统，或将试行乡约纳入到乡村儒学实验体系之中，或在《吕氏乡约》发祥地企望"老树开新花"并订立新乡约。这些实验和努力表明，人们依然珍视传统乡约所确立的精神，其在当代乡治中依然有存续的价值。

从 2012 年底开始，由中国社会科学院世界宗教研究所赵法生领衔，一批学者和志愿者开始在孔子诞生地尼山周围的乡村着手进行乡村儒学建设实验。他们有感于当前不少村规民约多为单方面强制性禁约而失去了儒家"齐之以礼"的精神，将"立乡约"作为乡村儒学传播体系的内容之一。他们所立乡约因主要在尼山地区施行，故被称为《尼山乡约》。

《尼山乡约》的内容主要包括孝道、齐家、睦邻、公益、环卫等方面，与传统乡约相比，这份在约文中还设有"权利"和"持戒"两部分内容。其中"权利"部分主要是以与宪法、村民委员会组织法等相关国家法规的规定相协调，而"持戒"部分主要是引入宗教因素而设立的一些诸如"不可无法无天、不可偷盗、不可赌博"等方面的戒律。据《尼山乡约》制定者介绍，之所以要增设"持戒"部分，主要是为了对治当前乡村中教化缺失以及不少村民缺乏敬畏之心的病症。在赵法生的乡土信仰系统重构的设计中，他主张书堂（相当于古代乡村社会的私塾）、祖堂（相当于古代乡村社会的祠堂）、教堂（能够承载民间信仰功能）"三堂合一"，用赵法生的话说就是："当代中国乡村既需要'圣'，也需要'神'。"由此可见，对参与《尼山乡约》的约众提出"持戒"的要求，也就成了乡村儒学实验中乡土信仰系统重构的应有之义。

在乡约组织方面，《尼山乡约》设立约长一人，负责乡约的解释和村民纠纷的调解工作，每月向村民读约一次，并于每月底向村民征求对于村庄道德风尚和公共事务的意见（约长可以兼任村民调解委员会主任）。设约监三人，具体监督乡约的执行，决定奖罚。每年底由约长负责组织一次执行评选，分

---

〔1〕 梁漱溟：《乡村建设理论》，商务印书馆 2015 年版，第 215 页。

别评选出孝亲、做人、和家、公益、卫生、守戒等方面的模范，给予表彰鼓励。目前，相关实验还在开展中，并已收到一定成效。

《尼山乡约》是在孔子诞生地开展乡村儒学实验的产物，无独有偶，近年来在中国历史上第一份乡约《吕氏乡约》的发祥地也开启了订立《蓝田新乡约》的尝试。2015 年 6 月 5 日，陕西省委宣传部在蓝田县召开了蓝田《吕氏乡约》调研座谈会。会议提出，要认真学习贯彻习近平总书记来陕视察重要讲话精神，以建设"美丽乡村，文明家园"为目标，以乡规民约为有效载体，大力开展农村精神文明建设，推动社会主义核心价值观在农村落地生根。为落实这一要求，陕西师范大学与蓝田县委深度协作，确定设立"《吕氏乡约》的创造性转化——《蓝田新乡约》的制定和实践"项目。该项目由《关学文库》主编、陕西师范大学哲学系刘学智教授主持。

2016 年 3 月 2 日，陕西师范大学与蓝田县委协商建立了"农村乡规民约研究实践基地"，并正式启动了"《吕氏乡约》的创造性转化——《蓝田新乡约》的制定和实践"这一研究项目。蓝田县委对这一项目高度重视，指出："农村发展重在和谐，和谐重在治理，治理重在自治，自治重在自律，而乡约文化的研究和《蓝田新乡约》的制定，正好抓住了农村治理的关键。希望研究者们理论有突破、实践有范例、文化有传承，在研究和实践中走出一条新路子。"随后，项目组在蓝田县委的支持下到不少地方展开调研，参酌多方资料，历时半年多制定出了《蓝田新乡约》的初稿。据刘学智介绍，在起草这份初稿时，项目组坚持了如下几项原则：一是要与传统的《吕氏乡约》保持历史的联系，基本框架和精神不能脱离《吕氏乡约》；二是要体现现代性，要与时俱进，贯彻和体现社会主义核心价值观，要体现现代的权利意识，要加强公德教育；三是要与当代法治精神相契合，不能有与法律相悖的内容；四是要有较强的普适性，能够为广大农村提供一个可以遵循的范本；五是要简单明了，语言要通俗易懂，易为普通民众所接受，要具有较强的实用性和可操作性。

2017 年 1 月，项目组召开了《蓝田新乡约》初审会。与会者遵循"古今结合、古为今用；立足当代，符合法治；易懂易记，实用性强"的精神，对初稿进行了较大幅度地修改，将初稿文本从原来的 3000 字压缩到 1000 字左右，并形成了《蓝田新乡约》的征求意见稿。笔者受邀参加了 2017 年 3 月 1 日在蓝田县举办的《蓝田新乡约》审定会，尽管这份征求意见稿还将结合会上一些专家学者提出的建议作进一步修改和完善，但其大体结构已经基本确定。

这份新乡约在序言部分提出："北宋熙宁九年，蓝田诸吕创立《吕氏乡约》，传衍千年，影响深远。时移境迁，乡村巨变，为弘扬优秀传统，建设美好家园，拟赓续《吕氏乡约》，订立《蓝田新乡约》。"其正文是由"纲"和"目"两部分组成，"纲"为传统的"吕氏四条"，即德业相劝、过失相规、礼俗相交、患难相恤；"目"则是更多体现时代精神和更有针对性的具体条款。为便于更加直观地了解《蓝田新乡约》的基本构造，现将其主要内容以表格形式（表2）进行呈现。

表2　《蓝田新乡约》内容详解表

纲："吕氏四条"	目：具体条款
德业相劝	爱国爱乡、诚实守信、尊老爱幼、和美夫妻、友爱兄弟、敦教子女、勤劳致富、节俭持家
过失相规	远离赌毒、不得酗殴、杜绝假劣、不得诬讼、不涉邪教、爱护公物、保护环境
礼俗相交	友善礼让、婚丧从简、诸事循礼
患难相恤	扶危济困、赈贫恤弱、助人为乐、见义勇为、平等相待

在每一具体条款下又都配有一小段文字进行详解，比如对"尊老爱幼"一条的详解是：子女要关心、赡养父母、公婆，孝敬长辈，不得遗弃、虐待老人；尊重父母或公婆的财产权利和婚姻自由，不得强迫父母、公婆分居。父母亦须慈爱子女，不得遗弃、虐待、伤害儿童。依法保障老人、妇女、儿童的合法权益。这份新乡约结尾部分的内容不多，主要是对活动和奖惩机制的一些规定，其内容是：践行本乡约，须由入约村民公推（选举）建立乡约理事会。理事会应建立宣讲、表彰和奖惩机制。对模范践行乡约者进行表彰奖励；对违反乡约者进行批评教育或给予必要的惩戒。

根据刘学智的介绍，《蓝田新乡约》将分为立约、传约和践约三个阶段，课题组已会同有关部门启动了"立约、传约、行约"的乡约传承工程，并在芸阁书院成立了"蓝田县乡约传承讲习所"，指导乡村制定适合本村的乡规民约，同书院教育相结合，面向广大乡村干部、新乡贤、中小学师生等进行新乡约的培训，目前已经形成独特的乡约文化普及教育体系。[1]

近年来，中央对中华优秀传统文化提出了"创造性转化、创新性发展"的指导思想，包括乡约在内的传统礼法资源的现代转化也被提上日程。2018年3月，十三届全国人大一次会议通过的宪法修正案，增写了国家倡导社会主义核心价值观的内容。2018年5月，中共中央印发了《社会主义核心价值观融入法治建设立法修法规划》，该规划要求，加强道德领域突出问题专项立法，把一些基本道德要求及时上升为法律规范。规划提出，要探索制定公民文明行为促进方面的法律制度，引导和推动全民树立文明观念，养成良好行为习惯，提升社会文明程度。针对婚丧嫁娶、人情往来等存在的大操大办、铺张浪费、相互攀比的陋习，研究完善相关法律制度，推进移风易俗，倡导文明新风。这样，国家不仅从根本大法层面确认了社会主义核心价值观的法律地位，也从立法层面制定了详细的修法规划，这些都为进一步沟通德治与法治关系，推进新时代乡规民约制定和实施提供了法律支持和政策保障。

---

[1] 刘学智："《吕氏乡约》与《蓝田新乡约》"，载《光明日报》2018年7月14日，第11版。

近代法制背景下侠义复仇案件的传统运行模式

——以侠女施剑翘复仇案为例[*]

李晓婧^{**}

【摘　要】侠义复仇乃公权力缺失的产物。随着公权力的逐步确立，这一现象理应退出历史舞台。南京国民政府时期发生的侠女施剑翘复仇案，从一审到二审再到三审以至最终的政府特赦，我们不难看出侠义复仇案件之传统运行模式在近代社会再次上演。清末的"礼法之争"并未终结，"情与法"的纠缠仍是近代司法的主题之一。一起看似普通的刑事案件，却向我们展示了影响民国司法的众多因素。一方面，舆论对案件的进程起到了推波助澜的作用，民族危亡之际民众对英雄式人物的迫切需要和对反面人物的极力打压影响了案件的结果；另一方面，如果舆论对案件影响所产生的结果正是当权者所需要的，那么当权者将会迎合舆论，并通过舆论来传达自己的政治立场。

【关键词】近代法制；施剑翘；侠义复仇；情与法；社会舆论

　　侠义复仇是一种历史现象。复仇，尤其是血亲复仇[1]，在上古氏族社会

---

　　* 安徽省高校优秀青年人才支持计划重点项目"民国时期刑事司法运作机制研究——以南京江宁司法档案为考察对象（gxyqZD2019008）"、安徽高校人文社会科学研究重大项目"正当防卫司法适用的保守模式与激活路径研究（SK2020ZD09）"阶段性成果。

　　** 李晓婧，安徽师范大学法学院副教授，安徽师范大学法治中国建设研究院研究员，法学博士。

　　〔1〕 血亲复仇，亦称"血族复仇"，是原始社会中的一种复仇习俗。当氏族或部落的成员遭受外来侵害时，视为对全氏族或部落的侵犯，向对方氏族或部落进行集体报复，加害者氏族或部落的全体成员则均负有罪责。复仇形式有流血复仇（一人流血等于集体流血，向对方集体任何人报复）和同等复仇。侵害发生，等于宣战，有时反复报仇，延续多年，威胁到整个集体的存在。原始社会晚期，遂有以赎金、赔礼代替仇杀之举。此习俗有些地区曾长期留存，有的法律还明文规定，如古罗马的《十二铜表法》。同等复仇，又称"同态复仇"，是指氏族、部落成员遭到外来伤害时，受害者给对方以同等的报复，以命偿命，以伤抵伤，加害者氏族或部落则交出惹祸人，以求得整个氏族或部落的集体安

即已有之，世界范围内不同地区、不同种族的原始人群亦是如此。在中国传统社会，侠义复仇现象屡见不鲜，王立教授在其著作《中国古代复仇文学主题》中已有详细论述。[1]关于中国古代侠义复仇现象的法文化解读，霍存福教授在其著作《复仇·报复刑·报应说——中国人法律观念的文化解说》中，对传统中国刑法文化的三个主要文化元素——复仇、报复刑、报应说进行了分析，包括复仇事实与观念、法律中的报复刑因素及其表现、报应（恶报）理论的内容与特征，涉及中国传统刑法文化的三种主要存在形态——习俗文化、制度文化、观念文化，从法律文化的视角很好地解读了作为社会现象的侠义复仇行为。[2]近代社会，西方法治理念被引入中国，各种案件的审理过程不再是传统社会那种"青天大老爷坐镇衙门拍板定案"，出现了法官、检察官、律师等角色，欧风美雨下的中国司法进入一个崭新的时代。

法治初创的民国时期，发生了一起备受关注的案件——侠女施剑翘为父复仇案。当时的媒体争先恐后地报道该案的发生及审理过程。关于这一案件，有很多学者对其进行了详细的分析，比较具有代表性的是美国学者林郁沁（Eugenia Lean）。她通过对媒体、政治和法律档案的详尽调查，展示了施剑翘设法为父复仇、吸引媒体注意并争取公众同情的策略。她认为这一事件之所以能引起轰动并激发同情，是因为它与性别规范之论争、法制改革与法外正义孰轻孰重以及国民党政府扩张威权统治等社会性问题联系了起来。在这次审判事件中人们关注的不仅仅是一个年轻妇女的命运，更是"情"能否超越"法"、挑战民国之政治权威这一更大问题。[3]本文则将施剑翘复仇案纳入到中国整个历史长河中加以分析：该案虽然发生在民国时期，但从案件发生时当事人、官方以及舆论的态度来看，传统法文化的影响无处不在，于是形成了传统法律文化与近代法治理念的冲突。面对冲突该如何抉择不仅是当时的人们更是我们当下需要考虑的问题。从这一层面上来说，清末的"礼法之争"

（接上页）全。执行同态复仇往往由受害者近亲属进行。古巴比伦《汉穆拉比法典》和古罗马《十二铜表法》中均有反映。但只有在等级相同的人之间适用，有明显的等级差异。参见《简明社会科学词典》编辑委员会编：《简明社会科学词典》，上海辞书出版社1982年版，第347页。

　　[1]　参见王立：《中国古代复仇文学主题》，东北师范大学出版社1998年版。

　　[2]　参见霍存福：《复仇·报复刑·报应说——中国人法律观念的文化解说》，吉林人民出版社2005年版。

　　[3]　参见［美］林郁沁：《施剑翘复仇案：民国时期公众同情的兴起与影响》，陈湘静译，江苏人民出版社2011年版。

有待我们进一步去破解。[1]笔者还对影响该案件进程及结果的其他社会因素，诸如舆论、政治等进行了分析，这对我们今天法治建设中如何处理好司法与媒体及其他因素的关系提供了思考的历史素材。

一、施剑翘为父报仇：任人情而蔑国法

施剑翘，原名施谷兰，安徽桐城人，是原山东军务帮办兼第二军军长施从滨的女儿。1925年，北洋直系军阀孙传芳，据有闽、浙、赣、苏、皖五省，自命为五省联军总司令。他为了扩大地盘，引兵北犯，首先进犯山东省。山东都办张宗昌派施从滨率部迎战，因孤军深入，施从滨在皖北固镇兵败被俘。尽管周围不少人替施从滨求情，可孙传芳不仅将施从滨斩首示众，将其首级悬挂在蚌埠车站前的一根木杆上，而且还暴尸三天，不准施家人前来收尸。[2]

施从滨家人获知噩耗后，悲痛欲绝。那年施剑翘还未改名，仍叫施谷兰，当时正是20岁的年龄。她是施从滨的长女，下有三个弟弟、四个妹妹。施剑翘奉行"父仇不共戴天"的古训，立志为父报仇。施剑翘在后来写的回忆录《为报生父仇，手刃孙传芳》中提到，当时她听闻噩耗，特作诗一首以表为父报仇的决心：

> 战地惊鸿传噩耗，闺中疑假复疑真；背娘偷问归来使，思叔潜移动后身。
>
> 被俘牺牲无公理，暴尸悬首灭人情。痛亲谁识儿心苦，誓报父仇不顾身！[3]

但是当时的施谷兰毕竟只是一个弱女子，如何能够手刃仇人呢？于是施谷兰先后将复仇的希望寄托于堂兄施中诚和丈夫施靖公的身上。然而，时过境迁，这二人再也不提报仇之事。时光如白驹过隙，转眼已是十年。一天晚上，施谷兰想到家仇未报，心里难过，便仰望天空，吟诗一首："翘首望明月，拔剑问青天。"从此就把自己的名字改为"施剑翘"，想以此激励自己，要用自己手中的剑为父报仇。

1935年，施剑翘探知孙传芳已经失势解甲，蛰居在天津，便赶往天津寻

---

〔1〕 参见张仁善："尚未破解的'礼法之争'难题"，载《政法论坛》2006年第5期。

〔2〕 蔡惠明："施剑翘其人其事"，载《法音》1988年第10期。

〔3〕 中国人民政治协商会议北京市委员会文史资料委员会编：《文史资料选编》第6辑，北京出版社1980年版，第159页。

找孙传芳。后经多方打探得知，一年前，孙传芳与曾任北洋政府国务总理的靳云鹏来到草厂庵，办起了居士林。居士林由靳云鹏任林长，孙传芳以"智圆大师"的名义担任理事长，每逢星期一、三、五及星期日为诵经期，孙传芳届时往该处诵经。在作了一系列的精心准备之后，1935 年 11 月 13 日，施剑翘在居士林成功刺杀孙传芳。在行刺得手之后，现场一片混乱，施剑翘乘此机会散发了之前准备好的《告国人书》。这些卡片的一面印的是两首诗：

父仇未敢片时忘，更痛萱堂两鬓霜；纵怕重伤慈母意，时机不许再延长。
不堪回首十年前，物自依然景自迁；常到林中非拜佛，剑翘求死不求仙。

卡片的另一面印的是：

（一）今天施剑翘打死孙传芳是为先父施从滨报仇；
（二）详细情形请看我的告国人书；
（三）大仇已报，我即向法院自首；
（四）血溅佛堂，惊骇各位，谨以至诚向居上林及各位先生表示歉意。

施剑翘想通过她抛撒的《告国人书》，声明自己此行的原因是为父报仇，而后从容不迫地等待警察将她带走。

追溯东汉时期的侠女赵娥为父复仇案，可见施剑翘的行为与赵娥如出一辙：赵娥，东汉酒泉郡禄福县人。丈夫庞子夏，表氏县人。庞子夏去世后，赵娥在禄福县抚养其子庞淯。她的父亲被李寿杀死。灵帝光和二年（179）二月上旬的一天早晨，赵娥在都亭前与李寿相遇，她奋力挥刀杀死了李寿，随后到了都亭尊长的面前认罪服法。[1]施剑翘和赵娥杀死仇人的原委都一样，即为父报仇，并且在刺杀之后都没有逃走，且没有否认"杀人的事实"，最终等待公权力的处置。其实，赵娥心中明白，按照汉朝的法律，"杀人者死"是毫无疑问的。当然，施剑翘也清楚，按照中华民国 1935 年刑法典的规定，杀人者不管基于何种目的杀人，都属于犯罪行为。该刑法第 271 条第 1 款规定："杀人者，处死刑，无期徒刑或十年以上有期徒刑。"但是，她们终究还是杀人了，尽管她们杀人的目的是基于为父报仇。施剑翘和赵娥虽身处两个时代，

---

〔1〕《后汉书》卷八四《烈女传》第七十四。

但面对为父报仇这种事时，其内心是如此之相似，即任人情而蔑国法。

二、法院判决结果：伸人情而屈国法

施剑翘案件的审理过程可谓一波三折，历经了天津地方法院、河北省高等法院和最高法院。案件争议的焦点在于，施剑翘是否具有自首情节，以及为父报仇是否应当从宽处罚。最高法院终审判决认可了为父报仇属于从宽处罚的情节，并且由此决定特赦。

（一）天津地方法院一审判决

案发后，施剑翘被移交至天津地方法院，等待法律的审判。同时，孙传芳之子孙家震以原告身份请求审理施剑翘杀人案。1935 年 11 月 25 日，天津地方法院开庭审理施剑翘一案，文人豪〔1〕担任主审法官。开庭当天，有超过两百人到场旁听，这也是因为此案关系到两个背景复杂的家族。孙家与施家也是各自使尽手段，孙家聘请了当时著名的大律师孙观圻〔2〕、张耀曾〔3〕。孙观圻接受孙家延聘以后，当即具呈请求天津地方法院依法严惩凶手。同时，

---

〔1〕 文人豪（1904—1960），字瑶屏，湖南攸县人。1928 年毕业于北平朝阳大学并获法律学士学位。1931 年 2 月毕业于辽宁同泽新民储才馆获研究生学位。后在唐山、保定、北平、天津、广东和湖南等地法院任推事、院长等职。1947 年任长沙市地方法院院长兼任湖南大学法学教授。1949 年参加了程潜、陈明仁领导的湖南和平起义。1960 年在参加社教工作回家途中突发疾病去世。参见曾建荣："传奇人物——'五省联帅'孙传芳被杀案主审官文人豪"，载《湘东文化》2016 年第 4 期。

〔2〕 孙观圻，字补笙，江苏无锡人，日本中央大学法律本科毕业。宣统三年（1911）九月，经学部验看考试列最优等，赏给法政科进士。曾任大理院推事、北平地方法院院长、直隶高等审判厅民二庭审判长推事、嘉定地方审判厅厅长、天津地方审判厅厅长、山西第二高等审判分厅监督推事、开滦煤矿法律顾问。1949 年后，任中华人民共和国天津市第二、三、四界政协委员。参见 http://www.wikiwand.com/zh-hans/%E5%AD%AB%E8%A7%80%E5%9C%BB。

〔3〕 张耀曾（1885—1938），字镕西，云南大理人，白族。毕业于公立京师大学堂，后赴日本留学，入第一高等学校及东京帝国大学法学部，加入中国同盟会，参与创办《云南》杂志。辛亥革命时辍学归国。1912 年，加入中国国民党。1913 年，任国会众议院议员。后逃亡日本，又入东京帝国大学，1914 年毕业。回国任国立北京大学法科教授。1916 年，反袁称帝时，任广东军务院岑春煊之秘书及云南都督府参议；同年 6 月至 8 月，任北京政府段祺瑞内阁司法总长，为政学会首领之一。1917 年 5 月，被任为李经义内阁司法总长，未就；同年 10 月，复任北大法科教授。1922 年 8 月至 9 月，被任为唐绍仪内阁司法总长，未就。1923 年，赴西欧考察司法制度，返国后，任法律讨论会会长、私立上海中国公学社会科学院法律系主任兼教授。1924 届 10 月，任黄郛内阁司法总长，仅月余而退。后在上海任律师及私立上海法学院法律系主任，及"新中国建设学会"常务理事等职。1937 年 8 月，任国防参议会参议。1938 年 6 月，任第一届国民参政会参政员，同年逝世。著有《考察司法记》《列国在华领事裁判权法要》《大理张氏诗文存遗》等。参见徐友春主编：《民国人物大辞典》下，河北人民出版社 2007 年版，第 1901 页。

施家一直也在设法营救。其正在山东上大学的妹妹施纫兰专程由济南赶来探监，其弟施中杰延聘了当时的著名律师余棨昌[1]、胡学骞出庭辩护。施剑翘之夫施靖公也忙着找关系。法庭上双方请来的律师激烈交锋，案件的审判也越显复杂。根据当时的法律，杀人犯因情况不同可判十年以上徒刑以至死刑。但若凶犯自首成立，可将十年的最低限减为五年；再若"情可悯恕"成立，又可将徒刑减至二年半。因此这两个减刑的构成要件也就成为法庭上双方的争议核心：一是施剑翘是否有自首情节，这关系到审判结果的具体量刑；二是施剑翘的复仇理由是否应该得到宽大处理。[2]

施剑翘一方提出的证据有刺杀当时散发的《告国人书》，而她本人也没有逃跑的打算，在警方随后来到现场后从容接受逮捕，有很多证据能证明这一点。而孙家则不认可这一说法，他们认为这是施剑翘事先计划好的减刑之法。由于孙家的说法只是对施剑翘动机的揣测，不足以推翻施剑翘一方所提出的证据，法庭最后确认施剑翘确实有自首情节，可以酌情减刑。

之前提到的杀人罪第二个法定减刑事由"情可悯恕"，其实就是得到社会和法律的怜悯、宽恕。从当时的社会舆论来看，几乎是"一边倒"地支持施剑翘，其重要原因便是传统社会侠文化的影响。施剑翘基于孝道的复仇，被当时媒体称之为"现代侠女"，这种孝女复仇的故事理所当然地感动了国人，社会各界通过请愿等各种方式要求政府释放或宽大处理施剑翘。

庭审之时，双方关于是否仇杀也多有争议。孙家认为，施剑翘之父当时是死于军法，战场之上死伤在所难免，孙传芳杀施从滨并非出自私怨。但施剑翘一方明确指出施从滨并非死于沙场，而是作为俘虏且未经军法审判，被孙传芳个人杀害。关于这一点，不但被告如此供述，即使孙传芳之子孙家震也不否认其事，法庭对律师关于施从滨死于军法的辩护未予采信。

但是孙家的律师棋高一着，见复仇之说无法否认，就从更高层面彻底否定"为父报仇"这一行为的正当性，认为"复仇"之说是传统社会的余孽，

---

[1] 余棨昌（1881—1949），字乾门，浙江绍兴人。1911 年毕业于日本帝国大学，获法学士学位。回国后任清政府户部主事。民国成立后，历任法制局参事，司法官惩戒委员会委员，司法官训练处处长兼法典编纂委员会顾问，大理院院长兼推事，司法讲习所所长，修订法律馆顾问。1923 年 2 月，任大理院院长，兼司法惩戒委员长。1928 年，任修订法律馆总裁。后任国立北平大学法学院教授兼国立北京大学法律系讲师。著有《民法亲属编》《实用司法令辑要》。参见徐友春主编：《民国人物大辞典》上，河北人民出版社 2007 年版，第 702 页。

[2] 任伟："施剑翘案：'罪行'与'义举'"，载《看历史》2011 年第 5 期。

完全与现代法治精神相背离，若人人相互私杀而了结私仇，置法律于何地？民国已建立民主法治，子报父仇之说已不适用。寥寥数言，十分形象地描述了当时西方法治观念与中国传统道德之间的紧张关系。

经过十多天的审判，1935 年 12 月 16 日，天津地方法院以"诉字第 622号刑事判决书"对施剑翘枪杀孙传芳一案作出判决。判决书肯定自首成立，以"其主观方面观察，纯为孝思冲激所致，与穷凶极恶者，究有不同。合于自首减轻刑期范围内，即在有期徒刑五年以上、无期徒刑以下，配予论处"，判处施剑翘有期徒刑十年。[1]从结果来看，认定了施剑翘的自首情节，却否认了"情可悯恕"环节的认定。

（二）河北省高等法院二审判决

一审判决结果，原、被告双方都无法接受。施家认为量刑太重，孙家则认为量刑太轻，于是此案上诉至河北省高等法院。1936 年 2 月，河北省高等法院对施剑翘案进行了复审。在孙家的活动下，复审判决否定了施剑翘的自首行为。天津地方法院检察官涂璋援引"六法全书"条款，指出自首情节不确，因为警士王化南未到居士林之前已知道肇事，进庙后即知道犯人在电话室，且均在被告向警士声明自首之前，被告虽有自首之意，而事实尚不明显。施剑翘至多不过是自白，声称此种认定，皆有居士林和尚证明。河北省高等法院认同天津地方法院检察官涂璋所提自首一节不能成立的抗诉。如果施剑翘不是自首，必然还要加刑。在各界人士呼吁、谴责、抨击的强大声势之下，河北省高等法院院长邓哲熙[2]不得不重新作出判决，完全推翻了一审的判决结果。虽然否认了一审所确定的"自首"情节，但是确认了一审所没有确认的"情可悯恕"，在此基础上再度减刑三年。至此，法庭庭长宣布二审结果：

〔1〕《民报》1935 年 12 月 21 日，第 1 版。

〔2〕邓哲熙（1892—1981），河北大城人。毕业于私立天津南开大学，后赴日本留学，入法政大学。1925 年，任西北边防督办公署政务长；同年冬，任冯玉祥秘书。1926 年，兼任察哈尔兴和道尹。1927 年 12 月，署河南省高等法院院长。1928 年，任中央政治委员会开封政治分会委员，中国国民党河南省党务指导委员；3 月，任河北省政府委员兼民政厅厅长；7 月，去职。1932 年 1 月，任国民政府内政部禁烟委员会副委员长。1933 年 5 月，成立察哈尔抗日同盟军，任总司令部军法处处长。1934年，任立法院立法委员。1937 年 4 月，任行政院冀察政务委员会委员；6 月，署河北高等法院院长兼冀察政务委员会法制委员会主席委员。1940 年 2 月，任河北省政府委员。中华人民共和国成立后，历任第五届全国政协委员，中国国民党革命委员会中央委员。参见徐友春主编：《民国人物大辞典》下，河北人民出版社 2007 年版，第 2378 页。

"原判决撤销。施剑翘杀人，处有期徒刑七年，勃朗宁手枪一支、子弹三粒，没收。"〔1〕

（三）最高法院终审判决

虽然刑期稍减，但因自首一节被推翻，施剑翘对此十分愤慨，于是向最高法院提出上诉。与此同时，孙家对复勘减刑更为不满，特加聘律师撰状，要求检察官提出上诉。双方于 1936 年 2 月先后提出上诉，但直到 8 月 1 日，最高法院才作出判决，驳回上诉，维持河北省高等法院的原判。

（四）最高法院特赦令

该案引起了社会舆论的强烈广泛关注，并得到了一些政要的支持。在多方努力之下，1936 年 10 月 14 日，国民政府主席林森向全国发表公告，决定赦免施剑翘。此后，由中华民国最高法院下达特赦令，将施剑翘特赦释放。特赦令中这样写到：

> 施剑翘因其父施从滨曩年为孙传芳惨害，痛切父仇，乘机行刺，并即时坦然自首听候惩处。论其杀人行为，固属触犯刑法。而以一女子发于孝恩，奋力不顾，其志可哀，其情尤可原。现据各学校各民众团体纷请特赦，所有该施剑翘原判徒刑，拟请依法免其执行等语，兹依中华民国训政时期约法第六十八条之规定，宣告将原判有期徒刑七年之施剑翘特予赦免，以示矜恤。此令
>
> 国民政府主席林森〔2〕

就这样，在狱中度过 9 个月零 26 天的施剑翘被特赦出狱，重获自由。

施剑翘案的判决结果可以说是东汉赵娥案的近代翻版：赵娥为父报仇杀死仇人之后，并未逃走，而是等待官府的拘捕。当时禄福长尹嘉，不忍心给赵娥判罪，便解了印绶，辞去官职，驰法纵之。赵娥说到："仇塞身死，妾之明分也。治狱制刑，君之常典也。何敢贪生以枉官法？"守尉不敢公开释放赵娥，暗里让赵娥走去自匿。赵娥高声抗争说："枉法逃死，非妾本心。今仇人

---

〔1〕 《民报》1936 年 2 月 16 日，第 1 版。

〔2〕 中国第二历史档案馆："有关施剑翘刺杀孙传芳案史料一组"，载《民国档案》2008 年第 2 期。

已雪，死则妾分，乞得归法以全国体。虽复万死，于娥亲毕足，不敢贪生为明廷负也。"守尉不听劝告，赵娥又说："匹妇虽微，犹知宪制。杀人之罪，法所不纵。今既犯之，义无可逃。乞就刑戮，殒身朝市，肃明王法，娥亲之原也。"表情严厉，毫无惧色。守尉知道赵娥很难顺从，就强迫她回家。赵娥仍坚持已见，毫不服从。守尉无奈，只得收她入狱。后来，遇到大赦，赵娥获释，被送回。[1]赵娥为父复仇，虽历经坎坷，但最终被朝廷所赦免，赵娥也因此获得自由，重返家乡。施剑翘虽开始被判处徒刑，但最终却获得南京国民政府的特赦，重获自由之身。从立法层面上来看，不管是传统社会的东汉，还是法治初创的民国时期，都不会纵容杀人行为，换言之，杀人行为是立法所禁止的。但在司法层面上，官方却对情理文化钟爱有加，传统伦理道德仍然是严酷法律的缓和剂。最终，"法"在"情""礼"面前让步了，官方的举措都是伸人情而屈国法。随着案件当事人的被赦免，喧喧扰扰的案件暂告一段落，而留给后人的思考却延绵至今。

三、公众舆论导向：重人情而轻国法

施剑翘案案发数日内，国内几乎所有的权威媒体，如天津《大公报》、北平《实报》、上海《申报》、南京《中央日报》等都以"血溅佛堂"等为题对此案作了详细报道。该案的一审结果是很多人不能接受的，社会舆论认为，一个弱女子为父报仇，尽孝道，显侠风，难能可贵；至于说孙传芳，残杀俘虏，征伐杀戮，死有余辜。而后，案件上诉到河北省高等法院，该院认同天津地方法院检察官涂璋所提自首一节不能成立的抗诉。此事一经媒体报道，顿时天下哗然，各地几乎每天都有声援施剑翘者，指责河北省高等法院和天津地方法院的文章也时常见诸报端。在强大的舆论声势之下，河北省高等法院推翻了一审判决，最终判决施剑翘有期徒刑七年。对此结果，一部分社会舆论仍然不能接受。施剑翘矢志不渝、舍生忘死的壮举感动了每一个有良知的人。入狱后，她见狱中女犯多数因家庭贫困，没有钱买过冬的棉衣，就捐资帮她们买冬天的囚衣，被时人称之为"义侠"。社会各界，特别是妇女界，都发文声援并强烈呼吁国民政府释放或特赦施剑翘，如当时的《妇女月报》《妇女共鸣》《女子月刊》《玲珑妇女杂志》《新女性》等期刊都为之呼喊。

---

〔1〕《后汉书》卷八四《烈女传》第七十四。

据中国第二历史档案馆所藏南京国民政府司法院相关档案卷宗显示，从1935年11月13日案发当日直至案件二审结束后的1936年三四月间，全国各地民众团体及个人相关请赦函电雪片般纷至沓来，除安徽省桐城、霍山、舒城、合肥县的党部、教育会、农商会及妇女会，芜湖律师公会，旅京安徽学会，旅苏安徽同乡会，徽州师范学校等与施剑翘原籍相关的皖桐地方机构团体外，还有全国妇女会，河南省妇女会、商联会，开封县总工会、农会、商会、妇女会，江苏省及南京、江宁、扬州、江都妇女会，湖南省及桃源县妇女会，云南省妇女会，湖北省教育会，杭州市及嘉兴县妇女协会，浙江省立高级蚕丝科职业学校，上海市高级职业学校，江西赣城中等教职员联合会等先后向南京国民政府、国民党中央党部以及相关司法机构联名上书，历数孙传芳暴虐杀戮、危害民国的罪行，褒扬施剑翘女士忠孝壮烈且智勇兼备，"不仅女界特色，亦为民国历史光荣"，吁请司法当局援照三年前为报叔父之仇枪杀张宗昌的郑继成案之判例，法外施仁。如，当时的芜湖农职校师生希望国民政府特赦施剑翘的电文如下：

> 全国各报馆均鉴，查施剑翘刺杀孙传芳一案，业经河北高等法院判决处以徒刑七年，查孙传芳曩年阻挠北伐，残杀党人，龙潭一役，震撼京畿，往事思维，弥深怆痛。十四年孙张启□，施从滨先生受于国民军，以期消灭反动，不幸被孙俘虏，惨杀于蚌埠车站。施剑翘以一弱质女郎，抱必死之心，溅血于从容之念，为国除奸，为父报仇，忠孝义勇，震烁古今，荆卿死士尔，食德报恩，乌足与剑翘同其芳烈，史迁尤秉笔哀之。我国忠孝立国之精神，几濒破产，如剑翘女士者诚足以超沉寂之人心，挽颓风于常世，前郑继成为叔报仇，犹蒙特赦，剑翘女士竟处以徒刑七年，其从容自首之行为复被抹杀，法律待遇，未免不公，深愿全国同胞，一致呼吁，请求特赦，以维忠孝，而彰公理。临电不胜迫切待命之至，安徽省立芜湖高级农业职业学校全体师生同叩号。[1]

该案件还惊动了冯玉祥将军。《冯玉祥日记》1935年11月30日记载："同施则凡、施中达二世兄去见焦易堂、居觉生先生，专为大赦施剑翘女士之

---

〔1〕 芜湖农职校师生："芜湖农职校师生请特赦施剑翘"，载《妇女月报》1936年第3期。

事。"也就是说，施剑翘案还在审理时，冯玉祥在南京就已经活动施剑翘的特赦问题了。根据《冯玉祥日记》记载，冯玉祥曾为施剑翘的案子找过时任立法院立法委员、宪法起草委员会委员、内政部常务次长的傅汝霖，以及蒙藏委员会副委员长赵丕廉、居正，司法院副院长覃振，司法行政部部长王用宾、焦易堂等司法界的大佬，为施剑翘说情。这些掌握司法的大员们当即表示：特赦施剑翘一案，在自己管辖的范围之内肯定没有问题，只是特赦问题还需要国民政府主席来颁发命令。[1]于是冯玉祥又找到了时任南京国民政府主席的林森，在国民党内联合国民党元老于右任、李烈钧、张继等中央委员联名上书国民政府，营救正在服刑的施剑翘；此外，国民党两位女中央委员张默君、陈璧君也出力甚多。如今，我们还能在国民政府司法院"特赦施剑翘案"档案中看到密密匝匝署名于呈文后50名中央委员的签名，其中不乏孔祥熙、戴传贤、朱家骅、张继、吴敬恒、邵元冲、曾养甫、甘乃光、洪兰友、谷正纲、叶楚伧、张厉生、褚民谊、周佛海、陈璧君、鲁涤平、马超俊、李宗黄、王懋功等民国政要。最终，施剑翘在多方努力之下重获自由。

可以说，施剑翘最终获得政府特赦的结果与公众舆论的推波助澜密切相关。我们再看东汉赵娥案，赵娥刺杀仇人之后，同乡百姓都为这位侠女悲喜、慷慨、感叹，支持她为父报仇的孝义行为。在赵娥最终获朝廷大赦后，当时的凉州刺史周洪、酒泉太守刘班等人共同上表朝廷，禀奏赵娥的烈义行为，刻石立碑显其赵家门户。黄门侍郎还著书追述赵娥的事迹，为其作传。两起案件发生后，上至官方要员，下至黎民百姓，舆论几乎呈现"一边倒"的态势，即重人情而轻国法，给司法者以极大的舆论压力，这也是被告人最终获释的重要原因之一。

时过境迁，复仇案件的主角已经变更，但不变的是案件运行过程中各方的态度以及案件最终的结果，真可谓乃传统复仇之声余音绕梁，盘旋在民国的上空。正如梁治平先生谈到中国传统法文化的延续和演变时说到的那样："许多动人的故事，如果改变其中人物的语言和服装，一定古今难辨。"[2]

〔1〕 王晓华："孙传芳案与施剑翘被特赦真相"，载《中外书摘》2012年第10期。

〔2〕 梁治平：《在边缘处思考》，法律出版社2010年版，第32页。

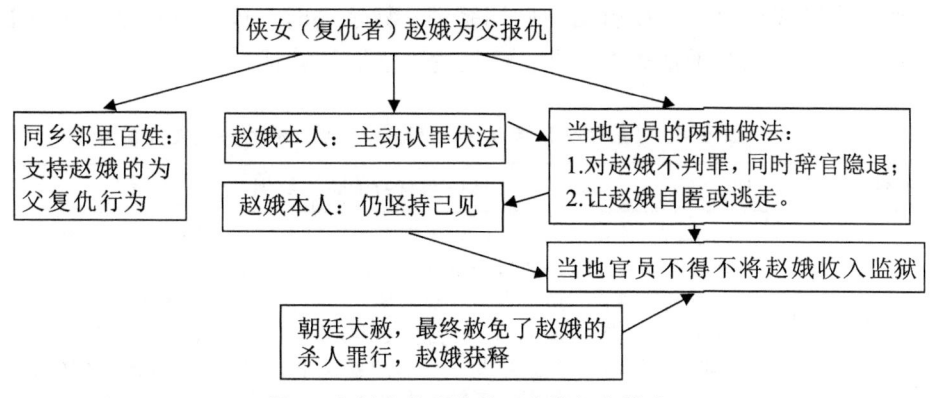

图1 赵娥案件利害关系人的行为模式

四、思考与评价：民国司法运作的多维面向

纷纷扰扰的施剑翘案，涉及的不仅仅是原被告双方，媒体、法庭、政府也都一一粉墨登场，最终以"施剑翘被特赦"的结局拉下帷幕。其实，施剑翘案反映的只是一个微缩的"民国"。民国伊始，法治初创，处于新旧交替背景之下的一个普通刑事案件折射出的不仅仅是简单的法律问题，还有很多问题值得我们去思考。

（一）历史因素："情与法之纠葛"再次上演

在我国传统社会，私力复仇虽然具有历史文化惯性并获得了民众的心理认可，但是私力复仇的泛滥无疑会扰乱社会秩序，甚至威胁君主的统治。君主为了维护社会秩序和自己的最高权力，在法律文本上对私力复仇进行了严格限制。但是由于皇权的有限性无法保障所有的犯罪行为都能受到处罚，另外侠义复仇具有统治者所倡导的"礼""孝"等价值秩序的正当性，因此统治者在司法实践中对复仇者经常给予从宽处理，甚至给予褒奖。如表1列举的唐朝正史记载的14例典型的侠义复仇案件中，有一半以上案件的复仇者没有被判处死刑，其中被皇帝赦免的有6个，官员不予追究的有1个，被皇帝减死罪（判处其他轻于死罪的刑罚）的有2个。只有3个案件的复仇者被判处死刑，可这判决结果并非出自皇帝之手，而是地方官吏所为。我们还可以发现，被皇帝赦免的案件几乎都发生在高祖、太宗、高宗年间，这几位皇帝都是非常重视"礼"的作用，该时期的法律特征也被称为"一准乎礼"。由于受到几位先帝的影响，在唐朝中后期宪宗、穆宗之时，侠义复仇案件也没有按照"杀人罪死"的法理来判刑，而是适当地予以减刑。

表1　《旧唐书》《新唐书》和《资治通鉴》中所记载的侠义复仇案件

案件发生年份	案由与官方的惩治结果
高祖武德初	高季辅，德州蓨人也。祖表，魏安德太守。父衡，隋万年令。季辅少好学，兼习武艺。居母丧以孝闻。兄元道，仕隋为汲令。武德初，县人翻城从贼，元道被害，季辅率其党出斗，竟擒杀其兄者，斩之持首以祭墓，甚为士友所称。由是群盗多归附之，众至数千。寻与武陟人李厚德率众来降，授陕州总管府户曹参军。贞观初，擢拜监察御史，多所弹纠，不避权要。累转中书舍人。（《旧唐书》卷七八）
高祖武德四年（621）	初，王世充在东都，杀隋马军总管独孤武都、司直大夫独孤机等人，及世充归唐，高祖流世充及其兄弟子侄于蜀，未行，独孤机之子、定州刺史修德为报父仇，竟擅杀世充并兄世恽，高祖仅诏免修德官，并不深罪。（《资治通鉴》卷一八六《资治通鉴》卷一八九）
太宗贞观年间	即墨人王君操，父隋末为乡人李君则所杀，亡命去，时君操尚幼。至贞观时，朝世更易，而君操婆孤，仇家无所惮，诣州自言。君操密挟刃杀之，剔其心肝啖立尽，趋告刺史曰："父死凶手，历二十年不克报，乃今刷愤，愿归死有司。"州上状，帝为贷死。（《新唐书》卷一九五）
太宗贞观年间	绛州孝女卫氏，字无忌，夏县人也。初，其父为乡人卫长则所杀。无忌年六岁，母又改嫁，无兄弟。及长，常思复仇。无忌从伯常宴为乐，长则时亦预坐，无忌以砖击杀之。既而诣吏，称父仇既报，请就刑戮。巡察大使、黄门侍郎褚遂良以闻，太宗嘉其孝烈，特令免罪，给传乘徙于雍州，并给田宅，仍令州县以礼嫁之。（《旧唐书》卷一九三）
高宗初年	绛州人赵师举父为人杀，师举幼，母改嫁，仇家不疑。师举长，为人庸，夜读书。久之，手杀仇人，诣官自陈，帝原之。（《新唐书》卷一九五）
高宗年间	孝女贾氏，濮州鄄城人也。年始十五，其父为宗人玄基所害。其弟强仁年幼，贾氏抚育之，誓以不嫁。及强仁成童，思共报复，乃俟玄基杀之；取其心肝，以祭父墓。遣强仁自列于县，司断以极刑。贾氏诣阙自陈已为，请代强仁死。高宗哀之，特下制贾氏及强仁免罪，移其家于洛阳。（《旧唐书》卷一九三）

案件发生年份	案由与官方的惩治结果
永徽初年	周智寿者，雍州同官人。其父永徽初被族人安吉所害。智寿及弟智爽乃候安吉于途，击杀之。兄弟相率归罪于县，争为谋首，官司经数年不能决。乡人或证智爽先谋，竟伏诛。临刑神色自若，顾谓市人曰："父仇已报，死亦何恨!"智寿顿绝衢路，流血遍体。又收智爽尸，舐取智爽血，食之皆尽，见者莫不伤焉。（《旧唐书》卷一八八）
武后年间	时有同州下邽人徐元庆，父为县尉赵师韫所杀。后师韫为御史，元庆变姓名于驿家佣力，候师韫，手刃杀之。议者以元庆孝烈，欲舍其罪。子昂建议以为："国法专杀者死，元庆宜正国法，然后旌其间墓，以褒其孝义可也。"当时议者，咸以子昂为是。（《旧唐书》卷一九○中）
武后圣历二年（699）	审言，进士举，初为隰城尉。……坐事贬授吉州司户参军。又与州僚不叶，司马周季重与员外司户郭若讷共构审言罪状，系狱，将因事杀之。既而季重等府中酺宴，审言子并年十三，怀刃以击之。季重中伤死，而并亦为左右所杀。季重临死曰："吾不知审言有孝子，郭若讷误我至此!"审言因此免官，还东都，自为文祭并。士友咸哀并孝烈，苏颋为墓志，刘允济为祭文。（《旧唐书》卷一九○上）
德宗贞元八年（792）	刘士干，玄佐养子，前为太府少卿。有乐士朝者，亦为玄佐养子，因冒刘姓，与士干有隙。及玄佐卒，或云为士朝所鸩。士干知之，及至京师，遣奴持刀于丧位，语士朝曰："有吊客至。"因诱杀之。赐士干死。（《旧唐书》卷一四五）
宪宗元和四、五年间	宪宗时，衢州人余常安父、叔皆为里人谢全所杀。常安八岁，已能谋复仇。十有七年，卒杀全。刺史元锡奏轻比，刑部尚书李鄘执不可，卒抵死。（《新唐书》卷一九五）
宪宗元和六年（811）	富平县人梁悦，为父杀仇人秦果，投县请罪。敕："复仇杀人，固有彝典。以其申冤请罪，视死如归，自诣公门，发于天性。志在殉节，本无求生之心，宁失不经，特从减死之法。宜决一百，配流循州。"（《旧唐书》卷五○）
宪宗元和十二年（817）	段居贞妻谢，字小娥，洪州豫章人。居贞本历阳侠少年，重气决，娶岁余，与谢父同贾江湖上，并为盗所杀。小娥赴江流，伤脑折足，人救以免。转侧丐食至上元，梦父及夫告所杀主名，离析其文为十二言，持问内外姻，莫能晓。陇西李公佐隐占得其意，曰："杀若父者必申兰，若夫必申春，试以是求之。"小娥泣谢。诸申，乃名盗亡命者也。小娥诡服为男子，与佣保杂。物色岁余，得兰于江州，春于独树浦。兰与春，从兄弟也。小娥托佣兰家，日以谨信自效，兰寝倚之，虽包苴无不委。小娥见所盗段、谢服用故在，益知所梦不疑。出

续表

案件发生年份	案由与官方的惩治结果
	入二箦，伺其便。它日兰尽集群偷酾酒，兰与春醉，卧庐。小娥闭户，拔佩刀斩兰首，因大呼捕贼。乡人墙救，禽春，得赃千万，其党数十。小娥悉疏其人上之官，皆抵死，乃始自言状。刺史张锡嘉其烈，白观察使，使不为请。还豫章，人争娉之，不许。祝发事浮屠道，垢衣粝饭终身。（《新唐书·段居贞妻谢传》）
穆宗长庆二年（822）	京兆府云阳县人张莅，欠羽林官骑康宪钱米。宪征之，莅承醉拉宪，气息将绝。宪男买得，年十四，将救其父。以莅角牴力人，不敢捻解，遂持木锸击莅之首见血，后三日致死者。准律，父为人所殴，子往救，击其人折伤，减凡斗三等。至死者，依常律。即买得救父难是性孝，非暴；击张莅是心切，非凶。以髫丱之岁，正父子之亲，若非圣化所加，童子安能及此？《王制》称五刑之理，必原父子之亲以权之，慎测浅深之量以别之。《春秋》之义，原心定罪。周书所训，诸罚有权。今买得生被皇风，幼符至孝，哀矜之宥，伏在圣慈。臣职当谳刑，合分善恶。敕："康买得尚在童年，能知子道，虽杀人当死，而为父可哀。若从沉命之科，恐失原情之义，宜付法司，减死罪一等。"（《旧唐书·刑法志》）

　　正如有学者指出的，"儒家是一个入世欲望极强的学派，在努力兼容并包其他学说的过程中，最终成为中国传统意义上的主流文化。对于出于支流文化地位的侠文化，儒家从一开始就呈现了改造侠义、同化侠义的努力"。[1]这种司法与立法之间矛盾现象的背后蕴含着传统法律文化中"礼与法"的冲突与融合。儒法两家的对抗是在战国时期，礼治抑或法治只是儒法两家为了达到维护社会秩序所采取的两种不同方式而已。西汉以后，这种思潮的争辩渐趋于沉寂，儒法之争走向了儒法融合。在司法实践中，出现了"春秋决狱"——官吏审判案件以儒家思想为指导，而置现成法律文本于不顾。直至唐朝"一准乎礼"法律原则之确立，礼与法在中国传统社会达到了高度融合，在法典编纂过程中，本属于"礼"的内容直接被纳入到法律文本之中。正如钱大群先生所说："复仇制度在产生之初，被包含及统一于'礼'之中。随着封建国家统治的确立，它的存在反映了'忠'与'孝'的矛盾，它既体现代表'私义'的孝礼对代表'公法'的国家法治的一种损害，而同时它又被作为在封建法治不能有效实施情况下的一种补救措施。总之，它是礼法结合的

---

〔1〕 韩云波：《中国侠文化：积淀与传承》，重庆出版社2004年版，第6页。

封建法制内在矛盾在法律制度上的表现之一。"〔1〕因此，中国传统社会，"总的发展趋势是：对复仇，限制愈来愈严，禁止愈来愈厉。这一趋势，与封建专制制度的发展、皇权的膨胀是同步的。但是，法律禁止并不表明国家从根本上否定复仇行为；禁止只是策略性的、权宜性的，因为复仇行为所奉行的精神原则与中国封建王朝所奉行的精神原则从根本上讲是一致的"。〔2〕

施剑翘案自始至终都贯穿着"情与法"的纠葛。一方面，当时国人深受传统法文化的影响，认为一个弱女子能够不忘父仇，十年潜心报父仇，其志可哀，其情可喻；这种重视忠孝伦理道德的行为是值得称颂的，理应被政府赦免。施剑翘的辩护律师陈沆在《为施剑翘呈请特赦书》中，把施剑翘与历史上为父报仇的汉代赵娥、唐代无忌相提并论，"施剑翘以一女子，手无缚鸡之力，在家为军务帮办之爱女，出嫁则为高级军官之夫人，且也青年伉俪，儿女成行，乃能念念不忘泉下之故父，隐忍从事于报仇，虽与汉赵娥之伺仇都亭，唐无忌之刺杀卫长，同一为其父报仇，名垂不朽。然欲其事之布置周详，弹无虚发，事后之从容自首，视死如归则又不如施剑翘之孝烈可嘉，智勇兼备也"。〔3〕另一方面，中国近代社会，法制不断健全和完善，侠义复仇的生存空间理应受到限制。侠义复仇行为只不过是公权力空缺时期的产物，随着国家的出现以及公权力组织的逐步建立，复仇已渐为法律所不容许。"在某种意义上，任何法都是一种报复，只不过现代法作为文明的报复采取了更优越和更精确的形式，使报复成了包含在犯规行为内的一种自身的因素，报复的量和质与犯规的量和质和谐地统一起来。"〔4〕在社会舆论多数倾向施剑翘一方的同时，也有人提出应该按照法律条文来对施剑翘进行惩处，而不应该考虑过多的道德因素，否则的话，整个社会就会"把施剑翘塑成一个侠义的孝女的偶像，利用人们有限度的同情和痛快的心理，来提倡旧伦理，旧道德，旧礼教，作为复古运动的张本，诱引一切活着的女性，以及现代人们，迷恋着中古世纪遗传下来的一些骸骨"。〔5〕经过法庭和社会各方围绕施剑翘的种种行为在罪刑与义举之间的反复博弈，最终随着施剑翘的特赦，民国时期轰动

〔1〕 钱大群：《中国法律史论考》，南京师范大学出版社 2001 年版，第 169–170 页。

〔2〕 范忠信、郑定、詹学农：《情理法与中国人》，北京大学出版社 2011 年版，第 116 页。

〔3〕 施羽尧、沈渝丽：《女杰施剑翘》，北方文艺出版社 1985 年版，第 125 页。

〔4〕 蒋德海：《伦理文明，还是法治文明？》，华东师范大学出版社 2001 年版，第 19 页。

〔5〕 朴："社评：施剑翘刺孙复仇"，载《女子月刊》1936 年第 1 期。

一时的大案至此画上句号："法"在"情"面前示弱了。这引起了我们对"情与法"之关系的再度反思。笔者认为，道德是一个社会的理想，而法律则是一个社会的底线，不能因为道德的因素去干扰法律这个底线，同样也不能因为法律这个底线去干扰对道德的追求。当二者产生矛盾的时候，既然这是一个司法问题，就要站在司法的角度上去解决，那么道德则是另外一个层面上的问题。该案反映了我国法制近代化过程中的困惑和曲折。

（二）现实因素：舆论对案件的"推波助澜"

施剑翘案之所以能够引起社会的广泛关注，不仅仅是国人对传统孝文化之"集体无意识"的诉说与表达，还有两个重要的现实因素：民族危亡之际对英雄式人物的迫切需要和对反面人物的极力打压。

侠是中国社会历史文化的特殊产物，维护正义、好勇轻死的原始氏族遗风之存在为侠的产生提供了深厚的文化根基。[1]至于春秋时期的士阶层则对侠的萌芽和诞生有着直接影响。"士"是先秦社会最为重要，也最为活跃的社会群体，其产生和发展影响了中国几千年的社会文化。在贵族政治崩溃以前，这些有技艺才能之士，皆为统治者专养专用，皆是在官者。正如学者施伟青所说："西周春秋之士包含上、中、下各阶层的奴隶主贵族，但不包含村社农民。"[2]到了春秋后期，奴隶制日趋崩溃，礼崩乐坏，那时已有"公子公孙之无禄者"。[3]这些地位下降，无"田"可食之"士"流落于民间，以卖其技艺为生。于是出现了士的文武分途：一部分人接受了夏商周三代以来的礼乐文化，走上了专门从文之路，于是形成了原始之文士，称为"儒"；另一部分人则继承了远古史前时期的尚武传统和强悍的民族特质，依然保持着武士身份，称作"侠"。春秋战国时期，社会动荡不安，统治阶层权力斗争的需要，是任侠现象产生的一个重要条件。礼制在这一时期受到了前所未有的严重冲击与破坏。"人在那个时候已经发展出来最冷酷和最彻底的实用理性，早

---

〔1〕 笔者赞同郑春元在《侠客史》一书中对侠的起源所持的观点。他认为侠意识渊源于原始正义观念，即原始氏族成员都有互相帮助、为族人复仇的义务，侠的特立独行、轻财仗义正是上古社会人们的应尽义务与习惯的孑遗。这就将界定侠的标准逻辑地归结到侠的道德观念和人格特征上，归结到"德"而不是"力"。参见郑春元：《侠客史》，上海文艺出版社1999年版。

〔2〕 施伟青："论西周春秋的'士'"，载施伟青：《中国古代史论丛》，岳麓书社2004年版，第226页。

〔3〕 《左传·昭公十年》。

已经不再相信那些不能直接获得利益或遭受惩罚的仪式和象征，也早已经不再相信那些没有实用意义的良心和道德。仪式和象征，良心和道德，仿佛破旧的稻草人在田边孤零零地嵌立着，没有人真的把它当作人来看，连麻雀的眼珠也不转过去，要守住实际的稻谷，就只有真的使用惩罚的手段。"[1]这种全方位的社会变动，给任侠风气的发展提供了宽松的空间和长足的时间；正好，任侠风气先天崇尚武力的性质极大地迎合了统治者的政治口味。正是鉴于春秋战国时期这种政治上"无法无天"的倾杀谋夺，后期兴起的法家，尤其是韩非，站在重建社会秩序、维护绝对君权的立场上，对"以武犯禁"的侠予以了激烈的抨击，将侠列为五蠹之一，主张以严刑苛法来禁杀任侠风气的蔓延。这也是为什么后来主张法家思想的秦王朝不允许侠存在并严厉打击侠的根本原因。真正将"侠"提升到台面上的是司马迁，其著作《史记》首次大量地、系统地记载了游侠的历史，赞美了游侠的急人危难、守信重义。但到了西汉后期，社会上对侠的评价并不见好，侠消极的一面日渐显现。东汉时，班固所撰《汉书》虽也包含了《游侠传》，但他已明确说明侠是"作威作惠"的奸雄，必须以礼法匡正之。由于侠是现存秩序的挑战者，因此江湖与庙堂关系的破裂在所难免。《后汉书》以后，朝廷不再为游侠立传，可见朝廷方面已明确将其与己对立起来。纵观中国历史，侠在整个传统社会几乎都受到了政府的严厉打击；但侠仍然存在，只不过侠的发展轨迹举步维艰。同时，春秋战国时期淳朴的侠风、侠义行为在东汉以后也日益衰微，因为江湖与庙堂的严重对立逼使侠不得不寻求一条自我发展的道路，久而久之，就集成地方帮会，被视为地方流氓，失去侠原本的力量。魏晋时期是侠意识的转变期，作为侠的精神载体已由史家转移到了文人，由历史转向了文学。这一大转折影响到了整个中国侠文化。近现代以后，我们已经找不到专门的侠，但却可以从无数人的身上看到侠义之风，从无数的艺术作品中看到侠义之美。不可否认的是，东汉以后，侠作为一种文化或概念积淀在民众的心中，贯穿于两千多年的传统社会并传承至今。尤其是当社会转型、历史转折的"乱世"之际，或者民不聊生甚至民族危亡之时，侠文化总是由"隐"而"显"焕发出勃勃生机。就像罗素在《西方哲学史》一书中提到的："在荷马诗歌中，代

---

[1] 葛兆光：《中国思想史：七世纪前中国的知识、思想与信仰世界》第1卷，复旦大学出版社1998年版，第261页。

表宗教的奥林匹克神祇，无论是在当时或是在后世，都不是希腊人唯一崇拜的对象。在人民群众的宗教中，还有着更黑暗更野蛮的成分，它们虽然在希腊智慧的盛期被压抑下去了，但是一等到衰弱或恐怖的时刻就会迸发出来。所以每逢衰世便证明了，被荷马所摈弃的那些宗教迷信在整个古典时代里依然继续保存着，只不过半隐半显罢了。"[1]虽然罗素说的是荷马诗歌中所反映的宗教文化，但其和中国的侠文化确有相通之处。施剑翘案发生在 1935 年，正值"九一八事件"之后、日本发动全面侵华战争之前。在这种民族危亡之际，民众出于拯救国难怀"心有余而力不足"之感，希望英雄式人物的出现。因此，施剑翘成功刺杀孙传芳后被民众称为"义侠"堪比"荆轲、聂政"，[2]"当场奋身，则英风凛凛，事前送母，则孺慕依依，志定不挠，神间不乱，英雄儿女，可泣可歌"。[3]诸如此类赞语，可以看出民众已将施剑翘视为国难之际的侠义之士。当时还有人写信给狱中的施剑翘，赞赏她的刺杀行为，并同意她的看法，"要叫对方看出我们民心未死，要叫列强看出我们血气未凉，我们先要拿出我们自己的力量来"。[4]这里，施剑翘完全成了"民族英雄"的代言人。

施剑翘刺杀的对象是军阀头目孙传芳，在当时可谓引起了轩然大波。社会舆论之所以会出现"一边倒"的情况，与旧军阀在公众心目中的恶劣形象有直接关系。在 20 世纪 30 年代的中国，民众普遍有一种反对军阀的情感倾向。军事将领（军阀）通常被看作卖国贼，至少被看成是更有问题的角色。的确，孙传芳与日本人的关系密切。早在 1916 年，日本政府即开始实行全力支持皖系首领段祺瑞的政策，建立中日之间的政治与经济合作，并签订财政债务协议。日本在随后的两年中资助段祺瑞 1.5 亿元，表面上是为了中国的发展，实际上段祺瑞是想将这笔巨资用于政治和军事的目的。段祺瑞政府还和日本政府缔结军事协定，由日本提供援助、顾问和教官，帮助中国编练参战军以参与第一次世界大战协约国军作战。但实际上这支军队只是为了扩大段祺瑞私人的军事力量，和参战毫无关系。在日本政府给予段祺瑞以财政和

---

〔1〕　[英]罗素：《西方哲学史》上卷，何兆武、李约瑟译，商务印书馆 1963 年版，第 33 页。

〔2〕　中国第二历史档案馆："有关施剑翘刺杀孙传芳案史料一组"，载《民国档案》2008 年第 2 期。

〔3〕　中国第二历史档案馆："有关施剑翘刺杀孙传芳案史料一组"，载《民国档案》2008 年第 2 期。

〔4〕　庄子华："青年生活通信：寄给为父报仇的施剑翘女士：从为父报仇说到为国雪耻"，载《读书青年》1936 年第 9 期。

军事援助的同时，日本商人也着手与中国企业家联合，以开发中国的资源。[1]正是段祺瑞与日本人之间这种默契配合以获取私利的丑态，激起了国人的愤怒。也正是在这样的背景下，施剑翘将孙传芳击毙。消息传出，许多人都感到无比痛快，认为施剑翘不仅是为自己的父亲报了仇，也是为民族除了害。当时的著名女报人邓季惺在《新民报》上发表的《对施剑翘判决书之意见》一文指出："孙传芳系祸国罪首，按照《危害民国紧急治罪法》本应处极刑，国民政府也曾通缉在案。诛杀国法不容之人，古今均不为罪，施剑翘一弱女，诛杀了因租界荫庇，政府无能追捕的凶犯，法庭却判以十年、七年之刑，实欠公允。"施剑翘利用了民众对于军阀的仇视心理不但将孙传芳推到了一个舆论的绝境，而且也为自己杀人行为的开脱赢得了非常有力的支持。所以，后来的审判已不再是一桩普通的杀人案件了。这也是施剑翘为什么没有被判处死刑的主要原因。但这种方法终究与现代文明秩序有一定的冲突，因此施剑翘也应受到一定的惩处。但是，由于当时的媒体大篇幅报道此事，使得社会各界关注越来越多，特别是同情施剑翘的人越来越多，所以，法庭最后用了最轻的量刑标准。这也是法律向舆论妥协的结果。

（三）政治因素：当权者态度与舆论的"不谋而合"

舆论可以影响案件的进程，而如果这一结果正是当权者所需要的，那么，当权者态度与舆论将"不谋而合"，舆论客观上也就成了当权者传达自己态度的媒介。看起来本属法律问题的施剑翘案因此更多地掺杂着时代的"政治调味剂"。

一方面，施剑翘为父报仇所体现的"孝"正是蒋介石在1934年发起的新生活运动所阐释的一种本土民族主义。这一运动不是"复辟"传统社会，而是"复活"或者"复兴"传统文化；"不是通过对古老社会的重建而是对作为古老社会之根基的永恒美德的重建来达到民族的重生"。[2]而传统社会中的孝文化恰恰在新生活运动中起到了举足轻重的作用。正如伊利诺斯大学历史学教授易劳逸所分析的那样："蒋介石的许多方法和观点——如强调传统道

---

〔1〕 参见［美］费正清编：《剑桥中华民国史1912—1949年》上卷，杨品泉等译，中国社会科学出版社1994年版，第297-298页。

〔2〕 ［美］林郁沁：《施剑翘复仇案：民国时期公众同情的兴起与影响》，陈湘静译，江苏人民出版社2011年版，第168页。

德，他的教育的政治功能的观念和杰出人物统治论——确实显示出他的现代世界的眼光十分有限。但是他的政治目标，即一个彻底管辖起来的社会的目标，与中国儒家的往昔并无相似之处。他要成为一个极权主义者，一心想把他的政权一直控制到地方，使社会上的每个人都服从这个政权，达到清朝历代皇帝甚至未曾想到的程度。"〔1〕

　　另一方面，当权者也想通过施剑翘案这个契机来达到惩治异己的目的。如果没有施剑翘案的发生，通过一般的法律程序是无法惩治孙传芳的。"孙传芳原只是一只害群之马，他生前的罪恶，罄竹难书，我们还正恨他不得置之典刑，国家在他的恶势力崩溃之后，让他逍遥法外，优游岁月，好不追究，已经待他至厚了，像他这种神人共弃之徒，还用得着保护么？老实说，施剑翘不杀他，更有谁来过问？这正是司法界的耻辱，施剑翘不过犯了越俎代谋之罪而已！"〔2〕可以说，施剑翘案的结果——孙传芳命毙居士林，这种效果恰恰是当权者无法通过正常法律程序所能获得的。当权者对孙传芳的不满与孙传芳在中日民族矛盾面前的暧昧态度有直接关系。施剑翘案发生前的一两年间，日本侵略者不断制造事端，妄想把中国的华北变成第二个"满洲国"。为了实现这一罪恶企图，他们加紧在华物色傀儡。在这个过程中，昔日的军阀就成为日本侵略者重点拉拢的对象。孙传芳早年留学日本，他在日本陆军士官学校的不少教官、同学，后来都成为日本军界的重量级人物，孙传芳与他们交往密切。孙传芳做"五省联帅"的时候，就曾聘请昔日的教官冈村宁次做高等军事顾问。他退出军界、住进天津外国租界以后，仍与冈村宁次、土肥原贤二等日军侵华集团的核心人物时有来往，舆论界不时传出他可能会出山与日本人合作的消息。虽然他本人曾以一心向佛、无心政治等理由回复舆论界的传闻，但与吴佩孚严厉斥责溥仪就任伪满洲国"执政"的鲜明态度相比，孙传芳的态度就显得暧昧多了，这也使得朝野中的许多人对他不满。施剑翘成功刺杀孙传芳，赢得了舆论的赞赏，更进一步说，这也是当权者所愿意看到的。在众多政要的积极努力之下，施剑翘被政府特赦，与其说是迎合了舆论，照顾了民意，还不如说是当权者"借他人之手"以表明自己的政治

　　〔1〕　〔美〕费正清、费维恺编：《剑桥中华民国史 1912—1949 年》下卷，刘敬坤等译，中国社会科学出版社 1994 年版，第 146 页。

　　〔2〕　黄佩瑜："评施剑翘代父报仇事"，载《新女性》1935 年第 3—4 期。

立场。

* * *

侠义复仇案件是一个具有挑战性的课题。在我国传统社会，它体现了礼与法的冲突与融合，交织着民众心理与统治者利益的复杂关系。到了近代，它又纠缠出我国传统法文化与西方法治、历史传统与现代转型之间的微妙关系。以南京国民政府时期判决的"侠女施剑翘复仇案"为中心，纵观案件的处理过程和结果，我们似乎能够看到历史上发生的同类案件的影子。换言之，我国传统社会的侠义复仇案件之司法运行模式仍然影响着近代侠义复仇案件的处理方式。与传统社会不同的是，它是在法治的框架和程序下进行的；同时，民众、媒体、政府对司法运作的影响在这个案件中发挥到了极致。

当代中国社会，复仇事件仍然存在，如 2019 年关注度比较高的"张扣扣杀人案"。在陕西省汉中市中级人民法院一审公开开庭审理该案时，张扣扣的辩护律师所作的辩护词仿佛让我们看到了古代复仇文化在今天法治社会的再次上演。他在辩护词中这样谈到："复仇本质上就是报复。报复是即时的复仇，复仇是迟滞的报复。根据现代法律，如果当场反击、即时报复，有可能会构成正当防卫或者紧急避险，从而无需承担法律责任。而复仇之所以被现代法律禁止，理由之一是被侵犯者有时间寻求公权力救济，可以寻求司法替代。国家垄断合法暴力，个人复仇行为被法律强制转化为司法程序……现代法律之所以禁止私力复仇，是因为提供了司法这样的替代选择。然而公权力并非无边无际，他在伸张正义的时候也必然存在各种局限，有其无法抵触和覆盖的边界。当公权力无法完成其替代职能，无法缓解受害者的正义焦渴的时候，复仇事件就有了一定的可原谅或可宽恕基础。"[1]这位辩护律师认为复仇这种现象有着深刻的人性和社会基础，并引经据典地得出中国传统司法实践对复仇案例大多给予了从轻发落的结论，因此张扣扣也理应被减轻刑罚。但最终，汉中市中级人民法院一审判决张扣扣犯故意杀人罪，判处死刑，剥夺政治权利终身；犯故意毁坏财物罪，判处有期徒刑四年，决定执行死刑，剥夺政治权利终身。宣判后，张扣扣当庭表示上诉。[2]之后，陕西省高级人民法院的二审裁定驳回张扣扣的上诉，维持汉中市中级人民法院一审死刑判决，

---

〔1〕 参见 https://news. hexun. com/2019-07-17/197889101. html。

〔2〕 参见 https://baijiahao. baidu. com/s？ id=1622085938189280066&wfr=spider&for=pc。

并依法报请最高人民法院核准。[1]2019 年 7 月 17 日，经最高人民法院核准，张扣扣被执行死刑。[2]

当代社会，国家权力日益深入，法制建设也日趋完善，犯罪行为也受到了有效打击。由于罪犯难逃法网，所以"复仇"案件也就越来越少。即便有私自复仇的行为，也会受到法律相应的制裁，因此"宽容复仇"的司法传统也就消失了。但是我们要注意的是，传统的消失并不意味着蕴藏在其后的文化随之消失，这种积淀了两千年的文化心理，在现实生活当中仍然隐约可见。要知，侠义复仇行为是对程序正义的践踏，当行侠仗义之仁者维护了当事人的实体权益之时，法律的程序正义则被无情地抹杀。侠与法的关系在社会中形成了一种悖论，这种悖论就是：侠为了维护正义，实际上是在破坏正义。所以周永坤教授不赞成金庸先生所说的"中国需要侠客"这一观点。他认为，在中国传统社会，民众"观念上是把正义与法律相分离的"，因此就产生了在法律秩序内争取正义和在法律秩序外争取正义这两种情况。"在法律秩序内争取正义不被认为是维护正义，而是执行'王法'；而在法律秩序外争取正义的行为就是'侠义'行为，好为'侠义'行为者为侠客。"但"由于侠客是在法律制度以外追求正义，因此，他的另一个作用就是破坏了秩序，有对抗法律的一面，有影响法律权威的一面"，而在现代社会，是需要铲除侠客的，同时更应该提高律师的素质，使之成为老百姓与官方在法律对话上的中间人，"使律师制度成为遏制权力滥用与腐败的有力社会建制"。[3]虽然传统社会的侠义复仇文化仍在影响着今天我们中的一些人，问题的关键是：面对这样的文化心理，我们该怎样对待？要有一分克制，要有一分理解，只有这样才能把这种积淀了上千年的文化心理依法纳入今天正确的法治轨道上来，才能把传统文化中的优良智慧有效地转化到现实社会中来，推动司法的改善，以构建情、理、法相互融合的和谐社会。

---

〔1〕　参见刘争远："陕西高院二审公开审理张扣扣杀人案——维持一审死刑判决"，载《人民法院报》2019 年 4 月 12 日，第 3 版。

〔2〕　参见 https://news.hexun.com/2019-07-17/197889101.html。

〔3〕　周永坤："侠客与律师"，载张士宝主编：《法学家茶座》第 18 辑，山东人民出版社 2007 年版，第 26-27 页。

论沈家本对清末民商事习惯调查的作用与影响

陈仁鹏*

【摘　要】沈家本在修订新律时，抱定洞悉民情习惯之宗旨，力推民商事习惯调查。这不仅是对礼教派等保守势力的回应，也是出于利用本土习惯裨益法典的本心。沈氏及其领导的修订法律馆建章立制，出台调查章程、调查问题等，督促并规范各省的调查。其自光绪三十三年（1907）至宣统二年（1910）进行的一系列法政活动，均深刻影响到民商事习惯调查的组织、方式、程序、对象与成果等，使调查产生了重大的法制及社会影响。沈家本为习惯调查作出了卓越的贡献，其迎难而上的精神和镕旧铸新的格局，值得当代法律人学习。

【关键词】清末；沈家本；民商事习惯调查；作用；影响

2020 年 5 月，在沈家本先生诞辰 180 周年之际，十三届全国人大三次会议表决通过了《中华人民共和国民法典》。当是时，举国欢庆，民众欣然迎接这部共和国法律史的里程碑。然鲜有人念及，在这部法典行将实施的 110 年前，清廷预备国会资政院第一次常年会议闭幕式上，已年逾古稀，仍为出台新律奔波的沈家本"举足触地毡裂口，致倾跌伤鼻，血流甚多"，[1]自此多病。两年后，他走完了匡时济世、波澜壮阔的一生。不知来，视诸往。诚如黄宗智教授所总结："中国传统法律在近百年中经历了三次重大打击……故而明显具有古代的、现代革命的和西方移植的三大传统，这三者在当代中国形成一个实际存在的、不可分割的有机体。"[2]历史与现实的交织仍深刻影响着

---

* 陈仁鹏，中国政法大学法律史专业博士生。本文系湖南省社科成果评委会重大课题，湖南省研究生科研创新项目"清末民初湖南民商事习惯调查史料整料与研究"（XSP20ZDA008/CX20190347）阶段性成果。

〔1〕 汪荣宝著，赵阳阳、马梅玉整理：《汪荣宝日记》，凤凰出版社 2014 年版，第 184 页。

〔2〕 ［美］黄宗智：《过去和现在：中国民事法律实践的探索》，法律出版社 2009 年版，第 1 页、第 5 页。

当代的法治实践。复观自 1907 年起草民律草案、进行民事习惯调查至《民法典》出台的百余年间，以沈家本为代表的法政先辈艰辛探索，开拓进取，对推进我国法律现代化作出了不可磨灭的贡献。

一、问题之缘起

清末民商事习惯调查是法学界和史学界长期关注的焦点问题。20 世纪 80 年代以降，学界对清末民国民商事习惯调查的研究热潮不减，且由史料整理、文化解读逐渐深入到专题研究和实证研究，可谓成果迭出。首先涉足此领域的是与之渊源颇深的日本学界，[1]史学家中村哲夫作为先行者之一，梳理了清末法制习惯调查报告册的谱系。[2]同时，仁井田陞、滋贺秀三、岛田正郎、寺田浩明、夫马进、西英昭等学者也对清末民初的法制习惯调查进行了探讨。[3]以黄宗智教授为代表的加利福尼亚大学洛杉矶分校中国法律史研究群也十分重视清末民国的民商事习惯调查，并从历史社会法学视角，辅之以诉讼档案，对其进行比较研究。[4]中国学者对这一问题的普遍关注始于胡旭晟教授的《20 世纪前期中国之民商事习惯调查及其意义》一文，该文曾作为《民事习

〔1〕 日本学者得以捷足先登的重要原因之一便是掌握了丰富的史料，据日本九州大学西英昭副教授统计，藏于日本国会图书馆、东洋文库、东京大学东洋文化研究所、东京大学法学部图书馆、一桥大学经济研究所图书馆、京都大学人文科学研究所图书馆、京都大学经济学部图书馆等地的法制习惯调查报告册，至少有三十余种。详见［日］西英昭："清末、民国时期的习惯调查和《民商事习惯调查报告录》"，载中国法律史学会编：《中国文化与法治》，社会科学文献出版社 2007 年版，第 391-392 页。

〔2〕 ［日］中村哲夫：《郷紳の手になる郷紳調査について》，《社會經濟史學》第 43 卷 6 号，1978，第 1-18 页；［日］中村哲夫：《清末の地方習慣調査の報告書について》，《布目潮渢博士古稀記念論集——東アジアの法と社会》，汲古書院 1990 年版，第 525-552 页。

〔3〕 ［日］仁井田陞：《中国法制史》，东京大学出版会 1962 年版；［日］岛田正郎："清末における近代法典の編纂"，载［日］岛田正郎：《東洋法史論集》第三，创文社 1980 年版；"民商事習慣調査報告録"，载［日］滋贺秀三编：《中国法制史——基本资料的研究》，东京大学出版会 1993 年版，第 807-833 页；［日］滋贺秀三等著，王亚新、梁治平编：《明清时期的民事审判与民间契约》，法律出版社 1998 年版；［日］夫馬進：《中国訴訟社会史の研究》，京都大学学術出版会 2011 年版；［日］西英昭："《民商事習慣調査報告録》成立過程の再考察——基礎情報の整理と紹介"，载《中国——社会と文化》第 16 号，2001，第 274-292 页；［日］西英昭：《近代中華民国法制の構築：習慣調査·法典編纂と中国法学》，九州大学出版会 2018 年版。

〔4〕 ［美］黄宗智：《清代的法律、社会与文化：民法的表达与实践》，上海书店出版社 2001 年版；［美］黄宗智：《法典、习俗与司法实践：清代与民国的比较》，上海书店出版社 2003 年版；［美］黄宗智、尤陈俊主编：《从诉讼档案出发：中国的法律、社会与文化》，法律出版社 2009 年版；［美］黄宗智、尤陈俊主编：《历史社会法学：中国的实践法史与法理》，法律出版社 2014 年版。

惯调查报告录（点校本）》〔1〕的序言流传甚广。但时人对清末民商事习惯调查的认知仍较模糊，一些基本史实未能厘清。〔2〕

近年来，随着史料整理与研究的不断深化，产出了一批有较高学术价值的新成果，〔3〕这些成果从史料整理、史实述评、概念辨析、地方习惯研究、立法司法实践、历史价值及影响等多个角度对清末法制习惯调查进行了探讨。然而，学界鲜有从民商事习惯调查的主持者或主要参与者法政事功的角度，对这段历史进行考察——无论是清末调查的主持者沈家本，抑或是民初调查的统筹者汤铁樵〔4〕对民商事习惯调查的卓越贡献，似乎皆被研究清末民商事习惯调查的学者忽视了。

从传记法学的角度考察沈家本先生法证事功的成果颇多，20 世纪 80 年代以来，李贵连教授的《沈家本年谱初编/长编》《沈家本与中国法律现代化》《沈家本传》等成果相继付梓后，即在学界掀起研究沈家本的热潮，诸多法史学人产出了一大批学术价值颇高的成果。这些成果或从宏观上解读沈家本的法律思想、改革事功，〔5〕或将其置于法制变革的背景下进行个案分

---

〔1〕 前南京国民政府司法行政部编，胡旭晟、夏新华、李交发点校：《民事习惯调查报告录》，中国政法大学出版社 2000 年版。

〔2〕 譬如，对清末调查的起始时间有争论；未能辨明宪政编查馆与修订法律馆所主持的法制习惯调查之间的关系；对调查机构组织运作方式的认知存在分歧；对清末民初民商事习惯的法源地位认识不同等。

〔3〕 我国此方面代表性研究成果如：前南京国民政府司法行政部编，胡旭晟、夏新华、李交发点校：《民事习惯调查报告录》，中国政法大学出版社 2000 年版；张生："清末民事习惯调查与《大清民律草案》的编纂"，载《法学研究》2007 年第 1 期；梁治平：《清代习惯法：社会与国家》，中国政法大学出版社 1996 年版；俞江："清末民事习惯调查说略"，载梁慧星主编：《民商法论丛》第 30 卷，法律出版社 2004 年版；眭鸿明：《清末民初民商事习惯调查之研究》，法律出版社 2005 年版；李卫东：《民初民法中的民事习惯与习惯法》，中国社会科学出版社 2005 年版；苗鸣宇：《民事习惯与民法典的互动——近代民事习惯调查研究》，中国人民公安大学出版社 2008 年版。

〔4〕 关于汤铁樵的法政事迹，可参见笔者撰《汤铁樵法政活动及思想轨迹研究（1905—1928）》一文。

〔5〕 张晋藩："试论沈家本的法律思想（上）"，载《法学研究》1981 年第 4 期；曾宪义、郑定："'中学为体，西学为用'——沈家本与清末法制变革再评说"，载《法律学习与研究》1991 年第 1 期；江必新："沈家本法制改革述论"，载《比较法研究》1998 年第 2 期；沈厚铎："法子匡时为国重，高名重后以书传——一代法子沈家本的人生轨迹与法学建树"，载《比较法研究》2001 年第 2 期；赵元信："出入经史之间 定鼎法学新风——沈家本先生法律思想的学术源流探微"，载《华东政法学院学报》2003 年第 5 期；霍存福："沈家本'情理法'观所代表的近代转捩——与薛允升、樊增祥的比较"，载《华东政法大学学报》2018 年第 6 期。

析，〔1〕或以小视角切入，研究沈氏的某一法政活动及贡献。〔2〕然而遗憾的是，至今少有学者关注到沈家本对清末民商事习惯调查的作用。就连为赞颂沈家本主持修律功绩而刻立的《前法部正首领沈君之碑》，以及综述志主生平履历及为官修律著述功绩而篆刻的《吴兴沈公子惇墓志铭》，也均未提及其对民商事习惯调查的影响。〔3〕作为修订法律馆的灵魂人物，沈家本自光绪三十三年（1907）至宣统二年（1910）进行的一系列法政活动，均直接影响到民商事习惯调查的组织、方式、程序、对象、成果等。

梁任公早在 20 世纪初便谈道："史界因果之劈头一大问题，则英雄造时势耶？时势造英雄耶？换言之，则所谓'历史为少数伟大人物之产儿英雄传即历史'者，其说然耶否耶？罗素曾言：'一部世界史，试将其中十余人抽出，恐局面或将全变。'此论吾侪不能不认为确含一部分真理。"〔4〕唯物史观也认为，历史人物对历史发展的具体过程始终起着一定的作用，有时甚至对历史事件的进程和结局产生决定性的影响。因此，十分有必要通过沈家本的心路历程与法政活动，研究其个人及其主导的修订法律馆对民商事习惯调查的作用与影响，探索仍未被学界发掘的清末民商事习惯调查的隐秘角落，以期考据勘误，还原史实，总结我国法律现代化进程中的历史镜鉴。

二、清末新政：习惯调查之先声

庚子事变后，慈禧以光绪名义发布变法上谕，清廷正式宣布实行新政："世有万古不易之常经，无一成不变之治法……大抵法积则弊，法弊则更，要归于强国利民而已……取外国之长乃可补中国之短，惩前事之失乃可作后事

---

〔1〕 张仁善："尚未破解的'礼法之争'之谜——简论百年中国法律文化发展的两难"，载《外国法制史研究》2006 年第 0 期；张生："从沈家本到孙中山——中国法律的现代化变革"，载《中国社会科学院研究生院学报》2002 年第 1 期；陈新宇："《大清新刑律》编纂过程中的立法权之争"，载《法学研究》2017 年第 2 期；李建华："沈家本对比附援引旧制的改革"，载《法学研究》1987 年第 6 期。

〔2〕 薛梅卿："沈家本对《宋刑统》的研究与传播"，载《法学研究》1990 年第 6 期；李贵连、俞江："论沈家本的人格平等观"，载《环球法律评论》2003 年第 3 期；曾尔恕、黄宇昕："中华法律现代化的原点——沈家本西法认识形成刍议"，载《比较法研究》2003 年第 4 期；霍存福："沈家本眼中的'情·法'结构与'情·法'关系——以《妇女离异律例偶笺》为对象的分析"，载《吉林大学社会科学学报》2012 年第 1 期。

〔3〕 李雪梅："百年回眸：沈家本碑志的生成"，载中国法院博物馆编：《中国法院博物馆》总第 2 集，人民法院出版社 2019 年版。

〔4〕 梁启超：《中国历史研究法》，江西教育出版社 2018 年版，第 92 页。

之师。"〔1〕地方大员积极与中央互动，回应变法上谕。在刘坤一、张之洞等人的倡导下，先有各省督抚联衔会奏的动议，后演变为由刘坤一、张之洞一同上奏《江楚会奏变法三折》。该折成为实施清末新政的蓝图，此后清廷所行新政，大多未逾此范围。其第三折《采行西法折》即强调了开展调查的重要性：

> 观其国势，考其政事、学术，察其与我国关涉之大端，与各国离合之情事……观其实政，睹其实效，见其新器，求其新书，凡吏治、财政、学制、兵备，一一考询记录，携之回华，以供我之采择而仿行焉。开聪明而长志气，无过于此，无速于此。〔2〕

光绪三十二年（1906）仿行立宪以来，清廷为深入了解世界局势和国情，广泛开展国内外调查。国外调查已广受学界关注，当时清政府的驻外使节、派往欧陆及日本的考察大臣，以及专门的司法调查员，一般都负有购置、收集外国法律资料的任务。修订法律馆还聘请了日本法学博士冈田朝太郎、小河滋次郎、法学士松冈义正为调查员，调查欧陆各国的法律资料。此外，修订法律馆还通过外务部收集大批法律资料。〔3〕

国内调查则有待学者们进一步发掘。清廷连同地方政府开展了大量社会调查——宪政编查馆、修订法律馆、度支部、学部、商部、巡警部、民政部、理藩部、矿政局等均委托地方开展调查。〔4〕换言之，清政府每有重大举措，必会进行调查。例如编订民律草案时，宪政编查馆与修订法律馆委托各省调查局调查法制及习惯；开发边疆时，理藩部也设有调查局；币制改革和盐政改革时，则有币制调查和盐政调查；风俗改革方面，有禁烟调查；为推进宪政改革，也进行了自治调查和户口调查。这些社会调查已具有明显的现代调查的特征。有学者评价道，"社会调查在清末形成了一股潮流，其内容涉及社会生活的方方面面"。〔5〕开展社会调查成为一种求真务实的为政风尚，深刻影

---

〔1〕《清实录》之《德宗景皇帝实录》卷四七六，中华书局1987年版，第274页。

〔2〕（清）刘坤一、张之洞："采行西法折·广派游历"，载周正云辑校：《晚清湖南新政奏折章程选编》，岳麓书社2010年版，第53—55页。

〔3〕参见张生："《大清民律草案》摭遗"，载《法学研究》2004年第3期。

〔4〕参见张生："清末民事习惯调查与《大清民律草案》的编纂"，载《法学研究》2007年第1期。

〔5〕李章鹏："清末中国现代社会调查肇兴刍论"，载《清史研究》2006年第2期。

响了法制改革，也直接影响到以奕劻为首的宪政编查馆和以沈家本为代表的修订法律馆所开展的立法活动。

三、抱定宗旨：洞悉民情习惯

（一）高度重视民商事习惯调查

沈家本作为会通中西的法学家，自然深知开展调查对于立法的重要性。他在《修订法律大臣奏拟修订法律大概办法折》（光绪三十三年九月五日）中称：

> （修订法律大臣）参考各国成法，体察中国礼教、民情，会同参酌，妥慎修订……参考各国成法必先调查也……一面广购各国最新法典，及参考各书，多致译材，分任翻译；一面派员确查各国现行法制，并不惜重资，延订外国法律专家，随时咨问，调查明澈，再体察中国情形，斟酌编辑，方能融会贯通，一无扞格，此为至当不易之法。[1]

可见沈家本、俞廉三、英瑞所主张的调查主要包括三个方面：外国法律资料、本国礼制、各地习惯。进行习惯调查以洞悉民情也成为修订法律的重要宗旨之一。在这道奏疏上呈 11 天后，庆亲王奕劻等便奏请于各省设立调查局。奕劻等宪政编查馆大臣认为：

> 惟是考察各省事实，以为斟酌损益之方，较之考察外国规制，尤为切要。当于本国之设施，固有之沿习，未能一一得其真际，恐仍无以协综核审定之宜……中国疆域广袤，风俗不齐，虽国家之政令，初无不同，而社会之情形，或多歧异。现在办法，必各省分任调查之责，庶几民宜土俗，洞悉靡遗。[2]

这份奏折当日便得到清廷的批准，并发布了《令各省设立调查局、各部设

---

〔1〕（清）沈家本、俞廉三、英瑞："修订法律大臣奏拟修订法律大概办法折"，载《政治官报》1907 年第 19 期。

〔2〕（清）宪政编查馆："宪政编查馆奏请饬令各省设立调查局并拟呈办事章程折（附片并清单）"，载《东方杂志》1908 年 2 月 26 日。

立统计处谕》，自此，正式拉开了民商事习惯调查的帷幕。[1]吉林、直隶于当年设立了调查局，山东、山西、湖南、奉天等十五省于次年开局办事，河南、福建也于宣统元年（1909）开办了调查局。[2]这也为日后修订法律馆与宪政编查馆合作，一同通过各省调查局调查民商事习惯埋下伏笔。

沈家本于光绪三十三年（1907）十一月所上《奏进法律馆办事章程折》中称："开馆之初，公同商酌，拟设二科，分任民律、商律、刑事诉讼律之调查、起草。"[3]在同日上奏的《修订法律馆大臣奏馆事繁重恳照原请经费数目拨给折（附清单）》中，谈及的三项主要经费之一便是调查本国礼制、民情。沈家本称："体察中国礼教、民情，使非派员分赴各省详细考察，所谓参考体察者，墨守陈编，终难征信。民商习惯，中外异同，因时因地之各殊，见异闻异之不一，必先求了然于心，则损益变通，方免摘埴冥行之诮诟……此项费用数甚繁多。"[4]旋即被清政府批准的《修订法律馆办事章程》其第十二条也明确规定："馆中修订各律，凡各省习惯有应实地调查者，得随时派员前往详查。其关于各国之成例，得随时咨商出使大臣代为调查，并得派员前往详查。"[5]光绪三十四年（1908）五月二十五日，沈家本在《修订法律大臣奏谨拟谘议调查章程折（并清单二）》中再次强调："惟各省地大物博，习尚不同，使非人情风俗纤悉周知，恐创定民商各法见诸实行，必有窒碍。"

对民商事习惯的重视，体现了以沈家本为代表的修订民律的官员对中国传统民商事习惯的重视和力图使新民律与中国国情相符合的良苦用心。因为中国古代成文法偏重于行政和刑事立法，户婚、田土、钱债等细故纠纷大多通过民事习惯解决，商事纠纷则由业规来调整。只有通过民商事习惯调查才能了解民商事活动及其规范在中国的真实状况；加之，从清政府模仿的几个

---

〔1〕 （清）宪政编查馆："令各省设立调查局、各部院设统计处谕"，载故宫博物院明清档案部编：《清末筹备立宪档案史料》上册，中华书局1979年版，第52—53页。

〔2〕 参见张勤、毛蕾："清末各省调查局和修订法律馆的习惯调查"，载《厦门大学学报（哲学社会科学版）》2005年第6期。

〔3〕 徐世虹主编：《沈家本全集》第3卷，中国政法大学出版社2010年版，第456页。

〔4〕 "修订法律馆大臣奏馆事繁重恳照原请经费数目拨给折（附清单）"，载《政治官报》，光绪三十三年十一月十四日，第61号。

〔5〕 "修订法律馆大臣奏开馆日期并拟办事章程折（并章程）"，载《政治官报》，光绪三十三年十月初二日，第19号。

大陆法系代表性国家（如德、日、法）在编撰民法典时的经验来看，也都很重视本国民事习惯的搜集采用。〔1〕宪政编查馆在筹备设立各省调查局时，便比较了德国的两级调查模式和日本的三级调查模式，而后建议借鉴德国模式设立调查局："查德国法制局中央既设本部，各邦复立支部。一司厘定，一任审查，故所定法规通行无阻。"〔2〕这些更加坚定了修律大臣们开展民商事习惯调查的决心。这种在法律移植过程中考其本土化的思维方式是难能可贵的，正如张晋藩教授所言："这表现了修订法律大臣关于民事立法的眼光与决心，对于制定近代民法是必要的、可取的。"〔3〕

（二）提出科学的甄别采纳习惯的方法

从法理上分析，民商事习惯及习惯法虽与国家制定法存在一定程度的互动，但若要将其在立法时完全吸纳，无论是立法技术上，还是实际操作上，似乎都有很大难度。沈家本、俞廉三等对这一问题的看法则十分考究。宣统元年（1909），沈家本、俞廉三与各军机大臣商议民商各律的修订要旨，他们认为：

> 人类通行之习惯，各因其地，苟反而行之，则必为人所摈斥而不兼容。故各地方之习惯，亦有强制力含其中者，是以国家法律承认之，或采之为成文法。然所谓习惯，有一般习惯与局地习惯之不同。一般习惯，可行于国内之一般；局地习惯，只行于国内之一部。国家当交通未发达时代，往往局地习惯多于一般习惯。我国现时修订法律，似宜承认，采为成文法，庶得因应而便施行。俟各省一律交通，法律逐渐改良，然后注意一般习惯，于修订法律甚为便利。〔4〕

沈家本等人所提出的甄别、采纳习惯法的方法，如今观之亦十分科学。其先是梳理了习惯、习惯法成文化的过程，而后将习惯分为通行全国的"一般习惯"和适用一地的"局地习惯"。并直面清末交通欠发达的状况，认为当

〔1〕 参见柴荣："清末中国民法思想形成分析"，载《江海学刊（南京）》2007 年第 4 期。
〔2〕 （清）宪政编查馆：《宪政编查馆奏请饬令各省设立调查局并拟呈办事章程折（附片并清单）》，载《东方杂志》1908 年 2 月 26 日。
〔3〕 张晋藩：《中国民法通史》，福建人民出版社 2003 年版，第 1116 页。
〔4〕 李贵连：《沈家本年谱长编》，成文出版社 1992 年版，第 313 页。

时局地习惯多于一般习惯，修律时应尊重习惯，并待全国真正连通一体后，将普遍适用的一般习惯转化为成文法。这一看法与法律地理学（The Geography of Law）的理论不谋而合。

尼古拉斯·布隆里（Nicholas Blomley）教授在其法律地理学的奠基之作《法律、空间以及地理学的力量》（*Law, Space, and the Geographies of Power*）中说道："法律是通过对空间意象的塑造来完成和展示它对社会生活的意义的，同时，我们也可以通过对空间的理解来理解法律为何物。"[1]艾鲁斯·布雷弗曼（Irus Braverman）也认为，法律与空间之间存在双向建构关系。[2]中国传统社会本就"五里不同风，十里不同俗"，这就造成各地习惯不一，局地习惯多于一般习惯的客观情况。与零散的民商事习惯截然不同，国家制定法讲求相对的连续性、稳定性，且概念必须精确、规范、统一。但这并不意味着在"交通不发达时代"进行民商事习惯调查的意义会打折扣，因为习惯在当地的规范作用是不可忽视的。时人对此也有较为清晰的认知："当民法未颁以前，各自治区域所有向来之惯习几乎自为风气，其不妨害公之秩序及善良之风俗者，将来自必编入法典。"[3]所以沈家本等策划的"两步走"的方法既符合当时的国情，也为日后修订法律留出空间，可谓科学且便利的规划。

四、建章立制：规范各省之调查

宪政编查馆奏请各省设立调查局之初，调查局开展工作所能依据的只有《令各省设立调查局、各部设立统计处谕》和《各省调查局办事章程》（13条）两种规范，相当单薄约略。《各省调查局办事章程》仅对调查局的组织机构设置、人员职能及调查范围加以规范，并无指导调查局开展工作的详细指示。有行政工作经验者皆知，上级对下属部署工作时，欲要取得良好的成效，最好将下属看成一张白纸，需尽可能详细的对其阐明要求，对其工作加以规范，让其做"选择题"，而非"问答题"。但宪政编查馆对各省调查

---

〔1〕 Marshall M. A. Feldman, Book Review on "Law, Space, and the Geographies of Power", Journal of Regional Science, 1996（1）.

〔2〕 Irus Braverman, Nicholas Blomley, David Delany, Alexandre（Sandy）Kedar. The Expanding Space of Law. Stanford University Press, 2014, p. 1.

〔3〕 马遵轨："章程：修订法律馆颁行调查民事习惯章程"，载《江苏自治公报》1911 年第 51 期。

局的指导，无疑是让其做"问答题"。依据宪政编查馆的规划，应先由各省调查局法制科第一股预先拟定民商事习惯调查的条目表式及报告书体例，呈请本省督抚批准，而后转发各府厅州县作为调查之依据。这种没有统一标准的操作，必然导致各省进行的调查参差不齐。一些省份的调查局甚至因经验不足而迟迟未拟定调查所用的条目表式。以湖南调查局为例，其于光绪三十四年（1908）七月初八日正式开办，[1]然开办一月余仍未有所进展，据载：

> （湘省）省城调查局开办已久，所有应办事宜现仍尚未实行。总办张燕昌太史（张启后）以此事极关重要，未便草率从事，一切调查表式未奉宪政编查馆颁行到湘，无从举办。当即面请尧帅（岑春蓂）电达宪政编查馆，请其速发表格，俾得遵照开办。兹已接得复电，业经照寄来途，约月内可到。张太史又以事属创始，办理恐难尽善，特于日前备文咨达南北洋、湖北各省调查局，请将各该本省所拟各种表式，一律咨送一分到湘，以凭参考而资借镜。[2]

这种现象并非个案，据江兆涛博士考证，在规范匮乏的情况下，各省调查局为完成好工作，普遍存在相互交流的情况，譬如奉天调查局曾先后参考湖北调查局和山东调查局的经验。[3]直至宣统二年（1910），沈家本主持的修订法律馆正式启动民事习惯调查，这种情况才得以改观。[4]

宣统二年正月二十一日，沈家本、俞廉三所上《修订法律大臣奏编订民商各律照章派员分省调查折》中称：

> 中国幅员广远，各省地大物博，习尚不同，使非人情、风俗洞彻无遗，恐创定法规，必多窒碍……民事习惯视商事尤为繁杂，立法事钜，何敢稍涉粗疏。臣等公同商酌，拟选派官员分往各省，将关系民律事宜

---

〔1〕 "湖南巡抚岑春蓂奏湘省调查局办理情形折"，载《北洋官报》1909 年第 2118 期。

〔2〕 《时报》1908 年 9 月 4 日，第 5 版。

〔3〕 江兆涛："始并行而终合流：清末的两次民事习惯调查"，载《法学史评论》2009 年第 0 期。

〔4〕 实际上，在光绪三十四年（1908）至宣统元年（1909），修订法律馆曾派翰林院编修朱汝珍赴直隶、江苏、安徽、浙江、湖北、广东等省调查商事习惯，其考察所得，多至数十万言。但这只是一种试点工作，并非全面性的商事习惯调查。修订法律馆正式且全面的启动民商事习惯调查，应以沈家本上奏《编订民商各律照章派员分省调查折》并获核准为标志。

详查具报，并分咨各省督抚饬司暨新设之调查局协助办理。其商事尚有需查之省份，并令考察报告，俟该员等回京后，即责成各省调查局造具表册，随时报馆，庶资考证。[1]

这标志着修订法律馆正式开启了民事习惯调查，且其方式为请各省督抚及有司，特别是调查局协助办理。如果说宪政编查馆让民商事习惯调查有了骨架，那么修订法律馆就让调查有了血肉。因为宪政编查馆对民商事习惯调查的最突出贡献即建构起以各省督抚为负责人，以各省调查局为主要实施单位的工作系统。而修订法律馆则是在充分利用这一系统的基础上，建章立制，为其灌输血液，保障民商事习惯调查的正常进行，且客观上促使调查迈向科学化、系统化的现代调查模式。

为避免宪政编查馆让各省调查局做"问答题"所出现的尴尬局面，沈家本等人在调查的筹备阶段便建章立制，拟定了详实全面的调查章程、条例、问题等，以便使调查局有章可依、调查员有法可循，使调查成果细致可靠。光绪三十四年（1908），修订法律馆拟定《谘议官章程》（八条）和《调查员章程》（十条）。《谘议官章程》第六条即规定："谘议官于法律馆所派调查员，有当协助调查之件，应随时接洽办理。"[2]《调查员章程》则对调查员的选派方式、选任条件、调查办法、经费使用及奖惩事项详加规定。[3]宣统元年（1909），在调查商事习惯时，修订法律馆颁布《调查各省商习惯条例》（14条）[4]和《商习惯调查问题》（现残缺），[5]后者每条问题后，皆有六七百字的详细解释，以便于调查者和被调查者充分理解该条问题的含义。宣统二年（1910），修订法律馆又颁行《调查民事习惯章程》（10条）[6]和《调查民事习惯问题》（217条）。[7]《调查民事习惯章程》第六条规定："本馆民法起草在即，各处答复期限至迟不得过本年八月，其调查员自行调查所得应

---

〔1〕 徐世虹主编：《沈家本全集》第3卷，中国政法大学出版社2010年版，第483页。

〔2〕 "修订法律馆拟定谘议官章程"，载《陕西官报》1908年第9期。

〔3〕 "修订法律馆拟定调查员章程"，载《陕西官报》1908年第9期。

〔4〕 "修订法律馆调查各省商习惯条例"，载《东方杂志》1909年第6卷第8期。

〔5〕 "修订法律馆商习惯调查问题"，载《预备立宪公会报》1909年第2卷第20期至1910年第2卷第24期。

〔6〕 "修订法律馆颁行调查民事习惯章程"，载《江苏自治公报》1911年第51期。

〔7〕 "修订法律馆调查民事习惯问题"，载《江苏自治公报》1911年第51期至第60期。

随时陆续报告来京，不必俟事竣始行报告。"这无疑对先前进展缓慢的民事习惯调查起到督促作用。《调查民事习惯问题》系依照《日本民法典》的篇章体系设计而成，共分"总则""物权""债权""亲属关系""承继关系"五编，这种体例与《大清民律草案》（总则、债权、物权、亲属、继承）极为相似。实际上，《调查民事习惯问题》中的诸多问题与《大清民律草案》也有相通之处，详见表1。

表1　修订法律馆《调查民事习惯问题》与《大清民律草案》亲属编、继承编之总则章对比

修订法律馆《调查民事习惯问题》	《大清民律草案》
亲属编之总则章对比	
第一条 依本地习惯，亲属二字包括何人？	第一条 本律称亲属者如下：四亲等内之宗亲；夫妻；三亲等内之宗亲；二亲等内之宗亲……
第二条 为人后者，对于所后者之亲属，其亲属关系是否与亲生者同？	第四条 嗣子，从承继之日起，其亲属关系与嗣父母之亲生者同。子于继母、嫡母之亲属关系，与其所亲生者同。
第三条 凡由婚姻而生之亲属关系，离婚后尚承认否？	第六条 由婚姻或承嗣而生之亲属关系，于离婚或妇归宗时即解销。
第四条 凡由承继而生之亲属关系，归宗后尚承认否？	第六条 由婚姻或承嗣而生之亲属关系，于离婚或妇归宗时即解销。
继承编之总则章对比	
第二条 承继以何时为始？	第一条 继承，以所继承人死亡时为始。
第三条 胎儿有承继之权否？	第二条 胎儿有继承之权。但出生时若系死体，不在此限。
第五条 因承继之事，若有一切用款，是否由遗产中支付？	第五条 关于继承财产之费用，由遗产中支付。但因继承人之过失而支出者，不在此限。

修订法律馆颁布的一系列规范，对民商事调查确有实效。以安徽省为代表的多个省份所呈递的《民事习惯答案》（也称报告书、报告册等），即按照修订法律馆《调查民事习惯问题》的条目体例编纂。《安徽省宪政调查局呈民事习惯答案》的"凡例"中就言明："本局前经编订调查方案，所定编目与

此次馆颁稍有异同。兹编则仍以馆颁之编目为主。"〔1〕可见，修订法律馆的举措在很大程度上规范了各省调查局的工作，并且对编订《大清民律草案》产生了直接影响。

五、硕果流芳：有心栽花与无心插柳

董康曾在《前清法制概要》中谈道："闻法律馆调查报告已汗牛充栋，资料愈多愈难编辑，将来民法颁行，隔阂情形更可逆料。"〔2〕北洋政府《司法公报》中有载："各省区呈送中央之民商事习惯调查报告书，录昉于逊清末叶。当时各省调查报告甚为丰富。"〔3〕司法部李炘于所编《各省区民商事习惯调查报告档清册》中统计，清末民事习惯调查报告多达828册，当时尚留存的商事习惯调查报告册有53册，附属档6册。〔4〕从这些史料中可得出两个信息：其一，修订法律馆和宪政编查馆获得的各省民商事习惯调查报告数量甚巨，这显然得益于沈家本等人的统筹规划；其二，将民事习惯转化为成文法存在困难，民事习惯调查的成果对民律草案的编纂影响甚微。张生教授通过梳理民事习惯调查及民律草案编纂的时间线及史实，直言道："从宣统三年完成的《大清民律草案》来看，本国民事习惯几乎没有对编纂民律草案产生直接影响。"〔5〕可谓"有心栽花花不发"，这一观点已然成为学界评价清末民事习惯调查的主流观点。〔6〕

耐人寻味的是，清末民商事习惯调查未能对编纂民律草案产生直接影响，并不意味其法治和历史价值甚微。若仅将"民商事习惯是否法典化"作为评判民商事习惯调查成败的标准，未免有失偏颇。民商事习惯调查的整个过程，

---

〔1〕 （清）安徽省宪政调查局：《安徽省宪政调查局呈民事习惯答案》，清宣统年间印本。转引自江兆涛："始并行而终合流：清末的两次民事习惯调查"，载里赞主编：《近代法评论》2009年卷，总第2卷，法律出版社2009年版。

〔2〕 董康："前清法制概要：在本校第七届毕业典礼之演说词"，载《法学季刊》1924年第2期。

〔3〕 "各省区民商事习惯调查报告档清册"，载北洋政府《司法公报》第232期。

〔4〕 该数据应为不完全统计，该统计未包括现藏于国家图书馆、由清末安徽宪政调查局所编呈的民事习惯调查答案3册。

〔5〕 张生："清末民事习惯调查与《大清民律草案》的编纂"，载《法学研究》2007年第1期。

〔6〕 也有学者认为，清末民事习惯调查对《大清民律草案》之编纂发挥了一定影响，即使在广为前人指摘的前三编中，仍有少量条款的设计明显参考了所搜集到的中国本土习惯。详见江兆涛："清末民事习惯调查摭遗"，载安徽大学法学院、安徽大学经济法制研究中心组编：《安徽大学法律评论》2013年刊，安徽大学出版社2013年版，第127-139页。

不仅是全面搜集、整理本土法制资源的过程，也是传播西方法政知识的过程。上至统治者、立法者，下至地方督抚、参与调查的新型法政人员及地方士绅，皆有意无意地接受了现代法治的洗礼。在西法东渐的背景下，开展民商事习惯调查对推广现代社会调查模式、促进法律语言演化、推广法政教育、深化地方治理等方面均有重大影响，也为民国时期的民商事习惯调查奠定了基础。可以说民商事习惯调查不仅法治意义深远，也有重要的社会影响，后者的程度甚至超越了前者，可谓"无心插柳柳成荫"。

前文已就清末民商事习惯调查推广现代社会调查模式加以阐述，论及其对法律语言演化的促进，可从"习惯"一词的语源、差异与融合的角度进行讨论，对"习惯"一词进行知识考古学分析。"习惯"为汉语固有词汇，其含义本为"习俗风尚"，"逐渐养成而不易改变的行为"或"对新情况之逐渐适应"。[1]在西法东渐的背景下，"习惯"一词在宣统年间突然增加了法律意义上的含义，即"习惯法""民间行为规范"，且使用频率较以往大幅增多（见表2）。究其缘由，主要是清末民商事习惯调查的开展使得中央和地方空前重视习惯法的重要意义，对"习惯"一词所包含的不成文法的意义（即国家制定法以外的民间行为规范的总称）达成统一认知。其间，有两股社会力量的参与也催生了这种变异，其一是经以梁启超为代表的访日学者及诸多留日学生将"和制汉语"词汇"慣習（かんしゅう）"译为"慣习"传入国内，[2]流传甚广。由南洋公学译书院初译，1907年经上海商务印书馆补译校订并出版的《新译日本法规大全》亦直接使用"慣习"一词。其二则是以严复先生为代表的留欧学生将英文的"custom""habit"及法文的"coutume"译为"习惯"。[3]仅由此例，便可管中窥豹，看出清末民商事习惯调查起到的法治影响和社会影响。

---

　　[1]　徐复等编：《古代汉语大词典》，上海辞书出版社2007年版；张紫晨主编：《中外民俗学词典》，浙江人民出版社1991年版，第32页；邓治凡主编：《汉语同韵大词典》，崇文书局2010年版，第629页；陈国强主编：《简明文化人类学词典》，浙江人民出版社1990年版，第32页。

　　[2]　梁启超："中国成文法编制之沿革"，载曾宪义主编：《百年回眸：法律史研究在中国》第一卷，中国人民大学出版社2009年版。

　　[3]　黄克武："新名词之战：清末严复译语典和制汉语的竞赛"，载《近代史研究所集刊》第62期。

表2　同治、光绪、宣统三朝实录使用"习惯"一词概况〔1〕

实录名	所在卷、页	原文	出处	"习惯"含义	时间
《穆宗毅皇帝实录》	卷之九七第5023页	楚勇亦在川日久，习惯自然。	《多隆阿奏》	习俗、风尚	同治三年
	卷之三七二第13865页	倭人习惯食言，难保不再生枝节。	《大学士文祥奏敬陈管见一折》	逐渐养成而不易改变的行为	同治十三年
《德宗景皇帝实录》	卷之三〇〇第7724页	户部缎匹库书吏樊亨，盘踞多年，习惯舞弊。	《谕内阁有人奏》	逐渐养成而不易改变的行为	光绪十七年
	卷之三三三第8403页	生业与边氓互异，茹毛饮血，习惯山居。	《黑龙江将军依克唐阿等奏》	逐渐养成而不易改变的行为	光绪二十年
	卷之四一二第10535页	通判施泽广，习惯荒唐。	《王毓藻奏特参文武不职各员一折》	逐渐养成而不易改变的行为	光绪二十三年
《德宗景皇帝实录》	卷之五八三第14998页	如存两则不能以七钱二分银圆为国币。如用圆则官民习惯之两。	《电寄各省督抚》	对新的情况逐渐适应	光绪三十三年
《宣统政纪》	卷之九第333页	其所以酌减及删除之理由，实皆采取欧美列邦之学说，参以中国旧时之习惯，斟酌损益，颇具苦心。	《山东巡抚袁树勋奏刑律实行宜分期筹备》	习惯法、习俗民情	宣统元年
	卷之九第335页	论者不揣改订刑律主义之所在，而毛举峻刑时代之习惯。	《山东巡抚袁树勋奏刑律实行宜分期筹备》	习惯法、习俗民情	宣统元年
	卷之十第408页	爰分派调查员赴各属研究习惯，以为社会改良之预备。	《东三省总督邮传部尚书徐世昌奏》	习惯法、习俗民情	宣统元年

---

〔1〕　本表系根据"雕龙中日古籍全文数据库"检索统计而成，网站链接：http://www.diaolong.net。

续表

实录名	所在卷、页	原 文	出 处	"习惯"含义	时 间
《宣统政纪》	卷之一六第 620 页	先顺民情习惯，而后终归法律之范围。	《湖广总督陈夔龙奏》	习惯法、习俗民情	宣统元年
	卷之一九第 680 页	民律商律宜调查习惯。	《考察宪政大臣李家驹奏》	习惯法、习俗民情	宣统元年
	卷之二三第 802 页	人民向来诉讼必至城治，习惯亦不相妨。	《四川总督赵尔巽奏》	习惯法、习俗民情	宣统元年
	卷之五三第 1867 页	其余习惯，凡有堪资政治学术者，均由调查员就近调查，以资参考。	《理藩部会奏派员前赴蒙疆择要调查》	习惯法、习俗民情	宣统三年
	卷之六一第 2167 页	查上年办法虽具规模，而限于历年习惯，分署分省究与豫算成法未尽相符。	《度支部奏试办宣统四年全国预算》	习惯法	宣统三年

* * *

沈家本对民商事习惯调查的情感当是十分复杂的。从客观角度分析，进行民商事习惯调查是其对清廷和礼教派的回应，是减少立法阻力之举。《前法部正首领沈君之碑》有载：

> "光绪三十三年八月成《新刑律》'总则'十七章，十一月成《新刑律》'分则'三十六章；宣统二年十二月成《民事诉讼律》四编，《刑事诉讼律》六编。当时，一孔之儒，非议丛起。或疑祖宗成法不当变，或恐法宽不足以防奸，或恐与中国习俗龃龉。君反复讨论之，究之以精心，而持之以毅力，盖有百变而不渝者。"[1]

以礼教派为代表的保守势力非议新律的众多理由之一便是"恐与中国习俗龃龉"，沈家本引进现代调查模式，梳理传统民商事习惯，可在一定程度上消解保守势力的顾虑。因为传统礼制与民间习惯的边界本就不甚清晰，诸多习惯是礼制渗透于基层的延展，其精神内核与礼制并无二致，立法时参酌习

---

〔1〕 李雪梅："百年回眸：沈家本碑志的生成"，载中国法院博物馆编：《中国法院博物馆》总第 2 集，人民法院出版社 2019 年版。

惯，自然也符合礼教派的心意。自变法修律以来，大理院正卿张仁黼、法部尚书戴鸿慈即与沈家本存在理论分歧与权力摩擦，但在调查民商事习惯方面的主张却出奇一致。光绪三十三年（1907）五月初一日，张仁黼就修订法律一事上奏："凡民法商法修订之始，皆当广为调查各省民情风俗所习为故常，而于法律不相违悖，且为法律所许者，即前条所谓不成文法，用为根据，加以制裁，而后能便民。此则编纂法典之要义也。"〔1〕六月，戴鸿慈也向朝廷禀明："（编纂民律草案）先事之预备，则在调查习惯。"〔2〕

是年末，沈家本在《修订法律大臣奏拟修订法律大概办法折》及《奏进法律馆办事章程折》中，均对其进行回应，肯定了调查本国固有沿习对修订新律的意义。

从主观角度分析，沈家本自然希望用民商事习惯裨益法典。德国、日本在编订民法典前，均设有调查局，进行社会调查。沈家本作为博古通今、会通中西的法学大家，深知本土习惯的重要性，其有言："夫必熟审乎政教风俗之故，而又能通乎法理之原，虚其心，达其聪，损益而会通焉，庶不为悖且愚乎。"〔3〕郭成伟教授曾言："沈家本以一人之身，客观上'媒介'了自然法学派和历史法学派的双重风格。他重视本土礼教民情习惯在法典中'不戾乎'，说明他有着萨维尼式的民族情节。"〔4〕虽然沈家本明白调查民商事习惯，并将其融入法典难度极大，需面临财力、立法技术，特别是时间紧缺的困难——宣统二年（1910），即修订法律馆正式开启民商事习惯调查当年，清政府受立宪派请愿运动及革命党反清起义的影响，被迫将预备立宪期限由九年缩减至五年。宪政编查馆限定修订法律馆需在宣统三年（1911）内完成民律草案。〔5〕相应地，修订法律馆开展习惯调查的时间也极为紧张，据张生

〔1〕 "大理院正卿张仁黼奏修订法律请派大臣会订折"，载故宫博物院明清档案部编：《清末筹备立宪档案史料》下册，中华书局 1979 年版，第 836 页。

〔2〕 "法部尚书戴鸿慈等奏拟修订法律办法折"，载故宫博物院明清档案部编：《清末筹备立宪档案史料》下册，中华书局 1979 年版，第 841 页。

〔3〕 （清）沈家本撰，邓经元、骈宇骞点校：《历代刑法考（附寄簃文存）》，中华书局 1985 年版，第 2237 页。

〔4〕 郭成伟、方潇："中国法律史上既断裂又继承的一页——中国近代法律法典化与沈家本的个人魅力"，载 "沈家本与中国法律文化国际学术研讨会" 组委会编：《沈家本与中国法律文化国际学术研讨会论文集》上册，中国法制出版社 2005 年版，第 107 页。

〔5〕 "宪政编查馆大臣奕劻等拟呈修正宪政逐年筹备事宜折"，载故宫博物院明清档案部编：《清末筹备立宪档案史料》上册，中华书局 1979 年版，第 91 页。

教授推断，调查民事习惯的时间仅有四个月左右。[1]沈家本面对重重困难，仍拖着年愈古稀的身躯，奔走其间，努力解决。他在《修订法律馆大臣奏馆事繁重恳照原请经费数目拨给折》[2]中恳请朝廷保障经费。他在《调查民事习惯章程》中规定："本馆民法起草在即，各处答复期限至迟不得过本年八月，其调查员自行调查所得应随时陆续报告来京，不必俟事竣始行报告"，督促各省调查局抓紧时间完成调查工作。这种迎难而上的精神和镕旧铸新的气度，尽显沈氏"挽狂澜于既倒，扶大厦之将倾"的情怀与担当，正可谓"玉骨冰心冷不摧"。

如今，清末民商事习惯调查的史料已成为宝贵的法治遗产。当今人继承这一遗产时，不仅对时人努力寻求移植法制与本土传统习惯的调适之方高度评价，更应对沈家本先生等对习惯调查起到深刻影响并作出卓越贡献的法政先辈致以敬意。江庸在吊唁沈家本的挽联中发出痛心一问："德望为中外所倾，学术则古今一贯。问国家百年大计，眼前尚有老成无？"[3]20世纪末，胡旭晟教授在点校《民事习惯调查报告录》时，发出"现今的民法学者对20世纪上半叶国人创制民法典的经验教训了解多少？对中国传统社会的民商事习惯有过多少研究？又有几人考察过现今民间生活中的民商习惯？又有谁来发起当代中国的民商事习惯调查运动"的世纪之问。在《民法典》颁布施行的当下，我们又能否给这一世纪之问以令人满意的答复？

---

[1]　参见张生："清末民事习惯调查与《大清民律草案》的编纂"，载《法学研究》2007年第1期。

[2]　"修订法律馆大臣奏馆事繁重恳照原请经费数目拨给折"，载《政治官报》1907年第61期。

[3]　李贵连：《沈家本年谱长编》，成文出版社1992年版，第311页。

沈家本修律宗旨再探

——以禁革人口买卖为例

刘伟杰[*]

【摘　要】在晚清法律近代化的过程中，禁革人口买卖成为保障基本人身权利所不可回避的问题。沈家本作为修律大臣，通过两次奏议，即《禁革买卖人口变通旧例议》（1897）与《删除奴婢律例议》（1909），阐述了其关于禁革人口买卖必要性的认知，并强调"尊重人格"这一立法理念对于"会通中西"修律宗旨的重要性。本文着眼于具体的修律意见，关注沈家本是如何将其理念落实到制度层面，以窥传统法律近代化的转型过程。

【关键词】清末修律；沈家本；禁革人口买卖

一、传统法律关于人口买卖的惩处界限

人身自由权利是人类社会摆脱愚昧和野蛮的状态，进入近代文明的首要标志，禁止一切形式的人口买卖成为保障人权最起码的要求。但在传统中国，社会等级的合理性与"人"作为个体的重要性并行不悖，在法律上既禁止买卖"齐民"，又肯定贱民贸易的正当性。[1]最具典型者属奴婢也，《说文解字》释："奴婢，皆古之罪人也。《周礼》曰：'其奴男子入于罪隶，女子入于舂槁'。"[2]沈家本在追溯奴婢制度起源时也指出："奴之名自夏迄周皆有之，而应劭谓古无之者，盖古者无买卖奴婢之事，秦始有之。汉承秦俗，其

---

* 刘伟杰，中国政法大学法律史专业 2020 级博士研究生，主要研究方向为明代法律史。

〔1〕 参见李启成："清末民初刑法变革之历史考察——以人口买卖为中心的分析"，载《北大法律评论》2011 年第 1 期。

〔2〕（汉）许慎撰，（清）段玉裁注：《说文解字注》，上海古籍出版社 1981 年版，第 2463 页。

时奴婢与财货相等；举凡输纳、赏赐、赠遗等事，皆可以奴婢当之，而家业之富饶及生产之尽力，皆可于奴婢卜之，此等奴婢不皆为有罪之人矣。"〔1〕此后历代虽然偶有奴婢放赎之制，但存养奴婢一直被法律所默许，甚至买卖奴婢与财物等同，均具备契约、税契等要式行为，以《隋书·食货志》所载最具代表性："晋过江，凡货卖奴婢马牛田宅，有文券，率钱一万，输估四百入宫，卖者三百，买者一百。无文券者，随物所堪，六百文收回，名为散估。"〔2〕

但在交易过程中，若是通过强迫、威胁、欺骗、利诱等非法手段对良人或是他人奴婢实施"略人略卖人"行为，便会受到国家法律的严惩。"略"指不以道取，兼有威劫之意。此处"略人略卖人"特指设为方法谋略而将良人诱取为己之奴婢，及略卖为人之奴婢也。从现存史料来看，关于略人的立法规定至少可追溯至汉代，张家山汉简《二年律令·盗律》载："智（知）人掠卖人而与贾，与同罪。不当卖而私为人卖，卖者皆黥为城旦春，买者智（知）其请（情），与同罪。"〔3〕卖者皆处以城旦春，知情者与行为人同罪。魏晋南北朝时期也有"掠人、掠卖人、和卖人为奴婢者，死"的法律规定。〔4〕至唐代，"略人略卖人"正式成为律文条目："诸略人、略卖人为奴婢者，绞；为部曲者，流三千里；为妻妾、子孙者，徒三年。和诱者，各减一等。若和同相卖为奴婢者，皆流二千里；卖未售者，减一等。即略、和诱及和同相卖他人部曲者，各减良人一等。"〔5〕据此，唐律将此罪按略人略卖人、略和诱奴婢、略卖期亲卑幼、知略和诱（和同相卖）四类划分，以犯罪手段确立罪名与区分刑罚轻重，并按照犯罪过程中出现的不同结果、实施阶段与情节调整轻重。明清时期律文内容更加丰富，将前述内容作一条而分七节，沈之奇在《大清律辑注》中按犯罪主体的不同，将此划分为四个层次，即首三节皆以凡人言，第四节以凡人奴婢言，第五、六节以子孙妻妾亲属言，末节以窝主、买主、牙保等；〔6〕

〔1〕 （清）沈家本撰，邓经元、骈宇骞点校：《历代刑法考》，中华书局 1985 年版，第 393–401 页。
〔2〕 （唐）魏征、令狐德棻撰：《隋书·食货志》，中华书局 1973 年版，第 689 页。
〔3〕 朱红林：《张家山汉简〈二年律令〉集释》，社会科学文献出版社 2005 年版，第 65 页。
〔4〕 （北齐）魏收撰：《魏书·刑法志》，中华书局 1974 年版，第 2880 页。
〔5〕 钱大群撰：《唐律疏义新注》，南京师范大学出版社 2007 年版，第 637 页。
〔6〕 （清）沈之奇撰，怀效锋、李俊点校：《大清律辑注》，法律出版社 2000 年版，第 619 页。

凡设方略而诱取良人（为奴婢），及略卖良人（与人）为奴婢者，皆（不分首从、未卖）杖一百、流三千里。为妻妾子孙者，（造意）杖一百、徒三年。因（诱卖不从）而伤（被略之）人者，绞（监候）。杀人者，斩（监候。为从各减一等）。被略之人不坐，给亲完聚。若假以乞养、过房为名，买良家子女转卖者，罪亦如之。（不得引例。若买来长成而卖者，难同此律）。若和同相诱（取在已）及（两）相（情愿）卖良人为奴婢者，杖一百、徒三年。为妻妾子孙者，杖九十、徒二年半。被诱之人减等。（仍改正给亲）。未卖者，各减（已卖）一等。十岁以下，虽和亦同略诱法（被诱略者不坐）。

若略卖和诱他人奴婢者，各减略卖和诱良人罪一等。

若略卖子孙为奴婢者，杖八十。弟、妹及侄、侄孙、外孙、若己之妾、子孙之妇者，杖八十、徒二年。（略卖）子孙之妾，减二等。同堂弟、妹堂侄及侄孙者，杖九十、徒二年半。和卖者，减（略卖）一等。未卖者，又减（已卖）一等。被卖卑幼（虽和同，以听从家长）不坐，给亲完聚。其（和、略）卖妻为婢，及卖大功以下（尊卑）亲为奴婢者，各从凡人和略法。

若（受寄所卖人口之）窝主及买者知情，并与犯人同罪（至死，减一等）。牙、保各减（犯人）一等。并追价入官。不知者，俱不坐。追价还主。[1]

或因国家在一定范围内允许人口买卖的行为存在，故律文在规定关于略人略卖人犯罪时，格外强调"不以道取""设方略而诱取"的故意程度，客观方面则限定于采用暴力、胁迫、恐吓等手段对良人以及他人奴婢构成人身权益的侵犯。但与现代人权立法理念不同，此律对良人及他人奴婢权益的维护是出于社会统治的角度：首先，传统社会良贱身份有别，略卖良人为奴婢既是对良人个体的人身侵犯，又是对统治阶层秩序的破坏，故官方给予最严厉的打击。其次，略卖和诱他人奴婢构成对奴婢家主财产权利的侵犯，奴婢不同于良人，在成为家主的所有物后，其人身已物化，官府保护的法益不过是家主的私人财产所有权。相比于统治秩序被破坏的严重性，略卖和诱他人

---

〔1〕 胡星桥、邓又天主编：《读例存疑点注》，中国人民公安大学出版社1994年版，第512页。

奴婢便各减一等罪。由律文可见，官方立法结合对清代社会等级、家族伦理的考量，对略人略卖人犯罪的相关情形尽可能细致地区分，凸显官方出于社会控制需要而采取的惩戒措施。但即便如此，现实的买卖需求却常常打破合法与非法两者之间的界限，社会价卖人口风气屡禁不止，尤其是在天灾重赋之时，"因家无衣食，将子女入京贱鬻者，不可胜数"。[1]

二、《禁革买卖人口变通旧例议》

清代中后期虽有西方天赋人权等思想相继传来，但思想之潜移默化终不及暴力冲突的催化作用。真正迫使官方关注禁革人口买卖必要性的事件是光绪三十一年（1905）"黎王氏案"。黎王氏，粤东人，其夫系府经历，在蜀服官病故。黎王氏扶其丈夫灵柩回故里时，途经上海，因携有婢女十余名，被疑为涉嫌贩卖人口，被关吏究诘，致上海会审公堂开庭审理。[2]两江总督周馥在处理此案时，认识到中西文化对于人口买卖态度大相径庭，不仅是为杜绝此类冲突再次发生，同时也是出于对司法主权的维护，他认为买卖人口行为应随世界潮流而废止。于是光绪三十二年（1906）三月，周馥以"买卖人口有伤天地之和，未洽文明之化"上折"请旨禁革以昭仁政"：

> 我朝振兴政治，改定法律，百度维新，独买卖人口一端，既为古昔所本无，又为环球所不韪，拟请特沛殊恩，革除此习。嗣后无论满汉官员、军民人等永禁买卖人口。如违，买者卖者均照违制律治罪。其使用奴婢，只准价雇，仍议定年限，以本人过二十五岁为限，限满听归本家。无家可归者，男子听其自立，女子由主家婚配，不得收受身价。纳妾只准媒说，务须两相情愿，不得抑勒。母家准其看视，仍当恪守妾媵名分，不许僭越。[3]

---

〔1〕《清实录》第4册《清圣祖实录》卷八二，中华书局1985年版，第1052页。

〔2〕 在此过程中，中英审判官为犯罪嫌疑人在审讯期间应关押在何处发生争议，导致会审公堂的差役和工部局巡捕发生摩擦，结果差役被殴伤，黎王氏等人被巡捕强行带走。后在交涉过程中，接连发生上海市民抗议、火烧老闸捕房等流血冲突事件。最后中英双方紧急交涉，决定会审公堂的中国女犯直接在公堂女押所收押，不再送工部局监狱。参见徐祥民、刘远征："黎王氏案·沈家本奏议·人格平等观念在清末法律中的引入"，载"沈家本与中国法律文化国际研讨会"组委会编：《沈家本与中国法律文化国际学术研讨会论文集》，中国法制出版社2005年版，第135页。

〔3〕（清）沈家本：《寄簃文存》，商务印书馆2015年版，第15页。

此折奉皇帝朱批："政务处会同各该部议奏。"政务处认为此事事关变通旧例，又因律例繁目，更改动关全体，故命修律大臣沈家本参考中西，暂拟办法以便咨覆政务处。沈家本所奏即为《禁革买卖人口变通旧例议》。奏议中酌拟十一条意见：契买之例宜一律删除也；买卖罪名宜酌定也；奴婢罪名宜酌改也；贫民子女准作雇工也；旗下家奴之例宜变通也；汉人世仆宜酌量开豁也；旧时婢女限年婚配也；纳妾只许媒说也；发遣为奴之例宜酌改；良贱为婚姻之律宜删除也；买良为倡优之禁宜切实执行。其所列内容大致可分为两个方面。

（一）新旧律例的协调

沈家本首先提出，"现在欧美各国均无人口买卖之事，系用尊重人格之主义，其法实可采取。只因既有律例中条目繁多，更改动关全体，自应通筹参考，核定办法使体系通顺，应以删改旧例为主。律本极严密，所庶民之家并不许存养奴婢，所以杜压良为贱之风，重视人类之意也。但律文虽有买卖奴婢之禁，而条例复准立契价买，法令已多参差"。[1]此处所指"契买婢女例"指《大清律例·刑律》"奴婢殴家长"条例：

> 契买婢女务照价买家人例，旗人将文契呈明该管佐领，先用图记自赴税科司验印；民人将文契报明本地方官，钤盖印信；至旗人契买民间婢女，在京具报五城大宛两县；在外具报该地方官用印立案。倘有情愿用白契价买者，仍从其便。但遇殴杀、故杀问刑，衙门须验红契、白契，分别科断。再旗民所买婢女，已经配给红契家奴者，准照红契办理。[2]

清代买卖人口契有红白之分，所谓红契，是指经过官府税契登记，钤盖有官府印信的人口买卖契；白契，是指仅由买主与卖身人凭中签立，未经官府钤盖印信的契约。律例对红白契有着区别性的对待，一方面红契即绝卖，子孙世代永为奴；白契更为灵活，若白契奴婢符合法律规定的赎身要求，即可按程序恢复自由之身；另一方面在两者均成为刑事案件被害人的情况下，清朝法律对两者保护力度不同，如遇到遭受家主殴杀、故杀的情形，须分别

〔1〕（清）沈家本：《寄簃文存》，商务印书馆2015年版，第17—21页。

〔2〕胡星桥、邓又天主编：《读例存疑点注》，中国人民公安大学出版社1994年版，第637页。

红白科断，红契仍以杀伤奴婢论；白契奴婢同雇工论，家主最高可能达到"绞监侯"之刑罚。虽说清代法律在不同时期明确规定白契奴婢赎身的条件、程序等要求，给予诸多白契女婢得以自由的希望，但因清朝历代统治者对赎身问题的看法不一致，使得赎身政策随改朝换代而摇摆与混乱。[1]纵然赎身制的出现在一定程度上削弱了白契奴婢与家主的人身依附关系，但制度的生成过程受到统治者主观因素的影响，未能站稳脚跟，致使整体上白契奴婢最后的结局只能是红契化终身化，奴婢身份难以摆脱。

沈家本认为，今既以不准买卖为宗旨，自应一律禁止，旧时契买之例也应作废。同样原律买卖罪名也应相应酌定，"略人略卖人"条虽已极周备，但仍有两点缺漏：一为买者不知情不坐罪，一为因贫而卖子女及买者亦无科罪之文。就前条法理分析，因清代人口买卖有合法与非法之分，相较于卖家而言，买家难以判断所买奴婢之来源，故律例规定"不知情则不坐罪"，现决心禁革买卖人口，删除此条是禁革措施落实的必然要求，但买者以达官贵族居多，考虑到现实阻力，故沈家本言"先行删除"，留有余地。后者欲科罪的前提是"因贫而卖子女"，双方均科一十五两以下之罚金，对于略卖与和卖案内不知情买者亦照此办理。但从实际操作的可能性来看，既然卖方已被认定为"因贫而卖"又科其罚金，是否真的能实现禁革买卖的目的呢？笔者认为还是值得商榷的。此外如旧时婢女限年婚配、纳妾只许媒说、买良为倡优之禁等，均为严禁买卖奴婢的后续措施，以防通过嫁娶方式变相买卖。同时借由这些举措，以期达到"革浇风而回弊俗"之效果。

（二）"雇工人"的替代作用

中国古代对于略人略卖人的犯罪行为厉禁虽悬，但买卖人口之风俗相沿未改。沈家本推原其故，认为大都遇荒歉之年，贫民糊口无资，鬻女卖男，借图存活。仅就清代而言，仅八旗官绅之家收养驱使，久之而庶民亦多效尤，凡有资财，皆得广置婢女。奸民借以渔利，公然贩运买卖，若不知为大干例禁者。以致凌虐折磨，弊端百出。[2]要真正实现禁革人口买卖，便要禁买奴婢，即永无奴婢名目。沈家本引康熙年间有旗人白契所买之人以雇工论之例，

---

〔1〕 参见韦庆远、吴奇衍、鲁素编著：《清代奴婢制度》，中国人民大学出版社 1982 年版，第171-172 页。

〔2〕 （清）沈家本：《寄簃文存》，商务印书馆 2015 年版，第 17-21 页。

拟请嗣后契雇贫民子女及从前旧有之奴婢，均以雇工人论。至于贫民子女、旗下家奴、汉人世仆，亦以不同程度地照雇工人办理。

"雇工人"一词作为法律概念，最早出现在洪武三十年（1397）修订《大明律》中，规定在"亲属相为容隐"条："凡同居若大功以上亲，及外祖父母、外孙、妻之父母、女婿、若孙之妇、夫之兄弟及兄弟妻有罪，相为容隐。奴婢、雇工人为家长隐者，皆勿论。"[1]弘治《问刑条例》又对"雇工人"的范围作出界定："若过房虽在十五岁以下，恩养未久；或十六岁以上，不曾分有财产、配有室家者，依故杀雇工人律坐罪。"[2]但实际上，雇工人与奴婢的界限仍不清晰，《清稗类钞》言："古罪人之子女，从坐而没入官以给役使者，曰奴婢，后则价买而依主人之姓者亦曰奴，若给工值雇佣者，则谓之雇工，然普通心目中，辄皆视之为奴。至于婢，则皆出价购之，鬻身以充役，非遣嫁，或转售，则终身不得出主人之门。"[3]清代法律基本承继明代雇工人例，并于乾嘉时期对雇工的适用范围进行三次改定，最终于嘉庆六年（1801）定例，此次修改后的雇工人例一直沿用至清末：

> 倘甫经典买或典买隶身未及三年，并未配有妻室，及一切车夫、厨役、水火夫、轿夫、打杂受雇服役人等，平日起居不敢与共，饮食不敢与同，并不敢尔我相称，素有主、仆名分并无典卖字据者，如有杀伤，各依雇工人本律论。若农民佃户雇请耕种工作之人，并店铺小郎之类，平日共坐、共食，彼此平等相称，不为使唤服役，素无主、仆名分者，如有杀伤各依凡人科断。至典当雇工人等议有年限，如限内逃匿者，责三十板，仍交与本主服役。[4]

整体而言，雇工人作为法律上一个特定的等级，其身份介于奴婢与良人之间。在法律上，雇工人与良民发生纠纷，互以凡人论；与雇主之间则有雇工人专条，一般来讲，在雇佣期限内，雇工人侵犯雇主，其科刑较凡人重，较奴婢轻；如果雇主侵犯雇工人，其科刑较凡人轻，较奴婢重。但是也存在

〔1〕 怀效锋点校：《大明律》，法律出版社1999年版，第18页。
〔2〕 杨一凡点校：《皇明制书》卷一三《问刑条例》，社会科学文献出版社2013年版，第372页。
〔3〕 徐珂编撰：《清稗类钞》，中华书局1984年版，第5265页。
〔4〕 胡星桥、邓又天主编：《读例存疑点注》，中国人民公安大学出版社1994年版，第637页。

例外情况，在这些情况之下，法律不再强调奴婢与雇工人的区别，对两者的科刑是一致的。例如，在"谋杀祖父母、父母"条中，对谋杀家长及其近亲属的，不论是奴婢还是雇工人，法律只是简单的说"罪与子孙同"。可见虽然法律虽不否认雇工人独立自由的身份，但"名分攸关"仍是中国固有的法律特色。瞿同祖先生在《中国法律与中国社会》中谈及雇工人的法律地位，"这种（雇工）人接受定额工资为主家服役，权利义务完全基于双方所同意的契约关系，并未典买于人，仍保留其自由及人格。故社会上视为独立自主的人，身不系于人，法律不以贱民及私属视之"。[1]禁革人口买卖基于"尊重人格"之目的，从法律规范的角度看，雇工人在法律上作为独立自主的个体，不同于奴婢之终身贱民属性，故以雇工人代替奴婢制度是符合这一要求的，当然由此也能够感受沈家本一直强调"因革得体，勿使妨碍难行"的修律原则。

从上述十一条内容来看，沈家本对于禁革人口买卖虽然态度较为坚决，但推进过程中始终持较为谨慎的态度，包括用词的斟酌与态度的保留，也能从侧面反映出此项变革阻力之大，尤其在旗下家奴、汉人世仆酌量开豁两条，"不强之以放赎，而但变通其罪名，此亦修法者维持之苦心，举世所当共谅者也"。[2]但遗憾的是此折未及会奏，政务处即被裁撤，禁革一事不了了之。

三、《删除奴婢律例议》

《禁革人口买卖折》久被束之高阁，相隔十二年，宣统元年（1909）正月十六日，陕西道监察御史吴纬炳奏《置买奴婢恶习宜除请旨严行禁革以昭仁政而重宪法》一折，称"天地有好生之心，帝王以仁民为本。方今预备立宪，全国人民其俊秀者，固宜随时培养；其微贱者，亦须一视同仁。若以穷苦无告之民听其互相买卖，沦于贱役，致令虐使苛待，惨无人理，非仁政所宜有也"。[3]该折奏请满汉官员、军民人等需人工作，只准价雇作工，不准卖为奴婢；凡纳妾者，只准媒说，不准立契价买等对策。对此，皇帝批准宪政编查馆奉敕会同修律大臣，连同周馥原奏一并核议施行。沈家本又撰《删除奴婢

---

〔1〕 瞿同祖：《中国法律与中国社会》，商务印书馆2010年版，第275页。
〔2〕 （清）沈家本：《寄簃文存》，商务印书馆2015年版，第23页。
〔3〕 苏建新、陶敏："宣统元年禁革人口买卖史料"，载《历史档案》1995年第1期。

律例议》详加推究此前禁革不便之故，以释众人之疑：

其一，针对所谓"王府中不便"，沈家本首先提出满洲宗室旗下家奴"包衣人"地位不同于寻常奴仆，此次变革无涉包衣；其余王府属下人，应类比《唐律》之部曲，亦不当与奴婢同科。沈家本以包衣和王府属下人的社会等级高于奴婢为据，否认了他们的可禁革性。针对满蒙官员反对放免奴婢之论，沈家本以汉唐良法"初无世世为奴"之理，对比现行例中"世世被以奴名，其情亦殊可悯"。其次，国初定例契有红白之别的原因在于家奴之来源各异，如今多出于雇佣则均以雇工论，何来不便？再者，普行放免奴婢"固我国家一视同仁之盛举"，是国家行"仁政"的表现。但考虑到现实境况，沈家本最后以"不强之以放赎，而但变通其罪名"为退让，当体现修法者维持之苦心。

其二，鬻婢之家多言婢女较之俑妇为便，此等习惯难禁断。沈家本反驳道，价雇制雇佣双方可以自由选择去留，不会有类似婢女潜逃之事发生；价雇制也可遏制恶意殴打、戕贼婢女之风，保障婢女的基本人身权利。同时，为安抚各家中人小康，沈家本也提出可在文约内预行议明年限未满，亲属不得看视等情，以示限制。最后以黎王氏案为引，再次重申"若禁奴而不及婢，殊非原议之本旨也。买卖人口一事，久为西国所非笑，律例内奴婢各条与买卖人口事实相因，此若不早图禁革，迫实行宪政之时将有格不相入之势"。[1]他认为禁革人口买卖对于推行宪政有着极为重要的意义，前述的退让与妥协只是为制度变革的推进。"尊重人格"是近代宪政法制的应有之义，也是沈家本在思考人口买卖问题上始终秉持的原则。当沈家本提出"生命固应重，人格尤宜尊"的观点时，他对于"人格"的认知已不只是哲学上的一个概念，更是制度层面的一个底线。[2]

同年年底，宪政编查馆大臣奕劻等为汇案会议禁革买卖人口事上奏，并附《宪政编查馆拟订禁革买卖人口条款》，条款所列十条，基本复制沈家本《禁革买卖人口变通旧例议》十一条，只将"发遣为奴之例宜酌"条删除。宣统二年（1910）《大清现行刑律》颁布，《禁革买卖人口条款十款》修入其

---

〔1〕（清）沈家本：《寄簃文存》，商务印书馆 2015 年版，第 24 页。

〔2〕 李贵连认为沈家本从中国传统"人为贵"的思想到接受西方"人格"概念，经历过一次潜在曲折的转变。参见李贵连：《沈家本评传》，南京大学出版社 2005 年版，第 360-370 页。

中，各奴婢专条终被废止。通过禁革人口买卖一例，也能深刻认知中国传统法律之近代转型的艰难。[1]一方面因清代蓄奴之风过盛，禁革一事不可一蹴而就，所以沈家本在保证底线原则的情况下酌情退让，这也是禁革办法最后能够被纳入《大清现行刑律》的重要原因；另一方面，清末禁革奴婢买卖只是对其贱民身份的革除，对于中国传统礼教中等级差异在法律中仍得以保留。作为奴婢的功能替代，《大清现行刑律》规定若雇工人与雇主相犯，"雇工敢殴家长，悖逆之甚，故但殴即拟满徒，折伤即绞，所以重名分也。若家长及期亲殴雇工，殴非折伤，不论"。[2]即承认家长高等级地位，保留了家长的统治权和役使权。残存的蓄奴遗风也反映出在当时的社会背景下制度变革是怎样的举步艰难。也正因如此，才更能体现沈家本"法学匡时为国重，高名垂后以书传"的可贵精神。

* * *

中国传统法律有其自身独特的逻辑关系。正是沈家本对传统法律能够做到"深究其源，精心其理"，才能在删改旧例时，不破坏其内部原有的逻辑结构，并能精准地对欠缺补足逻辑的漏洞。更难得的是，面对旧律无法适应新的时局，在强调继承传统的同时，沈家本以"求本原、探法理、消门户、究真是、取其善、去不善"作为优选中西法律制度的基本要求，[3]提出法律的发展不仅在于对传统的借鉴，中西有着同样的过去，西方国家因法律进步而致国家强盛，中国也应与世界同步，以法律手段实现国家的复兴。但自近代以来，法律人受到西方法学思维的冲击，再加之传统法哲学的冷落，要做到沈家本所倡"深究其源，精心其理"，需具备甘坐"冷板凳"之精神。这也在提醒着我们，在研究传统法律时，断不能以现代思维剖析传统律文，其内在的逻辑关系应通过复原历史场景而重新建构，而这种建构是以研读传统律学文献以及了解古代社会历史为基础的。

---

〔1〕 参见黄源盛："晚清民国禁革人口买卖再探"，载《法治现代化研究》2017年第2期。
〔2〕 （清）吉同钧撰，栗铭徽点校：《大清现行刑律讲义》，清华大学出版社2017年版，第347页。
〔3〕 参见李贵连：《沈家本评传》，南京大学出版社2005年版，第205页。

刑事法制变革对清末监狱改良的推动作用

——兼论我国法制近代化中的刑事一体化趋向

林乐鸣[*]

林乐鸣[*]

【摘　要】在清末变法修律的过程中，刑事法制的变革在很大程度上推动了监狱改良的进程，主要体现在刑事实体法变革中罪刑法定原则的提出、刑罚结构的变化、刑罚理念的革新和刑事程序法变革中刑事被告人概念的析出、刑讯逼供的禁止、疑罪从无原则的采用。清末的刑法、刑事诉讼法、监狱法立法在条文上相呼应、在精神上相融通、在技术上相配合，共同构成了一个较为完善的刑事法律体系，充分体现了我国法制近代化中的刑事一体化趋向。

【关键词】刑事法制变革；监狱改良；法制近代化；刑事一体化

清朝末年，在内忧外患的压力之下，清政府为挽救其摇摇欲坠的统治，被迫进行变法修律，其中刑事法制的变革在很大程度上推动了监狱改良的进程。本文拟从刑事实体法和刑事程序法两个方面分析刑事法制变革对清末监狱改良的推动作用，同时就该现象探讨我国法制近代化中的刑事一体化的趋向，敬请学界同仁不吝批评指教。

一、刑事实体法的变革

中国素有重视刑律的传统，作为刑事实体法的刑法，其变革在清末变法修律中自然也得到重视，成果主要有《大清现行刑律》和《钦定大清刑律》的制定与颁布。刑法变革的总方向是渐趋轻缓化，其对监狱改良的推动作用主要体现在以下三个方面。

---

* 林乐鸣，法学博士，大连海事大学法学院讲师、中国政法大学监狱史学研究中心研究员。

（一）罪刑法定原则的提出

中国古代在断案中大量运用比附类推，即规定在断案时如果没有明确的条文适用可以援引与该条文最相类似的条文来定罪，如《大清律例》中规定："凡律令该载不尽事理，若断罪无正条者，援引他律比附，应加、应减，定拟罪名，申该上司议定奏闻。"[1] 该做法使得在判断罪与非罪时缺少明确的成文法标准，是以没有清晰的犯罪人概念，分不清究竟哪些人是需要在监狱中服刑的对象，从而造成中国古代的监狱在关押对象上往往"罪无轻重、已决未决不分、犯人与干连佐证同狱"，在功用上"兼有看守、收容、拘留的职能"。[2] 关押对象杂乱化与监狱职能复杂化是古代监狱在体制上存在的突出问题，而近代监狱则是自由刑的专门执行场所，关押的是已经判处自由刑的犯罪人。要使监狱的职能单一化，必须要明确界定罪与非罪，从而准确判断何为已判刑并需要关押的犯罪人。

随着西方法制理念的不断引进，人们逐渐认识到类推定罪的弊端。修律大臣沈家本在奏折中明确指出比附类推的弊端有二：一为使得司法干涉立法；二为造成审判的不统一。[3] 从而主张删除比附，后虽经礼教派之反对，经过所谓的"礼法之争"，但在立法上终于得以采纳。作为中国第一部近代化刑法典的《钦定大清刑律》第十条明确规定，"法律无正条者不问何种行为不为罪"。[4] 这在法律条文中首次删除了比附类推，实行罪刑法定。罪刑法定原则的提出使罪与非罪有了明确的判断标准，何为犯罪人得以明晰，为近代监狱厘清了关押范围，为监狱职能的专业化提供了可能，从而推动了监狱的近代化改良。

（二）刑罚结构的变化

中国封建社会中，自《开皇律》定型以来，"笞、杖、徒、流、死"五刑作为定型化的刑罚种类一直为后世所沿用。而这五刑中，"笞""杖""死"明

---

〔1〕 田涛、郑秦点校：《大清律例》，法律出版社1999年版，第127页。

〔2〕 薛梅卿："我国监狱及狱制探源"，载《法学研究》1995年第4期。

〔3〕 原文为"立宪之国立法司行政三权鼎峙，若许署法者以类似之文致人于罚，是司法而兼立法矣，其弊一；人之严酷慈祥各随禀赋而异，因律无正条而任其比附，轻重偏畸转使审判不能统一，其弊又一"。光绪三十三年八月二十六日沈家本"刑律草案告成分期缮具清单呈览并陈修律大旨折"，见宣统三年六月《钦定大清刑律》卷首奏折。

〔4〕 《钦定大清刑律》，宣统三年六月铅印本。

显不是自由刑，"流"算不上真正意义的自由刑，[1]只有"徒"算是自由刑，所以自由刑在封建刑罚体系中并不居于主要地位，这种刑罚结构体系决定了封建社会不可能出现作为专门执行自由刑场所的近代化监狱。

监狱的近代化必须要有刑罚结构的革新作为前提，即自由刑在刑罚体系中的比重得到大幅提升，成为主要的刑罚种类。沈家本在其《奏请改良监狱折》中分析道，"近世各国刑法，除罚金刑外，自由刑居其强半。所谓自由刑者，如惩役禁锢之类，拘置监狱，束缚自由俾不得与世交际"。[2]该观点既认识到刑罚结构改革的方向在于仿效西方，扩大自由刑的比重；同时又较为准确地归纳了自由刑的概念，指出了自由刑应在监狱中执行，从而为监狱近代化改良作了铺垫。沈氏将其观点落实到刑律的实际修改之中：作为"改用新律之预备"[3]的《大清现行刑律》将旧的封建制五刑改革为罚金、徒刑、流刑、遣刑、死刑五种刑罚，并规定罚金刑可以入习艺所工作（徒刑）折抵，自由刑在刑罚体系中的地位得以提升。《钦定大清刑律》中则明确规定主刑有死刑、无期徒刑、有期徒刑（分五等）、拘役、罚金五种，并规定无能力支付罚金者可以监禁折抵，从而大大提升了自由刑在刑罚体系中的地位，使其成为该部法典的最主要刑种。自由刑地位的不断提升对近代化监狱的出现提出了要求，为监狱近代化改良提供了契机，随之而来的即是新型监狱的建设。

（三）刑罚理念的革新

中国古代将刑罚作为惩治犯罪乃至一般违法行为的手段，虽有"明刑弼教"之说，但在实际执行中刑罚目的即在惩戒，其教育性微乎其微，是故《论语》中有"道之以政，齐之以刑，民免而无耻；道之以德，齐之以礼，有耻且格"的说法，将刑罚作为礼制的对立物，突出其惩罚性。

清末变法之时正值西方教育刑理念盛行之时，刑罚的目的在于教化犯罪人的思想逐渐被越来越多的国家所接受。受其影响，中国修律的主持者对传

---

〔1〕 因为流刑是将犯人遣送到边远地方服劳役的刑罚，其特征在于突出其驱逐性，基本上是用来作为死刑的替代刑罚，如《唐律疏议》对流刑解释道："书云'流宥五刑。'谓不忍刑杀，宥之于远也。又曰：'五流有宅，五宅三居。'大罪投之四裔，或流之于海外，次九州之外，次中国之外。"详见刘俊文点校：《唐律疏议》，法律出版社1999年版，第5页。

〔2〕 薛梅卿等编：《清末民初改良监狱专辑》，群众出版社1997年版，第26页。

〔3〕《大清现行刑律》卷首上谕中指出该法典的制定目的："国家律令因时损益，此项刑律为该用新律之预备"，宣统二年七月仿聚珍版印行线装本，国家图书馆古籍馆有藏。

统的刑罚目的也进行了重新的思考。沈家本在《变通行刑旧制议》中指出，"窃维明刑弼教，贵有以通其意而不徒袭其名。其与斯民心性相关者，尤在杜其残忍之端，而导之于仁爱之路"。[1]即言刑罚应该摒弃其残忍性而关注其教育性。体现在实体法上，《钦定大清刑律》中即引进了体现教育刑理念的缓刑、假释等制度，而该理念的影响更多的则体现在监狱改良上。沈家本倡导，"监狱者，感化人而非苦人、辱人者也"，[2]并在其《奏请实行改良监狱折》中指出，"盖犯罪之人歉於教化者为多，严刑厉法可惩肃於既往，难望渐被於将来，故藉监狱之地，施教诲之方，亦即明刑弼教之本义也"，"无适当之监狱，以执行刑罚，则迁善感化，尤托空言"。[3]该思想体现在作为监狱法制改良成果的《大清监狱律草案》中，该草案第九条明确规定，"受刑者应以使其畏服国法威严，衷心自知尊重国法，出狱后能复归于有秩序适法生活之目的待遇化导之"，[4]并规定对受刑人要进行教诲及教育，对在改造中表现好的犯罪人进行奖赏，这都是教育刑理念在监狱改良中的体现。

二、刑事程序法的变革

沈家本认识到，"刑律不善不足以害良民，刑事诉讼律不备即良民亦罹其害"，[5]所以刑事诉讼法的制定也成为变法修律的重要之义，其先后组织起草了《大清刑事民事诉讼法》《大清刑事诉讼律草案》。刑事诉讼法革新对监狱改良的推动作用主要体现在其确立的保护刑事被告人的理念上，具体表现为以下几个方面。

（一）刑事被告人概念的析出

正如沈家本指出，"中国第有刑律而刑事诉讼律向无专名"，[6]中国古代并不存在专门的刑事诉讼法。不论刑事诉讼还是民事诉讼中对诉讼当事人都简单地称之为原告和被告两造，缺少对当事人理论的关注和研究，所以没有

〔1〕（清）沈家本撰，邓经元、骈宇骞点校：《历代刑法考（附寄簃文存）》，中华书局1985年版，第2060页。

〔2〕（清）沈家本撰，邓经元、骈宇骞点校：《历代刑法考（附寄簃文存）》，中华书局1985年版，第2237页。

〔3〕薛梅卿等编：《清末民初改良监狱专辑》，群众出版社1997年版，第26页。

〔4〕中华人民共和国司法部：《中国监狱史料汇编》，群众出版社1988年版，第209页。

〔5〕《大清刑事诉讼律草案》，宣统二年修订法律馆印刷。

〔6〕《大清刑事诉讼律草案》，宣统二年修订法律馆印刷。

刑事被告人的科学概念及相关规定。对刑事被告人理论上的忽视造成对其权利保护的漠视，刑事被告人基本上被等同于犯罪人，有罪推定、刑讯逼供、长期羁押等问题一直存在。刑事被告人概念的不明必然造成犯罪人概念的模糊不清，[1]这使得监狱缺少专门的关押对象，因而监狱的职能被复杂化，难以形成近代化的监狱。

清末变法过程中，由于要引进西方近代的诉讼制度因而对当事人的理论必须加以关注。《大清刑事诉讼律草案》设专章规定了当事人的相关制度，第五十一条规定，"称被告人者兼指侦查或预审中之嫌疑人而言，但规定之性质专指起诉以后之人者不在此限"，[2]明确提出了刑事被告人的概念，为刑事被告人一系列制度的规定奠定了基础。刑事被告人概念的析出为近代监狱职能专业化提供了前提，《大清监狱律草案》第一条将监狱分为三种：徒刑监（拘禁处徒刑者）、拘役场（拘禁处拘役者）、留置所（拘禁刑事被告人）。[3]虽然将拘禁刑事被告人的审前羁押处所也称之为广义的监狱，但较之古代监狱职能的杂乱已经大大的专业化，监狱已被定性为执行自由刑和关押刑事被告人的专业场所且以前者为最基本职能，体现出历史进步性。

（二）刑讯逼供的禁止

中国古代，刑讯是合法的审讯手段，如《唐律疏议》中规定，"诸应讯囚者，必先以情，审察辞理，反复参验；尤未能决，事须讯问者，立案同判，然后拷讯"，[4]并对刑讯进行了限制，"诸拷囚不得过三度，数总不得过二百，杖罪以下不得过所犯之数。拷满不承，取保放之"。[5]尽管有这些限制，但在实际审案中刑讯之酷骇人听闻，因刑讯逼供而造成冤案者不胜枚举，其对被告人权利之侵害堪称惨烈，正如刘坤一、张之洞在《江楚会奏》中所言，"敲扑呼号，血肉横飞，最为伤和害理，有悖民牧之义"。[6]

受近代法制理念影响，人们越来越清楚地认识到刑讯逼供的危害，因而

〔1〕 因为诉讼中的刑事被告人是产生犯罪人的基础，犯罪人是刑事被告人经过诉讼程序而被认定为有罪后的称谓。

〔2〕《大清刑事诉讼律草案》，宣统二年修订法律馆印刷。

〔3〕 中华人民共和国司法部：《中国监狱史料汇编》，群众出版社 1988 年版，第 208 页。

〔4〕 刘俊文点校：《唐律疏议》，法律出版社 1999 年版，第 592 页。

〔5〕 刘俊文点校：《唐律疏议》，法律出版社 1999 年版，第 593 页。

〔6〕 薛梅卿等编：《清末民初改良监狱专辑》，群众出版社 1997 年版，第 4 页。

在变法修律中刑讯逼供终于得以明文废除。《大清刑事民事诉讼法》第十七条规定，"审讯一切案件，概不准用杖责掌责及他项刑具或语言，威吓或逼令原告、被告及各证人偏袒供证，致令淆乱事实"，[1]《大清刑事诉讼律草案》第六十六条规定，"讯问被告人禁用威吓及诈罔之言"，该条案语指出，"讯问被告时若用威吓诈言则惊恐之余思想纷乱，真实状态反为所淆，故本条采各国通例严禁之"。[2] 刑讯逼供的禁止，体现了对刑事被告人的人道化对待，而审讯作为刑事诉讼的开始阶段，这一人道化做法必将使整个刑事诉讼过程中尊重被告人权利的观念得以强化，该影响持续到刑事诉讼的末端就体现为监狱的改良，给执行刑罚的犯罪人以人道化待遇。整个《大清监狱律草案》处处体现出人道化原则，模范监狱的建设更是在实践中体现了"虽在禁锢之中，而处处皆施以怜悯之方，并实有教诲之事"的设立初衷。[3]

（三）疑罪从无原则的采用

中国古代对于疑罪在处理上是按有罪来判定的。如《唐律疏议》中规定，"诸疑罪，各依所犯，以赎论"，并解释道，"'疑罪'，谓事有疑似，处断难明。'各依所犯，以赎论'，谓依所疑之罪，用赎法收赎"。[4] 依此规定，对于疑罪，在定性上仍是犯罪，仅仅在处罚上进行了变通处理，以示与铁案的不同，"疑罪从赎"在本质上仍是疑罪从有。这样的规定对于刑事被告人是极其不利的，即便证据不明，或事实上该罪确非被告人所为，仍要承担有罪处罚的不利后果，加之刑讯逼供的存在，故而冤案在所难免。

在清末变法修律过程中人们逐渐认识到"疑罪从有"的弊端，遂加以变革。《大清刑事民事诉讼法》第八十六条规定："凡证据难凭或律无正条或原告所控各节间有疑窦者应即将被告取保释放令其日后自行检束。"[5]《大清刑事诉讼律草案》在第三章"诉讼行为"第二节"被告人之传唤句摄及羁押"的节首案语中指出，"尊重权利保护人民乃立宪国必不可少之要件，被告人虽

---

〔1〕《大清刑事民事诉讼法》，成都官报书局排印，光绪丙午年线装本。

〔2〕《大清刑事诉讼律草案》，宣统二年修订法律馆印刷。

〔3〕 光绪三十三年张之洞《奏陈省城模范监狱开办情形折》："必须在省城大举营造，兼采东西各国监狱之式，管理之法，虽在禁锢之中，而处处皆施以怜悯之方，并实有教诲之事，以为通省模范。"参见薛梅卿等编：《清末民初改良监狱专辑》，群众出版社 1997 年版，第 34 页。

〔4〕 刘俊文点校：《唐律疏议》，法律出版社 1999 年版，第 617 页。

〔5〕《大清刑事民事诉讼法》，成都官报书局排印，光绪丙午年线装本。

迹近嫌疑然未可遽定为犯罪，故本节专以保护被告人及一般人民之权利为主"，[1]在立法宗旨上摈弃了"疑罪从有"的传统，吸收了"疑罪从无"的精神。疑罪从无原则的采用在刑事程序上配合"罪刑法定"这一刑法原则的运用，使得罪刑法定得以落实。罪刑法定提供了判断罪与非罪的明确标准，而疑罪从无则排除了对证据有疑问的危害行为进行有罪评价的可能，从而保证了被判决为有罪的人是真正的犯罪人，而监狱是落实判决、执行自由刑的专门场所，疑罪从无原则的采用进一步保障了近代监狱职能的专业化，从而推动了监狱改良的深入。

三、法制近代化中的刑事一体化趋向[2]

刑事实体法和刑事程序法的变革极大地推动了清末监狱改良的进程，这并非偶然，而是刑事一体化在法制近代化中的体现和见证。

刑事法律是一个庞大的整体，它至少包括规定罪刑关系的刑法、规定诉讼程序的刑事诉讼法、规定刑罚执行的刑事执行法（包括监狱法），三者紧密关联，缺一不可。没有作为实体法的刑法，刑事法律体系将缺少本体根基，诉讼、执行将成为无源之水、无本之木；没有作为程序法的刑事诉讼法，刑事法律体系将缺少过程进度，实体、执行将成为空中楼阁、纸上谈兵；没有规定具体执行的刑事执行法，刑事法律体系将缺少结果操作，实体、诉讼将虎头蛇尾、无果而终。只有三者并重，在各自完善的基础上互相配合，互相融通，整个刑事法律体系才能得以全面发展和整体进步。

其实，在清末变法修律的过程中，法制的先觉者已经认识到三者间的关系，沈家本即明确指出，"盖刑律为体而刑诉为用，二者相为维系，固不容偏废也"，[3]"窃刑罚与监狱相为表里"，"伏查泰西立宪诸国，监狱与立法司法鼎峙而三，纵有完备之法与明允之法官，无适当之监狱以执行刑罚，则迁善

---

〔1〕《大清刑事民事诉讼法》，成都官报书局排印，光绪丙午年线装本。

〔2〕 刑事一体化思想在我国最早由储槐植教授提出，其观点主要为通过刑法和刑法运行的内外协调以发挥刑法的最佳功能。强调应处理好刑法的内外关系，内部关系主要指罪刑关系以及刑法与刑事诉讼法的关系，外部关系一为前后关系，即刑法之前的犯罪状况和刑法之后的执行情况；一为上下关系，即刑法与意识形态、生产力水平等因素的关系。详见储槐植："再说刑事一体化"，载《法学》2004年第3期。需要指出的是，储教授的刑事一体化思想主要立足于刑法学研究的视角，而本文所探讨的刑事一体化趋向则是在宏观考量清末立法状况的基础上进行的评论，更多的是站在立法实践的视角。

〔3〕《大清刑事民事诉讼法》，成都官报书局排印，光绪丙午年线装本。

感化，犹托空言"，[1]这些论述无不渗透着刑事一体化的趋向。从当时的刑事立法实践来看，以《钦定大清刑律》为代表的刑事实体立法、以《大清刑事诉讼律草案》为代表的刑事程序立法以及以《大清监狱律草案》为代表的监狱立法都吸收了西方近代的法制原理和精神，具有较高的立法水平和突出的近代化特征；更为难能可贵的是，这三个方面的立法在条文上相呼应，在精神上相融通，在技术上相配合，共同构成了一个较为完善的刑事法律体系，充分体现了刑事一体化的内涵。

中国古代的立法在总体上是"诸法合体"，即在一部法典之内规定各个法律领域的相关制度，从历史经验来看基本上能够做到法典之内的协调统一；而清末变法修律过程中所体现的刑事一体化则是按刑事法律体系的不同领域分别立法，同时相互关联配合，追求的是法典之外、法律领域之间的协调统一，这较之以前具有巨大的历史进步性，其眼界更为高远，体现出来的是更高层次的相互协调，统一完善。

尽管清末的变法修律随着清王朝的灭亡而成为历史，但其在吸收西方近代法制精神的基础上制定出相对完善的近代化的刑法、刑事诉讼法和监狱法，并使三者相互配合相互促进，这足以在历史的维度中留下精彩的一笔。

* * *

综上所述，以规定罪刑法定原则、实行以自由刑为中心的刑罚结构、提出教育刑理念等为体现的刑事实体法的变革和以析出刑事被告人概念、废止刑讯逼供、采用疑罪从无原则为体现的刑事程序法的变革是推动清末监狱改良的重要因素，其相互间的关系在法制近代化的过程中印证了刑事一体化的重要性，体现于其间的原理精神值得我们今天在法律体系的建设中很好地吸收借鉴。

---

〔1〕 薛梅卿等编：《清末民初改良监狱专辑》，群众出版社 1997 年版，第 26 页。

从个人债务集中清理试点看个人破产制度的构建

林　燕[*]

【摘　要】 从我国经济发展现状来看，存在着大量事实状态的破产个人，建立个人破产制度已为大势所趋。"与个人破产制度功能相当"的个人债务集中清理试点为"诚信而不幸"的破产个人退出市场提供了机会，为我国个人破产制度的建立提供了实践基础，但个人债务集中清理试点也暴露了缺乏法律依据、适用对象过窄、债务人实际财产状况调查困难、部分债权人和债务人的质疑声大等难点。在个人债务清理试点中总结的相关经验包括设立债务人诚信宣誓制度、回转制度、增加债务人配偶、亲属的义务等，对个人破产制度中确立管理人的法律地位，形成债权人会议对各方的约束力、确定个人破产债务人的范围和条件、制定破产免责制度、自由财产制度、债务人失权与复权制度等提供了有益探索。

【关键词】 个人债务集中清理；个人破产；管理人；失权与复权

一、问题的提出

随着国家对非公有制经济主体支持力度的加大，鼓励创新创业，更多人投身市场经济活动中，在创造经济价值同时，可能背负失败的风险，并因此负重难行。过度增信和担保，使信贷市场泛滥，大量网贷背后的民间借贷及催债乱象暴露了个人经济债务纠纷中严峻的现实，特别是 2020 年初暴发的新冠肺炎疫情，使生产经营遭受重大影响，成为社会生活中极不稳定的因素，加剧了个人破产。

在此背景下，让个人债务人体面地退出市场竞争的制度，构建个人破产

---

* 林燕，浙江省湖州市南浔区人民法院民二庭副庭长。

法律制度的呼声愈发高涨。2019 年 2 月，最高人民法院发布《人民法院第五个五年改革纲要（2019—2023）》，明确提出"研究推动建立个人破产制度"；6 月，最高人民法院公布了《最高人民法院关于深化执行改革健全解决执行难长效机制的意见——人民法院执行工作纲要（2019—2023）》中指明"人民法院将开展与个人破产制度功能相当的试点工作"；7 月，国家发改委、最高人民法院等 13 个部门联合印发了《加快完善市场主体退出制度改革方案》，该方案重点聚焦分步推进建立自然人破产制度。2020 年 5 月，国务院发布《关于新时代加快完善社会主义市场经济体制的意见》，明确健全破产制度，改革完善企业破产法律制度，推动个人破产立法。如何通过开展"与个人破产制度功能相当"的个人债务集中清理试点，总结经验，补牢漏洞，并最终形成我国的个人破产法，是一个迫切需要研究的问题。

（一）半部破产法：个人破产法缺失

目前，我国破产制度中并未引入个人破产，所以学者们称中国只有"半部破产法"。这既是对另外"半部破产法"即个人破产法的期待，也是对个人破产法缺失的遗憾。设置一种公平且可预期的自然人破产制度，使自然人通过正规、可预期的制度获得公平合理的救济，才是一个国家成熟的标志。[1]

1. 鼓励创新创业，保障债务人合法权益

很多创业者由于个人能力或者市场因素等原因导致创业失败，企业进入破产程序后，企业主甚至他们的家庭成员很可能陷入诉讼，执行缠身、背负巨额的债务。

因创新创业产生的经营风险不可避免，需要适时地为诚实但不幸的个人债务人提供重新回归经济社会的机会，消解个人债务危机，鼓励创新、宽容失败。个人破产制度是对债务人的生存权和发展权的一种法律确认，是实现个人债务人人格尊严的重要路径。债务人将会具有更大的工作动力并重新成为富有创造力的社会成员，这对于全社会显然都有所裨益。

2. 维护社会稳定，有效破解"执行难"

我国有相当一部分案件的被执行人完全丧失履行能力，经核查确无财产可供执行，客观上不具备执行条件，即使法院穷尽一切措施，也无法实际执

---

〔1〕 参见刘静："信用缺失与立法偏好——中国个人破产立法难题解读"，载《社会科学家》2011 年第 2 期。

行到位。因为过度负债的个人没有合理的市场退出机制，许多"执行不能"的案件只能以"终结本次执行程序"的形式结案，长期成为法院执行的历史包袱，成为制约执行工作的一个大难题。

个人"执行不能"案件，浪费了大量的有限司法资源。执行不到，申请执行人对法院产生不满和误解，导致私力救济兴起，或是上访、闹访，影响了法律和司法的严肃性、权威性。实施个人破产制度，将执行不能案件纳入到破产程序，能够提高司法效率，节约司法资源，满足人民群众对司法公正的需求，减轻当事人的诉累。

3. 最大限度平等保护债权人利益

个人破产制度的功能与价值追求首先是通过公平清偿程序，避免暴力追债等不法乱象。在没有赋予个人破产权利的情况下，债务人的清偿行为具有极大的不确定性。比如债务人会对有特殊关系的人优先清偿，对其他债权人进行选择性的清偿，或直接通过转移、隐匿财产的手段逃债。执行程序讲究先到先得，部分债权人因申请执行的动作太慢而无法得到清偿。

当债务人的财产状况恶化、出现无法清偿的风险时，债务人与执行部门往往呈现出对抗状态。个人破产制度可以对债务人的财产进行统计和梳理，对债务人所有财产有整体掌握，债务人除自由财产外都将用来对全体债权人进行清偿，申请破产可以使债权人在破产程序中尽可能大的挽回损失。

4. 优化营商环境，融入经济全球化

破产是世界银行对各国营商环境评价的一个重要指标。国际上较为成熟的市场经济体都有个人破产制度。营商环境排名靠前的国家无一不是破产工作开展较好的国家。个人破产制度的实施将进一步优化我国营商环境，更加获得国际社会的认可，吸引更多的外商资本到我国投资。

近几年来，全球经济一体化的趋势愈加明显，我国越来越多的市场主体到国外投资，在国外适用个人破产且效力及于破产人在我国的债务和财产的情况下，我国不实施个人破产也无法保护在外投资的我国公民的权益。

（二）个人债务集中清理试点暴露的难点

为了贯彻落实最高人民法院关于"开展与个人破产制度功能相当的试点工作"的意见精神，多地法院出台相关文件，如2019年5月8日，浙江省台州市中级人民法院发布《执行程序转个人债务清理程序审理规程（暂行）》；

2019 年 8 月 13 日，温州市中级人民法院出台《关于个人债务集中清理的实施意见（试行）》；2019 年 10 月 21 日，苏州市吴江区人民法院发布《关于个人债务清理的若干规定（试行）》；2020 年 12 月 2 日，浙江省高级人民法院正式发布《浙江法院个人债务集中清理（类个人破产）工作指引》，个人债务集中清理试点工作已在如火如荼展开，为个人破产制度的建立提供了宝贵的司法实践基础，但个人债务集中清理也存在着制度缺陷和实践困难。

1. 个人债务集中清理缺乏法律依据

个人债务集中清理是以破产理念作为价值取向，借助现有的执行和解、参与分配等制度进行的程序设计，管理人没有法律赋权，也无法依职权主动调取债务人的财产状况，需要法院的配合才能完成工作。债权人会议同样没有相应法律地位，如果少数债权人不同意方案，即便按照个人债务集中清理程序债权人会议通过该方案，在缺乏个人破产法的情况下，清理方案也很难对不同意的债权人产生约束力。

2. 个人债务集中清理的适用对象过窄

目前，个人债务集中清理针对已经进入执行程序中的两类债务人：一是对该企业法人负保证责任的法定代表人、实际控制人、股东、董事、监事及其他高管人员；二是因法人人格否认与个人财产混同而承担清偿责任的股东。不可否认，因企业破产产生的自然人连带责任担保债务，是司法实践中首先重点解决的问题。但近年来，我国个人消费信贷、个人住房抵押贷款持续增长，信用卡违约率、房贷违约率明显上升，很多商事主体又以微商、电商、自由职业者等形式存在，在遭遇市场风险时，应为其提供有效的市场退出机制。

3. 债务人实际财产状况调查困难

法院通过网络查控系统等平台虽可及时掌握债务人的存款、车辆、房产等信息，但也无法完全穷尽债务人所有的财产，对于隐蔽的财产线索如现金、贵金属、应收账款等可能无法掌握。债务人在危机出现之时也可能早有防备，通过隐匿、转移等手段将财产过户到他人名下。在个人债务集中清理程序中，管理人除法院已经查封的财产外，无法通过其他有效途径自行寻找，主要还是通过债务人自行申报进行了解后再行核实，确实无法通过管理人的工作穷尽债务人的所有财产。

4. 部分债权人和债务人的质疑

自古以来,"妻债夫还,父债子还""欠债还钱,天经地义"等传统观念深入人心,为我国个人破产制度的建立设置了难以逾越的障碍。[1]部分债权人认为个人债务集中清理程序影响了原本对债务人的正常执行程序,无法通过司法强制力迫使债务人清偿,反而帮助债务人逃废债。而债务人背负沉重的负担,往往会有破罐子破摔的想法,在看不到希望时更要采取隐瞒、转移财产等对抗手段,所以面对个人债务集中清理时就其家庭生活、家庭财产等情况的核实会表现出不理解和不配合。

二、个人破产制度的概念

(一) 个人破产制度的含义

破产主要是指债务人无力清偿到期债务即资不抵债的状态,并且丧失清偿能力。就事实状态而言,破产作为一种经济现象,是在竞争的环境下产生发展。个人破产制度最早起源于古罗马,当时罗马帝国商品经济发达,当债务人无力清偿债务时,经两个以上债权人申请,或由债务人承诺以其全部财产供债权人分配后,裁判官则可扣押债务人的全部财产悉数变卖,公平地分配给各债主。个人破产制度在中世纪时的意大利和英国得到了较大发展,1978年,美国破产法将消费者破产纳入其中。经过长期的发展,个人破产制度已经成为很多市场经济发达国家的基本民事制度。

个人破产制度其实是对破产制度在主体上进行限定,事实上就是将破产制度的适用范围扩大到个人。目前我国实施的破产制度主体限于企业,所以没有关于个人破产制度的界定。对于"个人"的定义,传统上只包括一般意义上的自然人。现代意义上的个人则包括合伙、个体工商户、农村承包经营户、非法人资格的个人独资企业、消费者等多种类型。可以说,现代的个人破产基本上囊括了所有非法人破产的类型。

(二) 个人破产制度的特征——与企业破产相比较

个人破产和企业破产相比主要有以下特征:首先,适用主体的特殊性。个人破产立法的适用主体是个人债务人,而企业破产法的适用主体是企业法

---

〔1〕 张志铭、于浩:"现代法治释义",载《政法论丛》2015年第1期。

人。所以企业破产程序的结束就意味着不仅债权债务关系终结，主体资格也不复存在，但自然人的民事主体资格仍然存在。其次，追求价值目标的差异性。个人破产中自然人的破产权利能力始于出生终于死亡，因此作为自然人一般都具有破产能力，不因债务人是否从事商行为而受到影响。企业的破产能力会因行业的不同而有所区别，比如银行、保险、证券等特殊行业的破产能力就受到一定的限制或排除。最后，破产原因的复杂性。个人破产相较于企业破产，原因更为复杂。有学者将个人破产的原因分为三类：经营性破产、消费型破产和宣告型破产，[1]但现实中个人破产的原因远远不限于以上三种。而企业法人破产的原因主要是企业的经营行为所导致的资不抵债。

（三）个人破产制度与相关概念的区别

由于我国一直都没有个人破产制度，所以学界关于个人破产制度的称谓多有不同。表述上的差异性造成社会上对该问题相关概念的适用混乱。

1. 与自然人破产、消费者破产的区别

个人破产与自然人破产的内涵是相同的，二者只是相同含义的不同表述而已。自然人是生物学意义上基于出生而取得民事主体资格的人，与个人的语义相同。消费者破产是个人破产的下位概念，个人破产包含了消费者破产这一类型。自然人在经济活动中有两种身份，一种是商主体，另一种是消费者。消费者个人的消费行为和商主体的经营行为造成的不能偿还到期债务同属于个人破产的一部分，两种原因下造成的资不抵债都可以申请破产。

2. 与个人债务清理制度的区别

个人债务集中清理机制是在个人破产制度立法前的空档期出现的一种执行的特别程序，在现有法律框架内，在传统的对债务人"穷追不舍"的执行模式之外，提供一个债务人与债权人和社会多方共赢的债务清算模式。其目的是共同的，将"个人执行不能"案件有效退出，实质性化解金融债务"担保链"问题，为有创业创新能力的企业家解困松绑，为债务人获得重生创造机会。

个人债务集中清理将推动破产文化更加深入人心。通过机制建设，向社会宣传一种诚信精神，只要做诚实的经营者，哪怕失败，仍然有一个制度安排，可以让其有重生的机会和可能；而仅有诚信意识也是不够的，还要有合

---

[1] 胡玲：《债务人生存权益视角下我国个人破产立法研究》，中国法制出版社2014年版，第13页。

规的诚信行为，譬如主动履行债务、如实申报财产、严格执行对其行为的限制令，等等。随着个人债务集中清理试点的深化，将不断为个人破产制度建立积累更多的司法实践基础。

三、个人破产制度的构建

任何法律都需要在社会生活的运用中才能进化，个人破产立法也不能期望毕其功于一役。个人债务集中清理试点正是向个人破产立法迈出的坚实一步，为制度构建提供了有效务实的实践经验。确立个人破产制度，既给债务人免除债务的机会，保证其基本生存所需，激发其经济上的更生能力，又要有相应的防止逃废债措施，平衡债权人、债务人及社会的利益。

（一）个人债务集中清理试点提供的经验

1. 加强宣传力度，使个人破产理念被接受

法院应向债务人告知，个人债务集中清理是债务人解脱沉重债务枷锁的唯一机会，只有诚实信用提供个人、家庭的全部财产信息，才可能获得剩余财产的免责，从思想上扭转其对于清偿债务的对抗情绪。而债权人主要是逃废债的疑虑，但目前执行中也无法全面、真实地掌握债务人的财产状况，通过个人债务集中清理，由管理人接管债务人财产，通过专业力量更能查清债务人的资产、负债情况，公平地维护全体债权人的合法权益。试点法院通过对相关案例的宣传报道，使个人破产的理念越来越被人接受。

2. 设立债务人诚信宣誓制度，达成双方谅解

个人债务集中清理启动后，债务人必须在法院完成执行义务宣誓，承诺"除管理人已查明的财产情况外，无其他财产；若有不诚信行为，愿意承担法律后果，若给债权人造成损失，依法承担赔偿责任"，债权人一方在充分了解债务人经济状况和确认债务人诚信的前提下予以谅解，自愿放弃对其剩余债务的追偿，从而使债务人退出强制执行程序。

3. 设置回转制度，使执破程序相互衔接

个人债务集中清理程序的启动是由执行程序转为个人债务集中清理程序，类似于企业破产的"执转破"，原执行程序中止。但若个人债务集中清理方案全部履行完毕之日起一定期限内，发现债务人存在不如实申报自由财产的，或者存在欺诈、恶意减少债务人财产或者其他逃废债行为的，债权人可以主

张撤销自己所作的债务减免约定，并请求恢复按照原债务额进行清偿，从而回转至强制执行程序，债务人不得再行申请进入个人债务集中清理程序，而要受到相应的处罚惩戒。

4. 增加债务人配偶、亲属的义务，防范逃废债行为

增加债务人配偶、亲属的义务就是扩张和让渡债务人的义务，这与其最终享受债务免除的利益是相关的。个人债务集中清理中不仅债务人在执行程序负有容忍执行的义务，而且其配偶及成年直系亲属在清理程序中也负有容忍债权人及法院质询和询问并如实陈述的义务。债务人的配偶应当同意接受法院对其财产情况的调查；必要时法院可要求债务人成年直系亲属同意配合财产调查。通过债务人义务的扩张和让渡使法院能够对其个人及家庭财产状况进行调查，最大限度地防范逃废债行为。

（二）个人破产制度设计

综观世界各国个人破产法，基本上都设置了独特的个人破产制度，其中有些方面在个人债务集中清理程序中也得到了体现。

1. 赋予管理人的法律地位

在个人债务集中清理程序中，管理人缺乏法律依据，故债权债务的双方与管理人形成的是委托合同关系，债务人和债权人均同意由管理人对债务人财产进行全面调查和清理，但管理人无法行使管理人应当享有的监督债务人自行保管财物、追回财产权、参加涉及债务人财产的诉讼、提议召开债权人会议、行使抵销权等职权。个人破产制度中须赋予管理人的法律地位，对管理人的选任、权利和义务有明确的授权和规定。充分发挥司法行政机关公共法律服务职能，探索建立公职管理人制度，充分发挥管理人在个人破产程序中不可替代的作用。

2. 明确债权人会议对各方的约束力

债权人会议是破产制度的核心，负有审查确认债权申报，审核债务人及其家庭的财产状况报告，现场质询债务人，并对清理方案进行表决的职责，故应当在法律中规定债权人会议表决规则和通过方案的比例。个人债务集中清理中，鉴于没有法律依据，对通过方案的债权人会议表决规则无法设定通过比例，只能采取"原则上适用一致同意"的表决方式，这无异于执行中的参与分配。个人破产制度中只要达到债权人会议通过方案的比例，即使不同

意的债权人也要受到该方案的约束，具有法律上的约束效力，从而使个人破产制度落到实处。法院仅负责审查清理方案的合法性、公平性、可执行性即可。

3. 确定个人破产债务人的范围和条件

个人破产制度是债务人不能清偿到期债务，并且资产不足以清偿全部债务或者明显缺乏清偿能力的，或者有明显丧失清偿能力可能，通过法定程序宣告破产，将其剩余资产公平分配给债权人，对未得到清偿的债权，免除债务人继续清偿责任的一种法律制度。该债务人个人分为商自然人和消费者自然人。商自然人，是指以自己的名义从事营利性职业的个人，例如个体工商户、微商、电商、合伙企业、个人独资企业。消费者自然人，主要是指消费者保护法界定的商品购买者、使用者及服务接受者。个人债务集中清理中仅将因企业破产而背负债务的相关个人破产作为破产对象显然太过狭窄，无法达到个人破产制度的目的。当然，能够进入个人破产程序的个人必须是诚信之人，这需要在制度中予以规制。

4. 建立破产免责制度

破产免责制度是在破产程序终结后，对未能依照破产程序清偿的债务，在一定条件下免除债务人继续清偿的责任。免责的前提是债务人应如实地申报全部财产，诚信地履行清偿方案，接受债权人和社会的监督。结合我国实际，在制度设计上考虑适用许可免责模式，即由债务人向法院提出申请，经法院初步审核，交于债权人会议进行讨论表决。并非任何债务都可以免责，目前个人债务集中清理意见中，将故意侵权行为产生的人身损害赔偿之债、因履行法定抚养、扶养、赡养义务的费用等特定债务排除在免责之外，除非债权人同意免除。个人破产制度应充分尊重债权人的意志，债权人会议有权对债务人的免责范围进行表决，但考虑到公序良俗和社会公平，对于罚金、罚款、雇员或劳务提供者的劳动报酬、税款也应当纳入不得免除的范围。

5. 建立自由财产制度

自由财产是基于维持债务人及其抚养的家庭成员生活需要、保证债务人职业需要等保留给该自然人继续支配的一定财产，包括维持最低生活水平的动产或不动产；与人身权相关的收入（退休金、失业金）；个人物品等。个人破产程序应尊重债权人的意思自治，在制度允许的范围之内决定债务人的自由财产范围。目前个人债务集中清理意见中，对自由财产规定为：依法应当由债务人抚养、扶养、赡养的人以及维持其不高于本地最低工资标准所对应的生活水平而必需的费用。个人破产制度中，对于债务人唯一住房的，可以在考虑必要共同居住人数和当地平均租金等因素的基础上，为其预留三至五年的房屋租金。对于明显具有人身属性价值又不大的财产如特殊纪念物品、饲养的宠物、劳动工具及表彰荣誉的物品，不应纳入自由财产范围。

6. 建立债务人失权制度

破产失权将使破产人的多种民事权利在一定时期内受限：一是"人格破产"，即"受破产宣告的人应受到对个人信用要求较高的职位或职业的限制"，[1]例如不得担任公职人员或者不得被任命为公司高管；二是人身自由受限，例如未经破产法院许可，不得离开居住地，不得自由出入境等；三是消费行为受限，例如我国执行中"限高"举措。目前，个人债务集中清理中，对债务人在债务清理结束后一定期限内的相关行为和身份资格进行了限制，但人身自由受限方面只是规定"人民法院认为应当进行限制的其他行为。因工作需要出入境的，应当履行报批手续"。为了加强对债务人的行为监管，个人破产制度中还应列举包括"不得离开住所地，保持与法院、管理人的联络畅通，主动报告住所变动和出行信息"等人身限制，以及"实施担保等承担重大债务或使财产显著减少的行为"。

7. 建立债务人复权制度

破产复权是一个与失权相对的概念，是指破产自然人在破产程序后履行一定的义务，满足一定条件解除破产后，先前被限制的权利得到恢复的一种制度。[2]个人破产制度中适合采取申请复权的模式，即由债务人向法院申请后，法院经过审查，认为符合复权条件的，解除对其权利限制。因为"在我国破产惩戒机制形成的初级阶段，采取申请复权主义更显正规、更具权威，有利于强化破产惩戒的社会效果"。[3]同时法院发出决定、公告更有共识共性效力，有利于债务人信用实质恢复。至于经过多长时间失权期后才能复权的问题，个人债务集中清理中仅依据债务总额与清偿率来规定复权时间范围，

---

〔1〕 孙颖："论我国个人破产法律制度的构建"，载《现代法学》2006年第3期。

〔2〕 参见韩长印主编：《破产法学》，中国政法大学出版社2007年版，第198页。

〔3〕 汤维建："关于建立我国个人破产制度的构想（上）"，载《政法论坛》1995年第3期。

最长为 6 年。个人破产制度中应根据债务清偿比例、银行征信记录、家庭财务状况、债务人的善意程度、清偿债务的愿望强烈程度等多方面考虑破产失权期限，将法定的债权人会议决议程序与法官严格的审查监督相结合，对债务人既发挥惩罚威慑作用，又保留其经济再生能力。

变革与创新：以 O2O 为方向的市域社会纠纷非诉治理机制的进路探索

——从湖州市纠纷非诉治理的实践视角

项 炯 沈 杰 朱 芸 孟 寅 施佳芳 王于文*

【摘　要】 为深入研究当前地方市域社会纠纷非诉治理机制建设情况，本文以湖州为实证研究的样本，分析市域纠纷的特点、趋势以及治理的现状，并突出分析了目前市域社会纠纷治理存在的问题。通过论证市域纠纷治理机制有效运行的重要元素，探索性地提出构建"一码解纷O2O"的市域社会纠纷治理机制。在较为全面地掌握湖州市域社会纠纷的相关数据以及市域治理的相关信息基础上，对市域社会纠纷治理机制的构建方案做了积极的探索和研究，对完善全国市域社会纠纷非诉治理机制建设具有一定的实践意义。

【关键词】 一码解纷；O2O；市域社会纠纷非诉治理；市域治理现代化

党的十九届四中全会审议通过的《中共中央关于坚持和完善中国特色社会主义制度、推进国家治理体系和治理能力现代化若干重大问题的决定》确定了"构建基层社会治理新格局"的战略目标，并提出了"加快推进市域社会治理现代化"的行动目标。这对坚持和完善共建共治共享的社会治理制度提出了明确要求，为新时代加强和创新社会治理指明了方向。纠纷非诉解决体系建设作为社会治理体系的重要组成部分，一直是政法系统的重要工作任务，习近平总书记在对政法工作作出重要指示时强调，着力推进市域社会治

---

　* 项炯，法学学士，浙江省湖州市中级人民法院立案庭庭长；沈杰，公共管理硕士，浙江省湖州市中级人民法院立案庭副庭长；朱芸，法学学士，浙江省湖州市中级人民法院立案庭员额法官；孟寅，法律硕士，浙江省湖州市中级人民法院立案庭法官助理；施佳芳，法学学士，浙江省湖州市中级人民法院立案庭法官助理；王于文，公共管理硕士，浙江省湖州市中级人民法院立案庭法官助理。

理现代化试点，努力建设更高水平的平安中国、法治中国。为深入研究当前地方市域社会纠纷非诉治理机制建设情况，本文选取湖州的实践情况作为实证研究的样本。湖州作为两山理论的发源地，经济快速发展的同时伴随着大量的矛盾纠纷，着重研究湖州地区市域社会纠纷非诉治理机制建设，对完善全国市域社会纠纷非诉治理机制建设具有一定的实践意义。本文通过对湖州市域纠纷非诉治理的现状进行实证研究，在治理理论指导下，提出优化制度的合理化建议。

一、现状调查：湖州市现阶段社会矛盾纠纷的特点和趋势

（一）纠纷高发常态化

法院诉讼解决是纠纷解决的最后一道防线。以湖州法院受理的各类诉讼案件数量为例，2015—2019 年湖州市法院系统受理案件总量为 306 861 件，同比上个五年（2009—2014）增长 56.2%（见表 1）。近年来，湖州法院诉讼案件数量始终处于高位，总体呈现稳定上升趋势。人民法院受理案件的爆发式增长，从侧面说明湖州市目前各类矛盾纠纷总量长期高企、递增频度加快、幅度加大。

表 1　2009—2019 年湖州市法院受理案件数量

年份	2009	2010	2011	2012	2013	2014	2015	2016	2017	2018	2019
案件数（件）	28 111	30 948	31 736	38 331	46 623	48 802	54 736	51 253	63 977	68 748	68 147
同比增长（%）		10.1	2.5	20.8	21.6	4.7	12.2	-6.4	24.8	7.5	-0.87

湖州市社会矛盾纠纷的高发态势，既有全国普遍性的原因，比如经济转型和社会发展带来的利益分化，人民群众法律意识和维权意识的不断提高等。也有自身相对特殊的原因，主要有以下两点：第一，湖州民营企业数量众多，而民营企业特别是中小型企业，普遍存在经营规范性不够、现代公司治理机制不健全、产业层次较低、转型升级难度大等诸多问题，容易陷入纠纷。第二，湖州外来就业人口众多，是造成纠纷高发的另一个重要原因。首先，流动人口不易管理，违法犯罪现象时有发生；其次，多数外来务工人员较为缺乏法律意识和维权意识，一些用工单位利用外来务工人员的弱势地位侵犯他们的劳动权益，损害外来务工人员权益的劳资关系纠纷在该类纠纷中占据较

大比例；最后，由于风俗习惯不同、文化差异等原因，外来人口与本地居民之间容易发生冲突，易产生各类纠纷。

（二）纠纷类型多样化

在过去，社会矛盾一般是公民与公民之间因行动所产生的利益诉求纠纷，主要发生于婚姻家庭、邻里关系等领域，表现为传统的婚姻、抚养、宅基地、借贷等民事纠纷。随着经济领域的转轨巨变和互联网等新兴技术的不断升级，社会、政治、文化、教育等其他各领域矛盾丛生，纠纷的类型也从以往的单一模式发展到现阶段的民事纠纷、商事纠纷、知识产权纠纷、刑事纠纷、行政纠纷等多种形式，金融风险、企业侵权、行政不当、环境保护、医患纠纷等众多新型矛盾纠纷不断发生。湖州市社会矛盾类型的多样化有其自身的特点，借款合同纠纷、买卖合同纠纷、机动车交通事故责任纠纷等纠纷类型的绝对数量和在纠纷总量中的占比较高。

（三）纠纷内容复杂化

随着经济社会的发展，各种矛盾纠纷既有历史沉积又有现实交织，既有传统领域又有新生行业，既有实体社会又有网络社会，既有境内因素又有境外因素，矛盾纠纷的演化呈现出错综复杂、叠加复合的多维度多向度发展的局面。主要表现在以下几个方面：第一，矛盾纠纷形成原因的复杂化。由于各类经济组织和社会组织实现利益渠道的多样化，导致引发矛盾纠纷的原因复杂化，由过去简单的"一因一果"，代之为"一因多果""多因一果"或"多因多果"，矛盾纠纷成因多，生成过程复杂，后果严重。第二，矛盾纠纷主体的复杂化。矛盾纠纷的主体不再是过去单纯的公民个人，还包括了众多的经济个体和行政组织及部门，一个纠纷普遍会涉及多重主体之间的关系；群体性纠纷呈现迅速上升趋势，在经济活动中产生的一个又一个利益群体，随时可能因为共同利益而发生主动联系，继而形成庞大群体，直接影响社会稳定。第三，矛盾纠纷涉及法律关系的复杂化。一个纠纷可能涉及多重法律关系，如民事法律关系和行政法律关系交织，刑事法律关系与民事法律关系交织，乃至刑事法律关系、民事法律关系和行政法律关系三重交叉。

（四）纠纷解决疑难化

矛盾纠纷类型的多样化和内容的复杂化，增加了纠纷解决的难度。而当前矛盾纠纷处置中频繁出现的"网上网下相互联合、合法非法手段并存、新发旧存矛盾交织、境内境外相互影响"等情况，更是极大地增加了纠纷调处的难度。

二、实践透视：湖州市域社会纠纷非诉治理机制的总体概况

（一）市域社会纠纷非诉治理机制的典型模式

1. 以人民调解为主的民间自发模式

传统人民调解制度被誉为"东方经验"，在解决纠纷方面发挥了巨大作用。传统的人民调解是指人民调解委员会通过说服教育、疏导等方法，促使当事人在平等协商基础上自愿达成调解协议，解决民间纠纷的活动。群众性、自治性和民间性是人民调解的本质特征。传统的人民调解主要适用于熟人社会，调解员与纠纷当事人大多相识，能够快速了解纠纷当事人的诉求，及时、主动介入纠纷，将矛盾化解在萌芽状态，对调解人员的素质更多的要求是有道德权威（公正性）、体察社情和当事人的心思、熟悉方言（当事人可能是讲方言者），等等，[1]通过说理说情的方式工作。日本学者高见泽磨将其概括为"说理—心服"的特征。[2]

随着湖州经济社会的发展，本地区矛盾纠纷数量呈爆发式增长，且出现复杂性、专业性、多样性等特点，传统人民调解制度的局限性使之难以适应社会治理的新需求。因此湖州地区人民调解制度的发展出现了新的变化。一是建立个人调解工作室，针对人民调解员队伍的专业素质参差不齐的问题，在党委政府的鼓励和推动下，成立了多个优秀调解员个人调解工作室，如"平安大姐"工作室、吴美丽工作室等，充分发挥优秀调解员的调解优势。二是拓宽调解渠道，创新人民调解工作形式，让人民调解工作走上电视（电台）节目，取得调解一案、教育一片的效果。如湖州电视台开设的《调解有法》栏目，采取纠纷现场调解+演播室律师专业点评的模式，对纠纷涉及的法律知识点进行分析，告诉观众遇到类似的纠纷应该怎么处理，起到了很好的宣传教育作用，普及了法治理念。三是发展行业性专业调解，2014 年湖州市政府

---

〔1〕 苏力："关于能动司法与大调解"，载《中国法学》2010 年第 1 期。

〔2〕 ［日］高见泽磨：《现代中国的纠纷与法》，何勤华、李秀清、曲阳译，法律出版社 2003 年版，第 73-75 页。

出台《关于进一步加强行业性专业人民调解委员会建设的意见》，加强行业性专业人民调解组织和专职调解员队伍建设。成立医患纠纷、物业纠纷、婚姻家庭纠纷、环境纠纷、劳资纠纷、道路交通纠纷等专业性强的行业性专业人民调解委员会。

2. 以法院诉调衔接为主的司法附设模式

由于解纷机制的法律性、权威性、公正性，人民法院主持的诉讼渠道不可避免地成为最大的纠纷解决平台。针对"诉讼爆炸""案多人少"的情况，湖州市法院作出了一系列回应，其所采取的法院附设调解措施为：（1）扩大调解范围，发挥立案窗口纠纷分流作用。在立案之前，以主动宣传、积极引导的方式，转变老百姓"有纠纷直接找法院"的解纷习惯，引导当事人选择非诉途径化解矛盾。特别针对调撤率高、调解组织对接充分的物业、道路交通事故赔偿、劳动争议等纠纷，能调尽调，在当事人不明确反对的情况下均先予以诉前调解。（2）完善培育机制，打造具有特色的调解品牌。鼓励调解能力强、社会影响较大、在人民群众中有良好口碑的优秀人民法官设立"调解工作室"，充分发挥品牌的示范引领作用，强化以调解化解纠纷的力度。如，以全国优秀法官李辉、沈阿水名字命名的"李辉法官工作室""水哥法官工作室"，通过整合基层资源、构建联动机制、延伸审判职能，逐步发展成为司法服务与纠纷多元化解的重要平台。（3）衔接行业调解，推进纠纷联动化解机制。深度发挥行业专业化特点，准确引入事权对应、职能对口、能力对位的解纷机构，合力推动行业性矛盾纠纷的有效化解。如湖州市中级人民法院联合市金融办等单位共同打造了"绿贷通"司法保障网络平台，开展涉企金融纠纷诉前化解；长兴县人民法院联合政府职能部门，试点全国首个知识产权司法保护服务中心，打造知识产权多元矛盾纠纷化解模式。（4）完善司法确认机制，增加非诉调解的司法支持力度。通过司法确认，可使诉讼外调解达成的具有给付内容的调解协议获得强制执行效力，强化多元解纷机制在人民群众中的信任度和权威性，保障多元解纷的实际效果。湖州市法院近两年持续加大司法确认工作力度，2018 年当年审结司法确认案件 3968 件，同比 2017 年增长近 5 倍。

3. 以综合性线下解纷平台为主的党政主导模式

社会治理综合服务中心是当地党委政府领导下的综合性线下纠纷治理机构，其基本模式是以"多中心"整合为"一中心"的方式，将更多的解纷资源和力量进行整合，并根据各种解纷资源的职能、特点及作用，构建分类分层的线下一站式矛盾化解中心。比如湖州市南浔区在原有信访接待中心和矛盾纠纷多元化解中心的基础上，整合各方社会解纷资源，成立南浔区社会治理综合服务中心。该中心内设综合治理指挥中心、信访受理服务中心、"12345" 政府阳光热线服务中心等职能，实现纠纷化解"最多跑一次"，避免群众因为复杂诉求在不同部门之间多地跑、反复跑，最终导致小问题拖成大麻烦。

湖州是全国矛盾纠纷多元化解中心的首创之地。2016 年，为了贯彻落实中共中央办公厅、国务院办公厅《关于完善矛盾纠纷多元化解机制的意见》，湖州市吴兴区和南浔区率先设立了矛盾纠纷多元化解中心，开启"一站式受理、一条龙服务、一揽子解决"的社会纠纷化解模式。吴兴区和南浔区两地设立的矛盾纠纷多元化解中心是湖州地区探索社会治理综合服务中心模式的开端。2019 年 5 月，按照浙江省委政法委《关于探索建设县级社会治理综合服务中心（信访超市）的指导意见》的要求，吴兴区和南浔区基于原矛盾纠纷多元化解中心，在功能和模式上直接升级为社会治理综合服务中心，相应的街道分中心也予以调整升级。德清县与安吉县则实现了社会治理综合服务中心从无到有的创设，德清县后续已在各乡镇街道参照县级中心的组织架构设立分中心。

（二）现有机制的局限性及原因分析

湖州市在市域社会纠纷非诉治理实践中呈现出诸多的亮点，积累了丰富而有益的经验，但同时也存在一些明显的问题和不足。经过调研发现，主要的问题和不足包括以下几个方面。

1. 法院司法诉讼过热，传统人民调解偏冷

诉讼案件的激增反映了传统人民调解的衰落，出现了对司法高度依赖的趋势。其原因在于随着社会结构由熟人社会进入陌生人社会，法律文化也开始转向权利本位，纠纷当事人对调解人员提出了更高的要求，例如要求调解人员具有较高的法律素养，在调解过程中要给予充分的程序保障，调解的结果要具有的一定的执行力，等等，而过去人民调解总体上呈现出非专业化、非职业化的特点，调解水平主要依赖于调解员的个人经验，主要通过说理说情的方式工作，法律知识相对匮乏，因此在转型为陌生人社会后，单纯的"说理—心服"的方式已经难以产生效果。

2. 参与主体各自为政，资源信息欠缺整合

现阶段，各政府机构、企事业组织和社会团体都在解纷平台的搭建、调解力量的提升、矛盾纠纷的化解等方面进行了有益尝试，并取得了一定成效。但同时也能明显看到，各主体单位之间仍尚欠缺统一高效的资源整合和衔接机制，矛盾纠纷化解工作在一定程度上存在主体不明、对接不畅、程序反复、标准不一的情况。由于参与主体的分割和缺乏一体化的资源信息共享平台，治理资源的使用呈现不同形式的碎片化趋势，虽然实务中也开始做一些整合尝试，比如党委主导的社会综合治理中心及分中心对各种行政调解资源进行了线下整合，但整合的对象有限，这也使得当事人在选择纠纷解决方式方面存在茫然性和不信任感。

3. 解纷程序缺乏协调，治理机制联动不畅

长期以来，我国形成了包括人民调解、行政调处、仲裁等各种非诉解决方式，这些方式在纠纷解决中现实地起着作用，但各种方式之间尚未形成功能互补、良性互动、程序衔接、彼此支持的多元化纠纷解决机制。正是由于缺少这种纠纷解决的联动机制，导致现实中各种解纷方式独立运作、各自为政、缺乏配合，"前端的纠纷解决不能为后续的其他纠纷解决方式提供有价值的参考，后端的纠纷解决资源不能与前段共享。而且各解纷主体的权利与义务缺乏职责规范，没有在不同层级解纷主体之间建立起良好的分工合作关系"，[1]致使纠纷治理机制总体运行不畅。

三、范式引入：市域社会纠纷非诉治理的理论解构

前文对湖州市市域社会纠纷非诉治理总体概况及亮点进行了描述，也分析了存在的不足及其成因。应该说，湖州市市域社会纠纷非诉治理建设的成就与不足，与我国市域社会纠纷非诉治理的发展背景与制度要素都有密切的关系；接下来以治理理念为指导，对市域社会纠纷非诉治理进一步解读，力图对这一机制有效运作的关键点形成更深刻的认知，在治理主体、治理结构、运行机制、治理需求等方面探索创新，实现市域治理模式的深层次转变。

---

〔1〕 参见陈慰星："多元化解纠纷解决机制之复合——以司法协同技术为方法"，载《仲裁研究》2007 年第 13 辑。

（一）经济学分析：在治理主体上，应强化"多元参与"，破解"政府失灵"难题

纠纷解决的供给本质上是一种虽有非竞争性但又有排他性的公共产品的劳务，其供给究竟由公共部门提供还是由私人部门提供？实际上，纠纷解决的公共供给与私人供给都不是理想的方式。纠纷解决的供给，既不能完全通过市场机制由私人部门供给，又不能完全通过预算拨款由公共部门供给。理想的方式是由公共部门与私人部门合作供给，这样的供给方式最具有经济效率（参见图1）。图1中纵横分别表示价格和产量，MU_U 为直接使用者的边际收益曲线，MU_S 为所有社会成员的边际收益曲线，这是因为纠纷解决具有正外部效应，如纠纷解决有利于避免纠纷升级为恶性暴力事件，等等。把直接使用者的边际收益与所有社会成员的边际收益加起来就得到总边际收益，用 $\sum MB_i$ 表示。设 MC 为边际成本曲线，那么有效率的产量应为 Q^*，根据边际收益与边际成本相等的原则决定直接使用者与所有社会成员的成本分摊。结果是：所有社会成员缴纳 OP_1 数量的税费（财政支出最终来源于所有社会成员缴纳的税费），直接使用者缴纳 OP_2 数量的使用费，两者加总等于边际成本。如果不收使用费仅靠财政支持，则需求量为 Q_1；如果仅依靠直接使用者缴纳使用费，则需求量为 Q_2。而 Q_1 和 Q_2 都不是效率产量。

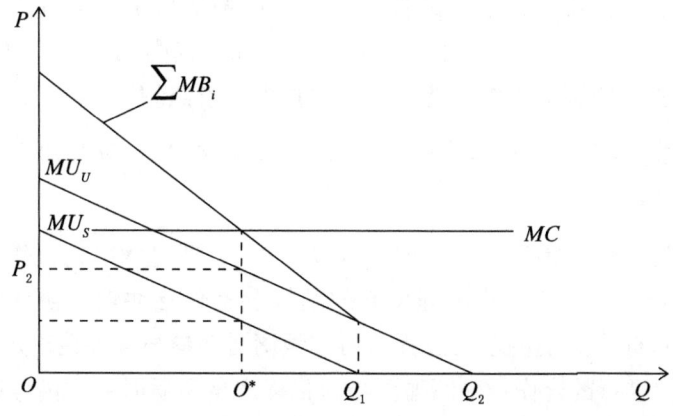

图1　供给成本在直接使用者与所有社会成员之间的分摊

根据分析，在治理主体定位上，应强化多元主体共同参与，通过引入、激活社会调解组织，激发公民治理活力，使其能依托自身敏锐的市场观察力、

强大的调解能力、先进的项目运营能力以及较强的风险管控能力，实现调解组织自主决策、自我管理、自担风险，最终实现自治与自我服务。

（二）元治理分析：在治理结构上，应强化"平台搭建"，破解"主体缺位"难题

"元"的意思是第一、启示、为首。所谓元治理，是指运用一种新的手段和工具来粘合独立的治理模式，其目的就是将政府、市场和公民社会等治理主体有效地结合起来，对各治理模式的组织、制度或机制进行宏观安排，充分整合各治理主体的资源和力量，形成一种新的治理机制。

在纠纷治理过程中，元治理要求在初始状态下依靠一个强有力的启动机制去推动多元主体参与纠纷治理的过程。考虑到我国在现代化过程中逐渐抛弃了调解传统，出现对司法高度依赖，将诉讼视为常规解纷方式的趋势，这使得当事人和社会公众对诉讼以外的非诉纠纷解决机制的作用和优势认识不足，即湖州市多元主体自发参与纠纷解决的条件还未成熟的具体情境，亟需搭建"一站式"综合服务管理平台。一是有利于推广，通过搭建平台，以平台为载体向当事人和社会公众宣传非诉纠纷解决机制的作用、特点和优势，从而实现当事人和社会公众对非诉纠纷解决机制的接受；二是权威保证，因为案件是平台委托社会调解组织调解的，调解组织的调解能力、程序的正当性实际隐含了平台背后公权力的权威保证，这种情形下，当事人更有可能合意启动调解；三是方便纠纷治理，通过平台将区域内的调解资源进行整合，使当事人既能信任调解组织又能及时方便找到调解组织。

（三）协治理分析：在运行机制上，应强化"互动共治"，破解"衔接不畅"难题

治理理论中的协治理机制强调"互动共治"，通过网络化合作机制顺畅治理过程，提升治理效能。协治理机制的结构要素包括协商、协作、协调。协商侧重共同目标形成前的参与过程；协作强调活动参与各方在正式契约签订后为了共同目标进行的合作；协调强调当前目标产生矛盾时的和谐性调整。[1]

根据协治理机制，为解决各行为主体之间"联"与"动"的难题，一方

---

[1] 参见张晨舟："公共价值驱动的政府治理机制——以厦门市海沧区为例"，载2017年《智能信息技术应用学会会议论文集》，第62-68页。

面需要聚焦参与纠纷治理各主体之间的关系调适，寻找集体偏好的最大公约数，合理分配各方权责；另一方面可以依托"互联网+"等信息通信技术，改变传统的点对点的信息传递模式，利用信息技术将不同部门、不同组织的信息和资源在线整合盘活起来，提高信息处理的及时性、准确性和效率。

（四）微治理分析：在治理需求上，应强化"微观偏好"，破解"不接地气"难题

微治理机制是社会治理精细化的产物，学界关于微治理的界定虽莫衷一是，但均从微治理的"微"展开定义。一是从技术工具的角度，将微治理视为一种治理技术，通过现代信息技术手段为治理提供保障和便利。[1]二是从权利空间的角度，因治理单元的沉降与缩微，将微治理视为行政权力触及不到的次社区自治空间。[2]三是从过程机制的角度，将微治理视为通过微小结构生态变化推动社区治理结构优化和转型的过程。[3]大体来说，微治理可概括为分解集体偏好，回归到微观行动上，关注每一位公民的细微需求。

为改变过去纠纷治理模式中只注重顶层设计而忽视制度落地的问题，按照微治理机制，市域社会纠纷治理机制优化需要聚焦多元主体的互动行为，以微需求、微改进为突破点，真正关注纠纷治理需求的微观偏好，使治理机制更符合基层治理的实际，让群众得到更大的获得感。落实到具体制度上，尤为优先的是建立有效的反馈—改进机制。借助现代信息技术手段创设数据信息展现、信息参与、信息回馈系统，便于参与纠纷治理主体"咨询情况、反映情况、反馈情况"，达到切实交流，顺畅沟通，实现针对微观偏好的及时回应和制度改进。

四、进路探索：O2O 模式对市域社会纠纷非诉治理的路径构建

《最高人民法院关于深化人民法院司法体制综合配套改革的意见——人民法院第五个五年改革纲要（2019—2023）》提出要完善诉源治理，完善多方参与的调解机制，构建立体化、多元化的矛盾纠纷化解体系，建立统一在线纠纷化解平台，推广线上线下相结合的司法确认模式等一系列举措，从源头

---

〔1〕 参见郭祎："成都基层微治理的探索及完善建议"，载《中国国情国力》2016 年第 12 期。

〔2〕 谢正富："治理孵化器：社会工作视角下'微治理'实现机制探索——基于襄阳古城 15 个社区的调查"，载《云南行政学院学报》2016 年第 1 期。

〔3〕 尹浩："社区微治理的实践逻辑与价值取向"，载《内蒙古社会科学（汉文版）》2017 年第 4 期。

上减少诉讼增量,让法院集中精力解决更具规则意义的案件。[1]因而,湖州市法院立足法院职能,积极参与市域治理体系及治理能力现代化建设,主动融入党委政府领导的诉源治理的核心内容,从无讼治理、非诉化解和诉讼终结三个维度落实"大格局、大数据、大服务"的矛盾纠纷化解理念,切实推动构建矛盾纠纷的"一码解纷O2O"模式。

（一）治理目标

在矛调中心对线下资源进行整合的基础上,运用并深化ODR系统现有技术成果,通过"解纷码"对矛盾纠纷的化解流程进行再造,改变纠纷成讼后由法院作为中枢通过非诉衔接方式进行分流的模式,以解纷码作为矛盾纠纷受理的窗口,以ODR和矛调中心、分中心作为依托的线上平台和线下平台,以县（区）、镇、村（街道）三级调解组织和专业调解组织作为纠纷化解的责任主体,以人民法院的基层法庭、业务庭和司法局及下设站所作为纠纷处理的协同单位,配合工作考核和物质保障,形成"资源集聚、分层递进、智能解纷"的"一码解纷O2O模式"（见图2）,实现将大量社会矛盾在成讼之前解决,真正实现将非诉机制挺在前面的市域纠纷非诉治理目标。

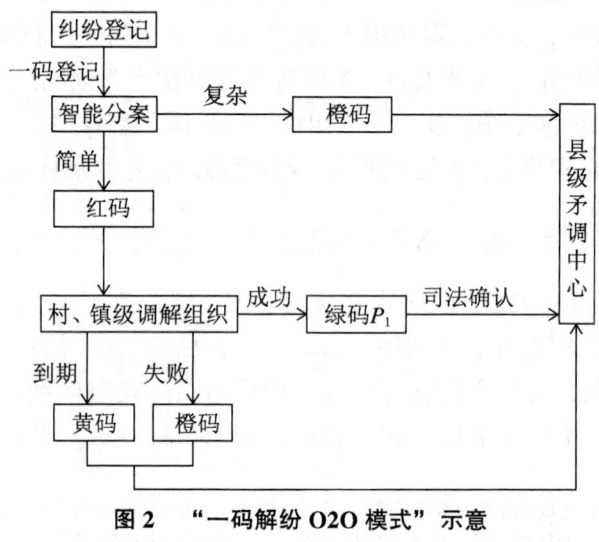

图2　"一码解纷O2O模式"示意

---

〔1〕　李少平:"以习近平新时代中国特色社会主义思想为指导推进实施人民法院第五个五年改革纲要",载《中国应用法学》2019年第4期。

（二）实施关键点

O2O 制度的设立，是为了实现一系列核心价值方面的政策目标，但政策目标能否实现有赖于制度的最终落实，因此首先关注实施关键点是有益的。

1. 组织的全链式架构

具体的组织架构是建立矛盾纠纷受理、分流、过滤、办理以及实现全流程信息公开和共享的一体化平台，线上通过 ODR 平台，接收工作事项，分配工作任务，追踪工作进度，及时发现问题，及时解决问题，强化工作协作时效，实现多元解纷的全程留痕。线下通过家门口的矛调中心、分中心，提供咨询、指导、体验、反映、反馈等全方位服务，实现"线下一窗受理，线上登记流转，线上线下协同化解，结果反馈线上，全区域布局，全场景体验，实现从线上到线下，从城市到乡镇的全覆盖"的全链式闭环服务。组织架构如图 3 所示。

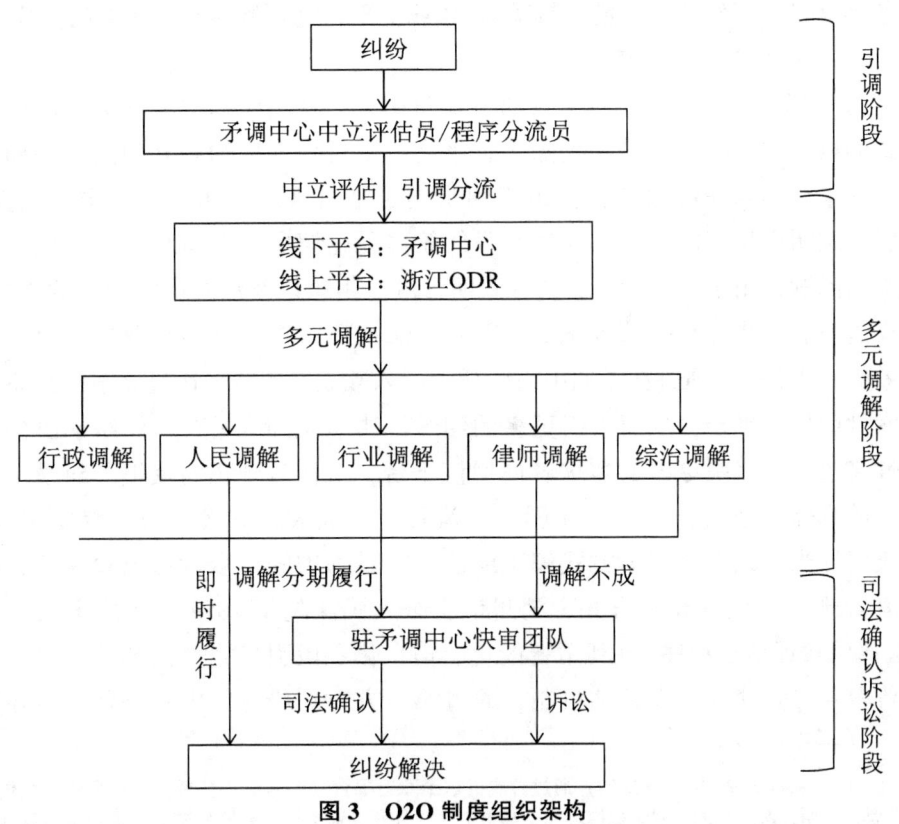

图 3　O2O 制度组织架构

2. 终端的全区域覆盖

接近纠纷是指纠纷发生后，随着投入时间、精力、资金、情感的成本沉淀，矛盾会逐渐升级，变得更难解决，因此，在介入的地理和时间上越靠近纠纷，越有利于纠纷的解决。枫桥经验里"小事不出村、大事不出镇"就是对此形象的表述。为接近纠纷，O2O 模式以智能化平台和终端建设为牵引，不断下沉基层治理的力量，将工作前移并下沉司法服务，在入驻各区县矛调中心的同时，在主要乡镇设置智能化 24 小时自助服务台，完成村社对接，补齐基层依法治理"最后一公里"，从而实现治理终端全域覆盖。通过上述模式解决镇街、村社解纷力量不足，司法服务覆盖有限和地区之间城乡之间法治建设不够均衡的问题，延伸诉调对接服务的广度与深度，使矛盾纠纷的化解更为及时、便捷、智能，切实增加人民群众的获得感。同时通过在家门口的服务，增强老百姓的信任度，解决 ODR 线上平台老百姓体验不成熟的挑战。

3. 司法的全方位保障

（1）通过立案团队入驻实现纠纷流量引入。社会治理综合服务中心运行模式的核心在于搭建纠纷解决的生态平台。平台建立之初碰到的最大问题在于入驻平台的纠纷解决的社会组织和求助于平台来解决纠纷的需求者太少，事实上湖州市吴兴区和南浔区的矛盾纠纷多元化解中心在运行过程中就碰到这样的问题，由于需求者太少，导致纠纷解决组织以及法院调解团队的撤出，这反过来进一步导致需求者减少。因此，O2O 模式根据交易型双边平台的间接效应[1]指引，通过在矛调中心、分中心入驻立案团队，通过立案团队将诉讼案件引导入平台，从而吸引更多的纠纷解决组织加入平台，纠纷解决的多样性又进一步吸引更多的需求者使用该平台，从而实现正向反馈。纠纷引入平台的具体做法有：一是抓住诉前分流环节，加大在立案环节的释明引导，积极引导当事人选择非诉方式解决纠纷；二是为增强群众诉讼风险意识，引导其合理选择纠纷化解方式，湖州市中级人民法院于 2019 年正式上线运行"法律风险评估小程序"，利用智能化、信息化手段引导当事人理性诉讼、合理维权；三是建立中立评估机制，通过第三方对纠纷进行中立评估，引导适

---

〔1〕 Clements 和 Ohashi（2005）通过游戏机这个双边平台（一端是消费者，一端是游戏机软件开发商）说明，游戏机的消费者规模增加会吸引更多软件开发商为该平台开发游戏，增加游戏软件产品的多样性，从而会吸引更多用户使用该游戏机平台。

合非诉机制解决的纠纷进入平台解决。（2）通过快审团队入驻实现规范指引。充分发挥审判对调解的引领作用，通过示范性判决明确法律规则，引导系列纠纷、同类纠纷案件调解。快审团队成建制入驻后，将司法的纠纷化解职能置于解纷体系的后端，经过前端分层过滤后仍无法化解的矛盾纠纷，如系事实清楚、法律适用明确的简单案件，则充分发挥司法调解和速裁快审的作用，及时定分止争，并强化审执兼顾，快速实现当事人合法权益；如系争议较大的疑难案件，则导入法院的繁案精审程序，保障事实认定和法律适用的准确性。

4. 数据的全场景运用

从纠纷进入开始，整个纠纷治理的全过程都在ODR平台上进行，即使纠纷在前端不能调解，也通过法院与ODR建立的数据信息交互共享的对接机制，使数据直接进入法院的审判系统。ODR的全景式运用有利于实现以下功能：（1）市域资源统筹运用。针对过去本地调解资源不够或者调解资源不对口的问题，通过ODR不仅实现了跨域调解，还可以通过智能技术驱动，针对不同类型纠纷的特点，分配专业的调解资源，实现类型化纠纷的集中解决，极大地提升了纠纷解决的效率。（2）流程的标准化和规范化。通过纠纷治理的全程留痕、节点监控和操作指引，实现对调解范围、操作手段、处理期限等流程的标准化和规范化，以避免通过平台委托出去的调解出现违法或违背社会公正的情形，从而促进社会调解组织的专业化水平，以回应现代调解制度对服务质量的要求。（3）数据的无耗流转。所有的环节在一个平台上流转，可实现数据的无耗流转，避免了重复登入。如在调解环节，将已经解决的在在线平台上及时完成无争议事项的记载，一旦案件进入下一个环节，就能省去重复调查核实、举证质证的时间，从而提高办案效率。（4）大数据支撑。在这一过程中，ODR也成为湖州市市域社会纠纷治理的数据分析中心，为社会纠纷治理提供大数据支撑，从而更好地服务不同社会群体，有效管控社会纠纷。

* * *

市域社会治理是国家治理的基石之一。加快推进市域治理现代化，是推进基层社会治理现代化的关键一环。可以说，它直接关系到国家治理体系和治理能力现代化顶层设计的落实落地，直接关系到市域社会的和谐稳定，直接关系到国家的长治久安。因此，实现"加快推进市域社会治理现代化"的行动目标，意义重大而深远。湖州市法院根据十九届四中全会提出的"完善党委领导、政府负责、民主协商、社会协同、公众参与、法治保障、科技支撑的社会治理体系"的目标指引，有针对性地提出O2O解决方案，以期在推进国家治理体系和治理能力现代化的背景下，对完善全国市域社会纠纷非诉治理建设有所裨益。